迷走する市場の着地点はどこか

時代の「見えない危機」を読む

黒瀬浩一

慶應義塾大学出版会

第5章　グローバル経済の中での日本の立ち位置 …… 343

第6章　ポスト爛熟資本主義を読む …… 421

装丁・デザインフォリオ／岩橋香月

序章　歴史に潜む「危機」を見抜く

なぜ歴史が重要なのか

本書は現代の経済と金融の歴史に触れながら、投資哲学の基本に帰って市場の変動をどう予測すべきかについて少し踏み込んで語っていく。

旧約聖書に「日の下に新しいものはない」という有名な言葉がある。歴史は繰り返す。したがって歴史から帰納的にパターンを抽出すれば、経済の予測の精度が高まる。もっと言えば、この歴史の帰納法以外には将来を予測する方法論は存在しない、と筆者は考えている。

経済と金融の歴史は、技術と時代精神と経済政策の発露として形成される。

技術はわかりやすい。後世の世代から見ても、その時代時代の技術が持ったインパクトは想像がつく。蒸気機関は火力の力をピストン運動に変えることで、軸を通じて車輪を前へ動かす動力となる。火力をピストン運動へ、ピストン運動を軸運動に変えたことで、鉄道や蒸気船を生み出し、産業革命を起こす原動力となった。鉄道も自動車もかつては株式市場で最先端のハイテク企業で、株式市場を通じた資金調達が成長を支えたと言っても過言ではない。こうした技術革新と社会変革の流れは、ダイナマイトによる鉱山開発、ナイロンやプラスティックによる軽くて丈夫な素材、ＰＣによる自動計算などと続いた。今後も新たな技術革新による経済発展は、半永久的に続くだろう。

時代精神は、その時代時代に、これが当たり前という感覚で広く受け入れられる支配的な社会思想だ。

時代精神は技術とはちがい、後世の人には理解しがたいものがある。代表例は、民主的な手続きに則《のっと》って政権に就いたナチスのヒトラーだ。内村鑑三は「精神、制度と化して死す」という言葉を残している。その意味は、同じ社会政策や経済政策でも、その時代の時代精神で発露の中身やインパクトが異なるという意味だ。

経済政策は端的には自由放任の右寄りか、平等思想の左寄りかだ。世界史的には戦前を含めて約30年周期で循環してきた。たとえば、近年とみに評価の低い「強欲」あるいは「ハゲタカ」と評される資本主義だ。近年のように、経営者の高額報酬が社会問題となり、格差が人々の不安を高め社会不安にまでつながる世の中では、資本主義は悪い意味しかない。しかし、勤労意欲を喪失するほどの行き過ぎた平等社会でなら、自立の精神をかき立て、イノベーションを起こして経済発展の原動力になる。１９８０年代前半には「強欲」は悪平等を改め経済成長をもたらす良いものと理解されていた。

つまり、技術と時代精神と経済政策は、うまくかみ合わないと経済パフォーマンスの向上に寄与しない。イノベーションの父とされるシュンペーターは、晩年に生まれ変わったら何を研究したいかと問われ、経済史と答えている(1)。今でこそイノベーションの父として名を遺したシュンペーターであるが、大恐慌を「おしめり」だから放置すれば勝手に治る、とした診断は完全な誤りで、学問上の弟子がいなくなるほどの悲哀を味わった。その晩年の回答が、やり直せるなら経済史を勉強したい、だったのだ。

リーマン・ショック後の２００９年に経済学者のルービニが経済学者の大御所サミュエルソンに数理経済学についてインタビューした際にも、類似の発言を引き出している(2)。

本書で扱う時代は近現代

経済と歴史と言えば、すぐ思い浮かぶのは数百年から数千年の単位で壮大な叙事詩のように扱う経済史だ。産業革命までは社会の変化は極めて緩やかなため、そうならざるを得ない側面がある。しかし、現代の技術と社会思想の変化は極めて速い。本書は、この高速の変化に対応した現代の経済と金融の歴史を紐解き、将来の予測に役立てようという試みである。

哲学者のヘーゲルは『歴史哲学講義』にこう書き残している[3]。「経験と歴史が教えてくれるのは、民衆や政府が歴史から何かを学ぶといったことは一度たりともなく、また歴史からひきだされた教訓にしたがって行動したことなどまったくない、ということだ」。そしてその原因として、「色あせた記憶をもってしては、生気と自由にあふれた現在にとても太刀打ちができないからです[4]」。

本書では、このヘーゲルの箴言に従い、歴史の教訓を生かせるよう現代人の感覚でピンと来るような記述に心掛けた。

平成時代の内外格差

日本では平成時代が終わった。グローバルな規模で一体感を持って動く金融市場は、世界経済をつなぐ「鎹《かすがい》」の役目をしている。その金融市場の観点では、日本独自の時代区分である平成を総括するのは難しい。というのも、日本だけが世界とはあまりにかけ離れた経路をたどったからだ。

簡略化すると、米国や英国など先進国は、レーガン革命が切り開いた新保守主義革命により、経済は大いに活性化した。経済を映す鏡である株式市場も活性化した。株主権の強化を起点とする資本主義の黄金期だったと評価してよいだろう。米国株価で見ると、１９７０年代はニクソン・ショック、カーター危機などの苦境が続き、10年もの長きにわたって横這いだった。しかも、この間に物価は113％も上がっているので、実質的な価値は半分以下になった。

しかし、レーガン大統領が登場した1981年以降は、短期間の調整はあったものの、2019年までの39年の間に約24倍になった。特にレーガン政権の8年間、クリントン政権の8年間は、株価はほぼ一本調子で上がり続けた。

一方、1990年代の日本は逆だ。バブル崩壊、日米貿易摩擦、財政赤字累積、国際化への対応が原因で日本の経済的な国際地位が凋落、自殺や引きこもりの増加など社会の劣化、少子化の進展、金融市場は敗戦処理に終始した時代ということになるだろう。

そうなった根本的な原因は、日本の政治、経済、企業、社会、など様々な社会のシステムが、日本異質論(5)と呼ばれ、国際的な慣行やルールに適応できなかったことだろう。その苦しみは、個人と組織の関係を中心に今も続いている。政治主導など政と官の関係性の在り方、働き方改革、ガバナンス改革、教育改革、スポーツ界や芸能界の不祥事、本来なら人権問題である家族の問題、など様々な面で軋みをあげている。

新保守主義革命の爛熟

時あたかもサッチャー、レーガンから始まった新保守主義が、爛熟の果てに変容しつつある。その最大の原因は、平たく言えば、賃下げが資本家の利益に回されたということだ。数値としては労働分配率で観測できる。結果的に貧富の差が開いたことで、政治が右傾化しポピュリズムの台頭を招いた。米国の共和党の伝統から大きく逸脱した思想を持つトランプ大統領の登場は、この大きな時代の変化を象徴している。しかも、トランプ大統領は例外ではない。フィリピンのドゥテルテ大統領、ブラジルのボルソナーロ大統領、ハンガリーのオルバーン首相など、ポピュリストあるいは右派の政権が相次いで誕生している。

トランプ大統領の登場は、米国の政治が不安定化した原因ではない。グロバリゼーションや新保守主義が極端に走って生じた貧富の差の結果だ。仮にトランプ大統領が交代しても、第二、第三のトランプ大統領が生まれる可能性が高いだろう。レーガン政権時代の新保守主義がワシントン・コンセンサスと呼ばれた新自由主義を生んだように、政治が変われば経済も変わる。近い将来に新しい政治と経済がどのようなかたちをとるか、まだ明らかになっているわけではないが、いずれにせよ金融市場には地殻変動となるほどの大きな変化が生じる可能性がある。

ストーリー付き歴史解釈

筆者は長く証券投資の世界に身を置いた人間として、投資で成功する最大の要因は、歴史に学ぶことだと考えている。近年は統計学が最強の学問として経営書のベストセラーになっているが、歴史学は時代背景や時代精神のストーリー付きの統計学だと考えている。最も重要なポイントは、歴史は繰り返すということだ。本書では、できるだけ多く歴史が繰り返した事例を取り上げた。

金融市場を形成する三つの波

20世紀以降の歴史学は大きな変貌をとげた。歴史を単なる出来事の羅列ではないと認識するようになった。特に戦後以降は、フランスの歴史学者フェルナン・ブローデル(6)が大きな変革を起こした。簡略化すると、個別の出来事よりも「構造」に重きを置き、歴史的時間における重層性を重視したのだ。歴史を「長波」・「中波」・「短波」の三層構造として把握し、出来事として表層を過ぎ去る歴史の「短波」があり、そして、人口や技術や国際関係をベースに時代精神を形成しながらゆっくりと進む「中波」、最後に社会思想や覇権構造で形成される根本的な構造である「長波」がある、という解釈だ。

この思考方法は、そっくりそのまま金融情勢の判断に適用できると考えている。したがって、本書では経済と金融の歴史に関する記述は重層性をベースとしており、「短波」「中波」「長波」という用語を用いる。長波は、第二次世界大戦後に関する限りは、米国の覇権構造を所与とした。これは覇権安定論と呼ばれ、米国経済学者のキンドルバーガーが提唱した。

キンドルバーガーは、戦前の世界恐慌を英国から米国に覇権がシフトする移行期の空白だったから起こったと捉えた。詳細は本書第2章でみるが、当時の英国の覇権が安定してリーダーシップを発揮する力が残っていれば世界恐慌は回避できたかもしれない。逆に言えば、覇権国の国力が安定すれば世界の経済は安定を維持するという見方だ。これはグローバル投資を行う投資家が共有できる見方だろう。

本書では、筆者が年金など長期運用の投資家として研鑽を積んだ経験から、あくまで現実の経済と株価変動の解明を目的とするため、概ね以下とした。

長波　資本優位か労働優位か（思想的に右か左か）、覇権の安定性、覇権国との関係
中波　景気循環、ざっと10年で回復、拡大、減速、後退の1サイクル
短波　3年程度で繰り返される在庫循環、日々発表される景気指標、短期しか続かない相場材料

長期投資の投資哲学

書店に並ぶ株式投資のハウツー本は、ほとんどが短波を題材としている。たとえば、外国人投資家が買う株は上がる、決算発表がサプライズだったので株価が動いた、景気指標がよかったので株価が上がった、などだ。一見すると因果関係が非常にわかりやすく、簡単に株式投資で儲かるハウツーをマスターできそうな印象を与えるのかもしれない。実際にどのぐらいの人がそのようなリターンを出したのかの統計があればよいのだが、幸か不幸かわからない。おそらくないのだろう。

その意味で本書は、相場を張る上ですぐに使えるハウツー本ではない。最初はとっつきにくい面があるかもしれないが、少しでも投資の経験や経済に関する問題意識のある人なら、ピンと来るはずだ。すべての現象には原因があり、その原因にはさらにまた原因がある。こうして芋づる式に掘り下げなければ、本質にはたどり着けない。しかも、企業収益など単一の要因で株価が決まるわけではない。もっと多くの複雑な要因が絡み合っている。こうした観点を重視して、長期投資の考え方を、ハウツーではなく根本的な投資哲学を土台として捉え直した。

また、筆者は運用の実務担当者として、投資で成功するには、覇権国である米国の立場で物事を考えるべきだ、と考えている。それは、国際社会の構成員として非主流派より主流派に属する、そうすることで受動的に変化を受け入れるのではなく、能動的に変化を起こす側に身を置いて予測することを意味する。そうすることで、世の中の当たり前には能動的に変化を起こす主体が作り上げるプロパガンダの要素があるということ、逆に言えば世の中の当たり前がある時期を境にコペルニクス的な転換をする事態もあり得る、ということを肌感覚で知るということだ。有り体に言えば、世の中の常識は簡単に変わる。また、投資判断で圧倒的に重要なのは、ガセネタなど不完全情報を前提に、確信度が低くてもジャンプインする他を出す抜くスピード感で、そのためには確率思考も重要になる。

投資の基本は確率思考

現代は「貯蓄から投資へ」のスローガンのもと、個人に金融リテラシーが求められている。新社会人ともなれば、会社が用意する自分の年金の運用で、株を買うかどうかの意思決定を迫られる人が多いだろう。人生百年時代に備えて若いうちから株式投資を始めるべき、との言説まで存在する。しかし、なかなか日本では「貯蓄から投資」は浸透しないのが現実だ。そもそも日本人は国民気質として投資は向いていない、もっと言うなら、そうなる原因がＤＮＡの型や日本人に多いホルモン分泌にある、という見方さえある。

一般的には、投資は恐ろしい、というイメージが先行している。だが、このイメージは正しくない。たとえば、イメージ的には飛行機事故は恐ろしい。しかし、統計的には飛行機より自動車のほうが事故の発生確率は遥かに高い。つまり、飛行機は自動車より安全な乗り物だ。この例と同じで、投資は恐ろしいというイメージは正しいものではない。

ところが、そもそも何が原因で株価はどう動いているのか、なぜ証券投資で被った損失をいつまで経っても忘れられないのか、など基礎的な金融リテラシーなくして、誤ったイメージの払拭は難しい。

本書では、米国は主に第二次世界大戦以降、日本は１９８０年代のバブル以降の経済と金融市場を俯瞰していく。

見えない危機を見る力

先にお断りしておかなければならない重要なことがある。証券業界には、日々様々なニュースが流れる。株価見通しなどの相場観は、人の数だけある。しかも、厄介なのは、こうした言論は、憲法で保障された「言論の自由」を根拠としている。したがって、デタラメに近い相場見通しが世間に流布することも少なくない。

ネットをのぞいてみれば、有象無象のニュースや見立てがあふれている。投資で重要なのは、真偽を見破る眼力、自分の相場観からバイアスを取って物事を客観的に見る力、ポジションを取った後には冷静を維持する精神力だ。そして、見えないもの（ここには危機もあれば機会もある）を見る力だ。そのためには、想像力を必要とする。人間の脳の想像力は、見たことのあるものしか再現できない。ここに歴史を学ぶ必要性がある。また、統計だけでは過去や現状は掌握できても、将来を予測してストーリーを組み立てるには不十分な原因もここにある。

本書の結論

図J－1は戦後米国の株価を物価で実質化し対数表示したものだ。対数表示にすることで、株価上昇に要する本当のパワーが一目瞭然となる。

本書の主要な結論は、今後の米国株価がどう推移するかのイメージについて、1950－68年の安定的な株価上昇局面①の再来が70％、68－80年のような停滞②の再来が30％だ。日本など他国の株価がこれまでと同様に米国株価を後から追いかける構図に変化はないだろう。

米国では、戦後の国際政治経済体制が整備されて以降、1970年頃までは資本と労働が協調するか

図 J-1　米国株価の長期推移

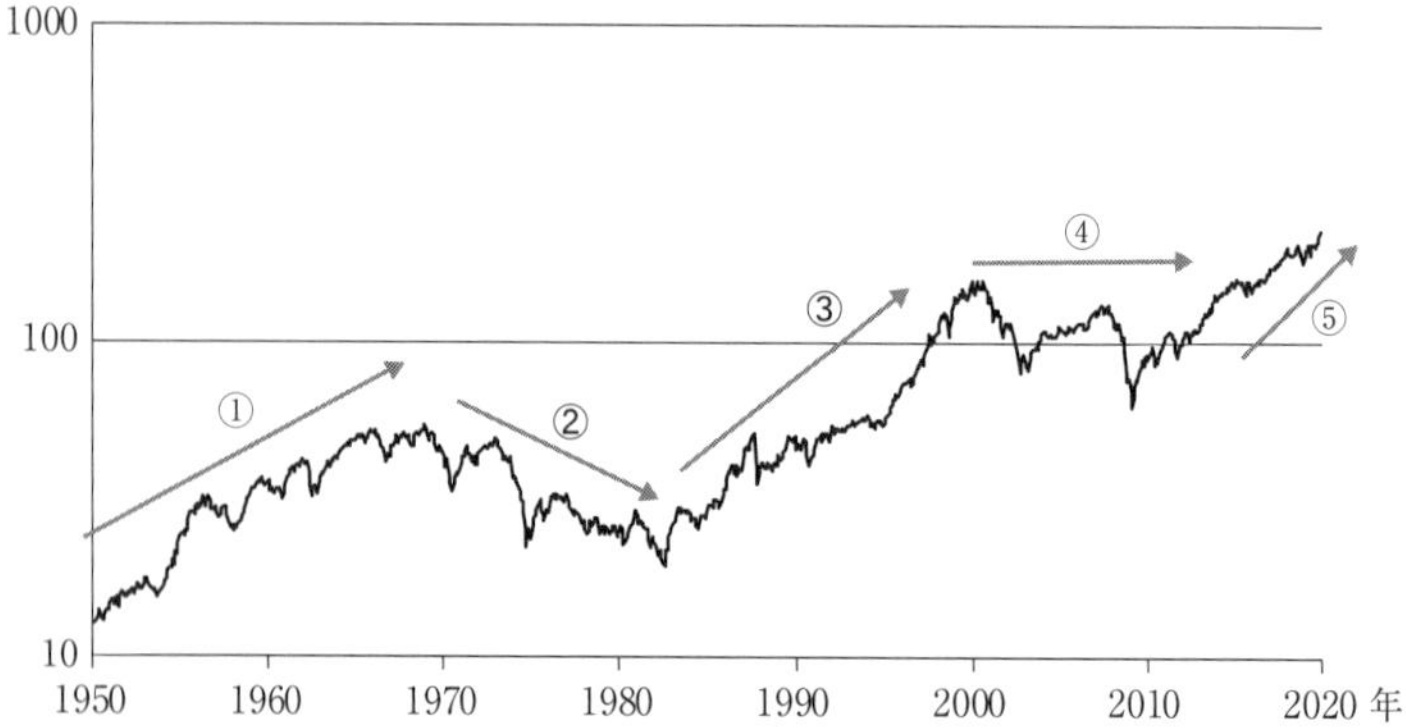

注：株価指数は S&P500 を使い消費者物価指数で実質化して対数表示した。
出所：Haver Analytics の公表データに基づいて筆者作成

たちの理想的な資本主義が展開された。この成果で①の局面の株価は長期上昇トレンドを形成した。しかし、社会保障の充実など「偉大な社会」に邁進した１９７０年代は資本より労働が優遇された。資本の軽視は②の局面で、消費者物価で実質化した株価の大幅な下落に帰着した。１９７９年には当時主流だった『ビジネスウィーク』誌が「株式市場の死」と題する特集を組んでいる。

しかし、１９８０年以降はレーガン革命で労働より資本のほうが優位に切り替わった。その結果、株価は息を吹き返し、10年の長きにわたる低迷期を脱し③の長期上昇軌道に戻った。その流れは90年代のクリントン政権時代まで続いた。そしてその後は、２００１年のＩＴバブル崩壊、２００３年の会計疑惑、２００８年のリーマン・ショックを経て、２０１５年のオバマ時代末期まで、新たな資本主義の理想を模索する時代は続いた。ここが④の局面だ。この時代は、資本が労働よりも優位なままで規制を強化したため、コストの上昇、生産性の低下、労働分配率の低迷が続いた。２０１６年になってやっとトランプ政権は、現実的に資本と労働の両方を優遇するトリックのような方針を打ち出したことで、⑤のようにやや楽観な方向に変化の兆しがやや見えている。
行き過ぎた資本の優遇は正すべきだ。しかし、それが資本の行き過ぎた冷遇のような誤った方向に向かう可能性もないわけではない、今の段階から、正しい方向に正されるのか、誤った方向に行くのか、両者を分けるポイントは何なのかを複数のシナリオを用意して事態の推移を見守るべき局面に差しかかっている可能性が高い。

もう一つの長波で株価を決定する要因は、米国の覇権の安定性、そして覇権国米国との関係だ。戦前の英国の覇権の揺らぎで大恐慌が深刻化したのと同様に、戦後も米国の覇権の揺らぎは国際的な社会、経済、金融情勢に多大な悪影響を及ぼした。ここは米国の外交政策の循環の観点から見る。覇権国米国と対立する国は経済的な損失を被る。この問題では、１９９０年代の米国による日本叩きを教訓として、今後の米中関係を第６章でみる。

中期で株価が上昇するかどうかを決定する要因は、約10年で一つのサイクルを形成する景気の大きな循環だ。経済と金融の自由化がほぼ完成した１９９０年以降については、約10年ごとに繰り返した景気循環の観点で見る。

最後に、短波は短期の循環だが、その時どきの材料を取り上げる。

本書の構成

以下、本書の構成を示しておく。

第１章「危機はなぜ見えにくいのか」では、当たり前のことが実はまったく当たり前ではないことを明らかにする。日本には「長いものには巻かれろ」という諺がある。目上の者や権力の強い相手とは争わないで、それに従ったほうが得策だという意味だ。毎年4月に新入社員が会社に配属されれば、最初に社内の空気として感じることだろう。しかし、近代社会の発展をもたらしたものは、市場経済、民主主義、科学主義、と断じてよい。この三つを集約的に反映するのが金融市場だ。「長いものには巻かれろ」の文化とは相容れない面がある。ここでは、株式市場は国民の敵ではなく味方であることを示す。

第2章「戦後世界経済の牽引役・米国」は、戦前にも触れつつ、主に戦後の米国経済の歴史をたどる。市場メカニズムが機能する米国は、株式相場を動かす長波、中波、短波が非常に明確だ。経済統計も忖度や改竄《ざん》などなくしっかり整備されている。政治家も政治信条を言葉ではっきりと表現するので、社会思想の中軸が右派と左派のどちらに振れ、それが制度としてどう定着したかが明確だ。金融市場の歴史を、あんなことがあった、こんなことがあった、などの出来事の羅列ではなく、個別の事例から一般的な総則を引き出して普遍化するのに適している。歴史は繰り返す、をここで見ておく。

第3章「何が金融市場を動かしているのか」では、１９９０年以降の景気循環の特徴を整理する。そして、第2章でみた歴史の記述を、経済や金融市場を動かす要因で捉え直す。

第4章は「平成の『敗戦処理』」だ。平成時代の日本は、経済、社会、政治など多くの側面で劣化した。しかし、総括があるようで、ない。少なくとも国民的合意はない。したがって、当然のことながら処方箋もない。令和の時代を迎え、ここでは現状認識として問題の所在を明らかにしておきたい。

第5章は「グローバル経済の中での日本の立ち位置」だ。日本を取り巻く環境は、１９９０年代以降のアジアの発展で大きく変わった。それまでの先進国の中での位置づけは、経済力こそあるものの、東洋の遅れた文明の島国だった。しかし、アジア経済の発展により、経済力こそ落ちたものの、西洋と東洋の文明の良さを併せ持つユニークな国として高い評価が確立しつつある。日本がこの追い風に乗って再び上昇軌道に乗るのか、あるいは人口減少や財政赤字の問題から衰退に向かうのか、これから重大な岐路を迎える。目前の問題を直視しておきたい。

第6章「ポスト爛熟資本主義を読む」は、将来の展望だ。現代と1920年代は驚くほど類似点が多い。もちろん1920年代末の世界大恐慌の教訓を踏まえて、それ以後の世界経済システムは、二度と恐慌が起こらぬよう幾重にもセーフティ・ネットを構築した。再びあのような事態に陥ることはないだろうが、それでも状況は似通った面が多くある。たとえば当時もグローバル化と技術革新で格差とテロが広がり、社会主義に理想を見出すほど人々は心の冷静さを失った。社会を覆う不安心理は対外排除に向かい、保護貿易などブロック経済が進展した。

2008年のリーマン・ショック以降はどうだろうか。出来事としては、日々、あまりに多くのニュースが出る。米中の新冷戦、米国トランプ政権の勝手な振る舞い、欧州でのテロ事件、移民排除、ポピュリズムや極右の新党ブームなどだ。これら多くの出来事は、だんだんとかたちを取ることで、単なる出来事の羅列ではなく、社会の底流を成すブローデルの中波や長波に変貌してゆく可能性がある。特に長波で資本と労働の力関係が逆転すると、レーガン革命以来の資本主義の黄金時代が終焉を迎え、70年代のような停滞の時代に逆戻りするリスクがある。しかも、このタイミングで鮮明になったのは米国と中国の覇権争いだ。戦前の英米とドイツの覇権争いは二度の大戦で決着した。戦後の米国とソ連(現ロシア)の覇権争いは約40年後にソ連崩壊で決した。そして2020年代以降に米国と中国の覇権争いがどう展開するか。数十年単位の時間軸を想定しておくべきだろう。

長波である、資本と労働の相対的優位性、米国の覇権の安定性は、経済成長と株価に多大な影響を与える。このシナリオがどう展開するかは、投資の成果にも多大な影響を与える。端的に言うと、金融庁が人生百年時代に推奨する国際分散投資が今後も有効かどうかが決まるのだ。変化が起きてから情報収集したり行動するのでは遅い。変化が起き始めた初期の段階で将来の変化に対する確信度を高めるためにも、本書ではいくつかのシナリオを提示しておきたい。

【序章注】

（1）ファローズ（1995）179ページ。
（2）ルービニ&ミーム（2010）85ページ。
（3）ヘーゲル（1994）上巻19ページ。
（4）同前。
（5）「日本異質論」を示す英語は revisionist である。この言葉の正確な訳語は「現状変更勢力」、つまり米国から見て「(日本は）現状（米国優位）を変更（日本が優位に立つ）しようとする危険なヤツ」だということである。だが、これが転じて「日本は日米逆転を企んでいる」と訴える対日強硬派＝「日本見直し論者」たちの代名詞として使われるようになった。当時、少なくとも米国の立場からは、日本が米国の覇権に挑戦したとの解釈がなされた。この原語と訳語のニュアンスのちがいは、日本が貿易摩擦で対応を誤った根本的な原因と断じてよいだろう。詳細は第4章でみる。なお、2018年以降の米中貿易戦争の文脈でも、米国サイドから見て中国は revisionist と認識されている。
（6）ブローデル（2004）、竹岡（1990）。

第1章　危機はなぜ見えにくいのか

1　見えているようでよくわからない「金融」の姿

一般的に金融のイメージは悪い。日本では特に悪い。この原因は大きく分けて四つあると考えられる。一つ目は、そもそも株価は意味もなく価格が変動するので、株式投資はルーレットやポーカーと同じでギャンブルだとする見方だ。第二は、株式投資は、結局は損をして人生を破滅させる危険な投機だという見方だ。第三は、仮に相場で儲かっても、それはあぶく銭であり汚い金儲けだという批判だ。最後は、ひとたび金融市場が荒れて株価や為替が乱高下すれば、実物経済が振り回されて普通の人々の雇用や生活を脅かすのではないか、いわば尻尾が狂器となって胴体を振り回すことに対する懸念だ。

すべての物事にはメリットとデメリットがある。株式市場も同じで、株式市場を制度面から見れば、メリットを引き出してデメリットを抑制する歴史の連続だ。メリットとデメリットを天秤にかけて、デメリットを大きく減らすように設計するのが正しい公共政策だ。デメリットだけをいたずらに危険視するのは間違いと言っても過言ではない。自動車は便利なものだが、しばしば事故を起こす。事故を免許制や車検など優れた制度設計で抑制し、利便性を国民が享受できるようにルールを整備するのが正しい公共政策だ。事故を理由に自動車を使用禁止にするのは正しい政策ではない。包丁や猟銃も同じだ。

では、イメージを悪くする四つの見方は、どう誤っているのか。市場の持つ公益性の観点から個別に見てみよう。

第一に、株式市場はギャンブルという見方についてだ。プロのギャンブラーにしてみれば、これらは単なるギャンブルではなく、パターンと確率を見抜く知的ゲームと答えるかもしれない。2008年公開の米国映画「ラスベガスをぶっつぶせ」は、実在した米国のMITなどエリート大学の関係者（MITブラック・ジャック・チーム）が、確率論でカジノで勝つことを目論む映画だ。ただし、問題は勝つ人と負ける人の間で所得が移転するだけで、娯楽以上の社会的存在意義はないというのが筆者の見立てだ。

第二の株式投資は危険な投機、第三の儲かってもあぶく銭だという批判は、株式市場を含む金融市場全体の機能に関連する。株式など金融市場の機能とは何か。それは正しい値付けであり、経済をその時どきの正しい方向に先導するダイナミズムを持つ。経験則として株価は方向性と量感の両面で景気の半年前を行く。その意味で、株式市場は、正しく運営されることで国民経済に恩恵をもたらす公共財と位置づけられる。

公共財は公園や道路と同様で、存在することで広く国民に恩恵をもたらす。では、その公共財である金融市場はどう運営されるべきなのか。公正な取引を担保する法制度や効率的な決済制度を前提として、投資家の総意として正しい値付けをするのだ。投資家の立場では、高いと思えば売り出し、安いと思えば買いだ。この投資収益の最大化を目的とする投資行動は、市場全体として見た場合は、総意として景気を正しい方向に導く先導役の役割を果たす。有名なアダム・スミスの「神の見えざる手」は実物経済について述べたものだが、金融市場にもまったく同じ機能を果たすものとして存在する。勤労が所得を生むのとまったく同じ理屈で、金融資産には利息や配当や値上がり益など利得が付く。

筆者は「収益を出せる正しい相場観は正しい時代認識」だと考えている。投資で損をすることは現実にある。特に日本では、１９８０年代後半のバブルの時代以降に株式投資をした多くの人が、株価が底をいったんは打つ２００３年頃までは損失を出した可能性が高い。しかしこれは、この時代のこの国の株式投資だけに当てはまる例外的な事例であり、株式投資一般に当てはまるものではない。むしろこのときの日本は世界の例外だった。世界的には１９８０年から２０００年にかけては、１９７０年代の長期低迷から脱して、長期にわたる大相場に入っていたのだ。

ここでは、平成時代の極地日本で起きた例外を離れて、一般論として、株式市場のそもそもの存在意味と機能とを明らかにしたい。結論的に言えば、金融市場悪玉論は誤りで、むしろ逆に庶民の味方だ。

株式市場が庶民の味方なら、政治の株式市場に対する見方も変わる。世界を広く見渡せば、特に米国など株価に過度ともいえるほどに神経質な国もある。政治としても、実体が把握しにくい民意より、株価こそ総意としての民意の側面を強く持つことを認識したほうがよいのではないか。筆者は個人的には、政権運営の目標の一つに、株価を明示的に取り入れてもよいと考えている。

トランプ大統領の経済に関する考えには、明らかな誤りがある。しかし、そう指摘する勇気のある人はほとんどいないだろう。しかし、「大統領、ご自身が載せた貿易戦争に関するツイッターに反応して株価が急落しています」となら誰でも言えるはずだ。

第四の批判は、株価の変動に関連するものだ。しかし、悪いのは株価ではなく、この場合はトランプ大統領の誤った政策だ。ただ、まれにもっと複雑な場合もあるので、この後の本章５節「市場の暴走」で取り上げる。

本章の構成は以下の通り。

まず、そもそも金融市場とは何なのかを明らかにする。筆者は職業柄、よく「投資って何ですか」「金融って何ですか」と聞かれる。金融の機能は簡単だ。資金が余る主体から足りない主体に融通することだ。融通にあたり、金利や株価などのかたちでリスクも加味して価格を決定するのが金融市場であり投資という行為だ。

しかし、投資の経験者ならすぐにピンとくるはずだ。投資や金融には、金儲けに目が眩む、あるいはギャンブルの感覚を排除するのがいかに難しいかを。ここでは金融市場が存在する大義、その大義により金融市場が国民の味方であることを明らかにする。味方であることがわかることで、金融市場に対する関心が高まり、金融市場に対する偏見が減ずることも期待したい。投資にあたっての心のバイアスの問題は第6章で取り上げる。

大義はいくつかの側面から観測することができる。まずは景気を安定させる作用があることを見る。金融市場が存在することで、歴史的に景気の振幅が小さくなり、恐慌が死語となった。景気の振幅を小さくするためには、政策的には公共投資などの財政政策や利下げなどの金融政策が実施される。

こうした政策が正しいのかどうかの判断は難しい。第3章で見るように、バブル崩壊以降の日本は10年にわたって誤った政策を実施し続けた。この間、専門家の間では様々な政策論争があったが、何にも増して景況の最も正しい判断を発信し続けたのは株価だったと断じてよいだろう。金融市場には、経済政策の内容が正しいかどうかを判断する機能がある。

金融市場に経済を安定させて経済政策が正しいかどうかを判断する発信機能があるとするなら、それは国民の生活とどのように関係するのだろうか。まず、政治に対しては経済政策が正しいのか誤っているのかのシグナルを発信する。政治家は、経済官僚の言葉による説明ではなく、株価という単一の数値で過去との比較、向かっている方向性を判断できる。政策の成否は、選挙結果に直結する。国民にとっての景気とは、つまり雇用の状況だ。雇用面で不安が高まって失業のリスクが高まっていないか、先行きの賃金は上がるのか下がるのか、などのシグナルだ。金融市場にこうした機能があることを知っておこう。

本章では、主に株式市場を取り上げるが、金融市場にはほかにも債券、外国為替、商品、不動産がある。すべての市場が相互に関連しながら動くので、なるべく多くの事例を紹介したい。

ここで読者は単純な疑問が沸くはずだ。そもそも、なぜ金融市場は正しいのか。いつも正しいのかと。政策などは少数の偏差値の高い秀才が集まって、少人数で密室で決めたほうがよいのではないかと。間接民主主義の政治は、建前上は密室ではないことになっているものの、基本的にはそのような仕組みだ。日本の間接民主主義制度の選挙では、主権を持つ国民が国会議員を選出し、国会議員が法案を決める。決して直接民主主義である国民投票では決めない。しかし、見方を変えれば、政治が決めた政策や経済運営が誤っていないかどうかをチェックする仕組みとして市場は存在する。この意味でも市場は国民の味方だ。逆に言うと、市場が機能しない世界では何が起こるのか。歴史の教訓をいくつかの具体例で説明する。

最後に、ここまで市場の持つ機能を礼賛してきたが、うまく機能するには前提条件がある。その前提条件が、グローバル化の後退で大きく変化する可能性がある。今後のシナリオは第６章で取り上げるが、ここでは前提条件に変化の兆しが出ていることを見ておく。

2　日本人を呪縛する「定価」「元本」という概念

日常言語に見る感覚の大きな差異

日本人はよく挨拶で「お変わりありませんか」と聞く。これは「変わりがないということはよいことだ」をある程度の前提としている。一方、米国人は「What's new ?（何か新しいことありますか?）」と聞く。これは、変化があることをよしとしている。これほどまでに変化に対する感覚は日米で異なる。だが、この変化があまりないことをよしとする日本人の感覚は、固定的なものではない可能性が高い。江戸時代の公文書には天下泰平と五穀豊穣の文字が入っていた。しかし、明治に入っての開国後、政府はその日暮らしで時間にルーズな日本人を改造しようとして「立身出世」や「故郷に錦を飾る」という言葉を創造した。新しい義務教育制度や会社制度が創設され、新興財閥がのし上がる一方で、没落する名家が相次いだ。当時の人口は約3000万人だったが、福沢諭吉の『学問ノスヽメ』は100万部ものベストセラーになった。このことの意味は、国民全員が変わろうとしたことの証左だと見るのが自然だ。この時代は社会に変化があることを前提に、多くの国民も自ら変わる努力をしたと見るべきだろう。

近年の日本の若者の間では、保守と革新の意味が入れ変わったと指摘されている。若者の間では、変化を次々と起こす安倍（第二次）政権が革新で、それを批判して阻止しようとする野党が保守だと認識されている。「保守」と「革新」の本来の意味が逆転している。特定の層とはいえ言葉の意味が入れ替わるほどに、平成時代の日本は「決められない政治」など変化の少ない時代だった。

しかし、これは世界の中で日本だけの現象だ。欧米先進国では、社会の変化があまりに激しく、若者が癒しや連帯を求めて社会主義や共産主義を志向する社会現象が起きている。極右も台頭しているが、これは祖国を昔の時代に戻してほしいという高齢者層の願いを体現している。このことだけからでも、近年はＩＴ化とグローバル化で世界的には大変革の時代だったが、平成時代の日本は停滞の時代だったことをうかがい知るのに十分だろう。

日本人を呪縛する定価と元本という概念

停滞の背景に、変化がないことをよしとする日本人の気質があるのは言うまでもないだろう。これを象徴するのが「定価」と「元本」の二つの言葉で、もはや日本人の無意識の領域にまで浸透している。この二つの言葉は、戦後復興期という特定の時代にだけ通用する特殊な経済体制を象徴すると考えられる。にもかかわらず、いかに強く日本人を呪縛してきたかは、明確に認識する必要がある。

定　価

定価とは何かを考えるには、逆に定価が存在しない世界を想像するとわかりやすい。

世の中には多くの市場が存在する。財の受け渡しを伴う一方向の相対《あいたい》の市場は「いちば」、その場では受け渡しを伴わない不特定多数間での双方向の売買は「しじょう」と呼ばれる。金融市場は、金属、穀物などと並んで、市場の代表例だ。市場《いちば》の存在意義はわかりやすい。消費のための売買で、一般の人が日常生活で経験的に知る一方向の売買だ。平たく言えばコンビニやスーパーマーケットでの買い物だ。

では、市場《しじょう》は何のために存在するのか。資本主義は、私有財産制（所有権の絶対性）と取引自由の原則から成るが、取引にあたっての価格は市場で決まる。そのための市場こそ、売り手や買い手の政治的な力関係や組織の上下関係に依存しない適正価格を発見するための機構だと考えられている。金利なら債券市場、株価なら株式市場、為替相場なら外国為替市場で相場が形成される。市場によっては、双方向の売買が自由なので、市場価格を成立させ高い流動性を維持するために売値と買値の両方を示す紳士協定（マーケットメイク）が存在する。これを市場の「価格発見機能」と呼ぶ。

実体が変わらないのに価格だけが変動するのはおかしいのではないか、という反論があるかもしれない。しかし、価格が変動する背景には、社会や状況の変化がある。たとえば、売るタイミングを逃した鮮魚は、値段を下げなければもう売れない。価格変動を社会や状況の変化を映す鏡として素直に見るべきだろう。

市場の持つ価格発見機能は、市場参加者にしてみれば、評価の場であることを意味する。有り体に言えば、よいものは高くなり、悪いものは安くなる。仕事のできる人は給料が上がり、できない人は下がる。ここで注意が必要なのは、日本人が慣れ親しんでいる「定価」だ。最近はあまりに意味不明で英訳できないがために希望小売価格とも呼ばれるが、一般的な口語表現は「定価」で日本人の日常生活に根を下ろしている。この「定価」は、日本独特の商慣行で、世界では理解されない。

価格の基本的な出発点は、労働価値説と呼ばれるものだ。価格を原材料、人件費、輸送コストなど、コストを機械的に積み上げていけば、販売価格になるとする考え方だ。ものを作った人にしてみれば便利な考え方だろう。しかし、現実にはこれは市場経済ではあり得ない。市場経済では、総コストに関係なく、よいものは高く、悪いものは安くしか売れない。市場価格と労働価値説に基づく価格が合致するのが理想的な姿だ。逆に言えば、労働価値と市場価値が釣り合うかどうかで、市場にとどまって商売を続けるか、市場から退出するかが決まる。それが有史以来、商取引が始まって以降の自然な姿なのだ。

その意味では、定価や固定価格は、そうなるようにどこかで誰かが人為的に操作していると見て間違いない。この操作が、海外では一般的には不公正取引と見做《みな》される。というのも、たとえばある洗剤メーカーがある製品の固定価格を維持することの意味は、そうなるように操作しているわけで、操作する以上は利益を得ているはずだ。こうして得られる利益は不正なものとみなされるのだ。

原理は金融市場でも同じである。これは外国為替相場の歴史を思い起こせば理解しやすい。かつて日本の円／ドル相場は３６０円の固定相場だった。固定相場は、そうなるように政府・日本銀行が無限の市場介入をして売買する、という決意表明にすぎない。したがって、維持できなくなればあっさりと変更される。１９７１年のスミソニアン協定では、そうして変更され円／ドル相場は３０８円となった。かつては英国ポンドは対ＥＣＵ（現在はユーロ）と固定相場制度だったが、維持不可能と見てポンド売りを仕掛けた投資家のジョージ・ソロスに負けて、92年にあっさりと切り下げた。固定相場は、維持できなくなればあっさりと変わる。金融市場とスーパーマーケットでは価格形成の原理原則が、イメージ的には異なるかもしれないが、実のところまったく同じ原理で動いている。

元本

金融市場では価格が日々動くことが、ニュース報道などでも広く知られている。株価、為替相場、長期金利、最近ではビットコインなどの価格が、小動きにとどまることもあれば、乱高下することもある。総じてみれば、この価格の変動について、多くの人は不健全なマネーゲームのようだと悪いイメージを持っている。

しかし、ここまで見たように、価格は変動するほうが自然な姿なのだ。投資において定価と同等の機能を果たすのが元本だ。本来は投資において元本という概念は馴染まない。投下した瞬間からそれは価格が変動する変動相場の世界に入ったのだ。

ではなぜ日本人は、定価や元本を信用するのか。物事には、普遍的に成立する原理原則と、特殊な条件下でのみ成立する物事がある。日本は敗戦後、焼野原からの復興の過程で、市場経済とは異なる特殊な統制を敷いた。この特殊な統制は、前にも述べたように、1980－90年代に日米貿易摩擦や日米構造協議で米国サイドから市場経済とは異なる異質なものとして問題視され、外交問題にまでなったものだ。それは、個人貯蓄を預金として銀行に集中させる金融システム、企業には超過利潤が出るように定価を認めるなど供給体制を重視する特殊な経済体制だった。この特殊な体制は、詳細は第5章で見るが、「1940年体制」と呼ばれる。この体制が長く続いたことが、「定価」と「元本」が日本人の無意識に深く浸透した理由だと考えられる。

しかし、順調に経済発展した日本は、1980年代以降は先進国となった。言い換えれば、経済発展の手本はもはやない。社会主義のような1940年体制を解除して市場経済に早く移行すべきだったのだ。これは、資金を銀行に集中する必要がもはやなくなったことを意味する。資本の配分や資金の循環を、元本と利息を是とする銀行部門ではなく、元本がなく変動相場の金融市場が決める投資の時代への移行だ。そうなると、発展のために資金が必要な産業を、銀行ではなく金融市場が選別し、値付けすることになる。定価によって設備投資の資金を捻出するため、企業部門に超過利潤を出させる必要性はもはやなくなった。豊かな社会で、ほぼすべての財・サービスが売り手市場から買い手市場に移行する。企業の販売価格は、一律の超過利潤ではなく市場の需給を反映する市場価格とすべきなのだ。

産業構造が変化すれば雇用制度も教育制度も玉突き式に変化する。こうした変化が滞ったことが、冒頭に述べた平成時代に保守と革新の言葉の意味が入れ替わった原因と見てよいだろう。

日本人の価格の変動を避けようとする傾向について、日本人のＤＮＡや国民気質に起因するものとして説明する見方はある。しかし、日本には、必要に迫られれば明治維新や戦後復興を成し遂げた実績がある。日本人が変化を嫌うＤＮＡを持つのは真実であろう。しかし、そのことと、日本が環境変化に合わせて生き抜く力があることとは、別問題だ。

日本人は極めて器用な民族だ。外来の文化や文明を接ぎ木のように簡単に取り入れる。しかし、元本と定価がここまで広く日本人に浸透した原因は、戦後社会を代表する評論家である大宅壮一の言葉を借りると、「過剰適応」した結果だと考えられる。過剰適応してしまったがゆえに、平成のＩＴ化とグローバル化の時代になって世界では大変革が起きたにもかかわらず、これには適応できなかった。その結果として、平成時代の経済の停滞を招いたと考えられるのだ。

定価も元本もない世界

定価や元本の概念を変えるだけで、変動相場、それを当然とすれば価格交渉が当たり前となる。逆に定価と元本を信奉し続けることは、ガラパゴス化が継続することも意味する。というのも、たとえば定価に過剰適応した日本人は海外で価格交渉ができない。ある意味でカモにされているとさえ見る向きもある。

価格はすべての交渉に関わるので、単なる海外での買い物だけではなく、この後で取り上げる円・ドル相場に関するプラザ合意の際の日米間交渉、日米半導体協定の交渉、トランプ政権との貿易交渉などすべてに関わる。グローバル化の行き過ぎから各国が自国第一の姿勢を鮮明にする中、個人の買い物、企業や政府の国際交渉を優位に進めるためにも、適正価格を自ら考えることが必要な時代なのだ。

日本人と金融

現代の日本人にとって金融は最大ともいえる不得意分野だ。世界的にも日本の自動車や高機能部材など強い国際競争力を持つ産業がある一方、金融は弱い。

しかし、詳細は各論で述べるが、江戸時代のすぐれた金融制度、市場の機能を世界で初めて見抜いた大坂（現・大阪。以下、当時の表記「坂」を用いる）の町人など、とても現代の金融を不得意とする日本人とは整合的でない事実がある。

戦後の日本と日本人にとって、特殊な戦後の一時期だけに過剰適応した考え方を改めることは、戦後復興を終えて先進国にキャッチアップした1980年代に本来なら済ませておく必要があった。しかし、今からでも遅くはない。日本経済の今後の発展のためには、この転換は必要だ。

3　死語となった「恐慌」という言葉

「恐慌」が死語になった

金融のイメージをよくするために、まず最初に金融市場が果たすほぼすべての人が恩恵を受けている重要な機能を説明しておこう。この恩恵は、英米では当たり前として認識されている。しかし日本では、金融悪玉論の最大の根拠とされることが多い。

戦前までの景気循環は、好況↓銀行恐慌↓商業恐慌（デフレを伴う景気後退）↓不況↓好況と循環した。もともとは商業恐慌には明確な定義があったが、戦後は起こらなくなったため死語同然になった。恐慌は18世紀以降では、1819年、1837年、1866年、1873年、1893年、1920年代の大恐慌と頻発した[1]。特に1873年の不況は、1930年代の大恐慌に悲惨さで凌駕されたために今ではあまり語られないが、それまでは史上最悪の恐慌とされた。最も深刻だったのは当時の覇権国だった英国だが、米国にも波及した。当時の米国は新興国で、新興産業だった鉄道がブームとなったものの、過剰投資で破綻が相次ぎ、それが銀行の破綻へと連鎖的に波及して株式市場に大きな混乱をもたらした。

戦後はこれが一般的な言葉使いとして回復、拡大、減速、後退の四つの局面に変わった。何が変わったかというと、銀行恐慌と商業恐慌が起きなくなった。そして、デフレもバブル崩壊後の日本を例外として、先進国では起こらなくなった。

現代の経済政策

それはなぜか。銀行恐慌や銀行恐慌が発生しなくなった理由は大きく分けて三つある。

一つ目は、金融政策だ。戦前は金融現象としてデフレは頻繁に起きていた。それを、2%前後の安定したインフレ率となるよう金融政策運営の自由度が大幅に改善された。

二つ目は、当局が銀行の経営の健全性に対する介入を強めたことで、破綻するようなリスクは取れなくなった。また、預金準備制度が整備され、破綻処理も預金取り付け騒ぎも起こらなくなった。もしそれでも現実的な銀行恐慌を阻止する必要が生じたら、中央銀行が最終手段である「最後の貸し手」として登場する。このように金融行政の主要な目的の一つが、銀行破綻の連鎖による信用秩序の喪失の回避となった。信用秩序がキーワードだ。

三つ目は広義の政府の介入だ。かつては失業保険、医療保険、景気対策の公共投資など政府が社会や景気を安定させる手段は存在しなかった。1930年代の米国ルーズベルト大統領がこうした政策を史上初めて実施したニューディール政策は、一度は最高裁で違憲とまでされるほど、当時の常識とは相容れないものだった。しかし、今では合憲であり必須の政策になっている。そこまで政府が経済に介入する度合いは大きく変わった。商業恐慌に至る前に景気悪化に歯止めをかける手段となった。

経済政策の前提

この三つの政策が機能する前提は二つある。

一つは、価格の柔軟性だ。かつて通信手段と鉄道など輸送手段が貧弱な時代には、需要と供給の不一致により、売れ残った地域では価格が下がり、不足する地域では価格が上がる現象もよくみられた。特に生鮮食料品がそうだ。しかし、通信手段と輸送手段の発達でこうした需要と供給の不一致は大きく改善された。

また、通常コンビニでは商品を定価で売っている。しかし、食品の廃棄ロスが長年問題視され、近年やっと対策が取られ始めた。一言でいうなら、賞味期限の近い食品や使用期限の近い商品を定価より安い値段で売り捌くのだ。どこまで値引きするかというと、売れるまでである。価格の変化に応じて需要量が変化するのだ。

一般的には、価格が上がれば需要である売上数量は低下し、価格が下がれば増加する。戦後復興期の日本では、加工食品も含め工業製品は、政府の方針で定価が定められ、日本人の生活に常識として定着した。しかし、生産者はどのくらいの量が売れるかの予想が当たるとは限らない。したがってどうしても売れ残り、余りが出る。

しかし、価格が柔軟になり、それをネットなどで広く知らしめる手段が発達したことで、売れ残りを減らすことが可能となった。なお、社会主義時代のロシア（ソ連）では、価格は政府の公定価格だけだった。だが、現実には闇価格が存在した。不足すると価格が上がり、余ると下がる。そうすると、余った地域から不足する地域にその財が輸送される。両地域の売り手も買い手も、ともによい取引ができて喜んだはずだ。一方ソ連政府が闇価格の取り締まりを厳しくすると、不足する地域では行列ができ、余る地域では余ったまま放置された。この西側諸国にはなかった慣行で庶民に溜まった不満が、ソ連崩壊の主因になったと断じてよい。このように変動価格は売り手と買い手の双方に恩恵をもたらす。

もう一つは金融市場の存在だ。勤労者は自分の目の前で起きている価格の変動や売れ行きの変動については当然よく知っている。しかし、そこから世の中の全体像をうかがい知ることは難しい。しかし金融市場の参加者は、それらの全体像を見ることで、全体が最適化される過程を見ることができる。最適化は、個々の勤労者が自分の商売をよくしようと試みることで、全体がよくなることだ。

こうした政策や最適化のおかげで、金融自由化がほぼ完了した１９８０年以降、景気循環の変動幅はより小さくなった。しかも、景気の後退期間が短くなり、拡張期間が長くなっている。情報通信技術の発達で、もはや不足する情報はないところまできている。輸送手段の発達で、需要と供給がうまく合致するようになった。

金融市場は、将来起こる変化を先取りし、それを誰にでも見えるかたちで表す。そうすることで、先々の変化を天下に知らしめているのだ。端的に表現すれば、景気が悪化した時、政府や企業の対応策

図1-1　米国実質GNP前年比成長率

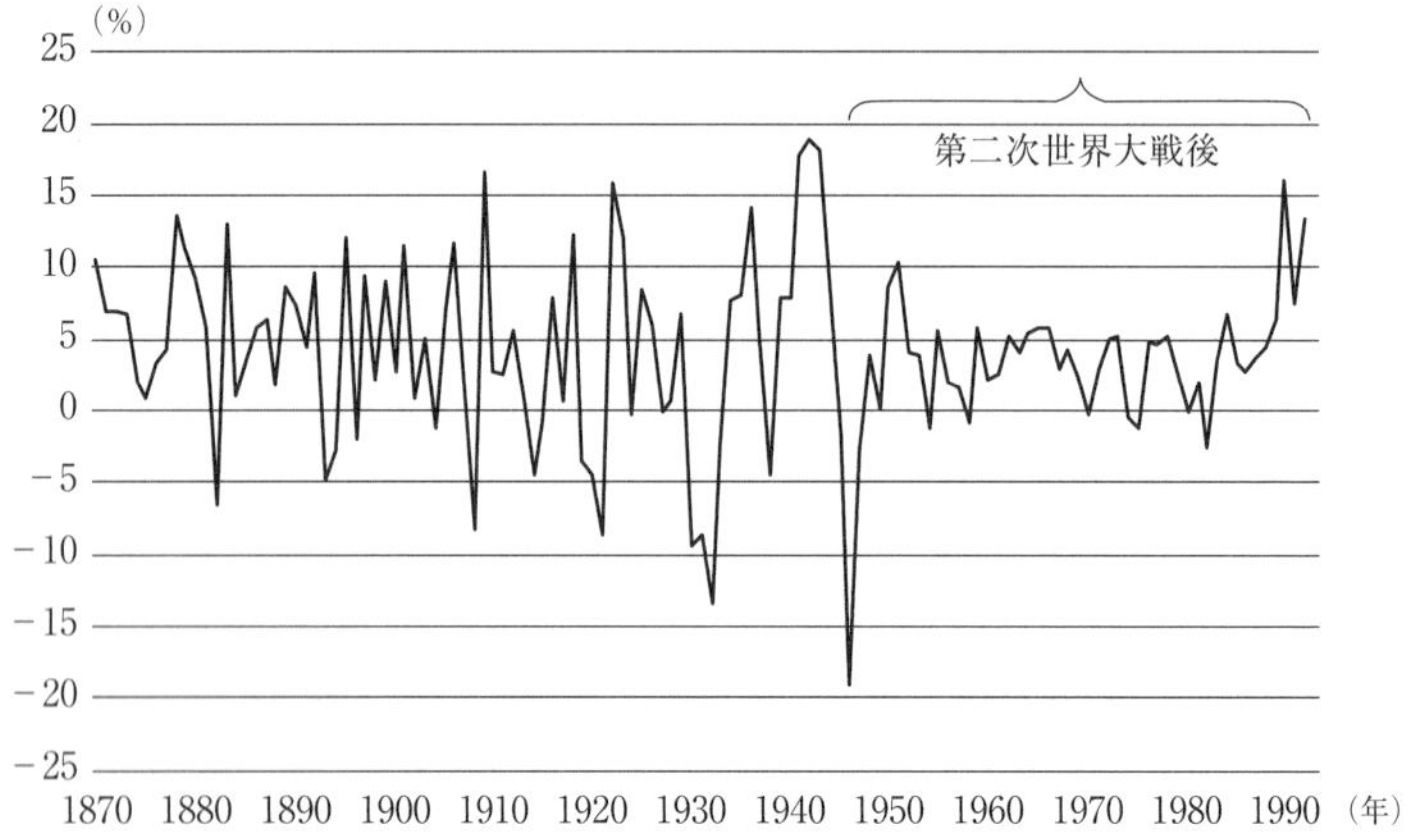

出所：『マクミラン新編世界歴史統計　南北アメリカ歴史統計：1750-1993』データに基づいて筆者作成

が十分なら株価は反転して上がり、不十分ならさらに下がる。十分な対応策を取れ、と政府や企業に迫る機能を果たしているのだ。

市場は危機を知らせる炭鉱のカナリア

かつて鉱山では、石炭や金など鉱物を掘り出す過程でガス漏れが発生し、工具やブルドーザーの摩擦で火花が発生して爆発を起こす事故が絶えなかった。そこでなるべく早くガス漏れを探知するために、ガスに敏感なカナリアを置いたとされる。ここから、危険を早い段階で察知する同じ機能を有するとして、金融市場は炭鉱のカナリアにたとえられることが多い。

恐慌が単なる不況に変わったことの意味は、景気循環の波が大波から小波に変わったことだ。しかし、金融市場の価格変動はより大きくなった。実物経済の変動が小さくなったのと引き換えに、金融市場の変動は大きくなったのだ。その証左が図1−1だ。戦後になって振れが小さくなっている。戦前は極端に大きなブレが頻繁に生じていたが、戦後は小さくなった。戦後しか知らない人にとっては大きな変動に見えるかもしれないが、それはかなり小さくなった後の姿なのだ。なお、現代の国民経済はGDP（国内総生産）で表示されることが多いが、かつては海外との利息や配当金など要素所得の受払を加味した後のGNP（国民総生産）だった。ここでは19世紀との連続性からGNPで表示した。

ここに多くの誤解がある。金融市場が大きく変動することで、景気はより大きく振れるようになったという批判である。この批判は、金融市場悪玉説の根拠となる場合が多いのだが、真実はまったく逆なのだ。

4　金融市場は総合的な経済のシグナル

金融市場の先行性

金融市場に景気の先行性があることは経験則で広く知られている。ここでは二つ実例を示しておこう。一つは長短金利差（イールドカーブ、図1－2）だ。これは長期金利から短期金利を差し引くだけなので、誰でも簡単に計算できる。

景気の先行きを示す先導役で、これが高まれば景気好転のサイン、低下すれば悪化のサインを示す。長短金利差がマイナスになる状態を逆イールドカーブと呼び、不吉な景気後退のサインを示す。なぜか。

理由は大きく分けて二つの見方がある。一つはたまたま説だ。景気後退の前にたまたま観測されるだけで、直接的な因果関係はないとする見方だ。逆イールドカーブの出現から実際の景気後退までの期間が短かったり長かったりまちまちなのは、因果関係があるからではなく、たまたまだからとする説の根

図 1-2　景気に先行する長短金利差
（10 年国債金利マイナス政策金利［FF レート］）

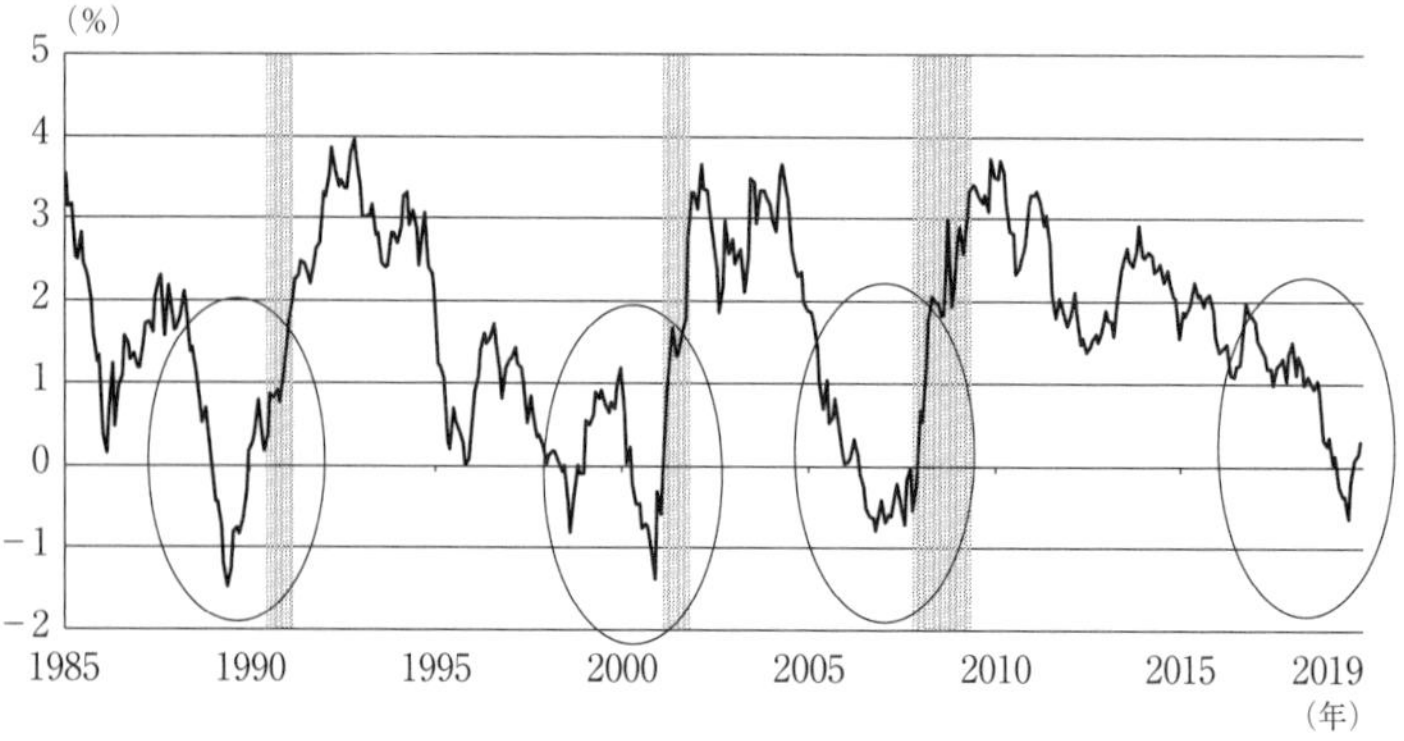

注：網かけ部は景気後退期
出所：Haver Analytics の公表データに基づいて筆者作成

拠とされている。

もう一つは必然説で、筆者はこちらを支持する。銀行は普通預金や1年定期を原資に30年の住宅ローンや10年の企業向け設備投資資金を貸し出す。銀行にとっての収益源は貸出金利と預金金利の差、いわゆる利鞘だ。したがって、銀行は利鞘が高まれば貸出のスタンスを積極化させ、縮小すれば消極化させる。長短金利差がマイナスになると、銀行は利鞘がマイナスになるため、貸出どころか逆に、貸し渋り、さらには貸し剥がしを志向するようになる。そして、銀行の貸出の量の増減は景気に直結する。

二つ目は、景気先行指数と株価（図1－3）だ。金融の世界では「株価は景気の半年前に動く」と言い伝えられてきた。たしかに過去の景気先行指数と株価を比較すると、類似の動きを示す。景気先行指数は景気のざっと半年前に動くことを想定して作られるので、株価の先行性は正しいことになる。

このように、金融市場には先行性がある。逆説的に言うなら、そうなる値付けこそが金融市場の正しい値

図1-3　日本の景気循環と株価の連動性

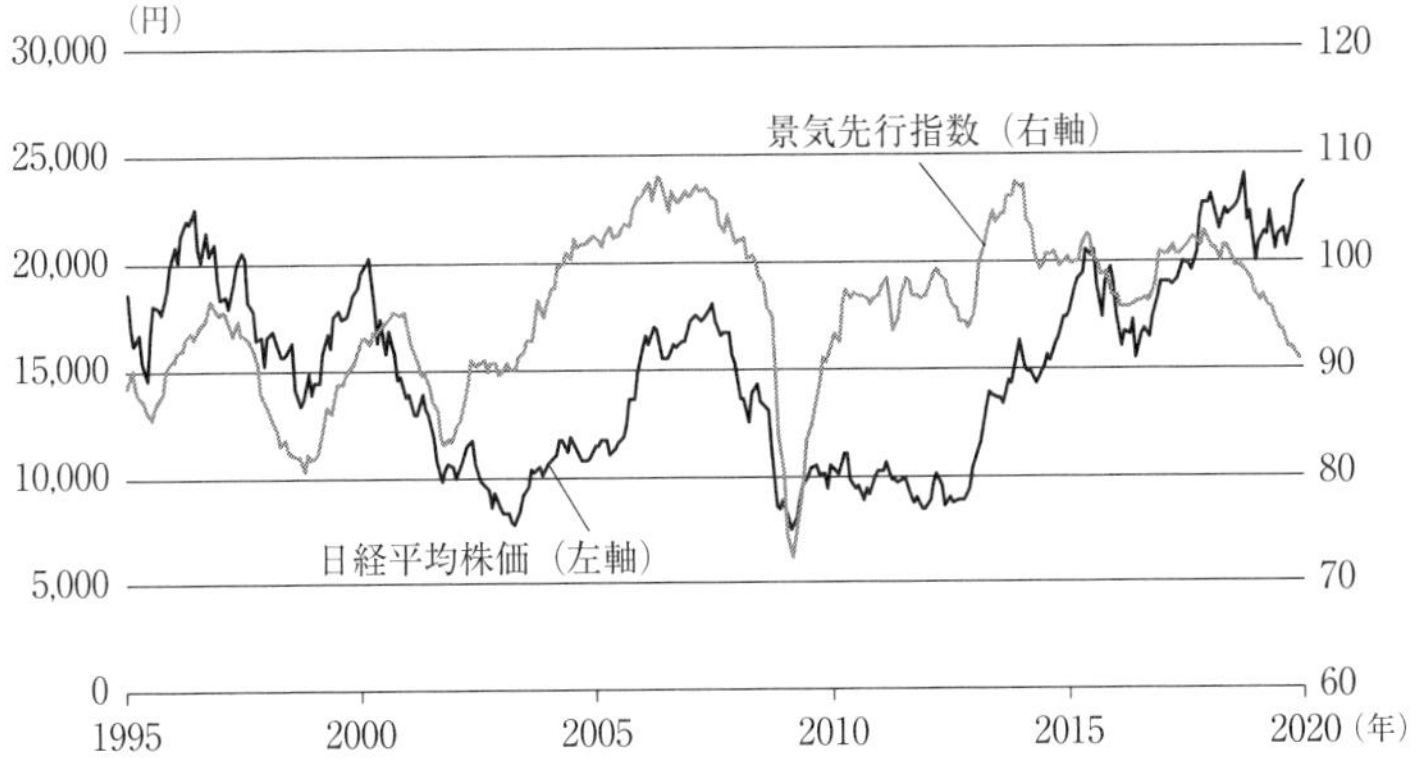

注：景気先行指数は内閣府発表、株価は月中平均値
出所：Haver Analytics の公表データに基づいて筆者作成

付けであり、正しい値付けが実現するように金融市場をインフラとして整備するのが正しい公共政策であり、市場運営だ。そのためには、投資に参加する投資家のすそ野は広いのが望ましい。

江戸時代の大坂の町人の先見性

金融市場の有効性を歴史上初めて発見して著書に残したのは大坂の町人である山片蟠桃《やまがたばんとう》だ。山片は江戸時代に仙台藩の米を独占的に扱って大坂堂島の米先物市場で活躍した。結果として財政的に貧窮した仙台藩を立て直し、隠居後に自身の経験をつづったのが1820年に完成した『夢ノ代《ゆめのしろ》』だ。そして「天下ノ知ヲアツメ、血液ヲカヨハシ、大成スルモノハ、大坂ノ米相場ナリ」と書き残した。(2) この意味は、天下の無数の人々がそれぞれに知恵をめぐらし、売買に参加する結果として大成がもたらされるということだ。ここでの大成は、市場メカニズムによってもたらされる経済的な効率と厚生の最大化と理解してよいだろう。

市場について「人気ノ聚《あつま》ル処」であり「又コレ天

ナリ、又コレ神ナリ」と蟠桃は東洋的な天、西洋的な神とまで形容する。江戸幕府は朱子学を官学と定めた。山片蟠桃を敢えて「日本人」と呼ばないのは、江戸文化に染まらない実学が重視された大坂の地だったからこそ発見できたと考えられるからだ。

アダム・スミスの有名な「見えざる手」は、実物経済について述べている。相対での売り手や買い手が需要と供給の法則で最も効率的な市場で価格決定と配分がなされることを説いている。そこで決定的に重要な役割を果たすのは人々が自らの利益を求めて利己心から生じる競争で、競争が十分に作用する結果として望ましい均衡点に到達する。格差が問題視される現代だから敢えて付け加えるなら、アダム・スミスは、過度な利己心が社会に不調和をもたらさないよう憐憫の情や同感の原理が不可欠だとする。

しかし、売買を取引所に集中させる金融市場が持つ市場メカニズムの有効性は、筆者が知る限り山片蟠桃が世界で初めて文書に残した。古くから英語には「市場は何かを知っている」など市場の価格が正しいことを示す伝承はある。しかし、明確な文書を残したのは大坂の町人が初めてだ。

翻って、現代に生きる日本人の市場に対する信頼感は、いつごろ、何をきっかけに、どのように霧消してしまったのか。

事実上のエリート信仰

日本では、市場は価格や評価を決める機能を持つが、その機能なら市場より少数のエリートが集まって密室で決めるほうが優れた意思決定ができる、とする風潮がある。現に企業や政府の様々な意思決定の現場では、事実上そうして決定されている。

この原因は日本でのエリート信仰にあると見てよいだろう。エリート信仰の元祖は中国の科挙にまでさかのぼる。開国までの日本はアジアでは珍しく科挙を統治の制度として導入しなかった。しかし、明治の開国の時代に地域社会で自然発生的に誕生した寺小屋や藩校などの制度を改め、学校制度を統一した。学校は偏差値によって序列がほぼ固定化され、卒業後の就職へと続き、地位の相続こそないものの、事実上の科挙制度のように機能した。偏差値信仰は科挙の伝統を取り入れたアジア諸国に共通の現象となっている。

市場＝集合知

だが、近年の研究で、エリートが密室で決定するより、多様性のある市民が民主的に決めるほうが優れた意思決定ができることが「群衆知」として証明された。これは、鳥やイワシの群れがリーダーに導かれていないのになぜ美しい群れを形成して移動できるのか、ミツバチやアリはなぜ最短距離でエサや巣を発見できるのかなど、自然界の研究から導かれた事実に立脚する。身近なこうした事例を紹介したベストセラーに『「みんなの意見」は案外正しい』がある。[3] この本ではグーグルの検索が他と比較して格段に正確な原因は、アルゴリズムに群衆知の原理を取り入れたからだとされている。以下がその原理の数式だ。自己組織化と複雑性の理論家であるスコット・ペイジが「多様性予測定理」として定型化した。[4]

集団的誤差＝個人的誤差の平均－予測の多様性

難しいようだが、原理は意外と単純だ。集団が持つ集団的誤差は、答えに多様性があることで、個人の誤差の平均より、必ず小さくなる。ただし、個人の予測が目上の人など他人から無言の同調圧力を受けない独立性を持つなどの条件がある。この条件は、山片蟠桃の思想との関連では、江戸の権威に屈しなかった大坂の町人の実学を功利の基準とした江戸のイデオロギー体質からの独立性に相当する。多様性は、知識、視点、解釈、問題解決方法、予測モデル、など認知の多様性だ。多様性は、ネットワークを通じた弱い紐帯[5]で強化される。強い紐帯は同調圧力のため視点や知識の多様性にはマイナスに作用するため、ここでの観点では弱いほうがよい。

アングロサクソン諸国では、集合知は古くからの知恵として定着している可能性が高い。英国では第二次世界大戦の暗号解読でも生かされた。1941年9月6日にチャーチル首相は、英国政府暗号班を訪問した。この組織こそが第二次世界大戦の趨勢を決定づけた、ドイツの暗号「エニグマ」の解読に成功したのだ。チャーチルは勝利をもたらしてくれる組織がどんなものか自分の目で見たかったようだ。そこでチャーチルは多種多様な異能集団に驚かされる。数学者、言語学者、焼き物の名人、美術館の学芸員、全英チェスチャンピオン、トランプのブリッジの名人などがいた。暗号解読に集合知の知恵が活かされていることがうかがわれる。

暗号班は、後に予算増額の嘆願をチャーチル首相宛てに出して快諾されている。そして、暗号解読者をリクルートする予算を獲得して、新聞広告にクロスワードパズルを掲載し、適任者を絞り込んだ後、試験を受けさせて2名採用している。科挙のような試験合格者しか受け付けないエリート信仰とは異なる異能集団の勝利は、英国では集合知が古くからの知恵として活かされていたことを示す傍証だ。

「全員経営」

集合知は実は日本人にはなじみのあるものだ。パナソニック（旧・松下電器産業）の創業者の松下幸之助は、経営の要諦を「全員経営」だとした。ユニクロなどまったく同じ「全員経営」を経営理念に掲げる企業は多い。京セラのコンパ、ホンダ自動車のワイガヤなども同じ理念だと位置づけられる。

有名な企業経営と実例をいくつか出したが、多様性を重視する風潮は近年とみに強くなっている。

マーケット・デザイン

日本では市場に対する信頼が低い一方、米国や英国など海外では高い。正確に言うなら、高い信頼が置ける公正な市場になるよう不断の努力を続けている。それは、価格発見機能が集合知の結果として発揮されるよう、マーケット・デザインを整備するということだ。マーケット・デザインとは、金融市場の制度設計という意味合いだ。

マーケット・デザインの整備は、相場操縦など異常な価格変動の見張り、インサイダー情報の取り扱い、ウソや流言など風説の流布の取締り、情報の非対称性の解消など多岐に及ぶ。

近年のマーケット・デザインは、需要と供給をお互いに理想的なかたちで合わせるマッチングとして独自に進化し、様々な市場で応用され実際に使われている。最も有名な例は配車アプリのウーバーだ。

戦時下のマーケット・デザイン

株価は戦争の勝敗まで織り込む。第二次世界大戦中にマーケット・デザインの対応が極端に分かれたエピソードを紹介しておく。

第二次世界大戦中の米国は、株式市場をいつでも普通に売買ができる状態に維持した。するとミッドウェー海戦など節目の決戦で勝利するたびに株価は上昇した。為政者にしてみれば、自由な意見を表明する場として株式市場のシグナルを重視したということだろう。それは、軍事に関する情報を軍部だけに頼らないでダブルチェックする体制にしたとも表現できる。

日本は、たとえばミッドウェー海戦で惨敗したにもかかわらず、国内向けには勝ったと宣伝した上に、政府系ファンドが株を無理に買い支えた。ドイツは株式市場を閉鎖した。

この事実だけでも、市場が正しいシグナルを発するということ、正しくするために正当性のない規制を設けてはならないことがわかる。都合の悪い正しい情報を消したい独裁国家が、正当性のない規制で市場を歪める行為はあってはならないのだ。

5　市場の暴走

10年ごとに程度の差こそあれバブルが発生する現実

ここまで、日本人には世界でも類を見ない「定価」「元本」が、歴史的な経緯もあり、思考と生活にしみ込んでいることを見た。また、金融市場が公正な価格をつける社会の公器の機能を果たしており、社会の悪玉ではなく善玉であることを書いた。こうした認識には国際比較すると大きなギャップがあり、多様性のある社会ほど市場に対する信頼度は高い。日本は言うまでもなく、多様性も市場に対する信頼もかなり低いほうに属する。

しかし、このような見解に対して、多くの反論も出るだろう——では、1990年頃の日本のバブルの生成と崩壊は何だったのか、2001年の世界的なITバブルの生成と崩壊は何だったのか、2007年のサブプライム危機、2008年のリーマン・ショック、それに引き続いて起きた世界的な金融ショックは何だったのか、と。

1990年以降の米国では、産業や金融の自由化が進んだ結果、金融政策のかじ取りさえ間違えなければ、低インフレと高成長が実現可能とする「大いなる安定（グレート・モデレーション）」という見立てが真実だと信じられるようになった。1990年から2007年にかけては、FRBのグリーンスパン元議長やバーナンキ元議長が講演など公の場で「大いなる安定」を声高に主張した。しかし、2008年のリーマン・ショックで、完全な誤った考え方なのではないかと強く批判されることとなった。そして現実に規則が実施されている。

とはいえ、そこからすでに10年以上が経過し、その間にもある程度の低インフレと高成長を実現した。「大いなる安定」は、完全に誤った考え方ではないものの、金融市場は常に注視する必要性があり、異様な兆候が出れば早い段階で警鐘を鳴らして対応策を取るべきという点では国際的な合意ができたはずだ。そして現実に規制が実施されている。

ただし、こうした警戒すべきという規制体系の刷新は、目新しいものではない。詳細は第3章でみるが、現実にはざっと10年ごとに大きな金融危機が発生し、そのたびに類似の対応策をとってきたのだ。それでも対策後、数年も経てばまたバブルの生成や崩壊、そして通貨危機や金融危機を繰り返してきたのだ。金融自由化や金融政策の枠組みなど、現代と比較可能という意味で連続性がある1990以降の米国内だけでも、91年頃の不動産バブル崩壊、2001年のITバブル崩壊、2008年のリーマン・ショックなどだ。国際的には、1995年のメキシコ通貨危機、1997年のアジア通貨危機、

1998年のロシアのデフォルト、近年では2018年のトルコの通貨暴落などだ。発火点はちがっても株式市場や債券市場をも巻き込む金融危機は頻繁に起きている。

この現実はどう認識すべきだろうか。

市場は暴走する

市場が時として誤ることは、もはや歴史の真実といえる。誤りにもレベル感があり、大きく誤った場合には市場の暴走といえる状況を作る。すでに相当数のバブルの生成と崩壊の実例があることから、研究は出尽くしたといえる。

中でも古典とされるのが米国の経済史家で有名なキンドルバーガーの『熱狂、恐慌、崩壊　金融恐慌の歴史』[6]だ。この本の「推薦の辞」をピーター・バーンスタインが寄せている。バーンスタインは、資産運用の実務者、著名な年金や信託基金の運用委員会メンバー、『リスク』[7]や『証券投資の思想革命』[8]など広く人口に膾炙した著名な金融経済関連の著述家である。そこで「キンドルバーガーがここで語る教訓は単純明快である。『市場は総体としていえばうまく機能するが、……ときに躓き、支援が必要になる』」と明快に述べている。

市場が総じて正しいことはすでにみた。しかし、暴走することもある。ここから二つの選択肢が生じる。それでも市場に高い信頼を置くべきか、それだからこそ低い信頼しか置かないべきか。

この問題を考えるために、なぜ市場が誤るのか、ときとして暴走するのかを考えてみよう。なお、市場の暴走は金融市場だけで起きるわけではなく、一般の消費財など普通の人の普通の買い物でもまま起きている。

市場暴走の原因：「人間だから」説

チャールズ・マッケイの『狂気とバブル』[9]は1841年出版の名著で、この年までに発生した金融を含む資産市場の三つのバブルの例を含め、魔女狩りなど人間の愚行という観点でまとめた大著だ。副題には「なぜ人は集団になると愚行に走るのか」とつけられている。

いつの時代にも、その時代ならではの愚行が見られる。それは陰謀や謀略、あるいは空想や夢想から始まる場合もある。利益や刺激を求める気持ち、他人と同じことをしていたいという気持ちなどで、さらに拍車がかかる。ごく普通の市民が何かにとりつかれたかのようになり、それが社会全体に広がる妄想となり、社会全体が理性を失い、歴史に残る事例となったのだ。

愚行の実例として、中世の魔女狩りや十字軍、星占いや磁気療法が挙げられている。この本の第1章は「経済バブル」だ。18世紀フランスで発生した当時は新興国だった米国のミシシッピ川流域への開発投資ブームであるミシシッピ会社事件、18世紀英国で発生した株式会社制度の不備から発生した南海泡沫事件、17世紀オランダでチューリップの球根に一軒家を買える値段がついたチューリップ・バブルが経済バブルの実例として詳述されている。ここではこれらを個別には説明しないが、バブルの歴史には名高い事例で欧州三大バブルとされている。

マッケイの慧眼は、金融市場のバブルをほかの人間の愚行と同列視した点にある。悪いのは金融市場ではなく、人間だという考え方だ。この考え方は、近年になって、人類の進化の結果だということも明らかになっている。

ハラリの著書『サピエンス全史』（上・下）は、人類は社会の事実の中から広く共有できるものだけを選択して、いわば社会全体での主観を構築して生き延びたことを明らかにした[10]。人類の歴史において、肉体的に優れたネアンデルタール人が滅亡する一方、ホモ・サピエンスは体力的には劣るものの、お互いに意思疎通をして協力し合うことで生き延びたと考えられている。

なぜホモ・サピエンスだけには、それが可能だったのか。協力し合うことが可能だったのは、想像してストーリーを作る脳のメカニズムにあった。他者の思考を推論することで、生きる知恵として協力と秩序をもたらした。バラバラな事象をストーリーづけて理解する思考は「認知革命」と呼ばれる。そして、社会全体で事実の中から、広く共有できるものだけを取捨選択してストーリーを作ったのだが、それを「虚構」と見做した。マッケイが指摘した愚行である中世の魔女狩りや十字軍はこの典型例だろう。

思い返せば、こうした愚行は現代でも多く見られる。戦後米国で起きたマッカーシズム、真実をフェイク・ニュースとして信じようとしない（特に米国に多い）現代人、日本でも後を絶たない詐欺や霊感商法などだ。その意味において、今後も市場の誤りは起こるし、暴走することもあり得るだろう。これを極論まで進めて、その時どきの情勢を反映するという意味でバブルの発生は合理的だとする「合理的バブル」説さえ経済学界では真面目に唱えられている。

市場暴走の原因：「政府・マスコミ」説

虚構を政府やマスコミが作ることは、歴史上もままある。マスコミ論の古典的名著に１９２２年に出版されたウォルター・リップマンの『世論』（上・下）がある。[11] リップマンは第一次世界大戦中に米国政府のアドバイザーを務めた。米国の１９１４年の開戦当初のスタンスは平和主義を標榜する中立だった。しかし、ある時期を境に世論が転換して17年に米国が参戦した。その結果、ドイツの敗北が決定的となった。この世論操作を担当したのがリップマン自身で、理性よりも感情に訴えかける手法を使えば、世論は簡単に操作できることを知った。さらに、世論の変化が反戦主義者への弾圧や思想統制へとエスカレートする姿に戦慄を感じ、何がどう起きたのかを整理して後世に残すために書かれたのが同書だ。

詳細は後の章で見るが、FRBのバーナンキ元議長はサブプライムに端を発する銀行の経営危機の可能性について、2007年7月19日の議会証言で損失は500－1000億ドルになるとの推計を示した。2008年1月17日の議会証言では、銀行の損失が1000億ドルに達し、今後の状況次第ではさらに悪化する見通しを示した。しかし、後に判明するのは、こうした見通しが桁違いに過少だったということだ。

近年の例では2017年の朝鮮半島危機が挙げられる。核開発と大陸間弾道弾の開発を進める北朝鮮に対し、米国が軍艦など空母打撃群を派遣して一触即発の事態となった。一部のメディアは戦争勃発の危機をあおった。しかし、現実には両国は首脳会談を実現させて和平の方向に向かい始めた。

情報操作のわかりやすい例を一つだけ挙げておく。テレビで野生のキツネの親子の生活を追っているとしよう。子ギツネはまだ小さく、人間なら小学生ぐらいだ。かわいい。しばらくエサが獲れず空腹になっている。運悪く日照りが続き、喉も乾いている。そこでいかにも邪悪そうなハゲタカが子ギツネを餌として狙う場面がくれば、子ギツネがんばって逃げろ、という番組構成になる。逃げ切った辺りでエサを見つけて親子で分けて食べればハッピーエンドだ。

だが、よく考えてもみれば、このストーリーは完全に操作されている。しかも、キツネとハゲタカの組み合わせを、たとえば昆虫とネズミ、ネズミとキツネに置き換えてもまったく同じ内容になる。全体の中の一部分だけを切り出して、親子の心温まる成長物語に仕立てただけで、要するに大が小を食う食物連鎖の一部にすぎない。キツネもネズミなど小動物を食べるという意味では悪質な情報操作だ。多くは子供向け番組なので、悪意はないだろうが、情報操作の恐ろしさを認識する必要はあるだろう。

政府とマスコミは、結託することもあれば対立することもある。結託の典型例はリップマンが『世論』で明らかにしている。英語のSpin doctorは日常的にワシントンポストなどクオリティー新聞で使われる言葉で、政府の意図を広めるためにマスコミを利用するといった意味だ。日本語の定訳はないが、実際には日本でも行われていると断言できる。

対立の例は、2016年米国大統領選挙の偏重報道だ。トランプ大統領の誕生を警戒した米国の主要メディアは、相当な偏向報道をした。そしてトランプが当確となったことで、政治の混乱や経済の低迷が懸念された。しかし、政治面ではたしかに混乱はあったが、経済はまったく逆で、2020年春先までは好調を維持していた（このあとコロナウィルス問題で米国株価は大きく落ち込んだ）。

米国の主要メディアはトランプ大統領誕生にあたり、反トランプの偏向報道を自己批判する記事を出して謝罪した。マスコミは社会の木鐸《ぼくたく》とも言われ、権力をチェックする機能を持つ。権力に迎合するのがよくないことは当然だ。しかし、世論や政治を意に沿うように操作しようとするのもおかしい。

市場暴走の原因：「フィルターバブル」説

1990年代のインターネットが登場した時代には、世の中は情報が広く行き渡ることでよくなると考えられた。しかし、近年判明したのは、ネット上にはデマがあふれていること、デマを信用してしまう人が相当数いることだ。また、ネット上の動画や短文に親しむ機会が圧倒的に増えたため、読解力の低下、論理的思考より見た目や印象に頼る直感的な思考をする傾向などが指摘されている。

ＡＩがネットの利用者の属性を自動判別してその人の好みに合うニュースだけを選別して送り届ける

体制では、もはや客観的な事実はわからなくなる。この問題はフィルターバブルと呼ばれ、偏った見方が植えつけられると強く懸念されている。ビットコインの相場変動の背景には、ネット上の有象無象の情報があると見られている。日本では特に出来高の少ない小型材料株で、こうした弊害があるとの指摘はある。

市場暴走の原因：「経済そのもの」説

金融市場の暴走のメカニズムを説得力のあるかたちで解明したのがハイマン・P・ミンスキーで、2008年のリーマン・ショックの後に再び脚光を浴びた。ヘッジ・ファンドでの勤務経験もある経済学者のミンスキーは、金融市場と実物経済をうまく一体で説明した。そして、自分こそがケインズ経済学を正しく解釈したとして「金融不安定仮説」を主張した[12]。

これは「発達した金融市場」が存在する資本主義の世界では、金融市場は不安定な状態であることが珍しいことではなく普通だ、という認識から出発する。簡略化すると、景気がよくなり始める局面では業績改善に対する期待から株価が上がり、株価上昇による利益を原資に消費を刺激する資産効果が顕在化することで、景気をさらに押し上げる。景気が天井を付ける頃には、人々のリスクに対する感覚が麻痺して、過度なリスクを平気で取るようになる。銀行もリスクを無視するかのような貸出を行う。

景気が悪くなるときはまったく逆だ。株価の値下がりで損失を出したら、節約のために財布の紐が固くなる。景気が悪くなり始める初期の局面では、業績悪化に対する懸念から株価が下がり、株価下落による損失が生じることで消費が手控えられる逆資産効果が顕在化することで、景気をさらに押し下げる。景気の底では、人々のリスクに対する感覚が逆に麻痺して、リスクを抑制するようになる。銀行も過度なリスク抑制で貸し渋りや貸し剥がしに走る。

まったく同じではないものの、類似の見立ては経済学界ではフィナンシャル・アクセラレーター仮説と呼ばれている。文字通り金融が実物経済の動きを加速させる、という意味合いだ。また、情報学ではフィードバック理論とも呼ばれる。1930年代の大恐慌の時代には、米国経済学者のアーヴィング・フィッシャーが、負債デフレ論を展開した。デフレの時代に経済の悪化と資産価格の下落が同時に起こる現象を説明したもので、ミンスキーよりもっと早い時代に唱えられたが、内容はミンスキーと重なる。

ミンスキーが画期的なのは、自由化により「発達した金融市場」を持つ先進国では、銀行の与信姿勢や投資家の悲観と楽観の循環が、資産価格や金融市場、そして実体経済を増幅させる作用があることを首尾一貫した論理で説明したことだ。ただ、それは主流派の経済学者の理解とは異なるため異端とされている。しかし、現実を説明するには、ミンスキーのこの理解こそが正しいことを証明する事例には事欠かない。それが本節冒頭で挙げた10年ごとに繰り返したバブルの生成と崩壊なのだ。

そして、バブルが崩壊する瞬間の「ミンスキー・モーメント」も金融業界の実務者の間では広く支持を集めている。景気がよくなると、人間は不況期の悪い記憶を忘れて、よい状態がずっと続くのではないか、というあり得ない期待を持つ。これは理屈ではない、現実に起きたことを後講釈するなら、こうとしか解釈の仕様のない事態が、本当に歴史上何度も発生したのだ。

ミンスキーの経済、投資家心理、銀行のリスクに対する態度に関する考え方は、人間は合理的な行動しかしないことを前提とする経済学界では異端とされた。しかし、近年発達した人間の不合理な心理や行動をありのままに見て、経済や投資と心理学を結びつけた行動経済学では、支持されるに至っている。

四つの市場暴走要因の教訓

以上四つの市場を暴走させる要因を見た。市場が暴走することの意味は、投資家の立場では、その暴走を見抜き、そういう相場に乗ってはならないということだ。それは、歴史に学ぶ、虚構を見抜く、政府やマスコミを妄信しない、景気と市場の混然一体となった行き過ぎを見抜く、ということだ。

一言でいうと、「ミンスキー・モーメント」をどう避けるかが、投資の上で極めて重要になる。それは言い換えれば、「ミンスキー・モーメント」とはどんな状況なのか、という問いになる。ここでは抽象的に見てきたが、歴史の真実がどうだったのかは、第2章で米国、第4章で日本を見る。

6　市場の暴走を防止する「よい市場」

因果律と複雑系

ここまで市場が誤る原因を見てきた。これらは複雑な社会現象を単純化したものだ。社会現象には、大きく分けて二つの理解の仕方がある。

一つは因果律で、原因があって結果があるとする考え方だ。これは極めて理解しやすい。よく勉強したから最高学府に合格した、よく練習したから大会で金メダルを取った、バイトを無断欠勤したら給料を下げられた、昨日は夜更かしして寝不足なので今日は眠い、などだ。

もう一つは、複雑な現象が相互に影響し合うとする複雑系だ。相互に関連し合う多くの要因が合わさって全体として一つの体系を成すが、その全体像は個々の要因や部分からだけでは明らかでないようなものをいう。鳥や子魚の群れが何らかの連携を取ったかのように綺麗な模様を描きながら動く例などがよく引き合いに出される。経済を含む人間社会の現象は、すべてこの複雑系だとされている。

市場暴走の四つの要因は、複雑系の思考をしなければ理解は難しい。単一の要因で決まるわけではないのだ。この思考が金融界では主流になっている。物の見方としては、演繹法に対する帰納法といえる。この考え方は、日本人にはなじみが薄いが、投資の意思決定においては非常に重要だ。少し回りくどいがここで説明しておこう。

帰納法は、将来の予測に必要な考え方だ。生きていく上で最も重要なのは予測だ。しかし、その予測の技法は学校では教えない。反対に教えるのは演繹法で、すでに正しい理論など原理原則が確立されて、それを現実に当てはめる考え方だ。日本では大学を含む学校で教えられる学問はこの範疇に属する一つの答えしかない学問だ。しかし、現実の世の中はちがう。答えが一つしかない問題など逆にほとんどない。予測の本質は、混沌とする中から、どう同一条件のもとで繰り返し再現される事実を真実として導き出すかにある。現実に立脚する統計データ、実例、逸話などから現実を説明可能な仮説を立て、首尾一貫した説明をするのである。あくまで仮説だ。

なお、日本人は因果律の思考で答えが一つしかない問題の解決を得意とする。しかし、もう一歩進めて複雑系の仮説思考が金融市場の予測では役に立つ。また、仮説思考なので、条件がある程度揃ったときに発生する帰結については、複数のシナリオが考えられる。シナリオを発生確率に落とし込む予測が、投資の意思決定では極めて重要になる。

確率思考

複雑系の思考で帰納的に発生するパターンを見れば、発生する確率も過去の実例から計算できる。ここまで１９９０年以降の経済と金融の自由化がほぼ完成して以降は、景気循環がざっと10年１サイクルで動いたと説明したが、これは確率的にそうなる事例が多かったことに起因する。ただし、もともとが仮説なので、前提が変われば同じ条件が揃っても帰結が変わる可能性もある。次に、複雑系の思考で、どういう条件が揃えば市場は誤る確率が高いのかを見てみよう。

バブルを回避するために

米国の経済学者ガルブレイスは「陶酔的熱病の危険から守ってくれるものがあるとすれば、それは、控えめに言っても集団的狂気としか言いようのないものへ突っ走ることに共通する特徴を明瞭に認識するしかない。このような認識があって初めて、投資家は警戒心を持ち、救われるのだ」と述べている(13)。

金融市場は同じことを繰り返している。危機が発生すると、危機対応で平時なら許されないようなことが行われる。そうした効果が続く間は景気は強力に持ち上げられる。そして、それは株高を意味する。長く景気拡大と株高が続くと、過去の危機や不況を忘れて、よい状態が永遠に続くかのような気になる。こうした状態の人の気持ちを代弁する有名な台詞が「時間よ止まれ」だ。しかし、時間は止まらない。どこかの時点で宴会のパンチボールは下げられ、酔いと夢から覚める。目の前に、恐ろしい不況、危機が蘇る。急落がミンスキー・モーメントだ。

景気変動は株価から始まるが、それは緩やかな景気後退から未曾有のバブル崩壊まで様々なレベル感がある。バブル崩壊と呼べる場合には、ほかにどのような特徴を併発するかは、本書では、どのような条件からバブルに至ったかを、米国の１９２０年代、２０００年代のＩＴバブル崩壊とリーマン・ショック、日本では１９８０年代後半を取り上げる。それぞれをそれぞれの箇所で詳細に書く。先にここでは、総論としてどのような条件が揃えばバブルになるのか、ガルブレイスが指摘した「共通する特徴」として挙げておく。

（1）何か新奇な目新しいものについて、金融の天才とされる時代の寵児が登場して、価格の上昇を正当化するストーリーを作り出す。そして実際に価格が上がり出したら、それが永遠に続くかのような錯覚を持つ人々が、ねずみ講のように増加する。

（2）価格の上昇が永遠ではなくても、少なくとも自分だけは値上がり益を得て売り抜けることが可能だと信じ込む人が続出する。

（3）値上がり益を得た投資家は、自分だけには値上がりを読む特殊な能力があるのだと信じ込むようになる。

（4）自分の能力を過信した幸福の頂点では、人は騙されやすくなる。そして現実に、騙される人が続出する。

（5）自分の能力を過信し、多額の投資話に乗るなど騙された人たちは、それを反証する事実が目の前に現れても、無視する。

（6）実は過去にほとんど同じ構造のバブルの生成と崩壊があっても、人はユーフォリアを簡単に忘れてまた同じことを繰り返す。しかも、ユーフォリアは知性や学歴とはほとんど関係がない。

（7）あまりの度を超す楽観から借金で投資する人が続出する。

なぜ人は集団になると愚行に走るのかについては、段階がある。最初はそれを正当化する新奇な言葉が産み出され、時代精神となってゆく。そして、マスコミが正当化して、儲ける業者が出てくる。そして、大衆の狂気は多くの国民を巻き込む群衆行動となる。

これらは、株式市場が存在する以前から起きているという意味で、金融市場の健全性とはまったく別の問題だ。しかし、それを金融市場では起こさせないようにするのが、健全な金融市場の運営だ。それが「よい市場」だ。

７「よい市場」をつくろう

「よい市場」とは

「よい市場」とはどういう市場だろう。

まず最初に、日本人になじみのあるいくつかの具体例を見てみよう。たとえば、日本と米国の転職市場はまったく異なる方法で運営されている。日本での人材仲介エージェントの標準的なやり方は、営業担当者が採用を希望する企業に「この人は貴社の希望に沿うよい求職者だ」と持ち掛ける。そして、求職者には「この会社はあなたの希望に近いよい会社」だ、と持ち掛ける。企業と求職者がともに同意すれば、採用に向けて面接が始まる。このやり方では、中途採用の希望企業が、他の求職者を含む求職者の全体像を見ることはない。逆に、求職者が求人企業の全体像を見ることもない。営業担当者が、１対１ではめ込んでいく。

実はこの方法は世界では少数派だ。世界の主流は、求職者と求人企業はお互いが全体像を見て、自分で自分の条件に合う相手を選択して、自分からアプローチする。今のＩＴの時代なら、求職者も求人企業も同じフォーマットでネットに登録するため、希望条件を入力して検索してソートアウトすれば、候補者が選択できる。保有する資格や特技でのキーワード検索も可能だ。昨今では、お互いの希望条件の合致を自動的に判別するマッチングアプリも普及しつつある。どちらの方法が優れているかは明白だろう。もっと言うなら、世界での主流の方式を普通と思っている人に日本方式を説明すると、卒倒するほどに驚愕するのが現実だ。

日本で転職が普及しない原因は、市場がない、市場が小さい、市場が機能しない、など様々な言われ方をするが、要するに転職市場のメカニズムがよくないのだ。しかも、この1対1ではめ込む方式は、ビジネスの慣行として日本では極めて多い。たとえば、昨今問題になっている高校生の就職事情では、先生が生徒と求人企業を1対1ではめ込んでいく。医学部を卒業した医師の卵が、どこの病院に研修に行くかも、同じように仲介の機関が1対1ではめ込んでいく。大学の理科系卒業者の就職では、教授など指導教員が自分の影響力の及ぶ企業に生徒の就職先をはめ込んでいく。はめ込む人が絶対的な権力を持つことになる。その力の源泉は情報独占による情報の非対称性だ。

よい市場を理解するために、もう少しよくない市場の例を挙げる。たとえば家電量販店でテレビを買うとする。T社、P社、韓国製品、中国製品、と数多くある中、どの商品が自分のニーズに合うのかを知るために店員に説明を求めるのは、多くの人が経験したり見聞きする光景だろう。そこで聞く店員からの説明は、客観的な説明だと多くの人は思っている。

しかし、実はそうではない場合も少なくない。たとえば、量販店が店頭でおすすめ商品の上位にして販売を推進することを条件に、リベート（キックバック）を要求するのは、この国ではごく普通の商慣行だ。しかし、テレビを買おうとしている消費者はそのことを知っているだろうか。テレビを保険や投信に置き換えれば、まったく同じ構図が、金融商品を販売する保険の相談屋さんにも当てはまる。

よい市場の条件

これらの例から、よい市場の条件を特定できる。需要サイドと供給サイドが競争をし、情報を開示することで、お互いの希望に最も近いかたちで過不足なく一致する。ここに至る一連のプロセスをアダム・スミスは「市場の見えざる手」と呼んだ。この言葉は神格化されていて、背景で働いている原理や理屈を考えなくてもよいかのような印象を与える。

しかし、この見えざる手は「実験経済学」の登場で、可視化され始めた。売り手と買い手がどんな交渉でどんな値付けでどんな取引をするかを、実験室で再現するのだ。結論を先取りすると、実験経済学の大家でノーベル賞を受賞したヴァーノン・スミスは、「この研究によって私は市場情報を分散させる途方もないメカニズムの存在に気づいたのです。普通の市場のプロセスがいかに効率的に機能するか、それは信じがたいほどのものでした」と述べている[14]。ヴァーノン・スミスは、もともとは米国中西部の社会主義者の多い環境で育ったこともあり、青年時代に社会主義思想を持っていたが、この実験で宗旨替えしたと告白している。スミスのこの実験により、どうすればよい市場ができるかの条件も明らかになった。最も重要なのは、情報独占を廃して、情報の非対称性をなくすことだ。

情報の非対称性

情報の非対称性とは、売り手と買い手の間の情報の格差を意味する。多くの場合、売り手はそれを職業として多数扱うプロだが、買い手はアマチュアだ。中古車を買いに行くと、プロの業者ならボンネットを開けて現物をつぶさにを見れば、おおよその車の状態がわかるだろう。しかし、アマには何もわからない。言葉を変えれば、プロはアマを、簡単に言いくるめることができる。多くの人がこの情報の非対称性を日常生活で経験する。体調が悪くて病院に行って治療してもらった場合、よい治療を受けたのかどうか判断する基準がないため、わかる人はほとんどいない。ましてや、腕のよい医者が一回で直せば診療報酬は一回しか支払われないが、誤診の後に正しい診断をして二回の診察で直せば、診療報酬は二回支払われる。しかし、素人が誤診を見破るのは不可能に近い。

日本は世界で有数の保険大国だ。しかし、自分がどの保険に入っているかを、多くの人はわかっていないと言われている。これでは需要と供給が過不足なく一致しているとは到底言えない。死亡を恐れて生命保険に入る人は多い。しかし現実には、長生きしてお金がなくなる悲劇のほうが遥かに多く発生しているとも言われる。社会保険も同様だ。週刊誌には、こうすれば得、ああすれば損、などの記事が多い。年金など社会保険がどんな制度か、わかっている日本人は極めて少数だ。ほぼすべての日本人は年金制度の利害関係者であるが、最も基本的な概念である「所得代償率」が何を意味するかを理解している、あるいは何を意味するかピンと来る人はほとんどいないのではないか。

情報の非対称性を小さくすることで、市場はよくなる。そのためにはセカンドオピニオン、比較広告、客観的な第三者による評価、などが有益だ。

しかし、ここには日米で大きな差がある。日本では通院にあたり、医師の評判を調べるのは仁義に反するとする風潮がある。保険の営業担当者から勧められた商品を、他の会社の商品と比較することに多くの人はうしろめたさを感じる。このちがいは「公正」の概念に起因する。米国の公正取引では、知人も他人も同じものは同じ値段で取引されなければならない。これを「無差別原則」と呼ぶ。しかし日本では、信じた相手は自分にだけにはよくしてくれる、と信じ込む心情が強くある。信じ込む背景は、本当に無差別性原則が徹底されていない現実があるからだと考えられる。

比較歴史制度分析

このちがいは、文化のちがいであり、どちらがよい、悪いとは言えない。しかし、歴史的に優劣関係はある。これは米国のアブナー・グライフが歴史を解明した『比較歴史制度分析』で明らかにした(15)。

経済の発展に伴い生産の効率を上げる第一段階の方法として、最初は家族から家内制手工業が始まる。仕事を自分一人で何でもこなすより、分業をしたほうが効率は上がる。しかし、騙される心配のある相手とパートナーを組んで分業するのは難しい。したがって、騙される心配のほとんどない家族での分業から始まる。家族は人間の歴史の中で最も確実で、また原始的なものであり、家族の間では理屈や理由はなく裏切りは起きないからだ。

これは歴史的経緯として事実にも合致する。しかし、経済が発展して分業が進展すると、家族を超えた広がり、理屈を超えた協力関係が必要となる。そこでどう家族のような裏切りの起きない組織を作るかが問題となる。歴史上多くの場合、擬似家族のような血の同盟を結ぶ。分業が進むということは、一人では何もできなくなるということでもある。自分に足りないスキルを持っている人間との間に協力関係を結べなければ、何一つモノを作り出すことはできない。さらに、分業が進めば進むほど、多くの人との協力関係が必要になる。百人、千人という単位での協力関係が必要になることもあるわけだが、血縁関係だけではとてもこの協力関係は維持できそうにない。

そこで出てくるのが第二段階の、閉鎖的な集団の中での協力だ。互いの力を必要とする者が集まった閉鎖的な集団を作り協力関係を育んでいく。ある種の擬似家族関係といえなくもないが、決定的なちがいは、利益を分ける規則や裏切りを処罰する規則が明確な点にある。

彼らは仲間ではあるが家族ではない。理屈抜きの協力関係ではないので、お互いの利益を共有する構造だ。したがって処罰は、追放や、昔なら指を詰めたりスティグマ（烙印）として焼印や刺青をした。同時に「ギルドのためにまじめに働いたらよいこともあるよ」というアメも用意して、構成員をギルドにつなぎ止めるわけである。こうした組織は、西洋ではギルドだが日本では江戸時代の株仲間だった。民族的にユダヤ人や華僑はこうした組織づくりに秀でている。

この構造を、ゲーム理論の協力ゲームや非協力ゲームを用いて解き明かし、それが歴史的に制度として定着し、経済の発展にどう影響したかを明らかにしたのがグライフの『比較歴史制度分析』[16]だ。ヘブライ語の古文書を丁寧に読み解くことで、11世紀の地中海貿易で覇権を争った、ジェノア人とマグレブ人の興亡を読み解いた。その主張のエッセンスは社会学者の山岸俊男一橋大学名誉教授（故人）が『日本人という、うそ』『安心社会と信頼社会』など一連の著作で紹介している。

古代ローマ帝国が滅びた後、航海術が進んで地中海貿易が盛んになった。貿易の形態は、商品の送り出し業者、その商品を受け取って販売する業者、海運業者と分業制になった。電話やインターネット回線を通じた電子メールなど通信手段がない時代なので、送り出し業者は海運業者や販売業者がちゃんと代金回収ができるかどうかが心配になる。遠隔地での代理人問題だ。これは古くて新しい問題で、現代の株式会社の資本を本当に株主の利益になるように使っているのか、という現代企業のガバナンス問題とまったく同じ構造だ。

11世紀の地中海貿易では、この問題を解決するのに二つのグループが覇権を争った。一つはユダヤ系イスラム教徒のマグレブ人で、もう一つはイタリア半島のジェノア人だった。イスラム教徒のマグレブ人は、身内同然の親密者とよそ者を明確に区別して、身内同然の親密者だけを信用する方法でビジネスを展開した。また、身内同然ではあっても裏切り者は排除する血と鉄の掟を徹底した。

一方、ジェノア人は、身内同然やよそ者という区別で代理人を選ぶのではなく、ルールを決めてルールに従う者なら能力本位で出自や血縁にこだわらず、誰でもよい方法を採用した。ジェノア人のやり方は、ルールの策定やルールの順守を徹底させるための司法制度を作る必要があり、コストは高くなる。

機会費用と取引コストの高低

歴史の結果は、ジェノア人の勝利だった。

なぜか。カギは機会費用にあったと見られている。信頼できるいつも同じ相手と取引するなら、相手の信用力を調べる必要はないのでコストは低い。しかし、周囲の環境が変わり流動的になると、従来の取引にこだわっていては、みすみすチャンスを逃すことになる。相場が変動する商品なら、タイミングが大事であり、リスクを冒してでも知らない相手と取引したほうが儲かるだろう。マグレブ人は、身内との取引にこだわったがために、時代の変化について行けなくなったと見られている。逆にジェノア人は契約を守る、その姿を見てジェノア人と組みたいという商人が現れ、商圏が拡大したとみられている。

この教訓は現代にも生きている。英国の植民地はルールを作ることによって、に経済が発展した例が多い。カナダ、米国、豪州、マレーシアなどだ。一方、明快なルールより身内など血縁を優先するスペインなどラテン民族の植民地は、今も腐敗が絶えず、経済発展しない国が多い。コロンビア、ブラジル、フィリピン、メキシコなどだ。

経済学的にはこの問題は、取引コストと機会費用のどちらが大きいかだと一般化できる。

日本人にとってのウチとソト

では日本はどうか。詳しくは第4章でみるが、1980-90年代の日米貿易摩擦では、日本は米国から閉鎖的な取引慣行を批判された。要するに、マグレブ人のようにウチとソトを分けて、ソトとは取引せず、ウチのケイレツ（系列）に基づく日本人同士の間だけで取引していたのだ。日本人同士なら、契約書はなく何かトラブルがあっても「まあ一杯」、あるいは当局が介入することで、うやむやのうちに済む関係だ。こうした阿吽の呼吸での取引による取引コストの低減効果が、外国に目を向けることで得られる新規取引のチャンス（機会費用）より大きければ、そのままでよかったはずだ。

しかし、様々な自由化や円高や国際化など時代の変化によりどこかの時点でこれが逆転したことが、日本企業が凋落した原因になった可能性が高い。今の言葉でいう「オープンネットワーク」づくりができないのだ。プラザ合意で始まった急激な円高で海外での新規取引のチャンス（機会費用）は格段に下がったはずだ。にもかかわらず、系列、企業城下町、下請けや孫請けなどにより、こうした認識を持つ、あるいは活かすことは、実際にはタブーだった可能性が高い。

これは昔から日本文化論の文脈で、文化人類学のハイ・コンテキストかロー・コンテキストか、中根千枝・東大名誉教授のタテ社会かヨコ社会か、などと言われてきた問題でもある。

よい市場、よいルール、外に開かれたよい組織、の三位一体

経済と社会を包含して一般化するなら、よい市場、よいルール、外に開かれたよい組織、は相互依存

するかたちで三位一体で成立する。よいルールが支配する市場では、売り手と買い手の双方に公平なよい取引が可能で、その取引は身内や一定の人だけでなく、誰でもが参加できる開放性を持っている。また、これらは集合知とも整合的だ。

歴史的には、この三位一体は技術や社会の様々な変化の影響を受ける。たとえば、情報の伝達が手旗信号だった時代から電話に変わり、インターネットに変われば、ルールも変わる。ルールが古くて時代に合わないと、金融市場では不祥事やバブルが発生する。そのたびにルールの改正が必要になる。

よいルールの歴史的変遷

次に、ルールが作り替えられた実例を見てみよう。よいルールは、ルール改正の歴史でもある。アメリカは自由放任というイメージが強いが、実際には日本以上に規制されている分野も多い。それは市場メカニズムが機能するための規制であり、完全市場に近づけるための制度設計だ。

産業革命で工場労働が普及した18世紀には、労働が搾取されたことから、労働権が確立されて労働者が保護されるようになった。労働市場を改善した例だ。18世紀から19世紀にかけては、たとえばロックフェラー家の支配するスタンダード・オイルが石油分野で川上の油田から川下のガソリンスタンドまで支配した独占の時代だ。同様にフリック家の石炭や鉄鉱石、カーネギー家の鉄鋼など重厚長大産業で合併や統合が進捗した。

独占による弊害が目立ったことで１８９０年シャーマン反トラスト法（独禁法）が制定されて、独占企業は分割された。鉄鉱石や石油は開発に巨大な資本を要するが、巨大になり独占的な地位になると、価格を吊り上げたり買い手を差別するなど不公正な取引になる余地が生ずる。売り手を買い手と対等な地位にするためのルールの改正だ。

金融市場の例を挙げておく。よい市場をつくるために規制を作る考え方が明確にされたのは大恐慌の時代だ。ルーズベルト政権の最初の閣議でカミングス司法長官は「現在、アメリカが置かれている状況は、資本主義という制度がアメリカという国家に対して挑戦し、戦争行為を行っているのだ。そのような意味で、アメリカは今戦争状態にある。したがって、政府は敵対取引法（Trading with the Enemy Act）を適用すべきである」として議会を通さないものの、法案と同等の効果を持つ大統領令を正当化し、1933年銀行法（グラス=スティーガル法）やTVAの実現につながっていった[17]。その後に違憲判決がいったんは出されても、その後にまたひっくり返して最終的に合法化する顚末は第2章で取り上げるが、大事なのは、資本主義がある種の暴れ馬で、放っておいたら戦争を仕掛けられた大敵のように国家を滅ぼすことさえあるということだ。

しかし逆に、うまく制御できれば人間ではできない市場機能を発揮する。ではどうやって市場機能を発揮させながら悪い大敵の面を制御するか――これこそがマーケット・デザインなのだ。

1920年代の大恐慌では、インサイダー情報を得た銀行が先回りして株式を売買する事例が頻発していたことから、銀行と証券を分離するグラス=スティーガル法が作られた。あらぬ噂から経営に不安を持たれた銀行で取り付け騒ぎが発生し、銀行の破綻や貸し剥がしによる事業会社の破綻へと倒産が連鎖したことから、1933年に預金の元本を保証する預金保険制度が創設された。1934年証券取引所法では、ブローカーとディーラーが規制対象となり、一般大衆が投資の的確な意思決定を行えるよう証券およびその取引方法に関する十分な情報提供を受けられる体制を整備した。また証券取引においてディスクロージャー制度の充実とインサイダー取引規制が実現した。

１９８０年代以降は金融の自由化で規制緩和、新たな金融革命、金融市場でブームバスト（バブルの生成と崩壊）が頻繁に起きるようになった。ジャンク債、ＬＢＯ、Ｓ&Ｌ危機、ＩＴバブル、リーマン・ショックなどだ。そのたびに規制は作り替えられている。

１９９０年代の証券投資が大衆化した時代には、「平易な英語」運動が起きた。これは、誰にでも理解できる簡単な英語で販売業者は購入者に説明しないといけないルールだ。日本では、意味が理解しにくいカタカナを使って煙に巻く、複雑怪奇にしてわけがわからなくなる、という批判もあり、ここでも彼我の差は大きい。情報の非対称性を解消するために、ここまでしなければ、よい市場はつくれないのだ。

日本はよい市場、よいルール、よい組織の国なのか

では日本の市場はよい市場なのか。

人の常識や感覚は日常の生活から生成される。冒頭に挙げた日本でのごく普通のありふれた商慣行が、実は反市場的であるという事実は、日本の市場がよい市場ではないことを物語る可能性が高い。定価や元本の存在も同様だ。

建前として長く日本では、市場を重視する方針が示されてきた。その基本的な考え方として「市場原理」が重視された。

市場原理とは、よい市場、よいルール、よい組織と見做してよいだろう。結論を先取りすれば、この制度設計がうまくいかなかったことが、平成時代の日本経済の衰退の最大の原因である可能性が高い。その様子を第４章と第５章でみる。

安全と証券

相対《あいたい》でお金の貸し借りをすると、債権者と債務者の関係になる。典型例は銀行で、預金者は銀行に対する債権者、銀行から資金を借りた企業などは銀行に対し債務者となる。債権者と債務者の関係は、返済により債務が消滅するまで固定化される。

この関係の固定化を避けるため、債権を売却できるようにしたのが「証券」の基本的な設計だ。債権者の立場から見れば、債券・債務関係を固定化するより、状況に応じて債権を売却して回収できるほうが都合がよいはずだ。

この関係性は、すでに見た地中海貿易での覇権争いで、人間関係を身内などに固定化したマグレブ人に対し、ルールさえ守れば誰に対してもオープンとしたジェノア人のほうが優勢だったことと相似を成す。

証券は英語で securities であり、安全を意味する security の複数形である事実は、実に示唆的だ。

8　金融の基礎はごくシンプル

物事はすべて基本の原理原則が重要だ。それさえしっかり理解すれば、後は枝葉の議論になる。

金融に関する基本の原理は、価格、リターン、リスクの三つしかない。この三つの概念をしっかり理解すれば、金融が世の中の森羅万象を映す鏡であること、「収益を出せる正しい相場観は正しい時代認識」であること、などがよくわかるようになると思う。

これは、身の回りで起きていること、ニュースとして社会で起きていると報道されていることなどと株価や金利など金融市場の関連が実感としてわかるということだ。そこには、時の政権の政策の評価、企業の経営スタンスの評価、地下に眠る資源の価値など幅広く世の中の物事が反映される。ここでは、次の章で取り上げる金融市場の歴史を見る前に、そもそも金融市場の値付けとは何なのかを見ておく。

ただし、金融を理解することと、実際に投資することはちがう。実際の投資にあたっては、資産の組み合わせの問題（ポートフォリオと呼ばれる）と平常心という意味で心のバイアスの問題がある（これは最後に第6章で取り上げる）。

そもそも株価とは何か

金融市場とは、正しい値付けをする場だ。正しい値付けとは何か。それは、将来の長きにわたる受取金額を今の価値に直したものだ。それを専門用語では将来のキャッシュフローの割引現在価値と呼ぶ。たとえば、ある大手電機会社の株価が1000円だとする。その1000円の意味は、将来の配当、もし破綻すればその時の残余資産の受取金額、など株主の権利として考えられるすべての受取金額を足し合わせ、現在の価値に直したものだ。

将来に何が起こるかわからないのにそんなことが可能なのか、と多くの人は思うだろう。しかし、類似の例は世の中にあふれている。たとえば、会社の新入社員の採用も同じ原理だ。高給で有名な企業に採用される人は、高給に見合う仕事をすると期待されて採用されているのだ。そういう人は、常に努力する、学歴が高い、会話が機知に富んでいる、人脈が広い、絶対に時間は守る、などの特徴を持つはずだ。こうした個人の属性は、統計でパターン化すれば、かなり正確に出すことができる。

これとまったく同じ原理で、国家や企業の盛衰も統計的に見れば驚くほど類似のパターンをたどるのだ。野球のドラフトでの指名も基本的には同じ原理で動いている。活躍しそうかどうかで契約金や年俸が決まる。決して株価を決める将来の長きにわたるキャッシュフローは、例外的なものではない。むしろ多くの人間社会のお金はこの原理で動いている。

現在の価値に直すとは、たとえば金利が1％で1年後に101万の企業の配当を受け取る権利があれば、その権利の現在の価値は 101 万円／1.01 ＝ 100 万円 ということだ。これはごく単純化した1年後だけのキャッシュフローの割引現在価値だが、これが長く続く、あるいはどこかの時点で会社の成長率が落ちて低下する、あるいは逆に成長が加速するなど、末永い経済の変動と会社の成長や衰退を織り込むのが、実際の現在価値だ。割引現在価値は、パターン化されているので、計算式は意外と簡単だ。

リターンとリスク

リターンは単純だ。利息が1％の定期預金なら1％だ。利回りが2％の国債や社債なら2％だ。これらは最初から決まっている。発行体が破綻しない限りは約束通りのリターンになる。しかし、株式など価格が変動する証券は最初から決まっているわけではない。

では、どうやって決まるのか。株式では、利益や配当は景気がよくなれば増加し、悪くなれば減少する。投資家から見れば、将来のキャッシュフローの現在価値が増加するという期待が盛り上がれば株価は上がるし、低下するという懸念が生じれば株価は下がる。しかし、景気は一定の法則性を持って変動する性質があるので、平均してみることはできる。そこで、過去の値動きから、将来も同じようなリターンになるだろうと確率的に想定して、予想することができる。

このリターンは、すべての資産で計算して比較することができる。過去のリターンは当然だが、将来についても同じだ。株価なら景気がよくなれば値上がりが期待できる。同じように自動車のリースでも、景気がよくなれば旅行客や出張客の増加で稼働率が上がることで収益が上昇すると期待できる。

そこで比較の上で重視されるのが、株式なら株価収益率（ＰＥＲ）である。これは計算式としては$\frac{株価}{一株利益}$だ。会社は株式を時価で発行できるし、時価で買い入れて償却することもできる。ＰＥＲの意味は、これが20の企業に１００億円の資金を渡して事業を行わせれば、5億円の利益を出すことを意味する。株式の個別銘柄をＰＥＲで比較してどちらが割安か割高かをみる議論はごく一般的だ。しかも、これは金融すべてに当てはまる。したがって比較ができるのだ。

不動産を買って賃貸に回す、自動車や自転車を買ってカーリースやレンタサイクルに回す、ＤＶＤを買ってレンタルＤＶＤに回す、すべて同じ計算式で評価できる。実際には不動産を買って賃貸に回せば、固定資産税、家賃の口座振替の銀行手数料、管理費、減価償却費、修繕積立、地震保険や火災保険の保険料と、考慮すべき要因は多岐にわたる。カーリースでも保険料、故障の修理代、タイヤやワイパーなど消耗品の買い替え代金などを考慮しなければならない。それでも基本の考え方は一つしかなく、将来の長きにわたる受取金額を今の価値に直したものだ。

話を単純化すると、１００万円で自動車を買い、リースに回して年間5万円稼げるなら、その自動車のＰＥＲは20になる。３０００万円のマンションで１５０万円の家賃収入ならＰＥＲは同じ20だ。１００万円の社債で5万円の利息ならやはり20だ。

しかし、今は話を単純化したが、リスクが異なる。株式なら、買ったのは間違いだったと後から判断して売却すれば、上場企業ならすぐ売れる。社債でも国債でも投資信託でも売れるだろう。しかし、家は簡単には売却できない。売却にあたって手数料もかかる。もし売却しようとしている間に地震や洪水で価値が毀損するリスクもあるだろう。

こうした資産によって異なる様々な特性を織り込んだのがリスクだ。資産の価格は、基礎となる資産の収益率にリスクに見合うプレミアムを乗せたものとなる。リスクプレミアムは保険料を意味する。日本語でプレミアムというと特別な高級品のようなイメージがあるかもしれないが、これは正確ではない。生命保険や損害保険の保険料のことを英語でプレミアムと呼ぶ。正確にはプレミアムという英語を開国した時代に先哲が保険料と訳したのだ。日本人には「リスクに見合う保険料」のほうが実のところわかりやすいのではないか。ただ、ここでは慣例に合わせてプレミアムと呼ぶ。

基本となる収益は短期国債だ。一般的には3カ月の国債金利だ。そして、リスクの度合いに応じて、プレミアムが上乗せされる。リスクの高い金融商品を買うことの意味は、リスクに見合う保険料を受け取るという意味だ。一般論として、保険料の低いほうから順番に並べると以下のようになる。


3カ月国債＜1年国債＜10年国債＜不動産投資信託（リート）＜10年優良企業社債＜株式＜10年ハイイールド社債＜ベンチャーキャピタルファンド

何がちがうかというと、リスクとリターンだ。リターンは収益率で、リスクはそのリターンのブレだ。3年間の投資の収益率が連続して10％なら平均は10％だ。しかし、20％、10％、0％だったら平均が同じ10％でもブレは大きい。ブレをリスクと呼ぶ。

最近はこうした関係をわかりやすく説明した出版物やサイトが増えている。日本証券業協会のＨＰには、図１－４のように説明されている。

図の縦軸にリターン、横軸にリスクを取り、二次元のグラフを作成すると、様々な資産をプロットす

図 1-4　金融商品のリスクとリターンの関係

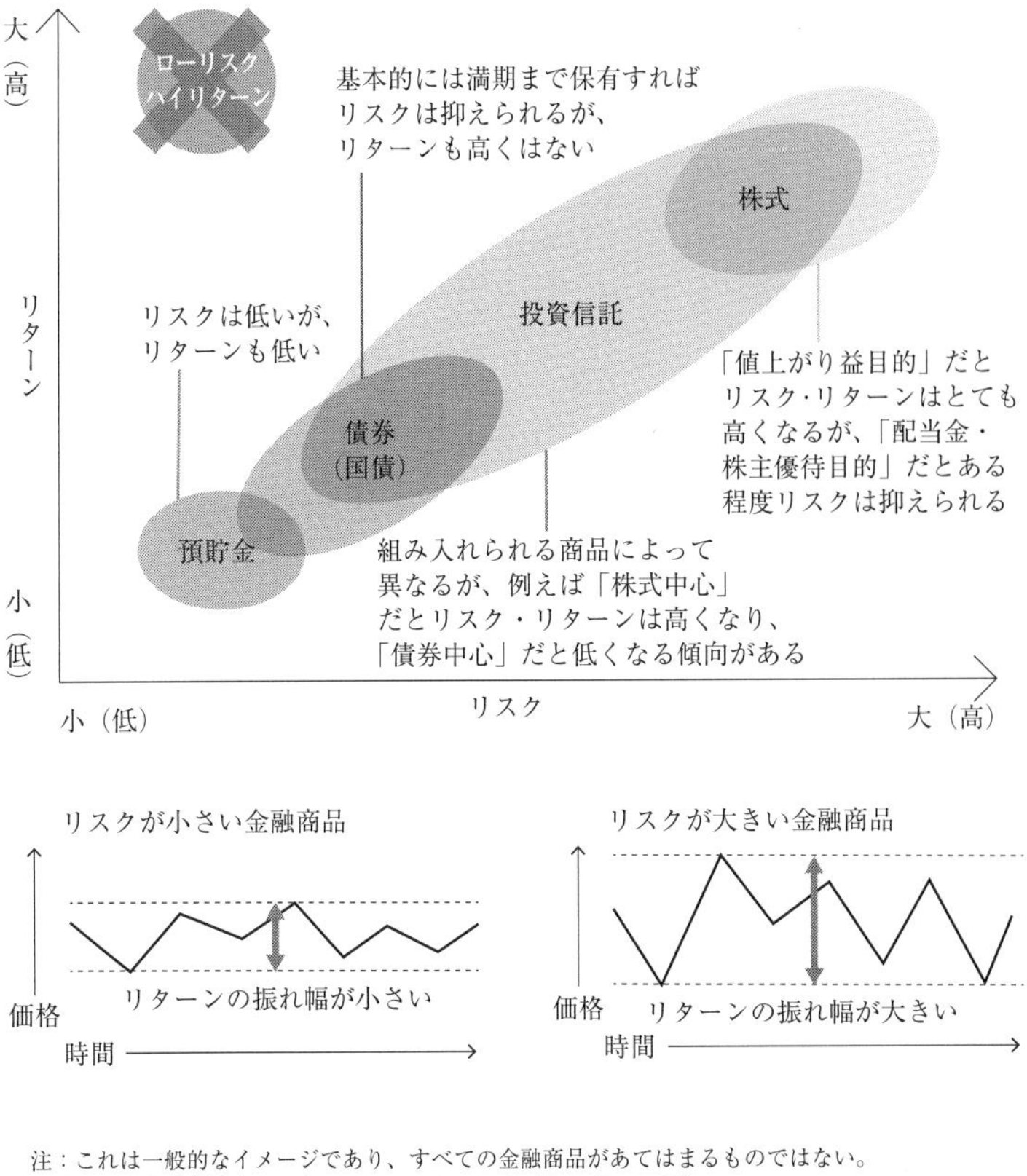

注：これは一般的なイメージであり、すべての金融商品があてはまるものではない。
出所：日本証券業協会 HP（http://www.jsda.or.jp/jikan/lesson3/）

図 1-5　ポートフォリオのリスク低減効果

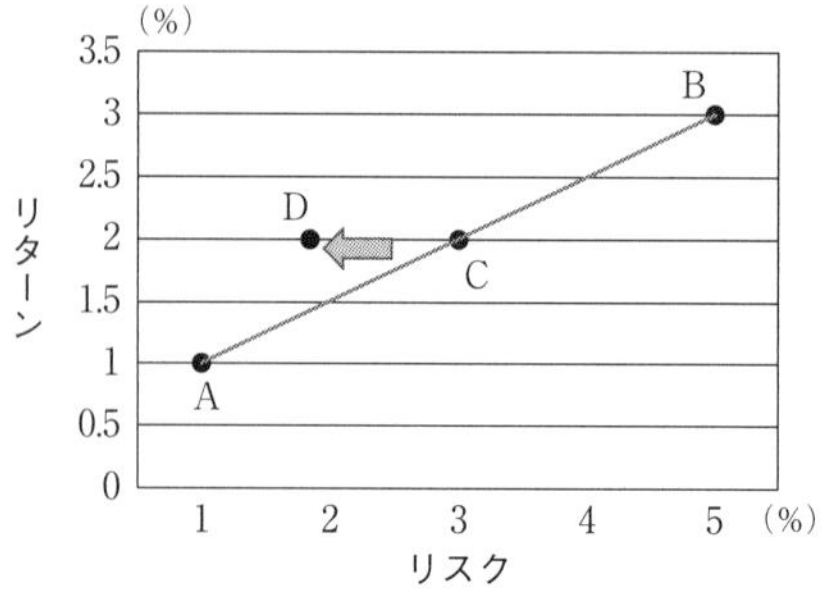

出所：筆者作成

ることができる。投資の資産選択は、この二象限のグラフでどこに位置する資産に投資するかというシンプルな問題に置き替えることができるのだ。そして、この二つを共通言語として、比較が可能になる。

ポートフォリオ

この二次元で描かれる資産の特性を、債券、株式、不動産などで評価するのが証券アナリストの仕事だ。また、資産を組み合わせてリスクを低減するのがポートフォリオ運用だ。この運用の品質は、資産を組み合わせることで、リスクを低減できる点にある（図１－５）。

直感的にはAとBの二つの資産だけに投資する場合、半々なら、そのポートフォリオのリスクとリターンは中間のC点になるように思えるだろう。しかし、そうではない。専門的な説明はここでは省くが、奇跡でもなければ、実際にはリターンは同じでもリスクが低減して、たとえばDになるのだ。奇跡とは、資産Aと資産Bがまったく同じ値動きをするような場合だ。相互の値動きの特性は相関係数と呼ばれる。

この画期的な発見の重要性は、いくら強調してもしすぎることはない。また、この恩恵を受けていない人がいるとすれば、それは損をしているのと同じだ。

この割引現在価値であるリターン、リスク、ポートフォリオの三つの概念を整理して世界で最初に法制化したのが米国の企業年金の運用や管理を定めた従業員退職所得保障法（ERISA法）である。運用に関しては、ここで整理された考え方が投資信託や金融機関の資産運用にまで広まった。この画期的な仕組みの発見者は、ノーベル経済学賞を授与される栄光を受けた。

金融の基礎は以上ですべてだ。一つのグラフですべてが説明可能なぐらいだから、決して複雑怪奇なものではない。では、実際に株式投資のリターンはどうだったのだろうか。以降、第2章と第3章で米国、第4章で日本について見てゆく。ここでは株価の変動を景気見通しという単純な事象に還元したが、その背景には歴史のドラマともいえる長波、中波、短波がある。


【第1章注】

（1）ルービニ&ミーム（2010）34ページ。
（2）水田・有坂編（1973）所収。
（3）スロウィッキー（2006）。
（4）フィッシャー（2012）107ページ。
（5）「弱い紐帯」の議論はグラノヴェッターの一連の研究の集大成であるグラノヴェッター（2019）において展開されている。
（6）キンドルバーガー（2016）。
（7）バーンスタイン（1998）。
（8）バーンスタイン（2006）。

(9) マッケイ(2014)。
(10) ハラリ(2016)。
(11) リップマン(1987)。リップマンは戦後長くマスコミ界の重鎮として君臨し、世論はマスコミが積極的に醸成して一般大衆を啓蒙すべきだと考えた。
(12) ミンスキー(1988)および(1989)。
(13) ガルブレイス(1991、2008)。
(14) 矢沢サイエンスオフィス編(2010)、18ページを参照。
(15) グライフ(2009)。
(16) 現在のイタリアのジェノヴァに同じ。ジェノバとも書く。
(17) 宇沢(2017)28ページ。

第2章　戦後世界経済の牽引役・米国

1　「歴史的帰納法」で米国経済を概観する

前章では市場の持つ力を見た。それは、実物経済を安定化させ、正しい価格をつける機能を持つ。そして、民主主義は権力者に好き勝手なことをさせない制度であるのと同じで、市場経済も権力者を市場のルールに従わせる力を持つ。

トランプ大統領の横暴に異議を申し立てる勇気ある部下はほとんどいない。しかし、株式市場はトランプ大統領の誤った政策には容赦なく急落して反応する。会社でも同じだ。社長の虚妄にもの申す社員は、転職できない日本のような国には、普通はいない。しかし、その企業が迷走していると市場が見做せば、株価は下落する。

本章では、前章で原理原則として言葉で説明した事柄を、米国の歴史の真実で検証する。

戦後の米国の株価は、単純化すると図2－1の①から⑤の五つの局面から成る。

株価は消費者物価で割り引いて実質化した。というのも、物価が近年のように2％前後で安定していれば、名目の株価も実質の株価もほぼ同じ動きになる。しかし、米国は1970年代から80年代にかけて石油ショックにより二桁のインフレを経験した。この意味は、株価は二桁上昇しても、それは物価の

図2-1　S&P500（消費者物価で実質化）

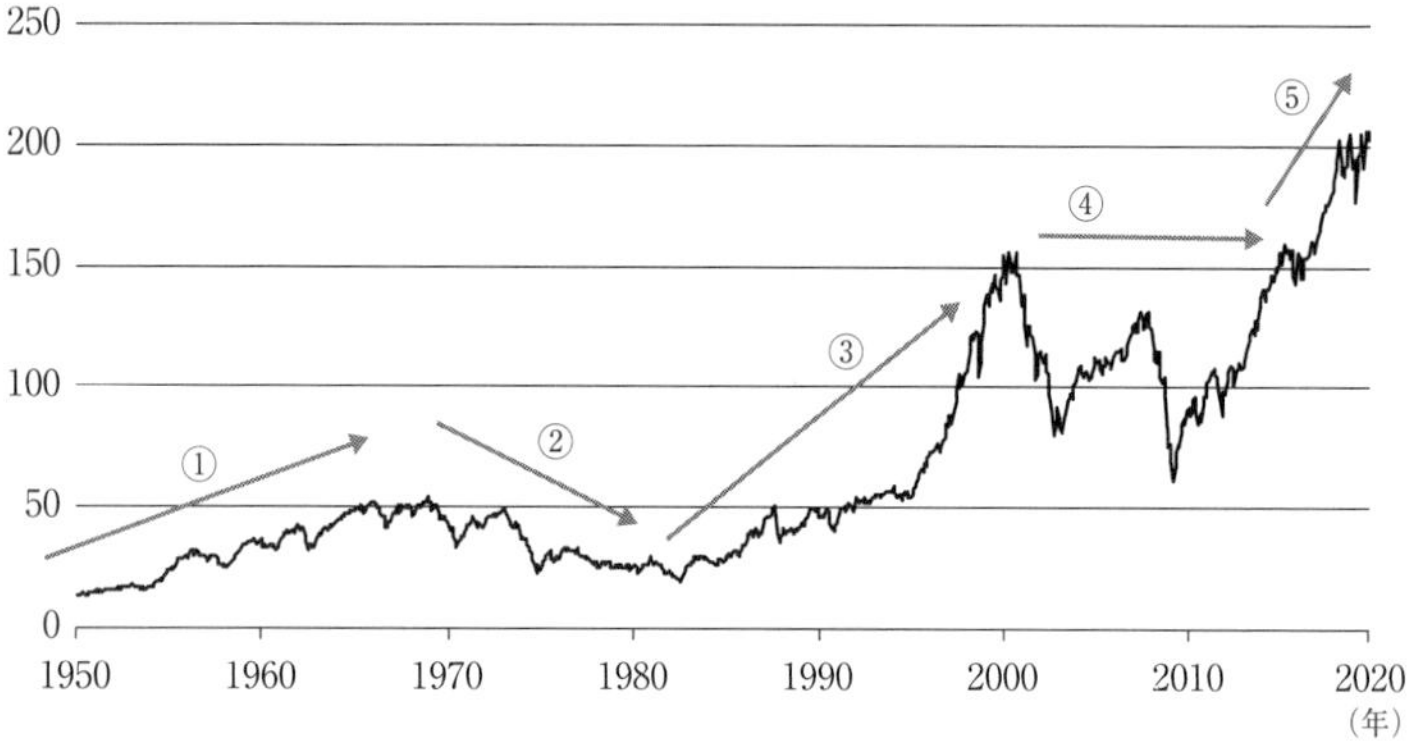

出所：Haver Analyticsの公表データに基づいて筆者作成

値上がり分を反映したものであり、実質的には値上がりしたとは言い難い。むしろ、物価が10％上がる中で企業が5％の増益で株価が5％の上昇なら、実質化すれば5％の減益（5－10＝－5）で株価は5％下落したことになる。こうした目の錯覚を取り除く意味で実質化した。

①：1950年頃から70年頃にかけての安定した上昇局面
②：1970頃年から80年頃にかけての下落局面
③：1980年頃から2000年頃のかけての力強い上昇局面
④：2000年頃から2015年頃にかけての概ね横ばい圏で乱高下した局面
⑤：2015年以降の従前のレンジを超える局面

さらに、本章では戦前と戦中も、歴史の教訓の意味で、ざっと振り返る。そして、1950年から2000年までを概ね10年ごとに区切り、株価変動の背景を政治情勢、経済情勢、企業経営動向、投資家動向等から整理していく。

２０００年以降は、金融市場と労働市場の自由化がほぼ完成して、市場経済の完成度が格段に高まったため、次の第3章で取り上げることとする。

大事なので繰り返すが、歴史を振り返るのは、「歴史は繰り返す。したがって歴史を精査することで将来の予測が可能になる」が筆者の問題意識だからだ。

数学には数学的帰納法という手法がある。何が数学的な真実かを、帰納的にパターンを集めて検証する方法論だ。歴史のアナロジーは日本語で類推、類比とも訳されるが、歴史の真実に基づく帰納法、敢えて言えば「歴史的帰納法」だ。

日本の学校で学ぶ歴史は無味乾燥な事実の羅列だ。暗記力だけなので嫌いになる人が多い。しかし、前章で取り上げた歴史学者ブローデル以降の歴史学はちがう。ここでは、株価に着眼点を据えて、ヘーゲルの「歴史哲学」での批判を受け、歴史の教訓が生かされるように、「生き生き」とした記述となるよう心掛けた。

なお、米国では経済統計のデータは絶えず改訂され更新される。本書では、戦後の主に１９６０年以降のデータは、データベンダーから提供される最新の改訂済のデータを使用した。しかし主に戦前のデータは、『マクミラン新編世界歴史統計　南北アメリカ歴史統計：１７５０－１９９３』（東洋書林刊、２０１１年、編著者B・R・ミッチェル、監訳者斎藤眞、訳者中野勝郎）を使用した。もしかしたら改訂され更新されたデータがあるかもしれないが、微修正にとどまる限りは、本書の論旨に特段の影響を与えるものではないと考えられる。

2　戦前と戦中の米国

グローバリゼーションが招いた不安心理

2000年代の今、多くの先進国では、国際政治的には自国優先主義と反移民、経済的には反グローバリゼーションや格差、国内政治的にはポピュリズムや右傾化、で国民の怒りの感情は大きく、先行きに不安が持たれている。これらの特徴は、瓜二つと言えるほどに1920-40年代と類似の状況だ。日本のニュースだけを見ていると信じがたいかもしれないが、日本は例外的に安定した国だ。

当時は、経済がブームを迎えてグローバリゼーションが進み、移民が急増した。タイタニック号が多くの移民を乗せて大西洋を横断しようとして氷山に衝突する事故を起こしたのは1912年だ。米国への移民流入はすさまじく、1880年から1930年までの間に約2800万人、当時の人口比率で34%が流入した。新しい時代の幕開けを前に世界的に経済がブームを迎え、株価が高騰した。

しかし、ブームの終焉とともに株価が暴落して景気が落ち込み、極端に高い失業が発生して社会に不満と不安が鬱積した。当時は解雇規制がほとんどなく、失業保険や生活保護も今とちがってほとんど存在しなかった。失業率は1932-35年に20%台で、最も高かった33年は25%に達している。スタインベックの『怒りの葡萄』には、大恐慌の時代のぶどう摘みの日雇い労働者の過酷な現実が描かれている。デフレは、1929年に17・1だった物価指数が1933には13・0と約24%落ち込んだ。

こうした状況は世界中ほぼ同じだった。日本では東北の農村で女子の身売りが横行した。現代の日本で身売りと言えば会社の売却だが、当時の日本では事実上の人身売買だった。親族を売られた怒りの感情が青年将校の２・26事件につながっていく。

不満と不安と怒りの心理は、独裁者に利用されやすい。その原因は外国の不公正な慣行だ、として怒りの感情を煽った上で、外に敵を作って叩く政治手法を利用するのだ。怒りの感情に駆られると、冷静な分析より扇動に心酔しやすくなり、自国第一主義を実現してくれそうな強い政治リーダーを欲するようになる。戦前のドイツではポピュリズムと右派が合体したヒトラー政権、イタリアでも類似の特徴を持つムッソリーニ政権が誕生した。

戦前は、文字通り自国第一の政策として、保護貿易で関税引き上げ、金本位制からの離脱と通貨切り下げによる近隣貧窮化政策、そして近隣諸国への宣戦布告と突き進んでいった。

大戦景気と狂騒の１９２０年代

本書の中心的なテーマは、歴史は繰り返すという事実を確認することで、将来の予測に役立てることだ。バブルは実はほとんどいつも同じ顔をしてやってくる。まず、米国を中心に「狂騒の20年代」と形容されるブームの動きを簡単に振り返ってみよう。

きっかけは、第一次世界大戦の終結だ。第一次世界大戦は第二次世界大戦の素地を作った上に、今後も類似の展開があり得るという意味で先行事例として大事なので、簡単に振り返っておく。第一次世界大戦はドイツ、オーストリア、トルコが三国同盟、英国、フランス、ロシアが三国協商＝連合国として戦った。結果的には米国や日本やイタリアが連合国側に参戦して勝負は決した。

問題は１９１９年６月に締結された戦争終結の条件を定めたベルサイユ条約にある。内実は交渉というより戦後賠償金の山分け会議で、英米仏の三カ国の巨頭会議で決められた。同じ戦勝国でもロシアや日本やイタリアは欠席、さらにドイツは戦勝国が決めた条件を事後承認させられた。

内容は、ドイツには戦争責任があるものとして1320億マルク、当時の国家予算50年分で国民総所得の2・5倍というとてつもない額だった（なお、この金額は2018年のドイツのGDPが4・0兆ドル［2972兆ユーロ、約440兆円］なので、単純比較はできないとはいえ概算でざっと1000兆円規模だった）。この金額を米国、フランス、英国を中心に山分けしたことになる。ほかにも領土の割譲、植民地の放棄、軍艦や商船の放棄などが課された。

今となっては死語かもしれないが、戦争に勝って賠償金を得ることで戦勝国の景気がよくなることを「大戦景気（戦争景気）」と呼ぶ。しかしその裏側では、巨額の賠償金を払わされることで、敗戦国の経済がどん底に落ちることになる。ドイツでは、輪転機を回して紙幣を増発したため、天文学的なインフレとなった。庶民の買い物で大八車に紙幣を運んだ風刺画が残されているが、インフレは通貨価値の下落であり外国為替市場での通貨安でもある。むしろ物価統計よりこちらのほうが正確な可能性が高い。当時のドイツの通貨マルクの対ドル相場の価値でみると、1918年に1、19年に4、20年に15、21年に24、22年に449、23年1月には4281、23年12月には1,000,000,000,000（1兆）にまで下落した[1]。

こうした経済の崩壊による不安心理がヒトラーとナチスを生んだと考えられている。逆にドイツを国家崩壊に追い込んだ巨額の賠償金が、戦勝国での大戦景気の原資になったのだ。この賠償金の交渉の過程で、イギリス交渉団の一員だったケインズは、交渉団から辞任し、ベルサイユ条約はドイツ人に対する「死刑宣告」であり「文明史上、残虐な勝利者による最も非道な行為の一つ」と抗議の意味で檄文「平和の経済的帰結[2]」を書いた。ケインズの懸念は、ヒトラーやナチスの出現で的中した。

第一次世界大戦の終結で米国には1919年に300万人の無傷の兵隊が復員した。当時の米国の人

図2-2　第一次世界大戦終結後の景気の落ち込み

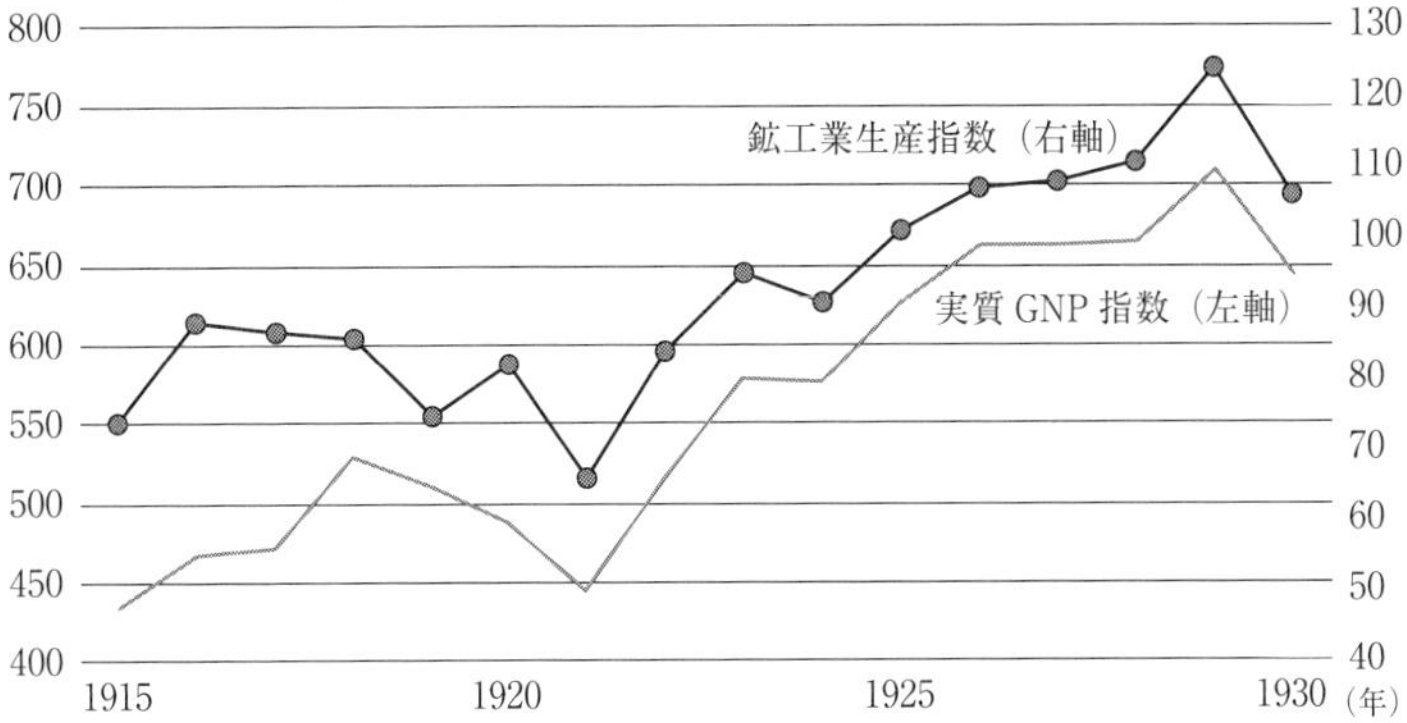

出所：Haver Analytics の公表データに基づいて筆者作成

口が約1億人だったので、3%に相当する。復員兵には補償金が配布され、戦時国債も償還された。復員兵は都心部に住んだことで都市部では建設ラッシュが発生して都市化が進んだ。

戦争終結による軍需の縮減は、一時的ではあっても大きな在庫調整を伴う（図2－2）。米国景気は1920－21年にかけては一時的に不況になっている。これに対応して政府は1920年代には21年、24年、26年と3回減税を実施している。ただし、これらは短期の景気循環である短波と位置づけられる。

軍需から民生へ

この時代は、軍需で培われた多くの技術革新が民生分野で新商品として開花した。1927年にはリンドバーグが航空機による大西洋単独横断に成功し、その後は航空機を利用する国内旅行が高嶺の花として人気化した。少し後の時代になるが、旅客数（十万人）は4（1930年）、8（35年）、12（38年）、17（39年）、27（40年）、37（41年）と推移した。1941年は米国が第二次世界大戦に参戦した年だ。航空機を製造したライト航空工業社の株価は高騰した。

自動車は、T型フォードが量産による価格低下に成功した。T型フォードは1908年に発売され、27年までモデルチェンジがないまま約1500万台を販売した。大量販売を可能にしたのはフォードシステムと呼ばれた大量生産による価格の低下だ。発売した1909年には950ドル、1913年には600ドル、1923年には269ドルまで低下した。[3]

フォードシステムと呼ばれる流れ作業は1914年頃には完成した。1915年のサンフランシスコ万博にはフォード社が「交通館」内で本物の自動車組立ラインを展示して動かし、1日に18台のT型フォードの生産を実演している。当時は、組立ラインは誰も見たことがない最新鋭の設備で、1日あたり18台は驚異的な生産性だったことがうかがわれる。自動車の販売台数は1910年が3万台、15年が50万台、20年が81万台、25年が170万台、株価がピークをつけた29年は151万台で、生産台数もピークを迎えた少し後だった。

工作機械がもたらした米国の技術覇権

この大量生産システムを作った背景には、米国工作機械産業界の興隆がある。フォードシステムの成功のカギは、特注品ではない規格の統一された標準品の大量生産で、それを可能にしたのが工作機械だ。今では当たり前だが、この時代にやっとボルトやナットなど部品の規格が統一されたので、部品に互換性があり取り換えが効くようになった。破損しても修理に手間がかからず、生産効率を飛躍的に上昇させた。また、機械の操作さえできれば誰でも作業が可能になる。最初はライフル銃など武器から始まり、ねじ、釘へと広がった。自動車の組立加工は、当時としては難易度が最高水準にまで高まったことを意味した。ここは重要で、覇権が英国から米国に移行する産業面でのきっかけは、この分野での米国の競争優位だったのだ。

なお、米国のこの分野での優位性は１９８０年代に日本に奪われることになる。さらに言えば、中国が覇権の条件として製造業を重視して「中国製造２０２５」を策定した秘密もここにある。

スーパーマーケットやチェーンストアが誕生したのもこの時代だ。オーディオ技術は映画にも応用され、それまでは音声がなく動画だけの無声映画しかなかったが、１９２７年に初の音声付き（トーキー）映画「ジャズ・シンガー」が公開されている。１９２７年には月賦販売が登場したおかげで、デパートでの耐久財の販売が急増した。自動車の普及台数（百万台）は、９・２（１９２０年）、20・１（25年）、26・８（30年）と増加した。

女性の社会進出が進み、服装はコルセットから今の普通の洋服に切り替わった。今はごく普通の化粧が、社会的に受け入れられ始めたのもこの時期だ。この時代に定着したアメリカ人の生活は、「アメリカン・ウェイ・オブ・ライフ」として１９８０年頃まで長く世界の憧れの的となった。１９３１年には詩人の歴史家で著述家のジェームズ・トラスロー・アダムズは１９３１年、著書『アメリカの叙事詩（The Epic of America）』の中で初めて「アメリカン・ドリーム」という言葉を使った。アダムズは同著の中で、「それぞれの能力や業績に応じて、すべての人に機会が与えられ、それぞれの人生はよりよく、豊かに、満ち足りたものになるべきだ」と述べている。

この自助努力を重んじる保守思想の精神は、米国史で衰退と再生を繰り返す。繁栄の裏で衰退した産業もある。自動車産業の興隆は、鉄道産業のピークアウトを意味した。鉄道は19世紀後半には社名に「〇〇鉄道」と付くだけで株価が上昇するほどの成長産業だった。産業の栄枯盛衰はいつの時代にも繰り返す。それは株価にも如実に表れる。

この時代の米国を牽引した産業は製造業だ。自動車のエンジンなど内燃機関と並んで動力を電力に転換することで電気機械産業も勃興した。この少し前の時代までは自動車や電機機械は特注品だった。このことの意味は、ボルトやナット一つとっても大きさや強度の規格が確立していなかったということだ。そのため、自動車や電気機械の頂点に君臨する組立加工業者は、川上から川下までをグループ化して、部品を内製した。たとえば、自動車会社はボディの製造のために鉄工所を自ら持っていた。巨大な組立加工産業での垂直統合の破壊は、米国製造業の衰退が明らかになる1980年代のM&Aの時代まで待たなければならなかった。

雇用面では、アナログの機械を組み立てるので、すり合わせや熟練が重視された。そのため、工場労働者に終身雇用が広がり始め、戦後には会社人間という言葉まで生まれた。終身雇用は1980年代に入ってレーガン政権の規制緩和や産業構造が製造業からITなどサービス産業にシフトし始めた時代まで続いた。

不動産もブームとなり、フロリダで大規模な土地投機が発生した。上流階級に冬はフロリダ、夏はNYやシカゴで過ごすスタイルが定着しつつあった。

慢心を生んだ様々な革新

1913年にはFRB(連邦準備制度理事会)が設立され、金融政策により景気循環が消滅するとさえ信じられた。それまでは金融恐慌で取り付け騒ぎが発生してもなす術はなく、そのたびに規模こそちがえ金融恐慌が発生していた。大学でMBAが普及し始めたのもこの頃で、フォードのT型フォード生産に応用されたとされる経営学者テイラーの科学的経営が普及することで、企業の成長率が高まると期待された。今となっては信じがたいが、１９２０年代の禁酒法も、労働者が真面目に働くことで、生産性を上げる要因になると期待された。

軍事用から民生用に転用された技術革新はたしかにあり、金融政策の高度化や経営管理手法の洗練により、経済がよくなったのは事実だ。しかし、どこまでよくなるかと、どこまでよくなると人々が信じ込むかは、まったく別だ。この時代は、人々の将来に対する期待が高まりすぎたことで慢心が生まれ、株価が無理な水準に押し上げられた典型例だ。

１９２９年の株価急落

しかし、１９２９年に始まった株価の下落は、32年７月には高値の10分の１にまで下落した。１９２９年に３・２％だった失業率は、１９３３年の25・６％まで急上昇し、その後も長く二桁にとどまった。ＧＮＰは１９２９年の水準を１００とすると、33年には約50にまで落ち込んだ。銀行の倒産は30－32年に５０００、33年には４０００に達した。銀行の破綻は全数では約40％だった。

株式市場の大きな流れは、あとでもう一度振り返る。

貿易戦争

大恐慌が始まると、フーバー大統領は１９３０年にスムート＝ホーレー高率保護関税法を成立させて自国産業を保護しようとした。結果的には国際的な報復による関税の引き上げ競争となり、貿易量が減少して米国の恐慌を世界に輸出することとなった（図２－３）。

図 2-3　1929〜1933 年の世界貿易額の推移

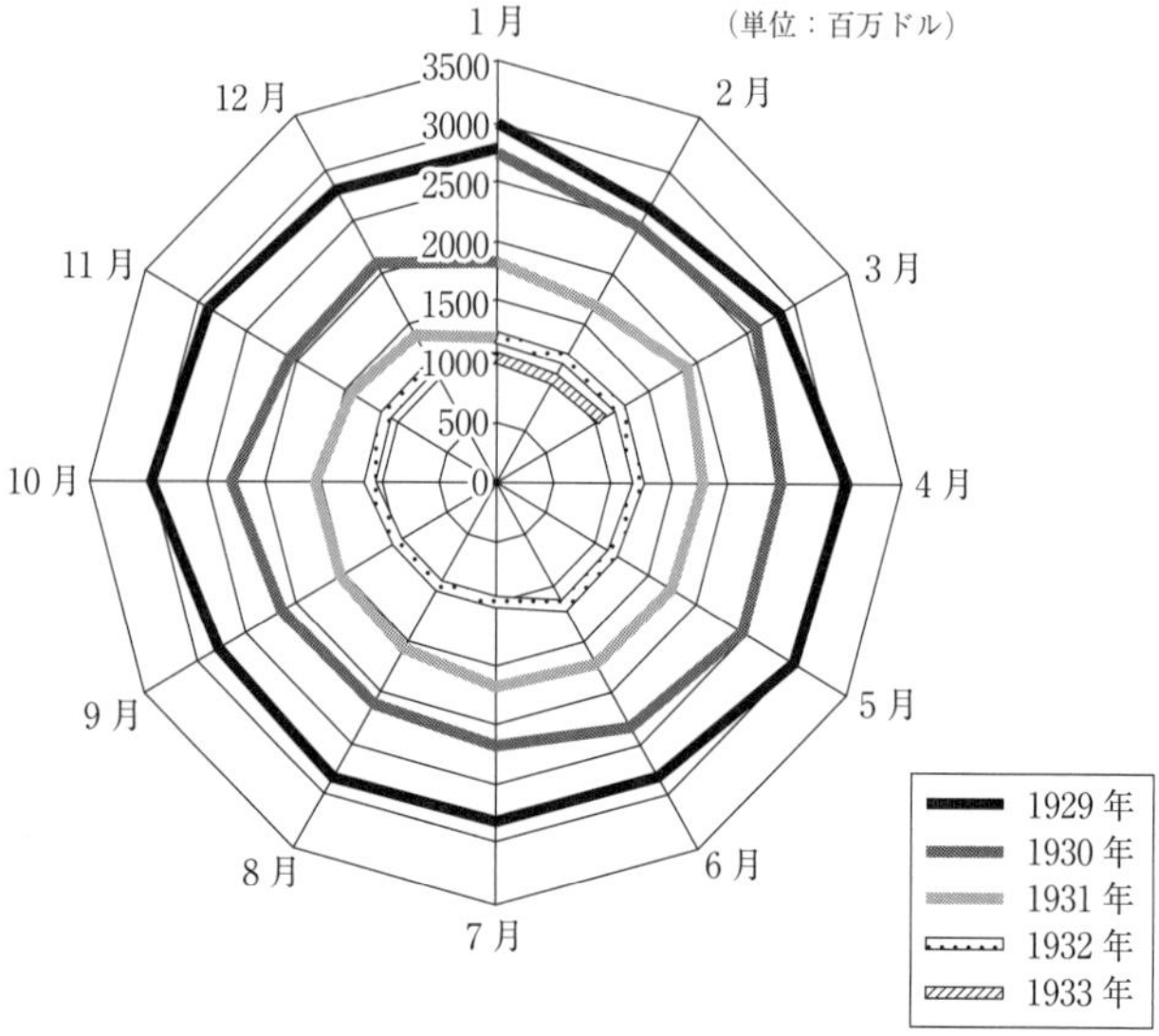

備考：75 カ国の輸入総額
資料：Kindleberger（1984）「The World in Depression 1929-1939」から作成
https://www.meti.go.jp/report/tsuhaku2009/2009honbun_p/2009_12.pdf
出所：通商白書 2009、238 ページ

この時代の米国は、支配政党にかかわらず、市場メカニズムを信頼して政府の介入を極力回避する資本主義が常識とされた。それを強く主張した共和党のフーバー大統領が誕生した１９２９年前半には株価は強く上昇した。したがって、国内経済においては、自由放任政策や財政均衡政策は当然の前提とされた。こうした政策は、経済危機においては結果的には清算主義となる。これは、メロン財務長官の「労働者を整理し(liquidate)、株式を整理し、農民を整理し、不動産を整理せよ」との助言に従ったものとされている。

清算主義は、社会から腐った部分を取り除き、競争力のある労働者、企業、産業だけを選別して、あとは切り捨てればよいとする考え方だ。

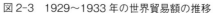

金融面でも、株価の暴落や不況は一種の浄化作用であり、ある程度の調整が済めば市場メカニズムによって景気は底打ちして、再び好況が来るとする見立てだ。悪い部分を取り除くという意味では一定の説得力はある。

しかし、バブルには羨望の情が入り込む場合が多く、行き過ぎる場合が多い。純粋に市場メカニズムを信頼する思想とは別に、バブルで踊ってもうけた人を懲らしめようとする羨望の情念が入るからだ。ここまで清算主義の思想が高まると恐ろしい。清算の過程で金融システムや信用システムなど資本主義の重要な機能が毀損する可能性があるからだ。こうなると、バブル崩壊の敗戦処理は泥沼化すると見てよい。そして現にこの時代の大恐慌もこのメカニズムで泥沼化した。

まったく同じメカニズムが1990年代、バブル崩壊後の平成時代の日本で繰り返されることになる。2008年のリーマン・ショックの後には繰り返されなかった。また、これは人類が怨嗟や羨望の情念を持つ限り、今後も繰り返される可能性が高い。清算主義は、政府による公的資金の注入による大企業や金融システムの直接的な救済を最後まで拒否する精神を支えることになる。

フーバーの清算主義には後世の知恵とすべき成果もあった。1932年3月に議会上院の小委員会に不正行為を徹底的に追及するためにニューヨーク州検事だった委員長の名前を冠したペコラ委員会が設置された。その目的は「証券取引所で行われた空売りなどの種々の行為を徹底的に調査し、それらが銀行システムおよび連邦準備制度の運営に与えた影響を明らかにする」とされた。ペコラ委員会は17カ月にわたり調査を実施して1200ページの議事録を作り、金融関係者の不正を暴いた。

その中身を大別すると、株価操縦やインサイダー取引や損失隠蔽のための裏帳簿などの不正取引、監督機関と監督される側の金融機関の狎《な》れ合いに分けられ、相当数の関係者が起訴された。また、不正の制度的背景として、情報開示制度の不備、金融グループが巨大化して過大な影響力を持ち、しかも連携して利益の最大化を図ったことなどが指摘された。そして結果的には、重要情報の開示を義務づけた証券法や証券取引法の制定、市場における不正行為を監視する証券取引委員会（ＳＥＣ）の設置、グラス＝スティーガル法による銀行と証券の分離などが実現された。

ペコラ委員会の厳しい処分もあり、１９３３年3月以降は、復興金融公社（ＲＦＣ）による金融システムへの公的資金の注入が図られた。

なお、１９９０年代前半の日本でも日本版ペコラ委員会を創設してバブル崩壊の敗戦処理を一気に片づけようとする意見はあったものの、実現されることはなかった。

１９３３年ルーズベルト大統領登場

この間、１９３３年3月4日にルーズベルトが大統領に就任して政策が大転換したことで、状況は一変する。政策の大転換にあたり、ルーズベルト大統領は、当時普及し始めたラジオを使って国民に直接話しかける「暖炉辺談義」を始めた。というのも、ルーズベルトのニューディール政策の根幹を成した１９３３年成立の全国産業復興法（National Industrial Recovery Act：ＮＩＲＡ）は、後の１９３５年5月に最高裁において全員一致の違憲判決を受けるなど、当時の常識に照らして異例の政策だった。これを国民に納得してもらうために、自分の信念、そして計画と希望を国民に伝え、国民の支持があれば問題は解決すると説いた。特に最高裁について、判事の入れ替えにまで言及した。

ニューディールは二つの時期に分けられる（図２－４）。第1期（１９３３～34年）では、救済と復興が政策の中心で、大がかりな失業救済活動や公共事業により景気の回復が図られた。金融面では公的

図2-4　ニューディール政策

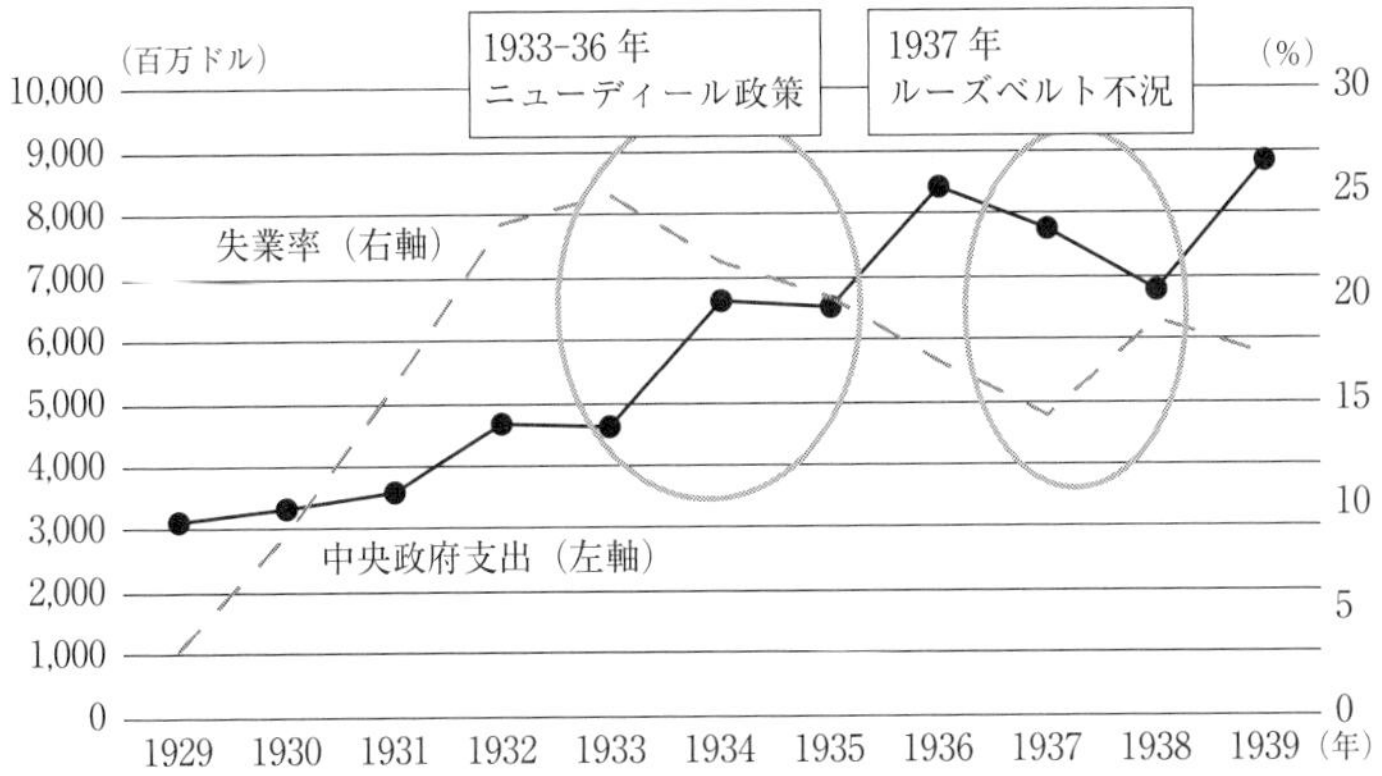

出所：Haver Analyticsの公表データに基づいて筆者作成

資金の注入による金融システム救済を実施した。農業対策では、農業調整法で農産物価格の安定を図り、失業救済事業立法では失業者を雇って公共事業を始め、全国産業復興法で企業の反トラスト法の適用除外として過度な競争を制限し破滅的な価格競争を制限し、TVA計画でダムや運河を建設し、金本位制から離脱してドル安と貨幣供給量の増大を図った。

第2期（35～39年）においては社会変革が政策の中心となった。社会保障制度として労働者と企業が保険料を拠出する失業保険制度、老齢年金や遺族年金を運営する社会保障法が創設された。労働者の組織化や団体交渉権を保証したワグナー法、高額所得者や相続税に課税する富裕税法などは、労働と資本の力関係を根本から変えた。急進的な社会改革に力点が移ったことから、ニューディールの「左旋回」と呼ばれた。

ただ、多くは1935年に最高裁で違憲判決を受けたものの、36年の大統領選挙でルーズベルトは圧勝した。これを受けて、37年に入ると最高裁のスタンスも変わり始めた。結果的には多くのニューディール政策が合法と認められるようになったのだが、この背景には37－40年にかけて9人中5人の最高裁判事をルーズベルトが指名したことも影響している。経済の停滞と市場の機能不全を受け、大量の失業を救済するために国家が市場に介入した事実は、資本主義の歴史において画期を成すものと評価されている。

なお、最高裁判決は、米国の社会と公共政策の在り方に大統領以上の多大な影響を及ぼす。日本では当然のことながら大統領は有名だが、最高裁判事で有名人はほぼ皆無だろう。本書では、２０２０年の大統領選挙後の米国の政策を見る上でトランプ政権や共和党が進める裁判所の判事の人選は極めて大事なので、改めて取り上げる。

ケインズ対ハイエク

この間の経済論争には今日的意義がある。簡略化すると、経済政策にどの程度政府が介入するかについて、自由放任を主張した古典派の経済学者に対し、ケインズは政府の積極的な介入を主張した。古典派の代表はハイエクとシュンペーターだ。シュンペーターは、大恐慌を目の当たりにして、「おしめり」だから放置すれば市場メカニズムが作用して勝手に景気は回復すると主張した。現実はまったく逆で、フーバー大統領の時代には現実に放置されると、不況→取り付け騒ぎ→貸し剥がし→企業倒産→失業→消費減少→株価や地価下落→景気はさらに悪化と、とどまるところを知らず景気は悪化した。ルーズベルトの時代になって政策を大転換して、放置ではなく政府が強力に介入することで、大恐慌から脱することに成功した。ルーズベルトが採用したのはケインズの政策で、ハイエクやシュンペーターに代わって影響力を強めた。

ケインズは１９３４年にホワイトハウスに招かれ大統領と会談を行った。この自由放任主義対政府の

図 2-5　終戦による財政支出減少で雇用問題発生

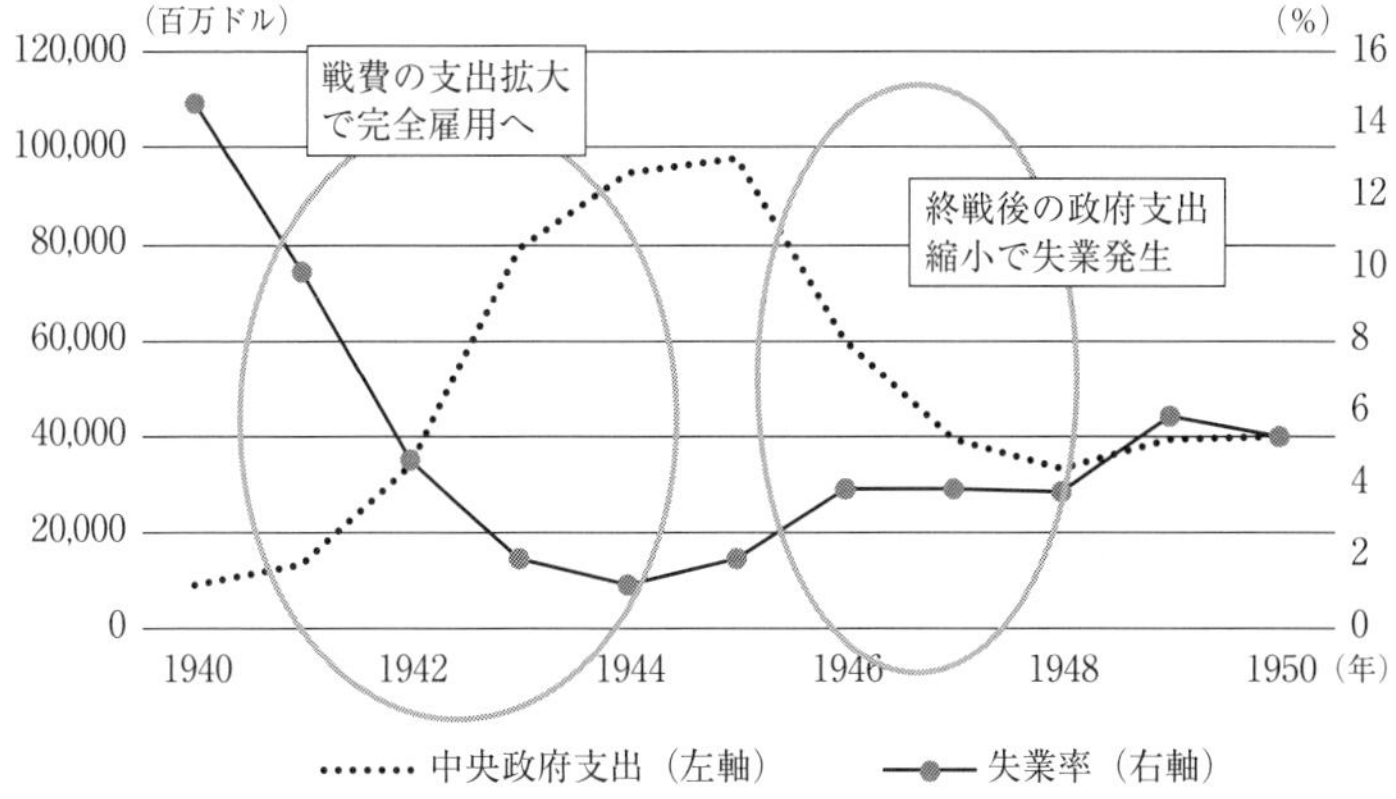

出所：Haver Analytics の公表データに基づいて筆者作成

介入主義の論争は、1950年代以降から現在に至るまでかたちを変えては繰り返される、古くて新しい論争だ。

ルーズベルト不況

経済は1936年には1929年の水準にまで回復した。そして37年半ばには金融引き締め、増税など、景気抑制型に転換した。これを受け、景気は再び後退を始めた。これは「ルーズベルト不況」と呼ばれ、失業率は再び20％近くにまで上昇した（図2－4）。

この時代の金融政策の研究は、2008年9月のリーマン・ショックの時にFRB議長だったベン・バーナンキの専門領域だった。バーナンキは、ルーズベルト不況の原因を、早すぎた政策転換だったと結論づけ、リーマン・ショック後の政策運営で活かしたと考えられている。そして、再び公共投資や金融緩和に逆戻りした。

その後の経済は、第二次世界大戦で戦時体制に入った。図2－5にある通り、戦費など政府支出の急増で雇用情勢は完全雇用にまで改善した。逆に戦後は終戦で政府支出が減ると、また失業が生じた。株価は、1929年の水準を回復するのに約25年を要した。インフレ調整後では1960年頃に一度は回復するものの、70年代に再び低迷したことで、80年代のレーガン革命まで待たなければならないほど深い爪跡を残した。

戦時体制下の企業経営

戦時体制に入ると企業経営もそれに適合するように変わる。経営学者のドラッカーの著書には、戦時体制下の大量生産に関する記述が豊富にある。というのも、米国は真珠湾攻撃を受けて、唐突に物資を大量生産する必要に迫られた。製造の現場では、素人同然の労働者が工場に動員されて、ラインで製造に従事した。しかし、素人ではうまく回らない。そこで、政府に雇われたドラッカーや戦後に日本で品質管理の父と呼ばれることになるデミングが、経営の指導に当たった。

ドラッカーによると、それまでは戦闘機は手作りだった。しかし、それを大量生産するにあたり、まったく経験のない企業が経験のない素人の従業員を使って生産することになった。これには設計、部品生産、部品の組立、従業員の訓練が必要になる。この一連の流れをドラッカーは、「それは、人と人の関係、および人と工程の関係においての分析と統合にある。したがって企業において最も重要なものが人間組織である。この点に関しては、企業は軍と変わるところがない。軍と同じように設備は必要である。しかし人間活動が機能的に組織されていなければせっかくの装備も役に立たない、と記している。[4]そして、製造現場で優秀な監督者は、戦闘の現場でも優秀なため、すぐに引き抜かれたと回想している。また、戦時体制下で大量生産にゼネラル・モーターズ社（以下、GM）が成功した例を、詳細に説明している。それほどに、愛国心に支えられた戦時下の大量生産体制は効果的に機能した。

このドラッカーの記述の意味は大きい。というのも、戦後の米国では、すぐに労働者は正当な処遇を求めてストを起こし、政府が介入に入った。終戦で平時に戻ると、戦時下の愛国心に支えられた非常時の大量生産は、もう続けられなくなったため、労働者が反乱を起こした格好だ。

逆に日本では、戦争が終わった後にも「１９４０年体制」と言われた全体的な社会の仕組みだけでなく、生産現場も傾斜生産から始まって戦前のままに残った可能性が高い。それは戦後の飢餓を凌ぎ、赤化を防ぐための非常手段だったといえる。そして、その非常手段を維持することで高度成長を実現した。

しかし、この体制は、戦後のＧＭでストが起きたように、日本が先進国入りしてキャッチアップが終わった段階、あるいは遅くとも日米貿易摩擦で日本が本格的に叩かれる前には正常化すべきだったといえる。戦時体制から正常化して平時に戻った後、どう経済運営を行うのか、経営を超えて令和の時代にまで持ち越されることになる。この課題は第5章で取り上げる。

覇権安定論

米国から始まった不況が、世界恐慌にまで泥沼化した原因とされるのが「覇権安定論」という考え方だ。米国の経済学者であるチャールズ・キンドルバーガーは、その原因を世界的な指導国の機能を果たす覇権国の欠如に求めた。当時は英国がまだ覇権国で、通貨市場では慣例として1ドルではなく1ポンドあたりで表示されていた。しかし、英国には世界をルールで統治するリーダーシップがもう残っていなかった。

とはいえ米国にも、まだその自覚はなかった。そうなると、各国が自国第一で通貨を切り下げたり保護貿易に走るが、自制を求める国がなくなり、報復が報復を呼んで恐慌が深刻化した。キンドルバーガーは、強い指導国の存在が政治、経済などのグローバル・システムの安定を確保すると主張した。こうしたキンドルバーガーの考えを政治学的に理論化したのが「覇権安定論」だ。

何も難しい話ではない。言葉を持たないサルの群れは、ボスザルが睨みをきかせることで集団の秩序を保つ。ボスザルが権力の移行期などにボスとしての機能を放棄したら、群れは大混乱に陥る。もちろん理性を持つ人間とサルはちがうが、基本的には国際情勢もこれと同じ原理で秩序を保つとみなしてよいだろう。

戦後の金融市場では、米国が覇権安定の機能を果たした。筆者が米国の覇権を長波として重視する原因はここにある。

株価

株価は五つの局面を経験した（図2－6）。1920－29年は株価が高騰したバブル生成の時代だ（①）。新しい時代が来るという楽観から、大きく上昇した。歴史学者のほぼ一致した見解は、ある条件が揃うと、人間は過去の教訓を完全に忘れて愚行を繰り返す。バブルは愚行の中の一つと位置づけられる。これは理論ではなく、過去の事例から演繹的に引き出されるもので、心理的作用と言ったほうがよい。第1章で見たように、集合知を忘れ「新しい時代が来る」に体現される一つの考えに凝り固まった時に発生する。この時代はそれが軍需を転用した技術革新や過度な楽観だった。

しかし、1929年に急落が始まった（②）。その後はピーク時の約1／8まで約4年間下落した。そして32年のルーズベルト大統領候補の当確により、ニューディール政策に対する期待から、ようやく

図2-6　NYダウ平均株価指数の推移（1921-45年）

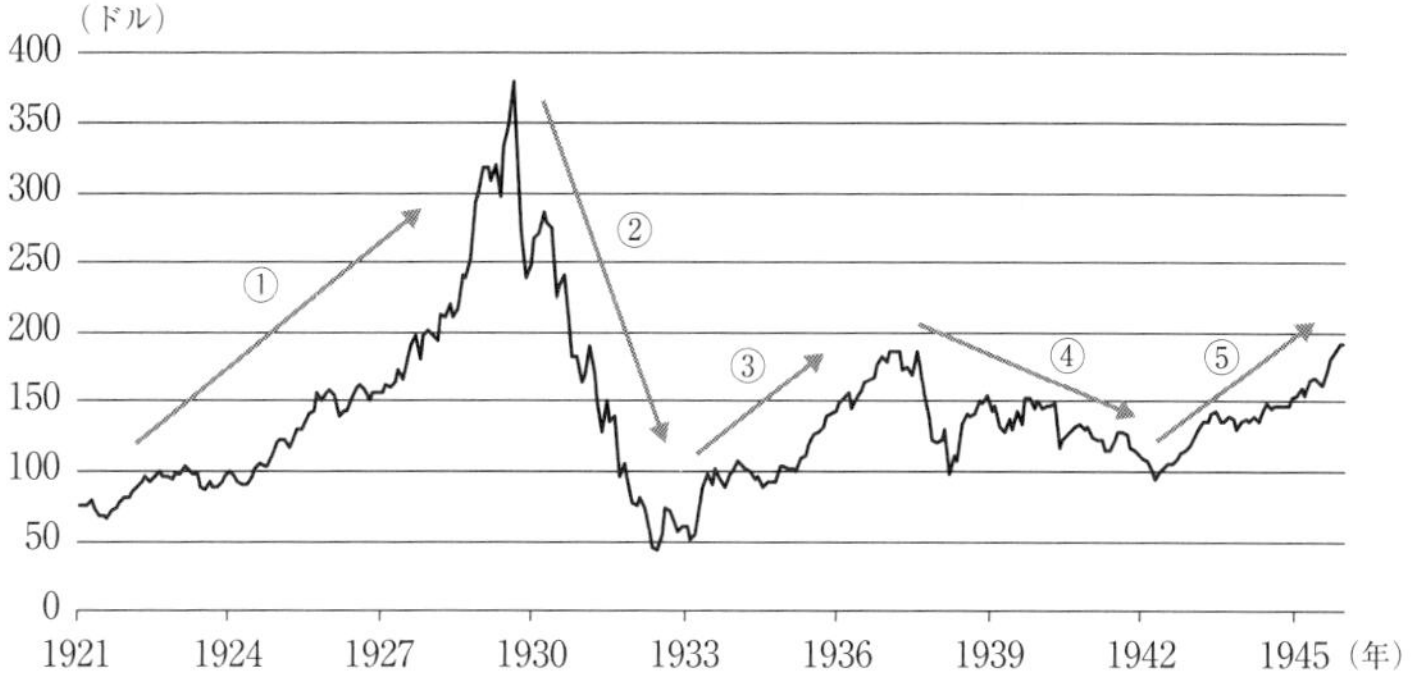

出所：Haver Analyticsの公表データに基づいて筆者作成

反転した。32年に反転した株価は37年までは上昇した（③）。しかし、37年には早すぎる引き締めへの転換による「ルーズベルト不況」でまた下落局面に入った（④）。

その後は戦争経済に入ったため、上昇とは言いがたいのだが、32年につけた大底は割れなかった（⑤）。

逆張りバリュー投資

本書では戦争や紛争に関連する株価の動きを何度か取り上げたが、この時代も同じ歴史の繰り返しだった。１９３９年に欧州から始まった第二次世界大戦では、ナチスのヒトラーが破竹の勢いで近隣諸国を蹂躙した。この時点では米国はまだ参戦していなかったが、ヒトラーの破竹の勢いのニュースで株式市場は大きく下落した。このとき、後に伝説的な投資家になるジョン・テンプルトンは、当時としては巨額な1万ドルを借金して1ドル以下にまで叩き売られた株を買うという思い切った投資を行った。そして１００株ずつ１０４銘柄に投資をしたのだが、結果的に倒産したのは四社だけで、他の１００銘柄はその後大きく値上がりし、結果として巨万の富を築くことになった。

投資信託もブームとなった。1920年は数十本の会社型投信があったが、27年には160本、28年には320本、29年には265本が設立された。しかも、投資家から集めた資金だけでなく、借金をしてそれを原資に株を買うかたちでレバレッジをかけた投資を行っていた。

投資手法

1924年にエドガー・ローレンス・スミスが著作『長期投資としての普通株』を出版した[5]。当時は株式はまともな投資対象ではなく、ギャンブルに近い投機だと見る向きが多かった。そこでスミスは、19世紀半ば以降の株式と債券の投資収益率のデータを集めて分析した。そして、株式投資は短期的にはマイナスを出すことはあっても、長期的には株式が債券を上回った事実を突き止めた。

しかし、1929年に相場が大きく崩れた後の31年には、ローレンス・チェンバレンが『投資と投機』を発表する[6]。ここでは債券のみがまともな投資であると主張された。大恐慌で株価が大きく崩れた後だけに、時流には乗ったようだ。

そのチェンバレンに反論したのが1934年のベンジャミン・グレアムだ。彼はデビッド・トットとの共著『証券分析』を発表する[7]。原題は「Security Analysis」で、本来の意味は「安全分析」だ。証券投資は安全分析さえしっかりしていれば投機ではないとする考え方を同書で整理した。証券の語源が安全であることは前に書いたが、それにしてもこの意訳にはやや飛躍感がある。だが、もはや日本ではこの誤訳が定着してしまった。

その初版の焦点は、企業の不正行為だった。この時代はまだ1933年証券法、1934年証券取引所法の精神が行き渡っていないがため、情報開示は極めて不十分で、資産の評価方法などでも正確性に問題が多かった。今の言葉で言うと風説の流布や相場操縦だが、こうした規制ができる前は道義的な責任はあっても明示的な責任は問われなかった。しかし、1951年の第三版では不正行為に関する記述がすべて削除されてなくなるほど、情報開示制度は大きな変貌を遂げた。

グレアムはバリュー投資の父と呼ばれる。バリュー投資とは、企業の成長性が衆目の一致するほどには高いわけではないがために、株価が安値に放置された銘柄に投資する方法だ。対極は、現在ならITなど成長性が高いがゆえに株価も高い企業に投資する成長株（グロース株）投資だ。世界有数の富豪で投資家としても有名なウォーレン・バフェットは、戦後にグレアムが関わった運用会社であるグレアム・ニューマンで証券アナリストとして勤務した経験がある。バフェットは、自分の投資に関する考え方の85％はグレアム、15％はフィリップ・フィッシャーに負っていると述べている。グロース株投資の大家でロングセラーの投資の教科書の著者でもあるフィッシャーについては、次節で取り上げる。

ザ・グレート

この時代を描いた名作にスコット・フィッツジェラルドの『華麗なるギャツビー』が挙げられる。この時代の狂騒と空疎が唯一無二のものとしてよく描かれている。

米国社会は善と悪、勤勉と享楽、禁欲と放蕩、博愛と憎悪など、両極端な側面を持つ。国家の自己同一性はそれらが一定の均衡を保つことで保持される。しかし、時としてバランスが崩れる時代に、米国史に残る時代の大きなうねりが形成される。ここでは均衡とバランスの崩れが色彩豊かに描かれている。

この小説は、米国では高校の課題図書によく挙げられている。日本人にとって夏目漱石の『こころ』や『吾輩は猫である』に相当する作品と位置づけられるようだ。戦後に四度も映画化されており、米国人の琴線に触れるものがあるのだろう。

邦訳は「華麗なるギャツビー」なのだが、本当のタイトルは「ザ・グレート・ギャツビー」[8]だ。「ザ・グレート」は歴史上の唯一無二のものにしかつかない普遍性を持つ。米国人の気質を知るには大いに参考になる作品だ。

3　戦後復興——資本主義の戦後第一黄金期前期

戦後復興の青写真

戦後復興は、戦争終結前の早い時点に国際的な制度設計から始まった。1944年7月に連合国が米国で開催したブレトンウッズ会議は、1930年代のような大恐慌の再来を回避するよう設計され、終戦後の45年12月に発効した。この制度は「金ドル本位制」と呼ばれる。1トロイオンス＝35ドルで金価格をドルと連動させ、ドル以外の通貨をドルとの固定相場とし、戦前のような自国第一の通貨切り下げ競争を防止する制度とした。ただこの制度の欠点は、ドルの発行総量が金の総量と関連づける必要があるため、金山の発見に制約を受ける。そのため間もなく問題が露呈する。それでも71年のニクソン・ショックまでの約26年間は続いた。関税面では、48年に米国の強力な支援のもと、関税貿易一般協定（GATT）が創設された。これも戦前の自国第一で関税引き上げなど経済のブロック化が再現されることを阻止するのが目的だった。

戦後の不安心理

戦後直後は大戦が終結したとはいえ、不安感は大きかった。終戦の少し前の１９４５年４月には４期目の任期（大統領の任期は憲法により2年が原則だが、当時は有事を理由に四選された）に入って日の浅いルーズベルト大統領が突然の脳溢血で死去した。45年９月２日に正式に戦争は終結した。だが、８月6日に広島、９日に長崎に原爆が投下されたこともあり、戦勝気分にはほど遠く、国全体が奇妙な憂いに包まれていたようだ。８月12日にＣＢＳのエドワード・Ｒ・マロー記者は「勝者がこれほどおぼつかない不安な気持ちを覚え、将来が不透明で自分たちの生存も不確実だと気づく、そんな終わり方をする戦争はこれまでほとんどなかった。皆無だったかもしれない」と述べている(9)。

マロー記者は、米大統領自由勲章（１９６４年）や英国からナイト爵の称号を与えられ、マッカーシズムを公の場で初めて批判した偉大な記者だ。戦争で巨額の賠償金が取れないために大戦景気が期待できない、むしろ逆に軍需が途絶することで、大恐慌の時代に逆戻りするのではないか、という不安心理も強かった。大戦景気が期待できない状況で迎えた第二次世界大戦終結後の平和な時代は、実は暗い時代として始まったのだった。

赤狩りとして有名なマッカーシー旋風が吹き荒れたのは、それだけ不安感に苛まれていたことの表れだったのだろう。後に１９４９年にはソ連が原爆実験を敢行して東側陣営の盟主としての力を見せつけた。中国では内戦で国民党が敗れて共産党政権が誕生した。米国が社会主義陣営の拡大を阻止できなかった事実から、米国内、特に国務省に共産党の多数のスパイがいるというマッカーシー上院議員の告発が真実だと受け止められた。そして、疑心暗鬼から現実に多くの逮捕者を出した事実は、そこまで米国が怯えていたことの表れだ。共産主義は米国国内で静かに浸透しつつあり、労働者階級だけでなくインテリ層にまで拡がりをみせていた。ただ最終的には、マッカーシーの告発は単なるデマで、マッカーシーは失脚した。多くの犠牲者を出した赤狩りは、spin doctorがデマやでっち上げで政治を推し進める米国社会の負の側面や政治の暗部を曝け出した事件だった。

市場対社会主義

2019年3月に発表された大統領経済報告には「市場対社会主義」という一節が設けられている[10]。トルーマン大統領在任中の1946年に大統領経済諮問委員会（CEA）が創設された。CEAは、大統領によって指名され上院の承認によって任命される委員長と2人の委員で構成される。

創設に際し、戦後の米国が自由主義経済に向かうべきか、社会主義に向かうべきかの議論が展開されたことが紹介されている。そして委員長を含み3人の全メンバーは、市場経済と中央政府による計画のバランスが大事だと結論づけた。議論の過程では、中央政府による強力な計画経済は非効率ではあるものの、市場経済による米国史でたびたび起きた自助努力を礼賛する気風が残酷で無慈悲な社会を招いたことにも反省は必要で、したがってバランスが大事だとされた。この議論は、すでに紹介したハイエク対ケインズの議論と類似の内容で、この後も米国経済史の中で何度も繰り返されている。詳細は資本と労働のどちらが優位かの長波の観点から、第6章で取り上げる。

マーシャル・プランとドルの帝国循環

ソ連が「ドミノ理論」として次々に共産主義革命を支援して東側陣営を東欧や中南米で増やし始めたことから、米国は西側陣営の盟主として体制づくりを本格化し始めた。その代表が1948年のマーシャル・プランと１９４９年の軍事同盟である北大西洋条約機構（ＮＡＴＯ）である。

マーシャル・プランは１９４８年から51年にかけて実施され、援助総額が８００万ドルを超える同盟国に対するインフラ建設のための援助であると同時に、外に出て行ったドルを米国に還流させる資金の帝国主義循環でもあった。これは単なる援助ではない。基軸通貨ドルが諸外国で外貨準備として保有され、最終的には米国に還流する帝国主義の時代とまったく同じ資本の循環でもあった。

マーシャル・プランは、欧州のインフラなど戦後復興のための資金援助のかたちを取った。米国本国は戦争の被害が軽微だったこともあり、平和になって自由に貿易を進め経常黒字国となった。しかし、それでは基軸通貨であるドルを根拠に自国通貨を発行する国々の手元にドルがない。つまり、自国通貨を十分に発行できないために経済が滞ってしまう。そうした国々にドルを届ける（黒字を赤字国に還流させる）ため、米国は移転収支を使って無理やりにでも総合収支を赤字にすべく資金援助を実施した。

マーシャル・プランの金融面の問題は、「ドル不足」あるいは「国際流動性問題」と呼ばれる。つまり、米国は経常収支を赤字にすることがある意味で責務であり、世界経済にとって必要だったのだ。この状況は今も続いており、外貨準備として米国に還流する基軸通貨ドルは、米国が覇権を維持するために絶対的に必須の条件になっている。また、米国政府が作り出すドルは、一度は米国の経常赤字で海外に流出しても、結局は外貨準備として還流する。

この問題は、世界中に流通する貨幣が単なる媒介ではなく、米国政府が作り出すものであり、国際金融システムの安定性、バブルを生じさせたり崩壊させたりする金融市場の安定性の問題にもなる。そしてここに起因して、１９７０年代のドル危機やニクソン・ショック、リーマン・ショック後のドル基軸通貨体制への疑念等につながるのだが、派生する問題はそれぞれの箇所で再び取り上げることとする。

経済大停滞論の勝利

不安の中で始まった経済の戦時体制から平時への切り替えは、その後も繰り返される大論争を引き起こした。この論争には、今日的な意義もあるので紹介しておこう。

当時は経済学者であるクズネッツとハンセンの間で戦後の米国経済の先行きに関して論争が交わされた。ハンセンはケインジアンに改宗して、軍需の減少による景気悪化を懸念した。戦争経済は結局は軍需であり、戦争中の米国は、大恐慌の前のブームの時代以来の完全雇用をほぼ達成した。しかし、戦争が終結して軍需がなくなれば何が起きるか。大恐慌に逆戻りするリスクがあったのだ。これは、先に引用したCBSの記者やソ連の社会主義に怯えたことで始まったマッカーシズムの背景にもなった。

ここを重視したハンセンは、大停滞説を主張した。これは、資本主義が成熟するとやがては活力を失い、大きな生産能力を持て余して資源の不完全利用が常態化する、という説だ。ハンセンは、発明、発見、新領土、人口の増加を経済の進歩の要因として挙げるが、これらが成熟化して資本主義の活力が失われることを懸念した。

一方、「近代経済成長」を主張したクズネッツや産業連関を重視した経済学者はまったく逆だ。戦中に抑え込まれた需要や復興需要が住宅を中心に顕在化することを重視して楽観的な見通しを主張した。戦争の後の経済発展は、1919年に終結した第一次世界大戦の後にも大戦景気として顕在化している。それは1929年の大恐慌に至るほどの大規模なブームだった。

結果は、とりあえず1940年代は総じてハンセンの勝利だった。終戦直後から経済は1945年にマイナス1%、46年にマイナス11%、47年にマイナス1%と大幅なマイナス成長に陥った。物価は戦時下の統制令が解除されると、46年8%、47年11%、48年8%と大幅に上昇した。株価は戦後直後こそ上昇したものの、その後は下落に転じて総じて横ばいだった。１９４６－48年の高インフレを加味するなら、実質的にはかなり下落した。

戦争終結により明るい時代が来るという期待は完全に裏切られたのだ。ただ、これらは戦争経済から平時に戻る過程での一時的な混乱期であり、短波と位置づけてよいだろう。

ミクロはマクロより強い

この論争には企業経営や投資の意思決定で重要なミクロ対マクロの観点もある。ゼネラル・モーターズ（ＧＭ）は、戦後の成長に向けては戦争が終わるかなり前から壮大な計画を立てていた。１９４３年に社長のスローンは全米製造業協会での「挑戦（ザ・チャレンジ）」と題した講演で、この構想について説明している[11]。「戦争が終われば堰を切ったように需要が噴出すると考えられるため、大胆な計画を立てておかなければならない、ということである。戦後不況を予測する多くのエコノミストに反論するとともに、『私にとってこれは、単なる論争の対象ではなく、いかに投資判断を下すかという問題だ』と言い添えた。事は緊急を要するというのが社内の認識だった。できるかぎり速やかに平時体制に復旧して、消費者のニーズに応え、雇用を創出し、株主への義務を果たさなければならなかった。そのすべてがチャンスに満ちていた。そこで社内では、長期的な需要見通しを立て始めていた。景気全般の動向、消費者需要、社（ＧＭ）の生産能力、財務力などをにらみながら、５年から10年後の事業を予測したのである」。

ここにはマクロを見るエコノミストには見えないミクロの動向を企業経営者は的確に見抜いていた事実が示されている。この視点は時代が変化する時には極めて重要で、その優位性が発揮されるのは株式投資の銘柄選択においても同じだ。

乗用車の売上台数（百万台）は、0・3（1945年）、1・28（46年）、1・9（47年）、2・1（48年）、2・8（49年）、3・8（50年）と急増した。

そして2008年のリーマン・ショックを経た現在、元財務長官のサマーズが大停滞説を主張するなど、また類似の論争が繰り返されている。

経済大停滞論の敗北

戦時下で統制経済から正常化に向かった米国経済は、終戦直後にマイナス成長、高物価という後述する1970年代のスタグフレーションのような二重苦に見舞われた（図2－7）。しかしこれは、軍需の剥落、長年の貧窮生活の終焉、物価統制の解除により、ある程度は予想されたことだった。そこで政府は、復員兵援助法（GI法）を施行することで復員兵に報いると同時に、経済正常化の起爆剤にしようとした。

GI法は生活手当の支給、大学進学資金の援助、住宅取得のための低利ローンの提供、が中心だが、結果的には結婚、出産、郊外の住宅取得、新たな住宅向け家電、郊外に延びる高速道路、郊外から通勤するための自動車、と1929年以降の恐慌や戦争の間に溜まっていた需要が一気に表面化した。1946－60年まで15年続いたベビーブームで6350万人の新生児が生まれた。大学生の数（百万人）は、1・4（1942年）、1・2（44年）、1・7（46年）、2・6（48年）、2・7（50年）と推移した。今度はクズネッツの勝利だ。

次に、どうクズネッツの主張した楽観論が実現したのかを見てみよう。

図2-7　戦後混乱期の米国経済

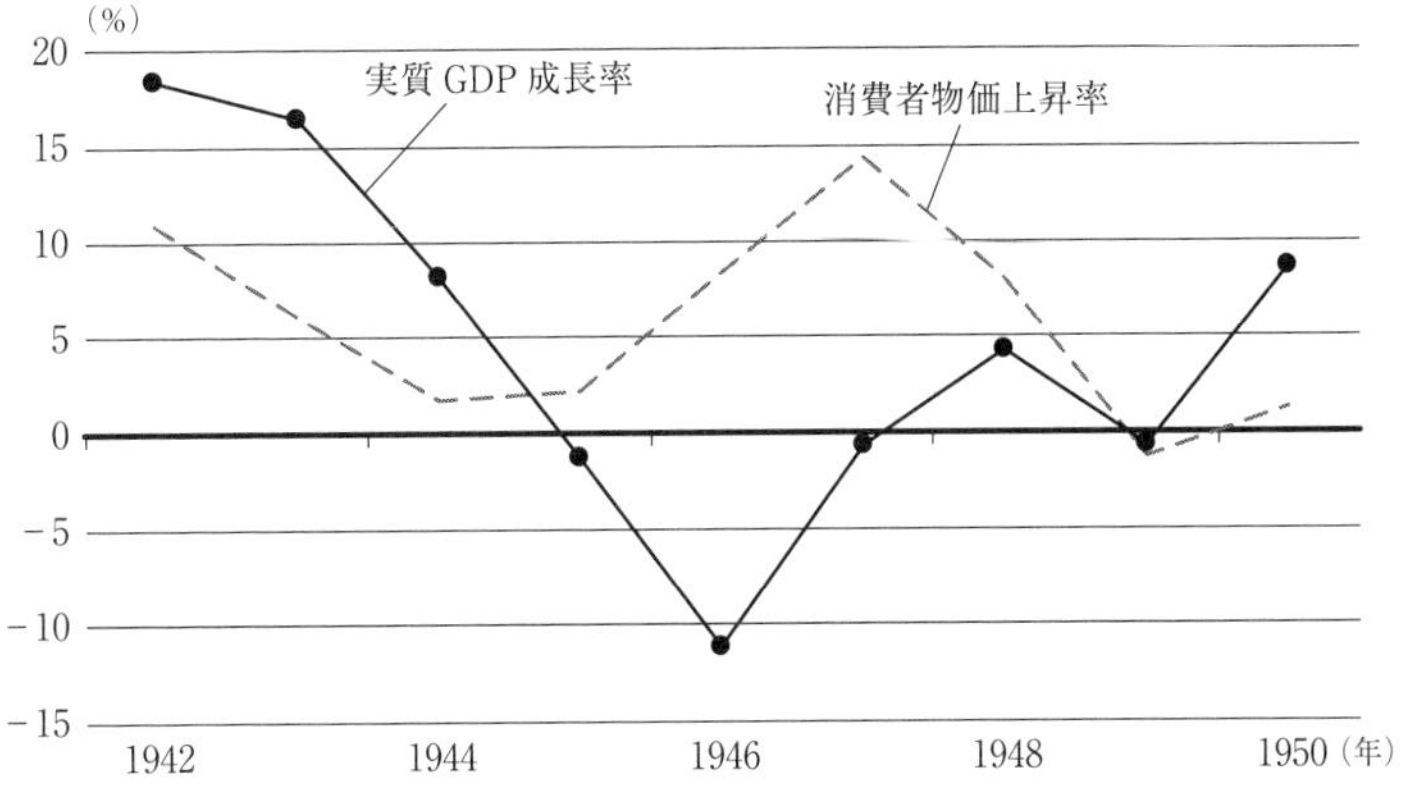

出所：Haver Analyticsの公表データに基づいて筆者作成

図2-8　第二次世界大戦前後の米失業率と株価（名目値、実質値）

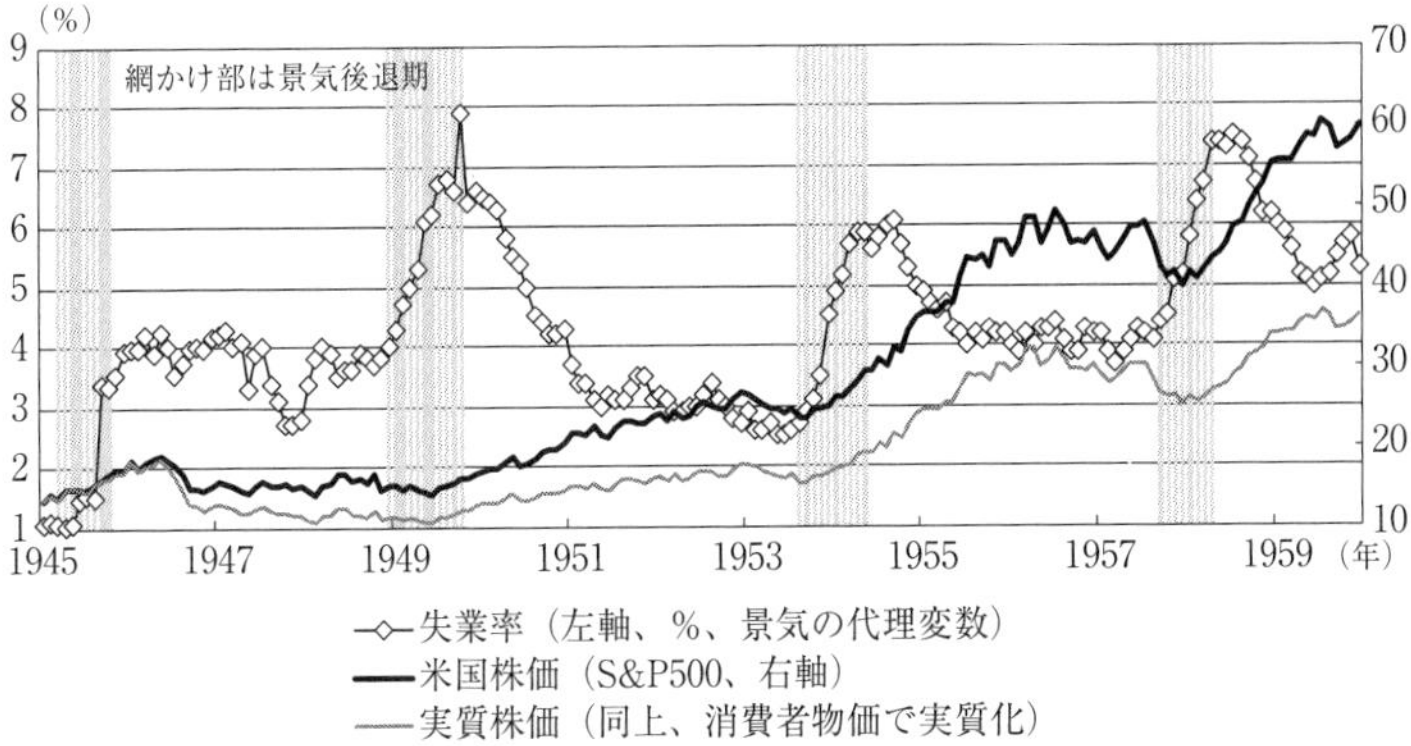

出所：Haver Analyticsの公表データに基づいて筆者作成

１９５０年以降の政策は、終戦から１９５０年にかけて経済が不安定になった教訓もあり、ケインズ政策が引き継がれた。50年代の三度の短い景気後退では、減税や財政政策など教科書的なケインズ政策が実施された（図２－８）。

労使協調路線の定着

政治面では、不安の時代に対処すべく、完全雇用を政府の目標とするべきとの認識が高まり、１９４５年1月に社会主義の理想を体現するかのような完全雇用法が議会に提出された。結局は議会での激しい論争を経て、「完全」の文言が取れた穏健な１９４６年雇用法が成立した。雇用法には，最大限の雇用と生産と購買力の促進が連邦政府の継続的な政策であり責任であることが明確にされている。これが、連邦政府による戦後の経済運営に法的根拠を与えた。同法によって大統領府に前述の経済諮問委員会（ＣＥＡ）が設けられ，議会に上下両院合同経済委員会が設置された。

この間、１９４６年に自動車、電機、鉄鋼など広範囲な２００万人が参加するストが発生したことを受け、トルーマン大統領は労働者の処遇に関する事実関係を調査する委員会を設置した。その結果、戦時中の賃金凍結で賃金が低い水準に留め置かれたことが判明した。委員会は１９４１年を基準に3・3％の賃上げを要請して、産業界も従った。そして１９４９年にはいわゆるデトロイト協定が成立した。これは、ＧＭと全米自動車労働組合（ＵＡＷ）が結んだ賃金と生産性をリンクさせる協定で、経営者の報酬にも牽制が効いて抑制されることとなった。

その後、自動車業界では、１９５０年に全米自動車労働組合（ＵＡＷ）が自動車大手三社（ＧＭ、フォード、クライスラー）と5年の契約を締結した。その内容は、労働側はストを実施しない代わりに、経営側は賃金を生活コストの変動に合わせて調整すること、有給休暇を増やすこと、失業、疾病、年金の給付をすることだった。この「デトロイト・モデル」は自動車業界で長く労使協調路線のモデルとされ、他の産業にも広がった。結果的にはこのモデルは1970年代まではうまく機能し、経済成長、低インフレ、小さな所得格差、低学歴層の人並みの賃金上昇、などを実現した。

戦後の米国の失業率の最低水準は1952－53年の2・5－3・0％で、当時の消費者物価上昇率は1％前後と極めて落ち着いていた。米国の製造業は、戦中に大量生産体制を確立していた。当時のGMのスローン社長によると、「GMに与えられたのは、一言で述べれば、世界最大の自動車メーカーを世界最大の軍需メーカーに生まれ変わらせるという使命だった。戦時中に扱ったのは大多数が未知の製品だった[12]」。そのために、新規雇用は42年24万人、43年33万人、44年16万人、と働き手の入れ替わりが激しく技能が低かったので生産手法を可能な限り合理化する必要が生じた。熟練していなくても大量生産が可能なように、コンベアで1種類のシンプルな溶接などで、誰でも簡単にできるようにした。工場労働者に占める時間給の女性比率も10％から30％に上がった。この事実から、まさに付け焼刃の工場で付け焼刃の人材を集めて新規の軍需品を大量生産したのだろうが、スローンは品質や納期には自信があったという。この時代に確立した優れた大量生産方式が、1950年代から60年代にかけての米国黄金時代の礎と見てよいだろう。

雇用法の精神を理論的に解明したのは1948年に出版されたサミュエルソンの『経済学』で、ケインジアンと古典派をミックスする新古典派総合は経済学の教科書のバイブルになった。この精神は1960年代に、所得政策として、より洗練されることになる。なお、「所得政策」は1980年以降に死語となったので、以降の経済学の教科書からは姿を消した。

労使協調路線のもとでは、企業経営者の責務の範囲も異なる。経営者は「企業ステーツマン」と呼ばれた。ステーツマンとは演説のうまい政治家の意味だ。スタンダード石油のフランク・アイブラハムは1951年に「企業経営者の役割は、株主、従業員、顧客、社会など企業活動の直接の影響を受ける利害関係者の公正なバランスを取ることだ」と述べている[13]。

クリントン政権で労働長官だったライシュは、この時代の多くのステークホルダーのバランスを取る経営を賞賛して「経済の基本取引」と呼んでいる。

この時代に労使協調路線が成功したのは、偶然ではない。大竹文雄は『競争と公平感』で以下の例を紹介している[14]。カリフォルニア大学教授のギウリアーノとIMFのスピリンバーゴが1972－2010年までをサンプル期間として、18－25歳の頃に経験する不況が、その後の価値観にどう影響するのかを実証研究してNBERから発表した。その結果によると、この年齢層の時代に不況を経験すると、「人生の成功は努力よりも運による」と考え、「政府による再分配を支持する」傾向がある。

また、この時代の米国人は、今とはまったく異なり、秩序を乱すのを恐れて自らが考え自ら行動するタイプではなくなっていった。社会学者のリースマンは1950年に発表した『孤独な群衆』で米国人が自己の基準に従って行動するより、他人の基準に従って行動するようになった現実を描いている[15]。こうした傾向からこの時代の人々は「沈黙の世代」と呼ばれる。日本では、バブルの頃は労使協調路線だったにもかかわらず、バブル崩壊後は派遣法の自由化など労働者の不安を高める政策が実施された。これは当時の米国とは逆だった。

この労使協調の時代の経済論壇を振り返ることは、2020年以降を予測する上でも重要だ。というのも、格差や株主第一主義の行き過ぎを受け、2020年以降に蘇る可能性があるからだ。このテーマは第6章で取り上げる。

新産業の勃興

労使協調路線は、資本と労働の力関係がうまくバランスのとれた経済成長を生み出した。産業面では、戦時中の爆撃機の技術を民間航空機に応用したジェットエンジンにより1958年にはニューヨーク・ロンドン間のフライトが就航した。家電産業も発展し1950年代にはテレビが普及した。使用台数(百万台)でみると、0・2(1948年)、0・9(49年)、3・9(50年)、10(51年)、15(52年)、20(53年)、26(54年)、31(55年)、46(60年)、と急速に普及した。他にも洗濯機や食器洗い機などを備える米国の家庭のキッチンは、テレビドラマを通じて世界の憧れの的となった。

時間節約的な家電の普及で生じた時間を吸収するレジャー産業も発展した。この時代はボウリングで、ボウリングのピンを自動で並べる機械の発明などもあり、1950年代後半には1000万人が少なくとも週に一度はボウリング場に足を運んだ。ほかにも原子力発電関連、コンピュータ等がブームなった。テレビでは、家族全員が主人公で家庭の騒動を描くホームドラマが流行した。こうしてアメリカン・ウェイ・オブ・ライフが確立すると同時に、普通の人々が日常生活で慣れ親しむ企業が株式市場では成長株となった。

株価

もう一度図2－8を見てほしい。株価を形成する長波では、労使協調路線で理想的な資本と労働の関係だったこと、米国主導の西側陣営の戦後復興だったことから、二つの長波は株価に有利に作用した。

中波では、景気循環で短期の景気後退はあったものの、戦後復興で重工長大産業を中心に構造的に成長を続けた。短波では、戦争はプラスに作用した。典型例が日本の朝鮮特需だ。

株価は三度の小さな景気後退期こそ調整局面に入ったが、安定的に上昇した。新産業が勃興したことで、循環物色の幅を広めながらの安定的な上昇相場となった。特に東西冷戦を背景に国防とハイテクが一体となり、レイセオン、テキサス・インスツルメンツ、ＩＢＭなどが人気となった。

この時代は東西冷戦を反映して、朝鮮戦争（１９５０年6月開戦）、コンゴ内乱（60年6月開戦）、スエズ動乱（56年）、キューバ革命（59年）、ピッグス湾（60年）、と断続的に危機が発生した。そのうちのいくつかは大規模な戦争に発展した。総じて戦後復興の経済発展は力強く、政治リスクは重視されなかった。

株式市場の楽観の力

究極的に国際政治の政治リスクは、ゲーム理論が示す協力ゲームとなれば収束、非協力ゲームとなれば顕在化する。協力ゲームは、お互い協力することでお互いが利益を得る選択だ。非協力ゲームは、お互いが協力しないことで、お互いが損失を出す選択だ。

これは難しい話ではない。日常生活で周りを見渡しても、よい会社や組織では、メンバーが協力し合っている。逆に悪い組織は、足の引っ張り合いをしている。スポーツチームも同様だ。そして、国際社会も同じ原理が働いている。

株式市場は、国際社会の協力ゲームを織り込むことで、為政者に正しい選択を示す楽観を実現する力がある。当時はこの楽観の力が大きく作用した。この傾向は、政治リスクだけでなく、すべての政策の選択にも当てはまる。株式市場の歴史は、楽観が勝つ歴史だった側面がある。

これはトランプの登場など政治リスクという意味で共通の要素がある現代においても貴重な教訓だ。

成長株投資

新産業が勃興する時代には、新産業への投資、成長株投資が重要になる。

前にも述べたが、投資家ウォーレン・バフェットは、自分の投資哲学の15％は成長株投資の大家であるフィリップ・フィッシャーに由来するとする。フィッシャーは成長株投資のスタイルを確立した投資家だ。評論家ではなく、成長株投資の考え方を整理して確立し、自ら実践した。米国人の投資家には、フィッシャーの1958年の著作である株式投資の教科書『フィッシャーの「超」成長株投資』で学んだ投資家が非常に多い。この教科書は今も現役で多くの投資教育の現場で使われるほどのロングセラーになっている[16]。

そのエッセンスは、何十年も成長し続ける会社の発掘だ。それは、商品開発、市場開拓、技術革新、人材育成、組織管理、変化に対する柔軟性、経営陣の能力、従業員や納入業者などへの対応など、多岐にわたる。ただ、多岐にわたる項目は著書では15にわかりやすく整理されている。

フィッシャーは有名な逸話がある。1955年に取得した通信機器関連のモトローラの株式を、死去する2004年まで50年以上も保有し続けたのだ。究極の成長株は売却する必要のない銘柄、という名言を残した。

図2-9　利回り革命

出所：Haver Analyticsの公表データに基づいて筆者作成

利回り革命

金融市場では、1958年頃に長期国債の金利を株式の配当利回りが超える「利回り革命」が発生した（図2－9）。これは、投資家から見た株式と債券の選択において、企業収益の成長が金利より高くなることで、配当は低くても株価の上昇で補えるとする考え方で、「成長株理論」と呼ばれた。

利回り革命の経済的な意味はこう理解できる。企業にしてみれば、現時点で資金を配当に回して株主に還元するより、その資金を事業に回してその収益を将来に還元するほうが、価値が上がると見込まれる。その見込みに投資家の総意として市場が納得したということだ。高い事業の収益性見通しの背景にあったのは、戦後の力強い復興と技術革新だったのだろう。

しかし、2008年のリーマン・ショック以降には利回り革命の終焉を意味する「逆利回り革命」がたびたび発生した。これが定着するのかどうかは、成長株理論という概念が続くのかどうか、もっと言えば停滞の時代に逆戻りするかどうかを暗示することになる可能性が高い。

分散投資が静かに普及

１９５０年にはＧＭの企業年金基金が発足した。これはＧＭの社長だったウィルソンの発案によるもので、債券だけでなく株式、株式は自社株への集中投資を避けて広く分散投資するものだった。この革新的な考え方は１９７４年の従業員退職所得保障法（ＥＲＩＳＡ法）に引き継がれていった。

ＧＭに倣って１年間に年金基金が８０００も創設され、ＧＭをモデルとして普及した。経営者のドラッカーは、従業員と企業の利益を一致させる年金基金の在り方を賞賛して「年金基金社会主義」と呼んだ。人手不足の時代に福利厚生を充実させる手段として年金を充実させる姿は、２０１８－19年の日本とまったく同じ構図だ。

１９４９年にはベンジャミン・グレアムが『賢明なる投資家』を刊行している。グレアム自身が知人のジェローム・ニューマンと共同で投資ファンドのパートナーシップであるグレアム・ニューマン社を１９２６年に立ち上げ１９５６年に解散している。１９３４年に共著で『証券分析』を発行したことはすでに述べたが、今度は個別株の分析ではなく、十分に分散されたポートフォリオを作ることで健全な投資が可能になるという後の分散投資の考え方が取り入れられた。

また、この著書で最も有名なのは、投資と投機を明示的に分けたことだ。投資は、「徹底的に分析し、元本と十分なリターンを確認する作業だ。この要件を充たせないものは投機だ」とする現代に通じる定義を提示している。『賢明なる投資家』を読んだバフェットは「ついに光を見つけたと思った」と述懐する。そして後にバフェットはニューヨークに移ってグレアム・ニューマン社で職を得る。ただし、その２年後の１９５６年に同社は解散してグレアムは引退した。バフェットはそこでバリュー投資の技法を習得したと見られている。

無気力の時代

1950年代は、1960－70年代の大きな社会変革に向け、三つ大きな国民的テーマを用意した。アイゼンハワー政権は、「国家目標委員会」を創設して、戦後に希薄化した国家目標という概念を復活させた。これにより60年代に入ってケネディ大統領の国家目標に民衆は活路を見出すことになる。

アポロ計画

第一は、1957年のスプートニク・ショックだ。米国に先んじてソ連が初の人工衛星の打ち上げに成功したのだ。これを皮切りにソ連は米国よりも先に61年のボストーク1号（ガガーリン少佐）、63年のボストーク6号（女性初、テレシコワ）と次々に有人宇宙飛行を実施し、ソ連から発射したミサイルが米国まで届く大陸間弾道弾の開発にも成功したことで、米国の優越感、ひいては資本主義の社会主義に対する優越感に疑念が持たれるようになった。米国は対抗して1958年にアメリカ航空宇宙局（NASA）を創設し、61年のアポロ計画に結実してゆく。

未開のフロンティアに突き進む時代に米国は強みを発揮する傾向が強い。もともとフロンティアは明確な定義があり、西部開拓の時代に単位面積あたりの人口密度を示していた。そして西部開拓がほぼ終了して「アメリカからフロンティアが消えた」という有名な言葉が国勢調査に記録された。

しかし、このフロンティアは新たな挑戦、困難に立ち向かう、という意味で米国人の精神の中に生きている。おそらく源流は、天命を重んじるピューリタン精神で、価値観が多様なため常に国家が分断されるリスクと隣り合わせの米国を、一つにまとめる作用があるのだろう。平たく言えば、共通の敵がいると集団は団結する。危機の時の金融市場の動きはそれを象徴する。ここは日本人とは感覚がまったく異なり理解が難しいので注意が必要だ。
アポロは、日本でも子供向けに宇宙船アポロの形をしたアポロチョコが長く定番のお菓子として定着するなど強力な文化的力を持った。

若者の反抗の萌芽——『エデンの東』

スプートニク・ショックがニュー・フロンティアになり得た背景には、この世代が「沈黙の世代」だったことも見逃せない。「沈黙の世代」の大人は、勤労者として現状への盲従と引き換えに豊かな社会を手に入れた。1955年に発表されベストセラーとなったスローン・ウィルソン著の『灰色の服を着た男』はこの世代を象徴する物語だ。

主人公は何の個性もないサラリーマンで、周りの同調圧力や郊外の息苦しい生活と苦闘する。地域のコミュニティは似たような人の集まりで、些細な物事に優越感や劣等感を感じ、感情は鬱屈してゆく。会社では、近代的で無味乾燥な官僚組織の中の歯車の一つとして画一性が重視され、がんじがらめの生活を強いられる。結果的には個性が委縮し、顔のない退屈な人物になってゆく。経営者も、個性はなく、周りからの同調圧力に服従し、失敗とリスクを恐れる灰色のスーツを着た顔のない人物ばかりになる。

同じ頃、『ホワイトカラー』の著者である哲学者のライト・ミルズが新左翼としてもてはやされ、資本主義の成功ゆえの人間性の喪失が問題視された。人間の心をむしばむ新たな脅威は、貧困ではなく豊かさ、世間への無関心となった。組織の歯車となることが心を抑圧して人間を堕落させる、あるいは、自分の人生ではなくなるという感覚は、1951年にデビッド・リースマンの『孤独な群衆』（前出）などで描かれ、この時代の人々の共感を得た。

しかし、沈黙して豊かさを手に入れたと思ったら、ソ連に追い越されていたのだ。

主人公の息子がある意味で「灰色の服を着た男」である親父に反抗する映画で若者の共感を得たのがジェームス・ディーン主演の『エデンの東』だ。この若者の反抗心こそ50年代が用意した二つ目の胎動である。若者の反抗は、60年代に入ると父親を超えて社会に向かい、学生運動、カウンター・カルチャー、ウーマンリブなど大きな社会のムーブメントになってゆく。社会変革として、個人を抑圧する社会の大きな力を突き破る力を持つのはいつの時代も若者だ。２０２０年代の若者がそうした力を持つことで資本主義の変革につながるかどうかは第６章で検討する。

人種差別撤廃と社会福祉

三つ目は１９５４年の最高裁ブラウン判決だ。１９５４年に米国最高裁は、公立学校における黒人と白人の別学を定めた州法を違憲と判断を下した。首席判事のアール・ウォーレンは、１９５３年から１９６９年まで第14代連邦最高裁判所長官（主席判事）を務めた。ウォーレンの任期中の米国では、人種差別、公民権運動、政教分離など様々な社会問題が合憲か違憲かで判断の対象となった。結論的には、この「ウォーレン・コート」によるブラウン判決などリベラルな判断は、以降の米国社会を根本的に変革することとなった。ウォーレンは20世紀のアメリカの法律家の中では最大の功労者とされる。

１９６０年代は、このリベラル化の理想を実現する時代となる。

4　黄金の60年代――資本主義の戦後第一黄金期後期

ケネディが切り開いた新しい時代

1950年代後半のアイゼンハワーの時代には、経済も含め政権運営はある程度は好調に回っていた。それでも1960年の大統領選挙では、共和党のアイゼンハワーの後継者ニクソンを破って民主党のケネディが当選し、1961年1月に就任した。ケネディは時代の空気感を変えたと言われている。筆者を含め同時代を共有していない人にはピンと来ない面があるが、しかし、明らかに変わったという点では「ほぼ」ではなく「完全な」一致を見ている。その一つの証左がスピーチライターだったソレンセンの回顧録だ。それによると、ケネディは過去の名演説を調べて共通の特徴を演繹的に抽出し、言葉を短く簡潔にしたスピーチにした(17)。

言葉が変われば時代も変わる。ケネディのスピーチに触発されて、後にノーベル文学賞を受賞するボブ・ディランは1964年1月に「時代は変わる」をリリースしたと言われている。古い親世代の価値観を否定し、新しい時代の到来を告げる内容で、ある意味でこの時代の米国の進歩主義を象徴する(18)。

ケネディの大統領選挙勝利に向けた戦略はこうだった。人類にとっての理想を示し、それが実現できていない共和党アイゼンハワー政権には問題がある。政権交代して自分が政権を運営すべきだとする、いかにも前向きな明るいレトリックだ。選挙スローガンは大統領就任演説でもキーワードとなった「ニュー・フロンティア」で「われわれにはもっとできる」は理想に燃えるケネディの考え方を象徴する有名な言葉となった。

60年代は、議会の上院と下院も民主党が過半数を維持し続けた。ケネディと後任のジョンソンの8年間は、大統領府、上院、下院のすべてが民主党支配となった。後の時代から見れば、政策がリベラル方向に振れすぎるバランスを欠いたものとなる根本的な原因はここにあった。

政策はすべてが新しい構想

政策的にそれは壮大な構想だった。科学技術では地上に代わるニュー・フロンティアとして月面探索構想を推進した。軍事では、対ソ連は核兵器を軸とした大量報復戦略に代えて核戦争、相手によって通常戦争やゲリラ戦争など柔軟に対応を変える柔軟戦略を取り入れた。貿易面では、日本やドイツなど敗戦国の戦後復興による米国経済の相対的な地位低下に対応して、貿易自由化を進め優位性を取り戻そうとしたケネディ・ラウンドなどだ。

経済面では、完全雇用の達成と景気循環の波を小さくすると同時に潜在成長率の引き上げを目標とした。その手段として、景気循環の波を小さくするため金融財政政策を用いて微修正する「ファイン・チューニング」を是とするケインジアン的経済政策、貯蓄を増強して財政赤字を削減して金利を引き下げることで潜在成長率を引き上げる政策、人的資本を強化するために教育や職業訓練や労働市場の機能を強化する政策が導入された。これらは、それまでとは異なる哲学と政策で経済が運営されたことから「ニュー・エコノミクス」と呼ばれた。社会的には、犯罪や貧困の撲滅、公害や過密や渋滞など生活の質の改善、などが推進された。

外交政策では汚点

戦後の米国は、政治と経済が20－30年で一定の循環を繰り返した。経済がよくなると理想に目覚めて自由、平等、人権などを国内だけでなく海外でも推し進めようとする。しかし、伝統に重きを置く社会の変革の壁は厚く、あまりの負担の重さから夢破れて国内経済が疲弊すると、理想をかなぐり捨てて国内経済の再建に邁進する。１９６０年代は、50年代の流れを受けて国内経済がよくなり、理想を海外にまで押し広げようとした戦後最初の循環と位置づけられる。

結論を先取りすると、ケネディの理想は実現不可能だった。先行投資の60年代前半は理想が夢となって経済も株式市場も大いに活性化した。そして60年代半ばには限界が見え始めたものの、容易には修正できなかった。１９６８年以降はマイナス面が目立ち、共和党のニクソン政権に交代した後もその克服は容易ではなく70年代を丸々費やすことになった。路線転換してこの失敗を克服するのは１９８０年代のレーガン革命まで待たなければならなかった。

斬新な政策が導いた約8年続いた大型景気拡大

株式市場の長波の観点では、１９５０年代から続いた資本と労働の良好な関係が60年代までは続いたが、後半はリベラルな政策で労働優位に傾いた。米国の覇権も、64年に始まった貿易自由化交渉であるケネディ・ラウンドでリーダーシップを発揮した。

中波の景気循環は、60年代初頭と終盤に、ごく短期の景気後退があったものの、その間は進歩主義の理想に燃えつつ景気拡大が続いたため、「黄金の60年代」という呼称にふさわしい大型の景気拡大となった（図２－10）。

図 2-10　1960 年代の米失業率と株価（名目値、実質値）

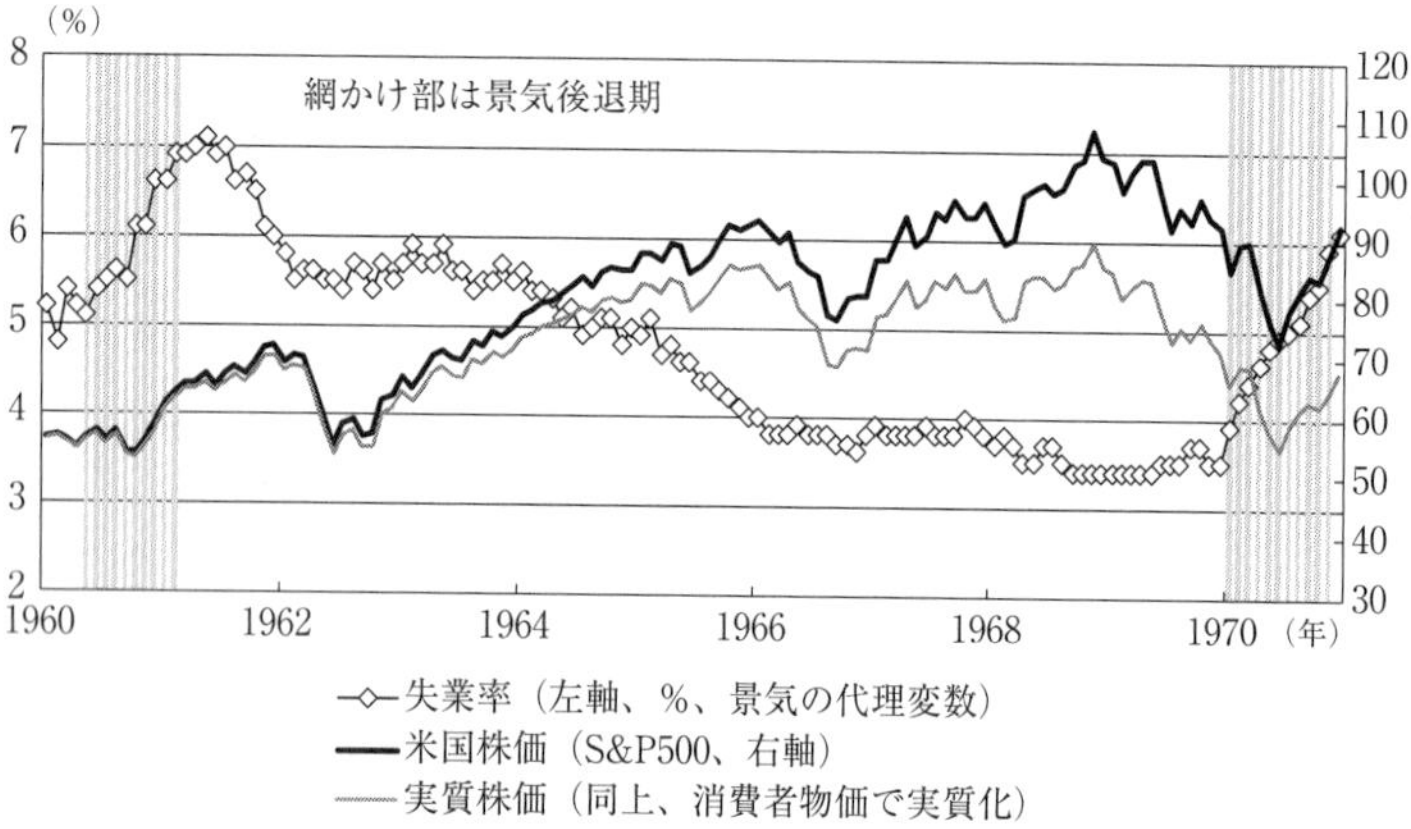

出所：Haver Analytics の公表データに基づいて筆者作成

60年代は、概ね前半と後半に分けられる。前半はケネディ政権の進歩主義を信じて楽観が支配した時代だ。「ニュー・エコノミクス」は、完全雇用になるまでは政府が介入して経済を刺激し需要を創るものの、ひとたび完全雇用が達成されたら、政府はできるだけ何もせず市場の調整に任せる考え方だ。この政府による介入を是認するケインズ主義と市場の自律的な調整をうまく組み合わせる考え方は、経済学で「新古典派総合」と呼ぶ。要するに、すべてが可能という万能主義に近い考え方だ。

　現実にも、ケネディの理想を追求する姿勢は、1945－46年に一度は理想とした完全雇用法が現実的な雇用法に変わったことで生じたギャップ、すなわち「成長ギャップ」に向けられた。この失われた成長は、下限の失業率が4％に設定された結果、150万人の失業者、失われた個人所得は60年で200億ドル、企業所得で50億ドルと試案された。そして、それを取り戻すべく政策を実施した。いまでいう潜在成長率と実際の成長率の差の累計だ。

そのための手段として、62年に減税を打ち出した。この減税で経済活動が活発化すれば税収が増大する、という後の80年代のサプライサイド経済の先取りともいえる考え方だ。米国史において何度も現れるハイエク対ケインズで、今度はケインズが勝利したことになる。タイム誌が選ぶ65年12月号の今年の人は、46年に死去したケインズだったことが、それを象徴する。

62年頃には理想主義の経済運営の勝利を確信した米国は大いに楽観に傾いた。減税は、実現したのは64年以降で所得税の最高税率は91％を少し上回る水準から70％に引き下げられ、税収の大幅な増加に成功した。また、賃金の伸び率を生産性の伸び率の範囲に収める「ガイドポスト政策」を進めたことも、経済運営に対する期待を高める結果となった。こうした「所得政策」は、この時代の経済学では標準的な考え方だった。しかし、60年代後半の完全雇用達成後に超過需要によるインフレ圧力が顕在化した後は有効性が疑念視され、70年台には物価賃金凍結令によって歴史から消えた(19)。

「偉大な社会」と「結果の平等」

ケネディは1963年11月に暗殺され、その後は副大統領のジョンソンが昇格して引き継いだ。64年1月の年頭教書では「貧困に対する戦い」のために「偉大な社会」、すなわち社会福祉の充実した国家を目指す方針を表明した。64年の大統領選挙では、62％と圧勝に近い得票率でジョンソンが再任されたが、これは「偉大な国家」の夢に米国人が大いに賛同したことを意味する。

65年6月には、前年に黒人差別の撤廃を目指した公民権法が成立したことを受け、ジョンソンは「諸権利の達成のために」と題した演説を行い、この中で「結果の平等」という概念を打ち出した。この概念は、当時の労働省次官補だったモイニハンが執筆した「モイニハン・レポート」を基礎としている。

なお、モイニハンはその後、共和党のニクソンの大統領選挙チームに入り、都市問題担当の大統領顧問を務め、その後はインド駐在アメリカ大使、国連大使、民主党上院議員を務めた実力者だ。「結果の平等」を目指して「貧困との闘い」のいっそうの強化を提唱したのである。「偉大な社会」を標語として人種差別の撤廃や社会保障の充実を進めた貧困撲滅のための連邦福祉予算の比率は、61年の約5%から69年には約8%にまで高まった。

しかし、結果的にはこうした貧困撲滅のための「偉大な社会」構想は米国を蝕んだ。福祉プログラムは、設計に不備が多く、勤労所得水準に比べて社会福祉給付の水準が高すぎることによって勤労意欲の低下、不正受給、家族のきずなの弱体化や解体、生活保護に一時的ではなく長期にわたり依存する貧困層を生んだ。

1969年に大統領に就任するニクソンは、60年代の貧困対策を「(政府の貧困対策予算の)大部分はソーシャル・ワーカーの給料と、こうした計画と機関を統括する大規模な新設の貧困対策官庁の経費に使われた」と批判した[20]。政官財の鉄の三角形はこの時代には世界共通だった。それを打破するのは80年のレーガンの登場まで待たなければならなかった。

1969年7月にアポロ11号が月面着陸に成功した。61年にケネディは「60年代の終わりまでに人間を月に到着させる」と表明したので、すべり込みで実現したことになる。しかし、地上の貧困問題をもっと優先すべきという批判が強く出るほどに、米国社会の理想主義は貧困問題に引きずり降ろされていった。

また、自動車の排気ガスなど公害も悪化の一途をたどった。レイチェル・カーソンが格調高い名文で環境異常を強く訴えベストセラーになった『沈黙の春』は1962年に出版されている。この時代の民主党政権は、こうした問題の解決を規制に委ねたため、規制強化で官報は分厚くなる一方だった。

１９６０年代にはまだ経営と労働者は協力したが、企業同士は独禁法の厳格な運用で厳しい競争下に置かれた。前にも述べた最高裁首席判事のウォーレン時代の「ウォーレン・コート（１９５３－69年）」では、独禁法は極めて厳格に運用され、研究開発における企業連携、不況下のカルテルなどは、厳しく制限された。現代では普通に職業訓練や技術標準の策定など企業の連携が許容される分野でも、企業同士が手を結ぶことはなかった。

後半には景気にも綻び

１９６０年代後半に入ると物価の上昇率が加速し始めた。社会保障の財源を財政赤字で補塡したため、インフレ期待も高まった。失業率が３・５％前後と完全雇用の状態が１９６６－70年と長く続いたが、その間に賃金が上昇して物価が加速して上昇し始めた。そうなると金利も上昇する。10年国債の金利は約４％から約７・５％へと大幅に上昇した。１９７０年代に入って本格化するスタグフレーションの兆しがこの頃からはっきりと現れ始めた。

失業率と物価上昇率を合計したものをミゼリー（悲惨）指数と呼ぶ。庶民が肌で感じる景気を数値化したものとして、政治家が重視した。特にこの頃のようなインフレに時代は、低水準で安定させることが重要だった（図２－11）。

低失業率、財政赤字、資本より労働が優位になり始めた社会の背景などは２０２０年と似ている。当時は若者の反乱もあったのだが、現在は環境保護や社会主義を主張する民主党のサンダースに支持が集まっている。長波のうち、資本と労働の優位性が変わるリスクについて、当時との比較は重要だ。

図 2-11　米国ミゼリー指数（失業率＋消費者物価上昇率）

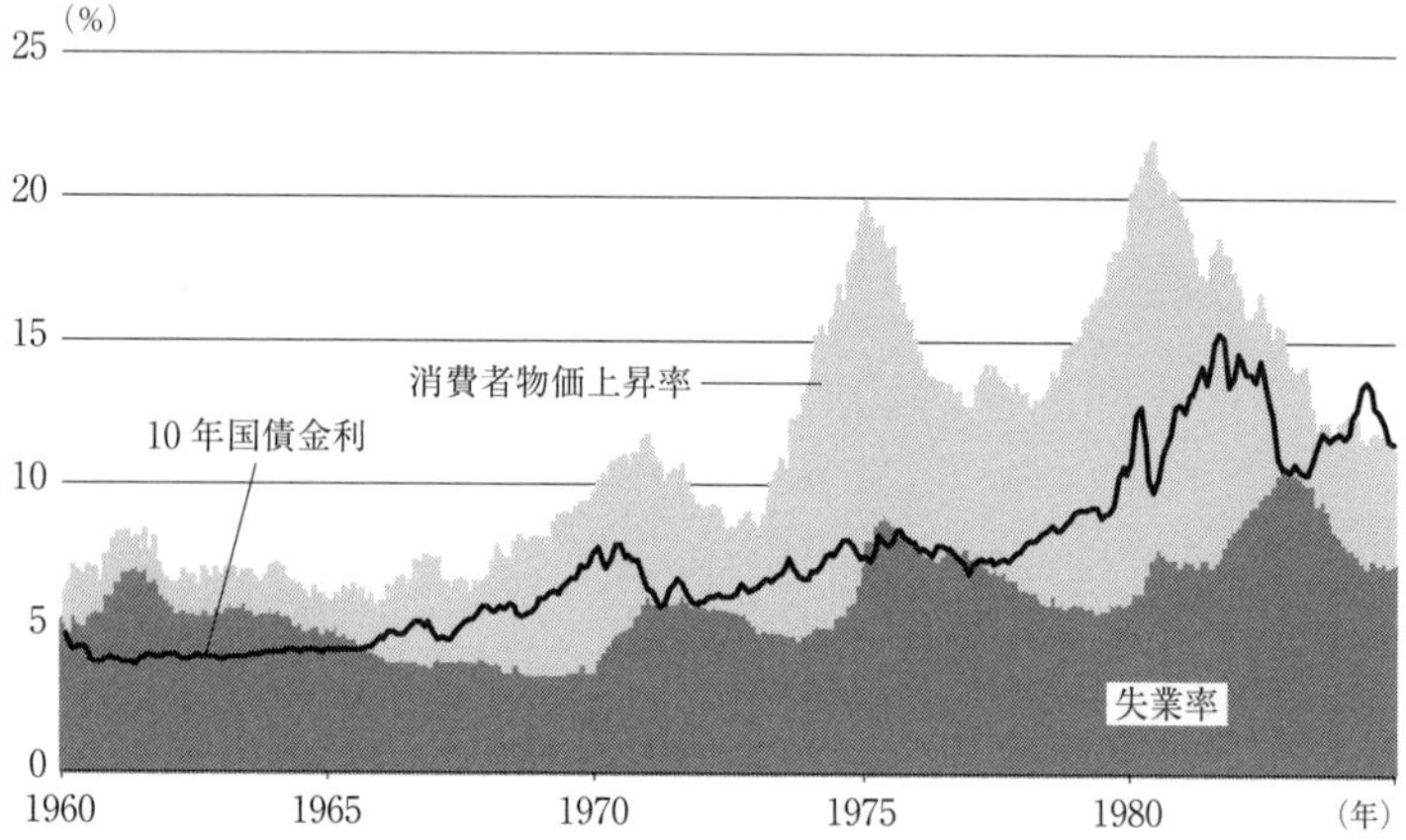

注：ミゼリー指数とは失業率（%）＋消費者物価上昇率（%）を足して指数化したもの。
出所：Haver Analytics の公表データに基づいて筆者作成

ベトナム戦争の汚点

一方、海外ではベトナム戦争が泥沼化していった。これは、理想主義の暴走という側面がある半面、「戦争屋」や武器商人とも称される軍産複合体の暴走の側面もあった。特に北爆のきっかけとなった1964年8月のトンキン湾でのベトナム軍から魚雷艇で攻撃を受けたとする被害の捏造は、米国史における汚点となった。1967年にはすべての18－26歳の男子を対象に徴兵制が実施された。ベトナムでの米国軍の行動は、無実の民間人を処刑するなど自由と民主主義とはかけ離れたもので、それらが米国で映像で報道されると、米国内では強い反発が巻き起こった。

負傷して帰還した兵士を迎えたのは反戦デモだった。そして、多くの帰還兵が反戦デモに加わり、戦果で得た勲章を兵士が反戦デモの群衆に向かって投げ捨てるなどの行為も相次いだ。こうして厭戦気分が高まり、大規模な反戦デモが頻発して、ジョンソン政権の政権運営は完全に行き詰まった。

戦費は、１９６５年には５１０億ドルだったものが69年には８２０億ドルにまで増加した。ベトナムに派兵された米軍の総数はピークの69年４月には約55万人に達した。戦費調達のために68年には10％の所得税特別付加税に追い込まれた。株価もこの頃にピークをつけた。国際世論も冷淡で、ジョンソン政権の求めに応じてベトナムに派兵したのは韓国、タイ、オーストラリア、ニュージーランドなどごく一部にとどまった。

さらに加熱する若者の反乱

１９６０年代の若者は、第二次世界大戦後に平和になってから生まれたベビーブーマーだ。ベビーブーマーは人口が多いため、ミニスカートやビートルズなど流行ひとつ取っても、社会に大きなインパクトをもたらした。それが、折からの沈黙の世代に対する反発、ベトナム反戦運動、ウーマンリブ、公民権運動などから大きな社会のムーブメントになっていった。

１９６８年は世界的に騒乱の年となった。パリ五月革命、プラハの春、キング牧師暗殺、大統領選挙期間中の故ケネディ大統領の実弟のロバート・ケネディ元司法長官の暗殺、メキシコ五輪で金メダルを獲得した選手の表彰台での「ブラック・パワー・サルート」、日本でも学生運動で東大紛争が発生するなど、世界中で社会秩序が大きく揺らいだ。

強気相場

株価は、「ニュー・エコノミクス」が減税の効果により力強く成長し始めた62年頃から65年頃まで強気一辺倒となった。強気相場の中、分散投資よりもテーマを設定して積極的に成長株に投資するいわゆる「ゴーゴーファンド」が人気化した。ファンドの運用者であるファンドマネジャーは、「スター誕生」ともてはやされた（前出図2－10を参照）。

しかし、ゴーゴーファンドが買い上げた銘柄にはコングロマリットも含まれていた。これは、有名企業が無名会社を買収すれば、無名企業の商品に有名企業のブランド価値が付くため収益力が向上するという考え方だ。より具体的には、PERの高い有名企業が無名のPERの低い企業を買収することで、無名企業のPERが上がり株価も上がるとする考え方で、「成長株理論」と呼ばれた。

この理論は1950年代にも利回り革命で取り上げたが、考え方は同じだ。コングロマリット化は日本では多角化経営と訳され規模の利益に次いで範囲の利益が高収益化の理論的根拠とされた。経営学界では範囲の利益を実現するための組織形態としてマトリック組織や事業部制がもてはやされた。

しかし、この考え方はのちに、米国では1980年代頃の敵対的M&Aブーム、日本では2000年代以降の選択と集中で逆回転する。範囲の利益の実現は現実には難しく規模の利益に回帰する顚末となった。2000年代に入るとコングロマリット・ディスカウントと呼ばれ、株価を押し下げる要因と考えられるようになる。

成長株投資

産業と銘柄では、1960年代半ば頃に「ニュー・フロンティア」に相応しい成長株投資ブームが来た。コンピュータ革命でハードウェア株が急騰した。代表はIBM（今の主力は経営コンサルタントだが、この時代は世界的な大型コンピュータメーカーだった）や複写機のゼロックスだ。69年のアポロ計画で月面着陸に成功したこともあり、通信と宇宙開発のレイセオンなども高騰した。50年代に萌芽が生まれたグロース株の概念は、時代背景からこの時代に確立された。

ほかには、コダック、ポラロイド、メルク、イーライリリー、ヒューレット・パッカード、コカコーラ、エイボンなどが人気となり、68年には平均的なＰＥＲは80－90倍に達した。一部の銘柄だけが上がる典型的な二極化相場だったが、73年には８－９倍と10分の１にまで低下して、二極化相場は終焉した。

ブームの時代には新しい言葉が作られる。新しい言葉は、新しい時代や新しい産業、連続的に続く市場平均を上回る超過収益や儲かる投資のイメージを植え付ける。重要なので何度も繰り返すが、その社会が共通して持つある種の幻想こそが、ホモ・サピエンスが作る社会の連帯感や一体感を醸成する。しかし、競争がある市場では、平均的な経済を上回る収益を長期にわたり維持することはできないので、ブームは必然的に去ることになる。

ただし、ブームが去ると流行語は死語になるので、現実感のある株式市場の歴史としては残りにくい。黄金の60年代とはいえ、株式市場の歴史に二極化相場の現実感がないのはこうした理由による。

影のバリュー株投資とインデックス運用

光の成長株の陰にはバリュー株の不振があった。バリュー投資に徹したウォーレン・バフェットは、運用成果が十分には上がらず、１９５６年に開始したファンドであるバフェット・パートナーズを69年に解散している。その際、自分のスタイルであるバリュー投資をあきらめるわけではないが、理解もできず十分な訓練をしていない成長株投資を採用する気にはなれない、と弁明している。

ただし、市場とバフェットのどちらが正しかったかは後に判明する。二極化相場は崩れ、伝統的な証券分析の有効性が市場に戻ることになるのだ。ただこれは、90年代（本章7節）のナスダック相場の崩れなど何度も繰り返す二極化相場が終焉する、いつもと同じパターンの繰り返しともいえる。

なお、バフェットは株式投資において少ない銘柄に集中的に投資する「フォーカス」投資を実践する。投資対象を分散させる分散投資とは正反対の手法だ。ただし、投資した銘柄の株価が上がる確率と想定される値上がり幅、逆に、下がる確率と想定される値下がり幅を差し引いた数値が投資の意思決定の基準だとする。これは序章でも取り上げた確率思考であり、バフェットもその重要性を力説する。株価が上がる銘柄を発掘する眼力のある投資家には「フォーカス」投資は正しい選択だ。しかし、そうした眼力のない投資家には1970年代以降に広く普及する分散投資が適している。

この時代のコングロマリットブームや成長株の銘柄選択ブームの終焉は、後世に多大な影響を与えた。株式の銘柄選択の有効性を否定してパッシブ運用の優位性を説く効率的市場仮説、年金運用で分散投資を義務化する法案制定、などだ。ただその前の60年代終盤から70年代前半にかけて、景気の極端な悪化、物価の制御不能、株価の大きな落ち込み、など敗戦処理が待ち受けていた。

ドル不安、金価格高騰

通貨では、ドル不安を反映する動きが始まった。戦後安定して黒字基調だった経常収支が1968年は赤字寸前にまで悪化した。この時代はブレトンウッズ体制で固定為替相場だったため、ドル不安を反映したのは、ドル建てで表示される準備通貨としての機能を併せ持つ金価格の上昇だった。1968年3月に金が二重価格に移行した。35ドルの公定価格は大義名分としては維持しつつ、市場価格はドル不安を反映して変動相場制に移行した。1970年にかけて38－43ドル程度で推移したが1970年代に入ってインフレが高進すると、金価格も上昇が加速した。この問題は次節で詳述する。

5　70年代米国の危機とゆらぎ

危機の時代

この時代が危機の時代だったことは、次ページ表2−1の年表で見ると一目瞭然だ。

ニクソンの戦略性なき案件対応

1969年に大統領に就任したニクソンは、1961年から68年までアイゼンハワー政権の副大統領だったベテランだ。ベテランなだけにリアリストだった。米国の国是である思想としての自由と民主主義より、現実の社会の安定を優先した。しかし、前の民主党政権が内政と外交の両面で危機的な状況を作ったがために、大統領選挙での勝利が有望視されていたことから、公約違反を恐れてか、明快な政権運営の全体像を示すわけではなかった。結果的には民主党候補と得票率の差が0・7%という接戦を制して大統領に就任した。

しかし、議会は70年代を通じて上院も下院も民主党が過半数を占めた。ニクソンの政策は、結局は民主党との妥協の産物にならざるを得ない構造だった。

大統領就任後は「外交大統領」と自ら公言し、外交関連の積年の大きな懸案を片づけることで、内政問題を処理する勢いを得ようとした。しかし、外交だけでなく内政問題も、国論を二分する未曽有の大問題だったことから、政権運営は戦略性に欠け噴出する問題の案件対応に終始することになった。結果

表 2-1「1970 年代・危機の年表」

1970	公害対策（国家環境政策法案施行、マスキー法、環境庁創設）
71／7	ニクソン訪中を電撃発表
71／8	ニクソン・ショック（ドルの公定価格での金との交換停止、保護貿易、ドル安）
71／12	スミソニアン合意（さらにドル安）
71	戦後初の経常収支赤字
72／5	ローマクラブ『成長の限界―「人類の危機」レポート』発表
73	米国徴兵制廃止
73／3	全面変動相場制へ（さらにドル安）
73／10	中東戦争（第一次石油ショック）
74／8	ニクソン辞任、フォード大統領就任
75	マイナス経済成長
75	最後の財貿易収支黒字（その後は今日までずっと赤字）
77	ドル暴落
78／1	イラン革命、79 年にかけて石油生産の減少で第二次石油ショックへ
79／6	米ソ首脳会談（ウィーン）で、SALT 条約（戦略兵器制限交渉）
78／11	ドル防衛発表
79／1	アメリカが中国と国交回復（台湾と断交）
79／3	ペンシルベニア州スリー・マイル島原子力発電所で大量の放射能漏れ事故
79／11	アメリカ在イラン大使館人質事件
79／12	ソ連がアフガニスタンに軍事侵攻
80／1	カーター大統領、アフガンに侵攻したソ連への報復発表（モスクワ五輪ボイコットなど）

的には、前政権までが作った内外両面で理想主義の夢に破れた後の敗戦処理の時代となった。

外交では、ベトナム戦争の終結、米中国交正常化、ソ連とのデタントを進めるなど一定の成果を出した。覇権が揺らいだことで、国際秩序を多極化の時代に合わせ集団指導体制のような勢力均衡理論（バランス・オブ・パワー）に適用しようとしたが、米国人の「強いリーダー」を待望する意識は根強く、国民にはネガティィブなイメージが付きまとった。この時代にはまだ「米国第一」と明示することはなかったが、たとえば同盟国の日本を無視した米中国交正常など、事実上の米国第一を推し進めた。１９６０年代までは米国のリーダーシップのもとに世界中に広めようとしたリベラル・ワールド・オーダーに明確に反する政策を実施した。

しかも、米国は政治、経済、社会のすべての面で世界の先例となるため、米国と同様に実質的な自国第一の政策を各国が進めたことで、70年代は混乱が世界中に広がった。

内政では社会秩序が失われるほどに社会に混乱が広まった。ニクソンの大統領選挙のスローガンは「法と秩序」であったことが、それほどまでにニクソン就任前には社会で法令順守意識が喪失して社会の秩序が失われたかを象徴的に物語る。

ニクソン政権時代の１９７０年に、後に最高裁判事になるルイス・パウエルは、財界を代表する団体である全米商工会議所宛に「パウエル覚書」を送付した。そこには、消費者運動家のラルフ・ネーダーが企業に過度な責任を求めたり、新左翼と呼ばれる社会運動家がジョンソン前大統領の打ち出した新しい概念である「結果の平等」に触発されて過度な平等を求める社会の風潮に対抗するため、何らかの手を打たなければならないと警告した。なお、ラルフ・ネーダーは２０００年の大統領選挙に出馬して、民主党候補だったゴアの票を奪ったことから、ブッシュ政権誕生に大いに寄与したと見られている。

だが、１９７０年代を通じてニクソン政権、フォード政権、カーター政権の間に「パウエル覚書」が実現されることはなく、混乱は80年のレーガン大統領の登場まで待たなければならなかった。

ニクソンは１９７４年８月にウォーターゲート事件で辞任、副大統領のフォードが昇格した。フォードは米国の現職大統領として初めて来日した。逆に言えば、そこまで米国は追い詰められていたということだ。短期間で政権を立て直すことは難しく、フォード政権は２年５カ月と短命だった。

カーター危機

フォードの後任には1976年の大統領選挙で民主党のカーターが就任した。同年に『ジミー・カーター』が出版された[21]。米国大統領で「フー（いったい誰だ）？」とまで言われたのは、恐らく米国史上初めてだろう。ニクソンのようなベテランの政治家に解決できない問題が、無名の新人に解決できるとすれば、政治思想や社会の風潮を大きく枠組みを変える時だろう。そうでなければ、危機は混迷を深める。カーターは後者だった。

カーターは、オバマと同様に米国は特別な国ではなく、普通の国だとして外交を進めた。「他国に核兵器を作るなと要求しながら、米国は作っている」のは偽善だとして自己批判し、「世界は核軍縮を待っている」「これからのアメリカは、公正で平和で真に人道的な世界を作るために努力していく」「世界の軍備を減らすべく努力する」とした。

前にも述べたように、サルの集団では、ボスが覇権を放棄すると集団は秩序を失い、大混乱に陥る。世界情勢も、これと同じことが起きた。カーター時代の77年にはイラン革命、79年にはイランで米国大使館占拠事件、79年にはソ連のアフガニスタン侵攻が勃発した。米国大使館の米国人が長きにわたり人質となった事件は、米国人のイランに対する憎悪にも近い感情を植えつけた。

米国の政府秘密文書は一定期間を経ると秘密が解除され公開される。こうして公開された秘密文書を元に作られた映画に『ラルゴ』がある。イラン大使館の人質救出作戦を描いた実話だ。今となっては古びた書物を紐解くより、面白いだろう。

これらは米国の国力の低下を象徴する。カーター大統領は米ソのデタントを訴えたが、現実にはカーター時代に国防費は約1200億ドルから1800億ドルに後追いで急増した。

１９７５年の南ベトナムの崩壊と米国の撤退は、インドシナ各国で大虐殺を招き、アンゴラ、エチオピア、イラン、アフガニスタン等で、親米路線の廃棄と親ソ連への傾斜を招いた。

この教訓は、当時の東西冷戦のソ連を現代の米中新冷戦の中国に置き換えれば、今後米国が孤立主義を高め、実際に国際社会でのプレゼンスを後退させたら何が起こるかを見る上で、重要な歴史の教訓になるだろう。歴史は繰り返す、という目でいくつかの新興国はリスクを重視して見ておく必要があるだろう。

経済はストで麻痺

経済政策も失敗の連続だった。中でも最大の過ちは、労働組合の過度な要求が抑えられなくなったことだ。今の常識では考えられないことだが、この時代には生産性に見合わないという意味で不相応な高賃金を労働者が求め、要求が通らないと集団で職務放棄するストが頻発、経済秩序は混乱をきたした。

ストを実施する「スト権」そのものは、従来からある。したがって、社会的に受け入れられる範囲であれば、特に問題視する必要はない。しかし、この時代にはその限度を超えた。まず、ストとロックアウトの合計件数で見る。ロックアウトは、工場閉鎖とも訳され、労働者側のストに対抗して、会社側が工場を閉鎖して賃金支払い義務を免れ労働者に圧力を与える行為だ。件数（千件）は１９６０年３・３件、65年４・０件、70年５・７件、75年５・０件、80年０・２件、と推移した。その後は激減して85年54件、90年44件となっている。80年代に入って１００分の１以下となった事実は、この時代のストがいかに激烈だったかを物語る。

この時代は、月曜日（ブルー・マンデー［憂鬱な月曜日］と呼ばれた）に製造された自動車など機械は故障が多いとまで言われた。勤労者の意欲がそこまで緩み切った時代で、製造業の凋落を決定づけた時代になった。

スタグフレーション

一般にはストは、団体交渉において強い力を持つ公共交通機関が強い影響力を持っていた。電車やバスが動かないと、通勤できない会社員が続出する。そうなると、社員が出勤できない会社は臨時休業することになる。

要するに、個別企業の問題ではなく、社会全体の経済秩序の問題に発展するのだ。また、会社側もストが続く限り、業績の圧迫と社会の批判に晒される。そのため、どうしても実力に見合わない高い賃金を払ってでも妥協を志向するようになる。1950年代には生産性に見合う賃金上昇が制度として定型化されたが、60年代に打ち出された「結果の平等」で労働組合が経営陣と末端労働者の結果の平等を求めて賃金交渉した結果、生産性に見合わない賃上げが続出することとなった。無理な賃上げが景気の悪化と物価の上昇をもたらしたのだ。これは人類史上初めての極めて異常な出来事だった。

というのも、それまでの常識では、景気がよくなって物価が上がると失業率は下がる、逆に、景気が悪くなって物価が下がると失業率は上がる関係にあった。図表にすると、一次関数に近い曲線となる。これは歴史的帰納法で発見された歴史の真実だ。発見者の名にちなんでフィリップス・カーブと呼ぶ（図2－12）。

フィリップス・カーブとは、ニュージーランド出身で主にイギリスで活躍した経済学者アルバン・ウィリアム・フィリップス（1914－75年）が1958年に発表した、インフレーションと失業の関

図 2-12　フィリップス・カーブ（1970-1982 年）

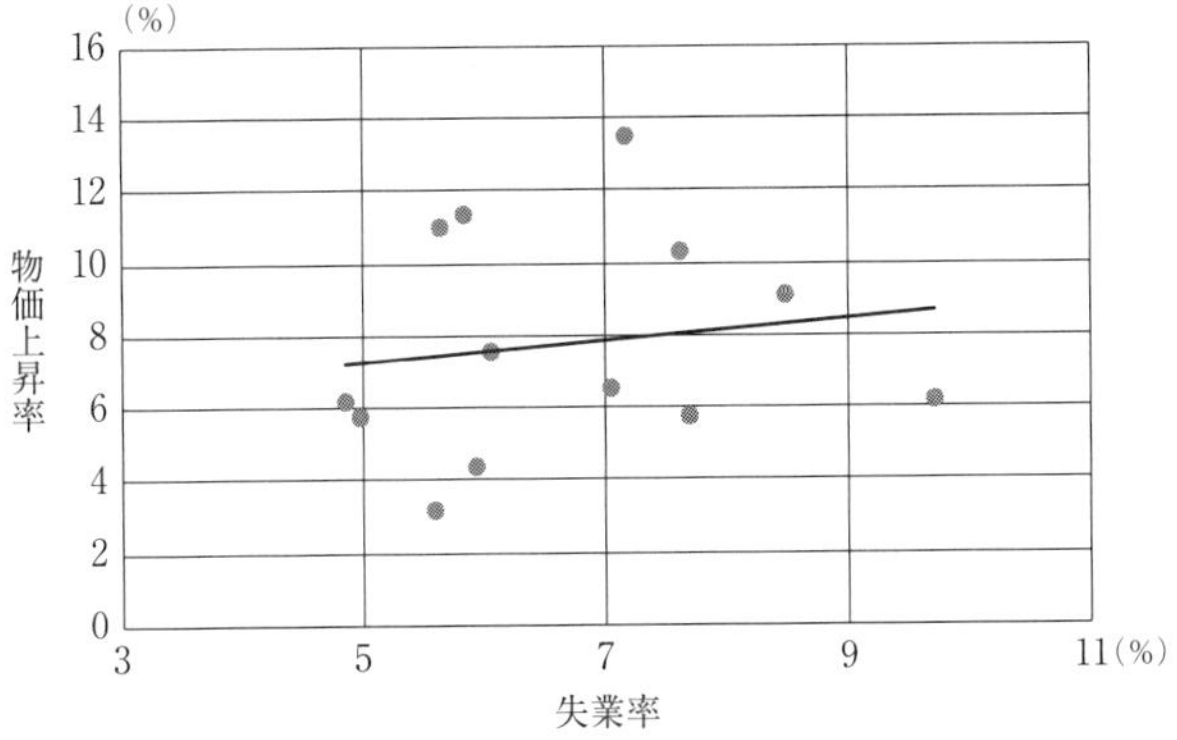

出所：Haver Analytics の公表データに基づいて筆者作成

係性を示した曲線だ。グラフの縦軸に物価上昇率（インフレ率）、横軸に失業率をとると、おおよそ右下がりのカーブを描く。ここから、失業率を下げようとするとインフレ傾向になり、インフレを抑えようとすると失業率が上がるというトレードオフが発生する関係性を見出した。この点でフィリップスは経済学に多大な貢献をしたといえるのだが、ノーベル経済学賞が制定されてほどなく他界してしまったため、受賞はできなかった。

よく物価は景気の体温計と言う。この意味は、景気がよく物の売れ行きが好調な時は値段も上がりやすい。そういう局面では売り子さんを雇いたい企業は多く、失業率は下がりやすい。かくして物価が上がる局面では失業率は下がるのだ。

ところがこの１９７０年代とその少しの前後だけは、まったく逆の関係になった。この意味は、景気が悪ければ普通は賃金が大きく上がることはない。しかし、労働組合がストを脅しに使って無理に高い賃上げを獲得したことで、通常とはまったく逆の関係性が示現した。この景気悪化と物価上昇の組み合わせをスタグフレーションと呼んだ。

スタグフレーションには、米国経済史で繰り返し起こるハイエク対ケインズの争いの面もある。失業率とインフレ率が同時に上昇することをあり得ないとしたケインズ派は懐疑の目で見られ、1980年にかけてハイエク派が復権していくこととなる。

スタグフレーションに対してニクソン政権は場当たり的な対応に終始した。ニクソンは1971年1月に「いまは私は経済問題に関してはケインズ主義者だ」と述べ、景気悪化に対しケインズ的な総需要刺激策で対処しようとした。しかし、景気悪化の原因がストなので、需要を刺激したところで供給が制約されており、物価上昇の火に油を注ぐだけだ。そこで次に1971年8月にニクソン・ショックの一環で物価、賃金、家賃を凍結し、ガイドポスト政策も放棄した。当初は90日間で始まったが、結局は1000日にも及ぶ凍結となった。そして、凍結が解除された後は、凍結分を取り戻そうと、これがまた激烈な労使交渉が行われた。

ニクソンの1000日に及んだ物価・賃金・家賃統制令が解除されると、物価が跳ね上がった。カーターは、また統制令に近い価格の上限制を再開し、ガソリンは配給制とした。なお、原油価格はレーガンが大統領選挙の公約で統制をすべて撤廃すると公約し、当選後実行した。すると、価格は急落した。

1974年には、自由放任を主張したハイエクの思想を継承するフリードマンがバランスを取ってか左派のミュルダールとともにノーベル経済学賞を受賞した。こうした流れが果実を生むのは1980年代に入ってからだった。ハイエクの思想は、英国のサッチャー首相や米国のレーガン政権の新保守主義の理論的支柱となった。

民主党的な内政政策

ニクソン政権の内政では、選挙スタッフから大統領顧問として政権入りしたモイニハンが力を持った。この時代の優先課題は公害と社会福祉だ。モイニハンは、前に民主党ジョンソン政権で労働省次官補として「結果の平等」という概念を打ち出した社会福祉のスペシャリトだ。

社会福祉では、１９６９年に児童を扶養するすべての家族に年間１６００ドル（４人家族の場合）を給付する「家族支援計画」を発表した。すべてではないが、一部は成立した。貧困層に食料を現物支給する食料スタンプもニクソン政権の時代に創設された。

環境面では、１９７０年にマスキー法（大気浄化法改正法、公害の原因だった自動車の排ガスのクリーン化を義務化）が施行され環境保護庁（ＥＰＡ）が創設された。

こうした弱者保護や規制強化などの方法は、共和党の伝統的な思考とは異なる。伝統的に共和党の政策は、機会の平等を重視して市場メカニズムを活用しようとする。一方、民主党は結果の平等を重視して規制や補助金などの給付だ。社会問題の解決を優先したニクソンの国内政策は、民主党との連続性が高いものだった。

ドル危機

１９７１年に米国は戦後初めて経常収支が赤字に転落した。ベトナム戦争の戦費の負担は大きく、もはや米国から金が流出して枯渇するのではないかと懸念された。米国政府保有の金地銀がドル発行残高の３割まで低下したところで、米国は金とドルの兌換を停止するニクソン・ショックに踏み切った。71年8月15日にニクソン大統領は国民向けラジオ演説でこの政策方針を発表した。金とドルの兌換の停止、輸入品への10％の輸入課徴金課税などから成る。

金本位制のくびきから外れると、ドルの下落に拍車がかかった。ドルの下落は止まらず、71年12月には円がドルに対し16・9％切り上がって308円とする、などを含むスミソニアン合意が成立した。円の切り上げ幅は、米国の対日貿易赤字が大きかったこと、日本の鉄鋼やカラーテレビなど産業競争力が目立って強くなっていたことから、円は他の通貨よりやや大きな切り上げ幅となった。その後もドルの下落は止まらず、73年に変動相場制に移行した。

石油ショック

石油ショックのもともとの原因は米国にあった。国際貿易はドルで決済される。石油も例外ではない。そこでドルの価値が低下したらどうなるか。産油国としては値上げを指向することとなる。

そして73年10月には中東戦争が勃発した。原油価格は、3ドル前後だったものが10ドル前後にまで跳ね上がった。この第一次石油ショックが物価高騰の原因とされることがある。しかし、それは必要条件の一つにすぎない。2000年代には原油価格が20－30ドルから90－100ドルとさらに大きく跳ね上がったが、物価は逆に非常に落ち着いていた。この時代の物価高騰の主因は、やはり労働組合が要求した生産性に見合わない賃金と見るべきだろう。

1977年には財務長官のブルーメンソールがドル安を指向して、ドルは高すぎると発言した。そしてドルが再び下がり始めると、アラブ諸国は原油価格のドル決済を止めて他の通貨を使うと主張した。結局はドル決済体制は変わらなかったが、原油価格はイラン革命をきっかけに高騰し、第二次石油ショックが発生した。78年のイラン政変に端を発してイランからの石油の輸出が途絶し、OPEC諸国の主導による原油価格の引き上げが行われた。この二度目の石油ショックでは、原油価格は約13ドルから40ドルへとざっと3倍に跳ね上がった。そして、第一次石油ショックとまったく同じように景気は後退に陥り、スタグフレーションとなった。

なお、スタグフレーションは米国だけでなく世界に広まった。日本では、福祉元年とされた１９７３年に、皮肉なことに戦後初めてマイナスの実質経済成長となり、高騰した物価は狂乱物価と呼ばれた。買い物の現場では、まさに狂乱と呼ぶにふさわしいパニックを引き起こした。

重厚長大から軽薄短小へ

大気汚染などの公害や二度の石油ショックを経て、先行きに対する悲観は世界中で極度に高まった。１９７２年にローマに本部のあるシンクタンクが『成長の限界』と題する報告書を発表した。エネルギー、人口、インフレなどにより経済成長には限界があるとする悲観的な内容だった。当時は石油が数十年内には枯渇すると見られていた。そして、もし枯渇したら現代人の電気やガソリンなどエネルギーを大量に使う大量生産と大量消費がもたらす便利な生活の維持は無理だろうと本気で考えられていた。

１９７３年には英国の経済学者シューマッハーによる『スモール・イズ・ビューティフル』もベストセラーになった。やはり省エネと物質の量的拡大を希求しない仏教経済学（物的豊かさより精神の豊かさ）を説く内容だ。

こうした産業の重厚長大から軽薄短小への流れは、米国ではなく日本の産業が発展して世界に飛躍するきっかけとなった。特に自動車と電機の海外進出は大きな成功を収めた。

長波、中波、短波

金融市場の観点では、60年以降の労働が資本より優遇された状況に変化はなく、株式にとって不利な状況だった。それはストの頻発で観測された。国際社会での米国の覇権も、国際収支、ベトナム戦争、イラン革命など多方面で揺らいだ。つまり、長波を形成する二つの要因が大きなマイナスとなった。

70年代は一貫して議会の多数派は上院も下院も民主党だった。したがって共和党の大統領であるニクソンが保守的な政策を指向しても、議会の民主党に阻まれることとなった。共和党保守派は自らをケインジアンと公言するニクソンから離反していった。結果として生じたスタグフレーションにより、ミゼリー指数は戦後最も高い水準にまで上昇するなど、景気循環の中波の観点でもマイナスが続いた。

短波も、材料としては総じて前出表２－１の「危機の年表」にある通り総じてマイナス材料ばかりだった。

金融市場

この時代の株式相場を象徴するのは、当時はビジネス雑誌でトップの地位にあったビジネスウィーク誌が特集として取り上げた「株式市場の死」（１９７９年９月13日号）だ。二桁のインフレ率が常態化するほどインフレ率が高かったため、株価は表面的に見れば順調に上がったように見えるかもしれない。しかし、物価で割り引いて実質化すると、大きく下落した。株式市場の死とまで言われたのも無理もない。長波、中波、短波のすべてがマイナスだった（図２－13）。

ただ、１９７０年代初頭は１９６０年代のニフティー・フィフティー（魅力的な50銘柄）の余韻が残っており、国際優良銘柄の１９７２年の平均ＰＥＲは約50倍と異常に高かった。しかし、インフレの

図2-13　1970年代の米失業率と株価（名目値、実質値）

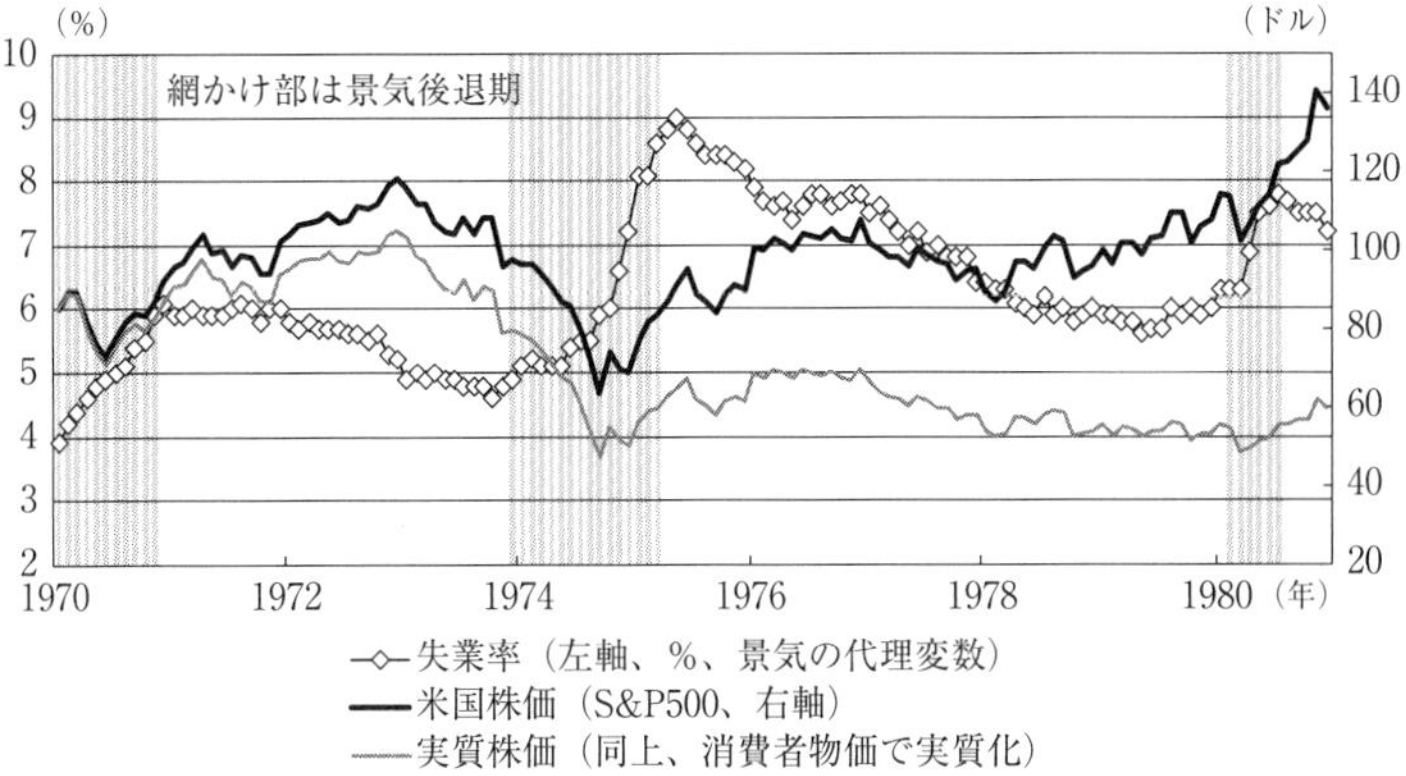

出所：Haver Analyticsの公表データに基づいて筆者作成

高進で、株式から債券に資金が流出するのに時間はかからなかった。

中には上がったセクターもある。二度の石油ショックで経済はスタグフレーションになったが、石油株は上がった。70年から80年までの10年間に物価調整済でのエクソンモービルなどは約2倍に上がった。

防衛産業も、中東での二度の戦争で武器メーカーとして注目された。ベトナム戦争の終結で需要の減退が懸念されたものの、兵器がハイテク化して80年代に開花した。ジョージ・ソロスとヘッジファンドを共同で運営しその後独立した有名な投資家ジム・ロジャースは、防衛産業への投資で大きな収益を出したとされている。

この二つのセクターは、全体相場が低迷する中では例外的に高騰したセクターだった。

金融の技術革新

必要は発明の母で、1974年の証券不況の後、75年から株式売買手数料など証券の固定手数料が自由化された。これは機関投資家の圧力で実現したもので、ウォール街を震撼させた。証券会社は手数料に依存しないビジネスモデルの構築を急ぎ、銀行口座類似の商品としてクレジットカードや小切手決済が可能なキャッシュ・マネジメント証券総合口座、それに付随させて決済の必要に応じて自動解約機能付きの流動性が高い割に利回りも高いＭＭＦ（短期金融資産投資信託）などを開発した。この金融自由化の流れは１９８６年英国での金融ビッグバン、96年日本で日本版ビッグバンとして時間をおいて世界に波及する。米国はいつも先行事例になった。

１９７４年に施行された従業員退職所得保障法（ＥＲＩＳＡ法）は、年金が給料の後払いであること、その預かり財産の保護、管理、運用の方法などが規定された。運用では、現代ポートフォリオ理論（ＭＰＴ）が取り入れられリスクとリターンの概念が整理されて分散投資が義務づけられた。この概念の整理は、株式や債券など個別資産の評価から脱却してポートフォリオ管理に至る資産運用業界の革命とさえ呼べる変革で、その功績によりＭＰＴ理論の発展に寄与したファイナンス学者から多くのノーベル経済学賞受賞者を輩出した。第1章8節では、このＭＰＴのエッセンスを紹介した。

ＥＲＩＳＡ法を受け、個人向け証券営業でも変化が現れた。最大の要因は、60年代の株式ブームが70年代のインフレで実際には大きな損失を出した個人投資家が多かったことへの反省だ。また、75年5月1日に証券手数料が自由化され、中立的なＦＡ（Financial Adviser：詳細は本書6章）が台頭したことで、金融商品販売業者は顧客に選ばれ競争に勝てる体制へと脱皮を図った。具体的には、受取手数料第一ではなく顧客第一、顧客にとって価値のある手数料設定、リスク対比でのパフォーマンスを重視、単品ではなくポートフォリオ運用、回転売買しない長期の運用などだ。

こうした改革の中から新興勢力として投資信託の運用会社であるフィデリティやバンガードが台頭した。特にバンガードは、低コストのインデックス・ファンドこそが個人投資家が長期に保有すべきファンドだとしてインデックス旋風を巻き起こした。第一号のインデックス投信は1976年に発足したS&P500に連動する株式投信だった。このまま2019年に創業者のジョン・ボーグルが死去した際は、米国で投資信託発達の最大の功労者として功績がたたえられたが、日本ではほとんど報道されなかった。今の日本は、バンガード創業前の状態にあることを示唆するとの辛辣な見方もあった。

危機意識の萌芽

さすがに1970年代終盤にもなると、「パウエル覚書」を実現しようとする動きが出る。主に保守派の論陣が米国の危機を訴え、対案として政策を提示し始めた。代表例は下院議長も務めたジャック・ケンプで、上院議員のウィリアム・ロスとともに個人向け大型減税法案をカーター政権末期に提出した。この法案は後にレーガン政権になって成立する。

共和党が出した対案の政策の基本的な考え方は、政府の援助に頼るのではなく、自助努力こそがアメリカンドリームであり、そのためには小さな政府と減税が望ましいとする考え方だ。この考え方は、80年代に入ってレーガン政権になって世界の主流派となり、世界に広がってゆく。その萌芽だったと位置づけられる。

また、経済成長の中身について、スモール・イズ・ビューティフルの脱成長路線か、物量の拡大による成長加速路線かの選択があったが、米国は80年代に入って成長加速を選択することになる。そしてそれは米国にとどまらず、グローバル・スタンダードとして世界に広まった。その様子は次節以降で取り上げる。

成長加速の手段となったのが規制緩和だ。規制緩和はカーター政権末期1970年代後半から始まった。もともとはインフレ対策の一環で、規制緩和でサプライサイドの競争が激化すれば価格が下がるという考え方で、消費者運動のラルフ・ネーダーや民主党リベラル派が提唱し始めた。そこに小さな政府を標榜する保守派が加わって、左右の両方の勢力を巻き込む大きな流れとなった。カーターの要望で経済学者のアルフレッド・カーンが航空部長として政権入りし、航空分野から自由化は始まった。そして、石油、トラック運輸、鉄道、電信電話、へと広がった。この時代には、ある路線の鉄道車両には、先住民の襲撃に備えてライフル銃を備えた警備員を配備するという、笑い話のような規制がまだ残っていた。

6　80年代――レーガンの登場と資本主義の戦後第二黄金期前期

資本主義戦後第二黄金期の始まり

1980年代のレーガン革命は資本主義の歴史において画期を成す。米国型資本主義によりスタグフレーションを克服して米国経済が活性化しただけでなく、経済力を背景に米国の覇権が強化され、世界一強の地位を不動のものとした。株価は、実質株価でみると70年代の停滞の10年をやっと抜け出て、2000年代前半のITバブル崩壊まで約20年も続いた強気相場の始まりだった（図J－1および後出図2－15を参照）。

この背景は、大きく分けて二つある。

一つは、資本と労働の力関係を逆転させ、長波を株式有利に転換したことだ。具体的には、労働組合つぶしとスト権の制限、そして、株主権の強化により敵対的M&Aを活発化させていわゆる「経営者資本主義」を終わらせた。もう一つは、ニクソン、カーター時代に進められたソ連との融和路線（デタン

図 2-14　フィリップス・カーブ（1983-1995 年）

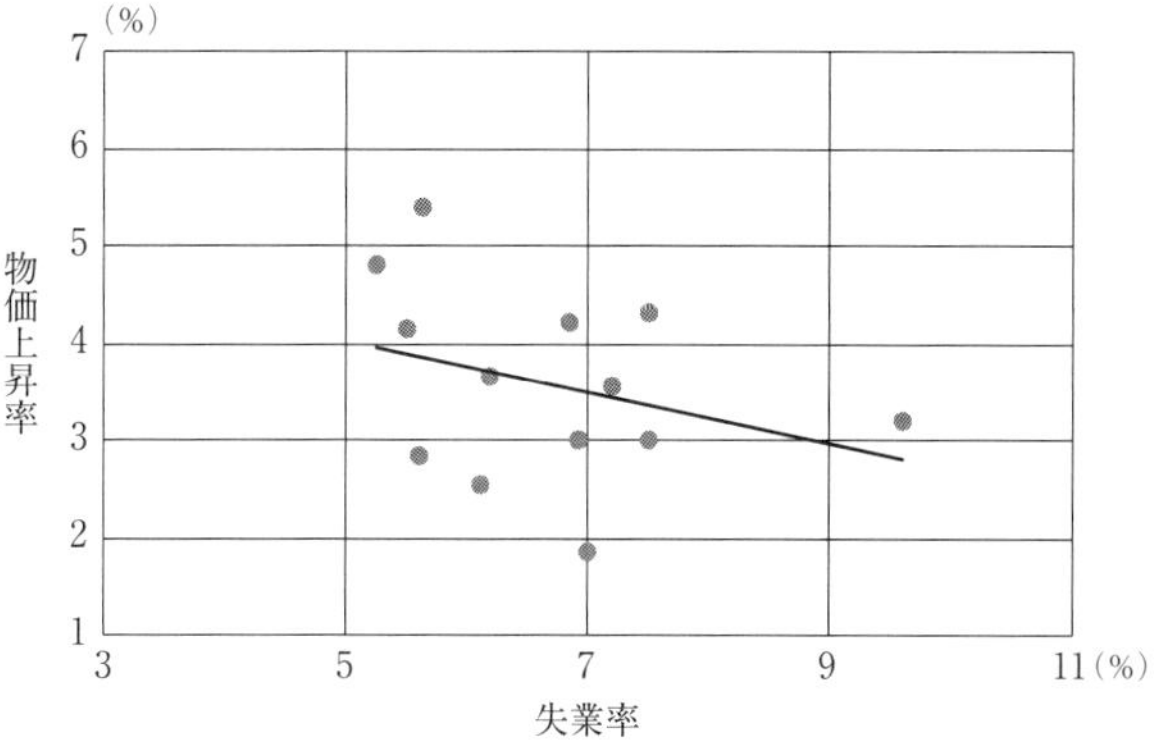

出所：Haver Analytics の公表データに基づいて筆者作成

ト）を再逆転させて敵対路線に回帰し、最終的には1991年にソ連を崩壊に追い込み、米国の覇権を強化してドルの信認を回復したことだ。

中波と短波としても、インフレ抑制に成功してスタグフレーションを終わらせ、フィリップス曲線が正常化するかたちで景気循環を正常化させた。その過程で規制緩和を進め新産業と新企業を生んで新陳代謝を活発化させた。こうした大きな時代の転換は、保守的な伝統的価値を重視した社会思想の揺り戻し、個人の福祉依存から自助努力へ生き方の転換、終身雇用から転職社会への転換など雇用制度の変化、生き残りをかけた熾烈な企業のサバイバル競争など、広範な方面で観測されることになる。結果的にはこれらは新保守主義革命として多大な成果を上げ、それが集約的に株価上昇や金利低下など金融市場に反映された。

図で確認すると、経済が正常化したことも、物価と失業率の関係を示すフィリップス・カーブの形状が70年代の右方上がりから右方下がりへと変化して正常化したことが確認できる（図２－14）。フィリップス・カーブの

図 2-15　1980 年代の米失業率と株価（名目値、実質値）

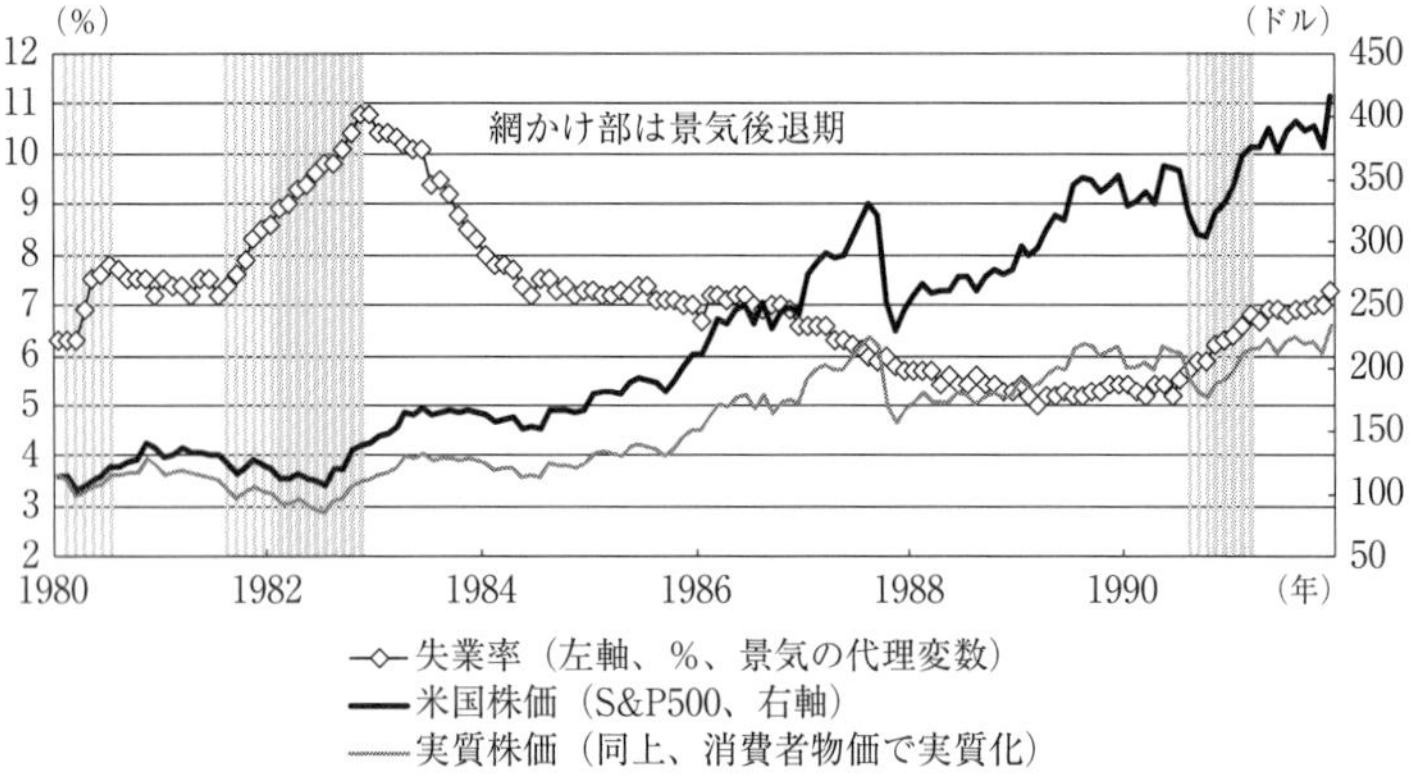

出所：Haver Analytics の公表データに基づいて筆者作成

形状を変えた原因は、強すぎる労働者の権利を制限して賃金と生産性の関係を正常化させたことだ。

いかにしてこの再生が可能だったのか。ここには米国経済史に繰り返し現れる保守とリベラルの間の揺り戻し、ハイエク対ケインズ、選ばれた特定の層が規制で国を管理しようとするエリート思想と民衆の集合知を信頼する反知性主義の対立がよく出ている。トランプ政権以降の行く末を予測するためにも参考になるので詳述する。

１９７０年代の反省

１９７０年代のリベラリズムは、それ以前の資本主義に対する反省から生じた。ローマクラブの『成長の限界』やシューマッハーの『スモール・イズ・ビューティフル』、日本では朝日新聞の「くたばれＧＮＰ」キャンペーンは、公害や都市と地方の格差など資本主義がうまく機能しないことを前提とする世直し運動だったといえる。しかし同時に、リベラリズムが大きな問題を抱えていることも１９７０年代を通じて明らかになった。経済的にはそれまでの常識ではあり得ない低成長と高インフレが併存するスタグフレーションを発生させた。これまでの常識は、低成長なら低インフレ、高成長なら高インフレとなる右肩下がりの伝統的なフィリップス・カーブだ。

社会的にもヒッピーの出現、ドラッグなど犯罪の増大、ストや社会福祉依存など勤労意欲の喪失、などリベラリズムの理想とは正反対の結果が出たことは誰の目にも明らかだった。国際社会においても、対ソ連の宥和姿勢が「カーター危機」と呼ばれるドル危機を生んで米国の西側陣営の盟主としての責任感が疑念視された。

新保守主義革命

１９８０年代の新保守主義の流れは、こうしたリベラル思想に対する反動から始まった。それを象徴するのは、１９８０年の大統領選挙でレーガンが訴えた「わが国は精神的な再生が必要」という主張で、社会の病理は表面的な治療で治る性質のものではなく、米国人の根本的な人生哲学をたたき直さなければならないとする考え方だ。

その思想的バイブルとされるのが１９８１年に発行されたジョージ・ギルダーの『富と貧困』(22)で、副題は「供給重視の経済学」とされている。日本語訳は１９８１年10月と、レーガン政権発足９カ月後の早い段階で出版されている。翻訳者・斎藤精一郎のあとがきから引用すると、「米国は保守化したが、従来の保守化とは違い、供給重視の経済という新しい特質を含んでいる。ところが、レーガン流の経済政策を体系的あるいは包括的に論じた書物は皆無に近い。特に我が国ではリベラル派の考えや経済学は数多く紹介されているにもかかわらず、保守派の考え、特に新しい潮流はほとんど紹介されていない。米国経済が衰え、批判が多いとはいえ、いよいよレーガンの『経済再生計画』が議会を通過して発動される。我々日本人もこの新しい経済学や考え方を無視するわけにはいかない。そこで本書の翻訳に踏み切った」と、米国の現実を直視しようとしない日本の対米認識の在り方に危機感をあらわにした解説がされている。

この本は、60年代以降のリベラル派からの資本主義批判に対する真正面からの反論だ。そして、自己責任と自助努力を重視する保守派の思想と行動原理が蘇れば、社会保障の充実で無責任体質がしみ込んだ社会を蘇生させ、解体された家族が復活し、社会が健全化して経済も再生すると主張した。因果関係からすると、精神的な再生で保守思想が行き渡れば、結果的に経済的にもレーガンが実施したサプライサイド重視になる、とする。この経済論争は、ケインズ対ハイエクの論争がかたちを変えてまたも蘇ったことを意味する。結果としては、今度はハイエクの勝利だ。具体的にはいくつかの政策から成るが、1981年の経済再建租税法が新保守主義思想を具現化した政策の真骨頂といえる。

レーガンは1980年の大統領選挙で圧勝し、1981年に就任した。1980年代はレーガン政権（1981－89年）とほぼ重なる。1979年5月には英国で「英国病の克服」を訴え、保守思想という意味ではレーガン政権と類似のサッチャー政権が誕生している。レーガン政権の誕生は、世界的にリベラル思想からの決別を意味する時代の大きな転換点となった。社会福祉を重視するリベラリズムを転換する新保守主義のうねりは、この二国から始まり、80－90年代に日本の中曽根政権をはじめ世界に広まった。60年代のリベラル化に続き、世界の新しい潮流がやはりアングロサクソンから始まることを印象づけた時代の分水嶺だった。

レーガンは米国人に歴代大統領の人気投票をすると、ほとんどのケースで第一位になる。理由は、すでに見た通り国際政治、国内社会、国内経済の三つの面での成功だ。しかし、この三つの面での成功は、後の結果を知れば逆探知する思考から原因を探ることは可能だ。しかし、それではレーガン革命の実相の理解はできない。

たとえば、ソ連を「悪の帝国」と呼んだ対決姿勢は、それまでの「デタント」と呼ばれた融和路線からの反転であり、財政面や実現可能性の面で有力な反対意見もあった。当時はまだベトナム戦争の記憶が残っており、反戦映画が多く作られるなど世論もタカ派的な外交姿勢には批判的だった。経済的にも、この時点では、日本型の政府主導型産業政策、西欧型福祉社会、ソビエトの計画経済と比較して、本当に保守主義思想に基づく経済運営がうまくいくかどうかは強い疑念が持たれていた。中には当時、米国にとって脅威だった日本の政府主導型産業政策の優位性を説くチャルマーズ・ジョンソン、エズラ・ヴォーゲル、レスター・サローなどの識者もいた。

それでもレーガンが保守主義革命を推し進めたのは、パターン化された米国政治の循環に沿ったものといえる。米国では、外交面ではハト派の理想主義とタカ派の実利主義が交代に発生する。内政では、結果の平等を重視するリベラル思想と機会の平等を重視する保守主義思想が交代に主流になる。レーガン政権が推し進めたタカ派の実利外交と機会の平等を重視する保守主義思想が分かち難く結びついていた。

レーガンの経済政策

レーガン政権は、当時は強い異論があった政策を展開するにあたり七つの面で常識を変えた。五つは経済面でサプライサイド強化に集約されるが、需要>供給であるがためにその差を埋める貿易赤字の解消が優先課題と位置づけられた中、供給力強化のための政策だ。後の二つは国際社会での経済競争に勝って覇権を立て直すための戦略だ。

組合つぶし

第一は労働組合つぶしだ。当時の労働組合は、賃金など処遇に不満があると、頻繁に団体行動でストライキを行った。日本人なら1980年以降に生まれた人は「スト」など聞いたことがないだろうが、要するに職場に不満を持つ労働者が団結して行う職場放棄だ。ストは70年代から頻発して過度な賃上げや低生産性の原因となり、スタグフレーションの主因となっていた。

レーガン政権による組合つぶしは、ホワイトハウスのおひざ元のワシントンDCの空港で管制塔の国家公務員だった職員のストを引き金として始まった。レーガン政権は職場復帰を呼びかけ、復帰しない者は解雇すると宣言して、本当に解雇した。当初は解雇が単なる脅しだとみられていた。しかし、本当に解雇した時に米国社会が受けた衝撃は、後にレーガン革命を神格化するのに十分だった。逆に言えば、政治的意思が国家の有りようを変えた格好の事例ともいえる。本当に解雇された国家公務員は解雇無効を主張して最高裁まで争ったが、結局はレーガン政権の勝訴となり、これ以降ストは沈静化して2000年頃以降にはストは死語になった。

米国では最高裁の判例は、米国社会を根底から変える大きな力を持つ。そのため最高裁判事に占める保守派とリベラル派の割合は極めて重要だ。ここは2020年以降を見据える上で重要なポイントになるので、改めて取り上げる。組合つぶしは、勤労意欲の再生により職務への責任と倫理を回復させる試みだったと評価してよいだろう。結果的には資本と労働でどちらが優位かを逆転させた。これは長波に相当する大きな変化で、60年代後半からの株価の不振を反転させ、長期上昇相場の基礎を作った。

経営者資本主義から株主資本主義へ

第二は経営者資本主義つぶしだ。職務への責任と倫理を求めたのは労働者に対してだけではない。経営者に対しても求めた。この時代までは、経営者が株主の利益を損なうことはわかっていても、株主の不満が声なき声にしかなかったため、不満があれば株式を売却する以外に手段はなかった。しかし、機関投資家の持株比率がだんだんと上昇して80年代半ばに50％を超えた。こうして機関投資家が議決権の面で強い影響力を持ち始めるなどガバナンス改革の圧力が高まった。そしてついに、経営者は株主の利益を最大化するよう求められ、指標としては株主資本利益率（ＲＯＥ）が重視されるなど「株主資本主義」へと移行した。

この流れからＭ＆Ａが活発化して企業を部門ごとに切り売りし、70年代に失敗が明らかだった範囲の利益の多角化経営から、規模の利益に回帰することになった。この流れは、Ｍ＆Ａを容易にした税制改正、独禁法上の競争の定義を競合する企業数から消費者利益が実現できているかどうかに変更した競争政策の変更も後押しした。ムチだけではない。日本の製造業の生産性上昇強化の取り組みに学んで、元商務長官の名前を冠したマルコム・ボルドリッジ賞などの表彰制度を新設して、ベスト・プラクティスをベンチマーク化して横展開により広める啓蒙活動も強化した。

成長促進税制

第三は、インセンティブを刺激する政策だ。たとえば、労働者の勤労意欲を高める所得減税だ。それまでのリベラル派の常識では、労働者を労働組合が保護して安心感を与えれば、不安な憂いなくまめに働くと考えられていた。しかし、現実は逆でストが頻発した。生産性に対し過大な賃上げを求めるようになり、スタグフレーションの原因になっていた。

そこで、まず最初に労働組合つぶしを進めた後、働く意欲を蘇生させるため個人のインセンティブに直接働きかける減税に踏み切った。この思想は、憲法で保障された幸福権の行使であるという考え方から「幸福の経済学」とも呼ばれる。同じことは企業の成長意欲を刺激するために、生産性向上を高めるための投資意欲を刺激する投資減税にも適用された。しかも、投資減税は、投資によって経済が活性化することで税収は減るのではなく逆に増える、とするラッファー曲線の考え方も減税を後押しした。

イノベーションを後押しするために知財権保護強化が実施された。1980年のバイドール法で公的資金を受け入れた研究の成果に特許権を認め、その専用実施権[23]の販売を認めた。1982年には知財権を専門に扱う裁判所（CAFC）を設立した。1989年にはビジネスモデル特許も認められた。

インフレ退治

第四はインフレ退治だ。当時は財政赤字が原因で金利が高止まりし、それによって民間投資が締め出されるクラウディング・アウトが問題視された。したがって、金利を下げることで設備投資を誘発するクラウディング・インをどう誘発すべきかが課題だった。そこで財政赤字を削減するために小さな政府が志向された。

金融政策の枠組みも変わった。この時代はインフレの抑止が優先課題で、カーター政権末期の1979年10月からFRBは枠組みを変え、マネーサプライをコントロールすることを重視するようになった。しかし逆に、これによって金利が乱高下する事態が起こり、かえって経済が不安定化する結果となった。

こうした試行錯誤の末、最終的には操作変数に政策金利、中間目標にマネーサプライ、最終目標に国民経済の安定を置くリーマン・ショックの前までは有効だった金融政策のフレームワークが確立された。結果的にはインフレ抑制にも成功した。

規制緩和

第五は、規制緩和だ。ブルッキングス研究所の試算によると、規制分野がＧＤＰに占める比率は、1977年の17％から88年には6・6％まで低下した。

経営者が経営者資本主義に安住し、労働者が組合に依存する体制を打破する手は打った。しかし、それだけではスクラップにすぎない。新陳代謝するにはビルドが不可欠だ。そこで、新規参入がしやすいように規制緩和が実施された。知財権保護を強化することでイノベーションを促進したプロパテント政策もこの文脈に位置づけられる。

スクラップの結果、半導体大手のフェアチャイルド社や航空世界最王手パンナムなど大企業の破綻が相次いだ。同時に新規参入も相次いだのだが、労働者は破綻前に労働移動するほうが社会全体のサンク・コスト（埋没費用）は少なくなる。

転職が当たり前になったのもこの時代で、労働市場は市場機能が強化されるように設計された。第1章で市場の機能が価格発見にあると力説したが、労働者の価格は、本来なら市場で決まる。便宜的に企業内の人事部が決めても、それが市場の失敗であれば、労働者は労働市場で再評価を受けることが可能な体制になったわけだ。規制緩和で企業の破綻の増加を容認するなら、労働市場の流動化とセットでなければならない。日本で90年代以降に規制緩和をすすめたら破綻が増えたにもかかわらず、労働市場の流動性を高めなかったのとは対照的だ。

企業経営は、ヒト、モノ、カネを駆使することで行われる。モノとヒトとの分野で自由化が進展すれば残るのはカネで、金融の規制緩和も進められた。経営の自由度が増して競争が激化した結果、金融機関の破綻も顕在化した。そこで、破綻させるか、存続させるかの基準が明確にされた。具体的には、1984年にコンチネンタル・イリノイ銀行への公的資金注入、1985年のS&L（日本の信用組合に相当する地域金融機関）危機での破綻処理などだ。

強い米国は戦争を辞さない

六つ目は、戦争に関するタブーを破ったことだ。当時はベトナム戦争の記憶が生々しく残り、反戦ムードが強い中、多くの反戦映画が公開されて民衆の支持を集めていた。この事実は、東西冷戦の中、西側陣営の盟主としての覇権の維持に疑念が持たれることを意味する。そこでレーガン大統領は、タカ派に回帰することでこの閉塞感の打破を図った。

1983年にカリブ海のグレナダで、東西冷戦を背景に、米国人が拘束され人質とされるクーデター事件が起こった。レーガン政権は、厭戦気分の強い国内世論の強い反対を押し切り、戦争を辞さない覚悟で特殊部隊を中心に軍事侵攻した。

結果的には、解放された捕虜が米国に帰還した。この事件の評価が変わったのはその直後だ。捕虜が飛行機のタラップから降り立った時、大地にキスをした。この瞬間がベトナム戦争で染み込んだ米国人の厭戦的な戦争観を変えたと言われている。大地にキスをするシーンはドストエフスキーの『罪と罰』の最後のクライマックスシーンでも描かれているが、この時の生の映像はアメリカ現代史博物館の短編記録映画に収録されている。もう40年近くも前のことではあるが、当時の米国人で知らない人はいないと言われる有名なシーンだ。

強い米国の国際交渉

七つ目は経済原理を無視する強引な国際交渉だ。典型的には１９８５年のプラザ合意や日本叩きである。国際交渉を優位に進めるため１９８６年に世銀総裁にアルデン・クローセンを就任させた。そして、自由化こそが経済発展と経済成長を進めるという「ワシントン・コンセンサス」を世銀、ＩＭＦ、米国財務省が一体となって推し進めた。

米国は自国の法律を外国にまで適用する。特に武器としたのが独禁法の域外適用だった。日本に相当するのは独禁法であるが、もともとは公正取引法だ。具体例は4章でいくつか挙げることにする。米国の公正取引の概念は日本とは異なる。ＦＢＩによるおとり捜査などで日本を標的にすれば、限りなく不公正取引を摘発することが不可能ではなかった。現実に日本企業を標的として発動された摘発は多く、日本の市場をこじ開けるためには法的措置も辞さないタカ派な姿勢を明確にした。

ただし、代償も伴った。１９８７年10月に1日で株価が約20％も下落したブラックマンデーは、市場メカニズムに反する人為的な経済への介入により起こった市場の反乱と位置づけられる。ここでも自由な金融市場は、無理なゴリ押しや権力者の無謀を制御する機能を果たしたことになる。

以上、黄金時代の経済をグラフで概観する。１９８０年以降にインフレ抑制に成功して経済成長が蘇った結果、株価も10年以上の不振を脱して長期上昇トレンドに乗った。ドル安政策を無理強いして進めたことでブラックマンデーには株価が急落する市場の反乱が発生したが、ごく一時的な下落だった。

経済再生の礎は生産性と賃金のバランスの回復だった。

株式市場

前出図2－15にみるように、株式相場は、1982年まではインフレ退治が優先され極端な高金利政策だったために弱含みに推移した。しかし、インフレが鎮静化した82年頃からIBM、GE、GMなど大型優良株、そして規制緩和が進んだ金融、金利低下を受けて住宅や不動産が牽引する歴史的な大相場が始まった。そして、規制緩和で先駆したテクノロジー、大型合併が相次いだ石油、化学、素材などへと循環物色が広がった。

83年には70年の創設以来、冴えない市場となっていたナスダックでもコンピュータ関連など成長株の新規公開が空前のブームとなり、出来高がNYSEの6倍に達するほどの大商いを記録する月さえあった。81年から83年にかけて個人株式投資家の数は約30％、1000万人増加して4200万人になった。このうち約80％は22－44歳の若い投資家で57％は女性だった。大相場の背景で証券投資の大衆化が着実に進行した。

成長株投資とパッシブ投資

大衆を引き付けたのは投資信託だった。成長株投資で有名なピーター・リンチは1977年から90年まで米国で最も成功したフィデリティ社の株式投資信託マゼラン・ファンドを担当した。その13年間で同ファンドの資産は2000万ドルから140億ドルへと、世界最大規模にまで増加した。年率収益率は29％、基準価額は13年で約25倍、ベンチマークのS＆P500を下回ったのは2回だけと、驚異的な成績だった。リンチは、不人気なため安値に放置されている銘柄から10倍になる銘柄を発掘する成長株投資を信条とし、自身の投資手法を多くの著書で公開して人気を博した。

成長株投資とまったく逆の動きもあった。１９８５年にチャールズ・エリスが『敗者のゲーム』を出版している。エリスは、株式投資では、上がる銘柄を業績などから選別するアクティブ運用と呼ばれる銘柄選択が実は有効ではなく、選別せず日経平均株価やＮＹダウ平均株価など株価指数と連動させるインデックス運用のほうが低コストで運用成果もより上がると主張する。

国際金融危機の時代

この時代には財政再建による予算縮小でＮＡＳＡを退職したロケット工学などの数学者がウォール街に入り、証券分析で使う数学が飛躍的に高度化した。ポートフォリオ・インシュランスは、株式保有のリスクが高まる局面で自動的に保険をかける意味で先物をヘッジで売る技法で、この時代に広く機関投資家に普及が進んだ。１９８７年10月にはこれが一斉に作動して株価が1日に22・６％下落するブラックマンデーとなり、連動して世界中の株価が急落する原因となった。日本だけはごく短期間の調整で株価が簡単に高値を更新した。米国も上昇軌道には戻ったが、高値を更新するのにやや時間はかかったものの、景気への悪い影響は限定的だった。

ある時期を境に、技術革新によって需要サイドと供給サイドの力関係が変わることで市場でのプライシングが変化する事例は、財・サービス市場でもときどき起こる。同じことは金融市場にも当てはまる。そうなると、価格と数量を調整して正しい値付けをするよい市場を維持するために、規制を作り替える必然性が生じる。この時代には、ブラックマンデーを検証した議会報告書に基づいて、相場変動を抑えるためのサーキットブレイカー制度が導入された。ブラックマンデーは、金融の技術革新で市場が乱高下する事例が頻発するようになる嚆矢と位置づけられる出来事だった。

同じことは国際金融にも当てはまり、この時代に何度か金融危機が発生している。米国の銀行業界は1970年代の高油価の時代に、オイルマネーを中南米での資源開発につぎ込む世界の銀行の機能を果たした。しかし、1980年代前半の高金利政策で、返済できない中南米の国が続出した。国家の破綻自体は国際金融の歴史では珍しくはないものの、戦後の平和で経済発展が続いた時代になってからは、長らく事例としてはなかったためか、まったくリスク管理ができていなかった。

この累積債務危機は世界を揺るがしたが、国際的な債権債務の処理スキームであるパリクラブが創設され、1983年には最初の債務処理を実現している。今も国際的な債務処理では中心的な機能を果たしている。

1987年には当時ウォール街で最強とされた証券会社ソロモン・ブラザーズが国債の不正入札で存亡の危機に立たされた。投資家のバフェットは社長に就任して救済に当たった。不祥事の責任を取って社長を引責辞任する事例は多いが、この場合は責任を取って社長に就任した。投資家の観点と経営者の観点が交錯することの証拠といえるだろう(24)。

株式市場は活性化したが、不動産市場はバブルの生成と崩壊が起こった。1981年の税制改正で減価償却が優遇され、投資が実物投資より不動産投資に向かったからである。1986年の税制改正でそうした抜け穴がふさがれたが、過剰な不動産投資から空室率の上昇や貸し込んだ金融機関の経営問題にまで発展した。この問題は80年代終盤から1990年にかけて不動産のバブル崩壊として表面化した。

為替市場

為替市場は1980年代の前半と後半でまったく異なる様相だった。前半はインフレ退治の高金利政策と米国の覇権を立て直すための強いドル政策が実施された。しかし1984年の中間選挙では、レーガン人気で大統領は続投となったものの、議会は意外にも、上院も下院も民主党が多数派となった。強いアメリカには賛同するものの、地域レベルでの産業の立て直しにはまた別の新しいアプローチを要することを意味した。

80年代後半は、一転して1985年のプラザ合意によりドル安を志向した。この間の変遷は、第4章の日本叩きで取り上げるが、ドル安を志向することが米国財界の総意で、管理貿易を志向する政権メンバーがそれを容認したことで実現したと見られる。詳細は第4章でとり上げる。

プラザ合意で大きな収益を出したのが投資家のジョージ・ソロスだ。米国経済がバブル気味であるとの判断から、ドル安、金利上昇、原油安にベット（賭ける）するポジションを取り、「一生に一度の大儲け」をしたとされている。

このパターンは2020年大統領選挙以降に再現する可能性がある。要注意だろう。

ガバナンス改革

最後になったが、この時代に起きた大変革が株主資本主義を実現するためのガバナンス改革だ。株主が経営に不満がある場合、それまでは株式を売却する以外に方法はなかった。これを「ウォール街ルール」と呼ぶ。しかし、年金基金など機関投資家の株主としてのウエートが増すなど、株主権の強化を求める一つの声として集約できるようになった。1988年には年金基金の監督機関である労働省がエイボン社に送った「エイボン・レター」を公表し、それまでは禁止されていた議決権行使を解禁する意向を示した。94年には労働省が通達で、議決権行使は受託者責任であるとした。

これらに先立って85年には世界初の議決権行使助言会社であるＩＳＳ社（Institutional Shareholder Services）、機関投資家の非営利団体としてＣＩＩ（council of institutional investors）が設立されている。この流れは１９９９年にＯＥＣＤによって「ＯＥＣＤコーポレートガバナンス原則」、日本でも２０００年代に入って商法改正やガバナンス改革につながってゆく。

こうして発言力を持った株主が、株主利益の極大化を図る制度が拡充された。それは、株主が高株価を歓迎するだけでなく、経営者の報酬として現金の代わりに株券を渡すストックオプション、Ｍ＆Ａの対価として現金の代わりに株券を発行する株式交換型企業合併などで、高株価を社会的に正当化するものとなっていった。それは80年代に制度として徐々に定着し、90年代には世界に拡散した。

企業経営の変革

以上を企業部門の変革の観点でまとめると、キーワードは「競争力」だ。米国では国民的合意として、企業には競争力の優劣があり、米国は日本より劣っているとする合意ができた。

その結果、レーガン政権下の１９８５年に産業競争力委員会により米国の産業競争力に関する提言報告書として「ヤング・レポート」が提出された。米国の産業の問題は製造業の競争力の低下にあるとされ、それらを改善するために「新しい技術の創造と実用化そして保護」「資本コストの低減」「人的資源の開発」「通商政策の重視」が必要と提言された。

また、１９８９年にマサチューセッツ工科大学が「メイド・イン・アメリカ」を発表した。副題は

「生産性の強みの回復」とされている。同報告書は、米国の製造業は世界における圧倒的な地位を失いつつあるが、それは外国からの不公正な競争や米国政府が無能なことにあるのではなく、米国の民間部門に深刻な欠陥があるためとした。そして、問題点として（1）時代遅れの経営戦略、（2）短期的視野、（3）開発と生産における技術的弱さ、（4）人的資源の軽視、（5）協調体制の欠如、（6）政府と産業界の足並みの乱れ、を指摘している。

さらに、今後米国の製造業が国際競争力を維持し、米国が政治および軍事的地位を保持していくためには、民間部門のすべての段階で抜本的改革が必要であるとして、米国製造業の大幅な変革を勧告した。

企業の改革には、（1）戦略の改革であるリストラクチャリング、（2）組織運営の仕組みの改革であるリエンジニアリング、（3）社員の意識や行動の改革であるリマインディングがある。この三つの観点から整理すると、以下のようになる。

（1）のリストラクチャリングの観点では、日本に学ぶ改善や労使協調路線が取り入れられた。（2）のリエンジニアリングでは、複数の事業部門と機能別組織を横串のように横断して商品開発を行うコンカレント・エンジニアリング（CA）やそれを外部の企業と横断する企業組織高速電子商取引（CALS）により、需要や市場の趣向に迅速に対応するリーン生産やアジャイル経営がもてはやされた。（3）のリマインディングでは、組合つぶしと終身雇用制度の終焉と労働市場の流動化による転職市場の活性化で、従業員のキャリア志向をゼネラリストからスペシャリスト志向に変えた。

この三つの流れは、90年代に入り、IT化とグローバル化が進展することで加速する。この流れを先導した米国企業について行けなかった日本企業でも明暗が分かれることになる。（3）のリマインディングでは、終身雇用から転職社会への変化により、この頃から個人のキャリア開発、組織開発、人事の

図2-16　全雇用に占める職務別ウエート

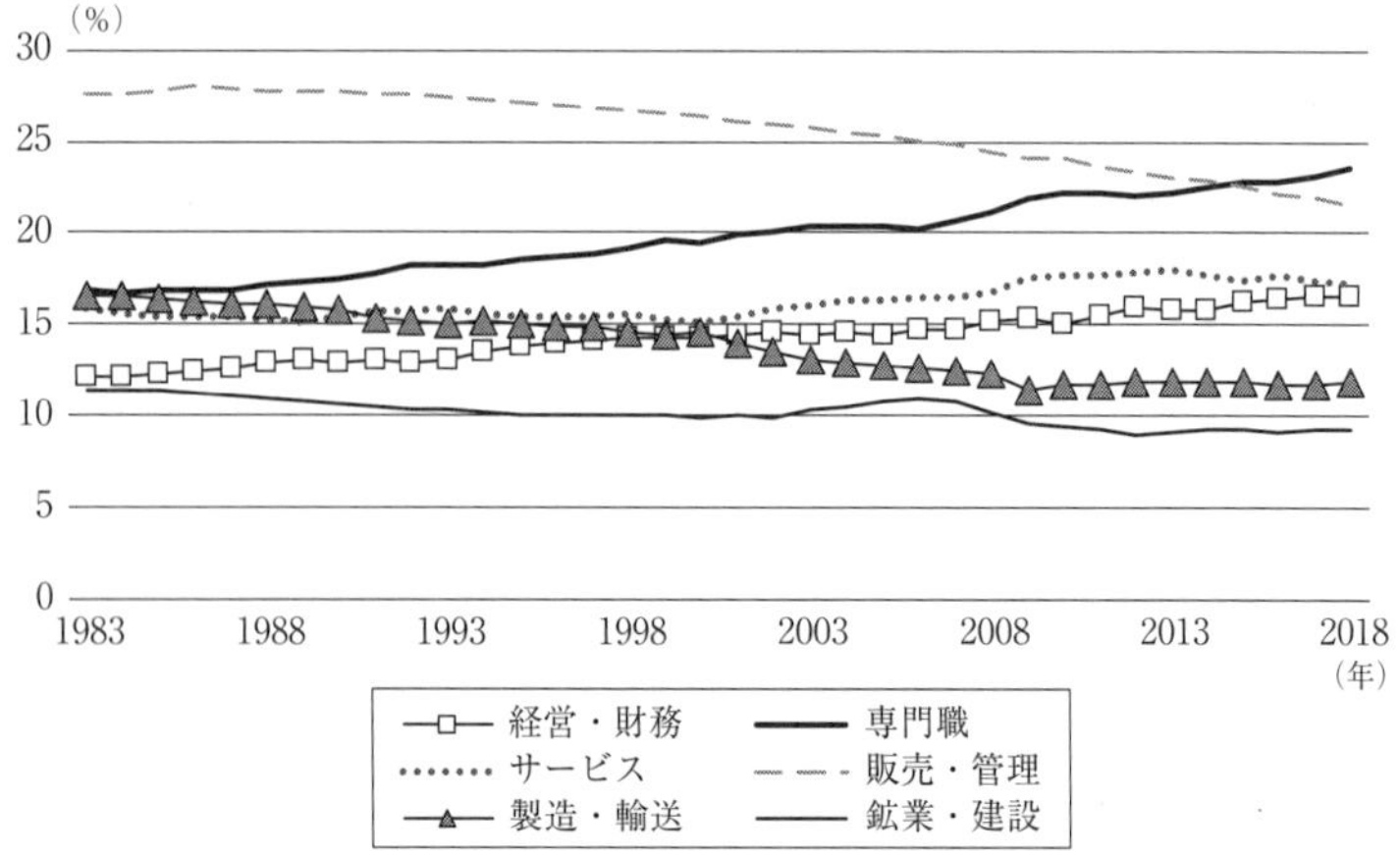

出所：Haver Analyticsの公表データに基づいて筆者作成

経済学が重要視されるようになった。この時代に整備された統計に専門職（Professional、Scientific、and Technical Services）があり、時代が変わったことを物語るものとなった。なお、米国の専門職は、専門性は当然として、業界標準として高い職業倫理を兼ね備えている。サラリーマンリスクから隔離された存在である点は、日本でほとんど理解されていない重要なポイントだ。

市場を通じた労働力の強化

労働組合の弱体化は、転職市場の活性化とダイレクトにリンクする。会社に不満があれば、組合を通じて交渉するか、転職するかのどちらかだ。米国の組合が凋落した原因の一つは、転職市場の活性化だろう。転職市場は、仕事のスキルを計測する場だ。したがって、専門性が重視される。終身雇用の終焉、専門性重視、組合弱体化と転職市場の活性化は、同時並行でこの時代に発生した。

専門職の全雇用に占めるウエートは図2－16のよ

うに増加した。もはや米国は国全体が専門家集団なのだ。

専門家だからこそ成し得た偉業はほかにも多くある。この時代を象徴するもう一つの成功事例が「民間活力」という言葉を作ったロサンゼルス五輪（１９８４年）だ。それまでのオリンピック大会は、明らかに負のレガシーを負っていた。それは「四つのＭ」として知られており、世界的な学生運動と人権運動に影響されたメキシコシティー（１９６８年）、パレスチナゲリラが侵入してイスラエル選手を人質に取ったミュンヘン（１９７２年）、完済に30年を要する巨額の負債を残したモントリオール（１９７６年）、東西冷戦で多くの国がボイコットしたモスクワ（１９８０年）だ。これをサマランチ（１９８０年にＩＯＣ会長就任）が克服して五輪再生に成功した。

ロサンゼルス大会では、大会組織委員長のユベロス（元野球米大リーグコミッショナー）、初代ＩＯＣマーケティング部長ペイン氏（サマランチの右腕と呼ばれた）が中心となり、財政危機に瀕していた五輪の再生に成功する。五輪の基本的理念の再構築と政治色の排除などによるブランド構築、公式スポンサーとサプライヤー制度、独占放送権販売、広告管理、薬物など不正対策、プロの参加容認、競技数増加、夏と冬の開催時期分離、女性参加拡大、式典のショー化等を推進して黒字化に成功した。

見誤ってはいけないレーガン革命の本質

米国と並んで英国も、この時代に英国病と言われた不振から新保守主義で立ち直った。一般にはサッチャーの英国経済がうまくいったのは、規制緩和や民営化が成功したからと言われる。しかし、ちょうどこの時代に英国に留学した中西輝政・京都大学名誉教授は、「これはある意味で悪質なデマと言っても言い過ぎではないほど、間違った情報の伝わり方です。あの改革の根底には、『人間はどのように生きるべきか』という人生の価値観をめぐる大きな転換があったのです[25]」と述べている。1980年の大統領選挙でレーガンが訴えた「わが国は精神的な再生が必要」という主張と同一の内容だ。

ポスト・レーガン時代への遺産

レーガン政権時代の8年の間に経済は大きく好転し、新保守主義の思想が米国のみならず世界に拡散する一方、財政赤字も逆に大きくなり、社会福祉改革は進まなかった。もともとこの二つは、共和党にとっては優先的な課題だったので、レーガン政権末期には共和党には敗北感さえ漂った。レーガンでさえ実現できないのなら、共和党の理念に固執する限りは無理ではないか、目標設定が無理だったのではないか、とまで言える諦観だ。

レーガン時代は、結局、巨額の財政赤字が残った。当時、大統領経済諮問委員会（CEA）委員長で、その後の論壇でも長く経済論議をリードし続けたマーティン・フェルドシュタインは、レーガン政権一期目の終盤に辞任した。原因は、減税しながら社会保障費用と国防費が増大すると、何が起こるかを懸念したからだと見られている。

こうした諦観を具現化するかのように、1992年にはロサンゼルスで大規模な暴動が発生した。人種差別や格差をきっかけに、暴動や略奪によって市街地が無法地帯と化した暴動で、50人以上の死亡者と2000人以上の負傷者を出した。当時は日本ではすでにバブルが崩壊した後だったが、やっぱり米国はダメだとする論調が支配的だった。

そこで共和党は、無難な目標設定を見出して中道に寄る穏健路線と、敵を文化に見出す「文化戦争」路線に分かれた。穏健路線は88年の大統領選挙で大統領候補になったブッシュ副大統領（父）だ。一方の「文化戦争」路線は、個人のモラール（士気）の低下、政治のモラル（規範）の低下、社会のモラルの低下は、左派や進歩主義者が文化的に毒された生活をすることで広まっているという批判を展開した。

価値観が多様化する中、共和党右派の「文化戦争」は、見えない相手との戦いである上に、流行や庶民の娯楽を批判することは、一般大衆を敵に回すことになる。この面で保守派が強硬になると、共和党は弱い。この弱さが、92年の大統領選挙で無名のビル・クリントンが当選する原動力となる。

さらに、この流れはクリントン政権発足後のギングリッチ旋風、オバマ政権の茶会（ティー・パーティー）運動（２００９年ごろから起こった保守派色の強い動き）など熱病のように共和党に亡霊のように繰り返し現れる。この問題を克服したからこそ、２０１６年の大統領選挙でトランプは共和党の大統領候補になり得たと言えるのだが、この問題はトランプ政権を取り上げる後の章に譲る。

ブッシュは１９８８年の大統領選挙を制し、１９８９年から１９９３年まで大統領を務めた。この間、景気は長期景気拡大の後で不動産バブル崩壊の処理に追われた。バブルの処理に結局は公的資金をつぎ込んだので、国民の支持は離反することとなった。

国際的には90年８月のイラクによるクウェート侵攻に対し、91年１月には米国主導で多国籍軍を編成して開戦した。湾岸戦争への対応では見事なリーダーシップを発揮した。国連安全保障理事会により武力行使の権限を与えられた多国籍軍を編成し、資金調達から戦闘行為まですべてを取り仕切って問題を短期間で解決した。ただ、イラクのフセイン政権を追い込まなかったため、その後も長く存続した。フセイン政権は２００３年にブッシュ（息子）政権が大量破壊兵器の保有を理由とした侵略戦争をするまで続いた。

ブッシュ（父）の外交は、理想主義の強いものだった。１９８９年から１９９０年にかけて中央アメリカのパナマに軍事侵攻し、ノリエガ将軍を失脚させたパナマ侵攻や、国内での財政赤字削減に向け景気悪化局面での増税など、理想主義が強かった。

冷戦終結後は「新世界秩序」[26]という言葉を使って、米国がハブ・アンド・スポークの唯一のハブ（中心軸）になるという構想を打ち出し、90年代以降にグローバル化を進める前提とした。たとえて言うなら、米国が太陽、その他の国は周りを回る惑星という位置づけだ。

フランシス・フクヤマが『歴史の終わり』で、世界の歴史は市場経済と民主主義で進歩が行き着いて完成に至った、と書いた[27]のは1992年だ。99年にはトーマス・フリードマンが『レクサスとオリーブの木』で、冷戦後の唯一のイデオロギーはグローバル化だと書いた[28]。このように90年代に向けて米国の自信は揺るぎのないものであった。

7　90年代クリントン政権——資本主義の戦後第二黄金期後期

黄金期ふたたび

ビル・クリントン大統領在任の1993-2000年は米国経済の黄金期復活だった（図2-17）。国内経済は高成長と低インフレの最良の組み合わせ、産業面はIT革命、国際的にはグローバル化と、よいことづくめだった。株価も上昇した。特に95年以降は上昇が加速した。ただ、2000年代に入ってITバブル崩壊で大きく崩れたため、82年から続いた大相場はいったんは終焉を迎えた。労働市場と金融市場の自由化がいかに大きな恩恵をもたらすかを示した格好だ。

図2-17　1990年代の米失業率と株価（実質値、名目値）

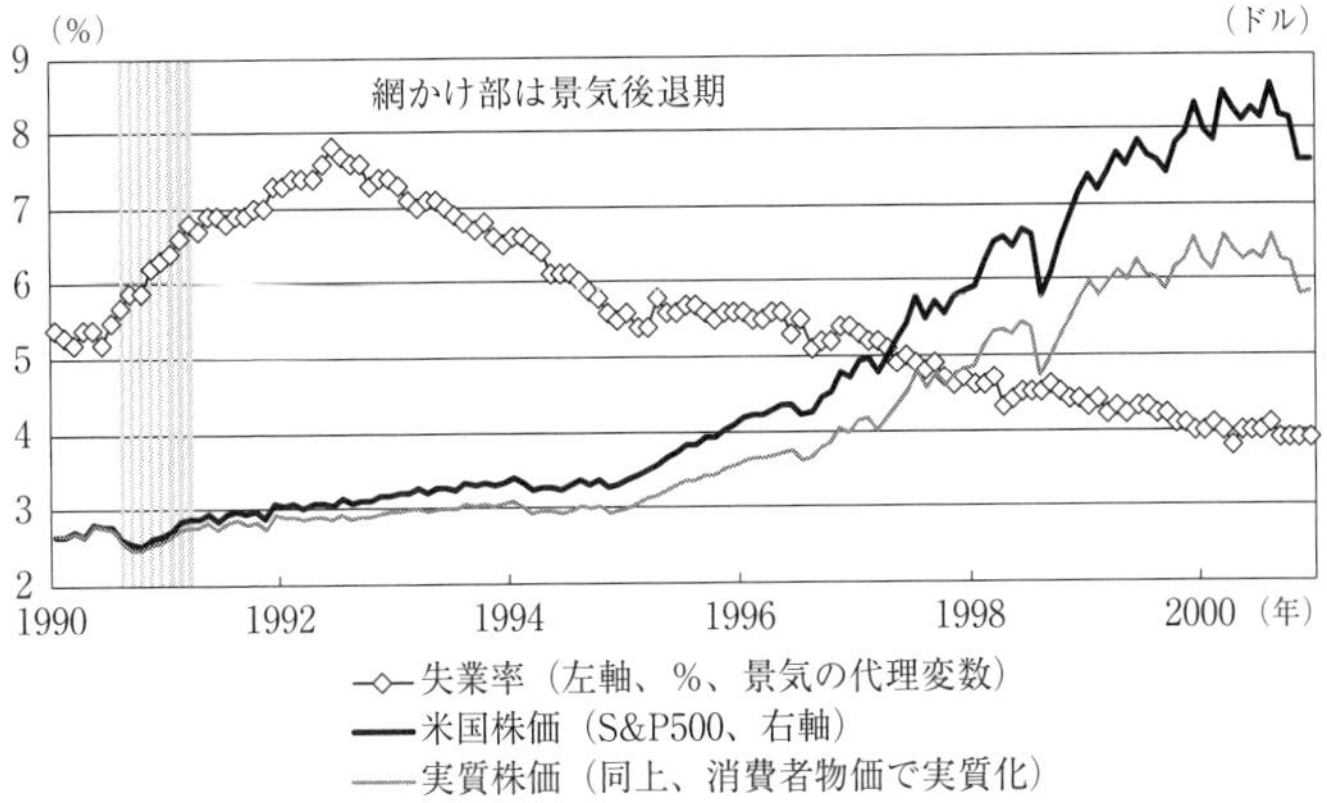

出所：Haver Analytics の公表データに基づいて筆者作成

初の戦後生まれの大統領クリントン

１９６４年８月生まれと、史上初の戦後生まれのクリントン大統領は、毀誉褒貶の著しい大統領だ。ホワイトハイス実習生の女性との不適切な関係で米国史上２人目の上院による弾劾裁判にかけられた不名誉な経歴を持つ。この不適切な関係は、弾劾裁判で「有罪ではない」とされたものの、最終的にはクリントン自身が教会で懺悔し国民に謝罪するかたちで幕引きとなった。ほかにもマリファナ吸引疑惑や兵役逃れ疑惑など酷聞の絶えない大統領だった。

ところが、クリントンの支持率は、弾劾裁判で不適切な新事実が次々と明かされる間でさえ、下がるどころか逆に上がった。レーガン時代と同じ現象だったことから、レーガンと同様にテフロンと呼ばれた。支持率に体現される不思議な集合知が発揮された瞬間だったといえる。

クリントンの高支持率の背景にあったのは、第一に極めて好調な経済パフォーマンスだ（図２－17）。10年１サイクルのうち景気拡大期の８年を自身の大統領としての任期に重ねて、極めてうまく回し、戦後二回目の黄金時代を築いた。

第二に、ねじれが一般化した。ねじれとは、大統領府、上院、下院で支配する政党が割れることを意味する。長く米国議会は、行政府の大統領と議会が同一政党となることで、政権運営は安定するとされた。しかし、クリントンの時代からねじれが頻繁に起こるようになった。当初は政権運営の停滞が心配されたが、逆にねじれることで政権運営が極端に偏らず、バランスがとれることを有権者は選択したと見られている。

ねじれてはいても、有権者はクリントンの政権運営を共和党主導の議会より選好したということだ。

長波としては、ソ連崩壊を受け世界の一強となった立場を活かして国益の追求を優位に進めた。これは米国にとっては大きな利益となったが、敵視された日本は日本叩きで大変厳しい関係となった一方、「戦略的パートナー」として友好視された中国にとっては良好な外部経済環境となった。

株主と労働の関係では、労働長官に左派のロバート・ライシュを起用して民主党の伝統の通りに労働を優遇する政策に傾く可能性が当初はあった。しかし、産業競争力を重視して企業の特に川上での大型合併を容認するなど共和党の時代と変化はなく、資本優位のままだった。

黎明期のＩＴ分野では、事実上の独占を許容して知財保護とグローバルな競争力を重視した。この時代の最高裁首席判事はウィリアム・レンキスト（在任１９８６－２００５年）だが、独禁法違反をほとんど扱わず、競争企業の数より消費者利益を重視する政策を展開した。これが米国企業に国際競争力の回復をもたらす要因となった。

ＩＴはネットワーク効果を持つため、結果的にこれが独占的競争モデルとして定着し、米国企業がＩＴ分野で事実上世界を独占する基礎を作った。ネットワーク効果とは、電話を想像するとわかりやすい。

普及が進めば進むほど利便性が高まる。しかし、一社による独占だと価格がつり上げられるリスクが常にある。そのため独占的競争モデルとは、ネットワーク効果を損なわない範囲でのたとえば三〜五社での寡占が望ましいとする考え方だ。

米国には州独自の売上税があり、売上の地域が特定しにくいというＥコマースの特性はあるものの、黎明期のＥコマースは「インターネット自由法」で非課税とするなど税制面でも後押しされた。これらは、ＩＴの特性である勝者総取り（ウィナー・テイク・オール）を国家規模で推し進めた政策と見ることができる。ライシュ労働長官は、クリントンの経済政策の変節を見てか、任期途中の97年１月に辞任している。

この時代の政治は財政赤字の削減が共通の課題だったが、クリントンは、大統領選挙戦、大統領就任後の経済運営において極めてうまく対処した。政府や政党から独立した中立の機関が国家の課題を示し、その解決策を政党が競う理想的な政党政治が、非常によく機能した。

クリントンは誕生の経緯も天の配剤と言えるものだった。

１９９２年の大統領選挙の得票率は、クリントンが43・０％、ブッシュが37・４％、ロス・ペローが18・９％だった。第三党がこれほど高い得票を得たのは異例だ。保守派の票がブッシュとペローに割れたため、クリントンは漁夫の利を得るかたちで大統領に当選した。第三党の大統領候補が台風の目なって、ダークホースの大統領が誕生することはままあるが、その典型的なパターンだった。

債券戦略

クリントンは、大統領就任前から経済の再生を前面に出し政策を固めた。大統領就任前にグリーンスパンFRB議長と会談して、長期金利を下げる方策を話し合っている。そして、信用力のある財政赤字削減策を市場に提示することでインフレ・プレミアムを下げ、経済成長を促す政策を明示的に取り入れた。

インフレ・プレミアムとは、インフレが高進するという懸念が織り込まれることで、長期金利が高止まる要因を意味する。これを下げることで長期金利低下を促す政策は、アラン・ブラインダー元FRB副議長やローレンス・サマーズ元財務長官のアイデアとされる。他方、ロス・ペローなど他の大統領候補は財政赤字を削減してもこのプレミアムは下げられないことを前提に計画を提示していたことを考え合わせれば、これは明示的な経済戦略だったと考えられる。

後にこの政策シナリオの、ゴーストライターはグリーンスパンFRB議長だったことが判明して、市場では「債券戦略」と呼ばれることになる。大統領就任前からクリントンは地元のアーカンソー州リトルロックで大々的な経済サミットを開催し、基本的なアイデアを流布し始めた。

そして1993年1月に大統領に就任してからは、最初の100日で経済再生計画を成立させる意思を明確にした。ここで大統領就任前から練られていた「債券戦略」が包括的予算調整法として結実した。これが高成長、低金利、高株価、財政黒字など輝かしい経済面での実績の礎となった。この政策の特徴は、公約の通り法人や富裕層に増税をしつつ、歳出削減も組み合わせて5年間で4720億ドルの財政赤字を削減する計画だった。この計画は難産で、上院、下院合わせて40名以上の造反者が民主党から出たものの、最終的には僅差で可決した。

しかし、増税が不人気なのは世の常だ。また、クリントン政権は日本の国民皆保険のような国民健康保険制度の創設を進めたが、後に断念せざるを得なくなった。こうした左派的な政策が国民に警戒されて、１９９４年11月の中間選挙では、共和党に上院と下院の過半数を奪われた。世にいう保守的な「アメリカとの契約」を掲げ下院議長に就任したギングリッチ旋風である。

ただ、共和党はこの直後に議会運営で致命的なミスを犯す。きっかけは予算で、小さな政府を求める共和党と穏健な財政赤字削減を求める民主党で折り合いがつかなかった。この状況で共和党は中間選挙の勢いのままに強硬な手段に出て、95年11月、政府機関を閉鎖に追い込んだ。

この段階で世論は明確に野党共和党に批判的となった。そしていったんは暫定予算で政府機関を再開したものの、共和党の強硬な姿勢は変わらず、12月に再び政府機関を閉鎖に追い込むことになった。ここに至って、国民の共和党に対する期待は失望に変わり、再びクリントンに支持が集まるようになったのだった。

第三の道

クリントン・サイドも路線を大きく軌道修正した。三角観測という右派と左派の中間の政策を取り入れた。この路線修正は後に「第三の道」と呼ばれるようになる。その代表例が福祉予算の削減（図２－18）と自由貿易の推進だ。

福祉予算の削減では、１９９６年生活保護改革法は最も革新的だと共和党からも評価された。これは、生活保護の受給者に職探しを義務づける、生活保護の期間は2年間で生涯で5年間を上限とする、いくつかの州では生活保護期間中は子づくりを制限、などだ。１９６０年代に始まった「結果の平等」を志向する貧困との闘いは、こうして幕引きとなった。この福祉改革はトランプ大統領も賞賛しており、２０２０年以降の政権運営で再び取り入れられる可能性がある。

図 2-18　生活保護受給者数（年平均）

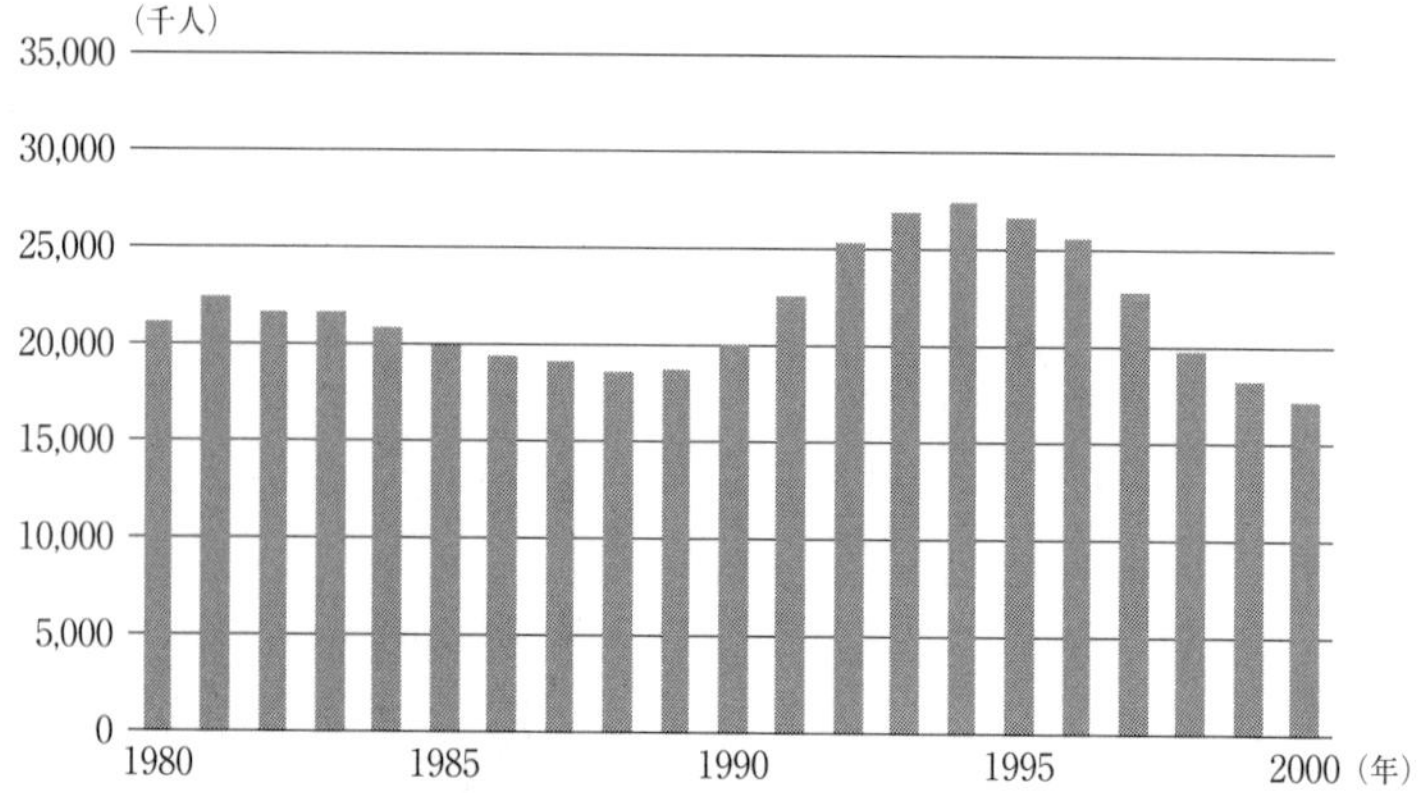

出所：Haver Analyticsの公表データに基づいて筆者作成

自由貿易では、この時代は自由貿易を推進する共和党に対し、民主党は自動車産業などの労働組合の支持を受け保護貿易を是としていた。しかし、1992年の中間選挙後に自由貿易を推進する方向に舵を切った。北米自由貿易協定（NAFTA）は93年に法案が通過して94年1月に発効した。自由貿易推進の流れは、WTO体制にもつながってゆく。ただし、クリントンは、日本だけに対しては過去の保護貿易や円安によって生じた貿易不均衡の償いを求め、日本叩きを先鋭化させた。これはアカデミズムでは戦略的貿易政策と呼ばれた。

社会保障改革と自由貿易の推進は、ともに労働より資本にやさしい政策として株価の長波の観点で重要だ。

プロの投資家はフィリップス・カーブを重視

本書では、何度かフィリップス・カーブを取り上げた。この着眼点は投資において極めて重要だ。1990年代はそれがいかんなく発揮された。この時代は、失業率は5％を下回ると、物価の上昇が加速す

図2-19　物価の加速が始まる失業率の水準が90年代に低下

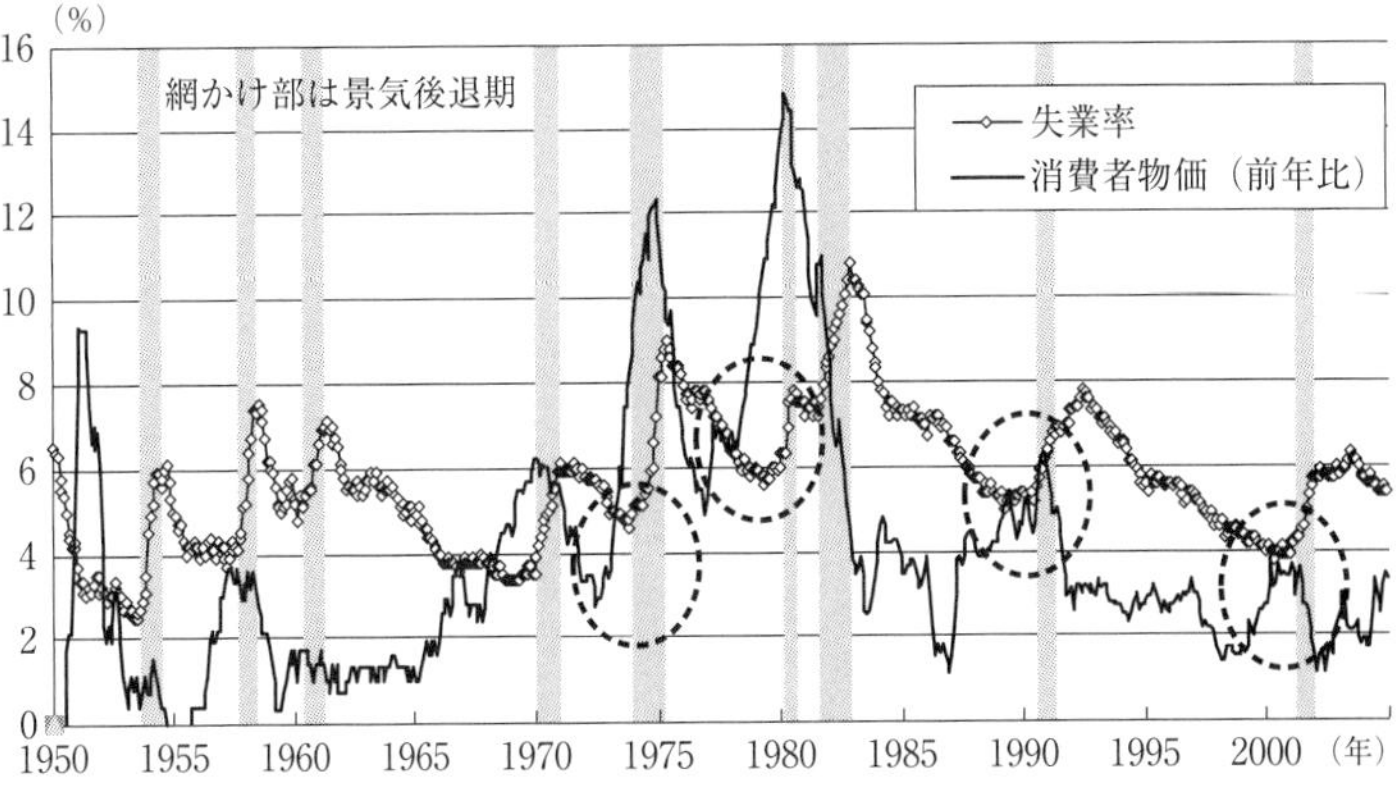

出所：Haver Analyticsの公表データに基づいて筆者作成

るため、金融は引き締めなければならないと考えられていた。その根拠は歴史の教訓だ。図２－19にある通り、75年前後は失業率が５％前後で物価上昇が加速したため、金融引き締めに転じて景気は後退局面に入った。80年前後は、失業率が６％あたりで物価が加速したため、金融引き締めに転じて景気は後退局面に入った。90年前後は失業率５％で同じことが起きた。

失業率には、ある水準に低下すると物価を加速させる非常に重要な水準がある。しかし、90年代は福祉改革や組合つぶしの効果もあり、その水準が低下した可能性があると考えられていた。グリーンスパンFRB議長は90年代にその可能性をぎりぎりまで試し、失業率が４％までは物価が加速しないことを立証した。当時はこの方針に反対して辞任したFRB理事もいたほど、これはある意味で大きな社会実験だった。

グリーンスパンはFRB議長に就任する前から共和党の政権運営には参加していたので、前節で言及した労働市場の機能強化の効果に関し、洞察が働いたのだろう。結果的に、インフレを恐れて不必要な金融引き締めをしなかったことで、失業率1％に相当する、当時で換算した約140万人が職に就く実績を残した。

無理な金融緩和を実施してインフレを招く、不必要な金融引き締めによる本来なら得られた経済成長を失う、こうしたリスクの見極めが投資の意思決定においては極めて重要だ。その重要な指針の一つがフィリップス・カーブのその時どきの形状なのである。

2020年に入り、コロナウィルス問題で雇用環境は急速に悪化し始めた。しかし同時に、グローバルなサプライチェーンの問題もある。フィリップス・カーブの形状の変化には注意が必要だ。

IT革命

クリントンが就任した1993年から数年間は雇用なき景気回復（ジョブレス・リカバリー）と呼ばれ、景気はよいのに雇用が増えない状況が続いた。理由は主に二つある。一つは、冷戦の終結で軍事産業が縮小したことだ。これは地域別にみると明らかで、軍事基地、軍需産業のある地域の失業率が高止まり、産業構造を転換するディフェンス・コンバージョンが課題とされた。

もう一つはITだ。ITの利用で組織の階層が薄くなり、人員削減につながったと考えられている。かつては米国のオフィスでは、管理職は個室を持ち、その横には秘書が控えていた。しかし、ITの普及により秘書はほとんどいなくなった。一方で、1995−96年頃からは雇用の増加も目立ち始めた。特にIT分野では、95年創業のヤフー、98年創業のグーグルなどが成長を牽引した。ITは、潜在成長率の上昇、在庫の削減で在庫循環の消滅という景気変動の波を小さくする効果があり、いわゆるIT革命とまで言われた。

在庫の消滅は１９２０年代の米国、80年代の日本、そしてこの時代と、大きなバブルでは繰り返し幻覚のように表れたことは注目に値する。在庫循環消滅論は、将来もＡＩやＩｏＴでまた繰り返される可能性があるだろう。そうした議論が出て高水準の株価が正当化され始めたら要注意だ。

こうしたＩＴの勃興による経済の興隆を当時のグリーンスパンＦＲＢ議長は「１００年に一度の革命」と呼んだ。そして、ＩＴ革命はブームとなった。在庫循環がなくなるので当時の経済ブームが末永く続く、という見立てだった。経済がブームだったことを示す格好の例が財政黒字だ。90年代後半は、60年代から実に約30年ぶりに財政収支は一時的ではなく数年間にわたり黒字となった。

この理想的な経済運営を世界に広めようと、この流れは、グローバル化となって世界に拡散した。

ワシントン・コンセンサス

１９８０年代後半にソ連が崩壊したことで、世界の政治経済体制は、米国の市場型経済と民主主義を手本として導入するべきという風潮ができ上がった。ちょうどそのタイミングで米国経済が70年代の不振を超えて80年代のレーガン革命に始まった新保守主義が収穫期に入っていたことから、世界中で雪崩を打ったように米国の政治経済体制を手本として見習おうとする風潮が出来《しゅったい》した。これは、ＩＭＦや世銀など国際機関が推進したこともあり、ワシントン・コンセンサスと名づけられた。内容は、規制緩和、市場経済、民主主義だ。

ワシントン・コンセンサスは、米国経済の好調が続き、米国企業の経営スタイルが尊敬され、米国の政治に対する信任も厚く、規制緩和が期待通りの成果を出していたら、世界に広まって定着しただろう。しかし、そうはならなかった。詳細は第３章で取り上げる。

また、ワシントン・コンセンサスが世界に広まる過程で大きな危機も発生した。95年のメキシコ通貨危機、97年のアジア通貨危機、98年の日本の金融危機とロシアのデフォルトなどだ。ところが米国は、こうした危機を、ワシントン・コンセンサスを一気呵成に早く移植する好機としてＩＭＦなど国際機関を前面に押し立てて進めた。

企業経営

前述のように、この時代に企業経営の現場にはＩＴが普及し始めた。当初は人をＩＴに置き換えることによるコスト削減効果がプラスに評価された。しかし、同時にそれは人員削減を伴うため、企業にとってはよいことでも、社会全体では雇用なき景気回復（ジョブレス・リカバリー）としてマクロ経済への影響は疑念視された。

しかし一方で、ＩＴをコスト削減以外の需要の創造や他国との競争優位の構築に利活用することで、経済にプラスの効果を持つと評価されるようになった。需要創造でひとつ有名になった例を挙げると、米国の女子高生の自宅に妊婦向けのＤＭがある小売店から届いた。それを見た父親が激怒したが、ＤＭが届いた原因は、その家のインターネットのＨＰ閲覧ログの中に、妊娠の兆候を調べるサイトがあり、女子高生がそれにアクセスしていたのだ。この情報をインターネット企業から得た小売店は「おめでた」だと受け止め、妊娠用品やベビー用品のＤＭを送付したのである。それまでは適当な年齢層に一律にＤＭを郵送で送っていたことと比較すれば、相当に低コストで消費者のニーズを正確に捉えることが可能となった。こうして始まったターゲット広告は、今日ではさらに進化している。

企業経営では、ＩＴが大きな変革の力を持った。ダウンサイジングやリエンジニアリングなど新しい手法が取り入れられ、経営の現場はこの時代に風景が一変した。また、日本の品質管理の概念がＩＴの利用で「経営品質」にまで高められ、製造部門だけでなく間接部門にまで広がった。そして「経営品質」の高い企業の慣行を他社にも広げるため、ベストプラクティスのベンチマーキングを横展開する手法が経営コンサルを通じて広まった。この「経営品質」という言葉はまだ日本では定着していない。

80－90年代以降に米国企業が変わったことを象徴する実例として、この時代に大規模なリストラを行ったＩＢＭ、アメリカン航空、ＧＥが挙げられる。すべてに共通するのは、有名な名物経営者が強力なリーダーシップで社内改革を行ったことだ。そして、その内部事情を描いた内幕もののビジネス書は世界中でベストセラーになった。

ＩＢＭは93年に社員８万人のうち２万人を削減する大変革を行ったが、それまでは温情主義とエリートの象徴と自負する白いワイシャツで有名な企業だった。これは創業以来初めての大規模な人員削減で、外部から社長として招かれたガースナーは、初の幹部を集めた社内会議で、青いワイシャツを着て臨み、会議の参加者は全員白いワイシャツかと驚嘆して述べた。するとその次の同じ会議では、全員が青シャツだった。そして、会議を予定調和の心地よい会議から、本当に必要な人だけが出席して議論を戦わせる場に変えた。この巨額損失を出した時代のＩＢＭは、日本人も驚くほどの同調圧力と忖度集団だったことがうかがわれる。この時代までは会社人間を表す「カンパニー・マン」という言葉が英米でも生きていたと見られている。これほどまでに米国企業は変わった。

ＩＴを利用した経営改善の一つとしてスピードの経済も重視されるようになった。これは80年代に多角化など範囲の経済からＭ＆Ａを利用した規模の経済に回帰したが、さらにＩＴを利用してスピードを上げることが生産性を改善することで重視されるようになった。企業の立場で言うなら、ＩＴを利用して需要の変化に迅速に対応することで、売上を伸ばし、業績を上げるのだ。ＩＴの普及の背景では、レーガン時代のＡＴＴ（日本のＮＴＴに相当）分割で通信分野の技術者がタンポポの種のように社会全体に散らばった影響も大きいと指摘されている。

もともとのＩＴの利用は、日本の製造業が工場でリードタイムを短縮して多品種少量生産に成功した姿をまねたのが発想の原点だ。しかし、重要なのは相違点だ。スピード重視が製造現場だけでなく、経営企画部、販売部、海外オフィスなど社内横断的に取り入れられるようになった。

二極化相場

株式市場では二極化相場が進展した。二極化相場はしばしば株式相場の歴史で現れる。技術革新は絶えず起こるが、旧来の秩序を破壊するほどの技術革新が起こるからだ。当然、本当にそうなれば収益性は高くなる。この時代は、ＩＴの出現で潜在成長率が０・５－１・０％も上昇し、在庫管理が高度化することで景気循環の波を消滅させる「ニュー・エコノミー」が流行語となった。当時のＦＲＢのグリーンスパン議長は「１００年に一度」の技術革新だとしてＩＴを賞賛したことはすでに書いた。

しかし、後に判明するのは、潜在成長率は上昇したものの上昇幅は極めてわずか、在庫循環は以前と変わらず存在するということだった。

それでも、期待が持続する間の株価はニュー・エコノミーを織り込んで暴騰し続けた。しかも、ＩＴ関連はニュー・エコノミー、そうでない旧来からの産業はオールド・エコノミーとして二極化した。ニュー・エコノミー企業が多かったナスダック市場は大きく上昇した（図２－20）。ニュー・エコノミー銘柄は社名に「ドットコム」をつければ株価が上がるとさえ言われ、本当にそうした事例は多数み

図2-20　米国主要株価指数（1995末＝1）

出所：Haver Analytics の公表データに基づいて筆者作成

られた。１８００年代後半に社名に「鉄道」が付けば株価が上がったのと同じだ。

二極化相場は、株式相場の歴史でしばしば出現する。特定のセクターでだけ株価が上がることの意味は、そのセクターに高い成長が見込まれ、かつ、高い収益を実現して維持するということだ。しかし、ＩＴ分野は技術革新が早く、独占的な地位をつくってもしばらく時間が経過すると入れ替わった。たとえば、検索エンジンで独占的な地位を一度は築いたヤフーは、グーグルに取って代わられた。

90年代の電気通信業界は、経済におけるシェアは2倍となり、新たに創造された雇用の3分の2を生み出した。日本も含め世界的に個人消費に占める通信費の割合が大きく上昇した。その分シェアが減少したのは衣料や自動車だった。

技術は簡単なことで一変する可能性が常にある。動画は容量が大きいため、配信が増加すれば光ファイバーへの投資がほぼ無限大にまで増加するものと期待された。しかし、ここで光ケーブルの技術革新が起きた。光信号は直進するのだが、角度を変えれば光ファイバーの容量はほぼ無限大に近いほど広がる。この単純な原理により、光ファイバーへの投資は一気に冷え込み、関連銘柄の株価も崩れることとなった。

賞賛されたバフェットの投資哲学

バリュー投資家のウォーレン・バフェットは、この時代にＩＴバブルに乗らなかったことでも名を上げた。彼は実体のわからない株式には投資しないというスタンスを貫き、ＩＴ企業への投資を避けた。そして、結果的にはＩＴバブル崩壊の悪影響も免れた。短期的な時流に乗る投資の恐ろしさと、投資哲学の大切さを、言行一致をもって示した。

成長株投資

１９９０年代の二極化相場では、ドットコムと名が付けばほぼ何でも上がったＩＴセクターと、ＩＴを利用してグローバルなサプライチェーンを築くグローバル企業の株価が上昇した。

かつてはどこの国のどの産業にも、大手、中位、下位という序列があった。しかし、ＩＴによって、勝者総取り（ウィナー・テイク・オール）で企業が巨大化し、ＩＴを利用したグローバル化で製造業もＭ＆Ａがブームとなって巨大化した。代表例は検索エンジンとＰＣポータルのヤフー、ＰＣメーカーのデルなどで、これらの銘柄の株価は相場の歴史に足跡を残すほど大きく上昇した。社会を変えるほどのインパクトのある大きな技術革新の時代は、成長産業と成長企業が誕生する。こういう時代には成長株投資が時代に合致する。当然市場でも人気となる。

ヘッジファンド

90年代の米国株式市場で興隆を極めたのはヘッジファンドだ。他人から資産を預かって代わりに投資する形態には、顧客差別をせず広く誰からも資金を受け入れる代わりに、透明性が高く手数料も廉価な公募の投資信託と、限られたセミプロの顧客から資金を受け入れる代わりに、超ハイリスクや手数料が非常に高いなど契約形態が自由な私募がある。ヘッジファンドは後者で、総じてリスクが高く手数料も高い。

90年代から2000年代にかけて、高い収益を出すヘッジファンドで有名になった運用担当者は多く、業界はスター誕生が相次いだ。運用の手法も、伝統的な上昇する銘柄を発掘するだけではなく、市場の歪みを是正する、景気変動と経済政策を先取りする、特殊な状況に特化する、など多様化した。投資対象も株式だけでなく、デリバティブ、債券、商品などへと幅が広がった。

伝統的な上昇銘柄の発掘では、ジュリアン・ロバートソンが率いたタイガーファンドが90年代に驚異的なパフォーマンスをあげた。市場の歪みは、たとえば自動車業界の中でGMの株価だけが急騰した局面で、GMの空売りとフォードの買入れとをセットで行い、両者の株価が一定の比率に収まるなど過去の株価から割り出した統計的事実に回帰する性質を利用するものだ。

景気変動と経済政策の先取りは、ジョージ・ソロスが得意とした手法だ。景気を先読みすることで株価や為替でポジションを取り、想定通りになったら、次は経済政策を先取りすることで、反対のポジションを取る、などの手法だ。特殊な状況に特化するファンドでは、90年代後半に日本の不動産の不良債権に特化したハゲタカ・ファンド[29]などだ。日本の不良債権処理で米系のハゲタカ・ファンドは兆円単位の巨額の利益を出した。

ヘッジファンドに対しては、価格の急変動を避けるなど市場の秩序維持の観点から規制強化を支持する見方はあった。ただ総じて米国では、ヘッジファンドは市場の価格形成を正しい方向に導くので、規制は不要という解釈が総意となっている。ここはよい市場を保持するためによいルールの一環で自由な売買を無理には規制しなかったと位置づけられる。

この時代のヘッジファンドは極端に高収益だった。運用に関わる年間の固定手数料が1－5％で平均は約2％、運用で成功したらその20％が成功報酬だ。100億を運用して15％の利益が出たとしたら、手数料は5億円となる。

ただし、2017年頃からヘッジファンドは伸び率が大きく鈍化し、解散するファンドも相次いだ。背景は二つある。一つは競争の激化だ。業界が巨大化して競争が激しくなり、市場に歪みがなくなることで収益機会が減少した。2019年10月28日のウォール・ストリート・ジャーナルによると、90年代にヘッジファンドは530ファンド、運用残高は390億ドルだったが、2019年には8200ファンド、3・2兆ドルにまで巨大化した。

もう一つは、AIとの競争だ。90年代には株式売買出来高のうち、約70％は人間が判断していた。しかし、2019年にはそれが30％程度まで減少したと見られている。市場の変化に合わせて業界構造が変化するのは当然という解釈でよいだろう。今度は逆にAIで市場がどう歪むか、その程度によってどう規制するかが公益上の問題になる可能性はある。

日本との関係

日本との関係では、湾岸戦争への対応で日本が迷走したことを受け、紳士的な外交から砲艦外交（ガンボート・ディプロマシー）へと力点をシフトしたと見られる。これは、幕末の軍人であるペリーが率いた黒船来航と同じで、要求に従わないのなら大砲で攻撃すると恫喝する交渉術だ。

ただ、忘れてはならないのは、日米関係は米中関係を映す鏡であることだ。米中接近の裏返しが日本叩きだった。このあたりの事情も第4章でみる。

新興国投資

新興国投資では、1987年のテンプルトン社によるテンプルトン・エマージング・マーケット・ファンドが公募の投信（ファンド）では初めてと見られている。実は戦前は多くあり、米国を新興国として投資対象としたファンドもあった。テンプルトン社のファンドの運用を1987年から担当したファンド・マネジャーがマーク・モビアスだ。90年前後は、東西冷戦の終結で旧社会主義国が経済成長の呪縛を解き放ち、経済発展に向けた離陸に向け走り出した時期だった。代表は中国、インド、東欧、アフリカなどの旧社会主義国だ。新興国投資でＢＲＩＣｓ[30]と名づけたブラジル、ロシア、インド、中国の新興四カ国への投資は、高い投資収益に支えられ世界中で大人気となった。

体制崩壊の危機は投資のチャンスでもある。マーク・モビアスは「新興市場投資のインディー・ジョーンズ」と呼ばれる。投資手法は徹底した逆張りで、新興国が危機に陥ったところで買い出動するのを得意とした。戦前にはテンプルトンが逆張りの手法で有名で、第二次世界大戦勃発で売り叩かれた株式を買ったことは書いたが、その新興国版といえる。モビアスは、危機、悪化、革命などの言葉を聞くと、チャンス到来と感じると著書で明かしている。ただ、分散投資は必須の条件とした。

また、本章第3節の50年代の箇所で〈株式市場の楽観の力〉を書いたが、新興市場はもっとこの楽観の力が大きい。総じて新興国は、経済問題が発生しても、解決するノウハウがない場合が多い。特に危機対応が弱い。そうした場合、株式市場が楽観を織り込み、政策当局が市場の信認を維持しようとすれば、結果的に正しい経済政策が実現されることになる。新興国は総じて政治リスクが高いが、その排除という意味でも、これは正しい。

新興市場の歴史にも、楽観が勝つ歴史だった側面がある。

金相場

金相場にはあまり触れなかったので、前後の時代を含めて見ておこう（図2－21）。

金相場は１９９０年代は低迷した。それはドルに対する信認が絶大だったことの裏返しだ。しかも、売却したのはワシントン・コンセンサスを信奉した各国政府で、主な売り手は欧州など中銀だ。あまりに大量に売却しないよう「ワシントン協定」を99年9月に締結し中銀の金売却は年間４００トンと総量を取り決めた。

しかし、２０００年に入って事態は急変する。２００１年の９１１テロ、２００８年のリーマン・ショックを受け、ドルに対する信認が揺らいだことで、代替の資産として金が好選されることとなった。また、ビットコインなど仮想通貨が２０１０年代半ば頃から出現する背景ともなった。この問題は第6章でもう一度取り上げる。

金融市場の危機対応

１９９５年から２０００年にかけては危機対応の連続でもあった。この危機対応がうまく行ったこと

図2-21　金と商品市況の長期推移

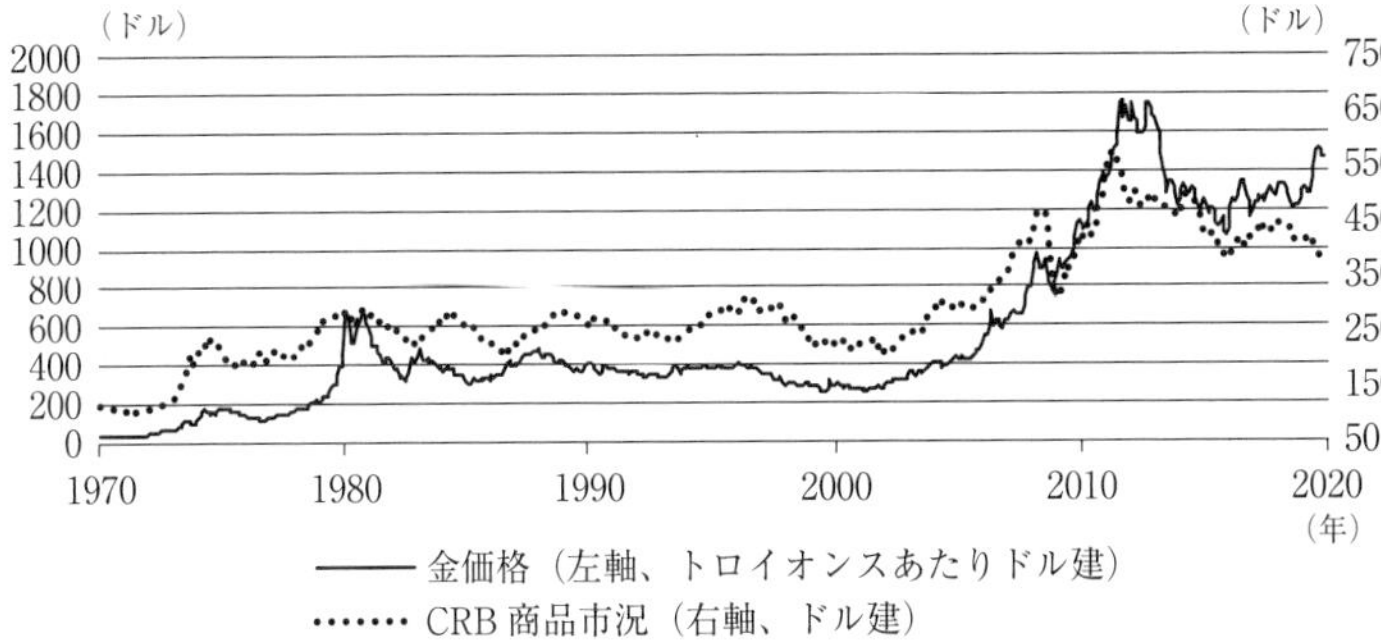

出所：Haver Analyticsの公表データに基づいて筆者作成

も、経済が黄金期を維持し得た大きな要因だ。逆に言えば、危機対応が可能な人材の層がいること、それを正当に評価できる金融市場があること、必要に応じて人事が動く労働市場が存在するなどだ。80年代から専門家化が進展したことはすでに述べた。米国の金融界で、こうした事情がわからない人は、少なくとも課長級以上では皆無と断言できる。これもよい市場の重要な条件だ。

１９９５年１月に財務長官に就任したルービンは、99年に退任するまで危機対応の連続だった。日米貿易摩擦が最高潮に高まった95年の円相場は79円台の超円高をつけたが、ルービンの「強いドルは国益」と繰り返す発言を受けて反転した。95年のメキシコの通貨危機では、米国の政府機関が資金繰りを支援して切り抜けた。97年のアジアの通貨危機では、ＩＭＦと米国が中心となって国家の資金繰りである国際流動性を支援した。97－98年の日本の金融危機を受け、98年6月に円相場が１４７円の超円安をつけた後は、「七夕介入」で反転させた。98年のロシアのデフォルトでは、10兆円以上の借入金を原資にロシアに投資していたヘッジファンドのＬＴＣＭを救済して破綻の連鎖を防止した。ロシアの破綻はその後に中南米、東欧に波及したが、同じように国際流動性を支援して火消しした。

これらの対応は危機対応の教科書ともいえるほど見事なもので、内実をルービン自身が回顧録で明かしている。[31] それをルービンは「蓋然的意思決定」と呼ぶ。これは、標準的な不確実性下での意思決定の技法を、政府と市場の信頼感醸成の観点でまとめたものだ。

それらは簡略化すると、(1)国際的な相互依存関係を理解すること、(2)政府と市場は対立するのではなく相互補完して優れた統治を実現すること、(3)市場への信認が失われて資本逃避が始まった場合は資金の投入と政策の修正の両方が必要で片方だけでは不十分で危機は止められないこと、(4)市場の危機対応に必要な手段が市場の近代化に追いついていないので、国際金融のアーキテクチャーを絶えず確認して見直す必要があること、だ。

「よい市場」の条件がよいルールであることは第1章で書いたが、市場は絶えず進化し続けるため、よいルールの改定が常に必要だということだ。これらは、今後も繰り返し発生する危機対応の正否を見極める上で、重要な示唆となる。

【第2章注】

(1) 宮崎(2019)256ページ。
(2) ケインズ(1977)。
(3) ゴードン(2018)上巻515ページ。
(4) ドラッカー(2008)27ページ。
(5) 当時の文献に直接あたるのは難しく、グレアム(2000)、(2013)、ボーグル(2008)などを参考にした。

（6）前注に同じ。
（7）グレアム、ドッド（１９３４／２００２）。
（8）フィッツジェラルド（１９２５／２００９）。
（9）ストーン&カズニック（２０１３）『オリバー・ストーンが語るもうひとつのアメリカ史（２）』10ページ。
（10）「大統領経済報告」（２０１９）３８１ページ。https://mronline.org/wp-content/uploads/2019/04/ERP-2019.pdf
（11）スローン（２００３）２２７ページ。
（12）同前、４２５〜４３３ページ、第20章「国防の貢献」の中の一節（「戦争による影響」）。
（13）http://whereistheoutrage.net/tag/frank-abrams/
（14）大竹（２０１０）18ページ。
（15）リースマン（１９６４）。
（16）フィッシャー、フィリップ・A（２０１０）。
（17）ソレンセン（１９８７）１０３〜１０４ページ。
（18）この曲はローリング・ストーン誌の選ぶオールタイム・グレイテスト・ソング５００（２０１０年版）では59位にランクされている。
（19）２０１３年以降の安倍政権の経団連など民間経済団体に対する賃上げ要請は、論理的にはガイドポストと類似の「所得政策」復活の兆しとみられる。
（20）ニクソン（１９７８）46ページ。
（21）１９７６年、読売新聞社刊。レズリー・ホイーラー著。原題は *Jimmy, who?*
（22）ギルダー（１９８１）。
（23）ヴォーゲル・S（２０１８）１２１ページ。
（24）ソロモン・ブラザーズは１９９８年にスミス・バーニーと合併し、ソロモン・スミス・バーニーを経て、現在はシティグループ証券となった。
（25）中西・村田・加地・大越（２００６）。
（26）１９９０年９月11日にブッシュ（父）大統領が連邦議会で行った「新世界秩序に向けて」と題する演説に基づいているが、ブッシュ政権が短命だったため、当時から内容はあいまいなままだった。とはいえ東西連戦の終結、湾岸戦争に勝利した余韻の中、一国単独主義の色彩は帯びていた。
(27) フクヤマ（２００５）。
(28) フリードマン、トーマス（２０００）。
(29) 景気後退期に破綻企業に集中的に投資するファンド。動物の死骸を漁りに群がるハゲタカをイメージしたネーミングだと推察される（vulture fund）。
(30) のちに五番目の小文字のｓは南アフリカの頭文字となり、大文字のＳを使うようになる。
(31) ルービン（２００５）。

第3章　何が金融市場を動かしているのか――変貌する金融資本主義

1　景気見極めのための三つの波

本章では、何が相場を動かしているのかを見ていくことにしよう。ここまで述べたように、株価は長波、中波、短波の三つのサイクルの異なる材料から形成される。相場は投資期間によって見方が異なる。本書はあくまで年金の運用など長期を想定した区分とする。

株式相場を動かす三つの波

長波は、資本と労働でどちらが優位か、米国の覇権が安定しているかどうか、の二つが重要なチェックポイントだ。戦後の経験では、期間は10－20年単位だ。

中波は、景気循環と株価との連動性に着目する見方だ。景気拡大局面には株価は上昇し、景気後退局面では株価は下落する。1980年代から始まった金融市場、労働市場、その他の市場での規制緩和による自由化の進展で、景気循環には明確なパターンが定着した。それは約10年を1サイクルとし、その中で7－8年程度は景気が拡大し、そして2－3年前後、景気が後退するサイクルだ。この循環が半永久的に続く。

短波は神羅万象すべての短期の材料だ。大きな景気循環よりは短いため、短期とはいえ2－3年の要因もここに入る。これは経済要因と非経済要因に大別できる。

経済要因では、7－8年の景気拡大は様々な業種の小さな循環が折り重なって形成される。これはほぼすべてが自然な需給関係から生じる。かつて自然界にはオオカミとシカのサイクルがあった。シカが増加するとそれをエサとするオオカミが増加する。しかし、オオカミが増加し始めるとエサのシカが減り始める。そして、増加したオオカミに対しシカが足りなくなると、オオカミは減り始める。オオカミが減り始めると今度はシカが増え始める。そして、減少したオオカミに対しシカが有り余れば、またオオカミは増え始める。このサイクルの期間を決めるのは、オオカミやシカの懐妊期間だ。実際には雨量や日照など天候条件でシカのエサの草の量が決まるため、太陽の黒点など天候が影響を与える。自然界では動物の生態でオオカミとシカの需給関係が動く。

実物経済ではスマホ3～5年、車は8～10年、テレビは5～7年、住宅は30～50年の循環だ。自然界と異なり、人間界では価格が介在する。とはいえ基本的な原理は同じだ。たとえば電線に使われるために工業と関連が強いという意味で、銅は「銅博士（ドクター・コパー）」と呼ばれる。金融市場では、銅博士は景気の先行きを知っていると考えられており、非常に重視される。

銅価格の変動の原理は、基本的にはオオカミとシカの例と同じだ。銅価格が上昇すると、チリや豪州で銅鉱山の開発が進む。まったく同じ労働で掘り出した銅が、より高い価格で売れるのなら、鉱山労働者は喜んで掘り出すだろう。より銅価格が上がれば、地下深くなどコストの高い銅鉱石の開発が進む。

しかし、銅価格が下がるとどうなるか。まずコストの高い銅山での採掘を止める。もっと下がり、採掘のコスト以下になったらどうなるか。銅山は閉鎖となる。そうして供給が途絶えたら、銅価格は少なくとも採掘コストまでは上昇する。

このような需給要因が、インドのような農業国では農産物、豪州やチリのような資源国では資源価格、先進国では工業の在庫循環で形成される。米国をはじめ先進国では、製造業の在庫循環が極めて大きな影響を及ぼすため、後で詳細に取り上げる。

非経済要因は、２０１６年の英国のＥＵ離脱宣言やトランプ大統領誕生など政治に関する思惑、２０１７年の米朝の戦争のリスク、２０１８年の米中の貿易戦争のリスク、２０１９年の日本での自然災害などだ。経済以外の要因ではあっても、結果的にはすべて経済に影響を及ぼすことになる。

１９９０年以降は10年１サイクルが完成

第2章では、２０００年までの米国の歴史を見た。そして、長波、中波、短波を生き生きと描くことを心がけ、株式市場を中心とした金融市場との関連を見た。

本章では、まず２０００年以降の景気循環を、90年代を含めて検証する。90年代以降は、金融市場と労働市場の自由化が進展したことで、10年1サイクルがほぼ完成した。この枠組みは強固なため、少なくとも当面は今後の指針になるという意味で検証する。

長波の検証

中波は、長波に変化がなければ同じことの繰り返しだ。10年と言えば通常の感覚であれば、十分に長い。それを四回繰り返せば普通の人の一生に占める労働期間になる。今後もし、長波に何の変化もないまま、40年を四つの「10年1サイクル」が過ぎてゆけば、株式投資は経済成長を反映する収益性が出るものという評価が確定するだろう。

しかし、1920年代の株式投資と債券投資の評価の変遷を思い出して頂きたい。あるいは70年代の「株式市場の死」と80年以降の復活を思い出して頂きたい。長波は変化するのだ。

特に近年は、株主資本主義の行き過ぎに対する反省、グローバル化の行き過ぎに対する反省という二つの長波に変化の兆しがある。そのため、この二つの要因について、将来の予想のために現状の問題点を整理する。

2　2000年代の乱世は二回

トランプを生んだ源流

海に注ぐ大河は源流の異なる多くの支流が集まることで形成される。2016年の大統領選挙は、同じ原理でトランプが制したと考えられる。所得格差、地域格差、反グローバル化、中国などの不公正貿易、不法移民、反愛国心など多くの問題提起をし、それらを解決することを公約として政権が誕生した。2000年以降の米国について、911テロや二度のバブル崩壊に引き続く危機対応の観点を中心に、トランプ政権を生んだ現在、そして将来につながる歴史の連続性の観点で見ていこう。

2000年以降の危機対応の連続

1990年代のクリントン大統領の時代に世界の一強として輝かしい実績を残した米国だが、2000年代に入って悪影響が目立ち始めた。根本的な原因は、縮小しないどころか拡大し続けた所得格差、ワシントン・コンセンサスとして推し進めたグローバル化の反動、金融の技術革新に対する過信などだ。そして悪影響は、2001年の911テロ、同年のITバブル崩壊、同年の会計疑惑、08年のリーマン・ショック、11－12年のギリシャ・ショック、年間約5万人がショック死するにもかかわらずマスコミがほとんど報道しなかったオピオイド（鎮痛剤）を原因とする絶望死、銃乱射など社会に対する憎悪に起因する社会事件、などに表象されている。

2000年以降の米国は、これらの大きな危機に対し緊急措置として危機対応を繰り返している間に、あれよあれよという間に時間が経過して、2016年の大統領選挙でトランプ大統領誕生に相成った、といったところだろう。

VUCAの世界

VUCAとは「Volatility（変動性）」「Uncertainty（不確実性）」「Complexity（複雑性）」「Ambiguity（曖昧性）」の頭文字を取って作られた造語だ。もともとは戦場では何が起こるかわからないことを指したが、転じて今の世の中は変化が格段に激しく変化するようになったことを意味するようになった。ビジネスにとっては予測困難な難しい状況が現出したことを示している。

ネットの出現で、それまでは世論は政府やマスコミが作るものだったが、そうとも限らなくなった。たとえば、ネットの出現と普及により、世の中の変化が格段に激しくなったと見られている。ネットの呼びかけで簡単に大規模なデモが発生し、場合によっては長年の独裁政権が崩壊すらした「アラブの春」のような事態が起こるようになったこと、企業の不祥事対応などがネット上で炎上して批判の集中砲火を浴びることで、ちょっとした騒ぎが企業の命取りにすらなり得る事態となったこと、アルバイト代稼ぎの若者がＳＮＳを通じて大統領選挙や英国のＥＵ離脱の国民投票に介入して選挙結果を大きく攪乱するようになったこと、ネットで明らかなデマがまことしやかに拡散されるようになったことなどが原因だ。

中でも第1章で取り上げたフィルターバブルの影響は大きい。歴史的に新しいメディアの出現はいつも新しい社会を形成してきた。21世紀の新しいメディアがどう世の中の常識を形成するか、当面は試行錯誤が続き、その間はＶＵＣＡが高い状態が続くとみてよいだろう。

長波には変化なし

金融市場の観点では、２０００年以降は、長波として米国の覇権の優位性と資本の対労働の優位性に変化はなかった。また、覇権国としての米国に対する信任は、金価格の上昇に見られるように揺らいだとはいえ、ほかに取って代わる国はなく、変化はなかった。

９１１テロなど米国の地位を揺るがす事態が発生すると、逆に皮肉なことに世界の覇権国としての米国の優位性は高まる。不安定な時代に基軸通貨ドルの信認が揺らいだり、米国の軍事的プレゼンスが後退すると、世界の不安は逆にもっと高まるのだ。ここに本当の米国の覇権国としての強みがある。たとえば、米国が自国第一で朝鮮半島への関与を弱めたらどうなるか。困るのは日本を含む近隣諸国で、それはドル高要因であると同時に金高要因になる。

景気の10年1サイクル

結論を先に言うと、長波に変化がない中、株価は中波の景気循環と短波の在庫循環で形成されたとい

図3-1　米失業率と株価

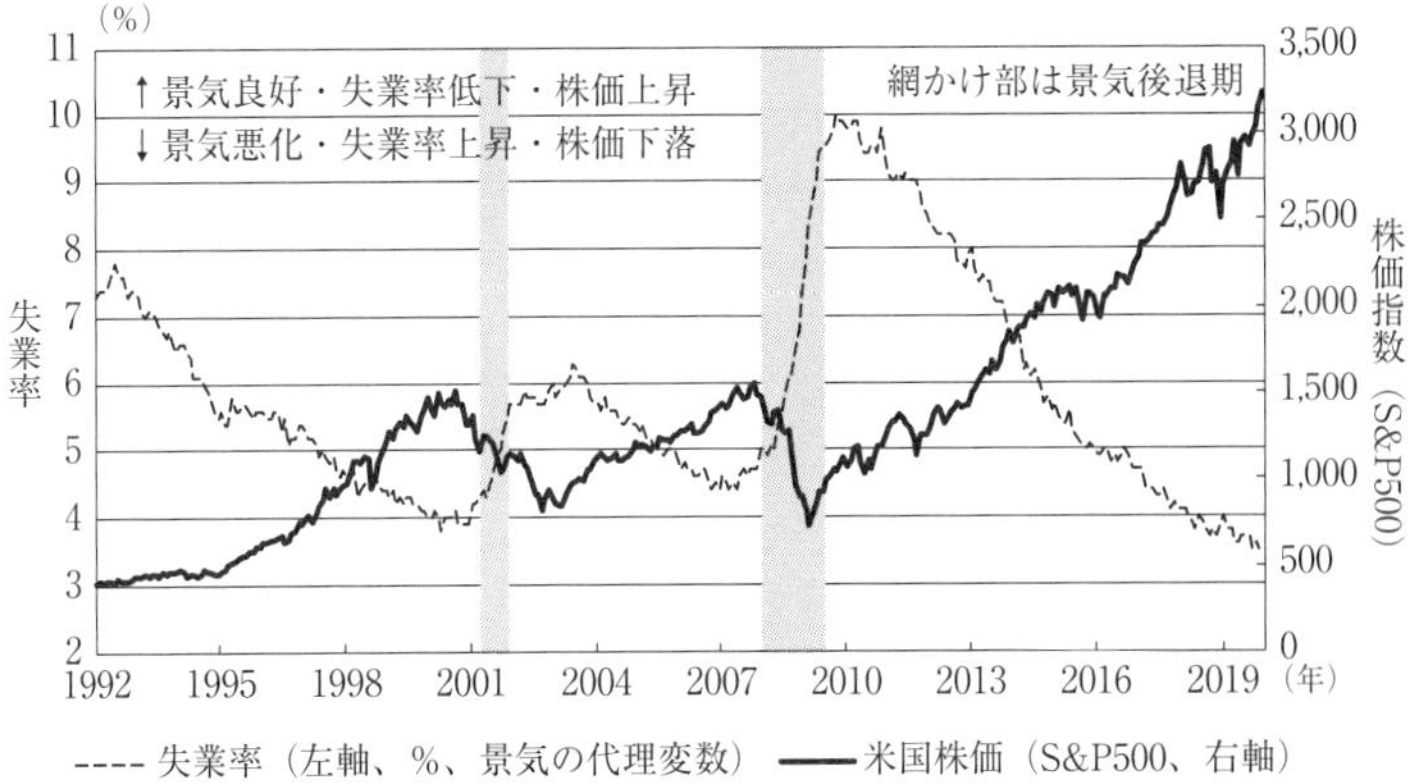

出所：Haver Analyticsの公表データに基づいて筆者作成

える。企業へ雇用と資本の二つの生産要素を組み合わせて経営を行う。図3－1の細線の失業率は景気の大きな方向性を示す。景気がよいと雇用は増えて失業率は低下する。悪い時にはリストラで失業率は上昇する。一方、太線は株価だ。タイミング的には雇用よりやや早く動くが、方向性は真逆だ。要するに、景気がよいと雇用が増加して失業率（細線）は下がる一方、株価（太線）は上昇する。逆に景気が悪い時は、雇用が減少して失業率（細線）が上がる一方、株価（太線）は下落する。

なお、この雇用に代表される経済と株価の関係は普遍的なもので、社会人なら経済の常識として知っておきたい。自分の将来の年金運用の資産選択においても、極めて重要な原理原則だ。一言でいえば株価と景気は同じ方向に動く。

そして、雇用や金融の自由化がほぼ完成した1990年以降は、ざっと10年で1サイクル、前述した7－8年の景気拡大と2－3年の景気悪化の組み合わせで景気循環が形成された。その時どきの状況によって、少しは長くなったり短くなったりはあるが、そこには特に意味

図 3-2　景気の中波と短波

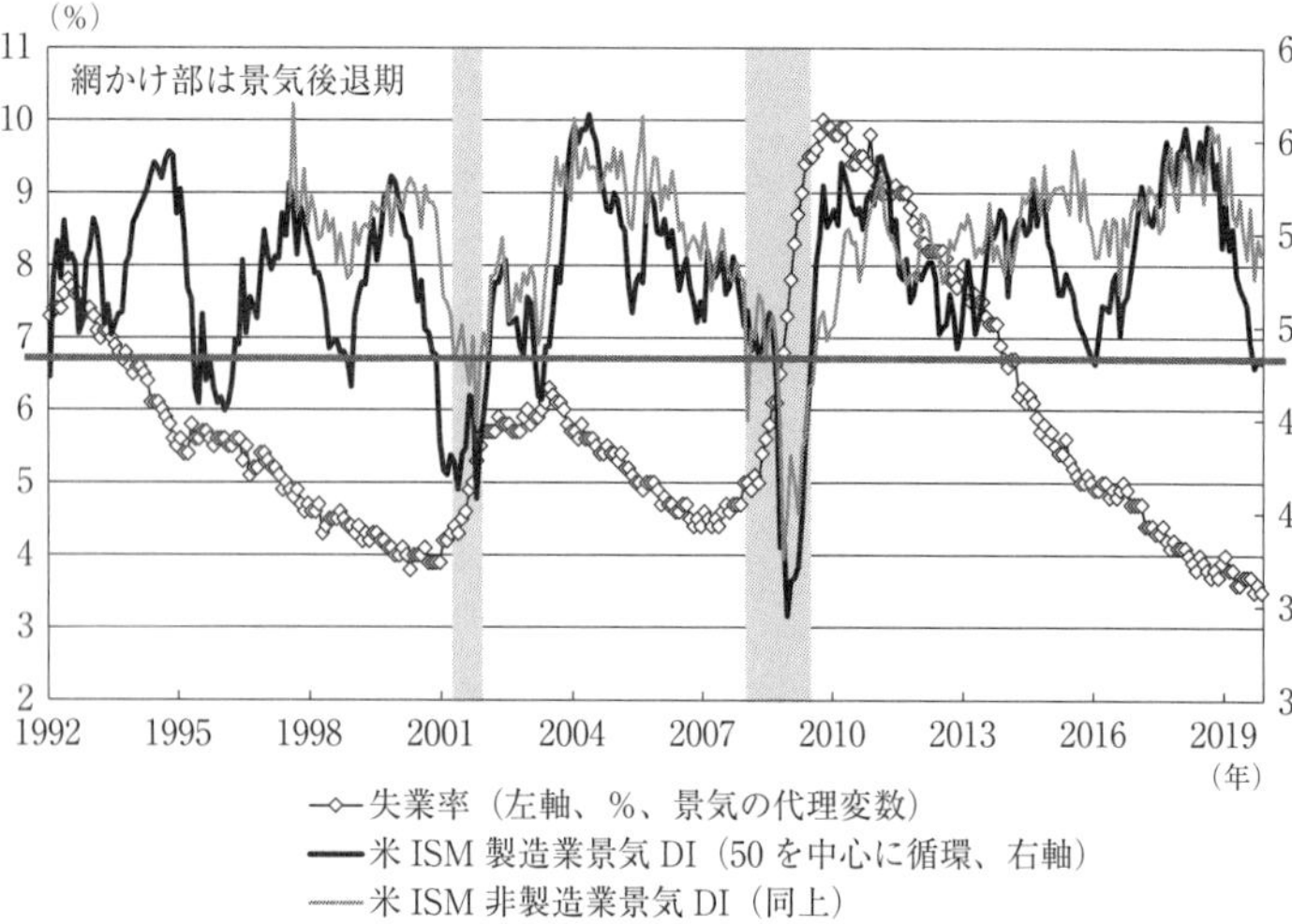

出所：Haver Analytics の公表データに基づいて筆者作成

はない。経済は生き物なのだ。

中波の景気循環とＶＵＣＡ

中期の景気循環の中には、もう少し短期の循環がある。図３－２をご覧いただきたい。この図ではこれまで短波と呼んでいる部分を、米国の代表的な景気指標であるＩＳＭ景況感指数で代用した。この指数は、ＩＳＭという名称の米国の業界団体が、景況感を製造業と非製造業に分けてアンケート調査したものである。50を中立として、景況感の方向性と量感を示す。上方向なら景況感は好転、下方向なら悪化ということになる。

失業率（白抜きマーカー［◇］線）の中波は、すでに見たように、約７－８年の低下と２－３年の上昇、合わせて10年で１サイクルの大きな波を描く。一方、短波のＩＳＭ景況感指数は、２－３年で一つの山を作る。これは製造業の在庫循環が原因だと見られている。

雇用は景気見通しが少し悪化したからといっても、簡単にはリストラには踏み切れない。しかし、在庫はちがう。景気が悪化すると往々にして物の売れ行きが悪くなり価格が下がる。価格の下落が見込まれるのなら、それを在庫として持つ量を減らしておこうとするのは当然の企業努力だ。こうした理由から、2－3年で一つの山を作る循環が生じると考えられている。

このように中期と短期の循環は安定してはいるが、政治的にはそれなりのVUCAがあったので、以下、順次見ていく。

ブッシュ（子）政権

2000年11月の大統領選挙でブッシュ（子）大統領が誕生した。民主党のクリントン時代の輝かしい実績があったため、副大統領だったゴアは大統領候補として優勢が見込まれていた。しかし、得票率では上回っても選挙人の数でブッシュに負ける結果となった。得票率ではブッシュ47・87%に対してゴア48・38%、消費者運動家のラルフ・ネーダーが2・74%で第三位だった。やはり第三党に票を奪われ、選挙人数の多い州で勝ちきれなかったのがゴアには致命傷となった。

政権のスローガンは「思いやりのある保守主義」で、弱者に対しても優しい共和党のイメージを前面に出し、民主党支持層の切り崩し、無党派層や台頭しつつあった若者に多いリバタリアン（自由至上主義者）を取り込もうとした。

この時代にはまだ、民主党支持者と共和党支持者の間に政策的な支持の最大公約数があり、歩み寄る余地はあった。ブッシュ大統領は、それをオーナーシップ社会として住宅保有を促進する政策を振興することで、弱者に配慮しつつ、保守主義的な政策を進めようとした。しかし、結果的にはそれが住宅バブルとリーマン・ショックの遠因になっていった。

テロ戦争と疑似戦争経済

政権運営の方向を決定づけたのは2001年9月に発生した911テロだ。9月11日の同時多発テロは、米国主導のグローバリズムに対する劇的な報復措置であった。翌月の10月26日には愛国者法を成立させて、疑似的な戦時体制に入った。この法案を起点として、ブッシュは翌02年の年頭教書で悪の枢軸として名指ししたイラク、イラン、シリア、北朝鮮などの「ならずもの国家（rogue countries）」の体制転換、そのための先制攻撃、それを正当化する米国の善意による覇権と米国例外主義などから成る「ブッシュ・ドクトリン」を実現することになる。同年には対タリバンのアフガン戦争、さらに03年にはイラク戦争に突入した。

イラク戦争を主導したのは、ネオコン(1)と呼ばれる、武力をもってしてでも世界に自由と民主主義を広めるという理想的な思想を持つ人たちだった。その流れにチェイニー副大統領やラムズフェルド国防長官など国防族も乗り、結果としては戦争とその後の復興過程は泥沼化した。戦争開始前には、イラクのフセイン政権を打倒して民主化すれば、戦前にファシズム陣営だった日本が戦後の占領期を経て民主主義と市場経済の理想的な親米国家として経済発展したのと同様の展開になると想定された。

しかし、これは希望的観測にすぎなかった。ノーベル経済学賞を受賞したスティグリッツの『世界を不幸にするアメリカの経済戦争』(2)によれば戦費は3兆ドルにも達し、いまだに戦闘行為は続き米軍が駐留している。この現実を直視してフランシス・フクヤマは『歴史の終わり』で示した見解を撤回し、『アメリカの終わり』を書いた(3)。

国家の非常事態に対し、金融政策は低金利政策、政府も立て続けに減税を成立させて経済を支えた。米国の対中や対ロの強硬姿勢は、対テロ戦争で協力を取り付けるため大きく修正された。米国による日本叩きはやっとこの時代に収束した。03年の減税は、配当税率を39・6％から15％へ引き下げ、キャピタルゲイン課税を20％から15％へ、個人所得税の最高税率を引き下げ39・6％から35％へ、ほかにも設備投資減税が実施された。右派や規制緩和論者は、この減税は「減税すれば経済は活性化して逆に税収は増加する」という説が正しいことを示すものと見る。

ＩＴバブル崩壊と会計疑惑

景気後退の期間は911テロの起きた2001年9月を挟んで2001年4月から11月までの8カ月間と短期間だったが、株価は2000年の夏頃から02年の夏まで約2年間に約40％も下落する大きな調整となった（前出図3－1）。

2001年秋にはエンロンやワールドコムなどIT分野で成長企業の代表格とされた企業で大規模な粉飾が発覚した。エンロンは90年代に革新的企業として多くの賞賛と表彰を受けた米国の経済復活を象徴する企業の一つだった。エンロンは、負債の一部を帳簿に計上せず、問題のある資産を隠蔽し、簿外取引、収益を水増しした。当時のエンロンは売上が1080億ドル（約12兆円）と全米7位の規模の企業だった。ワールドコムも通信分野の自由化で業界が活性化したことを象徴する新興企業だった。しかも、粉飾を米国の経営コンサルとグルになって行い、その会計監査を同じ会計監査部門を持つ経営コンサルが行うという癒着ぶりだった。

エンロンの会計監査を担当したアーサー・アンダーセンは、2001年12月に裁判で粉飾を組織ぐるみの行為と認定され有罪判決を受け廃業に追い込まれた。

２００２年には上場企業会計改革および投資家保護法、通称サーベンス・オクスリー法（ＳＯＸ法）が成立し、１９３０年代以来の包括的な企業ガバナンス改革が実現した。公開会社の監査を監督する機関として公開会社会計監視委員会（ＰＣＡＯＢ）も設立された。さらに、監査人の独立性を保持するためコンサル業務などとの兼業を禁止して定期的な人事異動を義務化する、決算書の内容の正確性に関する経営者の責任を明確にする、証券アナリストの利益相反を防止する等が実現された。

しかし、２００７－８年にサブプライム問題やリーマン・ショックが起きたことを鑑みれば、内部統制に本当に実効性はあるのかなど、疑問点は多い。こうした規制は、中小企業の多大な犠牲のもとに単に会計事務所やコンサルを儲けさせているだけで、実効性は乏しく効果は小さいとの見方は多い。こうした感情が反ワシントン、反エリート感情を掻き立てトランプを支持する一因になっている。

さらに、エンロン事件など会計疑惑は、経営者が株主を欺いた側面がある。行き過ぎた株主権の強化が従業員との格差の一因として批判されてきたものの、こうした事件は逆に株主権強化を正当化することとなった。これも格差是正が遅れたという意味で、トランプ大統領の出現につながった。

住宅バブルの芽

ブッシュ大統領は、富裕層優遇だけではなく、優しい保守主義の一環で「オーナーシップ社会」も推進した。これは、低所得者が医療費、住宅、年金などを自助努力で工面することを支援する制度で、クリントン時代の社会福祉削減に続く意味合いもあった。ただブッシュは、「市場は政府が介入せず自由放任にすればうまく機能する」そして「米国人は家を保有してアメリカン・ウェイ・オブ・ライフを享

図3-3　米不動産価格の高騰と下落

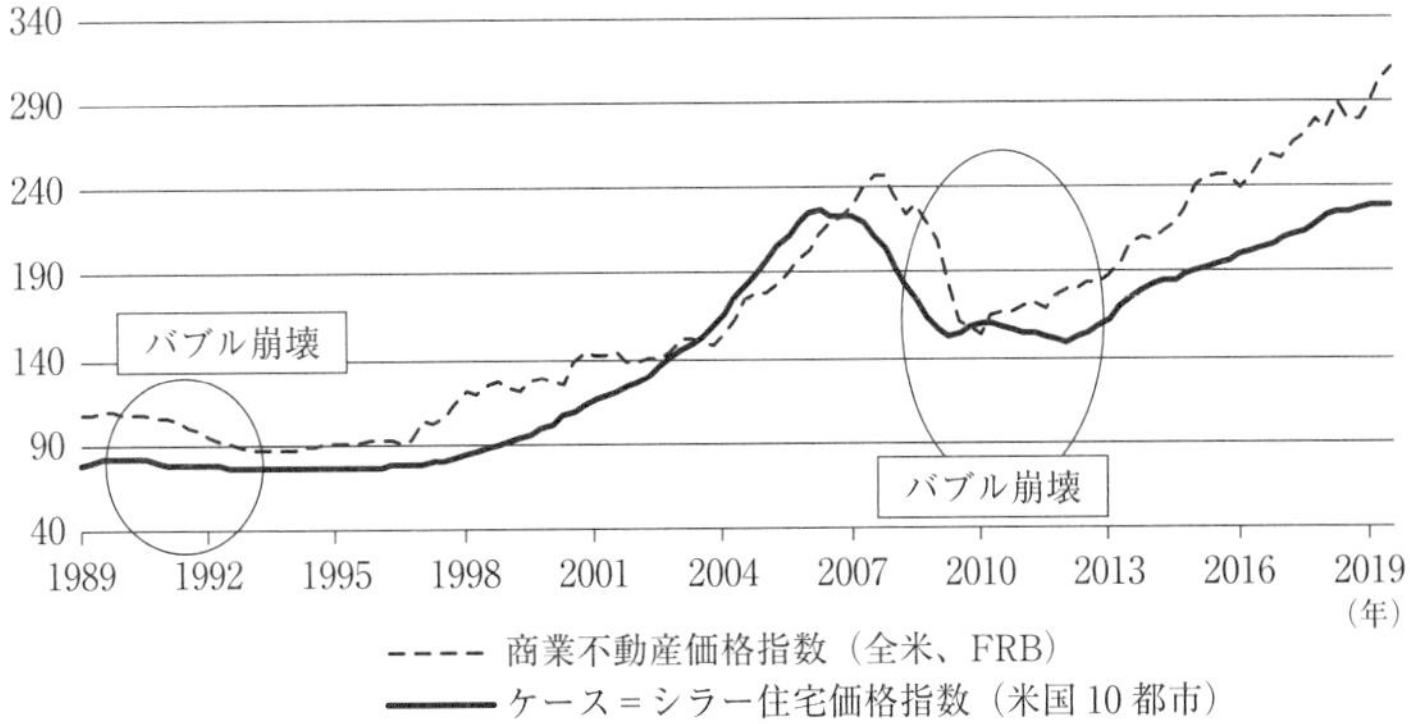

出所：Haver Analyticsの公表データに基づいて筆者作成

受することで最大限の努力をする」と、古き良き時代のままの信念を持っていた。そのため、サブプライム住宅ローンの推進を産業界に要請した。業界大手のアメリクエスト（リーマン・ショック後に破綻）などの業者は大口の献金者にもなった。

しかし、ここに罠があった。結果的には緩い貸出基準が蔓延した。というのも、貸出をした金融機関はその貸出債権を証券化して売却するため、審査を誤魔化すインセンティブが働いたのだ。結果的には、本来なら借入できない人でも借りられるサブプライム住宅ローンが広く普及した。当時の住宅保有比率は、白人と比べ黒人やヒスパニックは20％も低かった。その層に向けたサブプライム住宅ローンが増加したことで、サブプライム比率は2001年の9％から06年には約20％へと上昇した。この増加には多分に無理があり、IOローン（元本を返済せず金利だけ支払い、住宅価格が上昇したら転売して返済する仕組み）やニンジャローン［NINJA、三つのno、頭文字から所得（income）なし、仕事（job）なし、資産（asset）なし］、頭金なしの住宅ローンなどだ。中には初回の返済から滞るも

図 3-4　米国企業収益の推移（1980 年＝100）

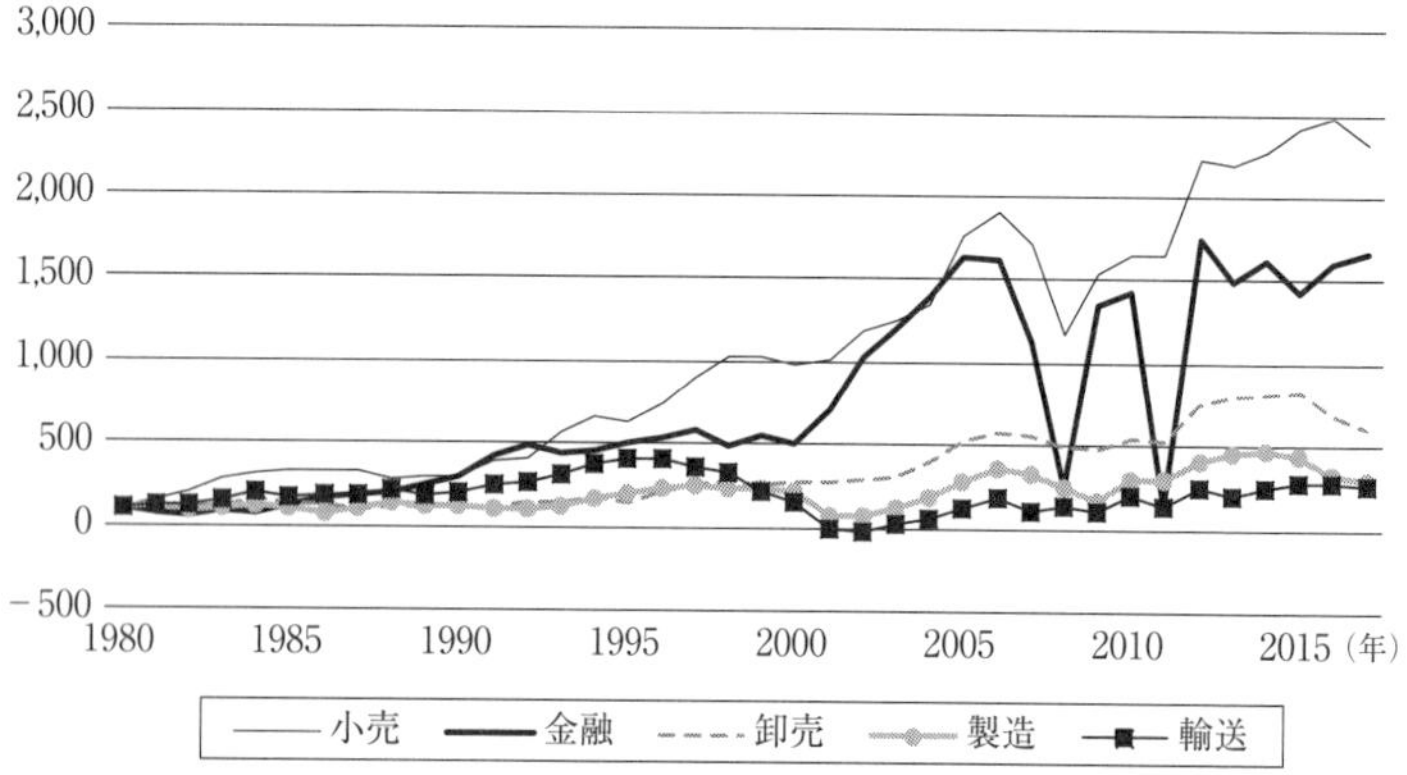

出所：Haver Analytics の公表データに基づいて筆者作成

のもあった。そして、結局は住宅バブルの生成と崩壊に行き着いた。日本の不動産バブル崩壊と同じで、実力以上に上がりすぎたことと価格下落で、負債デフレが働いた。図3－3は、住宅価格の高騰と下落の推移だ。

当時はバブルは事後的にしかわからない（その最中にいる者にはバブルかどうかはわからない）、どのように住宅価格が形成されているかは情報開示が行き届いており市場メカニズムは正しい、という考え方が半ばドグマ化していた。後に判明したのは、2007年7月にバーナンキ議長が示したサブプライム関連の損失は500－1000億ドル程度との見通しが、桁違いに少なかったということだ。原因は、住宅ローン貸付の現場での無責任な慣行の横行だった。米国の金融監督の体制不備もリーマン・ショック後に明らかになり、後に大きく修正された。FRBは利上げをしたが、利上げしても長期金利の上昇は限定的だった。この現象をグリーンスパン議長は「謎」と呼んだが、結果的にはバブルは放置され膨張していった。

さらに悪いことに、金融の技術革新も行き過ぎだったことが判明した。金融の技術革新があまりに多くの利益をもたらしたため、次から次へと高等数学を駆使する手法が開発された（図3－4）。

こうして生み出された金融工学の中には、現実に付加価値と利益をもたらしたものもある。しかし、行き過ぎた高等数学を使った理論化には、現実にそぐわない虚構が入り込む余地もあったことが、結果としてリーマン・ショックにまで行き着いた原因だろう。

そしてその結果、バブルが一気に崩壊して規制が強化されることとなった。この時代の理論が先走った一つの例として債券の空売りが挙げられる。理論価格よりも高くなった債券を空売りする行為そのものは理論的には正しい。しかし、単純に債券の発行額以上に空売りする事例さえ散見されたと見られている。現実を無視する理論がいかに恐ろしいか、このような簡単な事例だけでもわかるだろう。

２００９年４月にＩＭＦが公表したサブプライム関連の推計では、米国の損失は２・７兆ドル、それが波及してさらに世界で１・４兆ドルの損失が出ると発表した。

２００８年９月リーマン・ショック

住宅バブル崩壊と金融バブル崩壊とあいまって、結果的には２００８年のリーマン・ショックにまで行き着いた。

サブプライムが問題として最初に発覚したのは、ＢＮＰパリバ証券がフランスで売り出した証券を売却して現金化しようとしても、買い手がつかない流動性の枯渇だった[4]。流動性の枯渇と言えばもっとも難な理由に聞こえるかもしれないが、要するに理論価格の暴走だ。単純化して言えば、たとえば理論的には１００円の証券が、50円でしか売れなくなったということだ。閉店間際のスーパーでは、売れ残った生鮮食品や加工食品は値を下げてでも売ろうとする。それと同じで、実際に売れない値段を理論価格と称してつけること自体が、価格設定の暴走といえる。

こうした暴走が、ABCP（資産担保コマーシャルペーパー）、CLO（債務担保証券）、CDO（金融債権担保債務証書）、CDOキューブド（三乗、証券化を三回くり返せばリスクがどんどん低下するという考え方）、と広がった。カタカナの専門用語で新しく開発された金融商品の名前を挙げたが、ここで言いたいのは、価格設定の暴走が次から次へと広がり、奇異な新商品が開発されていったということだ。米国の金融業界にいる専門家でさえこれらはなじみのないものだった。しかも、格付機関も理論価格を前提に格付することで、価格設定の暴挙にお墨付きを与えることとなった。

中でも重要だったのはCDS[5]だ。これは、世に存在する企業や国家が破綻する場合に備え、保険金をかける市場だ。破綻しないと想定して保険を引き受け、本当に破綻しなければ、保険料が利益になる仕組みだ。米国の一部の金融機関は、2004－6年頃にCDSを大量に売って巨額の利益を出した。しかしその後の景気悪化で破綻が続出して保険金が払えなくなり、破綻しそうになって公的資金の注入を受けた。無が有を生むとは、まさにこのことだ。

そして結局は、公的資金を注入してまず手始めに大手金融機関が救済された。2008年10月に政府は7000億ドル規模の不良資産救済措置（TARP）を創設した。

オバマ大統領誕生

2008年9月のリーマン・ショックの直後に行われた大統領選挙でオバマ政権が誕生した。得票率はオバマ53％。共和党のマケインは46％でオバマの圧勝だった。オバマは、「チェンジ」と「イエス・

ウイ・キャン」をスローガンとして、分断を乗り越え「一つのアメリカ」になるための変革と格差是正を訴えた。当時は米国史上初の黒人大統領のリーダーシップで新しい時代が来るという期待感は高く、オバマの登場は「オバマ現象」と呼ばれた。選挙の手法も斬新で、インターネットを駆使した選挙活動で小口の献金を多く集め、著書の『合衆国再生』『マイ・ドリーム』はベストセラーとなった[6]。しかし、結果的に言えば、議会多数派を占めた共和党に阻まれて、格差是正は進まず、分断はさらに進んだ。

原因はいくつもある。オバマが最も優先する課題としたのは格差是正だったが、議会の抵抗で実現しなかった。むしろ、リーマン・ショック後の恐慌阻止の危機対応が優先課題だった中、破綻した金融機関や大手保険会社や大手自動車会社の破綻処理に巨額の公的資金を注入したため、庶民の反発を買うこととなった。

健康保険改革には優先的に取り組んだが、これも草の根の反発を巻き起こした。2010年3月に成立した民主党悲願の医療保険制度改革法（以下、オバマケアと表記）が、財政赤字を問題視する共和党を反オバマで結束させた。同年の中間選挙で民主党は大敗し、強硬に財政赤字に反対する財政タカ派である「茶会」[7]が強い影響力を持つこととなった。

2013年1月にはバフェット・ルールを法制化しようとしたが失敗した。これは、投資家としてまた大富豪として有名なバフェットが、自分より低賃金の秘書のほうが所得税の実効税率が高いことに気づいて驚き、高額所得者の増税を社会に働きかけ、それをオバマが12年の一般教書で取り上げたことで世間に広く知られるようになった。しかし、法制化しようとしたものの、議会で多数派を占める共和党の反対で断念せざるを得なくなった。

もっと大きな構図で、大統領の方針と同等に影響力が大きいのが最高裁判決だということが確認されたのがオバマ時代だったともいえる。特に２０１０年に最高裁が法人も政治参加が可能とした判決は、法人が無制限の政治献金をする道を開き、巨額の献金を集める共和党系の団体が続出した。しかもその使途として、ライバルを中傷するＣＭが急増したことで、中道政治がすたれて対立が激化し、分断がさらに深まることとなった。これも２０１６年のトランプ誕生につながった要因だ。

ただ、リーマン・ショック後の景気について、２００９年７月には景気回復期に入っている。株価はその少し前の２００９年３月に底を打った。「１００年に一度」のイメージが強いために大変長くて深い景気の落ち込みだというイメージがあるが、リーマン・ショックからわずか6カ月で株価は底を打ち、10カ月後に景気は回復基調に入った（前出図３－１）。

金融市場

２０００年以降で大事なのは、いかにして金融市場の危機が発生したか、危機はどう沈静化したのか、である。というのも、やはり帰納的に考えれば、危機はある同じ条件が揃った時に発生し、同じように鎮静化されているからだ。

危機の鎮静化について、90年代に財務長官だったルービンが回顧録でまとめた危機対応の四箇条はすでに書いた。また、危機が発生する根っこはいつも同じだ。本書第1章の「よい市場」で見た通り、市場は、絶えず作り変えられなければならない。その意味で、情報流通や通信技術の発展に伴い、今後もこれまでとまったく同じように、人間の本性が変わらない限り、危機が繰り返される可能性が高いと考えられるからだ。そして、「よい市場」の条件は情報の非対称性を排除することだが、著しい情報の非対称性がある時に、著しい金融の不均衡であるバブルが生じている。それは時として、インセンティブ制度の不備でモラルハザードが生じて巨大化するリスクがある。
以下、個別の事情を見ていこう。

ITバブル崩壊

1990年代から蓄積したITバブルは、2000年頃にピークをつけて下落基調に入っていた。IT分野はまだ黎明期で、事業の不確実性が大きく、後から振り返れば荒唐無稽な儲け話があふれていた。売上や利益など数字で見通しを示すべきアナリストは、将来の収益の見通しを立てるのが難しく、収益の代わりに顧客の増加など様々な指標を使って高株価を正当化しようとした。この当時の特徴は、集合知とはまったく逆に、皆が皆、同じことを主張した。曰く、IT革命、100年に一度の革命、などだ。

しかし、決定打は景気だった。景気がよいうちの株価は、一株利益（EPS）と株価収益率（PER）の両方が上がる傾向にある。しかし、景気がピークアウトしてEPSが下がり始めると、PERも下がる。相場が大きく崩れる典型的なパターンだった。

そして、著しい情報の非対称性が生じていた。この時代の情報の非対称性の中心は株のアナリストだ。これらは、2002年4月SECと司法省がウォール街を調査したところ、多くの不適切な事例が見つかった。これらは、SECの元委員長であるレビットが『ウォール街の大罪』で詳細に報告している[8]。一例を挙げると、株式アナリストがある企業の株式を買い推奨しておきながら自分では売っていた、根拠がないのに買い推奨していた、などだ。投資銀行部門で引き受けた新規発行の株式について、アナリストが買い推奨しつつ、私的なメールではその会社をこき下ろすほどに批判していた例も見つかっている。要するに、本当は酷い企業だと知りつつ、株式売買手数料を稼ぐために、よい会社だとウソの意見を出したことになる。こうした引受部門と販売部門間の情報の隔離（チャイニーズ・ウォール）が、あるように見せかけて実際はなかったのだ。後になってSECはチャイニーズ・ウォールを厳格にするよう規制を強めた。

また、企業の株価を買い推奨などする場合には「画期的な新商品を出した」など何を言っているのかよくわからない表現を止めさせ、定量分析してはっきり数字で示すよう指導された。こうしたアナリストの行動の背景にあったのが巨額の報酬だ。アナリストの一人あたりの報酬は１９８０年頃には10万ドル程度だったものが、90年代後半には１０００万から１５００万ドルへと大幅に伸びた。伸びた主因はＩＰＯ（新規株式公開）など証券引受部門の報酬だ。あまりに巨額な報酬が歪んだインセンティブになって、証券アナリストの倫理観が歪んだと見られている。

９１１テロ（「事件は売り、事故は買い」）

９１１テロの後の株式相場は、語り草になっている。９１１テロの首謀者とされたウサーマ・ビン・ラディンは、米国株式でショートポジションを大量に持っているという噂が流れていた。大手証券会社では、朝礼で社長が発破をかけて、自己ポジションで最大限まで買い上げる指令が出ていたと見られている。短期間の市場閉鎖を経て再開された市場で、米系証券会社の株式トレーディングルームでは、売り物はすべて買い入れる猛烈な買い上げが起きた。

米国は、明確な敵が存在して臨戦体制に入ると強い。相場に絶対はないが、敵がいる時の米株は、安易にショートはしてはならない。第2章で、勝てる戦争では株は買い、の事例を示してきたが、９１１テロも例外ではなかった。

有名な相場格言に「事件は売り、事故は買い」というのがある。事件は奥深い腐敗の構造があり、類似の事例が後から続出するのが通例だ。しかし事故は、一気に危機感が高まり、むしろ旧弊を正すチャンスにもなる。危機には危険と機会の両方の意味があるが、事故で株価が下がった局面は、株式市場では機会となる事例が多い。

リーマン・ショックへの対応策

危機の最中には目の前に迫った危機への対応で手一杯となる。すべての関係者（市場参加者、政策当局者、学者、マスコミ、経営者など）も、目の前の問題に集中するため、本質的には何を目的に何をしたのかは、後から整理しないとわからなくなる。日本の失われた20年については、この総括はされていないと筆者は考えるため、第4章で取り上げる。逆に、米国は、過去のバブル崩壊でこの総括ができているために、対応が早かったとみてよい。しかも、総括することで導き出される原理原則は、バブル崩壊で経済が危機に陥った場合にはほとんど同じパターンをたどる。したがって、ここで整理しておこう。

バブル崩壊で資産価格が下落すると、景気の下押し圧力となる。主な経路は第1章で取り上げたミンスキーの「金融不安定仮説」だ。簡単に整理すると、景気が悪化すると雇用削減が増えて住宅ローンを払えなくなる人が増加する。こうして住宅ローンで破綻が相次ぐと、担保処分で売却が増える。売却が増えればさらに住宅価格が下落する。担保処分で回収できる金額が減少すれば、住宅ローンを貸し出した金融機関の貸倒れ損失が増加する。そうすると金融機関は貸し渋りを起こし、景気は一段と悪くなる。景気が一段と悪化すると企業倒産が発生し、雇用削減は一段と加速する。この悪循環が続くことになる。

そこでどう対応するか。非常時対応で結局は四種類に分類できる。

第一は景気対策だ。失業対策と言い換えてもよい。これは失業保険給付や公共投資などだ。あまりに大規模な企業の倒産ともなれば甚大な影響が出る可能性があるので、その企業の倒産を防止する措置に出る。オバマ政権は2009年2月に7870億ドルの景気対策を実施した。当時のクリスティーナ・ローマー大統領経済諮問委員会委員長の推計では、実際の効果は乗数効果により、その1・6倍だった。

第二はバブルの崩壊対策だ。政府や中央銀行が不動産や株式を直接買い支えることは、市場を重視する米国では禁じ手だが、税制優遇などインセンティブを付けて国民に不動産や株式を買いやすいように仕向けることは可能だ。あくまで需給対策ではあるが、資産価格の下落を緩和することはできる。オバマ政権は、住宅ローンの低利への借り換えなど住宅分野に注力した。住宅ローン借り換え促進プログラムや住宅ローン条件緩和プログラムなどだ。

第三は金融システム対策だ。金融は、ある取引で受け取る資金をほかに回す連鎖が続く。こうして資金が金融機関の間をぐるぐる何度も回る。したがって、どこかでその流れがぷっつり途切れると、その先がすべて滞る。その意味で金融取引の遮断は、将棋の駒を並べて倒すドミノ倒しにたとえられる。したがってドミノ倒しにならないように、中央銀行が民間の金融機関の資金繰りを支援する。FRBは次々とスキームを作り、どこへでもいくらでも注入した。

FRBは法律で「異常かつ緊急な」状況では何でもできることになっている。この権限は三権分立に次ぐ第四の権力とも言われる。それを駆使して、銀行、生命保険会社、証券会社、自動車会社など広い業態に巨額の資金を貸し出すことで、金融システム危機を乗り切った。この貸出機能は「最後の貸し手」と呼ばれる。最後の貸し手が登場すると、経済が崩壊しない限り、経済は正常化に向かう。

多くの場合、ここが最終的には危機のクライマックスになる。それは危機が機会（チャンス）に転換する瞬間でもある。しばしば中央銀行の持つ最後の貸し手の機能は「ヘリコプター・マネー」とも揶揄される。これは、天からヘリコプターで紙幣をばら撒くのと同じ機能を持ち得ることに起因する。ただ、本当にお金をばら撒くわけではない。財務長官だったガイトナーは回顧録で「金融危機はすべて信頼の危機である」という言葉を残している[9]。貨幣、国家、銀行、信用秩序など経済のすべてに関わる信頼を取り戻し、異常時から平常時に戻るきっかけになるという意味だ。

第四は、金融市場対策である。金融市場は、将来の予測で動く値付けの場だ。政府が景気対策をせず悪化を放置すると見做せば、その前提で値付けする。しかし、それが政府の意図と異なる場合は、市場に介入して断固たる措置を取るべきだ。口先介入の場合も、正常な取引がなされるように市場参加者に働きかける場合もある。

断固たる措置は、バズーカと言い換えることも可能だ。当時のポールソン財務長官は、金融市場を安定させる措置として、鉄砲で済む場合でもバズーカを見せることで相手の行動を変えさせると言及したことがあった。同じ手法は２０１０年以降のギリシャの破綻に端を発した欧州危機でも実践された。ＥＣＢのドラギ前総裁は、危機に際し「何でもやる」と何度も発言した。この発言が、市場の期待を変えたのだ。

リーマン・ショックから欧州債務危機にかけて、ＦＲＢは量的緩和を3回にわたって実施した。これを英語の頭文字略語でＱＥ１~３と呼ぶが、当時のバーナンキＦＲＢ議長は、敢えて量的緩和と呼ばず信用緩和と呼んだ。これは、銀行が民間企業に貸出を増やすことで金融システムから染み出させたい意図を強調してのことだった。

最後の貸し手は、国内問題ならその国の中央銀行だ。しかし、その中央銀行でも手に負えない問題だったら何が起こるか。覇権国の中央銀行が各国の中央銀行への最後の貸し手になるのだ。この時代もスワップ協定でＦＲＢが他国の中央銀行にドル貸出協定を結んで対処した。

そして、ここまで何度か市場には楽観の力があると書いたが、楽観を市場が織り込むと、その期待を裏切る政策を当局はもはやできない。期待に沿う政策を実施することで、市場の自己実現が起こるのだ。当局と市場の本当の対話には、市場が楽観を織り込み、当局がその正しい政策を実現する力がある。

デカップリング論の霧消

この頃は、仮に米国をはじめ先進国の経済が停滞しても、経済がブームにあったＢＲＩＣｓ（ブラジル、ロシア、インド、中国、のちに南アフリカが入る）など新興国が支えることで、世界全体の経済は好調を維持できるとする「デカップリング論」が主流の見立てだった。しかし、これは完全な誤りだったことが２００８年９月のリーマン・ショックの後に判明する。金融面での覇権の力は強固で、新興国の景気悪化が米国に与える影響は軽微だが、米国の景気悪化が世界に与える影響は甚大だ。

投資家のジョージ・ソロスは、デカップリング論に基づいて実際にポジションを取り、巨額の損失を出したと告白している[10]。

米国の金融覇権の力の源泉は、米国の経済、金融、政策の世界への影響力の大きさだ。新興国経済の成長で米国の経済規模が相対的には小さくなっても、それらは何ら変わっていないことを改めて証明することとなった。

3　トランプ暴政でも株価は上がる

トランプ大統領誕生

２０１６年11月の大統領選挙は、大方の予想に反してトランプが勝利した。本書では、様々な個所でメディアがフェイクニュースにあふれていると書いてきたが、このときほど世界規模でフェイクニュースが飛び交ったことはめったにない。しかも、大手メディアはほとんどが予想（ヒラリー・クリントンが勝利する）を外し、その中でニューヨークタイムズなど一部は、代表者名で偏向報道を謝罪する釈明を紙面で発表した。

一方、トランプの勝利を予想した識者も少なからずいた。漫画家のアダム・スコット、土屋恵一郎・明治大学学長、元ＮＨＫキャスターの木村太郎、経済評論家の副島隆彦などだ。予想を的中させた識者にはいくつかの共通の特徴がある。トランプの政治集会に参加して現場の熱狂を肌で感じたこと、演説の構造に着目して聴衆を引き込む技量にアリストテレスの演説のレトリックがあることを見抜いたこと、演説にトランプ自身が自認する交渉の達人の要素があること、などだ。

筆者はトランプ旋風を目の当たりにした日本の政治家から、次のような逸話を聞いたことがある。米国では飛行機の遅れはままあるのだが、雪のためトランプの搭乗する飛行機が大幅に遅れたにもかかわらず、雪の中を傘をさしてトランプの演説を聞くために2時間以上も立ったまま待ち、演説にシュプレヒコールを挙げて熱狂する聴衆をその政治家は見て、トランプ候補の演説の力量に驚愕したという。日本どころか世界中の政治家の誰にも真似のできない芸当だったという。

先述のように大統領選挙の得票率ではクリントンが上回ったものの、フロリダ、オハイオ、ミシガン、ペンシルベニアなどの激戦区はほぼすべてトランプが制した。

トランプ暴政でも株価は上がる

トランプ当確で金融市場は劇的な反応を示した。2016年11月8日の選挙で開票作業が進んだのは、日本時間11月9日の日中で、トランプ優位が伝わると、見る見るうちに株価が下落し終値は1万6251・54円と前日比925円の大幅な下落となった。株価が大きく下落したのは何も日本だけではなくアジア各国、欧州も米国市場が始まるまでは共通だった。しかし、米国で市場が開けるとNYダウ平均株価が1万8589・69ドルと前日比約259ドルの大幅上昇を記録したことで、世界中の株価が急騰した。しかも、104－105円程度だったドル／円相場は、1カ月後の12月上旬には114－115円と10円もの大幅な円安となり、世界中で株高・ドル高のリスクオンが点灯した。

ヘッジファンドの運用成績も明暗を分けた。トランプを支持したヘッジファンドの運用者として有名なアイ・カーンは祝賀会場を抜け出して株式の買い注文を出したと報道された。一方、往年のヘッジファンド界の大物であるユダヤ人のジョージ・ソロスは、トランプの差別主義的な言動を極端に嫌い、米株をショートして巨額の損失を出したと報道された。

ここでも、市場が正しいことが確認できる。マスコミが報道した論調では、トランプ大統領の誕生で米国の内政や国際政治が機能不全を起こし、経済にまで大きな混乱が広がることが強く懸念された。しかし、米国の金融市場は瞬時にしてトランプの経済政策の本質を見抜いた。同じことは2018年の北朝鮮情勢にも当てはまる。マスコミ報道では軍事衝突のリスクが懸念されたものの、実際には米中の戦

図3-5　米国の官報総ページ数の推移

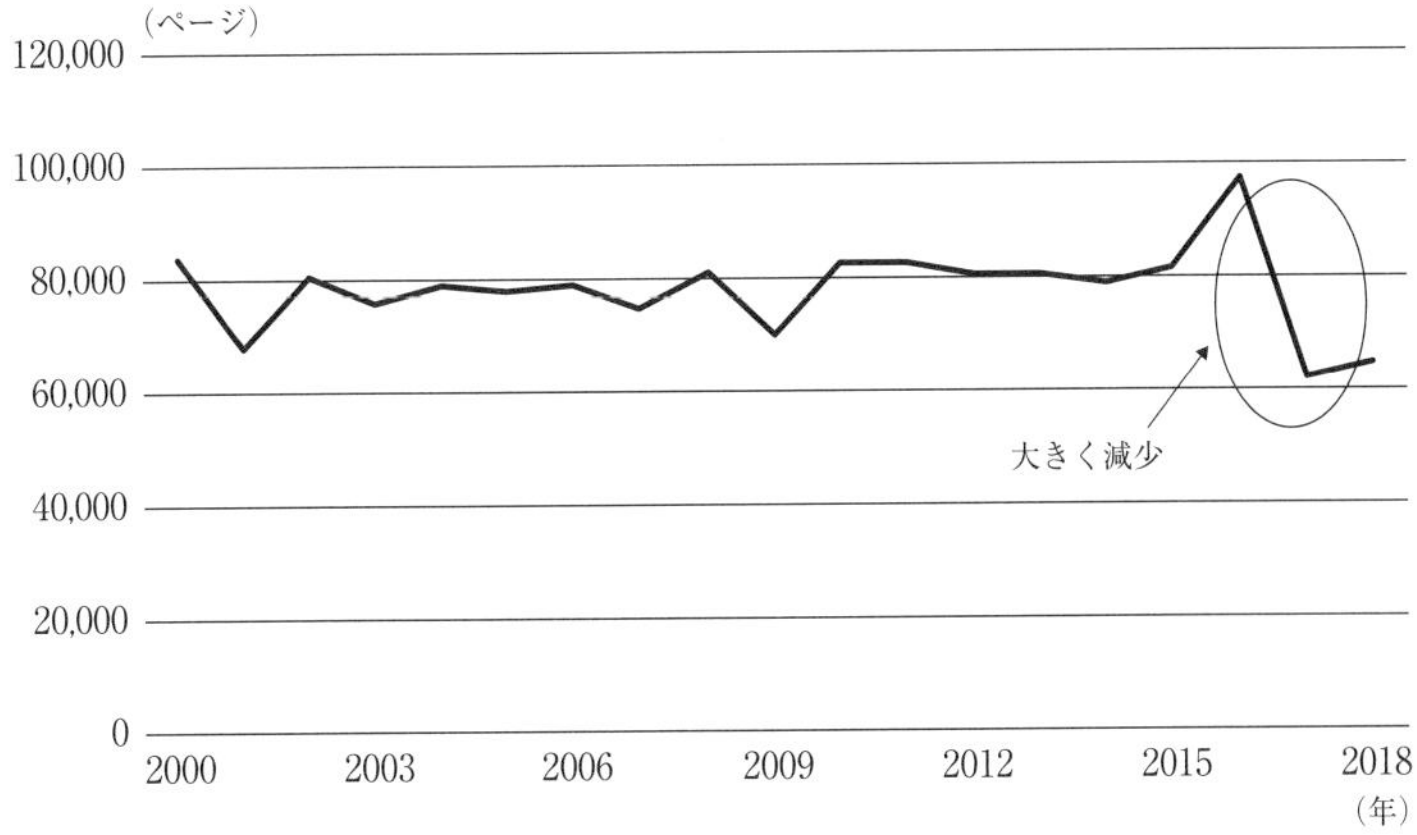

出所：Haver Analytics の公表データに基づいて筆者作成

後初の首脳会談が実現されるなど正反対の和平の方向に向かった。金融市場は、ごく一時的に株価がやや下落する局面はあったものの、総じて堅調に推移した。

株式市場で好感されたのは、トランプのビジネスに優しい政策だった。ここでは企業経営者が歓迎した三つの事実を挙げておく。

第一は規制緩和だ。トランプ大統領は、規制を一つ新設したら、古い規制を二つ廃止する大統領令を発動した。オバマ時代の規制は、２００８年のリーマン・ショックを受け、住宅業界や銀行や証券など金融業界などを広く巻き込んだものだった。再発防止のために規制が強化されたのは、ある意味では致し方ない面はあっただろう。しかし、企業経営者にしてみると、度が過ぎた面が多々あったのは事実だ。たしかに官報のページ数は規制の総量と比例する。２０１７年１月にトランプ大統領になって大きく減少した（図３－５）。こうした政策を企業経営者は大歓迎した。

図3-6　中小企業景況感指数とNYダウ平均株価の推移

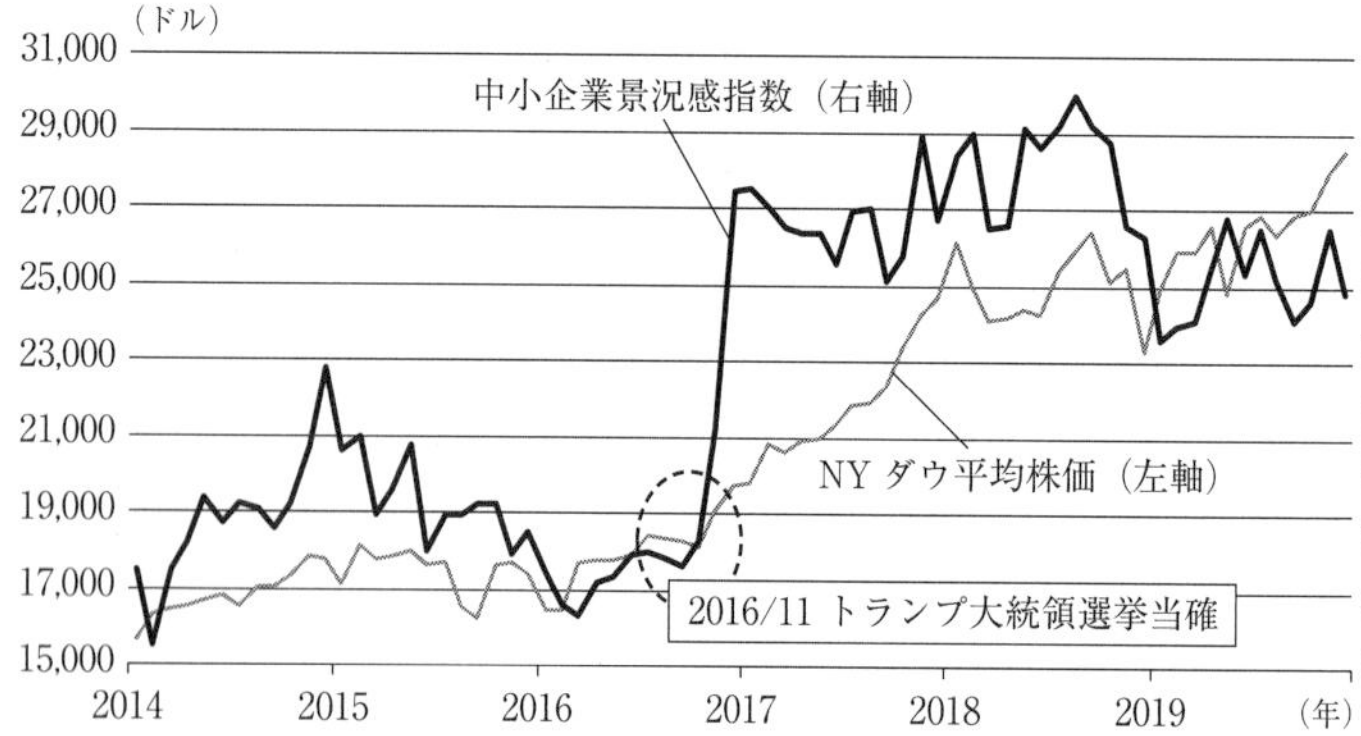

出所：Haver Analyticsの公表データに基づいて筆者作成

第二は企業の景況感だ。中小企業の経営者団体であるＮＦＩＢ（中小企業全国連盟：national federation of independent business の景況感指数）は、トランプ政権の経済政策に期待して当選と同時に跳ね上がった（図３－６）。水準的にも１９９０年以降の最高水準へと躍動し、この水準の高さは、クリントン政権時代の90年代後半に財政黒字を達成するなどした資本主義の黄金時代に匹敵する。それほどまでに産業界の期待は高かった。２０１８年に入って米中貿易戦争ではやや下落したが、総じてまだ高い水準だ。

最後は減税だ。２０１７年に大幅な法人税率の引き下げを含め、10年間で１・５兆ドルと、史上最大規模の減税を実現した。

また、ここは日本人の弱点になりやすいのだが、ハートと財布はまったく別だ。政治信条と経済は、関連が強い場合もあれば弱い場合もある。トランプの政治信条に関する発言やツイートでマスコミが大騒ぎすることと、経済が悪化することを混同するのは誤りだ。日本の諺に「坊主憎けりゃ袈裟まで憎い」がある。トランプの政治信条を憎むからといって、トランプの経済政策やその反映である金融市場を憎むのはお門違いだ。
そして何より、金融市場の観点で大事なのは、政治信条より、長波、中波、短波だ。

トランプ政権時の長波、中波、短波

長波では、伝統的な共和党のビジネス優先の思想で労働より資本優位に大きな変化はない。経済運営ではクドロー、ラッファー、ムーアが三銃士と呼ばれる。アーサー・Ｂ・ラッファーはレーガン政権の減税による経済再建の理論的支柱となった。ステファン・ムーアらとともに『増税が国を亡ぼす』を出版した[11]。同書には経済担当大統領補佐官のラリ・クドローが序文を寄せている。保守系の経済評論家スティーブン・ムーアは、トランプ米大統領から連邦準備制度理事会（ＦＲＢ）理事の指名を受けたが、２０１９年5月に辞退した。

国際社会での米国の覇権は、オバマ時代には威信が揺らいだが、急速に立て直した。２００９年にオバマ大統領は、核なき世界を世界に働きかけたことで、ノーベル平和賞を授与された。そして現に、核の先制不使用を宣言し、日本をはじめ関係各国を慌てふためかせた。しかし皮肉なもので、北朝鮮の核開発を戦略的忍耐と称して放置した結果、核開発と大陸間弾道弾の開発にほぼ成功の目途がついた。中国の南シナ海や東シナ海での事実上の軍事基地建設も放置した結果、ほぼ完成してしまった。２０１５－16年にシリアでは、レッドラインという言葉を使ってアサド政権による大量破壊兵器を使った市民の殺害に対しては軍事行動をとると警告しながら、実際にはそう決断しなかった。オバマの外交政策は理想主義でハト派だったため、結果として米国の覇権が翳《かげ》ることとなったのだ。

この弱腰タイプの大統領の後には、反動で弱腰な姿勢を批判することで信認を得る、現実主義でタカ派の大統領が就任するのが米国史の通例のパターンだ。ちょうど1980年の選挙でカーター危機の後にタカ派のレーガン大統領が誕生したのと同じ構造だ。特にトランプ大統領は、自分はレーガンの再来だとしてレーガンの遺影を持って大統領選挙を戦った。選挙スローガンの「MAGA（Make America Great Again）」はレーガン大統領の「MAG（Make America Great）」を彷彿とさせ、軍事面で打ち出した「力による平和」はレーガン政権とまったく同じだ。

中波では、民主党員と見られている前ゴールドマン・サックス証券のCOOだったゲーリー・コーンを経済担当の大統領補佐官に任命して、2017年に史上最大規模の減税を成立させ2020年までの景気拡大の目途を付けた。この減税は単なる減税ではない。税制を根本的に属人主義から属地主義に改め、米国をビジネスで選ばれる場所にする目論見が組み込まれている。日本や欧州各国が消費税や付加価値税を上げることで、それが存在しない米国が輸出では不利になる。このハンデを解消するために創設が検討された国境税（国境調整税）は導入されなかったが、これは2020年の大統領選挙後に再び通貨政策と合わせて俎上に乗る可能性は高い。

ただ短波では、2017年には朝鮮半島に軍艦を派遣するなど、北朝鮮との間でごく一時的とはいえ軍事的緊張が高まるマイナス局面はあった。しかし、結局は米朝国交正常化に向け米朝首脳会談を実現して共同文書を発表した。さらにこれは、中国封じ込めの布石で、結果的には2018年以降に対中貿易戦争を進めるための足掛かりとした。言うまでもないが、万が一にも中国と国境を接する北朝鮮が親米国家にでもなれば、中国の覇権に向けた野心に大きな障害となる可能性が高い。そして、2018年に入って中国との覇権争いが本格化することになった。これは、まずは関税を引き上げる貿易戦争だが、それは手段であって目的は中国市場での公平な競争と市場開放だ。貿易以外の構造調整では、知財保護、サイバーテロ防止、産業補助金削減など、米国の競争に有利なものを求めている。短波でマイナスではあっても長波でプラスとなるようにこれから交渉を進めることになると見込まれる。

新型コロナウィルス問題は、巨額の財政政策で封じ込めることで、長期の債務問題に転化する可能性が高い。

米国史におけるトランプ誕生の意義

本節では冒頭からマスコミのトランプ大統領に対する報道がネガティブであることを取り上げたが、批判的になりやすい原因は大きく分けて三つある。

第一は、国内政治に関する政治信条の分断だ。もともとリベラルで分配による結果の平等を重視する左寄りの民主党と、保守的で結果ではなく機会の平等を重視する右寄りの共和党では、政治信条が異なる。そして伝統的には、その中間をとることで、お互いが納得する中道の政治になり得た。90年代のクリントン政権の成功は、ここに最大の原因があったと見てよい。しかし２０００年以降は、右と左に分かれ、真ん中の山ができなくなった。

この背景は、フィルターバブルやマスコミの中立を規制しなくなった偏重した報道だろう。２００９年に大統領に就任したオバマは、クリントンと同様に中道に寄ったが、これが逆に左派の民主党支持者と右派の共和党支持者の両方の支持を失う結果となった。左派の民主党支持者は極端に左派の自称社会主義者のサンダース上院議員を支持し、右派の共和党支持者は極端に右派の茶会を支持するようになった。そして、結果として中道を志向する有権者がいなくなった。

この構図をイメージで示すと、左に民主党支持の１／３、真ん中に１／３、右に１／３、となった。

図 3-7　米国上院と下院の分断の進行

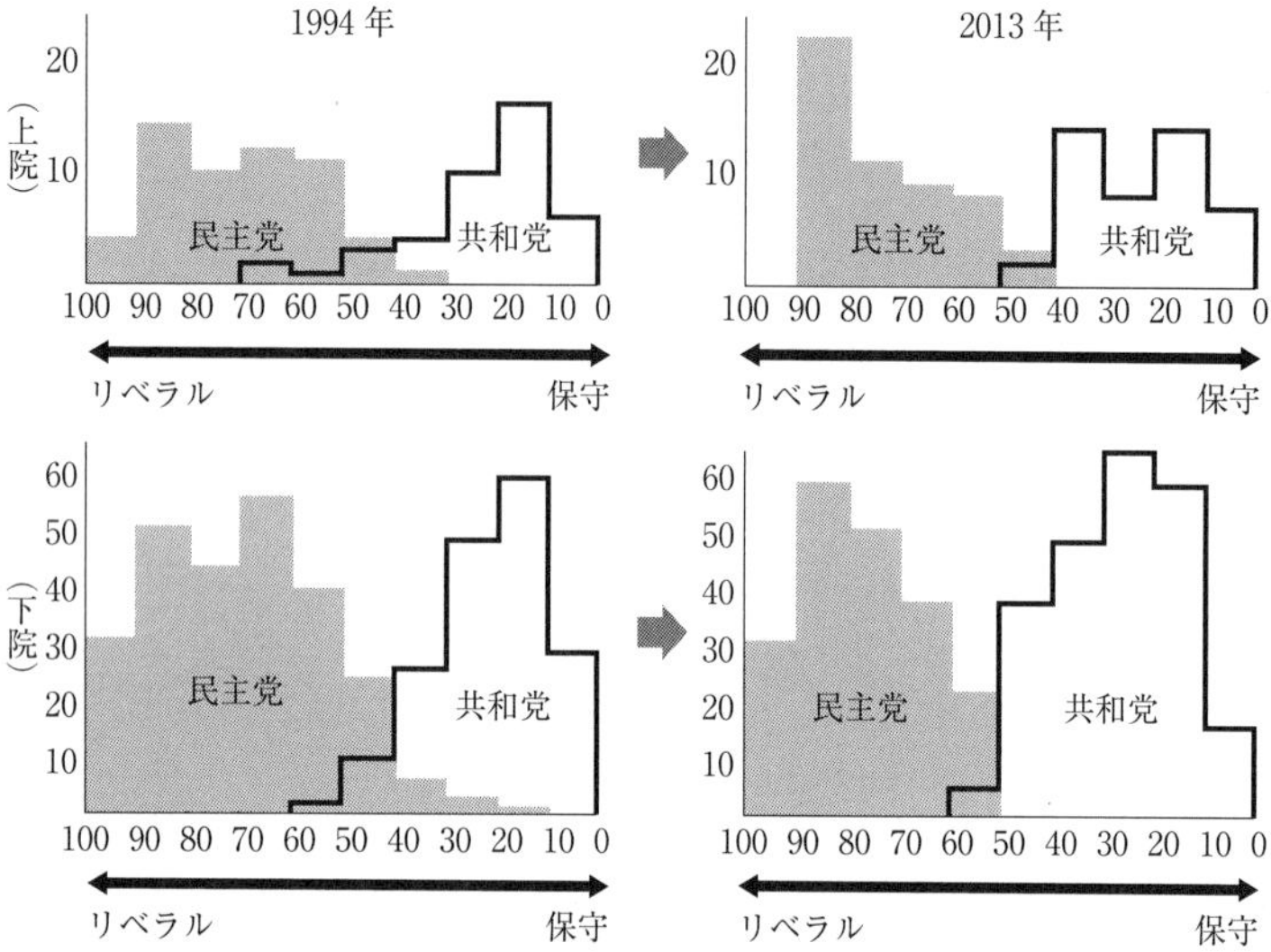

出所：National Journal 誌 "Vote Rating" 1994 年版及び 2013 年版より作成
資料：参議院 HP
https://www.meti.go.jp/report/tsuhaku2009/2009honbun_p/2009_12.pdf

トランプは右の1／3の支持を大切にして、左はもう無視するかのような政策を実施している。したがって、中道を理想とする大多数のマスコミからは常に攻撃されることになる。逆に右を支持するフォックス系などごく一部のマスコミには、強く支持される。最近では親族の結婚相手にまで支持政党が影響してくるまでになっている。

第二は反グローバル化だ。これまでグローバル化はよいことだとして推進してきたメディアからすれば、トランプが公約に掲げた反グローバル化は、誤った政策ということになる。しかし、米国は日本とちがって産業空洞化の問題は存在しないとされてきたが、実はまったく逆に大問題が起きていたことが明らかになっている。

グローバル化に取り残され衰退した

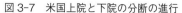

ラストベルト（The Rust Belt：錆びついた工業地帯）に住む低学歴のブルーカラー労働者が、雇用の厳しさと人生に絶望して鎮痛作用の強い中毒性のあるオピオイドを服用して死亡に至る例が年間5万人もいることが明らかになった。ノーベル賞を受賞した著名な経済学者であるアンガス・ディートンと、同じく経済学者で妻のアン・ケースが2015年に発表した共同論文で、こうした死亡を「絶望死」と名づけた。トランプは2017年にオピオイド危機を宣言して解決を訴えた。

第三は、政治経験がまったくないトランプはアウトサイダーであるため、よく言えば斬新だが、悪く言えば旧来の常識を無視する。ここは、反エリート、反ワシントン、反官僚主義、反主流マスコミ（フェイクニュース）を掲げる大統領の誕生は、年間5万人もの絶望死を政治課題として明示的に取り上げるなど、米国の民主主義が生きている証拠として積極的に評価する向きもいないわけではない。しかし、既存のワシントンに住むエリートや官僚、そしてそこに近いマスコミからすれば、自分たちの利権を脅かす存在だ。フォックスなど一部を除くマスコミ報道がベースとして反トランプ色が強いのは、ここに原因がある。

米国ではマスコミに対する一般の人の信頼感は他の国よりも格段に低い。同じことはツイッターにもいえる。直接国民にツイッターで問いかけるトランプの姿勢は、マスコミにとっては中抜きである。

MAGA実現の可能性

トランプ政権を評価する軸は、「米国を再び偉大な国に（MAGA）」が成功するかどうかの一点にかかっていると見てよいだろう。それは、トランプが大統領に就任した時点で、表明した問題が解決できるかどうかだ。それは、広義の米国を弱くする問題が除去できるかどうかで、主に以下の項目から成る。

（1）貿易交渉で対米黒字を持つ中国、日本、メキシコ、ドイツ、サウジアラビアなどと、米国に有利となるような交渉を進める
（2）国力を強める移民は受け入れ、弱める移民は排除する
（3）製薬や保険など国力を弱める医療、保険制度は改善する
（4）中国の通貨安、補助金、不公正貿易、構造調整を進める
（5）自由貿易のメリットを享受しつつ、デメリットを抑制する
（6）海外に出た工場を呼び戻す
（7）ワシントンを政治改革で浄化する
（8）アメリカンドリームを蘇生させる
（9）地方主体の教育改革を実施する
（10）終わりのない戦争を止めて国内のインフラを整備する
（11）政治的正確さ（ＰＣ）を重視する必要はなく、経済の再生に注力する

米国の政治と外交関係は循環する。トランプは、外交ではなりふり構わず損得にこだわることで経済を建て直す方向性を示している。本来なら大統領は分断を乗り越える何らかの価値を示すのが役割だが、そうした意思はないと見受けられる。

大きな方向性は結果が出るのに数十年を要する。１９７０年代の危機を越えて、80年にレーガンが「精神的な革命」の必要性から新保守主義を取り入れ、開花して成果が出たのは90－２０００年代だった。その成果が出るのに20年かかったのだ。

行き過ぎた格差など修正の必要が唱えられながらもリーマン・ショックから10年以上が経過した。トランプは第二期に向け２０２０年は大統領選と議会選挙の年だ。トランプ政権は、教育改革とインフラ投資に注力する方向性を示している。これらはもともと民主党がオバマ時代に主張していたものであり、超党派の合意が実現できたら目標のＭＡＧＡに近づく。

トランプの主張にはもっともな面はある。トランプは米国を弱めることで自分の利益にする収奪型の利権を忌避する。この姿勢は一貫している。「規制で儲かっているのはワシントンの法律事務所や会計事務所だけで、犠牲者は中小企業」「国歌斉唱を無視する移民のスポーツ選手は米国から出ていけ」などと発言する。中毒性のあるオピオイドも典型的な収奪型の利権だが、２０１９年に大手製造メーカーのパーデュ社は破綻した。かつてどの政権も実現できなかった薬価引き下げを提唱する。もし本当に収奪型産業を改革できれば、ＭＡＧＡに近づく可能性はあるし、株価にとってもさらに大きなプラス要因となるだろう。

金融市場

トランプ政権誕生以降の株価は、乱高下しつつも総じて堅調だ。プラス要因は、中波の底固い景気と堅調な企業収益だ。マイナス要因は、主に短波の地政学的要因で、２０１７年は米朝軍事衝突のリスク、２０１８年は米中貿易戦争、そして２０２０年の新型コロナウィルス問題だ。

相場はＧＡＦＡが牽引する二極化相場だ（図３－８）。ＧＡＦＡは、米国を代表するＩＴ分野のプラットフォーマーでグーグル、アマゾン、フェイスブック、アップルの頭文字を取った略称だ。世界規模の巨大プラットフォーマーが誕生したのは有史以来初めてのことで、２０１８年頃からＧＡＦＡに関

図 3-8　米国主要株価指数（1999 年＝ 1）

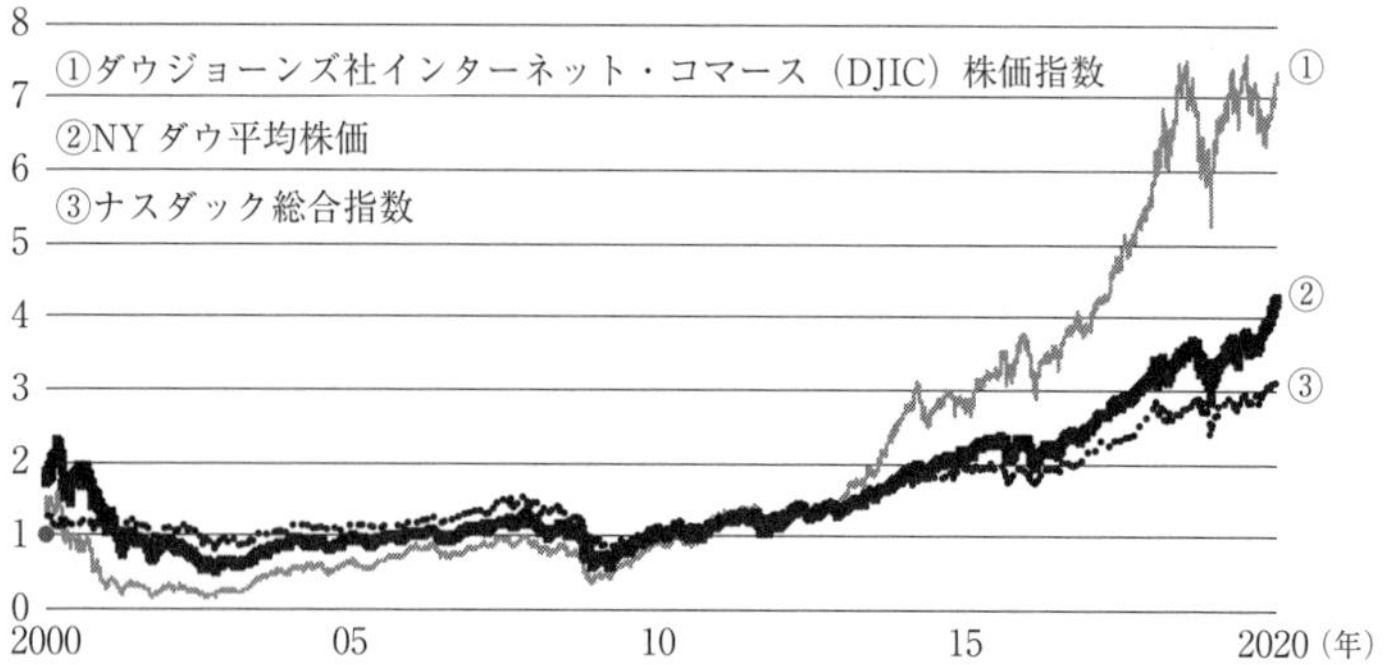

注：DJIC 主要構成銘柄：アルファベット（グーグル）、アマゾン、エクスペディア、グルーポン、ヤフー、ネットフリックス、トリップアドバイザー、ツイッター、セールスフォース、イーベイ、フェイスブック、パイパル、等
出所：Haver Analytics の公表データに基づいて筆者作成

する研究書が多く出版された。第2章でも言及した二極化相場は極端に高い収益性を維持できなくなると崩れるが、国際的にはプラットフォーマーに何らかの規制が必要だとする点では一致している。規制は税、公正取引（独禁法）、個人情報の取り扱いの三つの分野で導入が検討されている。以下、順次見ていこう。

第一は、納税の義務の公平性だ。４社の株式時価総額は２０１９年末で約４兆ドル（４４０兆円）だ。日本最大のトヨタ自動車が約25兆円なので、その巨大さがわかるだろう。巨大さの背景は高い収益力だ。にもかかわらず、企業立地がタックスヘブンなため、わずかな法人税しか払っておらず、競争上の不公平感が指摘されている。第二は、高い収益性の源泉が事実上の独占であることだ。プラットフォーマーは消費者にメールや検索やチャットを無料で提供するが、利用者が多いほど利便性が高まるネットワーク効果がある。そのために「勝者総取り」の独占や寡占になりやすい。そうしてデータを集め、そのデータを売却したり精度の高いターゲット広告などによって高い収益性を実現

図 3-9　米国株価と VIX 指数の推移

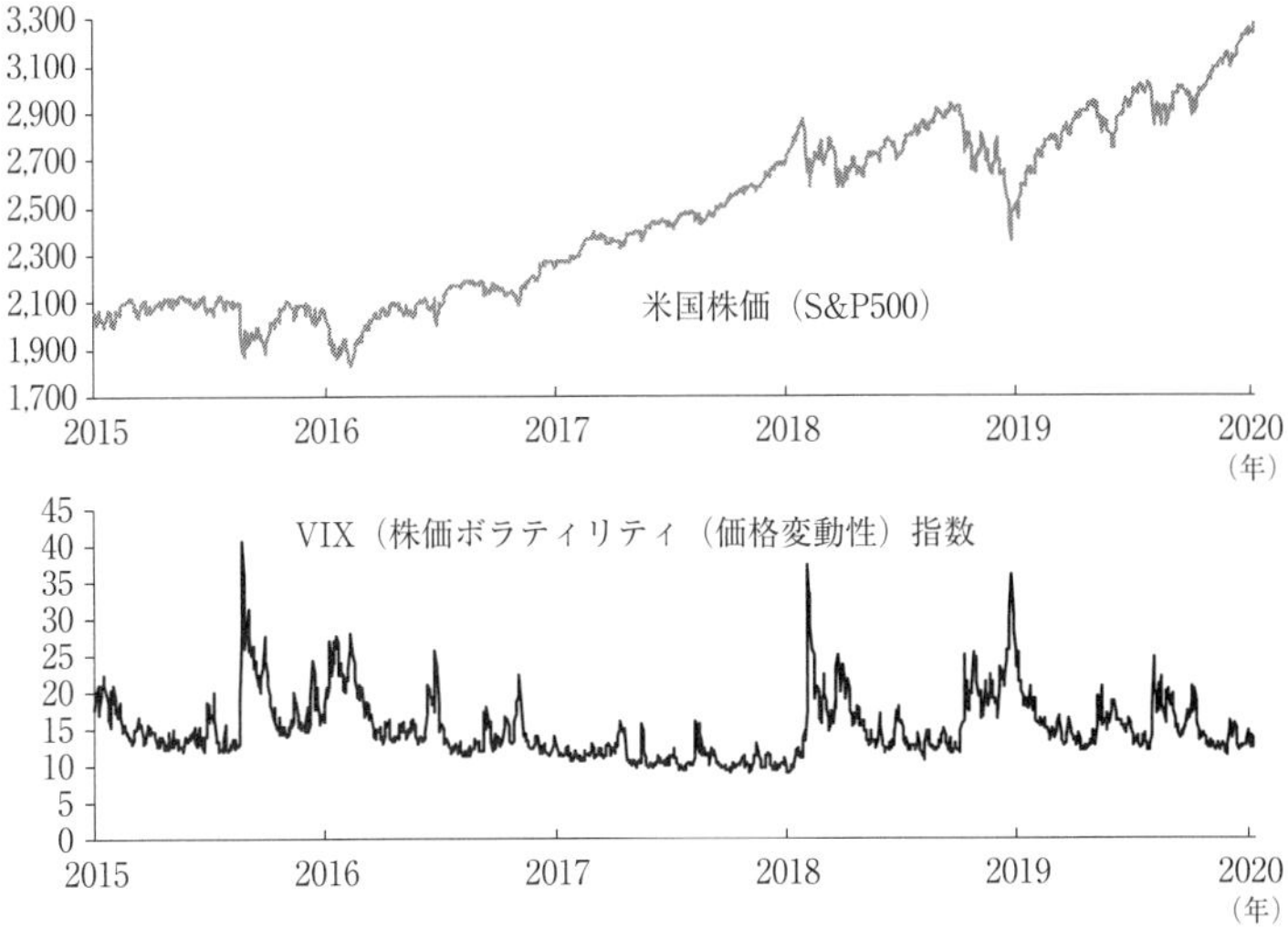

出所：Haver Analytics の公表データに基づいて筆者作成

しているのだ。第三は個人情報の管理だ。フェイスブックなどから個人情報が流出して２０１６年の米国大統領選挙やターゲット広告で悪用された事例が相次いだことから、どう規制するかが国際問題となっている。

これらの規制がどのような内容になるか次第では、株価に大きな影響が出る可能性がある。ただし、規制は米国のＧＡＦＡに対し中国の類似業種であるＢＡＴ（バイドゥ、アリババ、テンセント）のグローバルなスタンダード争いの側面もある。この問題は第６章で詳しく取り上げる。

アルゴリズム取引

相場に不安材料はいつの時代にもある。すでに見た１９５０年代は東西冷戦の中、紛争のリスクは今日よりも高く、現に朝鮮戦争やインドシナ戦争など世界各地で顕在化した。一方、2016年以降の特徴は、高いボラティリティだ。ボラ（と業界では略称する）を示すVIXが大幅に上昇した（図3－9）。ただし、2015年以降だけを見ても、VIXが跳ね上がって株価が急落した局面は、株式を買う大チャンスだった。これは、アルゴリズム取引（「アルゴ」と略称）の増加で、相場が一方向に振れやすくなったからだと考えられる。

いろいろな運用機関がAIを使うアルゴを実践する。しかし、アルゴリズムは誰がプログラムを書いても似たようなシステムができ上がる。よい市場は技術の変化に応じて絶えずルールを修正するが、アルゴリズムの興隆は、いずれ何らかの公益的措置が必要となることを示す可能性が高い。2020年3月以降に新型コロナウィルス問題で相場が乱高下した主因にもなったとみられている。

米国社会保守化の流れは簡単には変わらない

米国社会が右派や左派に振れるきっかけとして最高裁の動向は重要だ。これは2020年以降に大きな論点になる可能性が高い。結論を先に言うと、「死神」がニックネームの上院院内総務ミッチェル・マコーネル氏のリーダーシップのもと、トランプ政権は政府の政治任用職の人事発令より、裁判所の判事を保守派で固めることを優先した。

トランプ政権が最高裁で保守派の判事を2名指名した意義は大きい。大統領に就任した直後の2017年2月にゴーサッチ判事、2018年7月にはキャバノー氏を指名し、承認を経て就任した。これにより、オバマ時代の保守派4、リベラル派4、中立1から、保守5、リベラル4に変わった。

米国の保守化は2020年以降も簡単には変わらない可能性が高い。

4　バブルリレー

バブルの波は繰り返し押し寄せる

ここまで戦後の米国を中心に国際金融の歴史を見てきたが、１９８０年以降おおよそ10年ごとにバブルが発生しては破裂することの繰り返しだったといえる。

整理すると、１９８０年代には不動産バブル、１９９０年代にはＩＴを中心に株価バブル、２０００年代には住宅バブル、そして、今後についてはまだ確定的なことは言えないが、世界的にマイナス金利と低金利が広がっている２０１０年代の現状は、債券バブルと暫定的に命名してよいだろう。

これらは同じことの繰り返しだ。バブルが崩壊すると低金利政策を実施する。そうすると負債が蓄積する。その過程では景気がよくなるが、行き過ぎるとまたバブルとなり、いずれはバブル崩壊になる。するとまた低金利政策が実施され、また負債が膨らみ、また、バブルが生成していずれは崩壊する。その過程を図で示したのが図３－10だ。やはり足元で負債が膨張している。しかも今回はいわゆるゾンビ企業（借金で生きながらえる赤字企業）が極端に増加していると見られているのだ。

米国だけでなく世界中でバブルリレー

ここでは米国を中心に見ているが、実は同じ時期に同じ資産で、世界中で同じようにバブルは生じている。貿易取引や資本取引の自由化が進展したことで、国境の壁はもはやないといえる。

大手運用機関の体制をみても、株式チームは世界中の株を比較して相対的に良好な株式を選択して買

図3-10　米国の企業債務と金利

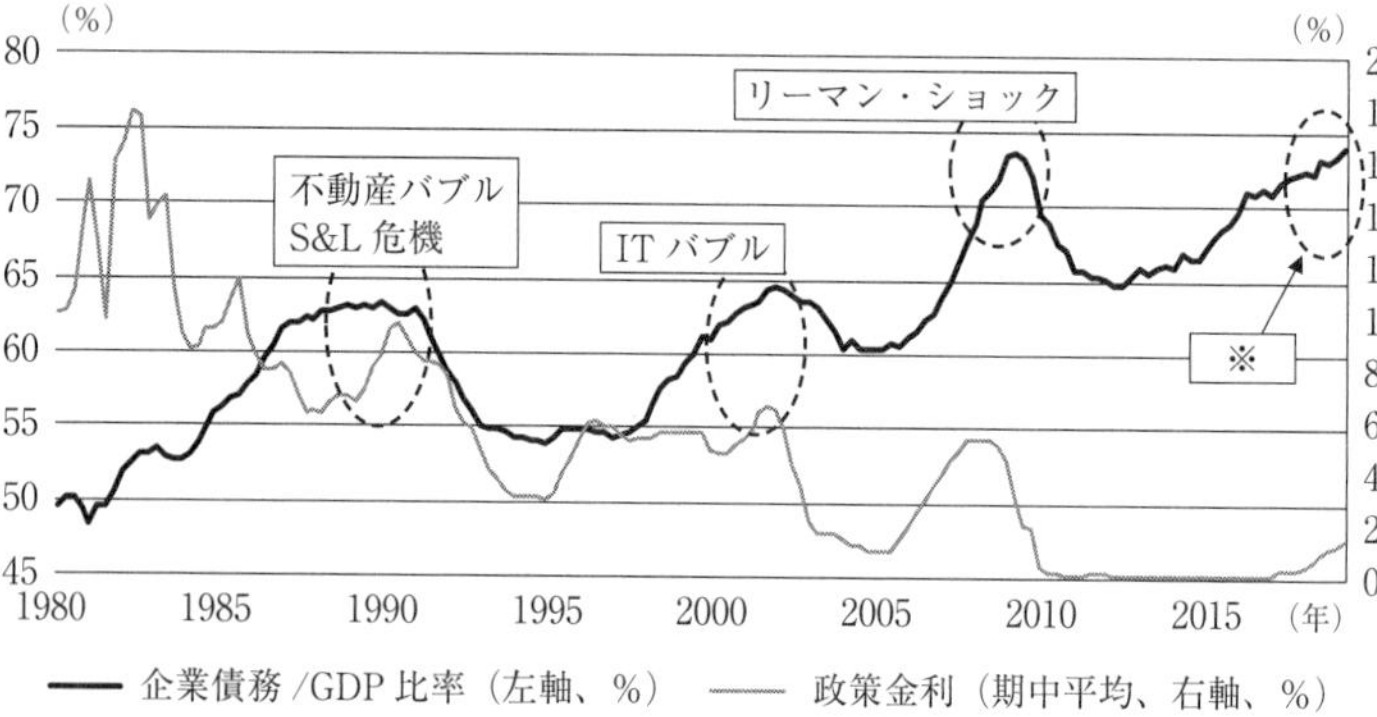

注：4番目の上昇局面（※）の通称は未定。債務急増については6章参照。
出所：Haver Analyticsの公表データに基づいて筆者作成

う。不動産運用チームは世界中の不動産を比較して投資する。選択や投資の意味は、割高の資産を売却して割安な資産を買うので、国際間で裁定が働くこととなり、国境の概念は稀薄となる。

なお、日本だけは特殊だった。日本の1990年代だけは、世界の動向とは乖離したバブル崩壊だった。しかし、2000年前後のITバブルの生成と崩壊、2008年前後ミニ不動産バブルの生成と崩壊、そして足元のマイナス金利は世界の動向とまったく同様であり、日本だけが世界から隔絶された時期はすでに終わった。今後も世界と軌を一にする動きになると想定される。

では、なぜこのようなバブルがリレーのようにバトンタッチされていったのか。しかも、米国だけでなく、世界中で同じ時期に同じ資産で同じように価格が形成された。次に、起点となった米国でのメカニズムをみてみよう。

米国の金利が世界を決める

1980年代の米国の商業不動産でバブルが生じた原因は、減価償却を優遇した税制だと考えられる。70年代の高金利時代が終わって金利が大きく低下したことも一因になっただろう。バブルが崩壊すると、公的資金の注入は政治サイドとしても不公平感などからなるべく避けたい。そうなると、金融があるべき水準以上に緩和することになる。

不動産バブル崩壊を受け、90年代前半にＦＲＢのグリーンスパン議長が逆資産効果や負債デフレ圧力を「逆風１００マイル」にたとえる名言を残している。「逆風１００マイル」を乗り越えるために、この時代に初めて「実質ゼロ金利政策」と呼ばれる、政策金利から物価上昇率を差し引いた実質金利がゼロになる低金利政策が実施された。

しかし、低金利政策は、これはこれでまた不均衡を誘発する。当時は米ドルと固定相場制度を採用する国がかなり多かった。固定相場を維持するには、基本的に金利も同一でなければならない。当時のメキシコは、米国と同じ低金利政策を採用したことで、１９９４年1月に発行したＮＡＦＴＡ［北米自由貿易協定、２０１８年9月にＵＳＭＣＡ（米国・メキシコ・カナダ協定）に置き換え］の後に、直接投資ブームとなった。そこで94年以降の米国の利上げを受けて同じように利上げで追随しようとしたが、景気が悪化して通貨が暴落する通貨危機を起こした。

まったく同じメカニズムで90年代半ば頃にはアジア各国で直接投資ブームが発生したが、90年代後半の米国の利上げを受け、97年7月にタイから始まる通貨危機に至った。このアジアの通貨危機は、98年のロシアのデフォルト、99年のブラジルの通貨危機へと世界中に拡散した。

世界に危機が拡散したことを受け、米国では95－96年、98－99年に利下げが実施された。こうした利下げは、株価が急落すればグリーンスパンＦＲＢ議長が救済してくれる、という意味で「グリーンスパン・プット」と呼ばれ、いつしか市場は当然視するようになった。当時は利上げを中断して単発的な利

図3-11　米国の政策金利の推移

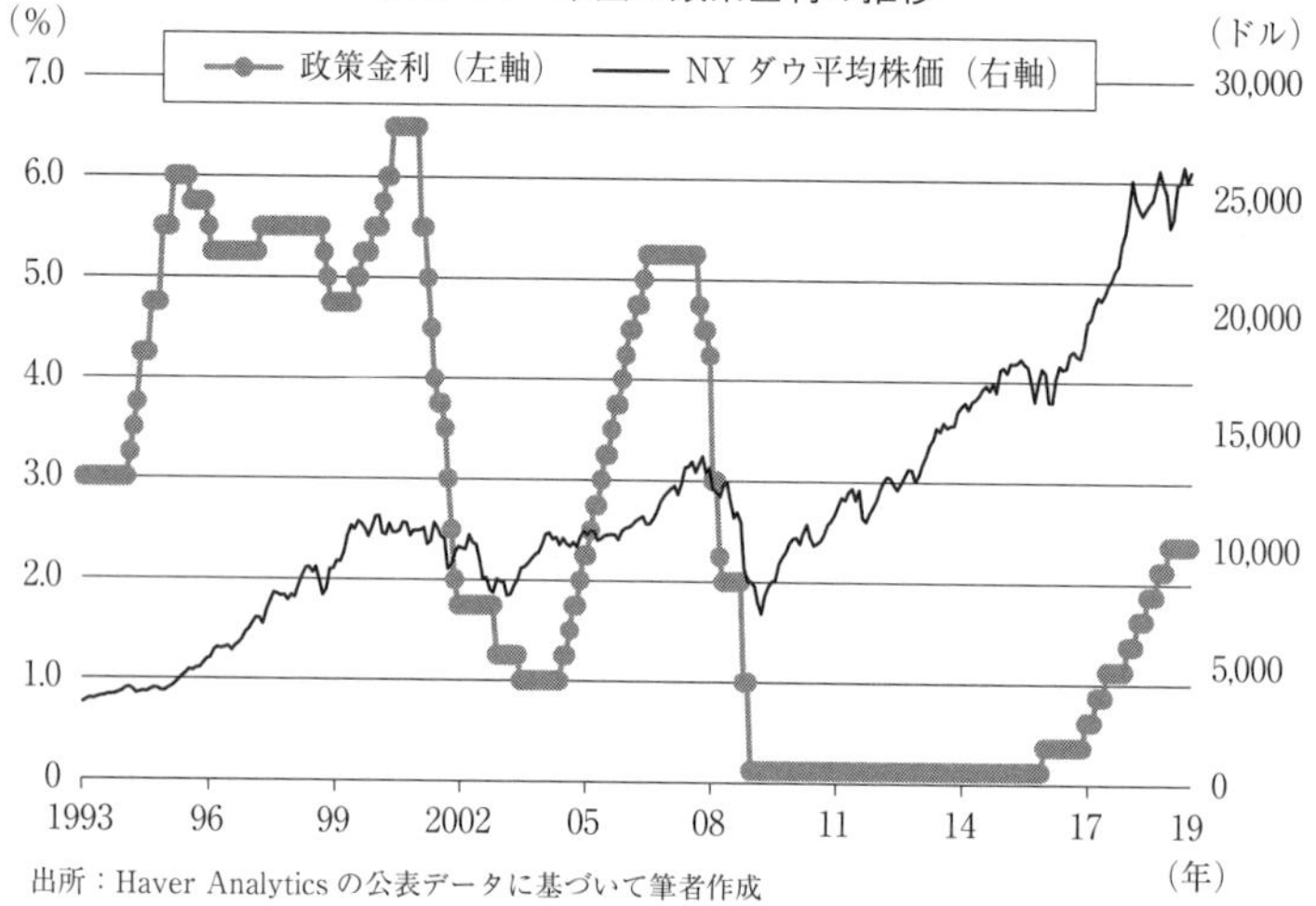

出所：Haver Analyticsの公表データに基づいて筆者作成

下げへ、また利上げ再開、しかしまた中断、と変則的な動きとなった（図3－11）。

そして、金融緩和は結局はITバブルが生じる素地を作ることとなった。ITバブルはITセクターの株価が猛烈に上がる二極化相場になりながら、2000年に向け株価急騰は加速した。そして、01－02年にITバブルの崩壊と不正会計で株価は大きな調整を余儀なくされた。そしてその後03－05年にかけてまた大幅な金融緩和が実施された。

当時は、FRB内には攻撃的にデフレを防止しなければ、日本のようにデフレが定着するという危機感があった。FRBは2002年7月に「デフレ防止策について　1990年代の日本の経験の教訓」（以下、「日本の教訓」）と題する調査研究レポートを発表している。これは、バブル崩壊後の政策対応の在り方をデフレと関連づけて分析、日本の経験から一般論としての教訓を引き出そうとする調査研究の嚆矢と位置づけられるものだ。重要なので結論を要約して抜粋しておこう[12]。

図3-12　デフレ阻止に成功した一方で住宅バブルを生んだFRBの低金利政策

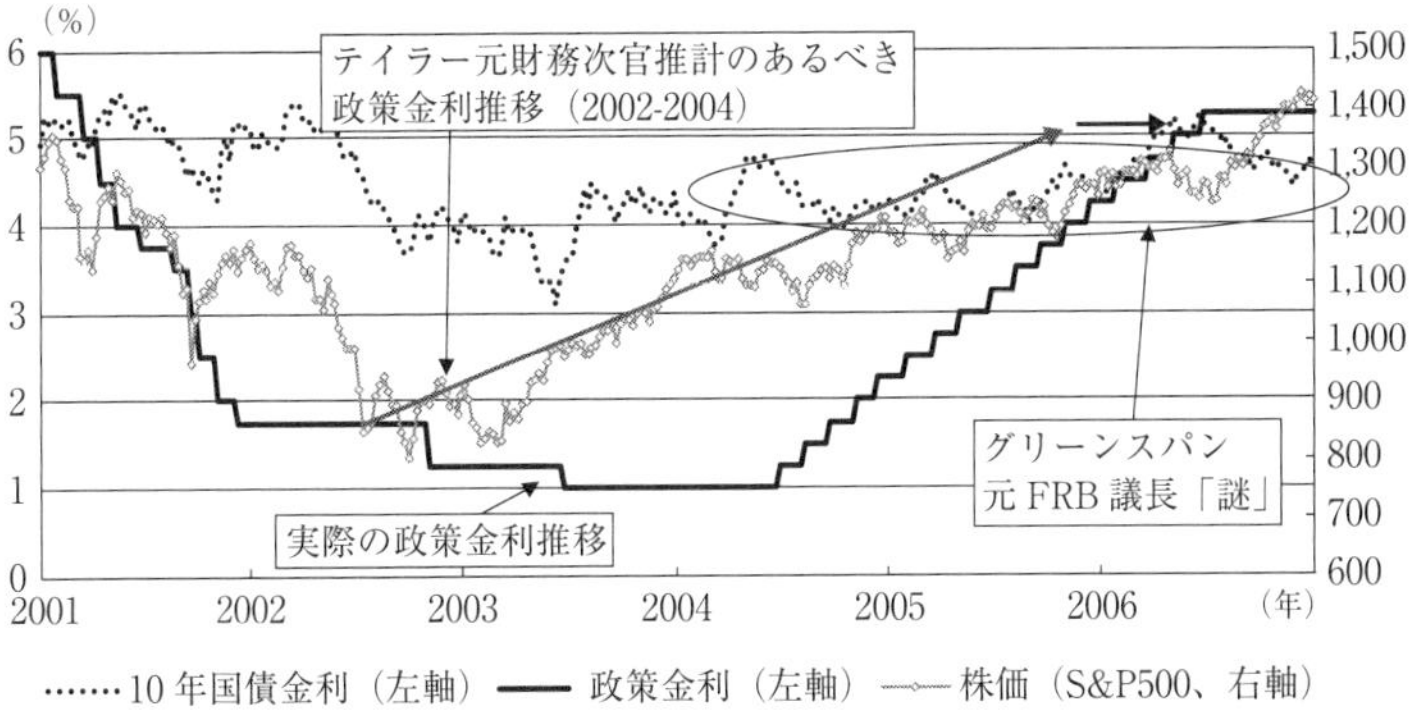

出所：Haver Analyticsの公表データに基づいて筆者作成

「デフレの諸症状を事前に予見するのは困難かもしれないが、量的に十分な緩和策を実施して景気刺激を素早く行えば、デフレの可能性を最小限に抑えることができるだろう。デフレのリスクが高い場合には、標準的な予測で求められる水準を上回る刺激策が取られるべきである。こうした対処方法は、デフレとインフレではリスクの性質が非対称であることに起因する。景気刺激効果が強すぎて（インフレになって）も、後から是正することができる。しかし、景気刺激効果が弱いためにデフレに陥れば、（名目金利はゼロ以下に引き下げされないため、実質金利の高止まりにより）金融政策の効果は大きく損なわれてしまう」

特に重要なのは、インフレは後から是正することが可能だが、デフレは後から是正できないかもしれない、という点にある。したがって、デフレは断固として阻止しなければならない、という結論に至る。為替相場の面で利下げが通貨価値の下落を通じてデフレ解消に寄与する伝達経路も勘案されている。この結論を実践したのが２００２－03年のＦＲＢの低金利政策だ。政策金利の水準を決めるテイラー・ルールの提唱者でもあるテイラー財務次官が示した、本来ならあるべき政策金利と比較すると、いかに長期にわたり低金利政策が実施されたかがわかる（図３－12）。

そして、この低金利政策で生じたのが住宅バブルだ。バブルの生成と崩壊の過程でＮＩＮＪＡローンや証券化など不適切な行為が大々的にあったことにはすでに触れた。その住宅バブルも、米国での利上げもあったが、もともとが維持不可能なものであり、結局は崩壊した。

住宅バブルの生成と崩壊は、米国だけでなく日本や欧州など世界中で発生した。そしてまた、低金利政策だ。バブル崩壊の規模が大きかったために、米国が大恐慌以来の量的緩和に踏み切るなど、異例の金融緩和となった。しかも、量的緩和は三度にわたって実施された。また、欧州や日本では史上初となるマイナス金利政策が実施された。２０１９年末時点で、プラスの金利がつくのは米国、英国、カナダ、豪州などアングロサクソンの国だけで、日本や欧州のほとんどの国では政策金利も10年など長期の国債金利もマイナスだ。

目下の米国では、２％を下回る期待インフレが定着するのを阻止すべく、金融政策の枠組みを大きく変更することが検討されている。たとえばインフレ目標を２％に固定するのではなく、景気循環局面に応じた可変型に移行するなどだ。実験に向け踏み出す可能性が高いとみてよいだろう。

世界が米国の危機対応に依存

世界的に危機が発生すると、結局は米国の金融政策に頼らざるを得ないのだ。そして、米国には、危機対応の解決策を示し、実行する意思と能力がある。

危機に対処するには、いくつかの条件がある。１９９０年代後半に危機対応に当たった当時のルービン財務長官がまとめた「危機対応の四箇条」は、第2章で見た。ことの本質は、米国は金融面で正しい解決策を示せるし、危機回避（または脱出）を実現する力があるということだ。それは、過去の実績で証明済である。また、経験は時間が経って人が入れ替われば風化するが、米国には、そうさせずに組織を超えて学界や研究機関で蓄積する層の厚さがある。実務家と学界の人の往来があり、カンファレンスなど、共有する場も多くある。

この教訓は、２０００年以降の危機対応で存分に活かされた。問題の震源地となったのは米国だが、解決策を示し、実現するよう音頭を取るのも米国だ。金融面での覇権は盤石だろう。

バブルリレーの次の展開

では、次に債券バブルが弾けたらどうなるか。それは、インフレなど物価が上昇することで、金利も上昇することを意味する。金利の上昇は、景気に悪影響を及ぼす。状況としては、１９７０年代のようなスタグフレーションになるリスクがある。

政治的にも、格差が拡大して左派的な政策、特に１９６０－70年代の米国を彷彿とさせる政策を国民が支持する可能性はある。その内容によっては、バブルリレーが途絶え、リスクが顕在化する可能性がある。詳細は政治リスクを含め第６章で検討する。

5　グローバル化と反グローバル化

グローバル化は不幸の歴史

反グローバル化には長い歴史がある。標準的な経済学では、比較優位を根拠として、グローバル化で貿易をすればお互いにメリットがあると教える。比較優位を簡単に説明すると、南国のフィリピンではバナナが容易に栽培できるので、安価で大量に収穫できる。一方、極寒の青森では、リンゴの栽培が容易で安価かつ大量に栽培できる。もしフィリピンの巨大冷蔵室でリンゴを、逆に青森の巨大温室でバナナを栽培すると、燃料費などで相当にコストが高くなる。そうするより、貿易で取引したほうがお互いにとってメリットがあり、ウィン－ウィンの関係になれる。この例のように、本来備わっている有利な条件を活かして貿易をすれば、双方とも利益を得る。

しかし現実には、よいことばかりではなかった。16－19世紀の大航海時代には、植民地化や奴隷貿易などの悲劇を生んだ。1930－40年代の大恐慌の時代には、不況と移民の増加が右傾化とポピュリズムを生んだ。不満を持つ国民にとって、不満の原因は外にいる敵で、その敵を叩いて利益を取り戻す、という政治の主張は魅惑的に映る。結局はファシズム陣営対自由主義陣営で戦う第二次世界大戦の悲劇に至った。

戦争の教訓を汲んだ戦後世界秩序からワシントン・コンセンサスへ

こうした反省を踏まえて発足した戦後の米国主導の世界経済体制では、GATT、IMF、世界銀行などの制度を構築することでデメリットを抑制しつつメリットを享受できるよう整備された。大まかな制度は第2章で米国が中心になって戦後の経済体制を構築した過程で見た。しかしそれは、米国の大きな負担を前提とするもので、負担に耐えかねた米国が、1960年代にはケネディ・ラウンドで自由貿易を推進、70年代には金兌換の停止や輸入課徴金、80年代にはプラザ合意などのドル安への通貨調整、90年代は米国から見た最大の貿易赤字国である日本を叩くことによって均衡を取り戻す試みがなされた。

そして90年代に入り、ようやく米国は自国に有利なワシントン・コンセンサスと呼ばれたグローバル化の推進モデルを構築するに至った。そのグローバル化の手本とされたのが米国の政治経済モデルだった。

米国はワシントン・コンセンサスを広めるにあたり、戦後に世界が復興繁栄するのに米国が膨大な負担を負った反省に立ち、今度は自国に有利なルールを世界ルールとした。そのルールは「グローバル・スタンダード（世界標準）」と命名され、米国が先に競争優位を築いた分野で、米国が慣れ親しんだルールで世界に広められた。それは、労働基準、法人税、健康や安全基準など多岐に及び、相手国から見れば不公平な貿易協定でもあり、米国以外の国では米国に対する不満が高まっていた。特に知財が重視される薬品、IT、そして米国が特別に力を入れる農業は、米国のダブルスタンダードが目立ったこともあり、各国が不満を募らせた分野だ。

多くの国で庶民レベルでは、何かがおかしいと気づいていた。最近はあまり使われなくなったが、かつてはグローバル化でコスモポリタン（世界市民）が生じると考えられてきた。世界が融合して一つになった先の世界の住民で、世界市民と訳されてきた。ごく一部のエリートを別とすると、普通の人の皮膚感覚では、自分が世界市民だと考える人は皆無だろう。何かがおかしいという感覚は三つの分野で明

図3-13　財輸出／名目GDP比率

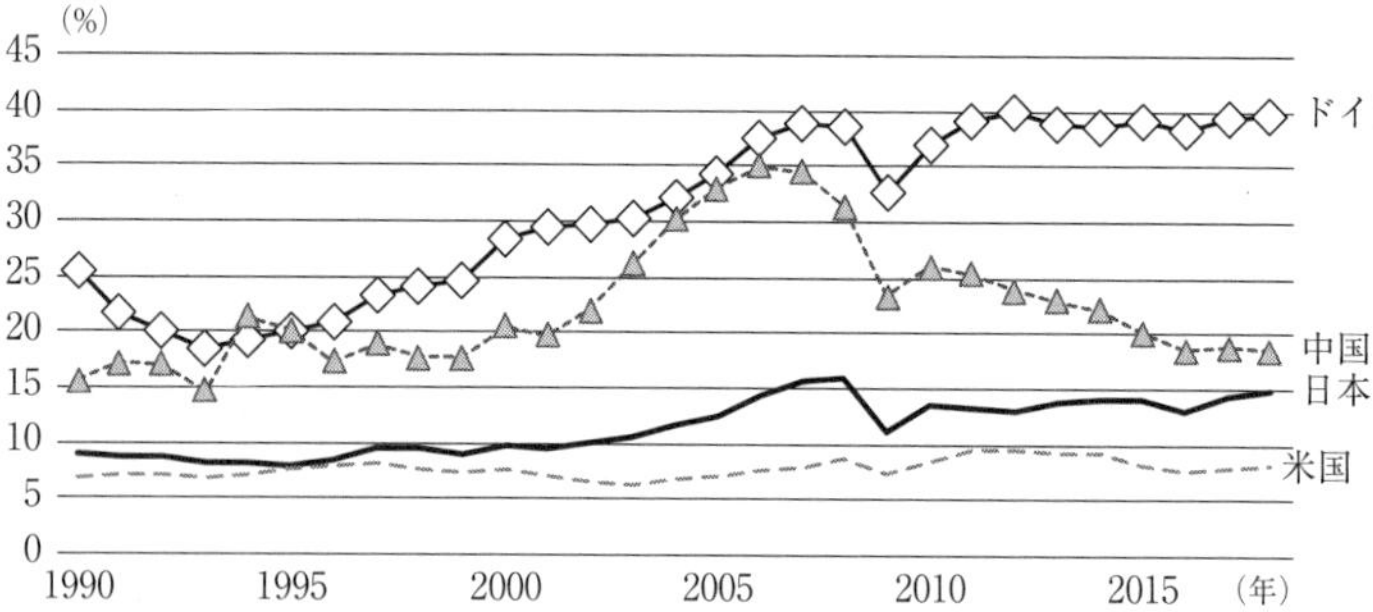

出所：Haver Analytics の公表データに基づいて筆者作成

らかになるのだが、その前にメリットを見ておこう。米国のグローバル・スタンダードが持ち得た強力な経済成長の果実だ。

グローバル化の利益

ここまで見たように問題の大きかったグローバル化だが、莫大な利益をもたらしたのも事実だ。大航海の時代には蒸気機関で輸送コストが低下した。これにより国際的にヒト、モノ、カネが動き、それを容易にするために東インド会社など有限責任会社やファイナンスなどイノベーションが生まれた。その流れが19世紀に入ると、鉄道が生まれたことで、より加速した。また、移民の増加につながった。

１９９０年代に入ると、ＩＴ技術の発展で通信コストが大幅に低下した。これを利用するサプライチェーンが国際的に広がり、貿易量は飛躍的に増加した。この流れはアンバンドリングと呼ばれる。90年以降の企業経営の成果は、アンバンドリングをうまく利用できたかどうかで分かれたといえる。

この流れに乗れなかった日本企業は取り残された一方、うまく乗った中国やドイツは経済が発展して世界に飛躍する優良企業が業績を大きく押し上げた（図３－13）。

図 3-14　主要株価指数の推移（2005 年 1 月＝1）

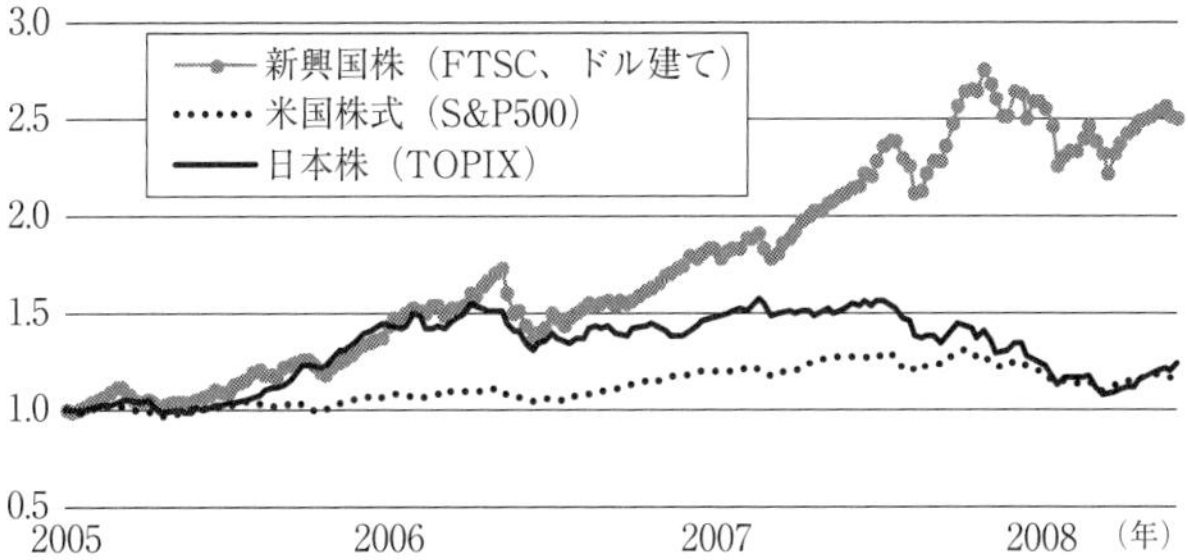

出所：Haver Analytics の公表データに基づいて筆者作成

なお、米国は、財は輸出よりも輸入することで恩恵を受ける。代わりにソフトウエアや知財などサービス輸出に注力する。たとえばアップルは、米国内で設計図だけを書く。それを元にホンハイが中国や台湾で製品を生産して米国に輸入する。これは米米貿易とも呼ばれ、財だけ見れば米国は輸入するだけなので赤字だが、代わりに設計図の使用料で稼ぐ構造だ。

ここでは細かく多くの国の事例は見ないが、しかし２０００年代の中国やインドのように、経済が大きく発展した新興国は多い。東西冷戦終結以降の東側陣営の30億人以上が資本主義に参加することで経済が大発展した１９９０－２０００年代は、地球規模での投資の大チャンスだった。図３－14のように株価は暴騰した。日本でも新興国への投資は一時ブームとなった。しかし、２００８年のリーマン・ショック以降の円高は、投資への大きなマイナス要因となった。

約束された高度成長

実は新興国の高成長はパターン化されたものだ。この輸出主導のパターンで成長したのは、１９５０－60年代は日本やドイツ、１９８０年代はアジアＮＩＥｓ（韓国、台湾、シンガポール、香

図3-15　実質経済成長率の比較

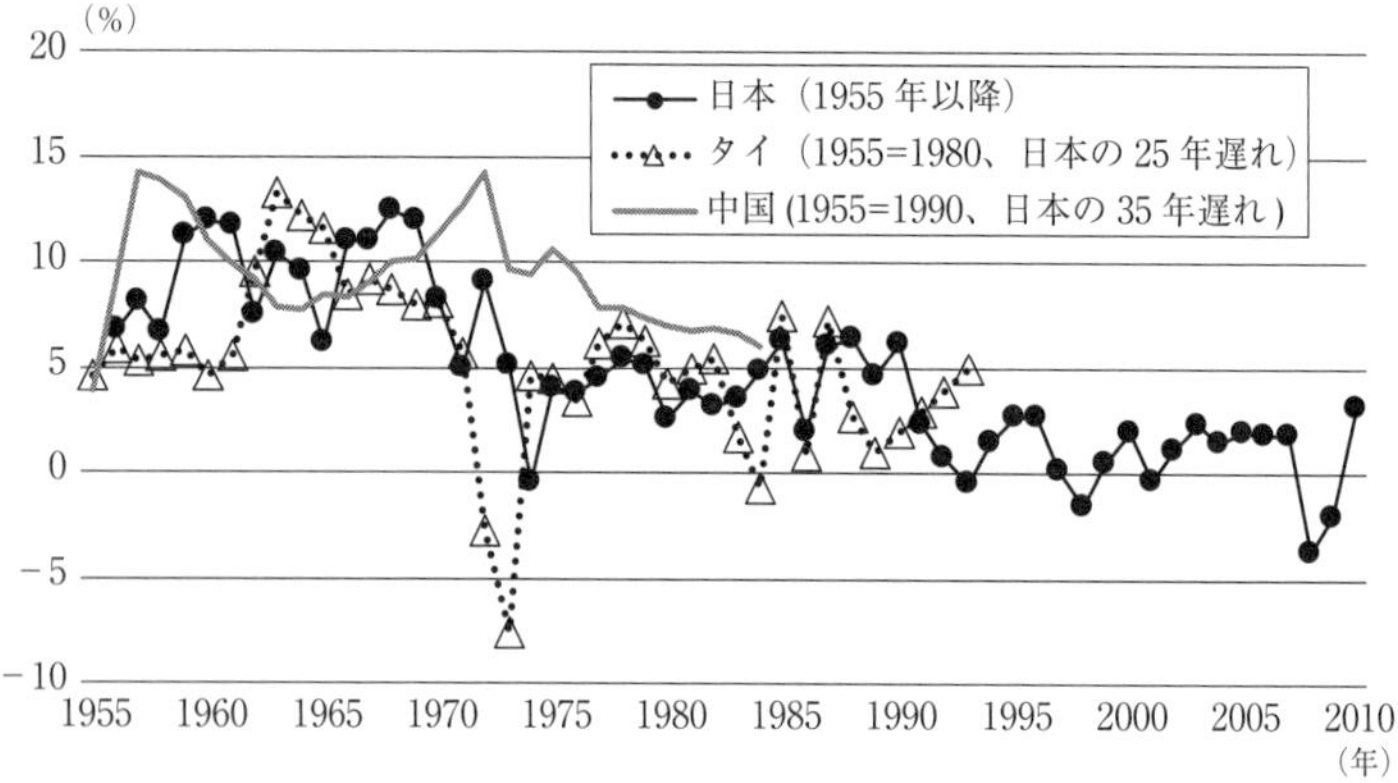

出所：Haver Analyticsの公表データに基づいて筆者作成

港）、90年代はASEAN4（タイ、マレーシア、フィリピン、インドネシア）が高成長を実現した。これは、すでに多くの実例があるため、ある条件が整えば高度成長が実現することはある程度は判明している。

図3−15は戦後の日本の経済成長率だが、25年遅れでタイ、35年遅れで中国を重ねると、ほぼ重なる。このことの意味は、タイも中国もこれからは成長率が低下していくということだ。その意味では、今後もアフリカや中南米など、まだ現在は低開発国でも、これからテイクオフを迎える国は出るだろう。

しかし、グローバル化は利益ばかりではない。利益を上回る不利益を及ぼし始めた可能性がある。以下、順番に見て行こう。

反グローバル化

まず第一は移民の増加だ。これにより、先進国では低教育や低技能者の仕事が奪われた。英国の土木作業者は低賃金で働くポーランド人に職を奪われた。米国の農産物の収穫作業は不法移民や中南米からの移民に奪われた。

欧米のマックジョブ（マクドナルドは低賃金の代表とされている）は、英語が不得意な移民が大半を占める。人目につかない3K（きつい、きたない、危険）の仕事は、英語が不得意な移民に占められていると言っても過言ではない状況になった。

また、仕事を奪われるだけでなく、移民が二世、三世になっても現地の言葉が十分には理解できず、たとえばチャイナタウンやアラブ人街など、同族コミュニティ社会を作った。宗教や人種からくる差別は根強く、憎悪や怒りの感情から犯罪も増加した。欧米では移民の多い国ほど、感情が政治の大きなテーマになっている。

第二は格差で、先進国はどこも格差が拡大した（図3－16、3－17）。これは、経済発展の為に法人企業を引きつけようと法人税の引き下げ競争が激しくなる一方、減った税収を補うために消費税や消費にかかる付加価値税を引き上げることが、多くの先進国で実施された。しかも、大企業や大金持ちは税率の低い国に国籍を移転する行動をするため、そうしない普通の人や低所得者に負担のしわ寄せが行った。

リーマン・ショックの後は、財政再建のために個人向けに増税する一方、金融は緩和を強化してマイナスなど未曽有の水準にある。金融緩和で株価が持ち上げられ、株価を保有する富裕層に恩恵が集中した一方、増税は広く浅く取る消費財や付加価値税が中心だったため、金融資産でも格差は広がった。もし雇用調整の必要が生じてもそのしわ寄せは非正規社員に行くので、労働組合、さらにはその支持を受ける左派政党もグローバリゼーションを支持するようになった。

資本主義の現出以来、企業と労働組合は利害が対立した。企業は右派政党、労働組合は左派政党を支持し、政治の構造まで規定した。しかし、グローバリゼーションによって、右派政党と左派政党の利害

図 3-16　拡大した米国での所得格差（1910-1920 年）

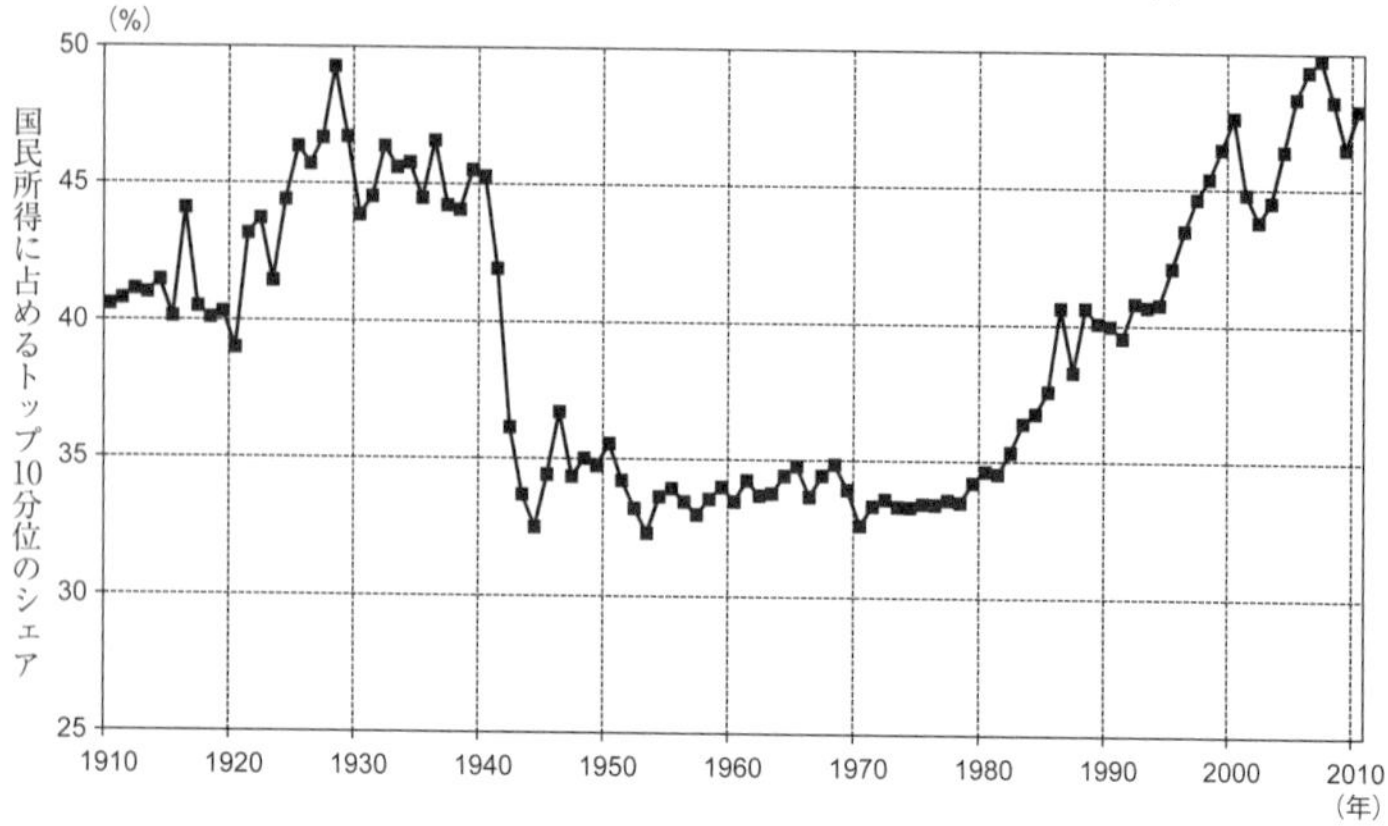

注：米国でトップ十分位の占める比率は、1910 年代から 1920 年代には 45 - 50% だったのが、1950 年には 35% 以下となった（これがクズネッツの記述した格差低減だ）。その後、1970 年代に 35% 以下になってから、2000 年代や 2010 年代には 45 - 50% になった。
出所と時系列データ：http://piketty.pse.ens.fr/capital21c を参照。

図 3-17　最高所得税率（1900-2013 年）

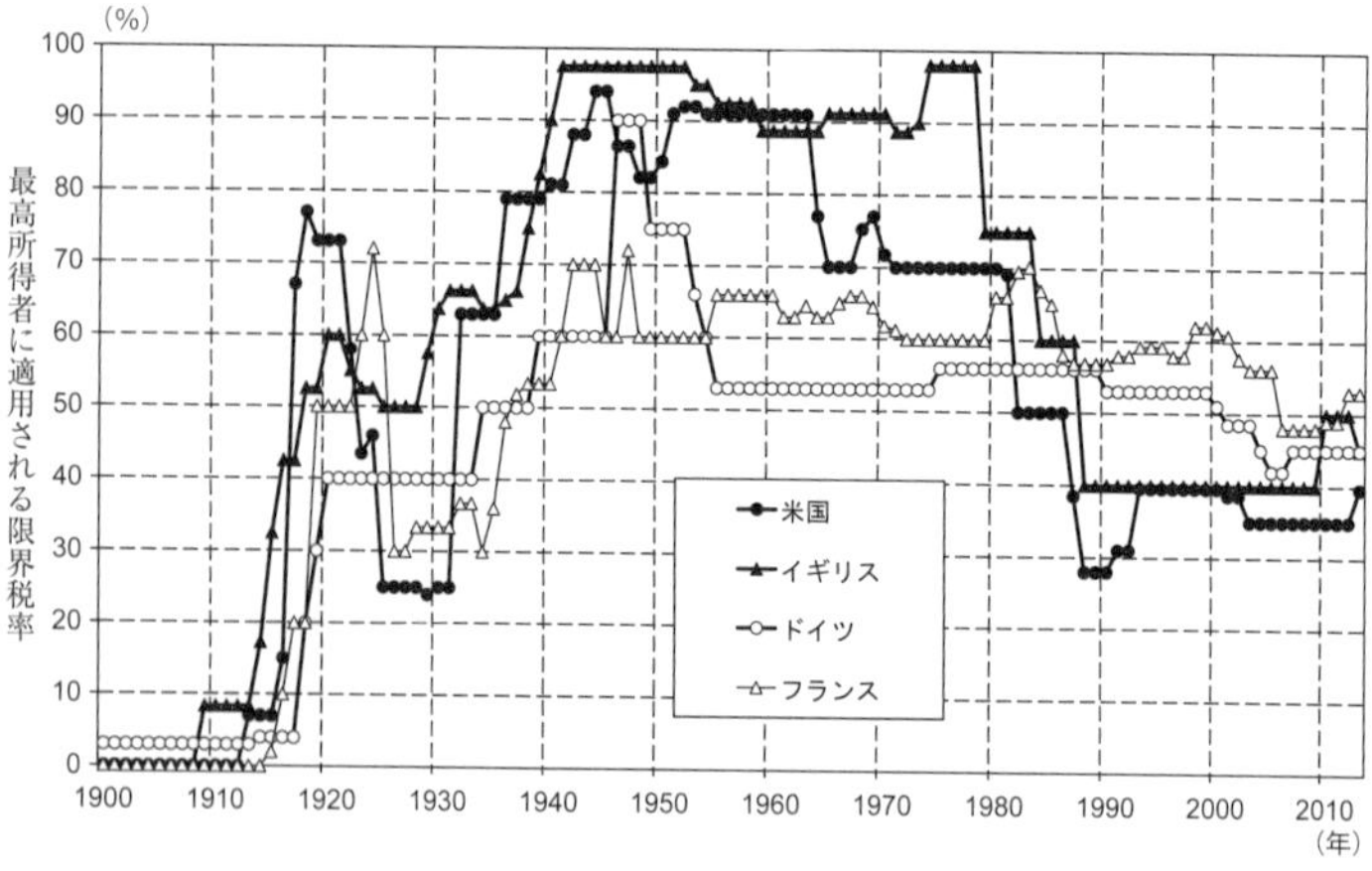

注：所得税の最高限界税率（最高の所得に適用されるもの）は、米国では 1980 年に 70 % だったのが、1988 年には 28 % まで下がった。
出所と時系列データ：http://piketty.pse.ens.fr/capital21c を参照。

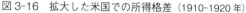

が一致した構造は新しい。これが世界中で伝統的な政党政治の対立の構図が崩れた原因だ。日本では社会党や民主党の命運を見れば明らかだ。労働組合の支持を受ける英国の労働党、ドイツのＳＰＤ（社会民主党）も退潮が著しい。米国の民主党では、クリントンとオバマがもはや民主党ではなく、共和党のような政策を展開した。

グローバリゼーションは、好影響は広く浅く観測されるが、悪影響は狭く深く観測される特徴がある。悪影響を受け、労働組合も守ってくれない地域や人はどうなったのか。それがトランプを支持した忘られた人々、マスコミにも見放された人だ。１９６０－70年代には差別は透明な存在に向けられた。透明な存在が実は２０００年代にもなって存在していたことが明らかになったのが、トランプ登場の背景だ。そして、欧州では極右やポピュリスト政党を支持する構図になっている。その地域や人にとって、低賃金で働く移民は競争相手という意味で敵になることから、差別を一段と助長した。

第三は、国際ルールや国際対応という名の伝統文化の破壊だ。９１１テロの後に欧米では、イスラム教徒の心象を害しないよう「メリークリスマス」は禁句となった。欧州で単一通貨ユーロに加盟しなかった英国やチェコは、自国通貨が消えてなくなることに強い嫌悪感を持つ。女性が肌や髪を他人に見せないことが伝統文化であるイスラムの国家では、国際基準の女性の権利は文化の破壊に映る。欧米では、家畜の権利が認められており、卵を産むニワトリは身動きのできない狭いゲージではなく、広々と運動のできる所で平飼いすべきとされている。米国の一部ではフォアグラは動物虐待で禁止された。日本は２０１８－19年にかけてＩＷＣ（国際捕鯨委員会）から脱退して商業捕鯨が再び可能になった。

もともと市場経済が導入されて経済発展すると、所得格差は、生産性の高い工業部門で所得が増加することで拡大する。これはどこの国でも経験する。しかし、ある程度経済が発展すると所得格差は縮小に向かう。米国では格差拡大は戦前、格差縮小は戦中から戦後にかけてだ。戦後の日本では、格差拡大は1950－60年代、70－80年代にかけて格差は縮小した。この格差の拡大と縮小を経済学者のクズネッツはU字曲線として定型化した。日本では生産性格差インフレーションとして定型化された。

所得革命と象の鼻

しかし、U字曲線と生産性格差インフレは、グローバル化を前提とはしていない。イメージ的には、あくまで閉じた国内で、お金持ちが大きなお金を使うと、そのお金はお金持ちでない同じ国の人にまで恩恵が及ぶように使われる、という意味合いだ。グローバル化で国が開かれると、お金持ちの使うお金が海外からの輸入品や移民にわたることになり、国内での格差是正にならなくなった。このグローバル化で生じた変化を世界の所得分布で実証したのが「象の鼻」だ（図3－18）。これは世界銀行のエコノミストだったミラノヴィッチが発表したものだ。社会主義が崩壊してグローバリゼーションが本格的に始まった1988年から2008年の間に世界各国の個人所得がどう変化したかを見たものだ。

縦軸は20年間の所得の変化で、高いほど所得が大きく伸びたことを意味する。横軸は全世界の所得分位で、左ほど低所得者、右ほど高所得者を意味する。左のほうに集中するのはジンバブエやソマリアなど低所得国だ。右のほうはシンガポールやルクセンブルクや米国など高所得国だ。

象の鼻のポイントは図の中のⒶ、Ⓑ、Ⓒにある。Aは主に中国だ。所得水準は世界的には中間ぐらいだが、この20年間に関してはグローバリゼーションの恩恵で経済が急激に成長したことで、所得は80％もの高い伸びを記録した。一方、所得の伸びの低いBにあるのが、グローバリゼーションの悪影響で所得が停滞した欧米先進国中間層だ。日本は総じてグローバリゼーションで負け組になったことに加え、

図3-18　エレファント・カーブ
全世界の各所得分位の1988年から2008年の間の所得増加率

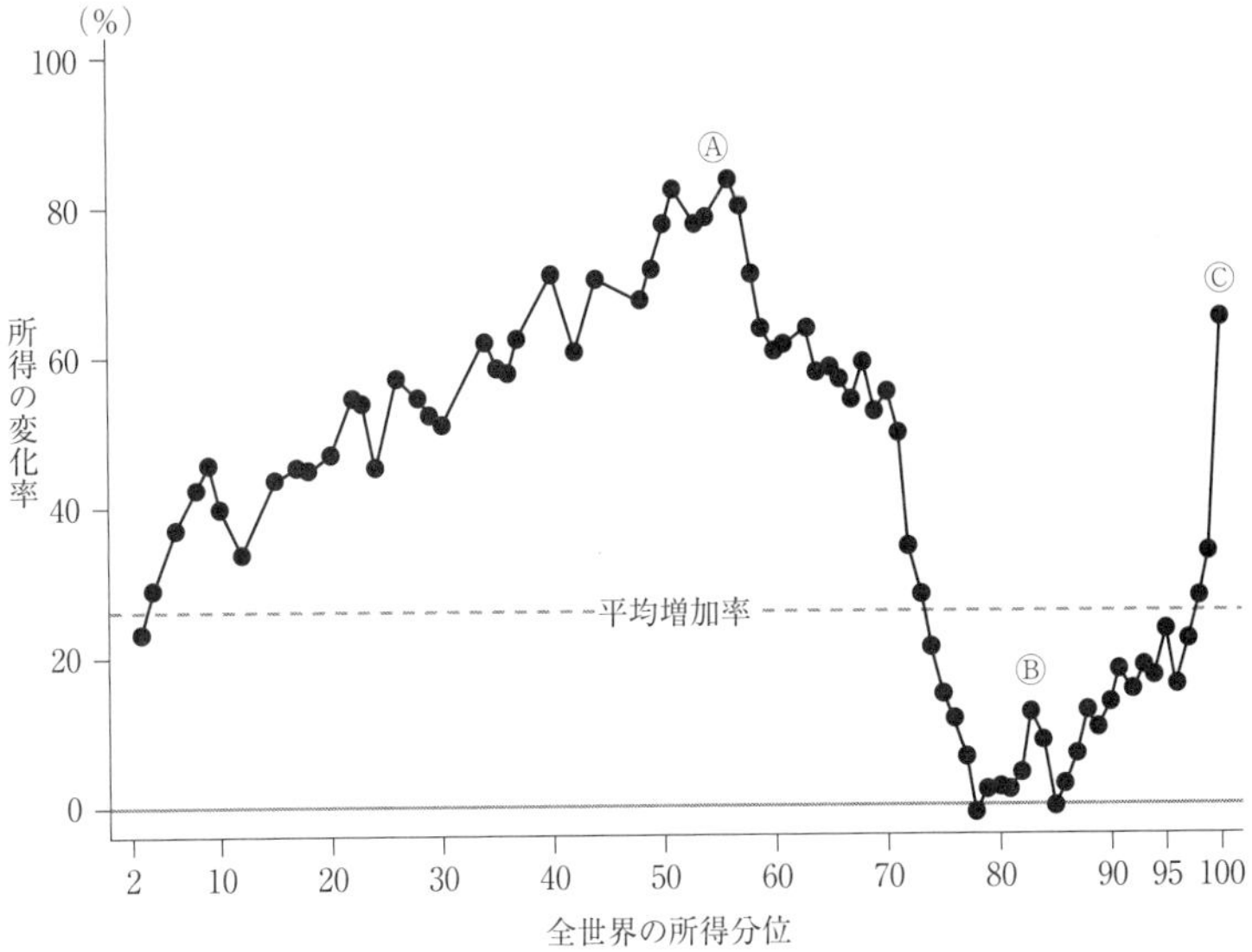

出所：Milanovic
出所：東京財団政策研究所HP　https://tax.tkfd.or.jp/?post_type=article&p=136

バブル崩壊後の経済の停滞の影響が大きく、B点に集中する。Cは、欧米先進国の企業経営者や投資家で、グローバリゼーションの恩恵で大いに所得が増加した。

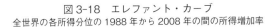

　このように、所得格差はたとえば米国など一国内で発生したように見えても、その背景にはグローバリゼーションがあったのは疑いようのない事実なのだ。

　こうして庶民の不満が鬱積した状況で2008年9月にリーマン・ショックが発生した。その余波で景気が極端に悪くなり、景気対策でグローバル化の恩恵を受けていたグローバル企業が救済され、その後の財政再建で庶民が消費税や付加価値税で増税されるに至り、くすぶり続けた反グローバル化が社会のうねりとなって表面化した。

しかし、これはきっかけにすぎない。こうした個別事例から帰納的に仮説を引き出したのがロドリックの「グローバル化のトリレンマ」だ。

グローバリゼーション・パラドクス

米国の政治学者であるダニ・ロドリックは『グローバリゼーション・パラドクス』[13]で、自由貿易、民主主義、国家主権が同時には成立しないとする「グローバル化のトリレンマ」主張した。

これは概念ではない。かつて戦前に起きた歴史の教訓でもある。戦前にも多くの先進国で自由貿易、民主主義が実現された。しかし、大恐慌で景気が悪くなり政治が不安定化すると、国家主権を守るため移民排斥や保護貿易など他国を敵として攻撃するファシズムが台頭して第二次世界大戦に至った。ただ、その後に国際的な制度が整備され、人間の理性も高まったことで、もはや戦前の過ちは繰り返さないという期待が強くなったのだ。

戦後は戦前の教訓に立脚した制度設計から始まった。自由貿易は戦後一貫して拡大した。2001年に中国がWTOに加盟してからは、国際的な貿易量は急増して自由貿易の恩恵が世界に広く拡散した。民主主義は、中国など一部を除くと、もはや戦後の自由主義国家では所与だ。そうすると、国家主権が維持できるのかどうかが問題となる。

各国の国家主権をグローバルな統一ルールと整合的にするためのガバナンスの在り方をグローバル・ガバナンスと呼ぶ。各国バラバラではなく、よりよい世界統一ルールで世界をよりよく統治しようとする考え方だからだ。しかし各国には各国固有の文化や歴史がある。それを軽視して世界統一のルール化を進めることに、特に外国に行ったことがない、パスポートを持っていない、移民に職を奪われた、移民の振る舞いが癪に障る、など草の根レベルで庶民の抵抗が強いのだ。

96年に米国で出版され世界的なベストセラーとなったハンチントンの『文明の衝突』は、グローバル化で米国が文化的に米国でなくなることを危惧する警告だった。その前にも92年の米国大統領選挙で第三党から出馬して約19％もの得票を得たロス・ペローは、国家主権の優先を主張して自由貿易を制限する主張をした。ＥＵができた後にもドイツやフランスは国家として残っているが、実体は、米国合衆国の中のそれぞれの州のような位置づけになっている。

そして、このトリレンマが単なる学者の唱える仮説ではなく、現実的な目の前の政治の選択としてもはや誰の目にも明らかになったのが２０１６年だ。それまでも、ＥＵで反移民の暴動、反移民を掲げる政党が与党になるなど、兆候はあった。しかし、国際的な自由貿易を推進する機関が存在し、制度として組み込まれ、それを収益源にする人が多くいる中では簡単には変わらない。それでも変化がはっきりと出たのが、16年8月の英国でのＥＵ離脱に関する国民投票と、同年11月の反グローバル化を公約としたトランプ大統領の当選だ。戦後の世界の歴史においては、１９６０年代の社会開放、70年代の福祉政策、80年代の保守化、90年代のグローバル化、２０００年代のＳＮＳ化と監視社会など、アングロサクソンで生じる社会の潮流は、例外ではなく世界の先行事例だった。

歴史は繰り返す

この状況は、前章でも少し触れた１９１０－40年代と酷似している。２００８年のリーマン・ショックの後に非常時対応を重ねて、景気が安定した12年頃以降、経済は好調だ。トランプを生んだ米国の失業率は、1960年代以降、50年ぶりの低水準にある。日本も含め、失業率は数十年ぶりの低さという国は多い。

しかしそれでも多くの国で国政選挙が実施されるたびに、移民排除など極端な右派思想を持つ極右の政党や実現不可能なばら撒きを公約とするポピュリズム政党の伸長が著しい。これだけ景気がよくても、穏健な中道の与党が苦戦して、極右やポピュリズムが伸びるのは異例だ。この洗礼は、次に景気後退が来た後の選挙で明らかになる。

具体的なリスクは何か。歴史の観点では1930年代、あるいは70年代が再来する懸念だ。30年代はブロック経済から世界経済は低迷し戦争に至った。70年代はスタグフレーションと「株式市場の死」をもたらした。

長波の観点では、資本と労働の力関係、米国との対外関係、中波の景気循環などで、大きな転換にあるリスクがある。たとえば、ポピュリストのように、大企業や資本家に課税して一般大衆にばら撒きを主張すれば票は取れるだろう。米国トランプ政権に叩かれたことで反米感情に火がついたメキシコでは、2016年に反米思想を持つ首相が誕生して、経済も株価も低迷している。

幸いなことに、現在はまだポピュリズムや極右が台頭したとはいっても欧州での得票率で20%程度なので、実際の政治が不安定化した事例は少ない(14)。しかし、このまま放置されれば、欧州全域、さらには世界に拡散するリスクがある。それまでに、ロドリックが主張する「グローバリゼーションのトリレンマ」の解消に向け公共政策を修正できるかどうか、残された時間は長くはないだろう。

6　株主資本主義の秘薬

長波としての資本対労働

第2章ですでに米国の金融市場の歴史は概観した。実は本書で取り上げた1920年代以降の前にも、資本と労働の力関係をめぐる熾烈な争いはあった。その時代にさかのぼって長波としての資本対労働の観点で力関係がどう変遷したかを整理すると、以下のようになる。

もともと、資本主義の始まった時代は資本が圧倒的に優位な時代だった。資本家が労働者を搾取したことで、労働者は悲惨な環境に置かれた。産業革命の本場の英国では「羊が人間を食う」とまで表現された。そこで政府は、労働者を救済すべく、労働者の保護や権利という概念が生まれて労働法制を整備した。よいルールが整備されたわけだ。歴史に「もし」はないが、もし労働法制が整備されずに放置されていたら、マルクスが説いた革命が世界中で発生し、世の中が変わっていた可能性はあっただろう。

次に資本が考えたのは独占だ。企業が競争するより、お互い手を結んで談合すれば、超過利潤が得られる。1900年前後は重厚長大産業の時代で、巨額の資本を必要とした。米国では鉄鋼や石油など巨大資本の合併が相次いだ。また、川上から川下まで支配は広がった。たとえば、油田開発から石油の輸送からガソリンの販売までだ。

このように横の合併で水平統合、縦の合併で垂直統合が進み、資本は巨額の利益を得る体制を築いた。この動きは、消費者の利益を犠牲にするもので、厳密には資本対労働ではない。しかし、労働権の保護が不十分な状況での資本の利益であり、労働者は回りまわって消費者だ。したがって、広義の意味で資本が優位性を取り戻した。

しかし、ここでもよいルールが整備される。米国で石油最大手のスタンダードオイルは合併を繰り返して巨大化したが、1911年に最高裁判決で34の会社に分割された。この時代に「公正取引」の概念が確立され、独禁法の法体系が急速に整備された。

ここから先は本書で取り上げた資本と労働の力関係の整理だ。

戦前は経営者優位な時代だった。1932年にバーリとミーンズが共著として発表した『近代株式会社と私有財産』では、1930年時点の米国の金融を除く上位200社を対象に調査が行われ、株主数が増加して大株主の発言権が低下した結果、所有に基づかない経営者支配が出現していることを実証した。経営者支配の定義を大株主の保有比率を20％以下とし、対象の200社のうち会社数で44％、資産額で58％もの会社が該当することを突き止めた。

筆者の問題意識は、会社の支配の正当性で、経営者が自己の利益を優先して株主に対し説明責任を果たさない実態を告発したものだった。その解決策として、様々な利害関係者であるステークホルダーの主張のバランスを取り、企業が産む所得を私利私欲ではなく公共政策の原理に基づいて分配することを提唱した。

1950年代はバランス経営の時代だった。戦時中に企業を優先したことから過去の償いを求めるストが頻発した。これに対し政府が介入して、労使協調路線を確実にする制度を所得政策として実施した。結果的にはバーリとミーンズが主張した公共政策の原理に基づく分配が制度として確立された。

60年代は経営者革命の時代だ。経営学者のチャンドラーは、株式の所有が広く浅く分散することで、株主の声が声なき声になり、経営者が株主の利益を侵害する行動を取っていることを指弾した。最高裁はウォーレン・コートで、独禁法は極めて厳格に運営され、企業経営は手かせ足かせをはめられた。70年代は従業員が過度に保護された時代だ。スト権を恐れ、経営者は株主の利益を犠牲にして妥協するしかない時代だった。敢えて言えば、株主でもなく経営者でもない「従業員資本主義」だ。

80年代以降には力関係が逆転した。経営の指標としてＲＯＥ（株主資本利益率）、経営者の人事評価の基準として株価が重視されるようになった。これらを徹底するため、経営者だけでなく、企業の管理者層にまで報酬を株券で渡すストックオプションが普及した。経営者の中には、社員をリストラすることで株価を押し上げ、ストックオプションを行使して自分の給料とする例が続発した。これを専門とする経営者が会社を渡り歩いて「首切り○○（たとえばジョンソン）」などと揶揄される者が多く出た。こうした行為に対しては強い批判もあったが、エンロン事件のように逆に経営者が株主を欺いた事例もあったことから、大きな修正はなく現在に至っている。

トリクルダウン

もともと１９８０年代に雇用規制の緩和や株主権の強化が実施された時点では、格差が拡大し続けるとは考えられていなかった。それは順序の問題で、いずれは企業を起点に好循環が強まり、最後は末端の従業員にも給料増加などの恩恵が下りてくるとするトリクルダウンが期待された。トリクルダウンとは、富の雫《しずく》が滴《したた》り落ちるという意味だ。

しかし、１９８０年代、90年代、２０００年代と三回の景気好循環を経験したが、トリクルダウンは実現しなかった。そして結果として、市場メカニズムに任せていてはいけない、規制や税制で政策的に誘導する必要があるのではないか、という風潮が強まっている。

図 3-19　労働分配率（給与所得 / 国民所得（左軸））

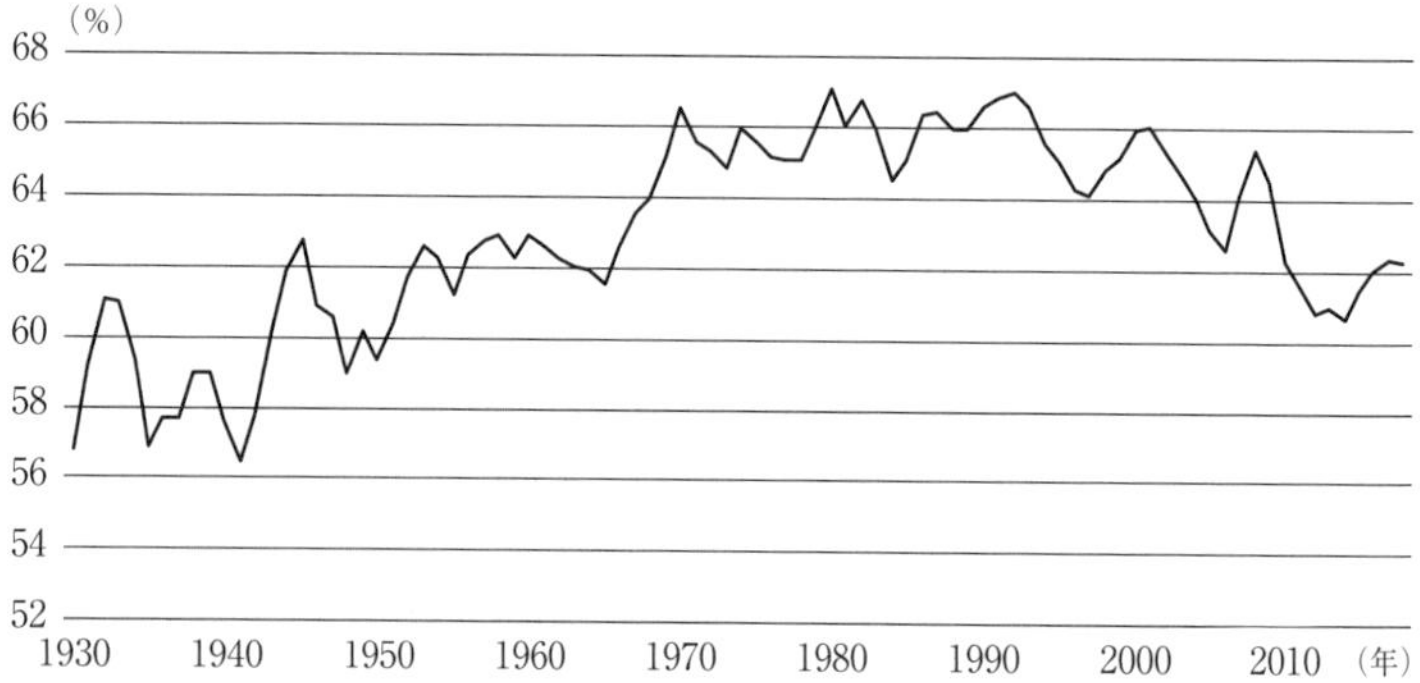

出所：Haver Analytics の公表データに基づいて筆者作成

これを労働分配率で確認すると以下のようになる。１９３０年代所得分配率は、端的に言うと労働者の取り分だ。１９３０年代など大恐慌の時代には非常に低かったが、戦時体制と戦後の労使協力の時代には62％前後に高まった。そして経営者革命と呼ばれた株主不遇の60－70年代には66％前後と戦後最も高い水準にまで上昇した。そして、株主が力を取り戻した80年代に入って徐々に低下し始め、90年代以降は顕著に低下した。２００８年にオバマ大統領は格差是正を訴えて政権に就任したが、労働分配率は概ね横ばいにとどまっている（図３－19）。

前節で、戦前の米国や戦後１９６０－70年代の日本では、一度は拡大した所得格差が縮小したことは述べた。市場メカニズムに委ねるだけでは不十分なので、何らかの政策的な対応が必要になっていると思われる。どう対応すべきかは、第6章で検討する。

マイナス金利の意味

２０１０年代半ば以降に欧州や日本でマイナス金利が始まった。このマイナス金利は、もはや株主資本主義が異常

図3-20　企業の貸借対照表

出所：筆者作成

な姿になったことを意味すると考えられる。

会社の立場で考えよう。企業はバランスシートの左側に資産を持つ。右側の上側には負債、下側には資本を持つ（図3－20）。負債のコストは金利、資本のコストは資本コストと呼ばれる。金利と資本コストは総資産利益率（ROA）の制約を受ける。

話を単純化するために、B＝C＝（1／2）A とする。

仮にROA（利益／A）が4％だとする。株主がROE（株主資本利益率）に8％を要求すると、Bの取り分はゼロとなる。ROAが3％で株主がROEに8％を要求すると、Bの取り分はマイナス2％となる。

現実にはもっと多くの要因が絡んでいる。また、契約には事前と事後があり、ROEが事前で、ROAが事後というわけでは決してない。しかし、最後の帳尻は合わせなければならないので、経営陣は全体像を調整しつつ最適化を図ることになる。

これは企業財務から見た金利水準だが、実際には金利そのものはマクロの経済と金融の均衡として決まる。マクロの均衡と企業財務が著しくかい離する企業は、市場経済のもとでは淘汰されるはずだ。しかし現在のように多くの企業が高いROEを実現する一方、金利が戦後最低に近い低水準になっている事実は、企業のROAとROEが維持不可能な関係に近づいている可能性を意味すると考えられる。

ここでは単純化した企業のバランスシートで見た。しかし、一国で見ても基本的な考え方は同じだ。国家の総資産残高である国富から1年間に生まれるフローがGDPである。GDPが所得として個人や企業に分配される。この関係は、企業の総資産から1年間のフローの付加価値が生まれ、給料や利益や支払利息として分配されるのと同じ構造だ。

資本コスト

資本コストは、債券であろうが株価であろうが両者の中間の性格を持つハイブリッド債券であろうが、法的性質に起因するリスクの多寡に相当する差（リスク・プレミアム）は生じても、方向性は同じである。直截的に言うなら、金利上昇＝景気拡大＝債券の資本コスト上昇＝株価上昇だ。そして、戦後長くこの関係の通り動くのが現実だった。１９９８年から２０１０年までは、好景気＝高金利＝高株価だった。

しかし２０１０年頃以降は、好景気＝低金利＝高株価となった。米国はマイナス金利ではないが、戦後最低水準にある。２０１７年頃からは米国の利上げで正常化に向かったが、２０１９年に入り金融緩和に転換することで、再び反転した。

さらに言えば、マイナスを含む低金利は、個人が主体の預金者が犠牲となる。そして、主に企業が主体の借入のある事業者に恩恵をもたらす。また、低金利は不動産価格を押し上げる。低金利は結局は、家主、株式を保有する富裕層、企業に利益をもたらす。そして、預金者や家賃を払う庶民には負担になる。この格差が、回りまわって政治不安、極右やポリュリズムが浸透する素地ともなっている。

株主資本主義の秘薬

会社を保有するのは株主だ。そして、会社の大きな方針は株主が決定する。その大きな方針の日々の執行を委託されたのが取締役で、取締役はそれを実現するため従業員に業務命令を出す。

取締役の中でも重要なのが社長だ。米国の株主資本主義の力の源泉は、要求を満たせない社長をクビにする権限があることだ。

株主の要求は、通常は前出の株主資本利益率（ROE、利益／株主資本）で数値化される。これを満たすには、取締役には三つの方法がある。

（1）分子の利益を増加させること。売上を増やす、経費を減らして売上高利益率を上げる、などの方法がある。

（2）従業員の給料を減らして、その分を株主に配分すること。従業員の犠牲の上に株主の歓心を買う行為といえる。

（3）借入金を原資に自社株買いを行い、株主資本を減らすことによって、株主資本利益率を引き上げること。分母を低下させることを意味する。

実際には、この三つを組み合わせて企業経営者はROEを達成しようとする。よく日米の経営を比較して、米国は経営者が経営戦略を実践するが、日本は実務家が現場で改善すると言われる。このちがいは、経営者の雇用不安に起因する緊張感からくると考えられる。

米国の経営者は、経営戦略を磨かなければROEを達成できないし、また「できませんでした」で済む話でもない。できなければ更迭される。それ以上でも以下でもない。米国に経営者育成のための大学院が多いのも、それだけのニーズがあるからだ。多額の学費を出す生徒（経営者予備軍）は成果を問われるので、成果に結びつく講座を用意できない高等教育機関は淘汰される。解雇のプレッシャーは、玉突きのように実業界から学界へと広がってゆくのだ。

しかし日本は、根っからの経営者候補などは世襲などを除いてほとんどおらず、元従業員から昇進を重ねて経営陣に加わったサラリーマン経営者がほとんどで、従業員の代表のような位置づけとなる。株主総会でクビになることはまずない、ROEが達成できなくても、「できませんでした」で済ましてもらえる。ニーズがないので高等教育機関はわずかしか存在しない。

本当に有能な経営者は（1）を実現する。しかし、企業経営はマクロ経済全体の制約を受けるので、勝者の裏には必ず敗者が生じる。敗者の中には（2）のパターンの経営者が少なからずいる。従業員の賃下げを原資に株主に回すことで満足させ、自分の給料まで上げる経営者がいるのだ。（3）は資本政策で、これはほぼすべての経営者が行っている。ここでは大きな差はつかないほど、資本政策に関して経営者層に共通の認識ができている。

そして現実に労働分配率が低下している現実は、（2）が相当な規模で発生している可能性が高い。ただ、従業員がおとなしく従う限り、それは高い企業収益を意味するので、株価にはプラスだ。そして現に、90年代以降にこの要因が大きく株価を持ち上げた。

しかし、株主資本主義はここまで強力な力を持ってしまった。では、公益政策としてどう修正されるべきなのか。政治の課題であると同時に経営の課題でもある。この問題は第6章で取り上げる。

7　米国衰退論に与してはならない

多様な側面を持つ米国の理解は難しい

米国の理解は難しい。最大の原因は、多様性だと考えられる。多様なために、どの側面に着目するかで見方が割れてしまうのである。書店に行けば、米国の現実的な理解に役立つ本は意外と少ない。どちらかといえば、反米か親米かでスタンスがはっきりと分かれる。

反米論者は、米国のあからさまな利害の追求や理不尽かつ身勝手な戦争を取り上げ、世界の諸悪の根源であるかのように感情的に書き立てる。たとえば、古くは1960－70年代にかけてのドル危機やベトナム戦争、80年代のプラザ合意、90年代のクリントン大統領時代の日本叩き、2000年代の911テロとその後のアフガン戦争やイラク戦争だ。近年ではトランプ大統領の差別を助長し移民を蔑視する言動、北朝鮮への対応、米中貿易戦争、一向に沈静化しない銃乱射事件、根深い人種差別や蔑視などだ。数え上げればきりがない。

他方、親米論者は、IT分野など企業の革新力、ノーベル賞受賞者を理系でも文系でも多く輩出する独創性、日本と米国との友好関係、米国の明るく解放的な文化などを強調する。また、個別の分野では、米国のアカデミー賞映画、評判のレストラン、ファッションや美容のトレンド、歌手のレディガガやラップなど流行音楽、ライフスタイルなど独創性は群を抜いていると褒めそやす。

よい面と悪い面のすべてを総合的に勘案して国力が決まるのだが、バランスの取れた客観的な見方は難しい。しかし、バランスよく米国を見ないことには、米国の金融覇権の実相が見えないため、金融市場で成果をあげるのは難しい。

金融市場の米国覇権論

本書では米国の見方は一貫している。これまで見た通り、金融市場の秩序を保持するための必要十分条件は、米国の政治、経済、金融市場の安定であり、それは長波の条件でもあるということだ。そしてそれは、世界全体の覇権国として米国が世界をどう仕切るのか、特に経済政策の面が重要だ。

筆者は、金融市場で勝負するにあたり最も大事なのは、頭の中を米国的思考に切り替え、米国人になりきることだと考える。米国の国益を第一に、何がどう動くかを予測するのだ。

覇権については、すでにサルの集団のボスザルにたとえて書いたが、自然界の掟として、集団の一員はボスザルの動向を知らないでは済まされない。もしボスが取ろうとしたエサを若いサルが横取りしたら、群れを追い出される可能性がある。これは自然界の掟である。もちろん理性を持つ人間はサルとはちがう。それでも金融面で重要なのは、覇権国を中心に形成される秩序について、正しい認識を持つことだ。特に重要なのは、簡単に米国衰退論に与してはならないということだ。米国の覇権が明確に確立したのは戦後だが、これまでに米国衰退論は何度も浮上した。

米国衰退論の打破の歴史

ここでは、約10年ごとに起こった代表的な衰退論を取り上げて概観する。

戦後、最初に衰退論が出たのは、前述の繰り返しになるが、１９５７年のスプートニク・ショックだ。57年10月に米国に先駆けてソ連が世界初の人工衛星の打ち上げに成功したことに、米国は大きなショックを受けた。このショックで米国人は、科学技術や教育でも立ち遅れ、冷戦で敗北するのではないかという恐怖感を持つことになった。大陸間弾道弾の開発においても、スプートニクの技術を応用してソ連が米国を上回った。

この二つにより、米国は軍事的優位が揺らぐどころか逆転した可能性があることに、大きなショックを受けたのだ。いかにこのショックが大きかったかは、これを契機に欧州各国や中国が独自の核開発に進んだ事実が物語る。もはや米国の核の傘には頼れないという意思表明だ。しかし、結果的にはケネディ政権が1961年に打ち出したアポロ計画など一連の宇宙開発計画を60年代末に成功させて優位を取り戻し、失地を回復した。

第二は1960－70年代だ。ドイツや日本の経済的台頭や米国の相対的な地位の低下を受け、ニクソン大統領が米ソ両大国は戦略的優位を失い世界は多極化に入ると公言した。米国の国際収支の悪化など経済の退潮は著しく、その力の低下が70年代に金とドルの公定価格での交換を停止したニクソン・ショック、為替相場がドル中心の固定相場から変動相場に移行するなどブレトンウッズ体制の崩壊につながってゆく。

しかし、経済は衰退しても、新たな時代精神を切り開くリベラルな秩序のセッター（開拓者）として時代精神を切り開いた。公民権運動だ。1963年8月の20万人が参加したワシントン大行進は、世界に新しい時代の到来を印象づけた。リベラルな秩序は、世界各地で植民地が独立のために戦争を戦う遠因となった。ニクソン・ショックは、米国が世界秩序を創るという意味で、米国の発行する金や銀など貴金属を含まない不換紙幣が世界の基軸通貨であり続けることで、逆に米国の信用を裏づけるものとさえなった。

また、70年代は国際政治の面でも米国の衰退が顕著だった。74年にニクソン大統領はウォーターゲート事件で辞任した。ベトナム戦争では、米兵の残虐行為の映像がテレビで放映され、そもそもなぜ多大な犠牲を払いながら米国がベトナムで戦争をしているのか、その正当性が疑念視された。そして、米国は実質的に敗北した。カーター大統領の時代に国際的な指導力を失った米国はカーター危機と呼ばれた。

しかし、それでも米国は復活した。80年代のレーガン革命の様子は第2章で見た通りだ。経済的にはスタグフレーションを収束させて低インフレ、高成長を実現し、ソ連を崩壊に追い込み、10年以上続いた株価の低迷に終止符を打ち、その後約20年も続いた大相場の端緒となった。

ただ、レーガン政権が強いアメリカを打ち出しても、財政赤字と経常赤字の双子の赤字に歯止めがかからなかったことから、80年代後半には衰退論が体系的に論じられるようになった。双子の赤字は、頼りにしていたボスが実は借金で首が回らず、債権者の言いなりになるのではないか、という懸念が出始めたことを象徴する。戦略論で有名なエドワード・ルトワックも日本と米国を比較して日本の脅威を声高に主張した[15]。

80－90年代にかけて衰退論が華やかだった時代に、ハーバード大学教授で後にクリントン政権で国務省入りしたジョセフ・ナイは『不滅の大国アメリカ』で、米国には圧倒的なソフトパワーがあると主張した[16]。ソフトパワーは、領土、人口、社会の諸制度、科学技術、文化などで構成され、世界中の人が米国にあこがれを抱いている事実に表象されている。国際関係には、経済、力、価値観の三つの断面があるが、経済で顕著に力が低下しても米国が国際的な影響力を持ち得た原動力こそがソフトパワーだとする。それは、意図する方向に関係者を巻き込む力と定義できる。ソ連が崩壊した原因は様々だが、若者がジーンズをはいてロックを聞きながらコーラを飲みたい、という願望を強く抱いた文化の力は、いくら国家が情報を遮断して愛国イデオロギー教育をしても、勝てるものではないことを証明した。

そして現に、90年代に入って米国経済が黄金時代を迎え、財政黒字を達成したことで、衰退論は経済や政治の面では霧消した。技術革新でも勃興しつつあったIT分野で米国企業の躍進は目覚ましかった。この分野は、産業の序列として大手、中位、下位、と階層ができる序列ではなく、プラットフォーマーと呼ばれる最大手が世界のその業界の利益をほぼ独占する勝者一人勝ち（ウィナー・テイク・オール）の構造を持っている。パソコンのOSのマイクロソフト、検索エンジンのグーグル、SNSのフェイスブック、Eコマースのアマゾンなどだ。したがって企業規模が桁違いに大きく2018年頃には株式時価総額が1兆ドルを超えた。90年以降の米国の価値、力、経済で国際見解を優位に進める原動力がワシントン・コンセンサスと呼ばれたグローバル化だ。

しかし、90年代以降にはまったく別の面から衰退論が論じられるようになった。グローバル化の負の側面だ。大きく分けて負の側面は、米国内部が蝕まれる、諸外国が米国に反発する、の二つの面で懸念された。

米国内部が蝕まれる見立てについて、ハンチントンは97年にフォーリン・アフェアーズに発表した「アメリカ国益の浸食」[17]で、冷戦の終結で敵を失った米国は、文化的支柱が侵食され、勤労と倹約を重んじるピューリタンの伝統が失われ、過剰な商業主義、文化的多文化主義で社会の統合が緩み、国民精神が内部から崩壊するのではないかという懸念を表明した。衰退論では、国家の衰退にはいくつかのパターンがあるとする。最も古典的な大国の衰退はローマ帝国で、文化的な同一性がなくなって国家としての統一性が失われることが根底にあったとされる。

ここに至って、歴史学ですでに体系として整備されていた古典に帰っていった。敵に負けるのではなく、敵に勝つことで、衰退が始まるのだ。古典に回帰して見えてきたのは、隠れていた二つの事実だ。一つは、沿岸部のグローバル化を支持するエリートと、内陸部の普通の人に大きな分断が生じていたことだ。もう一つは、沿岸部の世界で稼ぐサービスと内陸部のオールドエコノミーの隔絶だ。

この二つの面での分断は、2016年のトランプ大統領の誕生で広く知られるようになった。

諸外国が米国に反発する見立てについて、ワシントン・コンセンサスに対し外国から文化的帝国主義として批判が巻き起こり、反米の機運が高まった。典型例が911テロだ。テロの約2週間後にはアフガン戦争が開始された。見えない敵であるテロリストとの戦いは容易ではない。今も内戦状態は続いており、多くの難民が中央アジアや東欧に流入している。イラク戦争は300兆円（スティグリッツ試算）[18]つぎ込んでも戦闘状態は続いている。トランプ大統領は「終わりのない戦争はしない」と表明して撤退方針を掲げる。

そして2008年9月にリーマン・ショックが発生した。米国は日本のバブル崩壊と同じで失われた10年や20年になると懸念があった。しかし、あれから10年が経過して判明したのは、米国経済の突出した強さだ。IT産業の革新力は圧倒的な「稼ぐ力」がある。震源地となった金融をとっても、世界で最も優良な金融機関は米国に集中している。日本やドイツの金融機関は、マイナス金利などでPBR（株価純資産倍率）が1以下、PER（株価収益率）は1桁前半と不振を極めている。米国の金融機関も、リーマン・ショック後にもはや規制強化で成長性はなくなったとして水道や電力と同じ公益株としての評価しかされなかった。しかし、その後の米銀は金融マンをデータサイエンティストやプログラマーに入れ替え、多くの社員をインドで採用するなど革新を進めた。先進国の銀行株でまともなPBRやPERがついているのは、米銀だけと言っても過言ではない。

米国の歴史に明確なサイクル

２０１６年に暴言やスキャンダルの絶えないトランプ大統領が誕生した。これは衰退論の文脈では、過去から繰り返し起きたパターンだ。

米国は、経済が好調になると、理想論として自由と民主主義を世界に広めようと世界に介入する。代表例は「黄金の60年代」の後のベトナム戦争、90年代の経済絶好調の時代の後のイラク戦争だ。

しかし、理想主義を世界に広めるのは簡単ではない。巨額の戦費負担に加え、国内政治も混乱して、結局は経済的に疲弊する。衰退論が声高に叫ばれるのはこの局面だ。そして、自国第一の姿勢で自由や民主主義の理想をかなぐり捨てて、経済的利益を取りにいく。カーター危機の後のレーガン、湾岸戦争の後のクリントンだ。この局面で経済が活性化することで衰退論は霧消する。

それでも衰退論は出続けている。近年でもブッシュ（子）政権で大統領経済諮問委員会議長（ＣＥＡ）だったグレン・ハバードとティム・ケインが共著で『なぜ大国は衰退するのか』を出版した。ダロン・アセモグルとジェイムズ・Ａ・ロビンソン（著）、『国家はなぜ衰退するのか』もベストセラーになった。他にもニーアル・ファーガソンの『劣化国家』やケネス・ロゴフ、カーメン・ラインハート共著の『国家は破綻する』などがある。何をしなければならないか、という危機感の裏返しとみてよいだろう。

これら新しい衰退論の特徴は、現状に満足する人々の増加に対する危機感だろう。テストの点数が悪い、生活が貧しい、それでも満足する人が増加している。これも大きな危機を経験した世代に起こる特徴だ。１９２０年代の大恐慌を経験した米国の世代は、戦後に沈黙の世代になった。それに反発した若者は、60年代に反政府運動やカウンターカルチャー運動を起こし、社会秩序が大きく揺らいだ。

現時点では、当時のような運動を若者が起こす兆しはない。しかし、地球温暖化、英国では若者が反対したが高齢者が賛成したことで可決したEU離脱など火種はある。こうした面では英米が世界の先駆けとなるのが歴史の教訓なので、注視する必要はあるだろう。

衰退の危機感が衰退を未然に防止する

1950年代と90年代には目立たなかったが、米国衰退論は戦後ずっとあったといえる。キジは、危機に遭遇すると、土の中に頭を隠して危機を見なくなる。この習性は、頭かくして尻隠さず、という諺の語源だとみられている。しかし、危機は去ったわけではない。自然界の掟では、尻を襲われ捕獲されるのがオチだろう。米国の衰退論は、危機に遭遇して危機の正体を正面から見据えようとするキジと理解できる。

そうすることで、逆に結果的に危機を克服するのだ。ハンチントンは、衰退は、衰退を認識することで防止することができると結論づけている。むしろそう認識しない日本のほうが恐ろしい可能性があることは、第5章で議論する。

戦後の米国は、これまではすべての危機を乗り越えて覇権国として君臨し続けている。2010年12月、ラリー・サマーズはオバマ政権の国家経済会議議長を辞任するにあたって次のように述べている[19]。

米国が衰退してしまうと見做す悲観的な予測は建国期以来の伝統のようなものだ。だが、ロシア、日本、ドイツに追い抜かれるなど悲観的な予測が出るたびに、米国は、常に世代ごとに経済を刷新してきた。そして今度は中国だ。われわれが将来について心配する限り、将来はより明るいものになる。たしかにわれわれは課題に直面している。だが、わが国は、歴史的にみても、最も柔軟でダイナミック、そして起業家精神豊かな社会を持っている。米国が正しい道を選択する限り、繁栄の道は洋々と開けている。

衰退論の真贋では学者より市場に軍配

世界各国が外貨準備として持つ通貨に占めるドルの比率は、１９７５年頃に戦後最も高い75％を超えたが、衰退論が高まった90年には45％程度まで低下した。その後は回復して２０００年には65％程度に高まったが、その後は60％程度で安定している。２位はユーロで約20％、３位は円で約５％だ。

こうした動きは株式とは異なる。株式は１９８２年を底に急騰が始まった。２０００〜15年は広レンジで概ね横ばいだが、２０１５年以降は上昇基調にある。

米国への信任という意味では、外貨準備より株価のほうが正しく反映していると考えられる。覇権を研究する学者より株式市場のほうが、衰退あるいは覇権維持のどちらが正しいかを早い段階から正確に織り込んでいたと見てよい。

２０１６年にトランプ政権が誕生して以来、株価は増勢を強めている。米国第一は、米国にとってよい話であるのは論を俟たない。しかし、それは回りまわって中国は別として、世界にとって覇権安定論の観点でもよい話だ。

２０２０年の大統領選挙では何がポイントとなるか、続きは第６章で取り上げる。

【第3章注】

（1） neoconservatism，新保守主義と訳されることもある。ネオコンの思想は代表的な論客であるロバート・ケーガンの自著「『ネオコンの論理』（光文社、２００３年）にコンパクトにまとめられている。

（2） スティグリッツ、ビルムズ（２００８）。

（3） フクヤマ（２００６）。

（4） 通称「パリバ・ショック」。

（5） Credit Default Swap：ＣＤＯに対する保険契約。

（6） オバマ（２００７）（２００８）。ちなみにバラク・オバマ夫人のミシェルも、自伝『マイ・ストーリー』（原題 *Becoming*）を２０１８年に刊行している。

（7） 米国の財政赤字はリーマン・ショック後の対応で急増した。「茶会」は財政赤字の存在そのものに強硬に反対する、主に共和党内の政策集団。

（8） レビット（２００３）。

（9） ガイトナー（２０１５）14ページ。もともとのこの見解はウォルター・バジョットが１８７３年の名著『ロンバード街　ロンドンの金融市場』で示したものである。

（10） ソロス（２００９）10ページ。

（11） ラッファー、ムーア、タナウス（２００９）。

（12） 筆者がこのレポートを解説した「ＦＲＢ出口戦略の基本スタンスについて（２０１０年2月）」は以下のサイトを参照。https://www.resonabank.co.jp/nenkin/info/economist/pdf/100209.pdf

（13） ロドリック（２０１４）。

（14） http://populismindex.com/

（15） ルトワック（１９９４）。

（16） ナイ（１９９０）。

（17） ハンチントン（１９９７）。

（18） スティグリッツ、ヒルムズ前掲書。

（19） http://larrysummers.com/wp-content/uploads/2015/07/Economic-Progress-and-Economic-Policy_12.13.2010.pdf をもとに筆者訳。

第4章　平成の「敗戦処理」

1　平成時代の日本経済を総括する

景気回復ではなく経済再生を

本章では日本のバブルの生成、崩壊以降の日本の経済と株式市場を取り上げる。この時代は平成時代とほぼ重なる。

経済の観点で、日本の凋落は世界でも突出している。しかも、重層的な歴史の観点からの総括が、今日に至るまで、あるようでない、と筆者は考える。というのも、凋落したのは一人あたりＧＤＰが世界4位から26位になったことと、所得面・産業競争力の低下、勤労意欲の低下、自民党の分裂や民主党への政権交代など政治面の不安定さ、家族の解体や孤独の増加などの社会の変貌など、あまりに多方面にわたるからだ。これほど相互に関係し合いながらある意味で均衡を成す社会現象を、単純化して原因を探ることは難しい。

このような状況下で、少なくとも平成時代の経済の低迷に関する国民的な合意はないと言ってよいだろう。逆に言えば、それがもしあるのならば、経済が低迷した原因が解明され、対策が実施されることで日本経済の再生にいくばくかは寄与するはずだ。

景気は景気対策を実施すれば回復する。しかし、経済の再生は、低迷の原因を除去しない限り実現できない。このことの意味は、日本経済の低迷はまだ現在進行中で、かなり先の将来の時代になって、令和時代は平成の時代の反省と教訓を活かさなかったために凋落が続いた、となる可能性がまだないわけではないのだ。ここでは、そうならないためにも、平成時代をまず経済と金融の観点から総括する。

経済の再生と景気の回復は、まったくの別物だ。インフルエンザにたとえれば、解熱剤と点滴など薬を処方すれば症状は緩和され、とりあえず表面的には治ったかのように元気が回復してピンピンする。しかし、体内にインフルエンザの菌が残っている限り、薬の効果が切れれば、再び元のインフルエンザの症状に戻る。インフルエンザの菌を体内から除去するには、抗生物質を飲むか生命力による自然治癒しかない。

もうおわかりだろうが、薬によるかりそめの元気回復が景気回復、治癒が経済再生だ。

謙虚に反省して学ぶ姿勢

そもそも、なぜ日本で世界史的な規模のバブルが生じたのか。成功は失敗の母であるし、失敗は成功の父だ。戦後、あまりにうまくいった経済の再建と発展[1]がバブルの素地を作ったといえる。また、その成功体験がバブルの処理を遅らせた。その意味で、戦後復興にさかのぼって日本の経済発展の歴史を概観する必要がある。

日本ではバブル崩壊の処理に10年以上もの歳月を要した。米国がリーマン・ショック後の景気の落ち込みからごく短期間でV字型回復をしたことと対照を成す。２００８年9月のリーマン・ショックの際、日本のバブル崩壊と同じで、米国もこれから「失われた10年」になるとの見立てがあった。しかし現実には、リーマン・ショックからわずか10カ月後の２００９年７月には底を打って回復傾向に入った。株価は少し前の２００９年３月に底をつけている。そして、景気も株価も長期拡大基調に入った。失われた10年ではなく「失われたわずか半年強」だったということになる。今後は新型コロナウィルスなど感染症問題も重要課題の一つとなるだろうが、これは経済問題というよりはむしろ自然災害リスクと位置づけられよう。

米国の例は第２章と第３章ですでにみた。この二つの事例を比較すれば、彼我の差は明らかになる。何がこの差を生んだのか。本当に日本が学ぶべきは、ここにこそある。

平成時代の日本経済凋落の姿

すべての物事は現状認識から始まる。ここではまず、平成時代の日本経済の姿を客観的な比較で見ていこう。

一人あたりＧＤＰを国際比較が可能なドル建てで比較すると、日本は平成元（１９８９）年は４位、２０００年には２位、２０１０年には18位、２０１８年には26位となっている。ドル建てなので為替相場の影響を受けるが、平成時代の凋落が明白だ。しかも、この間に日本では人口減少が始まったため、国家全体のＧＤＰは一人あたりＧＤＰより低迷する。平成元（１９８９）年と２０１８（平成30）年の経済規模を名目ＧＤＰで他の主要国と比較すると、図４－１のようになる。

米国は３・６倍、ドイツは２・７倍、中国は実に52・４倍になっている。経済の格差は企業の格差でもある。代表的な株価指数で比較すると、日本は約０・７倍、米国は約12倍で、相対比較すると17倍もの差が出た（図４－２）。

図4-1　名目GDP（1989年＝1）

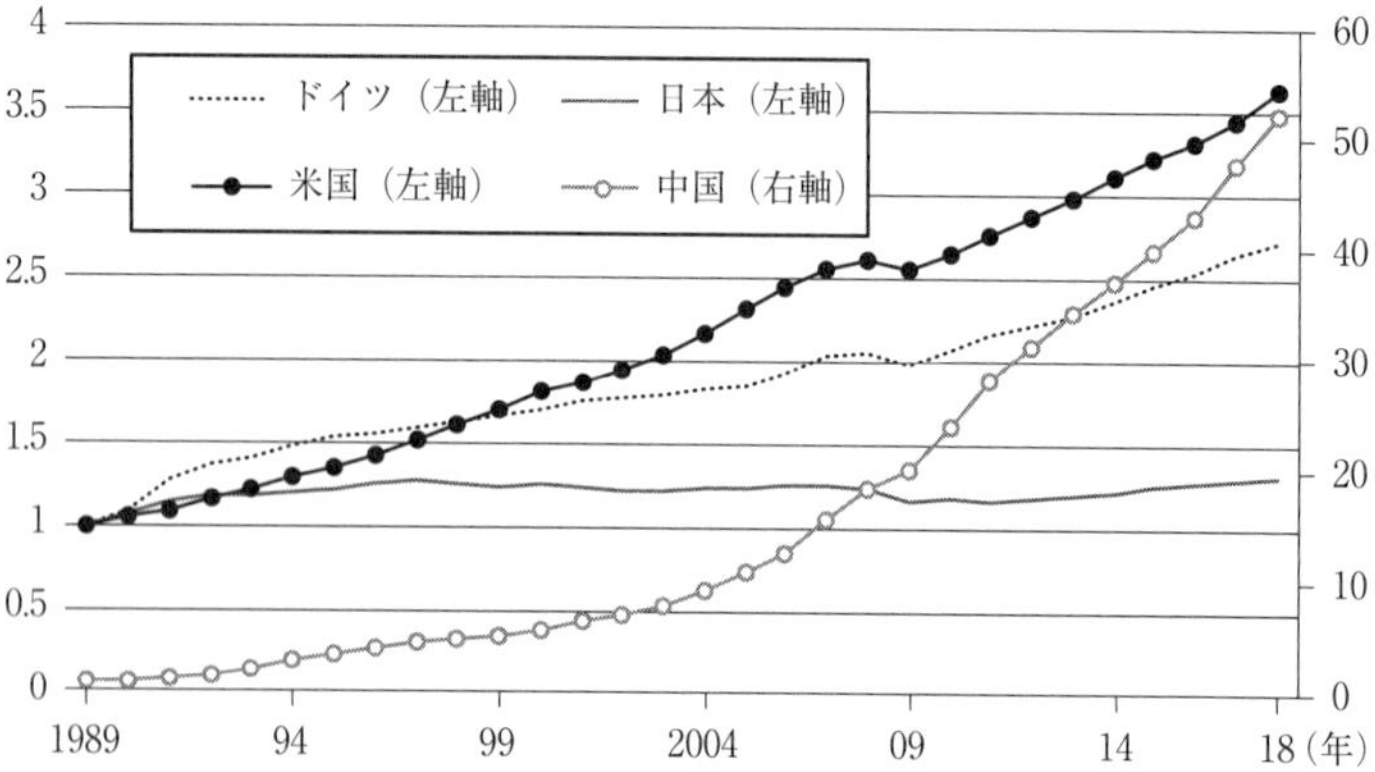

出所：Haver Analyticsの公表データに基づいて筆者作成

株価指数でこれだけの差が生じていれば、個別銘柄でも大差は生じる。１９８９年の時価総額で世界のトップ10に日本企業は7社入っていた。うち銀行が5社、あとはＮＴＴと東京電力だ。日本以外のトップ10はＩＢＭ、エクソン、ロイヤルダッチシェルの3社だった。しかし、２０１８年のトップ10に日本企業は1社もなく、9社が米国で残りの1社は中国のアリババだ。米国の9社のうち、ＩＴ系がＧＡＦＡとマイクロソフトの5社、ほかはバフェットの投資会社であるバークシャー・ハサウェイ、ジョンソン・アンド・ジョンソン、ＪＰ・モルガン・チェース、エクソン・モービルだ。

転落の歴史に何を見るか

これらの差異は、隔世の感どころかデータの誤りではないかとの印象を与えるほどに衝撃的だ。世界史を見ると、19世紀末にイタリア国王エドモンド・デ・アミーチス作の名作児童文学『クオーレ』[2]の中の一話「母を訪ねて三千里」では、マルコ少年が母を捜しにアルゼンチンまで行く。当時、後進国に転落したイタリアのジェノ

図 4-2　日米株価の推移（1988 年末＝ 1）

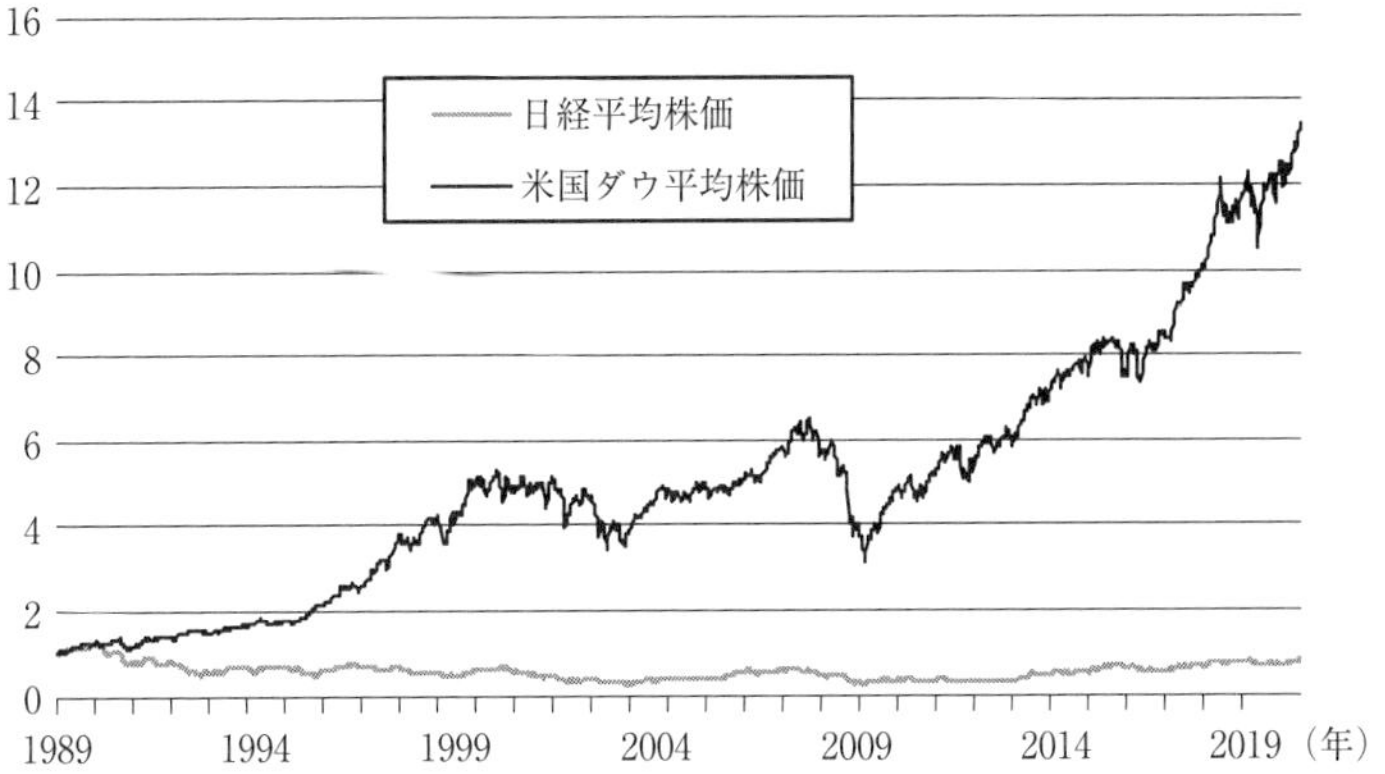

出所：Haver Analytics の公表データに基づいて筆者作成

ヴァ（第1章でとり上げたジェノアと同一）から先進国だったアルゼンチンに出稼ぎに行った時代だ。歴史は、日本がアルゼンチンのように先進国から後進国に転落する可能性があることを教えてくれる。

大事なのは危機を煽ることではない。株式市場は平成の間に危機のシグナルを発し続けた（図４－２）。危機と機会は表裏一体だ。危機を克服して機会とするために、まずは平成時代の危機を振り返ることとする。

2　誇大妄想から始まった日本のバブル景気

吉田ドクトリン

終戦から朝鮮戦争勃発まで、敗戦国日本の経済は混乱を極めた。敗戦の処理は債務の処理でもあった。日本は巨額の国債を発行して戦費に充てたが、敗戦で返済できなくなった。返済できなくなった債務の処理は、返済しない債務不履行（デフォルト）と、インフレを起こして債務を実質的に小さくする二つの方法がある。当時の日本は、インフレで名目ＧＤＰを膨張させ債務／名目ＧＤ

Pを小さくする選択をした。その過程は預金封鎖や新円への切り替えなど、国民には多大な負担を強いるものだった。

物価は戦前と比較すると約1000倍にもなった。1000万円の国債を持っていた債権者には実質的な価値で1万円しか支払われなかったことになる。持続不可能な規模の債務を負った経済がそれをどう解消するかの一つの典型例といえる。

世界情勢を規定したのは東西冷戦だった。同じ連合国の戦勝国であった英国のチャーチル元首相がソ連を敵視する「鉄のカーテン」演説を行ったのは1946年3月だ。そして、50年6月には米ソの代理戦争が朝鮮半島で勃発した。代理戦争とは、親分同士の抗争は周りを巻き込んで被害が大きいため、子分同士が代理となって戦う抗争だ。

この内憂外患の困難な時期に「吉田ドクトリン（路線）」が形成された。戦後の貧しい時期に飢餓を防ぎ、近隣で大国が赤化し、米ソの代理戦争が勃発する国際環境の中、日本は親米の軽軍備、政治経済の両面で自由主義陣営、中でも特に経済成長を重視する路線選択だった。

この路線選択は大成功して、昭和から平成にかけて奇跡ともいえる経済成長を実現する原動力となった。経済運営は、経済安定本部が司令塔となる官主導だった。経済安定本部は、戦前戦中に統制経済を推し進めるために設けた企画院から多くのメンバーが再集結したので、戦後経済は戦前戦中の統制経済の復活と見てよい。たとえば、後で詳しく見る「戦後経済の生命線」と呼ばれた鉄鋼と石炭の傾斜生産は、経済安定本部の企画立案による。これは、まず資金と資材と人を鉄鋼生産に集中する。そうして生産される鉄鋼を石炭採掘に集中する。そして採掘された石炭を鉄鋼生産に集中する。そしてまた石炭に集中する。こうして拡大再生産を他の品目にも広げていく一点突破による復興の、世界初の画期的な方式だった。

日経平均株価指数は、東京証券取引所が１９５０年９月７日に算出を始めた東証修正平均を元データとして計算される。取引所が再開した49年５月16日は１７６円21銭で、東証がさかのぼって算出した。朝鮮戦争勃発の少し前、50年７月に東証の修正平均株価（現在の日経平均株価）は85円の戦後最安値をつけた。そして50年代には経済が復興期に入ったことで上昇傾向に入った。

米国の庇護

復興の過程では、米国の庇護が非常に大きく寄与した。米ソの東西冷戦の中、１９４９年10月には中国の内戦で共産党が国民党に勝利して赤化、50年２月には日本を仮想敵国として中ソ軍事同盟（中ソ友好同盟相互援助条約、その後に中ソが対立して80年代に失効した）を締結、50年６月には朝鮮半島でも赤化の流れで米ソの代理戦争としての朝鮮戦争が勃発、などを受けてから米国の対日政策は大きく転換した。

この米国の後押しを受け、日本は51年にサンフランシスコ講和条約を締結して国際社会に復帰した。55年には自由党と民主党が合併する保守合同により自民党が誕生した。これは「55年体制」と呼ばれる。保守合同の意味は、選挙で社会党が躍進したことを受けて日本が国家として米国を盟主とする西側（資本主義）陣営にとどまる政治的意思を、戦争責任や歴史認識の問題をある意味で棚上げして、明らかにする意義を持った。

米国の庇護は、飢餓を凌ぐための食糧援助、経済復興に向けた税制や財政に関するドッジ・ラインやシャウプ勧告の策定、50年から53年まで続いた朝鮮戦争での補給基地として特需など経済再建の面で絶大な効果をもたらした。この「特需景気」がもたらしたガチャマン（金型産業などでガチャンと一回プレスすると一万円儲かったこと）などにより、日本の産業は一気に活性化した。そして、早くも56年には経済白書が戦後復興を終えた事実を「もはや戦後ではない」と巧みに表現した。

株価は50年７月に底をつけて以来、朝鮮特需を受け大きく上昇した。ただ53年３月に４７４円でピークをつけたが、きっかけはスターリン死去に伴う朝鮮戦争終結の思惑だった。その後は54年12月から始まり57年６月まで続いた神武景気と歩調を合わせるかのように、株価も底と天井をほぼ一致するタイミングで動いた。

高度成長と石油ショックの克服

１９６０年12月には池田内閣が10年間での所得倍増計画を策定した。61年から70年にかけて７・２％の経済成長率を実現すれば、所得が10年で倍増するという内容だった。実際には10％を超える二桁の経済成長により所得倍増計画は68年に前倒しで達成された。64年には先進国クラブと評されるＯＥＣＤに加盟した。68年には西側陣営でＧＤＰはアメリカに次いで世界第２位にまで拡大した。経済史の上では55年から73年を高度成長期と呼ぶ。64年の東京オリンピック、70年の大阪万博もインフラ整備や時代精神を変える上で大きな契機となった。

そして１９７３年および78年、第一次と第二次の石油ショックが発生する。エネルギー、食糧、金融は、経済発展で国策が如実に表れる戦略分野であり、国際的な覇権の文脈で特に重視される産業なのだが、ここで戦後のエネルギー政策をみておく。

戦後復興の過程では、鉄鋼と石炭の傾斜生産が戦後復興の起点として奏功したと評価されている。だが、その後の高度成長の過程では、日本は主要エネルギー源を石炭から石油に切り換えることに成功している。石炭から低コストの石油への切り替えは、悪く言えば石炭産業の切り捨てであり、激しい炭鉱ストが発生した。

英国が１９８０年代まで炭鉱ストに悩まされた事実と比較すると、傾斜生産で戦後復興を支えた石炭産業が早い段階で切り捨てられ、あっさりと主要エネルギーを石油に転換した事実は、この時代にはまだ日本の産業が利権化しておらず、クリーンな政治を象徴すると評価してよいだろう。

そして、１９７０年代に入って低油価の時代が終わって石油価格が跳ね上がった石油ショックに対し、日本は省エネの技術開発においても、世界で最も成功した。自動車の有毒な排気ガスを触媒で低公害化する技術の開発に世界で初めて成功したホンダのＣＶＣＣエンジンは、世界を排気ガスの公害から救う救世主となり、日本の自動車産業が世界に飛躍する地歩を築いた。また、その少し後の時代には産業構造が重厚長大型からマイクロエレクトロニクス革命で軽薄短小型に移行するのに成功した。

このマイクロエレクトロニクス革命により、日本で自動制御の24時間稼働の無人工場が登場して世界を席巻した。ＣＤ、ミニコンポ、テレビ、ＶＴＲ、自動車など、部分的にはデジタル技術が取り入れられていたとはいえ、まだアナログのすり合わせが品質を左右していたのがデジタルの黎明期だ。日本がこの第三次産業革命に世界で最初に成功し、世界経済の牽引役のナンバー2としてナンバー１の米国の覇権を脅かす存在になったことが、後に禍をもたらすことになる。

株価は、１９５８年7月から61年12月まで、岩戸景気と歩調を合わせるかのように動いた。57年12月に４７１円で底をつけ、61年7月に１８２９円で天井をつけた。その後の景気は、金融政策が引き締めに転換したこともあり、安定しなかった。戦後復興期から高度成長期に入る端境期として位置づけられる。

1964年東京オリンピック後の反動で、大手特殊鋼メーカーの破綻、実質的に破綻した山一證券での取り付け騒ぎへの対応で日銀特融が行われ、低迷する株価を買い支える日本共同証券を設立するなど、当時としては深くて長い「昭和40年不況」を経験した。株価も65年7月に1020円で底をつけるまで低迷した。

しかし65年11月から70年7月までは57カ月と長く戦後最長記録だったいざなぎ景気が始まった。株価も70年代に入りインフレとなったこともあり、73年1月の5359円まで上昇を続けた。世界的には石油ショックで70年代の株価は低迷したが、日本は74年10月に3355円で底をつけたあと、81年まで続く長期上昇基調に入った。

産業政策

こうした日本経済躍進のきっかけが、政府の産業政策だ。通産省が主導した省エネに成功したサンシャイン計画やムーンライト計画は、産業政策の成果とされる[3]。しかし、幼稚産業保護の御旗のもと、政府が計画を作り、補助金で産業を育成し、海外からダンピングと批判されるほどの安値で輸出攻勢をかける姿勢は、2018年以降に米国が中国を批判するのとほぼ同じ構造だ。当時も今も、米国はこの補助金行政を根拠に、日本叩きや中国叩きを行っている。ならば米国も補助金を使って同じことをすればよいとの見方が一部にあるが、米国型の社会経済システムでは無理があるのだろう[4]。

このように事実を羅列すると予定調和的なストーリーのようだが、米国の庇護はそれだけ大きく、東西冷戦下における吉田ドクトリンは正しい選択だった。これだけスムーズに経済発展した例は世界史上初だったという事実は、国際的には日本を取り巻く環境変化が世界史的なスケールを持つものだったこと、国内的にも前例踏襲や過度なリスク回避など先進国病になる前の日本は環境変化に果敢に挑戦する生きた生命体のようであったことを意味すると見てよいだろう。

長波と中波

このように日本が成功した要因は様々だが、やはり歴史学者ブローデルの三つの波に分けて考えると整理しやすい。長波としては、東西冷戦が続いた1990年頃までは米国の庇護が得られたこと、資本不足の時代に資本を優遇して銀行に資本を集中させ信用秩序の維持が整然と行われたこと、そのためにコツコツと少額ずつでも貯める銀行預金はすばらしいことであるという社会通念ができ上がった[5]。税制面でも資本不足の時代に資本蓄積を優先するためマル優[6]のような税制が実施された。これは世界的にも珍しい制度だった。

中波としては、戦災で破壊されたインフラ、住宅などの復興需要が極めて大きかった。また、日本は戦後に飢餓を経験した。飢餓を経験すると、解消された後の消費意欲が極めて強くなる傾向があるが、飽食の時代しか知らない現代の日本人には想像がつかないほどの消費意欲だった。ただ同時に、マル優もあり、貯蓄意欲も高かった。高い消費意欲と貯蓄意欲を同時に達成するにはどうすればよいか。猛烈に働くのだ。よって勤労意欲も高かった。それは「（会社への）滅私奉公」「メシ・フロ・ネル（この時代に猛烈サラリーマンが帰宅後の家で発する言葉はこの三つだけとされた）」「カローシ（過労死、このまま英語となった）」などの言葉に代表されている。日本企業の経営も、今となっては信じ難いことだが、90年頃までは世界最強とも評価されていた。

中波の景気循環の管理も厳格で、当時は「国際収支の天井」を明確に認識した安定したマクロ経済運営が実施された。当時は消費や投資など内需が極めて強く、景気が過熱すると輸入が増えて国際収支の赤字が大きくなり、これ以上に赤字が膨らむと国際流動性の管理が難しくなるラインを「天井」と呼んで厳格に管理された。そうなる前に、内需を冷まして輸入を減らし、貿易赤字を削減するために金融引き締め政策が実施されたのだ。この管理に失敗すると1997年に始まったアジア通貨危機のような通貨危機に至る。当時の日本の国際流動性の管理は、お手本と呼べるほど極めてうまく運営された。

慢心

日本は、絵に描いたような復興から高度成長を経て安定に至る過程で、中所得国、先進国と進んだ。歴史は繰り返す。こうした例は、1990年代のアジアNIEs、2000年代のBRICs、さらには今後のインドネシアやフィリピンやミャンマーなどアセアン諸国、さらにはアフリカの新興国などの行く末を見る上で、極めて有益な先行事例と位置づけてよいだろう。

日本が戦後復興の後に高度成長期を経て先進国入りした頃には、すでに世界有数の経済大国になっていた。1980年代には「追いつき追い越せ」ではなく、「追いついてすでに追い越して」いた。国際社会の評価を見ても、エズラ・ヴォーゲルが『ジャパン・アズ・ナンバー・ワン』を発表して日本を賞賛したのは1979年だ。78年のボン・サミットでは、日本が世界経済を牽引する役割を担うべきだとする「機関車論」が展開された。国際社会でトップ級として認められたという思いは、慢心が日本人の心のすきに入り込む素地ができていた可能性が高い。スイスに本拠地のある国際経営開発研究所（IMD）が算出する世界競争力ランキングでは、第一回の1989年から4年連続で1位だった。ただし、金融危機が発生した97年には17位に低下、その後も低下は続いて２０１８年には30位となった。
この後、日本は１９８０年代後半のバブル、そして平成時代に入ってバブル崩壊へと入ってゆく。

バブルと誇大妄想

日本は高度成長の過程では貿易赤字に苦しんでいた。当時は、低コストの人件費を利用して原材料を輸入して米国など先進国に完成品を輸出する加工貿易で稼ぐ「加工貿易立国」が国是だった。そのため、原材料の輸入国に対しては貿易赤字だったが、米国に対しては貿易黒字を計上していた。米国は徐々に対日貿易赤字に不満を募らせてゆく。なお、貿易立国という言葉は、90年代に入って日本企業がグローバル化に対応できず、死語になった。

米国との貿易紛争の歴史は古い。１９６０年代には繊維や鉄鋼、70年代にはカラーテレビ、80年代にはＶＴＲや自動車が貿易不均衡の原因として問題になった。多くの場合、日本の輸出自主規制でとりあえず米国の怒りを収めたが、実質的には問題先送りだった。

米国は、一向に貿易赤字が減らないため、要求をエスカレートさせてゆく。日本からの輸出が減らないのなら、日本の米国からの輸入を増やすべしとする内需拡大要請、それでも効果がないのなら、為替レートの調整で円高要請、さらにそれでも減らないのなら日本人の質素で勤勉な生活スタイルや国家のありようを根本的に変える構造調整要請へと続いた。

不動産ブーム

政府は米国の要求を受け入れるべく様々な措置を実施した。当時の日本人の家は小さかった。「ウサギ小屋」と呼ばれ、小さな居住スペースに家電製品などはもはや置く場所がないとさえ言われた。それが影響したのかどうか、政府は1974年に住宅供給5カ年計画で、一人一部屋を目標として打ち出した。逆に言えば、それまでは子供に個室という概念は稀薄だった。

81年には個人の不動産投資を奨励すべく所得税の計算において、借入金利子の損金算入が認められた。借入金を原資に不動産投資をすれば、家賃収入より経費に計上する借入金利子や減価償却のほうが大きいため、不動産所得がマイナスとなる。このマイナスを給与所得と合算すれば、損益通算により所得税が節税できるようになったことで、サラリーマンの不動産投資が活発化した。このおかげで都心部にワンルームマンションが急増した。この損益通算制度はバブル退治のため1992年に改正され原則として廃止されている。

また、相続税の節税効果も大きかった。不動産の相続税評価額が不動産の時価より相当に低いため、借入金で不動産を買うことで、相続税が節税できる。このスキームの不動産投資が富裕層を中心に普及した。1982年には中曽根政権が都市再生政策の一環で規制緩和の方針を打ち出した。これは数次にわたるアーバン・ルネッサンス政策と呼ばれ、具体的には、当初は東京23区内の容積率を緩和してすべての建物を5階以上とする構想を打ち出した。容積率の緩和は不動産価格の上昇と直結する。

不動産価格の過熱という火に油を注いだのが、1985年5月に国土庁が公表した「首都改造計画」だ。「東京のオフィスは2000年までに合計5000ヘクタール、超高層ビルで250棟分必要となる」と指摘した。当時のオフィス供給量は年間約130ヘクタールだったので、40年分が不足する計算になる。国土庁のレポートの意図は、オフィス投資の誘発による「地価高騰の抑止」であったともされる。しかし、その意図とは逆に不動産・ゼネコン業界は、国策であるオフィス供給の増加に向け都心の

図4-3　市街地価格指数（1980年3月=100）

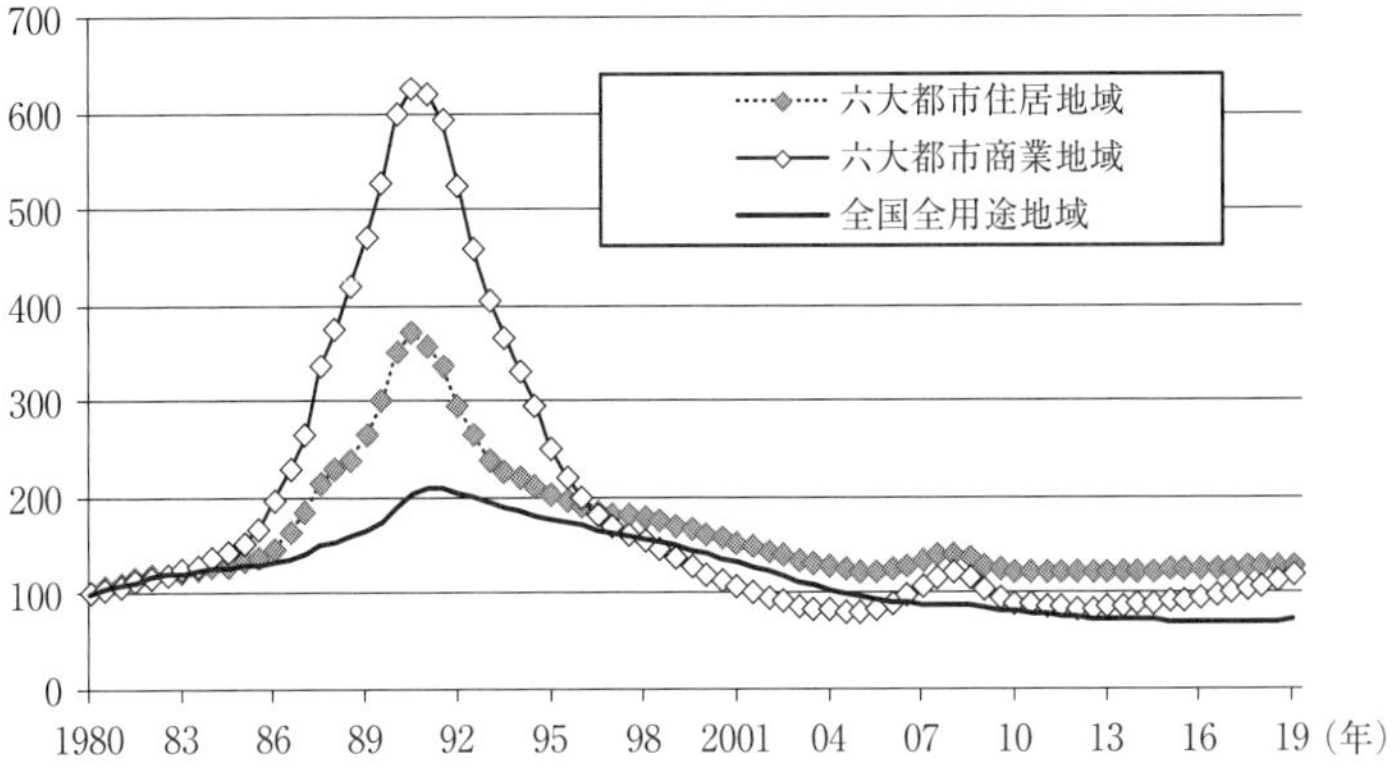

注：六大都市は東京都区部、横浜市、名古屋市、京都市、大阪市、神戸市。
出所：Haver Analyticsの公表データに基づいて筆者作成

用地確保が早急の課題となり、闇の勢力が「地上げ屋」を雇って「地上げ」を行い、結果的にはバブル生成の主犯格となった（図4－3）。

都心部での不動産価格高騰が地方に波及するのに時間はかからなかった。１９８７年には総合保養地域整備法、通称「リゾート法」が制定された。都心から離れた山や海でリゾート開発する動きが活発化した。特に北海道ではスキー場などのリゾート事業が急激に拡大した。これにより、それまで見向きもされなかった土地が相当な高値で取引されるなど、地方の地価上昇に拍車を掛けた。なお、ほとんどのリゾートの事業主体はバブル崩壊の過程で破綻した。

また、余暇の増加でゴルフ場の会員権の価格は高騰し、それとともに次々に豪華な設備を持ったゴルフ場の開発が全国で進められた。当時の日本人は働き過ぎと海外から批判され、週休2日が導入された。

こうした不動産開発の活発化による不動産価格の高騰は、庶民にとっては迷惑千万だった。家賃や価格の安い自宅からの通勤時間が延びることで、通勤時間が片道約3時間、23区内の都民は聞いたことのない駅が最寄り駅、という例まで出た。

消費ブーム

不動産だけではない。消費を刺激するために政府は様々な施策を実施した。貯蓄の利子を非課税とするマル優は、すべての個人を対象とする制度は1987年に廃止され、課税対象となった。85年に中曽根総理は米国からの輸入増加を目論んで、1人100ドル運動を提唱した。この「100ドルショッピング」は85年にユーキャンの新語流行語大賞を受賞している。日本の全国民が米国製品を1人100ドル買えば、輸入金額を売値の半額と見積もれば6000億円程度は対米貿易黒字が削減できるという算段だ。

内需拡大は、貿易黒字削減のため中曽根政権時代に前川春雄元日銀総裁を座長とする「国際協調のための経済構造調整研究会」が出したレポート（通称・前川レポート）で、ある意味国是となった。当時は米国衰退論が声高に叫ばれていた。それと波長を合わせるように世界の覇権が地球を西回りしてシフトするという見方も出ていた。(7) 世界の文明の中心地は古代より中国、インド、エジプト、ギリシャ、イタリア、スペイン、英国、そして戦後の米国とシフトした。素直に見れば次は日本だ。

覇権は地理的な変遷に加えて産業の革新を伴うが、当時の先端産業はマイクロエレクトロニクス革命を利用した工作機械産業や半導体であり、やはりこの面でも日本は米国を凌駕した。

電気産業と並んで米国にとって脅威だったのは日本の金融業界で、株式時価総額世界のトップ10に多くの邦銀が入った事実こそ、当時の邦銀が現在のGAFAに相当する力を持っていたことを意味した。

当時は原油価格が逆石油ショックと呼ばれるほど低迷していたので、エネルギー小国の日本にとってはこれも有利だった。１９８５年には全輸入の約25％を占めた原油代金は87年には約９％まで低下した。今となっては米国が衰退して、日の出の勢いがある日本が取って代わるなど、ＳＦ物語としか聞こえないだろうが、当時は、日本で空前のバブルが生じた心理的な背景要因として、この空気感は異様な熱気を放ちながら広がっていった。

この時代の不動産は、価格が長期にわたり下落することはないとする、いわゆる「土地神話」が生きていた。国土が狭く平野の少ない日本で人口が増加し続けたら土地が足りなくなる、という固定観念だ。この神話は、銀行が不動産担保に拘泥した背景にもなったという意味では、単に土地神話ではなく銀行不倒神話の側面もあった。

しかし、人口増加、土地神話、銀行不倒神話はすべて後のバブル崩壊の処理の過程で崩落した。

そしてプラザ合意

景気基準日付で見ると、１９８５年６月に景気は山をつけてピークアウトし始め、ついに１９８５年９月にプラザ合意が発生した。プラザ合意は、現象としては単にドル安＝円高にすることで先進５カ国の当局者が合意しただけに見えるかもしれない。

しかし、事の本質は、米国が日本叩きのためなら手段を選ばないことを世界に宣言し、日本もそれを受け入れたと理解するのが正しいだろう。プラザ合意こそ戦後の日本が経済発展に邁進するために築いた体制の溶解、バブルの増幅と崩壊、政官財の鉄の三角形の崩壊、政界再編、政治改革（選挙制度改革）、の出発点だと見てよい。

長波の観点でも、戦後の日本の復興を支えた米国の庇護が逆に敵視に変わった重大な事案だと歴史に位置づける必要がある。たとえば、宮沢喜一は「戦後最大の屈折点」と呼んでいる。同氏は対談形式の回顧録で「不良債権の問題を辿っていくと、どうしても、きっとプラザ合意のところに行くのだろうと思います」と認めている[8]。

榊原英資元財務官の『「経済交渉」から読み解く日米戦後史の真実』によると[9]、日米貿易不均衡の是正のために円高にすべき、と主張した最初のレポートは、１９８３年9月にキャタピラー・トラクター社のリー・モルガン会長がまとめ政府議会関係者に配った「ドル・円の不整合、問題の所在と解決策」だとされている[10]。エズラ・ソロモン・スタンフォード大学教授とワシントンDCのホーレイ・サイモン弁護士事務所のディビッド・マチソン氏が共同執筆したものだ。そして、当時の為替相場２２５円程度より約10％程度円高の２００円あるいはそれ以上を適当な水準とした。また、市場で決まる為替相場に政府が介入することは可能であるし、そうすべきだ、とした。

このレポートの主張は、すぐ後の83年10月の大場財務官・マクナマール財務副長官会談を経て、日米円・ドル会議に結実していく。83年11月のレーガン・中曽根会談の後の首相談話では「大統領と私とは、円・ドル問題の重要性につき十分な意見の一致をみています。われわれは為替レートの問題及び投資のそれぞれに関し、協議の場を創設することに合意しました」と述べた。通貨問題は84年11月の大統領選挙を控え、レーガン再選後に持ち越された。再選後に市場介入に積極的なベーカー財務長官、ダーマン財務副長官体制となって、為替介入を是とするプラザ合意に向けた流れが確定した[11]。

「プラザ合意」の当事者であるボルカー元米連邦準備制度理事会（ＦＲＢ）議長は「会合で私が最も驚いたのは、その後総理大臣になった日本の竹下大蔵大臣が円の10％以上の上昇を許容すると自発的に申し出たことである」と証言している[12]。

プラザ合意は単なる通貨調整で合意しただけではない。全参加国の責務として、保護主義との戦い、ボン経済宣言の再確認、経常収支不均衡の是正とそのための通貨調整、小さな政府の促進、民間投資の促進、金融自由化の促進、イノベーションと教育・職業訓練を通じた雇用創出が謳われた。一方、肝心の為替相場の水準についてはプラザ合意の発表文書に明示はなかったが、プラザ合意の前週にロンドンで開催されたG5蔵相代理会議でまとめられた「市場介入に関する論点リスト」で「ドルの現在のレベルから10－20％の下方修正を」目指すとされていた。

この10－20％の水準はプラザ合意翌月の10月末までに達成されることになる。しかし、その後も円高は続いた。この間、9月24日にボルドリッジ商務長官が「アメリカの国際競争力の回復には25％程度のドル切り下げが必要」と発言している。米国の当局者がこれから20年近くにわたって口先介入で円相場を吊り上げ（トークアップ）、日本に円高シンドロームを植え付けた初期の所業だ。

日本も無作為だったわけではない。1987年2月にはルーブル合意で円相場を「現行水準の周辺」で安定させようとする新たな試み「目標相場圏」で合意した。しかし、円高は止まらなかった。日米政府の共通の政治的意思が本当にあるのか、あるのならば市場とコミュニケーションをとって、目標相場圏の意義と目的の理解に努め、どう「目標相場圏」を実現するのかの手法を開示すべきであった。第1章でとり上げたspin doctorなど、手段はあったはずだ。

だが、米国の他国に負担を押しつける姿勢が強固であることは、すぐ市場に見透かされた。ドル安を求める米国と他国の思惑のちがいは大きかった。そして、無理に市場を政治が動かそうとする時の常として、市場が反乱した。87年10月19日に世界中の株価が約20％急落したのだ。世にいうブラックマンデーだ。この急変動を受け、米国は日本にプラザ合意の履行として、規制緩和の促進、円相場を睨みつ

図 4-4　円／ドル相場の推移と購買力平価

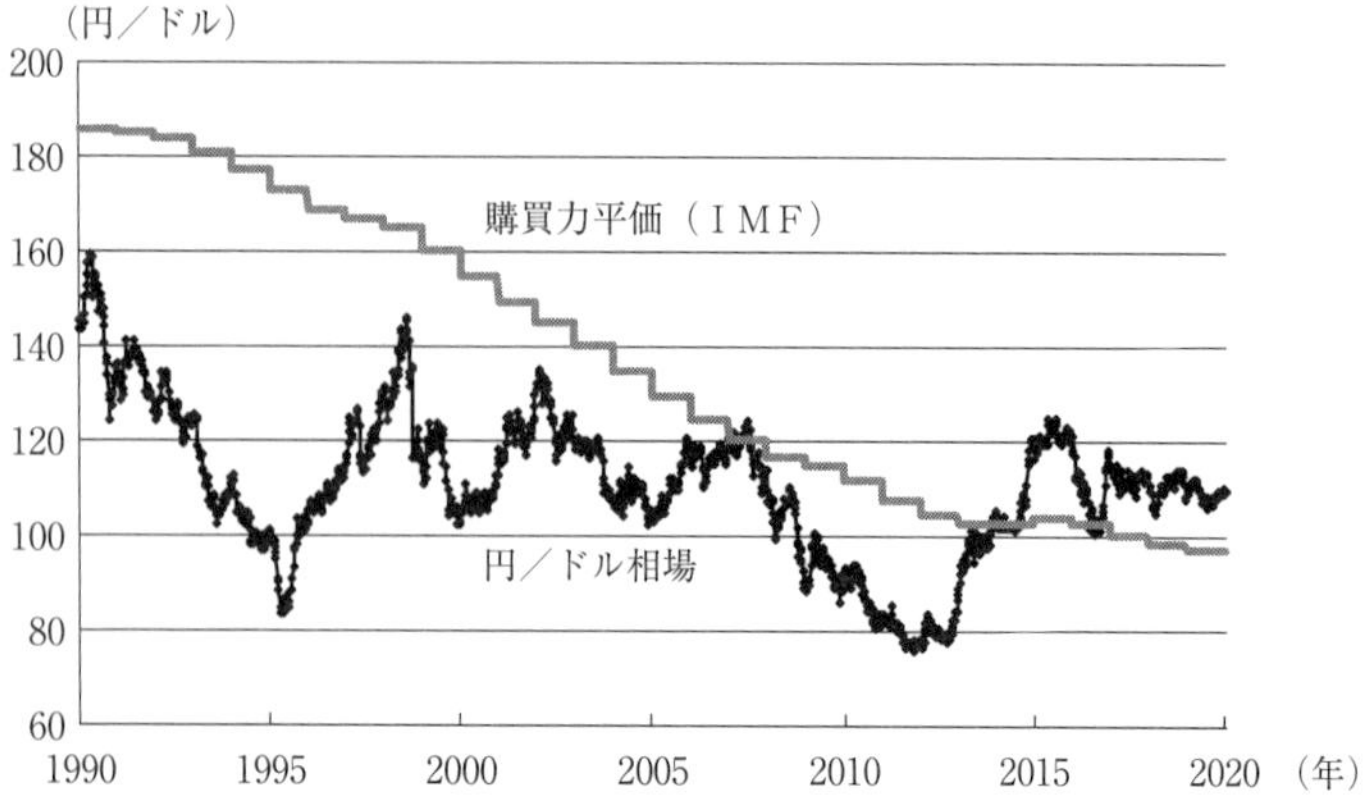

出所：Haver Analytics、IMF の公表データに基づいて筆者作成

つ金融緩和の実施、金融市場自由化の促進、財政再建と民間部門の成長促進的な環境を両立する財政政策、内需刺激を要求した。この流れで日本は米国にさまざまな内需拡大策を約束した。公定歩合は85年に５％だったものが87年には当時としては戦後最低の２・５％まで引き下げられた。

景気対策、そしてバブルへ

景気基準日付で見ると、１９８５年6月に景気は山をつけてピークアウトし始めていたところで9月のプラザ合意で急激な円高となった。景気は「円高不況」と呼ばれ急激に悪化した。円高による業績不振が日本を襲い、輸出関連の地場産業は倒産、輸出大企業は海外への生産拠点の移転を進め、国内産業の空洞化を引き起こした。当時の日本のＧＤＰに占める製造業比率は高く、円高が輸出産業そして日本経済に与えたダメージは現在と比較にならないほど大きく、製造業の日本国外への流出もこの時期以降に本格化した。

政府は86年9月に３・６兆円、87年5月に6兆円の景気対策を実施した。しかし、景気は86年11月には底入れして回復基調に入っている。これこそが戦後最大規模でありながら後世に禍根を残したバブル景気の幕開けだった。当時は青函トンネル開通、上越東北新幹線の一部開通、関越自動車道一部開通、など大型公共投資の効果が顕在化した時代だったこともあり、87年の景気対策は必ずしも必要なかった可能性はある。そして、91（平成3）年2月までの51カ月間、景気動向指数が上昇を続ける「バブル景気」となった。円高、低金利、原油安が景気に恩恵をもたらすトリプル・メリットと特に証券業界で呼ばれた。

最大の問題は、長期景気拡大と並行して、株式・土地などへの投機により世界史的な規模のバブルが発生したことだ。２００８年のリーマン・ショック前には米国でも住宅価格が大幅に値上がりしたが、バブルの規模を比較すると、当時の日本は米国の3～4倍だった。当時は、日本を売れば米国が四つ買える、皇居の土地でカリフォルニア州が買える、東京23区で米国が買える、などとも言われた。

バブルの原因の特定は、後で見るバブルの敗戦処理と表裏一体を成す。ただ、バブルの生成と崩壊は、世界史的に見て同じパターンの繰り返しといえる。すでに米国の例をいくつか見たが、自国を取り巻く環境に関する過大な慢心、マクロ経済の先行きに対する過度な楽観、不動産や金融やテクノロジーなど特定のセクターに関する法外な楽観、金融資産への投機を助長する歪んだ税制、投機による楽な金儲けを是認する公共心や労働エートスの浸食、情報開示制度の抜け穴の悪用、バブルとわかっていても短期間で売り抜けようとする短期的収益機会の追求、バブルの利益は取れても損失を被らないようにできている人事考課やインセンティブ給与制度の悪用などがバブルを育んだ土壌となったのである。これらの要因は、人間と社会の本性に根ざしており、バブルの判断に半永久的に有益だろう。

企業も高株価に踊った

株価の急騰は、企業の側から見れば低コストの資金調達だったために、エクイティ・ファイナンスが一大ブームとなった。東京が世界の中心になるという幻想を抱いた経営者が、資本コストが甘ければ、どのような投資を行うか。投資の意思決定における収益の査定も当然に甘くなる。これが後に設備、雇用、債務の三つの過剰として、デフレの原因につながっていく。

企業も、今となっては死語であるが「財テク」に走った。1987(昭和62)年の経済白書では、プラザ合意後の円高不況の懸念で実物資金需要が停滞する中、銀行借入で負債を増加させ、それを原資に株式や債券に投資する両建て取引を積極化する姿を描いている。今では極めて奇異な投資であるが、当時は定款を変えてまで証券に投資するのがごく普通の企業の姿だった。

こんなことが普通となった背景には、簿価分離と損失補填があった。これは、株式を古くからの持合いで政策保有する場合と、新規投資で持つ場合、簿価を通算ではなく分離する特別な措置で、そのために信託会社の信託勘定を使う営業特金やファントラが利用された。財務省OBの高橋洋一は、バブルの原因は簿価分離を利用した「営業特金」[13]と「ファントラ」[14]の回転売買だったと書いている[15]。しかも、投資の原資はゼロコストでファイナンスした資金で、損失補填や利回り保証が横行した。現在ではこうした行為は違法である。しかし当時は「明示的に違法」ではなかった。しかも、当時の株式売買手数料は規制によって固定化されており、ざっと今の100-300倍と高かった。高い手数料分が損失補填や利回り保証に回されたかたちだ。

1989年12月26日に大蔵省(当時、現財務省)は「証券会社の営業姿勢の適正化及び証券事故の未然防止について」という通達で営業特金や損失補填を規制した。株価が史上最高値をつけたのはその3

日後、12月29日の大納会だ（３万８９１５円87銭）。89年末の特金・ファントラは42・７兆円の残高があったが、これはＴＯＰＩＸ約５９１兆円の約７％、浮動株に占める比率はその約2倍の規模だった。

カネ余りは他の資産へも向かった。関東ゴルフ会員権取引業協同組合の調べでは、１５０の指定銘柄の平均値は80年には約５００万円、85年には１０００万円、86年には２０００万円、90年2月には最高値の４３８８万円をつけている。その後は破綻が相次いだために価格の連続性はなくなるのだが、２０００年以降は下がるところまで下がり、２００－３００万円となっている。

資産買い入れは海外にも向かった。潤沢な資金を得た企業が、海外の不動産や企業を買収した。有名なところでは三菱地所によるニューヨークの観光名所であるロックフェラー・センターの買収（２２００億円）、ソニーによるコロムビア映画買収、松下電器によるＭＣＡ買収、西武グループによるインターコンチネンタルホテル買収などだ。

こうした流れはフランスのワイナリー、海外のゴルフ場、名画、楽器の名器の買収などにも広がった。大企業にとどまらず、土地を担保に大金を借り入れた中小企業オーナーや個人、マイホーム資金を貯蓄していた個人にも広がった。

一方で、買収された側からは、たとえば米国の心を金で買った、フランスのワイン文化を破壊したなどの非難が浴びせられた。また、海外の不動産投資は現地の地価の高騰を招き、地元経済を混乱させたとして嫌悪された。

こうした心情から米国の日本叩きを黙認する雰囲気は世界中にあった。このあたりの事情はまさに近年の中国が世界から傍若無人な振る舞いをバッシングされている80年代の日本と瓜二つのようだ。

国家もバブルで潤った。１９８６年のＮＴＴの民営化による数次にわたる株式売却では、折からの株価上昇を背景に約10兆円の財政収入が計上された。証券業界では、監督官庁に対する忖度もあったと、当時はまことしやかにささやかれた。土地も同じで国有地の払い下げにあたり、バブルは政府にとって歓迎すべき価格高騰をもたらした。

ただ、後から振り返るとバブルの時期は広く見ても１９８６－91年と、わずか数年だった。次節以降でみる通り、その処理には倍以上の歳月がかかったことになる。

3　バブル崩壊の敗戦処理

巨大バブル

日経平均株価は１９８９年12月29日の大納会でつけた3万８９１５・87円を最高値として、90年の年明けから急落が始まった。不動産価格は、やや時期は後にずれるものの株価と同じように、急落が、まずは東京から始まった。これを国富統計で確認すると、図４－５のようになる。１００％は、不労所得である株と不動産の値上がり益が、勤労の成果であるＧＤＰと同等という意味だ。

バブルが蓄積した１９８６－90年を累計すると、名目ＧＤＰ比で２５２％になる。バブルの5年間に約2年半分の勤労所得が不動産と株の値上がり益で得られた計算だ。ここまで日本は熱狂した。

バブル崩壊と平成不況の始まり

しかし、１９９０年以降はバブルがはじけてこれら資産価格の下落が始まり、その後不況と停滞は２００４年頃まで続いた。この間はバブル崩壊の敗戦処理の時代と位置づけられる。

図4-5　国富／名目 GDP（前年差）

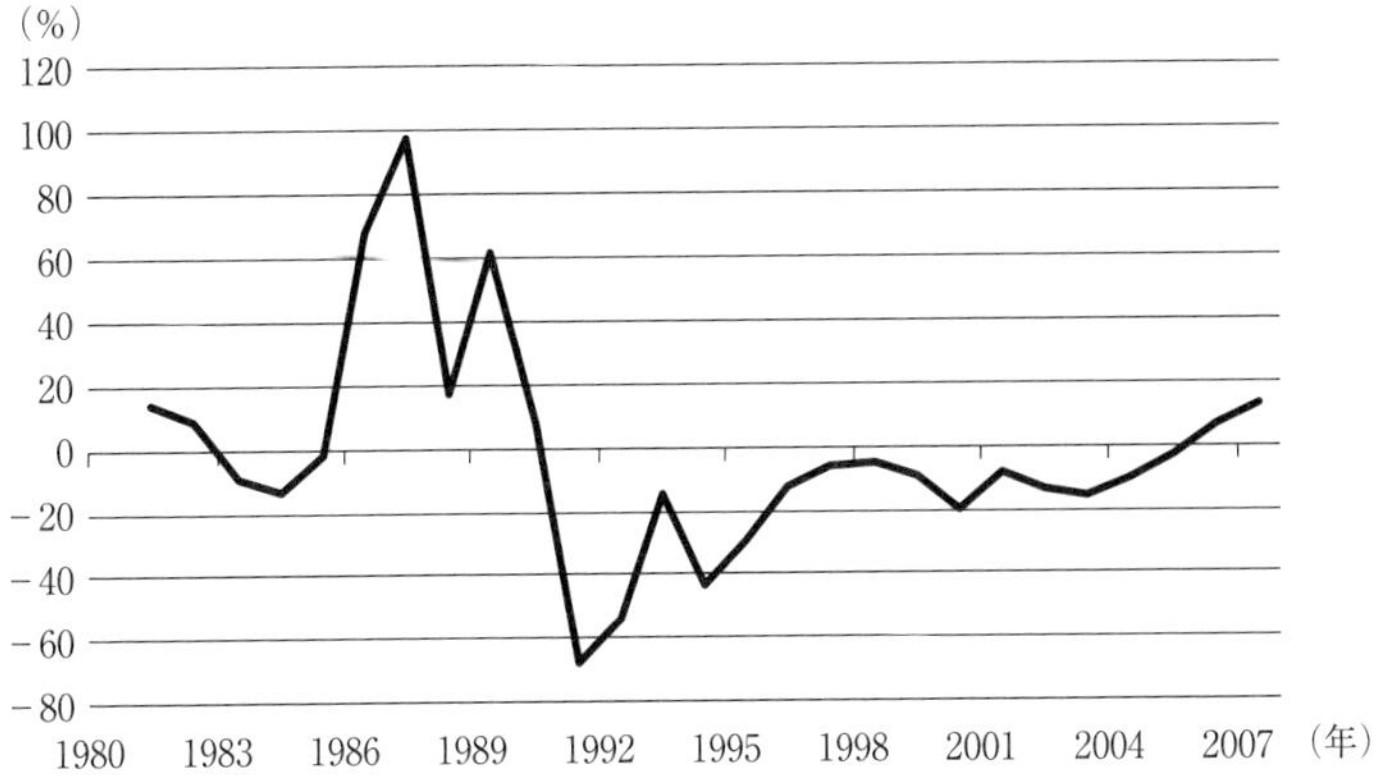

出所：Haver Analytics の公表データに基づいて筆者作成

バブル崩壊（または破裂）のきっかけは、金融引締め、憲法違反とまで疑念を持たれた大蔵省（当時）による銀行の不動産関連融資の総量規制、地価税や損益通算に関する不動産関連の税制、１９８８年のＮＨＫスペシャルが三夜連続で取り上げたことに代表される、バブルを防止すべきとの世論、ブレディ債の損失を穴埋めするために益出しに使われた銀行の株式売却、92年末から本格適用が始まった銀行の自己資本比率規制など、多くの複合要因がある。

しかし根本的には、不動産も株価もバブル期に実力を超えて上昇したので、本来のあるべき水準に向かって調整・下落し始めたといえる。より重要なのは、バブル崩壊後の処置を誤ったがゆえに、本来あるべき水準を超えて大きく下落が続き、そのことがさらに事態を悪化させる悪循環に陥った事実に尽きる。

株価と地価が実力を超えて上昇した事実を二つ具体的に指摘しておこう。株価で言えばＰＥＲ（株価収益率）が持続不可能な高水準から国際比較で妥当な水準に低下した。当時は会計基準が現在とは異なり、時価会計ではなく取得原価、連結決算より単独決算だったため、単純な比較は難しい。しかし、当時のPERは60－70（倍）と現在の約15（倍）の4－5倍で、さらには当時の国際比較からしても法外な高い水準だった。PERの低下が意味するものは、バブルの時代に信じられていた日本の潜在成長率が約5％、物価が約2％、合わせて7％の名目成長率が、現実には2000年頃には潜在成長率は1％、物価が1％で合わせて名目2％成長にまで下方修正されたことに伴うバリュエーション調整だ。

不動産は、この時代は類似の売買事例で評価された。今でこそ収益還元法と言って、家賃や地代など将来にわたるフローの収益を、リスクを加味した金利で割引いて割引現在価値を計算し、それを不動産の適正な価格とする。しかし、当時は地価は下がらない、という土地神話が生きており、国土の狭い日本で人口が増え続ければ、一時的な調整はあっても長期的には不動産価格は上がり続けると信じられていた。

しかし、考えてもみれば、おかしな話でもある。たとえば、当時ごく一般的だったのは、以下のような不動産の取引事例だ。5％の金利で資金を借り入れて家賃利回り2％の不動産を転売目的で購入する。不動産を保有している間は、逆ザヤなので損失が出続ける。その損失を補って余りあるのが不動産価格の上昇だ。そして、次にその不動産を買う人も、また転売目的だ。つまり、半永久的に不動産価格が上がり続けることが暗黙の前提になっている。当時は学界からも識者からも、正面切ってこの神話に異を唱えるのは難しかった。

当時の景気と株価を重ねてみると（図4－6）、山と谷は概ね一致した動きとなっている。ただ、90年代はPERが長期にわたって低下したため、景気は上向きでも株価は低落することとなった。

ただ、こうした景気の動きよりも、景気の波が景気対策で形成されたので、景気対策で見たほうがわ

図4-6　景気循環と株価の推移

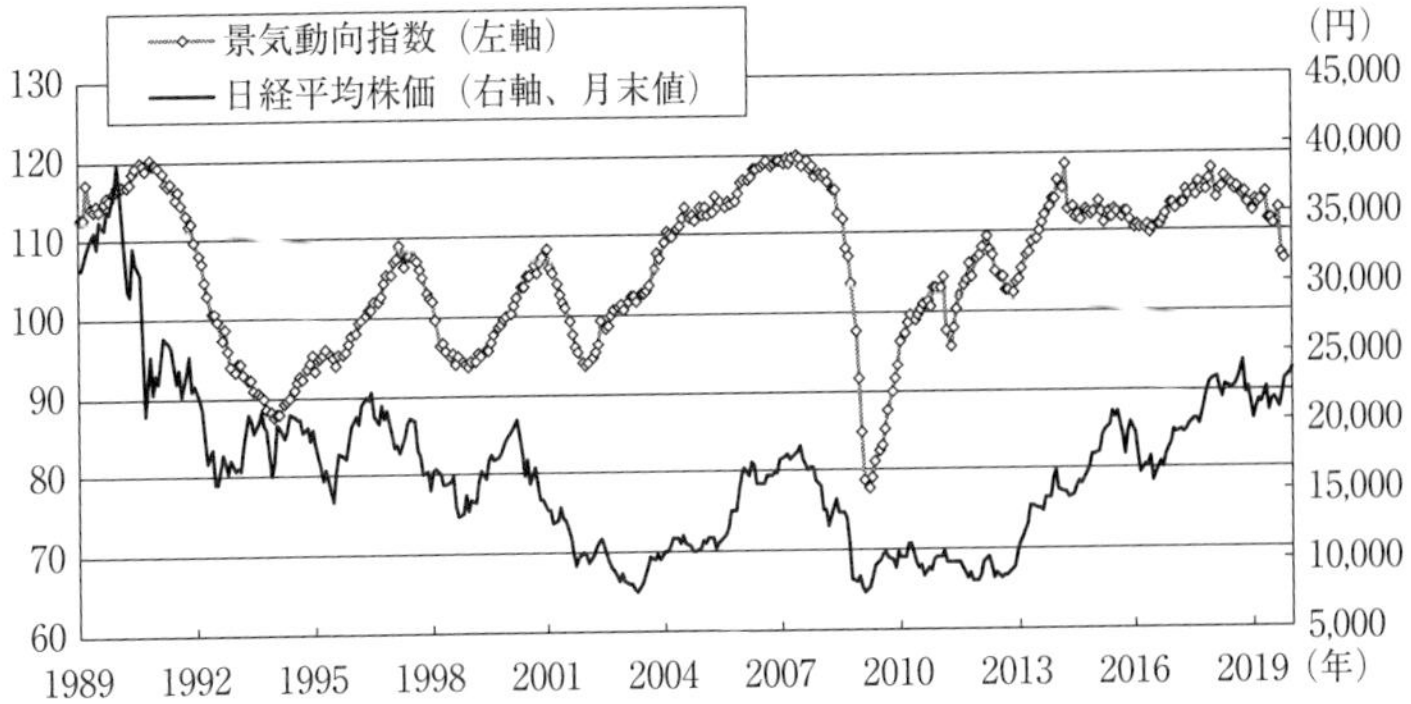

注：1990年代から2000年代前半にかけてはPER正常化の過程
出所：Haver Analyticsの公表データに基づいて筆者作成

かりやすい。そして何より大事なのは、景気対策の効果が切れたら景気がすぐにまた悪化し始めたため、束の間の景気回復の後にまた景気対策を打ち続けなければならなかったことである。この自律的な成長が実現できなかった事実にこそ日本経済の構造的な問題の根がある。景気の自律的回復の実現は、不良債権処理が済む２００４年まで待たなければならなかった。

なぜそうなったのか、ここでは六つの要因から考察する。最後の「⑥米国による日本叩きのタガが外れた」は、今後の米中関係に関係するので、次の４節で独立して扱うこととする。

①　バブル崩壊の影響を甘く見てマクロ政策を誤った
②　ミクロ政策も誤った
③　自民党が分裂して政治が不安定化した
④　企業の対応の遅れ
⑤　「官」の対応
⑥　米国による日本叩きのタガが外れた

①バブル崩壊の影響を甘く見てマクロ政策を誤った

景気悪化は1991年2月から始まったが、当初は深刻なものではないと見られていた。経済企画庁（現内閣府）がまとめた91年の経済白書（現・経済財政白書）では、「景気循環の変貌」をテーマとして取り上げ、在庫循環が当時のVAN（付加価値通信網）通信技術の発展で小さくなり、設備投資循環も情報化や研究開発など設備能力増強ではないため、ともに調整圧力は小さくなったとした。そして結論的な景気の見方として、景気が山をつける可能性は低いとした。

当時は、5％近いとされた潜在成長率が将来的に下がるという認識はなかった。したがって、バブルの崩壊より、手綱を緩めたらまたバブルが復活することが懸念されていた。平成4年（1992年）の経済白書でも、バブル崩壊の消費や設備投資への悪影響は軽微としていた。92年に宮沢総理は財界の軽井沢合宿で、公人としては公の場で初めて公的資金の注入に言及した。しかし、マスコミ等のトーンは極めて否定的だったことが、『聞き書　宮澤喜一回顧録』で記されている[16]。

92年末には主要金融機関の不良債権額が初めて公表された。それは12・8兆円とされ、当時は業務純益が3・2兆円、貸倒引当金が3・7兆円、ほかにも株式や土地の含み益があるため、十分に処理は可能とされた。

この半年の間にも景気の見方は厳しくなっていった。92年6月に刊行された宮崎義一著の『複合不況』（中公新書）はベストセラーとなった。この本では、経済企画庁とはまったく異なる見解が示された。すなわち、バブル崩壊後の景気悪化は、経済企画庁の見立てとは正反対で、景気悪化のパターンとしてよくある在庫循環や設備投資の下降局面入りが従前通りに生きていたことに加え、「景気後退のニューフェース」として規制緩和による企業倒産の増加、金融自由化によってもたらされた銀行の貸出競争からくる不良債権問題、不良債権問題から派生する貸し渋りや貸し剥がし、株価や地価などの価格下落からくるストック調整を指摘し、これらの複合的な発生こそ今回の不況の原因と捉えた。

しかも、米国もほぼ同じ経験をしたことが指摘されている。レーガン政権の規制緩和を受け、米国でも貸出競争と不動産バブルは発生して、１９８７には金融機関が損失を計上し始めていた。そして、最終的には91年にＳ＆Ｌ（米貯蓄貸付組合）危機として相当な規模の公的資金が注入された。大事なので繰り返すが、ほぼ同じことがここでも繰り返されたわけだ。

後に判明したのは、『複合不況』で指摘されたバブル崩壊後の景気悪化の原因を特定する見立てはほぼ正確で、その後は、これらがどこまで深刻かが問われることとなった。ただこの時点では、証券不祥事やゼネコン汚職などスキャンダルが国民感情に惹起した清算主義の気風はほとんど考慮されてない。

不況の原因が複合的であることの影響が強く出たのが景気対策の効果だ。当時の景気は、それまでとはまったくちがった。景気対策で景気が持ち上がっても、その効果が切れると、景気は元の不況に簡単に戻った。通例であれば、景気対策はカンフル剤で、一度打てば景気循環は正常化する。ケインズ経済学の言葉で言うと、乗数が加速する過程に入り、経済対策が景気を回復させ経済の再生に結びつく。しかし、実際にはそうならなかったために、不況→景気対策→また不況→また景気対策→またまた不況→またまた景気対策、を何回も繰り返した。この繰り返しはストップ・ゴー政策として海外から強く批判された。

批判されながらもこのストップ・ゴー政策は、結局は銀行の不良債権問題が後の小泉政権の竹中プランで終結する２００３－04年頃まで続いた。同じ過ちが繰り返された点にこそ、真相を解明して対応策を実施するという本来の科学的思考の欠如、情報開示の欠如、組織運営におけるＰＤＣＡの欠如など構造的な問題があった可能性が高い。

その後の日本経済は、竹中プランで膿を出し切ったことで、バブル崩壊後に初めて自律的経済成長に入った。不況脱却の主因は、金融システムへの公的資金の注入が産業と金融の一体再生をコンセプトとしており、銀行への公的資金の注入を通じて三つの過剰を抱える企業のバランスシートに介入し、過剰債務、過剰設備、そして過剰雇用を一体で処理したことによる。

しかし、実はこの産業と金融との一体再生は、小泉政権以前にも1998年の公的資金の注入で実施されている。98年と2002-2004年のちがいは、国富統計（前出図4-5）を見ると明らかだ。98年は、いったんは不良債権を処理しても、また株価と地価が下がり始めたために、株式や不動産の保有者に損失が出た。この損失が担保価値の毀損や逆資産効果となって、経済が乗数加速度過程に入るのを妨げた要因になったと見られる。

国富統計の正味資産は1990年に3923兆円でピークをつけ、2004年に2957兆円で底をつけた。減少の主な要因は株価と地価の下落だ。この下落の相当の部分が、企業の損失に計上され、企業が破綻した場合は金融機関の貸倒損失になった。

金融庁の統計では、銀行業界は100兆円規模の不良債権を処理した。総貸出残高に占める比率は約20%だった。たった数年の間に生じたバブルの処理に、これだけの犠牲を払ったことになる。

②ミクロ政策も誤った

日本が覇権国の米国に叩かれたのは、世界情勢を覇権安定論から眺めれば、ゆえなきことではない。しかし、本当の問題は、日本側にもあったのではないか。当時、米国の市場メカニズムを信奉して自由化を進めるやり方は、グローバル・スタンダードと呼ばれた。あくまで米国や英国、さらに付け加えればニュージーランドやオーストラリアなど経常赤字のアングロサクソン国家で採用され始めた、歴史や実績の浅い政策だ。

これらの国に共通なのは、アングロサクソン民族なので法体系が英米法であり、大陸法の日本とは異なること、経常収支が赤字で物価はやや高めのインフレ体質のある国々だということだ。こうした国では、総供給を強化するサプライサイド改革は意味を成す。というのも、経済の総供給が総需要より小さいため、両者の差額が経常赤字となり、需要が強い分だけ物価に上昇圧力がかかってインフレ体質になりやすいからだ。

こうした国では、サプライサイドを強化して総供給力が増強されれば、その分だけ経常赤字を改善して、物価を押し下げる効果が期待できる。法体系が英米法なので、規制緩和やＩＴの利用に関する法制度においても、業法の成立を待つことなく民間がビジネスを始め、紛争が発生すれば政府の介入なしで、当事者間で柔軟に判例を積み上げるやり方は、大変革の時代にフィットする。榎本博明によると、英米人は文化的にも不安定な立場に置かれることで、やっと初めて本気で物事に取り組むことがＤＮＡレベルで解明されているという[17]。

なお、総需要＞総供給でインフレ圧力が強い状態をインフレ・ギャップ、総需要＜総供給でデフレ圧力が強い状態をデフレ・ギャップと呼ぶ。余談だが、筆者が卒業した大阪の私立高校では、１クラスに男子20人、女子10人の合計30人だった。女性にとっては、総供給（男）＞総需要（女）であり、女性は絶えずインフレ気味に高く評価された。

一方、日本のマクロ環境はまったく逆だ。経常黒字で物価の抑制に成功しすぎてデフレのリスクがあった。その日本でサプライサイド改革を実施したら何が起こるか。さらに経常収支黒字が増えて物価は下落することになる。また、日本の法体系にも合致しない。ＤＮＡレベルでも日本人は先の見通せない不安定な状況に置かれると、萎縮する傾向が強い[18]。

日本で規制緩和が声高に叫ばれた原因は、80年代米国のレーガノミクスの成功だ。規制緩和により旧態依然とした会社が破綻する一方、新規に参入した企業が合理化を武器にのし上がり、社会全体で高い経済成長、高い生産性上昇率、低インフレを実現するダイナミズムに学ぼうとした。繰り返しになるが、経常収支が赤字で物価がインフレ体質の国には適しているが、その逆である日本には不向きな政策だ。にもかかわらず、これが日本でも政策として推進された。

特に、政官財のトライアングルで日本の官僚支配に批判の目を向け、規制緩和を政権のテーマにしたのが93年に成立した細川連立政権だ。細川総理の私的諮問機関として経団連の平岩外四会長が「経済改革研究会」を創設し、通称「平岩レポート」の答申をした。これらの骨子は、需給調整のための規制は早期に廃止する、安全や環境のための規制も最小限にとどめる、行政の基本姿勢として事前規制から事後チェックへ転換する、だった。95年3月には村山内閣のもとで「規制緩和推進五か年計画」が閣議決定され「自立と自己責任」を標語として「聖域なき」規制緩和が総合規制改革会議で進められた。

一連の過程では内外価格差が都合よく利用された。今、仮に1ドルが１００円だとする。そして、米国で1ドルで売られているものが日本で２００円だとする。自由に貿易できれば、アメリカで1ドルのものを日本に持ってくれば１００円になる。しかし、実際にはそうなっておらず、現実にそれが２００円であるということの意味は、日本では物価が2倍高いことになる。この例では、２００／１００＝2倍が内外価格差だ。

日本経済研究センターが１９９５年に発表した『２０２０年の日本経済』では、93年時点で、実際の為替相場が１１１円に対し、購買力平価は１８８円で、内外価格差は１・69倍とした。94年９月の村山総理の所信表明演説では「内外価格差は、国民生活の豊かさを阻害し、産業にも割高な費用負担を強いるものであり、政府としては、その是正・縮小に積極的に取り組んでまいります」と述べている。

中でも特に日本が米国の制度を導入して甚大な悪影響を及ぼしたのは労働者派遣制度だ。日本にはいくつかの人口が多い帯がある。戦争が終わり平和な時代になって生まれた１９４７－49生まれの団塊世代、そのジュニア世代だ。そして日本のバブル崩壊後の不況期と団塊ジュニア世代の就職が同じ時期に重なった。新卒一括採用だけが標準的な時代に、企業が採用を絞れば何が起こるか。正社員になる機会を奪われて低賃金の派遣社員として社会に投げ出されることになった。一度こうして投げ出されると、日本という国ではもはややり直しがきかない。生涯を低賃金の非正規労働者として過ごすしかなく、低賃金がゆえに結婚も子づくりもできなくなる。団塊のジュニア・ジュニア世代で人口の多い帯ができなかったのは、こうした理由による。この問題は本章６節でもう一度取り上げる。

③政治の機能不全

自民党は１９５５年の保守合同で誕生した。この政治の安定が、戦後復興や高度成長など経済発展の基礎となった。自民党一党政治がもたらした政治の安定は、民主主義の西側陣営では例外的だった。もっとも社会主義の東側陣営では一般的な体制だった。

しかし、自民党の存続意義はだんだんと薄れていった。１９９０年にソ連が崩壊したことで、共産党や社会党など野党の主張には現実味がなくなり、対野党でまとまっていた自民党内で、いわゆる「保保対立」が先鋭化した。

保保対立を誤解を恐れず単純化すると、個人の自助努力を重んじるタカ派で親米保守のグループと、社会保障や地方振興など大きな政府の役割を重視するハト派な親中リベラルの中道のグループの対立だ。バブル崩壊から小泉政権の前までの政権は後者のハト派で親中リベラルの中道グループが中心だった。田中派や大平派の流れを汲む派閥だ。リベラル路線は公明党との共通点も多く、自公のパイプ役を担ってきた。親米保守から距離を置いたこのグループでは、日本叩きを進める対米関係のハンドリングがうまくできなかった。このあたりの事情は次節で見る。

経済が成長する間は、政治はプラスの分け前を分配する。しかし、バブル崩壊後の政治は、負の分け前を国民に負担してもらわなければならないようになる。この負担のスキームをどう作るか、関係者をどう説得するかは、行政で担えない政治の役割だ。逆に言うと、政治が負の分け前の分配を進めなければ何が起こるか。負の存在を誤魔化し隠蔽して負担を先送りするしかない。これがバブル崩壊の敗戦処理が長引き、長引いたことでさらに規模が膨らんだ主因だ。その政治が重要な局面で、自民党が分裂して政治が不安定になった悪影響は、「失われた10年」として不況が長引いた主因の一つと断じてよいだろう。

とはいえ当時は、政官財がトライアングルと呼ばれる強固な相互依存関係を作っていた。財界が業界の保護を求め、官僚は保護行政を展開する見返りに天下りの役職を要請し、政界は天下り団体の設立認可や政治献金を得る。この三位一体のトライアングルは、業界秩序の安定という意味でキャッチアップの段階では一定の役割を果たした。しかし、腐敗の温床であるとの批判は絶えなかった。また、米国からは非関税参入障壁として強く批判され、後に解体を迫られた。

バブル崩壊とほぼ同時というタイミングで表面化したのが、バブルの生成に関与した多くの企業のスキャンダルだ。1990年から91年にかけて、都市銀行の頭取が相次いで辞任した。しかも、株式を買い上げる仕手集団への迂回融資、不動産投機で破綻した企業への乱脈融資、暴力団や総会屋への利益供与など、当時の常識でもあり得ない理由での引責辞任だった。91年に入ると四大証券のうち二社の社長が大口顧客への損失補填、暴力団の株式買い占めへの関与などで辞任した。同年夏の臨時国会は、証券スキャンダル国会と呼ばれた。

これら当時の常識を覆すスキャンダルの噴出を受け、世論は清算主義に傾いていった。大恐慌の時代に大衆迎合的な政策として混迷が深まる要因になった清算主義が、60年も経って日本で蘇ったのだ。スキャンダルの噴出を受けて世論は怒りが沸騰し、マスコミが清算主義を声高に叫んだ中、政治は問題の解決ではなく、先送りに傾いていった。

自民党は、1993年6月に野党が提出した宮沢内閣の不信任案に自民党の一部が同調するかたちで分裂した。その後は政権交代で自民党は下野し、同年8月には細川連立政権が成立したが、これが政治の迷走の始まりだった。その流れは2001年に小泉政権が誕生して親米路線を旗幟鮮明にするまで続いた。

自民党から新進党への移籍など小沢一郎と行動をともにした平野貞夫元参議院議員は、「平成8（1996）年、橋本龍太郎内閣の時に自民党と新進党は、世界恐慌後に大改革をやった米国のペコラ委員会に倣って、日本版ペコラ委員会を作ることで合意しました。金融にシフトしている世界経済に対応するとともに、不良債権問題を法的に処理して戦後日本経済の負の遺産を清算するための財政・金融改革でした」と『月刊日本』2019年2月号で証言している[19]。しかし、この構想は実現しなかった。

まさに負の分配であったことが理由だとみられる。ただ、一部は実現した。それが住専処理だった。

1996年の通常国会は住専国会とも呼ばれる。この国会で住宅金融専門会社（住専）の不良債権処理のために6850億円の公的資金の投入が決定された。住専は90年代のバブル崩壊で多額の不良債権を抱えるようになった。住専は、多くの大蔵省（当時）のOBが天下りしており、農林系金融機関を中心に巨額の資金が貸し出されていた。もし破綻となれば金融システムの連鎖破綻が懸念され、金融システム破綻を防ぐため巨額の公的資金を投入する政策が生じる。しかし、前年（1995年）の阪神・淡路大震災では、地震の被災者への補償は個人資産への補填であり、日本国憲法違反、という立場を政府はとったため、住専の不良債権処理に「税金を使う」行為に批判が高まり、野党が猛反発してピケ戦術を行い国会審議が進まなくなった。ただ問題は、なぜ住専だけなのか、だった。

この問題はすぐに表面化する。1997年11月には都市銀行だった北海道拓殖銀行、そして三洋証券、山一證券が破綻した。海外の金融市場では、日本の金融機関は倒産の危険度が高いとして、市場から資金を調達するにあたり、特別に高い金利を要求されるジャパン・プレミアムが発生し、もはや通常のビジネスはできなくなっていた。

このようにもう先延ばしできないところまで追い込まれて、やっと解決の手が打たれた。98年に金融機関の破綻法制の整備、公的資金の注入で一度は息をついた。しかし、その後も地価と株価は下がり続け、最終的には2003年の竹中プラン（前述）でやっとこの問題は解決した。

④企業の対応の遅れ

バブル崩壊は企業部門にも大きな打撃を与えた。それは主に二つのルートからだった。

まず一つは、バブル崩壊によるバランスシートへの直接的な影響で、企業自身の保有資産の価値の下落だ。バブル期には土地神話が生きていた。したがって企業は、今の常識では考えられないほど不動産投資に積極的だった。また、低コストの資金をエクイティ・ファイナンスで調達して、株式などに証券投資をするいわゆる「財テク」も盛んだった。しかも、今の常識ではあり得ないことだが、当時の会計制度では、資産の評価は時価ではなく取得原価方式だったのだ。

会計制度が大きく変更されたのは１９９８年のいわゆる「会計ビッグバン」で、時価会計はこの時期に導入された。もっと言えば、仮に投資で損を出しても、銀行や証券会社が損失を補填してくれる損失補填契約が、ある時期までは相当な規模で存在した。財テクや不動産投資は、価格が上がる間は利益が出るのでよい。しかし、資産価格が下がり始めたら、損失が出る。こうした損失の計上は、２００４年頃まで続いた。

二つめは、期間損益を通じて徐々に効いたバランスシートの傷みだ。バブル期の企業は、潜在成長率として５％成長を前提に借入をして設備投資を行い、中途で人を採用するのは難しいことを前提に、将来の人手不足に備えて大量に新卒を採用した。にもかかわらず、バブル崩壊で実際には１％成長となると、設備も人も余剰になる。企業部門がこの三つの過剰の処理にかかった時間が「失われた10年」であった。三つの過剰が損益計算書上は人件費、設備の償却コスト、金利負担となって重くのしかかった。

こうした敗戦処理をしている間に、外部環境にも大きな変化が生じた。

１９５０－60年代に日本に高度成長をもたらした外部環境は、冷戦期の米国の庇護と円安だ。この二つの条件は、日本に加工貿易による輸出主導の経済成長をもたらしたが、それはそっくりそのまま企業の経営戦略を形成した。簡略化すると、原材料を海外から輸入して加工貿易を行い、低コストを武器とする規格製品の大量生産だった。戦後のたまたま偶然に近い条件で始まった戦後の冷戦体制が、あたかも永遠に続くかのように錯覚して、その条件に過剰に適応させたことで大成功を収めたわけだが、それがゆえに変化に適応できなかったわけである。

過剰適応の結果できた制度が、製造業で熟練に報いる終身雇用と右肩上がりの賃金カーブやピラミッド型の官僚的組織だといえる。円高によって日本企業は低コストを武器とする規格製品の大量生産から高付加価値の多品種少量生産にシフトしなければならなかったのに、それができなかったことで、競争力が削がれていった。

外部環境変化の筆頭は円高だ。円高も企業部門に深刻な打撃を与えた。円高はバブル崩壊の直接的要因というよりは、次節で取り上げる、米国による日本叩きが原因だ。円高により国内価格が海外に比べて割高になる内外価格差が生じ、国内物価には低下圧力がかかった。一部の財は従来の常識では考えられないほど大きく価格が下落して「価格破壊」と呼ばれ日本人の常識だった「定価」の概念が崩れた。

同じタイミングでスーパーマーケットなど大規模小売店が大店法の規制緩和で出店ラッシュとなり、価格競争から価格破壊が進行した。そして90年代後半以降は遂にデフレに至った。

技術面の変化への対応も遅れた。90年代はＩＴの導入により、企業の意思決定メカニズム、情報の流通ルートが大きく変貌した。大きな転機となったのは95年のマイクロソフトによるウインドウズ95の販売開始で、それまで主流だった大型コンピュータであるメインフレームからダウンサイジングにより組織の階層が薄くなった。これによる合理化効果は大きく、経営の現場を大きく変えた。

新しい経営革新スタイルは、リエンジニアリング、アジャイル経営（素早い経営）、ミーン経営など様々な呼び名が付いた。また、エクセルやワードなどＯＡのフォーマットが統一されたことで、企業の内外の壁が格段に低くなり、企業内外のコンピュータがインターネット回線で結ばれ、大きなネットワーク効果をもたらした。

ネットワーク効果は国内にとどまらず、世界中に浸透してゆく。そして、企業が社内外のネットワークをつなげることで、為替相場や関税などすべてのコストを計算して最適な財調達を探すサプライチェーン管理（ＳＣＭ）の巧拙が国際企業のコスト管理で大きなインパクトをもたらした。これは、19世紀の蒸気機関や鉄道の発達など交通革命で起きた第一のアンバンドリングに続く第二のアンバンドリングだ。ＩＴ革命で可能となった経営ノウハウやタスクのアンバンドリングであり、コスト低減効果の大きいアウトソースなど国際分業のメリットが大きくなったことを意味した。そして、世界規模での経営の一貫性や構想力が企業経営に求められる事態となった。ワシントン・コンセンサスが世界に広まって世界の貿易量は飛躍的に増加したが、日本企業はこの流れについていけなかった。以心伝心で職務や昇格や人事考課に明確なルールがなく、忖度で運営された日本企業には、この変革は難しかった。国際化は多くの日本企業にとって鬼門だった。

また、１９９０－２０００年にかけて、電気通信の技術がアナログからデジタルに移行した。企業はサプライチェーンをグローバルに展開し、先進国で知財を武器に設計するファブレスと低コストを武器に主に新興国で生産するＥＭＳ（electronics manufacturing service：電子機器受託製造サービス）に分離した。その背景にあったのがグローバル化の進展で、機械や電気の分野でアナログからデジタルへと技術革新が進み、日本が得意としたアナログのすり合わせが不要となり、ＯＳが管理して不具合があればソフトウエアアップデートで対応する方式に変わった。この変化に乗り遅れたことで日本の電機産業は競争力を失った。

かたや、すり合わせが不要になったことで、中国ではデジタル家電の製造会社が雨後の筍のように多数設立された。２０００年頃家電がアナログからデジタルに変わる時代に、日本の株式市場では「デジタル家電は日本の独壇場」とまで言われて期待されたが、実際はまったく逆で、シャープや東芝の家電部門に見られたように凋落の始まりだった。

大きな変革の時代に企業部門がバブル崩壊の敗戦処理を続けた影響は大きかった。ＩＴは効率化をもたらす。しかし、人余りで当時は解雇が法的に制限されるために「企業内失業者」が多くいる状況で、人手を省くＩＴを導入する必要はない。また、日本では長期安定取引を前提とする下請け、孫請け、ひ孫請けと続くピラミッド型の系列が存在した。海外との内外価格差が生じても、当時はこの系列は企業社会の常識では崩せないものだった。典型例は日産だ。１９９９年に経営危機に陥った日産にフランスのルノーグループが資本注入し、経営者にカルロス・ゴーンが就任して経営危機を脱し再生に成功したが、このとき系列は崩れたと見られている。

こうしたバブル崩壊後の日本の企業経営について、米国の経営学者マイケル・ポーター・ハーバード大学教授は、日本企業には現場レベルでの業務改善はあっても、全社レベルの経営戦略はない、と喝破したとされる。日本的経営は、平成の初期には世界最強だったと日本では自画自賛された[20]。１９９０年の経済白書では、前年に始まった日米構造協議で日本の経済システムが異質として批判されたことに反論して、日本企業の「日本的経営」と「日本型取引慣行」が効率的で優れたものであるだけでなく、世界において普遍性を持つものとして分析された。しかも、短期志向で人員削減が比較的簡単に行える米国の経営スタイルと比較して、暗に批判までしている。

イノベーションの方法論も変わった。１９８０年代までの企業の技術革新は、専門的な博士を集めた中央研究所を設立して、自前主義での自前開発が唯一の方法だった。そして、革新的な技術を開発してそれを製品に応用して、利益を独占的に得る構図だ。たとえば１９８０年代のビクターのＶＴＲ、ソニーのトリニトロンテレビ、90年代のシャープの液晶ビューカムなどだ。ＶＨＳは日本の株式市場でＶＴＲ相場と呼ばれる大相場を作ったほどで、世界中で発売されたＶＨＳの利益を日本勢がほぼ独占した。

しかし、米国は１９８４年に公正取引の観点で禁じていた企業間の共同研究を解禁した。そして、企業間で共同開発された技術を中小企業やベンチャー企業も活用できるよう、技術標準が定義されるビジネス慣行が形成されていった。この結果、日本企業が得意とした、企業が特許で守られるかたちで技術を独占するのではなく、技術標準を公開することで、米国の多くの企業が開発に参加してクロス特許で共有する慣行ができていった。

また、特定の要素技術はブラック・ボックス化するが、それ以外は特許を無償で公開して下請け企業が使えるようにした。これによって、製造業ではあっても、自らは設計図だけを書く一方、製造は台湾など海外の低コストのＥＭＳ委託するファブレス業態が一般化したが、日本企業はこの変化にまったく追随できず、自前主義を貫いた。

企業部門の変革は、雇用面でも遅れた。米国では80年代以降、（ａ）専門性を高める、（ｂ）組合の力が弱まる、（ｃ）労働市場の機能強化、が三位一体で起きた。業務のスキルを社内だけでなく市場の評価を通じて適正なものとし、全体で最適化する仕組みだ。この時代から専門性が高いスキルを持つ日本人が、中国や韓国に大量に引き抜かれ始めた。

なお、高い専門性を持つ労働力は、企業経営が不振になると、タンポポの種のように散り、別の地で花開く。90年代のＩＢＭの経営不振のあとのＩＴ革命、ガラケーのノキア不振の後の北欧で開花したアプリ産業などだ。日本だけは種がほとんど散った先で花開かなかったことになる。

日本でも令和時代になって会社と社員の関係をメンバーシップ型からジョブ型へ、同一労働同一賃金など、働き方改革が進められたが、未《いま》だ改革の途上にある。この問題は米国の80年代の労働市場の変革と比較して第5章で取り上げる。

⑤「官」の在り方

日本も1998年の橋本政権の六大改革で、「行革」はその一つと位置づけられた。行政改革のタイミングは、米国による日本叩きが激化し、95年のウインドウズ95の発売でＩＴ革命が広く普及し始めた時期だった。したがって、時代の変化を先取りするのが理想ではあるが、少なくとも後追いで先行事例の国をまねすることぐらいはできたはずだ。しかし、今となっては単なる数合わせに終わった感が強いと見られている。

米国からの圧力を受け、日本サイドとしても「前川レポート」や「平岩レポート」を作り、改革に向けて取り組んだ。政府主導で政官財の鉄の三角形を崩し、公正な競争による「市場機能の強化」に取り組む試みだった。政府は「法化社会」という言葉を創り出して、恣意的な政官財の三角形の内側の人間関係ではなく、明確なルールに基づく社会を形成しようとした。それは法科大学院など司法制度改革にも及んだ。しかし、中途半端に終わった感は否めない。

それは、法化社会が死語になったこと、法科大学院制度の創設が概ね失政であったことについて関係者の間で概ね一致が見られることに象徴されている。この鉄の三角形を崩した後、それに代わる明確な政官財の関係性が確立されていないことが、その後の産業の停滞に影を落とすことになる。

解は第1章で書いた、よい市場、よいルール、よい組織の三位一体にあるのではないか。官と財の関係性が明確でなければ、よい市場とよいルールはできない。そこでは、よい組織もできない。この問題は、「官」を超えて、民間経済部門に広く悪影響を及ぼしている。前川レポートに出てくる「市場機能の強化」は30年経っても実現できていないと評価せざるを得ないだろう。この矛盾は、いつまで経っても経済の成長戦略が実現できないことに象徴的に表れている。

世界的に電子政府が進展し、情報開示が進展して行政手続きが簡素化してスピードアップとともにコストが大幅に低減した。しかし、この面でも日本政府は大きく遅れた。

4　バブル崩壊と重なった日本叩き——米国によるバッシングのタガが外れた

技術覇権

覇権の条件の一つは、その時どきの先端産業分野の技術を握ることだとすでに書いた。では、産業の先端分野はどう目利きするのか。逆に言うと、米国はどの時点で日本を単なる貿易不均衡の相手国から、覇権国の地位を奪われないために叩くべき相手と見做すようになったのか。

今となってはＯＳが制御するデジタル電子機器では、ソフトウエアの性能がよければ、部品は重要ではなくなった。しかしこの時代はそうではなかった。この時代の機械はアナログだった。ＯＳで制御されずソフトウエアを搭載しない機械だ。そんな時代に機械をコンピュータによる制御で作動させるのに成功したのが日本企業で、ＮＣ工作機械と呼ばれた。この種の工作機械はマザーマシンと呼ばれる。この意味は、工作機械で作った部品から機械を組み立てるため、機械の性能はマザーマシンを超えることはないということである。

戦後、工作機械は米国が世界一の生産量を誇った。しかも、英国から産業面での覇権が米国にシフトする最大の要因となったのが、米国工作機械業界の競争力だった。しかし、1982年に生産高で日本が米国を抜いて世界一になった。これは、とりもなおさず日本の機械の性能が世界一になったことを意味する。

ものづくり産業は三層構造で成り立つ。一番上位に自動車や家電、航空機などの最終完成品を作る組立工場、次にそれらに部品を提供する企業、そして部品を作る工作機械産業だ。日本製のNC工作機械はMPU（マイクロプロセッサ）を使い、ミクロン単位の精度の加工を可能にした。コンピュータでプログラムされた通りに動くので、世界史上初めて24時間稼働の無人工場が可能となった。当初は心臓部であるMPUはインテルの半導体を使っていたが、80年代半ば頃からはこの分野でも基幹部品は日本製の半導体が席巻した。90年に半導体の売上世界トップ10には、NEC、東芝、日立、富士通、三菱電機、松下（現パナソニック）の六社が入っていたほどだった。

他の分野では、米国が80年代の電力自由化で低コストの発電機の開発を進めた。一方で日本は、フランスと組んで高コストだが高い技術を要する原子力発電分野で米国を凌駕した。米国は79年、スリーマイル島での原子力事故から、この分野では先端を競うことを諦めた感があった。ほかにも、中曽根政権時代に三菱重工による国産支援戦闘機（FS-X）を独自に進めようとしたこと、89年の日米構造協議で貿易障壁として米国から開発中止を宣告された日の丸OSと呼ばれたトロンの開発なども先端産業分野に該当する。

こうした先端技術分野は、国防総省にある先端技術高等企画局（DARPA）が、国益の観点で技術を評価して、国家防衛戦略に則って広義の貿易や構造改革の交渉材料にするとされている。この技術の目利きも、覇権国の条件だ。ここは現在の米中関係でも同じで、それゆえ中国のファーウェイやダーファ・テクノロジーは覇権を握る前に阻止の対象（ターゲット）にされたと見られる。

これらを総合して、次節で詳述する、歴史家のE・ウォーラーステインが「世界システム論」として主張した「産業面で覇権がシフトする条件」をほぼ満たしたことになる。

米国の対日スタンスが変貌

ここに至る過程で、米国は対日スタンスを変え始めた。1981年にレーガン大統領が就任すると、個別の品目を取り上げてその輸出量だけを問題視するのではなく、より広範な背後の問題も視野に入れ始めた。事実関係として、品目別に日本が輸出を自主規制しても、結局は品目を変えて日米貿易不均衡が数十年間続いた。一向に改善どころか悪化し続けた現実を受け、米国は日本の社会の構造に、市場メカニズムとは異質の対外排除を是とする何かがあるとの認識を持ち始めた。

米国人から見てこの得体の知れない日本の不公平な慣行は、原理原則を逸脱するという意味で不公正「unfair」と非常に強い言葉で批判された。82年6月には米IBMからコンピュータ関連の情報を盗もうとした嫌疑で、米国在住の6人と日本にいる12人、計18人にFBIにより逮捕状が出された。IBMの情報提供者になりすましたFBI捜査官のおとり捜査で、日立と三菱電機が引っかかり、現金授受の現場が盗撮されて米国で放映された[21]。最終的には二社が司法取引に応じ巨額の罰金を支払い、IBM互換機路線は頓挫した。

87年には沖電気の香港現地法人オキ・エレクトロニクス香港が半導体販売のサンプルを欲しいという

要望に応じて販売したところ、その契約のコピーが大手半導体メーカーであるマイクロン社にわたり、ダンピングで訴えられ罰金が科された。[22]

東西冷戦の勝者は日本

ただ、どこまで強く内政干渉するかは国際政治における力関係だ。米国がソ連と中国を敵視する間は、日本は重要なパートナーだった。しかし、1971年の米中国交正常化、89年11月のベルリンの壁崩壊、同年12月の米ソ首脳のマルタ会談とその後の史上初の米ソ共同記者会見での冷戦終結の確認、91年の冷戦終結宣言を経て、日本の地位は米国サイドから見れば激変した。庇護する対象から敵視する対象に変わったのだ。

日本を敵視する心情がミクロレベルでくすぶる段階から、米国で広く共有され国家レベルの政策課題として認識されるに至ったきっかけは、85年7月28日にニューヨーク・タイムズ紙に掲載された「日本からの危険」という記事だとされる。[23] これはピュリッツァー賞を受賞したこともある同紙のセオドア・ホワイトが執筆したものだ。骨子は「今日、第二次世界大戦が終わって40年が過ぎたが、日本人は再び行動を起こし、史上最もかくかくたる貿易政策によって、アメリカ工業の解体に取り掛かっている」と強く警告、そして「今からでも決して遅くはない。新たな対日戦争を準備し、彼らにわれわれの実力を見せよう。この戦争の真の勝者が誰かは10年後に明らかになる」と呼び掛けた。これをきっかけに、第二次世界大戦の本当の勝者は日本、敗者は米国という見方が台頭した。

他にも『通産省と日本経済の奇跡』のチャルマーズ・ジョンソン、『日米逆転』のクライド・プレストウィッツ、『日本　権力構造の謎』のカレル・ヴァン・ウォルフレン、『日本封じ込め』のジェームス・ファローズの四人はリビジョニスト・フォー・ギャングと呼ばれた[24]。

また、１９８９年には日本のＯＤＡが米国を抜いて世界1位になった。強い産業競争力を持って貿易黒字を計上し、貿易黒字を原資に世界に援助をすることで、世界への影響力を行使する姿は、米国が警戒するに十分だっただろう。さらに、89年に発売された盛田昭夫と石原慎太郎の『「ＮＯ」と言える日本』には、「仮に日本が半導体をソ連に売ってアメリカに売らないといえば、それだけで軍事力のバランスががらりと予想を変えてしまう」（14ページ）と記述されている。

日本の意向次第で米国はソ連との軍拡競争に負ける、と日本でベストセラーになった本に書かれているのだ。いくら仮定のこととはいえ、このような見解は、米国の対日観に深刻な影響を与えた可能性がある。もし現代に中国の要人が類似の発言をしたら、失言では済まされない深刻な打撃となる可能性が高いのではないか。

日本を敵視

日本を敵視することで日米関係が変容し始めた初期の形態は１９８３年の日米円ドル委員会、１９８５年の市場志向型分野別協議（ＭＯＳＳ）だ。日本独特の法的根拠のない行政指導や仲間内で凝り固まってよそ者を排除する政官財の鉄の三角形を切り崩すかたちで、レーガン政権の新保守主義という思想に支えられた市場メカニズムを信奉する政策が入り込み始めた。ＭＯＳＳ協議はエレクトロニクス、電気通信、医薬品・医療機器、林産物の四分野から始まったが、徐々に背景にある日本市場の閉鎖性、不透明な制度や慣行に疑念の目が向けられることになった。

１９８９年5月には包括通商法スーパー３０１条の対日適用が決定された。米国は対外タカ派な政権であれば、交渉にあたり、交渉が決裂したらどうなるかを先に示すことで、自国の要求を相手国に飲ませる強引な手法を好むが、これはその典型例だった。ペリー来航時代の砲艦外交と何ら変わりはない。

こうして同年7月から日米構造協議が発足した。この協議で日本は、貯蓄投資パターン、土地利用、流通機構、価格メカニズム、系列および排他的取引慣行の6項目の改善を求められた。もとをただせばこれら6項目は、まさに前川レポートのテーマだった。日本サイドとしても、米国が排他的取引慣行の是正で要求した「入札における談合を排した透明性の確保」などは、積年の悪弊を正す改革の好機という意味で「外圧」として利用した。しかも、米国は日本の消費者の味方として日本政府に圧力をかけることを公言した。

たしかにこの時代は、洋酒向けの高い関税ゆえに日本人が海外で高級酒を買い漁るなどの奇異な行動が問題視されるなど、日本の流通機構に大きな問題があった。日米構造協議は1990年6月に最終合意して、10年間で430兆円の公共投資、大規模小売店舗法の改正、リベートなど商慣行の是正などで合意した。これを反映するかたちで、92年6月には政府の経済5カ年計画で「生活大国5カ年計画」の名のもと、豊かさを実感できる生活を実現するために、個人の尊重、生活者・消費者の重視、労働時間短縮、公園や道路など質の高いストック形成が重要な課題と位置づけられた。

そして、91年の湾岸戦争を経て、米国では92年の大統領選で、日米貿易不均衡の是正を公約としたクリントンが当選した。米国による日本叩きがクリントン政権になってタガが外れて苛烈を極めた一因として、湾岸戦争をめぐり、迷走に迷走を重ねた日本の対応も挙げられる。もはや国際情勢に関する価値判断の基準がない日本は、米国の要求なら何でも飲む、との印象を与えた可能性が高い。クリントン政権は、MOSS協議や日米構造協議の流れを受け、93年から日米包括経済協議を始め、94年からは「年次改革要望書」に引き継がれていった。

この頃から米国の日本叩きが加速した。個別品目の輸出規制は当然として、日米貿易収支が改善しない背後の日本の不透明な社会構造を改善する方向性が打ち出された。数値目標を盛り込む結果重視の米国の姿勢に対し、日本は「客観基準」という概念で交渉を続けた。しかし、94年2月のワシントンでの細川・クリントン会談で、日本は米国の要求を拒否、この会談は日米首脳会談としては戦後初めての決裂となった。細川総理は「玉虫色の決着で将来の誤解の種を作るよりは、できないことを素直に認めることが必要だ」と述べ、日米関係を「成熟した大人の関係」と表現した。前述した『「NO」と言える日本』は、大ベストセラーとなった。しかし、本当にNOと言った日本を待ち受けていたのは、強烈な円高だった。一部のメディアは円高を「究極の制裁」と報道した。(25)

円高シンドローム

円高圧力を武器に日米交渉を優位に進める米国の手口は、背景に円高シンドロームがあった。これは、国際経済学者のマッキノンと大野健一が『ドルと円』で定型化した。(26) マッキノンは、日米貿易不均衡が長年の円高にもかかわらず解消されなかったことに代表されるように、一般論として為替調整では貿易不均衡は是正されないことを前提とする。にもかかわらず、米国が日本の不公正な慣行を理由に政治圧力で円高になるよう口先介入（トーク・アップ）すると、日本の金融政策は米国のそれと比較して景気に対し引き締め効果を持つ。この金融政策の非対称性が円高シンドロームの重要なポイントだ。日本では、この引き締め効果によって物価にはデフレ圧力がかかり、金融緩和期待がさらなる円高圧力をもたらす。そして、この循環は、半永久的に続くのだ。

マッキノンは、円高シンドロームは1978年頃にはすでに金融市場で確立していたとする。細川・クリントン会談決裂を受け始まった円高は95年4月19日に79・75円台まで進んだ。これはリーマン・ショック後の2011年に75円台で史上最高値をつけるまで円高の記録だった。こうした円高は長年にわたり日本経済を蝕み、空洞化やデフレをもたらした。

一連の日米協議では、経済産業省と外務省に加え、構造協議の頃から日本の財務省が前面に出るようになった。日米交渉の過程で米国が武器としたのが為替相場だ。財務省は為替介入を管轄する。為替相場を動かすことで、財務省を動かそうとしたとみられている。しかし、表向きには為替相場は市場メカニズムで決まることになっている。ただ、この時代にマーケットの現場にいた人には、覇権国である米国だけは、為替相場を口先介入で操作できた事実を身をもって経験したといえる。

しかし、本来なら市場メカニズムで形成される金融市場を口先で動かす手口は、危険を伴う。米国では、円高・ドル安で物価圧力が急激に高まった。これに対応してFRBは94年から95年にかけて利上げを急いだ。当時は、クリントン政権の債券戦略が軌道に乗り始めていた時期で、市場も不意を突かれて金利が急上昇するなど、大きく混乱した。金利の上昇を受け当時は米ドルとペッグしていたメキシコも利上げに追随したのだが、これがきっかけとなってペソが94年11月から12月にかけて、1カ月の間に約40%も急落して通貨危機（通称、テキーラ危機）となった。最終的には米国が公的資金を拠出して救済スキームを作って沈静化した。

円高圧力そのものは、その後の日米交渉でも使われたが、95年に就任したルービン財務長官が「ドル高は米国の国益」としてスタンスを変えたこともあり、度を超えた円高圧力は抑制されるようになった。

このように円高をもたらした米国の通商政策だったが、理論的には国家経済会議（NEC）のローラ・タイソンが戦略的通商政策として理論化した。単純化すると、国際貿易は自由貿易が原則だが、過去に政府介入など禁じ手を使った国は、過去の償いをすべき、という考え方だ。ただ、現在では政治を経済理論が正当化した古い理論として忘れ去られている。注意が必要なのは、これは米国のよく使う手口であることだ。

また、このような手を使うであろう予兆はあった。『変革への提言―クリントン政権の基本政策』には、旧来の考え方を批判して「経済的な国益より地政学的な配慮を優先するという冷戦時代の手法を引き延ばすばかり」と書かれている。[27] そこで93年にクリントン政権は、国家経済会議を「軍事的安全保障」と並んで、「経済的安全保障」という考え方のもと、国家安全保障会議と同じ機能を果たすことを期待されて、大統領令によりホワイトハウスに設立された。

会議の目的は、経済政策の一貫性を維持しつつ、各省庁で調整して有効な政策立案を行うことである。メンバーは大統領、副大統領、国務長官、財務長官、農務長官、商務長官、労働長官、住宅都市開発長官、運輸長官、エネルギー長官、保健福祉長官である。ほかにも閣僚級のスタッフや各種大統領補佐官が拡大関係者（Additional Participants）として参加する。議長は大統領が務める。冷戦の終結という新しい国際環境のもと、日本はその標的になった。

そして、１９９７年からは「規制緩和及び競争政策に関する日米間の強化されたイニシアティブ（日米規制緩和対話）」が開始された。規制緩和を前面に押し出し、規制緩和により日本人の生活をよくするという建前の日米交渉だ。しかし、97年にロシアのデフォルト、同じく97年にアジア通貨危機、98年に日本の金融危機、そして２００１年に９１１テロ、同年11月の中国ＷＴＯ加盟決定などを受け、米国の関心は世界経済の安定、対テロ戦争へとシフトした。ちょうどこの頃に米国の最大の貿易赤字国が日本から中国に変わったこともあり、日本への関心は少しずつ薄れ、日本叩きは鳴りをしずめた。

5　先端産業を日本に渡すな

ウォーラーステインによる「覇権」

覇権の研究で有名な歴史学者・社会学者のウォーラーステインは、歴史に共通する法則として、世界がシステムとして一体で動くと主張した。これは、覇権国が「中心」、覇権国にキャッチアップしようとする「準周辺」国、キャッチアップもできない「周辺」国に分ける考え方だ。この三つの分類には、経済と政治の二つの軸がある。経済軸は産業の高度化や市場経済の効率性だ。政治軸は主権国家の機能性や統治の効率性だ。経済軸と政治軸は相互に影響し合う。絶えず技術革新が起こることで、旧来の経済的な利権に固執する政治勢力が没落する一方、新しい技術を取り入れた産業の革新で新興勢力が勃興する。出版や通信などコミュニケーション技術の発達は政治に多大な影響を与える。

たしかにこの説明では、18世紀半ばの英国から始まった第一次産業革命で、蒸気機関と議会制政治により、英国が世界の覇権国となった。18世紀から20世紀にかけての第二次産業革命では、蒸気を電気に変える電機産業と内燃機関に変える自動車や機械産業が発達し、政治的には分厚い中間層が形成されたことで、参政権が貴族ではない一般人や女性にまで拡大して、民主主義が社会に広く行き渡った。そして、米国が覇権国となった。

ただ、前述のように、日本のマイクロエレクトロニクス革命が牽引した第三次産業革命には、アナログ機械の一部をコンピュータで制御する工作機械産業には世界を席巻する勢いがあった。しかし、政治軸は旧来の中選挙区から必然的に派生する自民党の派閥政治が強固だった時代で、世界からは革新ではなく民主主義の後退と見られていた。この強固な一党支配は、中国共産党が理想のモデルにしたとさえ言われている。その意味で、世界に普及する普遍性はなかった。むしろ、その延長上にあるＩＴ革命は、経済面ではＧＡＦＡを生んで人々の生活を大きく変えた一方、政治的にもフィルターバブルやＳＮＳの普及で大きく変わる兆しが出ている。

第３章でみたように、90年代に米国が有頂天になったワシントン・コンセンサスは、経済軸は市場経済、政治軸は民主主義により、政治経済の両面で統治の形が完成したとする見立てだった。しかし、この見方が誤りだったことはすでに判明した。

ＩＴ革命がもたらす経済軸と政治軸で、中心にある米国に対し、中国が唯一の準周辺国にまで追い上げてきたのは、もはや歴然とした事実だ。では、次に何が起こるのか――それが問題なのだ。

覇権１００年説

歴史的に覇権は一定のリズムを持って変遷を重ねた。オランダは１５７０年代から１６７０年代にかけて、英国は１８００年頃から１９００年頃、米国は１９００年頃から２０００年頃だ。１９００年から１９３０年にかけては、英国は覇権を維持する力がなくなった一方、米国はその自覚がなかったがために、世界大恐慌が深刻化する主因になったと経済学者のキンドルバーガーは指摘したが、覇権がシフトした時期そのものは１９００年頃が有力だとみられている。これは歴史的事実の解釈なので、若干の見解の相違はあっても、ウォーラーステイン、モデルスキー（政治学者）、アリギ（歴史社会学者）など、覇権の研究者のほぼ一致した見解だ。

100年のリズムなら米国の覇権が終焉を迎えるのは、単純計算すると2000年頃になる。そして、次は中国という見立ても不可能ではない。現に中国は経済的には力をつけ、覇権の意思も隠さなくなっている。時あたかも米中の新冷戦がトランプ大統領の登場で始まった。ここをどう解釈するかは、金融市場の長波の観点で極めて重要で、将来の展望は第6章で取り上げる。

なお、覇権に関する研究や書物は日本では極めて少ない。近年では嶋中雄二らの『2050年の経済覇権』、吉見俊哉の『大予言』などぐらいしか見当たらない。一方、中国では非常に多い。米中の角逐を覇権の文脈で理解するのはごく一般的なようだ。

米中新冷戦

そして次に問題として浮上しているのが、次の第四次産業革命での米国と中国の角逐だ。これは米中の対立の本質でもある。第四次産業革命は、5Gをはじめとして量子コンピュータ、宇宙探索、超音速ロケットなどの分野が取り沙汰されている。

現代の産業は標準化して世界に広がる。ネジやボルトの形状の統一から始まった標準化は、特許のかたちで勝者総取りになりやすい。総取りでは技術標準として普及しにくいため特許を開放することもあるが、そこは開放する部分とクローズドにする部分を明示的に分けるなど巧妙な手口が多用される。現実を見据えた対応をしなければ国際社会では生き残れない。

なお、正確に分類すると、「覇権」と「帝国」は別ものである。帝国は無理なゴリ押しである一方、覇権は尊敬を集めるやり方だ。戦後の米国が理想主義的なワールド・リベラル・オーダーを主導した時代は覇権と見做してよいだろう。しかし、ニクソン・ショック以降の米国は、覇権とは言い難く、どちらかというと帝国だ。もっと言えば、国際ルールに従わないゴリ押しという意味で、筋の悪い帝国になり下がり始めている。とはいえ覇権は50－１００年単位の文明の時間軸で動くので、当面は静観する以外に是非はない。

幸いなことに米国にはまだ力が残っている。ＧＡＦＡにみられる産業の革新力に加え、２００８年のリーマン・ショック後の対応でも、見事なリーダーシップを発揮した。

興味深いことに、中国の政治学者の一致した見解では、米国の覇権は長くてもあと数十年で終わる。しかも、米国のような民主主義国家の覇権の終わり方は、覇権維持のコストと社会保障のコストを比較して、国政選挙で社会保障を優先する国民の選択になると見る。覇権維持のコストに耐えかねて自ら身を引くとの見立てだ。周辺国は、次の覇権がどういう世界システムになるかを見て、元の覇権の維持に協力するか、次の覇権への移行に協力するか、国益の選択の問題となる。

また、覇権国は、国家の独立性という意味で、食料、エネルギー、金融、その前提として通信と交通を不可欠な分野として重視する。これらは現時点では米国が圧倒的な強みを持つ分野である。この理由は、第二次世界大戦を想起するとわかりやすい。日本はＡＢＣＤ包囲網でエネルギーを遮断された。ドイツは、エネルギーを遮断されただけでなく、大西洋の海底ケーブルを断絶されたことで通信も断たれた。逆に金融は、日本の戦費は連合国の英国で調達されたが、戦争相手国の実力を自国の軍隊が分析するのは当然としても、市場の客観的な評価を重視した。こうした分野で米国と中国の角逐が今後どう展開するか、である。

詳細は第6章でみることとする。

6　人口動態に取り返しのつかない穴をあけた

終身雇用制度の負の側面が新卒世代に集中

日本では、雇用契約は暗黙の了解で（定年までの）終身雇用が前提とされ、それが法的にも判例で確定されている。しかも、終身雇用は期間の概念だけでなく、雇用期間が長くなると賃金が上がる右肩上がりの賃金カーブを暗黙の前提とする。このため、１９９０年代に入りバブル崩壊の悪影響で企業が売上減少に苦しむようになっても、人員削減や賃金削減にはなかなか踏み切れなかった。

そのしわ寄せは、新卒採用に向かった。図４－７のように、バブル崩壊の１９９０年頃からその処理が概ね済む２００３年頃まで、大学卒業者の就職率は低下し続けた。

新卒一括採用

１９９０－２０００年代にかけてのバブルの敗戦処理の時代には、日本では新卒一括採用が一般的だった。「同期」として採用され、終身を一つの会社で働く、「就職」というよりは「就社」が一般的だった。

この「同期」という言葉は欧米には存在しない。経団連が新卒一括採用をやめたのは、かなり後の２０１９年だ。逆に言うと、新卒一括採用以外の中途採用は、特別な事情でやむにやまれない場合の緊急対応措置だった。退職金の制度設計では今でも25年以上など長期雇用を優遇するし、税制によっても支えられている。終身雇用を前提にした新卒一括採用での需給関係は、求職者数は大学、専門学校、高

図 4-7　大学卒業者の就職率

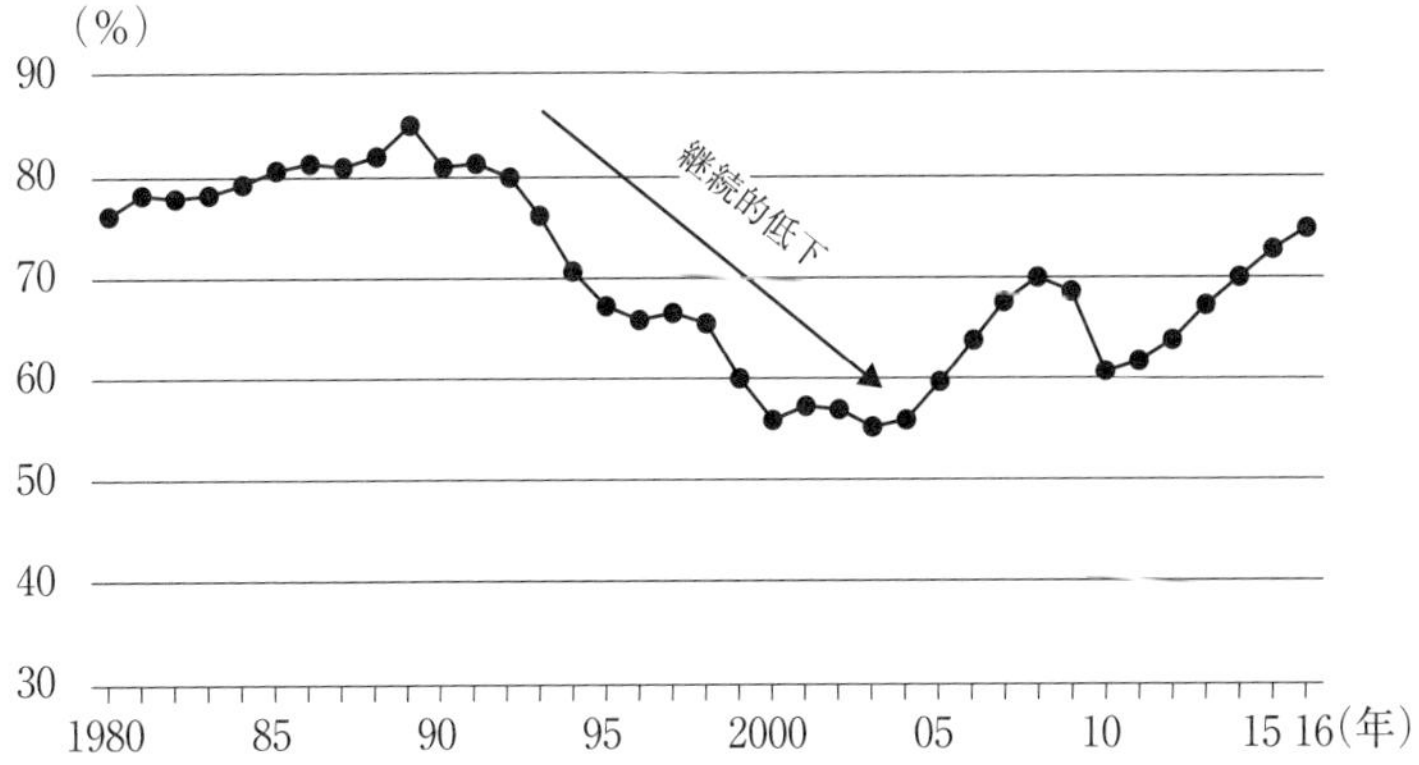

出所：文部科学省学校基本調査の公表データに基づいて筆者作成

校、中学などの新卒で自動的に決まるが、求人数は企業が決める。

この二つは、そもそも一致するメカニズムは存在しない。ではなぜ、この時代まで問題が表面化しなかったのか。恐らく、戦後の高度成長期の右肩上がりの時代には常に人手不足だったので、問題が表面化しなかったのだろう。不況の年であっても、先々の発展を見越して多めに採用する機運があったのだろう。

また、小売りやサービス業の大規模チェーン化が起こっていなかったため、起業による自営業がセイフティーネットのように機能した面もあった。原発や道路などインフラ建設の規模が大きな時代には、地上げや補償金で多額の使途不明金が計上されるのが標準的な業界の慣行だったので、表に出ないような小企業でも雇用吸収力はあったのだろう。

戦前は転職が当たり前で、次から次へと渡り歩く労働者は「渡り鳥」と呼ばれた。しかし、戦後になって製造業で熟練が重視されるなど、長期雇用を必要とする産業界のニーズとも合致したと考えられる。

ロスト・ジェネレーション

しかし、あまりに足元の業況が悪い場合や将来の景気に不安がある場合、企業の求人数は減る。そして、求職者数が求人数を上回れば何が起きるか。就職できない人、いわゆる就職浪人の大量出現だ。就職が狭き門になったことから、この時代は「就職氷河期」と呼ばれる。学校を卒業して就職する時期がたまたま就職氷河期に当たったらどうなるか。運よく就職できた人はよい。しかし、新卒で採用される正社員の絶対数が減る中、非正規雇用が増加するのは本人の努力を超えた社会問題だと位置づけられるようになった。ひとたび非正規として社会に出ると、新卒一括採用の対象外になるため再チャレンジすることは難しく、非正規雇用としてその後の人生が不安定な状況に置かれる世代を多く生むことになった。

一部のメディアがこの世代を「ロスト・ジェネレーション」と名づけ、この呼び名が定着した。1920年代の大恐慌の時代を経験した層と同じ命名だが、当時は戦争経済を経て戦後に至るまで、労使協調路線で雇用の安定を重視する政策が実施された。1950－60年代の米国経済の戦後第一期の黄金時代は、戦前に大恐慌を経験したロスト・ジェネレーションが築いた。

しかし、日本は逆だった。そして、火に油を注いだのは雇用を流動化する制度だ。この時代に、企業サイドから見れば悲願でもあった雇用を流動化する諸制度が整備された。派遣法そのものは1985年に成立している。95年に日経連（2002年に経団連と統合した）は「新時代の日本的経営」を公表、労働者を企業の中核となる社員、専門的な技能を持つ契約社員、有期雇用で昇進のない派遣社員に分けることを提案した。96年には労働者派遣法が改正され、それまで秘書や通訳など16の専門業種に限定されていた派遣の対象業務を26に増加し、99年には一部を除き原則自由化した。

図 4-8　日本の雇用者数

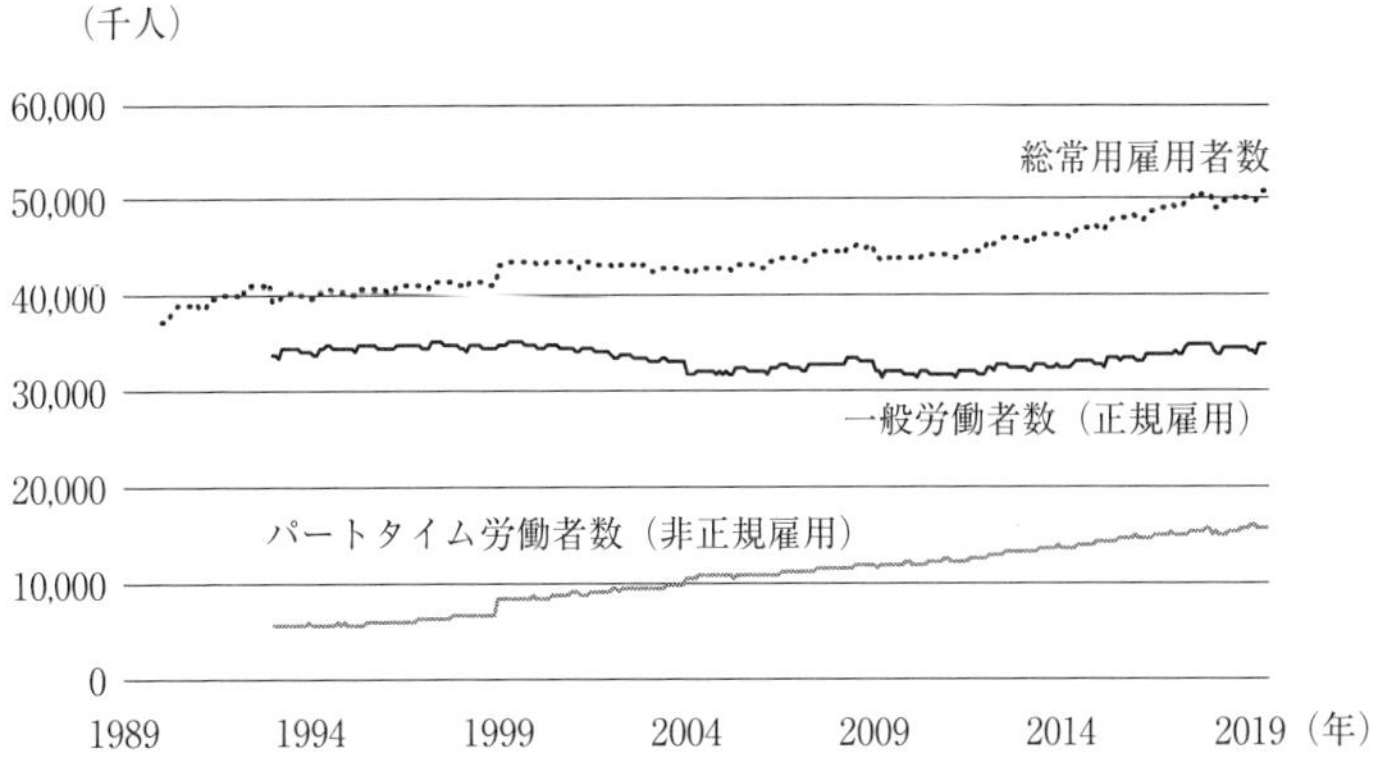

出所：Haver Analytics の公表データに基づいて筆者作成

さらに、２００４年の改正労働者派遣法では、派遣期間が１年から３年に延長され、派遣先もそれまで除外されていた製造現場なども認められた。

派遣受け入れの強化や届け出は、事業所単位から事業主単位に変更された。派遣制度では、派遣社員は労働組合には加入せず、社会保険も一般の労働者よりかなり見劣りする。こうした会社に有利な制度が充実されたことで、非正規雇用は大きく増加、同時に大きな社会問題となった（図４－８）。

非正規労働そのものは、労働者の仕事と生活とのバランスであり、存在そのものに問題があるわけではない。自ら進んで非正規になる、たとえば子育て中の労働者も多くいる。しかし、日本の問題は、男性の「不本意非正規」で働く労働者が非正規の40－50％もいる点にある。

非正規は、賃金も上がらないし、社員教育も受けられない。厚生労働省のデータをもとに時給で比較すると、正社員は20代からだんだんと上昇して50代には約２倍に上がる。しかし、非正規社員はまったくと言ってよいほど上がらず横ばいだ。社員教育では、正社員には約70％

の事業所が教育を実施するが、非正規社員には約35％しか実施しない[28]。

そうなると、結婚もできないし、子づくり、子育てもできなくなる。この悪循環が続いた。そして結果的に、人口動態に取り返しのつかない穴をあけた。生涯未婚率は世界的に上昇傾向にあるが、日本は平成に入って5％以下から急上昇した。直近の日本の男性23％、女性14％（２０１５年）は世界でも突出して高い。しかも、30代男性で比較すると、正規の既婚率が60％に対し、非正規は27％と大きな格差があるのだ。

人口動態の歪みは回復が極めて困難

日本はもともと人口ピラミッドに大きな歪みを持つ（図４－９）。戦前は国の政策である「産めよ増やせよ」を受けて出生数が急増した。敗戦の１９４５年には出生数は急減した。しかし、平和になった終戦後の46－48年の３年間に出生数が急増した。この３年間に生まれた人々は団塊の世代と呼ばれる。49年以降は人口の急増で食糧危機が懸念され、厳しい産児制限が設けられたため、出生数は大きく低下した。しかし、それも一時的で、戦前の「産めよ増やせよ」で増加した１９３５－44年頃に生まれた世代が出産適齢期に入った１９６０年以降には出生数は増加基調に戻った。そのピークは、団塊の世代が出産のピークを迎えた１９７１－74年で、その時期に生まれた世代は団塊ジュニア世代と呼ばれる。

その後１９７５年以降は、出産適齢期の女性の数の減少や出生率の低下により少子化は一気に加速した。89年には、合計特殊出生率が丙午（ひのえうま）だった66年の１・58を下回り、１・57ショックと言われた。それでも90年代にかけては、71－74年生まれの団塊ジュニア世代が出産適齢期に入るため、少子化には歯止めがかかることが期待された。

図４-９　日本の人口ピラミッド（2018年）

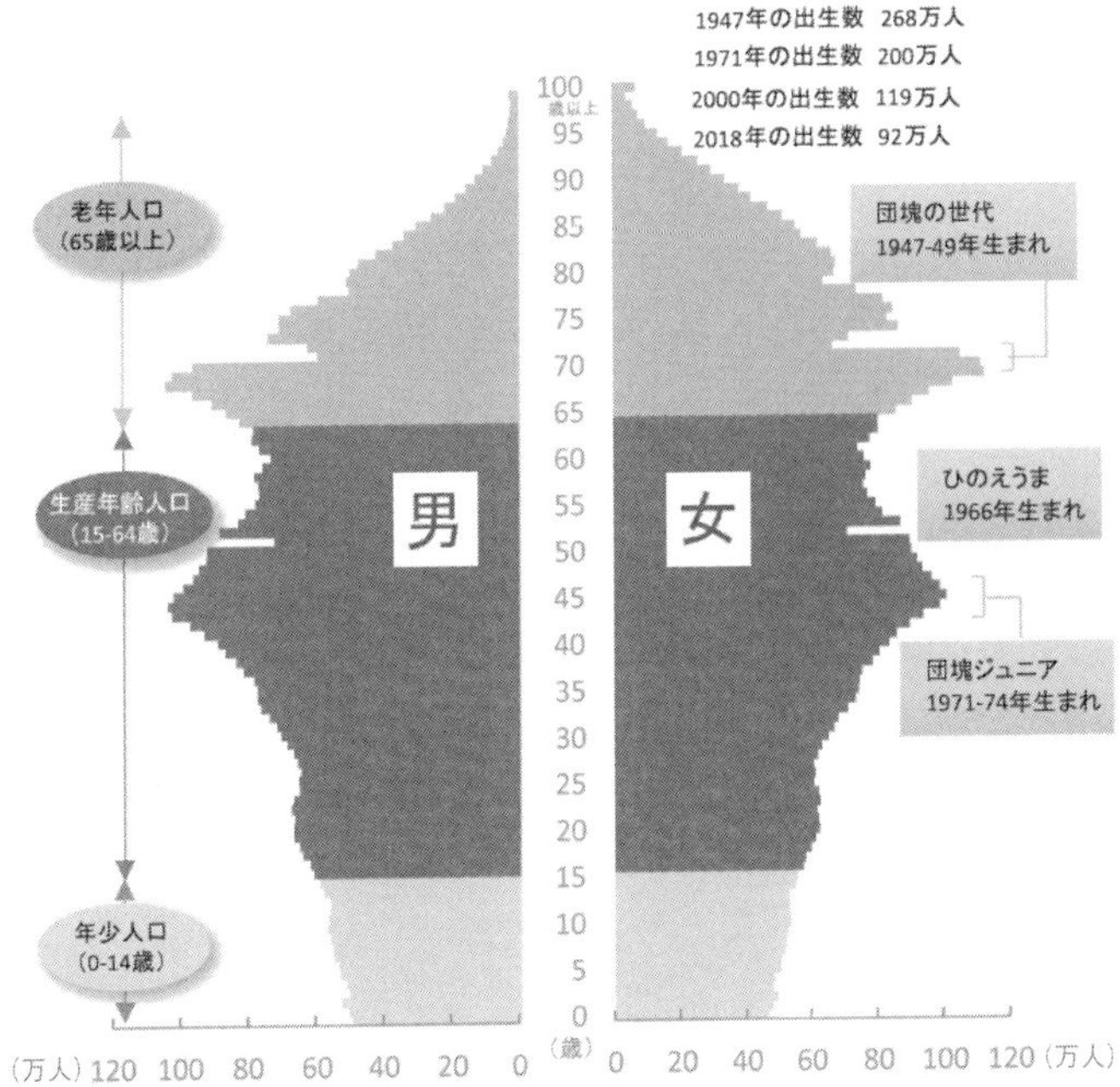

しかし、現実には１９９０－２０００年代を通じて出生率は低下を続けた。出生率には実に多くの要因が影響を与えるが、この間に進んだ出生率の低下による少子化は、バブル崩壊のしわ寄せが若年層に集中したことの影響が大きいと見られる。

本来なら人口ピラミッドに人口の多いコブができるはずが、出産適齢期の世代がロスト・ジェネレーションになってしまったため、実際には穴をあけてしまったことになる。

２０００年代に少子化対策を進めた識者の中には、１９７５年前後に生まれた世代の出産に備えて時期を区切って思い切った少子化対策を取るべきとの指摘もあった。しかし、結果は出た。その後の出生率の推移を見る限り、対策の効果はほとんどなかったことになる。この問題はなかなか直截的な表現は難しいのだが、東京大学の吉見俊哉・元副学長は『平成時代』で「暗澹たる気持ちになるのは、この超少子化に関する限り、日本の失敗はもう取り返しがつかないことである。人口学的な知見によるならば、少子化に向かう先進国は、合計特殊出生率が1・50に近づいたところで、そこから2・00に向けて出生率が回復していく国と、出生率がさらに低下して1・50を下回っていく国に分かれる。運命の分かれ目である。日本の場合、この運命の分かれ目は1980年代末に訪れた。そして、一度1・50を下回ってしまった国は、もはや二度と出生率を1・50以上に回復することはできない」「つまり、少なくとも21世紀半ばまで、日本は超少子化を解決することができず、この国の人口は減り続けるのである」と表現している(29)。

経済を超えた社会問題

就職氷河期世代で多くの人口が独身・低貯蓄のまま高齢者になれば、社会保障費の増大など、また別の大きな社会問題になりかねないとも考えられている。2018年4月7日号の週刊ダイヤモンド「就職氷河期世代の転落で生じる隠れ負債30兆円超えの衝撃」によると、就職氷河期に就職できなかった人々がそのまま老後を迎えると、生活保護に依存せざるを得なくなる。その費用は30兆円にも達すると見られている。総合研究開発機構(NIRA)による類似の試算では、追加で必要な社会保障の給付額は累計20兆円にのぼる。推計に誤差は付きものであるとはいえ、いずれにしても20-30兆円単位の巨大な金額ということだ。

そして、この問題が表面化するのは想定以上に早い可能性が高い。というのも、就職氷河期世代が50歳になる頃には親世代が80歳になる。これは80-50、あるいは70-40問題と呼ばれる。親の家で親の年金に頼って生活する人が多いため、親の死去や介護の必要により、問題が早く顕在化する可能性が高いのだ。

就職氷河期世代支援プログラム

安倍晋三首相は2018年7月に通常国会が閉会した後の記者会見で「非正規雇用をこの国から一掃する」と述べた。2019年3月の経済財政諮問会議では、就職氷河期で非正規の不安定な立場に置かれた人々の人生のやり直しを支援する「人生再設計第一世代」が提案された。6月には政府は経済財政運営の指針「骨太の方針」に、「就職氷河期世代支援プログラム」で今後3年間に30代半ばから40代半ばの正規雇用者を30万人増やすとの数値目標を明記する方針を示し、閣議決定された。足元の好景気でこの世代の正規雇用者数は年間約5万人増えているとみられ、3年で倍増を目指すこととなった。氷河期世代の就労支援ではハローワーク、大学、職業訓練機関、経済団体が一体となって支援する仕組みを作った。

ＯＥＣＤやＩＬＯなどの国際機関は、日本の正規雇用者と非正規雇用者との間の大きな格差に長く警鐘を鳴らし続けたが、日本政府はほぼ無視した。ここにきてやっとこの問題に正面から取り組む機運が生まれたのだ。

少子化対策の反省を活かすなら、時間との戦いであること、好景気の人手不足の時代がチャンスであり、不況になったら難しくなることを認識して進めるべきだろう。

7　民主党政権とは何だったのか

「あの悪夢」

２０１２年12月に発足した安倍政権以降、経済は再生とまでは言えないものの、まずまず回復基調を保ってきた。政権運営も安定しており、19年８月には在任期間が戦後最長となった。この間、自民党は選挙で勝てる態勢を維持した。選挙で勝つたびに株価は上がった。安倍政権登場の歴史的意義は、なぜそれが可能だったのかを民主党政権の時代にさかのぼるほうがわかりやすい。

２０１９年の春から夏場にかけて安倍総理が様々な場所で民主党政権時代を指して「あの悪夢」と呼んだ。元民主党の議員から「あの悪夢」の文言を撤回するよう要請された19年２月の国会論戦では、逆に「あの悪夢」が事実である傍証として、民主党が民進党や国民民主党や立憲民主党など合従連衡を繰り返しながら党名を次々と変えた事実を指摘した。この感覚は、多くの日本人が共有しているといえるだろう。

何が悪夢だったのか。民主党は、93年の総選挙で自民党が下野して誕生した細川連立政権以降、自民党を離党した小沢一郎、鳩山由紀夫、菅直人などベテラン政治家が中心となって結成された。そして、自民党流のバラマキ政治、利益誘導政治を改革する必要性を訴えることで国民の支持を得た。これらは根本的には、政管財の鉄の三角形の打破、官僚主導から政治主導へなど、この国の統治システムを根本的に変革することだった。

そして、それまでは政権公約は当然破るものという常識を変えて、マニフェストとして明示して必ず実行するもの、という意味でのマニフェスト選挙に変えた。マニフェストの策定においても、国民や地方から案を募集するなど、政治は変えられる、という期待感を国民に抱かせるには十分なものだった。その結果、２００９年８月の総選挙で定数４８０議席のうち３０８議席を占める圧勝で政権交代を実現した。

民主党初の政権である鳩山政権の政権構想は五つの原則から成り、それらは「官僚丸投げの政治から、政権党が責任を持つ政治主導へ」「政府と与党を使い分ける二元体制から、内閣の下の政策決定に一元化へ」「各省の縦割りの省益から、官邸主導の国益へ」「タテ型の利権社会から、ヨコ型の絆社会へ」「中央集権から、地域主権へ」だった。そしてこれらを実現するために総理直属の「国家戦略室」を新設した。しかし、この組織に法的裏づけはなく、まったく機能しなかった。民主党政権自体は総理を３回すげ変えることで3年3カ月間続いたが、内実は政権が発足して早い段階ですぐに行き詰まった。

最大の原因は、マニフェストで公約したことが、結局はほとんど実現できなかったことで早くも国民の期待と信頼を裏切ったことだった。マニフェストの中で最も国民の期待が高かったのは、段階的に施行して平成25年には16・8兆円に達すると国民に公約した子ども手当、公立高校授業料の実質無償化、年金制度改革、医療・介護の再生、ガソリン税など暫定税率の廃止、高速道路の無償化、求職者支援などの所得対策で、財源は予算の組み換えでほぼ捻出できるはずだったが、絵に描いた餅だった。

そして、マニフェストは、民主党の消滅とともにほぼ死語となった。しかも、自由党など政治思想が大きく異なる政党と合併したため、人によって発言内容がバラバラで、もはや政党としての体を成さない状況となった。

また、民主党の政権構想には「東アジア共同体」まで含まれていた。これは、日米安保を有名無実化し、日本と中国が中心になって東アジアに共同体をつくるという構想だ。この構想には、中国が驚愕したと言われている。

ところが現実には、民主党は日中間で領有権問題が起きていた尖閣諸島を国有化し、これに中国が反発して激しい反日デモが発生した。2010年9月には尖閣沖で中国籍の漁船が海上自衛隊に体当たりする事件が発生した。民主党が実効性のある対応策を打ち出せず右往左往しているうちに、隠蔽した尖閣諸島中国漁船衝突映像がネット上に流出する事件まで起きた。

こうした民主党の姿は、このままではこの国が国家として溶解してしまうのではないか、という危機感を国民に与えたと見られる。2011年3月の東日本大震災の後の原発事故も同じだ。菅直人総理は、原発事故の対応に自ら乗り出し、事細かな具体的指示まで出した。菅首相の誤った指示を無視した東電の職員の英断で国家の存亡に関わるほどの原発事故は防止されたが、このパフォーマンスを見て、戦争以外の原因で国家が溶解することが本当に起こり得るという危機感を持った国民は多かったのではないか。このほかにもあの悪夢の事例は多数ある。

「あの悪夢」が産んだ第二次安倍政権

民主党への政権交代について、有権者はアンケートで政権交代そのものはよかったと答えている。[30] 政権交代して政治がよくなったかどうかについて、「よくなった」は3%、「変わらない」が58%、「悪くなった」は36%と厳しい評価だった。幼児は夢と現実の区別がつかないといわれるが、普通の日本人が政治の現実に目覚めたという意味では、民主党政権は、次の第二次安倍政権を生む触媒になったといえる。安倍政権が戦後最長の安定政権となった最大の背景は「あの悪夢」を再びくり返すまじ、との思いだったと断じてよいだろう。

歴史的には日本は、外からのショックで変わった。日本が本格的な律令国家への歩みを始めるきっかけとなったのは、白村江の戦いの敗北だった。同じことは、幕末のペリー来航、敗戦後の戦後復興と、類似のパターンを繰り返した。

民主党時代の金融市場も、「あの悪夢」の一言に尽きる。株価は低水準で低迷し、1ドル70円台の円高もほぼ放置した。景気は景気対策の効果で回復した。しかしこれも、リーマン・ショック後の初のG20でGDP比2％の財政政策が各国共通の目標とされたことに従っただけだ。

それでも株価が低迷したのは、株価を決める二つの長波である資本と労働の優位関係、覇権国である米国との関係の両面で大きな不安感があったことを如実に示す。逆に金融市場の面でも、「あの悪夢」があったからこそ、次に取り上げる安倍政権になってからの大転換があったともいえる。

8　安倍政権への移行

民主党（当時）から自公連立への政権交代

2012年11月の国会での党首討論で、民主党の野田総理は唐突に衆議院の「近いうち」の解散を約束した。これは驚きをもって受け止められ、この日を境に株価の急騰が始まった。というのも、世論調査などから民主党から自民党への政権交代が確実視されたこと、12年9月に自民党総裁に返り咲いた安倍総裁が大胆な経済政策の転換を目論んでいたことが明らかだったからだ。

三本の矢

そして直後の12月の総選挙で自民党は圧勝して、自公連立の第二次安倍政権が発足した。第二次安倍政権の当初の経済政策はアベノミクスと呼ばれる。安倍総理のアベと経済学を意味するエコノミクスをミックスした造語だ。言葉は時代を体現する。この新造語は、2013年の流行語大賞に、選ばれはしなかったがノミネートはされた。お茶の間で、あまりなじみのない財政や金融に関する専門用語が飛び交った事実は、経済政策が成功したことを物語る。

この安倍政権の経済政策の骨子は、機動的な財政政策、大胆な金融政策、民間投資を喚起する成長戦略の三本柱から成る。キャッチフレーズとして戦国時代の毛利家が三人の息子に家の行く末を託した故事に由来する「三本の矢」が使われ、かなりの程度、人口に膾炙した。ただし、三本の矢は経済政策の基本だ。当たり前といえば当たり前の組み合わせといえる。

財政政策は、国債発行を原資として公共事業などに投資をする政策で、まず手始めに2013年2月に大型の補正予算が実施された。安倍政権の前の民主党時代は公共事業を削減する「コンクリートから人へ」をキャッチフレーズにしていたので、大きな転換となった。しかし、金融緩和を伴わない財政政策では、通貨高になって財政政策の効果が海外に漏出するリスクがある。現に90年代の日本はこのリスクが顕在化したため、景気対策の効果が切れそうになると打ち続ける景気対策と円高のイタチごっこの悪循環に陥った。

このイタチごっこは、マンデル＝フレミング・モデルとして定型化されている。2013年3月に日銀総裁に就任した黒田東彦は、『財政金融政策の成功と失敗』で、過去の財政金融政策と為替相場を検証して「『マンデル＝フレミングの理論』が示すように、財政拡張と金融引き締めというポリシーミックスは為替レートを上昇させ、デフレをもたらす傾向がある」と書いている[31]。

そこで安倍政権は、新たに黒田総裁が就任した日銀と協定を結んで、金融緩和を約束させるという、前代未聞の奇策に出た。中央銀行の独立性は揺らいだ。そして、量的緩和、マイナス金利、長期金利を通じたイールドカーブコントロール、株式やリートの、世界的に見ても未曽有の規模の大量購入を実施した。これらはすべてが手段で、目標は物価２％だ。これも単なる参考値から明示的な目標へと変えられた。大胆な金融緩和は、結果的には２０１２年から15年にかけて１ドル80円台から１２０円台まで、急激かつ大幅な円安を誘発して日本経済を下支えした。

成長戦略では、安倍総理自身が２０１４年１月にダボス会議に出席して「新しい日本からの新しいビジョン」と題する基調講演を行い、自らが「規制緩和のためのドリルの刃になる」とまで述べた。ただし、成長戦略は様々な施策が実施されたが、成果は芳しいものではない。

もともと自民党は、政権交代が実現した12年12月の総選挙で「企業が世界で一番活動しやすい国」を選挙公約の一つとした。政権発足後には「先進国で上位を目指す」に変更されたが、国連傘下の世界銀行が出す「ビジネスのしやすさランキング」では、12年の17位から18年には30位まで低下した。インバウンド（訪日外国人数）が急増する（図４－10）など成功といえる施策もあるが、全体的な評価は低迷しているのが現実だ。

三本の矢は、経済政策としては世界で標準的なものだ。リーマン・ショック後の米国でも、量的緩和を含む金融緩和、破綻企業への公的資金や公共事業への財政政策、輸出倍増計画やグリーンニューディールなどの成長戦略は、まったく同じパターンだ。金融緩和と財政政策は、効果が持続するという意味で限られた期間だけ景気を持ち上げる。この限られた期間に、衰退産業から成長産業へのバトン

図4-10　訪日外国人数

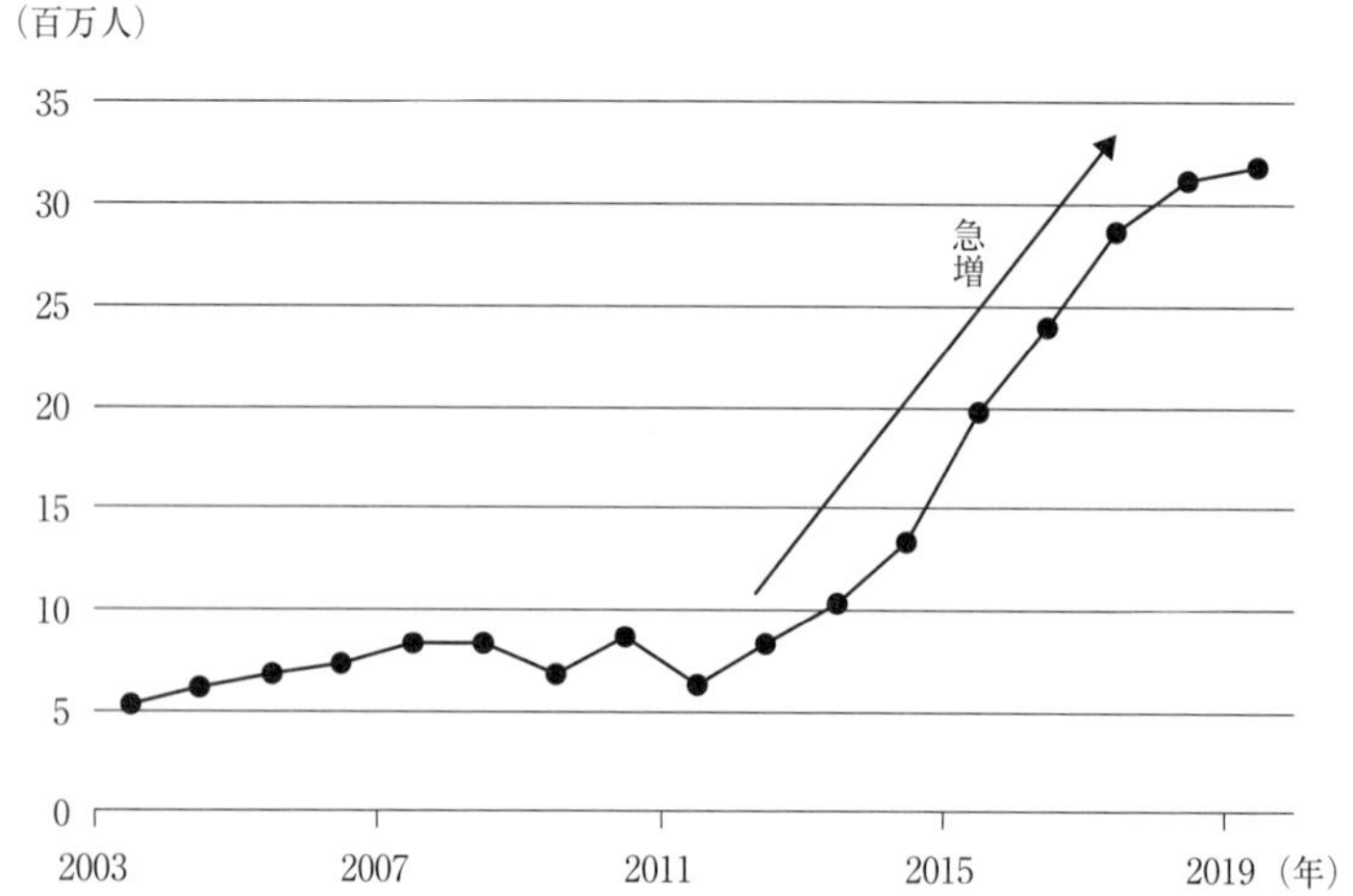

出所：Haver Analyticsの公表データに基づいて筆者作成

タッチという意味で反対が強くデフレ圧力のかかる成長戦略を実現するのが、理想的な姿だ。問題は実行力だろう。

安倍政権は2015年9月に「アベノミクス第二ステージ」として「新三本の矢」を打ち出した。これは①「希望を生み出す強い経済」として2020年頃に名目GDPを600兆円とする、②「夢を紡ぐ子育て支援」として国民の希望出生率1・8を2020年代初頭に実現する、③「安心につながる社会保障」として2020年代中頃に介護離職をゼロにする、三項目で、達成のための目標として「一億総活躍プラン」、50年後に人口一億人維持、などの目標が出された。

やればできる

成長戦略の中でも特筆すべき成果の出た政策として、インバウンドと一億総活躍社会創設プランが挙げられる。

インバウンドそのものは、2006（平成18）

年に観光立国推進基本法が成立、翌07年には観光立国推進基本計画が閣議決定され、08年には観光庁が設置された。しかし、本格的に増加したのは12年に安倍政権が成長戦略の一環で本腰を入れ始めてからだった。

訪日観光客数が急増したことで、日本の旅行収支（外国人が日本への旅行で支払う金額と日本人が海外旅行で支払う金額の差額）は、2000年代前半のマイナス3兆円から近年はプラス2兆円へと約5兆円も改善した。この事実は、本気で取り組めば成長する余地が大きいことを如実に物語ると考えられる。

企業は懐疑の目

しかし、これだけでは極めて不十分だ。というのも、企業サイドから見れば、明るい展望はまったく広がっていない。内閣府が企業に実施する今後5年の経済成長見通しに関するアンケートがある。5年の長期の見通しとはいえ、どうしても足元の経済情勢に引っ張られ、足元の景気がよいと上がり、悪いと下がる傾向がある。安倍政権の経済政策が始まって景気回復がすでに7年も続いたにもかかわらず、この長期の経済見通しは上がるどころか逆に下がっている（図4－11）。しかも、実際の投資行動にも表れているのだ。

製造業の生産能力指数は戦後ずっと景気と連動したが、安倍政権の経済政策が始まって連動が外れた（図4－12）。企業経営者にしてみれば、いくら足元の景気がよくても、長期的によくなる見通しが立たないので、景気悪化に備えて設備投資はしない、という行動をとっていることになる。雇用の急増にしても、非正規が中心だ。足元の景気回復に対しても懐疑的で、いつでも調整可能な雇用で対応している

図 4-11　GDP 成長率の実績と今後 5 年間の見通し

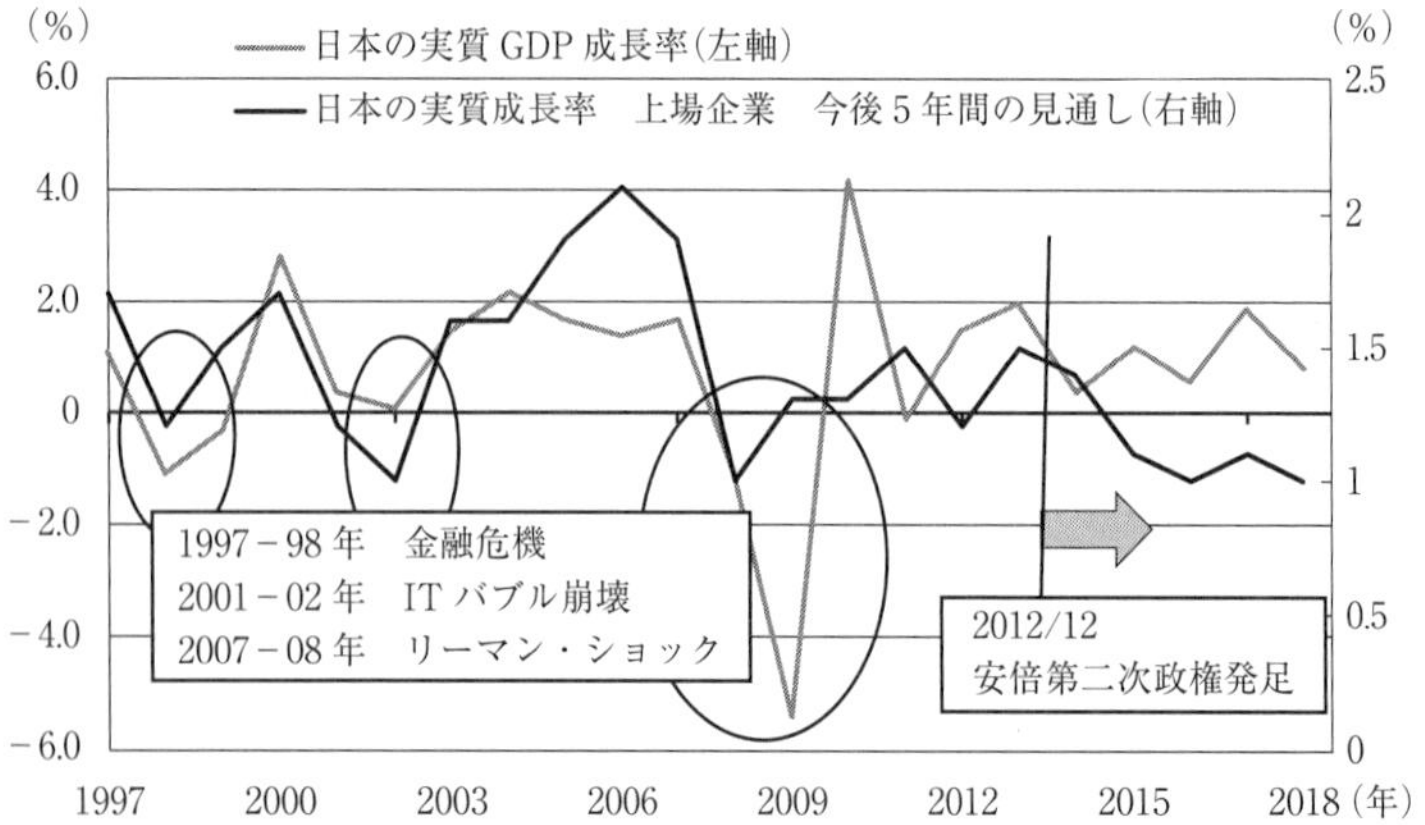

出所：内閣府の公表データに基づいて筆者作成

図 4-12　製造設備の総量と総労働者数

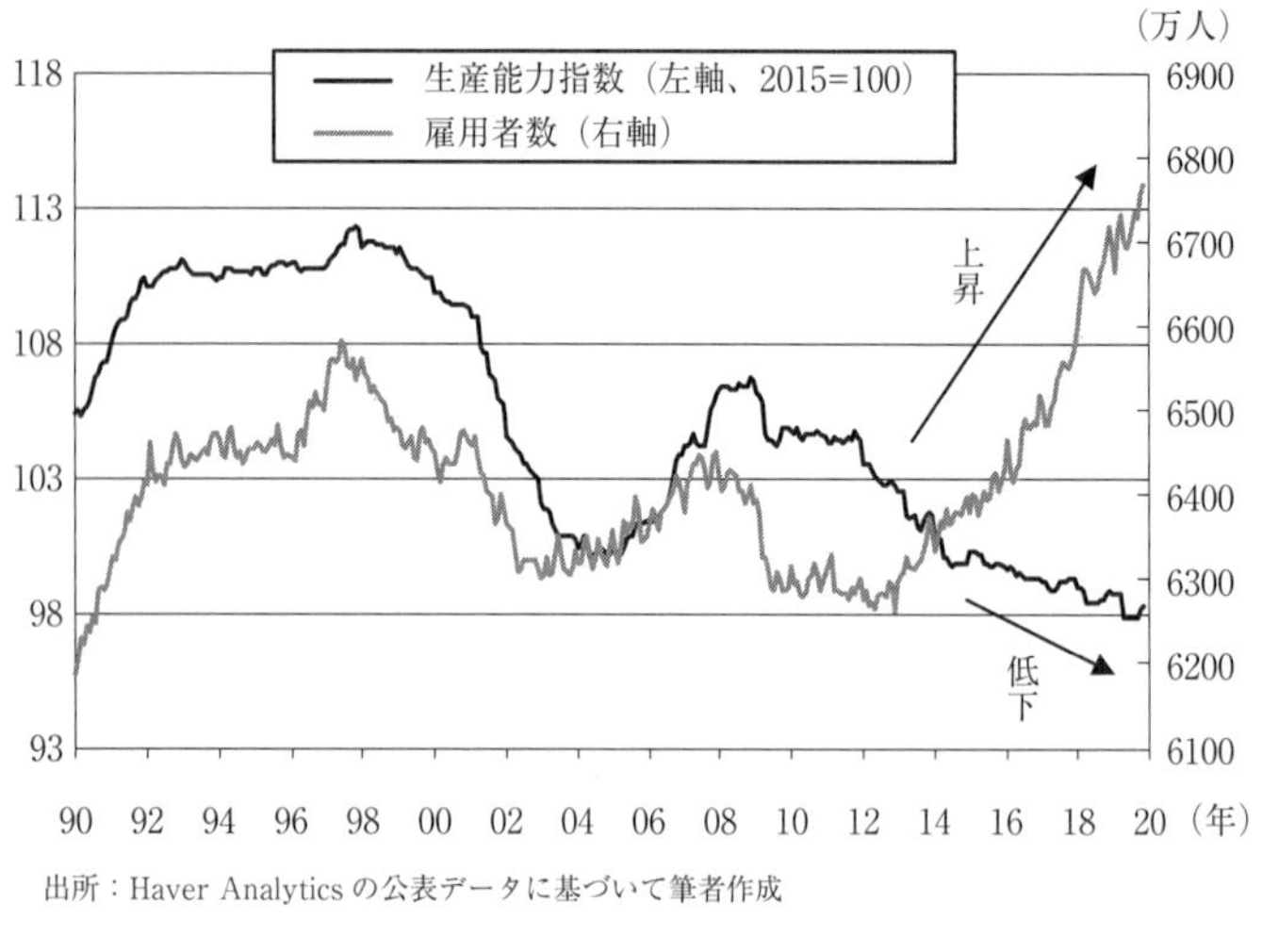

出所：Haver Analytics の公表データに基づいて筆者作成

ことになる。

成長戦略の重要性

企業部門が懐疑の目を向ける最大の要因は、景気回復が財政政策と金融政策に過度に依存したもので、成長戦略に基づく経済再生ではないことが原因だとみられる。安倍政権の経済政策の基本に帰ると、デフレギャップが残る間は財政政策と金融政策で景気を持ち上げ、その間に成果が出るまで時間のかかる成長戦略を実施する。成長戦略の効果が出る頃には、財政政策と金融政策を収束させ、自律的な経済成長を実現する。これが経済再生の基本的な姿だったはずだ。

成長戦略の重要性は、いくら強調してもしすぎることはない。

改革の好機

平成時代に日本経済が低迷した事実はすでに見たが、繰り返して整理すると要因は、①バブル崩壊の影響を甘く見てマクロ政策を誤った、②ミクロ政策も誤った、③自民党が分裂して政治が不安定化した、④企業の対応の遅れ、⑤官の対応、⑥米国による日本叩きのタガが外れた、だった。

令和の時代に環境は大きく変わった。マイナス要因だったものがほとんどなくなり、むしろプラスに変わった。①のバブル崩壊の敗戦処理では、不動産価格や株価は景気回復を反映して2019年までは上昇した。不動産価格と株価の上昇は、資産効果でかなりのプラスの影響を日本経済に及ぼしたはずだ。③政治は、安倍政権になって抜群の安定感が出た。安倍総理が2019年6月に「悪夢のような民主党時代に戻るわけにはいかない」と発言し、国会で撤回を要求されてもしなかったことに代表されるように、政権交代で民主党政治を経験したことで、国民も実現可能なことと不可能なことの相場観、批判だけなら誰にでもできるが、それでは対案はあるのか、など政治の現実に目を見開いた思いがあるとみられる。

⑥の米国による日本叩きは、米国が中国叩きを本格化させたことで、日本は米国の数少ない味方となった。円高はまったく逆に円安になっている。日本は経常黒字国なので、円安は日本経済にとってプラスとみてよいだろう。

しかし、マイナス要因も残っている。②では、デフレギャップが解消したことでやっと規制緩和を進められる環境になった。たとえば、規制緩和によるサプライサイドの強化が人手不足の解消など経済に恩恵をもたらすようになった。④では、国家が成長戦略を作るのなら、企業もそれに呼応する成長戦略が必要だ。企業に成長戦略があれば、従業員にも個人としての成長戦略が必要になる。IT、イノベーション、グローバル化など、キーワードだけでもいくつもある。⑤では電子政府の遅れが顕著だ。

マイナス要因のこの三つは、表裏一体の関係にある。これらは、簡単に実現できるものではない。まして や、時代区分が平成から令和に変わったからといってできるようになるわけがない。

1980年代米国のレーガン革命は「わが国は精神的な再生が必要（本書第2章6節を参照）」が出発点だった。筆者は、日本も令和時代に精神的な再生が必要な情勢にあると考える。

次に、令和の初めの精神風景を見ておこう。

9　そして令和時代へ

危機感なき楽観

年号が平成から令和に変わった２０１９年の4月から5月にかけては、皇室の伝統行事が話題になるなど祝賀ムードに包まれた。しかし、日米貿易摩擦の総括がないのと同じで、平成時代の総括も、あまりなかった。だが、一部の財界人は本音を漏らした。たとえば、以下の朝日新聞の記事だ[32]。

経済同友会の経済同友会代表幹事・小林喜光さんに聞く

――「平成の30年間、日本は敗北の時代だった」と最近発言されています。経団連、日本商工会議所と並ぶ日本を代表する経済団体のトップで、かつ三菱グループの大企業（三菱ケミカルホールディングス）の会長でもある方の言葉として、敗北とは衝撃的です。

「なんてことを言うんだ、と各所でおしかりを受けます。しかし事実を正確に受け止めなければ再起はできません。例えば30年前で世界の企業の株価時価総額を比べると、トップ10入りした米国企業はエクソン・モービルなど2社ほど。ＮＴＴや大手銀行など日本企業が8割方を占めていた。中国は改革開放が始まったばかりで影も形もありませんでした」

小林前代表幹事の危機感は相当に強く、平成の最後も押し迫った2019年4月に経済同友会代表幹事の退任挨拶でも繰り返された。以下、HPからの抜粋である。(33)

「現状は、『国民の74・7%が現在の生活に満足している』という昨年8月に発表された内閣府世論調査結果に如実に表れています。このデータに象徴されるように、多くの日本人は不都合な真実から目をそらすばかりでなく、時に都合の良いように解釈し、自己満足という『ぬるま湯』に浸りきっていると言わざるを得ません。また、昨年10月の代表幹事ミッションでシリコンバレーを訪問した際に、日本は3周遅れと言われてしまいました。デジタル化・AI化などの世界的な大変革のうねりに対して、未だに『井の中の蛙大海を知らず』と言えるでしょう。さらに、その井戸の水温は、徐々に上昇し、このままだと茹であがって、死んでしまいます」

小林代表に対する批判を大きく分けると、(イ) 祝賀ムードに水を差した、(ロ) 財界や経営者の役割は明るい話をして勇気づけることであり、敗北の責任は自分たち経営者として自分に責任があるのではないのか、(ハ) 現状に満足しているのは素晴らしいことではないのか、(ニ) 本当に問題は存在するのか、の四つに分けられる。以下、順番に見て行こう。

(イ) 発言のタイミングやTPOなら別に問題視することはない。問題は (ニ) の本当に問題は存在するのか、だろう。

(ロ) 財界のリーダーが未来に向けて国民にポジティブ思考を仕向けるのは大切なことだ。しかし、それと現状認識は別だ。現状認識として、(ニ) の本当に問題は存在するのか、は意識を将来に向ける前に避けては通れない問題のはずだ。

（ハ）現状に満足するのはすばらしいことだ。しかしその前提として、現状が正しく認識できているのかを問う必要がある。極端な例であるが、戦中に日本は戦争を継続するため、負けたミッドウェー海戦を勝ったと情報操作した。

（ニ）結局この問題はここに行き着く。着目すべきは、問題は存在するのか、その問題を正しく認識できているのか、満足か不満足かは正しい認識を前提としているのかの問題なのだ。

繰り返しになるが、事実は以下だ。本章１節で述べた通り、ここで二つの事実を確認する。一つは株価だ。平成元年から平成31年にかけて、日本株は０・69倍、米国株式は11・５倍になった（前出図４－２）。次に実質ＧＤＰだ。日本は１・３倍、ドイツは２・７倍、米国は３・６倍、中国は52・４倍になった（前出図４－１）。

そして、この事実に対する国民の満足度は次ページの図４－13が示す。バブルの時代を超え戦後最高水準にある。

現状満足階級

すでにここまで、グローバル化に対応できず内向きになって競争力を失った産業、生産性が上がらない経済の現状、景気の回復ではあっても再生とまではいかない経済の実情、もはや取り返しがつかなくなった人口減少問題、これ以上の先送りは許されないロストジェネレーション対策を見てきた。

なぜこうなのか。文化経済学者のタイラー・コーエンは『大分断』で、日本に「現状満足階級」が生

図 4-13　国民の生活満足度

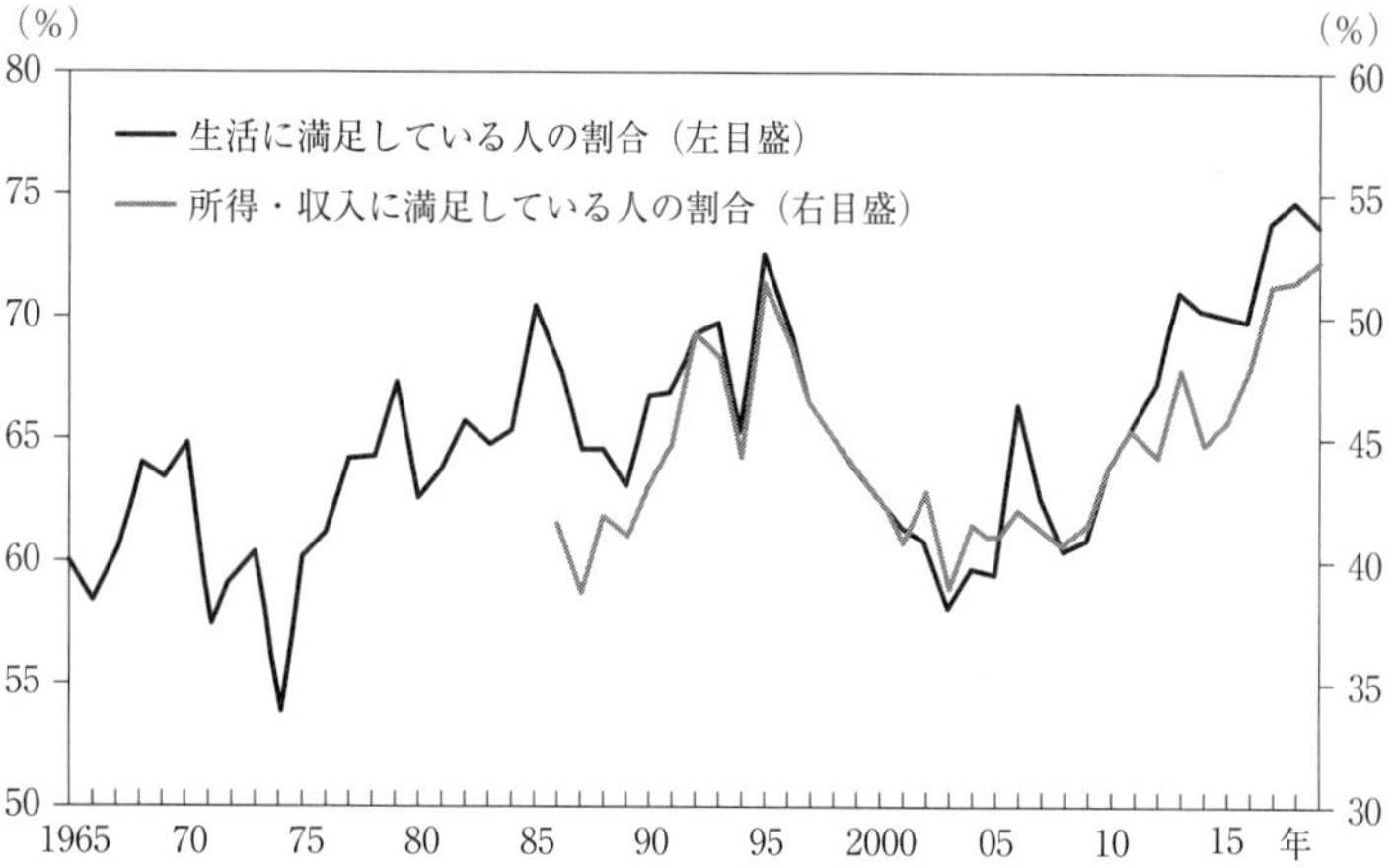

注：2016 年調査には、解答者の年齢見直しによる不連続が生じている（旧系列は 20 歳以上、新系列は 18 歳以上が解答者）。
出所：内閣府 https://www.boj.or.jp/announcements/press/koen_2019/data/ko191004a2.pdf

まれたことを事実として重視する。(34) コーエンは、現状満足階級はバブル崩壊後の日本で生まれ、米国にまで広がりつつあると警告する。現状に満足することで、挑戦をやめ、リスクを取らず、現状に甘んじる生き方だ。これが老人ならある意味で当然だ。しかし、そうではなく若者にこうした生き方が広がっているという。

　では、日本人はなぜ現状満足階級の国になったのか。経済的には停滞だったことは明らかだ。しかし、長く続いた低迷の時代に、国全体で心理的な罠に陥った可能性が高い。

　心理学に「正常性バイアス」という概念がある。これは、自分が予期しない非日常的な事態、自然災害、事故や事件などに遭遇したとき、それを過小評価、あるいは無視してしまうことだ。正常性バイアスが発生する原因は、心の安定を図るために、目の前の事実を正常の範囲内だと認識しようとすることから生まれると考えられている。

有名になった事例は2003年に韓国で発生した地下鉄火災だ。200名近い死者が出た惨事だったが、煙がもうもうと出た初期段階では、乗客は逃げもせず平然と電車内にいる姿が映像に残されていた。正常性バイアスが発生して、目の前の現実を信用することができない心理的な罠に陥ったとみられている。

日本も長いバブル崩壊後の失われた20年の中で、このような心理的な罠にはまり、日本経済の停滞を客観的に事実として認識できなくなったのではないかと考えられるのだ。平成時代は「置かれた場所で咲きなさい」「現状に満足しなさい」「清貧」、教育ではアメリカに倣ってほめる慣行が広まった。いま日本は、甘い優しい声が満ち溢れている。(35)

現状に満足する習慣や考え方は、世代を越えて継承される可能性もある。

海外投資家

2011年の東日本大震災の後、日本が本当に変わることを期待して投資家が日本の調査を始めた。これは、第二次世界大戦の敗戦や明治の開国など外部からの大きなショックに対し、日本が変化を始めたら一気に変わった歴史に学んでのことだ。しかし、多くの結論は、「日本は変わらない」だった。開国の1868年の五か条の御誓文では「陋習《ろうしゅう》を一掃」という言葉で前の時代を否定し、新たな時代に入ることを国民に印象づけた。

戦後は、一億総懺悔を経て、追いつき追い越せ、だった。

そして、東日本大震災を経て安倍政権になり、令和時代に入った。時代が変われば変化を象徴する言葉が生まれる。令和に入って約1年、まだ時代の変化を象徴する言葉は生まれていない。逆に平成を象徴する言葉である「空気を読む」「忖度」が健在なのが現実だろう。
では個別具体的に何が問題なのか、次の章で取り上げる。

【第4章注】

（1）たとえばジョンソン（1982）などを参照。

（2）デ・アミーチス（1886／2019）。

（3）前出（注（1））ジョンソンのほか、ナイ（1990）、川北（1991）などを参照。

（4）ナイ（1990）、佐伯（2012）、日本異質論など。

（5）古くは明治時代に郵便制度が整った際に、政府は全国津々浦々に配置した郵便局の窓口を利用して郵便貯金を積極的に奨励した前例がある。

（6）少額貯蓄非課税制度。2006（平成18）年以降、障碍者等への優遇措置を除き廃止された。銀行預金が美徳であるという空気感は、当時の人気アニメであった「タイガーマスク」で、主人公がプロレスで稼いだ賞金をコツコツと銀行口座に預け入れて貯め、孤児院に寄付するシーンなどでも醸成された。

（7）日本異質論を唱えた、主に米国のリビジョニストたちがこうした見方を主張した。

（8）御厨・中村編（2005）。

（9）榊原（2016）。

（10）今となってはこのレポートの現物を確認することは難しい。文献に残された記録としては、ほかに『20年目の真実 日米通貨交渉』（滝田洋一著、鹿島平和研究所編）の58ページに、83年6月からから85年6月にかけて大蔵省大臣官房調査企画課長だった大須敏生氏による以下の記述がある。「『モルガン・レポート』を初めて目にしたのは、83年の初秋ではなかったかと思います。一読して、円・ドルレートの『ミスアラインメント（著者注、あるべき水準からの乖離の意味）』を米国として問題視し、政策努力によって行き過ぎたドル高を是正する可能性を示唆しているところは、斬新なペーパーでした」。

（11）同前98ページ。

（12）ボルカー、行天（1992）。日本共産党の機関紙『赤旗』によると「プラザ合意」十周年の記念シンポジウム（95年10月）でホイスラー独連銀理事は「ドイツ連銀は（米国の金利引き下げ）圧力に持ちこたえることができたが、日本の金融政策は、愛想よく受けた」と振り返り、その後の日本のバブルとその破綻をみると「（ドイツ連銀の対応は）われわれの最大の幸せだった」と述べている。https://www.jcp.or.jp/akahata/aik4/2005-09-24/2005092404_01_4.html

（13）特定金銭信託。投資家が信託銀行などに資金を委託し、運用を任せる金融商品。

（14）ファンドトラスト。投資家が信託銀行などに資金を委託する仕組みは特定金銭信託と同じだが、株式など保有有価証券の簿価分離を徹底するため、売買の指図は委託者みずからが行う金融商品。

（15）高橋（2018）43ページ。

（16）御厨・中村編前掲書、284ページ。

（17）榎本（2016）。

（18）同前。

（19）https://hbol.jp/183956/2

（20）この驕りの背景にはこれまでの章で述べたように、外国からの日本的経営礼賛論が存在していた。ヴォーゲル（1979）等を参照。

（21）川北（1991）195ページ。

（22）同前、202ページ。

（23）セオドア・ホワイト「The Danger from Japan」。記念碑的論文なためか、今もニューヨークタイムズのアーカイブに保存され、HPで公開されている。https://www.nytimes.com/1985/07/28/magazine/the-danger-from-japan.html

（24）このあたりの事情はアキタ（1993）に詳しい。もう少し続けると、1991年にジョージ・フリードマンは『ザ・カミング・ウォー・ウィズ・ジャパン』で対日批判を展開した。ダニエル・バースタインは『YEN!』（草思社、1989）で、「この十数年のうちに日本の『円』が基軸通貨となり、日本の金融支配下にアメリカが組み込まれていく」とまで書いた。

（25）ワシントン・ポスト紙1994年2月17日付。

(26) マッキノン、大野（1998）。
(27) マーシャル&シュラム編（1993）40ページ。
(28) https://www.mhlw.go.jp/content/000508253.pdf
(29) 吉見（2019）13ページ。
(30) 小林良彰（2012）の中で、慶應義塾大学市民社会ガバナンス教育研究センターが2010年3月に行った調査が引用されている。
(31) 黒田（2005）176ページ。
(32) https://www.asahi.com/articles/ASM1P41DQM1PUPQJ006.html
(33) 経済同友会HP。https://www.doyukai.or.jp/chairmansmsg/statement/2019/190426_1158.html)
(34) コーエン（2019）。副題は「格差と停滞を生んだ「現状満足階級」の実像」。
(35) キリスト教文化圏の欧米には「地獄への道は善意にあふれている」という諺がある。

第5章　グローバル経済の中での日本の立ち位置

1　新たな時代に向けた日本の課題

『平成30年』

元通産官僚で経済企画庁長官も務めた堺屋太一は、1997年の朝日新聞に、その時点から起算して約20年後となる『平成30年』と題された2017－18年の日本の社会を描いた近未来小説を連載した。そこで、産業情報省勤務の高級官僚の視点から、旧態依然として問題を直視せず改革を先送りする怠惰な政治と無策の政府を描き、日本社会の劣化と日本経済の衰退を描いた。国内産業の空洞化と国際競争力の低下で貿易収支は赤字に陥る。慢性的な円安で食料や原油等の価格が高騰、インフレが発生して国民生活を直撃する。少子高齢化による社会保険の負担の増大や受給額の減少は、社会的に大きな問題となり、政治は停滞して社会には閉塞感が漂う。そして、ここまで追い詰められて、やっと改革に着手する。金融市場は高金利、円安、株安のシナリオだ。

このシナリオは総じてみれば完全に外れた。2012年の安倍政権の登場で、経済の再生とは言い難いものの、景気は回復局面に入った。貿易収支はまだかろうじて黒字を維持しているが、日本が世界最大の純債権国である。そこから上がる利息や配当を集計する所得収支はGDP比3－4％と世界最大規模の黒字を計上しており、経常収支の黒字はむしろ増加した。為替相場は1ドル100－110円で安定している。IMFによる購買力平価は約97円なので適度な円安だ。インフレは1％前後と安定している。何より生活の満足度に関するアンケート結果は、戦後最高水準になる。

しかし、外れたのはシナリオの内容なのか、それともシナリオが実現する時期なのか。この二つは別問題だ。

近年、『平成30年』で描かれたような悲惨な状況になった国はいくつかある。典型例は、2011年頃に破綻したギリシャ、19年に実質的に破綻したアルゼンチンだ。

破綻した国と日本は何が分かれ目になったのか。最大の要因は経常収支だと考えられる。経常収支が安定的に黒字で将来も黒字が見込める間は、いくら大きな財政赤字や社会問題があっても経済危機は表面化しない。逆も真なりで、経済危機は経常収支が黒字化すれば収束する。90年代のアジアの通貨危機やロシアのデフォルト、2010年代のギリシャなど欧州債務危機などはすべて経常収支を黒字化、あるいは大幅改善することで解消した。また、これは中国でこれまで経済危機が発生しなかった最大の要因でもあるし、今後もそうあり続けるだろう。この論理を突き詰めたのがMMT[1]だ。経常収支が黒字を維持する限りいくらでも財政赤字を出してもよいとする。世の中のほぼすべての問題は、とりあえずは金で解決できる。その意味で財政赤字は短期的には万能薬なのだ。

しかし、経常収支は人口や経済情勢と整合するかたちで構造的に決まるため、悪くなったからといってすぐに修正できるわけではない。逆に言うと、経常収支が将来のある時点で赤字化するのが見えている国は、黒字の間に問題解決の目途をつけておかないと、危機に陥る可能性があるということだ。日本も例外ではない。

超長期株価予測アンケート

毎年年末になると翌年の株価予想が出る。まれに20年先、30年先の株価予想のアンケートもあるのだが、活字となることはほとんどない。多くの場合、超悲観か超楽観に二分されてしまうのだそうだ。

歴史の実績ならすでに答えは出ている。平成元（1989）年はバブルの絶頂期だったので、当時の20年先の株価予想のアンケートをもし復元すれば、日経平均のコンセンサスはざっと10万円から15万円といったところだっただろう。当時の常識では20－30万円でも荒唐無稽ではなかっただろう。しかし、このバラ色の予測は外れた。

『平成30年』が書かれた1997年は、日本の不良債権問題が1回目のクライマックスを迎えようとした時期で、過度な悲観が織り込まれていた。これが堺屋太一の悲観的な予測が外れた最大の要因だろう。

では、2020年の今から20年先の予測はどうなのか。

予測は、本来は包括的であるべきだ。包括的とは、どういう条件が揃えばどういう経済状態になり、どういう株価になるかが、楽観シナリオから悲観シナリオまでマトリックスで一覧表が作られる。条件は多岐にわたるが、ポイントとなるのは経済情勢で、それは米国の長波と中波で決まる。逆に言うと、日本に独自のよい要因があれば日本株は優位だし、独自の悪い要因があれば劣後する。平成時代の日本は、バブル崩壊の敗戦処理、ＩＴ化とグローバル化に乗り遅れた経営スタイルが、独自の悪い要因になって世界から大きく劣後した姿は前章で見た。

そこで本章では、これから先20年の日本の独自の要因を見ていく。

日本の得意分野と不得意分野

本章で令和の時代に入るにあたり、前章では主に平成時代の経緯を見た。本書で何度も繰り返したように、歴史の経緯を振り返るのは、そこから読み取れる示唆と教訓を将来に活かすためだ。そのためには、まず、平成時代とは何だったのかを事実を列挙することで見た。だが、必要なのはその本質的な理解だ。

平成の日本を本質的に理解するには、まず日本人、そしてその集積としての日本の、得意分野と不得意分野を見ておく理解の仕方が大事だ。

これまで日本が得意としたのは①日本人だけで以心伝心で明確なルールなき秩序をつくり、忖度で運営し、阿吽の呼吸で修正する組織の運営、②回答が一つしかない既知の問題を与えられた時に解決方法を見つけて実行すること、③長いものには巻かれる、だろう。これらの得意さを発揮することで、戦後のキャッチアップのための貿易立国による経済発展を実現し、その過程では過労死を厭わない猛烈な働きぶりを示した。戦後日本の特徴である、つめこみ型の偏差値教育、偏差値だけで決まる大学の序列、会社の指示命令系統のはっきりしたピラミッド組織、転職市場がないため会社に忠誠を尽くすモーレツ社員、政官財の鉄の三角形は、その目的のために過剰適応するかたちで発達した。ただ、米国の日本叩きに対しては、巻かれることで逃げ切ろうとしたが、無理だった。

一方、不得意な分野は、④グローバルな世界情勢を先読みして国益に資する行動を取ること、⑤明快なルールのもとに、外国人や異教徒など多民族で構成されるグローバルな組織を運営すること、⑥危険を察知して先に危機対応をしておくこと、などだ。１９８９年12月３日に米ソの首脳がマルタ会談で東西冷戦の終結を宣言してから、社会主義陣営の約30億人もが西側の自由主義陣営に加わり、しかも、社会主義から資本主義に鞍替えしたことで、西側の企業にとって市場が大きく拡大した。このときは日本企業にとっても世界に飛躍する大チャンスだったのだが、④では、日本はバブル崩壊の敗戦処理とグローバル化への適応がうまくいかなかったことで、経済が相対的に凋落した。

逆にこの利益をうまく摘み取った米国、中国、ドイツは経済が大きく飛躍した。米国は改革開放路線に舵を切った中国と友好関係を構築することで、このチャンスを最大限に利用した。米国と中国の接近は、日本に災いをもたらした。⑤では、日本企業のグローバル化への対応に問題があったのは明らかだろう。それは、以心伝心、忖度、阿吽の呼吸等の日本語に如実に表れている。これらは英語に訳せないし、諸外国にこうした概念や観念は存在しないので、説明しても理解されない。

⑥では、東日本大震災の後の原発事故、２０１８年と19年に多発した台風被害、などだ。原則として災害は起こらないことを前提としたため、仮に起こった場合を想定すること自体がタブーになっていた。しかも、この国には言霊信仰がある。事故や災害が起こる事態を口にすること自体が憚られる文化がある。

新しい世界情勢

前章では日本の経済が凋落した姿を見てきた。では、日本はこれからどう挽回すべきなのか。しかも、米国と中国が貿易戦争を始め、グローバル化の問題点が誰の目にも明らかになり、国際情勢は大きな岐路に立っている。

戦後の日本は、東西冷戦下で吉田ドクトリンという正しい選択をした。それは結果として、日本経済が高度成長を経て先進国に入る大成功をもたらした。しかしその後の平成時代には、世界情勢の変化を背景に、対米関係のハンドリングを誤ったことが、日本経済凋落の一因となった。

グローバル化への対応について、日本は歴史上まったく異なる対応をした史実がある。ここではまず両極端な成功事例と失敗事例を見ておく。

成功事例は明治の開国の時代だ。黒船が来航したペリーの砲艦外交で日本は交渉に大失敗した。治外法権の容認と関税自主権の返上に加え、国際標準とは異なる金と銀の交換比率のまま開国したため、日本から金と銀が急激なスピードで流出してインフレとなった。[2] しかし、このハンデを短期間で克服した。

黒船に代表される当時の欧米の帝国主義国家は、世界中を砲艦外交で回り、富を収奪した。多くの国は植民地と成り果てた。その手口は、開国後の貿易赤字が起点になった。しかし、日本はちがった。陶器、茶、生糸の輸出で外貨を稼ぎ、それを軍資金として武器を購入して、日清戦争、日露戦争、第一次世界大戦に勝利した。

精神的な標語は和魂洋才だった。そして関税自主権を回復して、1912年のストックホルムで開催されたオリンピックに初参加するなど、一等国の扱いを受けるに至った。

日露戦争（1904－5年）で日本が勝利した後、1908年には朝日新聞に夏目漱石の『三四郎』が連載された。その中で、主人公の三四郎が大学入学で上京する電車の中である男と知り合い、話をする。そこにこんな会話がある。「いくら日露戦争に勝って、一等国になってもだめですね」と男が言う。三四郎は「しかし、これから日本もだんだん発展するでしょう」と答える。すると、男は「滅びるね」と言う。そしてこう続けた。「熊本より東京は広い。東京より日本は広い。日本より……」で一寸切ったが、三四郎の顔を見ると耳を傾けている。「日本より頭の中のほうが広いでしょう」と言った。「囚われちゃ駄目だ。いくら日本の為を思ったって贔屓の引き倒しになるばかりだ」と続けた。[3]

失敗事例は、この男の予言の通りとなった。一等国の扱いを受けたことで有頂天になり、戦争を儲かる事業と見做すようになった。日英同盟は破棄され、結局、第二次世界大戦で日本はドイツのヒトラー政権やイタリアのムッソリーニ政権と軍事同盟を組み、ファシズム陣営に加わった。しかも、その後でロシアとドイツが不可侵条約を結んだことで、ロシアにとって近距離の敵は日本だけになった。当時の平沼騏一郎内閣は、責任を問われ「欧州情勢は複雑怪奇」という言葉を残して総辞職した。その後は、ＡＢＣＤ包囲網でエネルギー源を絶たれ、追い込まれて対米宣戦布告、太平洋戦争へと突き進んだ。

ここで挙げた成功事例では、日本は勝てる分野で勝負した。競争優位のある緑茶と生糸の輸出がブームとなった。陶器の輸出は欧州でジャポニズムと呼ばれる日本ブームを引き起こしたほどだった。日露戦争は、日英同盟により多分に当時の覇権国の英国の力を借りたものだった。近代史において英国は戦争に負けたことがない。この時代の英国は、日本が不得意とする④グローバルな世界情勢を先読みして国益に資する行動を取ることにおいて、突出した力を持っていた。

日本の失敗事例は、競争優位のない不得意な分野で勝負したことによる。１９２３年に日英同盟が破棄されると、日本人は欧州情勢を正確に把握することができなくなった。そして軍事同盟を結ぶ相手国の選択で決定的なミスを犯し、結局は不可解でよくわからないまま戦争に追い込まれた。「複雑怪奇」とはそういう意味だろう。

新たな時代に向けた日本の課題

日本は、競争優位のある得意分野を活かして、新しい世界情勢に適応するのが正しい路線選択だろう。ここでは、まず米中の路線対立の中、日本の進むべき方向を見る。そして、グローバルなトレンドが日本に逆風ではなく、強いフォローの風に変わったと捉える見方を説明する。この優位性は、日本が固有の問題にとらわれているようでは活かせない。その意味で、その次に財政赤字と人口の問題を見る。問題は、問題そのものが問題なのではない。問題と問題解決能力を天秤にかけ、どちらが下がるかが問題なのだ。その意味で、放置して何とかなる問題なのか、危険を察知して早く動くべき問題なのか、を見る。

次に、平成時代に失敗した問題への再挑戦だ。4章では、平成時代の失敗の歴史を追って事実を羅列した。では、それは本質的に何だったのか。筆者は、よい市場、よいルール、よい組織の三位一体が体制として整備できなかったことだと考える。前川レポートや平岩レポートなどの文書では、「市場の役割が重要」とされた。しかし、これらは政府の公式文書ではない。おそらくそれが最大の理由で、「市場の役割が重要」は実際の政府の政策として重視されなかった。

経済学では、市場メカニズムは世界共通なので、経済学は世界で最も重要な学問だと教える。情報の非対称性の解消や取引の無差別性の貫徹が重要であることは、平成時代と令和時代で何も変わらない。この問題は、それが実現できない原因がどこにあるのかを明確に認識しない限り、おのずと変わるものではない。

世界はＩＴ化で情報の対称性をなくし、需要と供給をダイレクトにつなぐマッチングが発達した。この発想が民泊のエア・ビー・アンド・ビーや配車アプリのウーバーを生んだ。翻って日本は、この分野でも世界からガラパゴス化し始めている。ガラケーのガラパゴスは、多くの日本人がアップルやファーウェイのスマホに買い替えたことでほぼ解消した。しかし、社会制度のガラパゴス化は、平成時代の日本経済の凋落に続き、令和時代の日本社会の凋落になり得る危険性がある。

若者の生活と20年後の金融市場

事態は意外と短期間で急変する。１９６０年代にアジアで最も豊かな国はビルマ（現ミャンマー）だったが、軍政で70年代には最貧国の一つとなった。60年代から70年代前半の北朝鮮は韓国より豊かで「地上の楽園」と呼ばれ、日本人を含む多くの移民が移住した。しかし、70年代半ばには韓国に抜かれ、発展からとり残されている。

ここでは、日本が豊かな国であり続けるために問題の所在を明らかにしたい。

長期の株価予想は難しいと書いたが、その結果は、若い世代には切実な問題になる可能性が高い。というのも、国民年金や厚生年金など大切な国民の財産のうち相応の部分が株式投資に充てられているのだ。たとえば公的年金の一部を運用する年金積立金管理運用独立行政法人（ＧＰＩＦ）は、２０１９年で約１６０兆円の資金を、国内債券35％、国内株式25％、外国債券15％、外国株式25％を基本ポートフォリオとして運用している。企業年金は総じて株式のウエートが低いとはいえ、類似の傾向だ。

近年では、新入社員は自分のための年金でリスク資産へ投資することが奨励されている。勧められるままに商品を選択して、自分が知らないうちに日本や海外の株式を買って保有している人が相当数いるはずだ。運用がうまくいけば、それは将来世代の受取財産の増加や保険料負担の低減を意味する。逆に失敗することもあり得る。

日本経済の先行き、それを反映する株価は他人事ではない。自分自身の将来の人生設計に直接影響することとして見なければならない構造に組み込まれているのだ。

2　米中対立の狭間で――対等に渡り合うには相当なしたたかさが必要

日米中三角関係の変遷

これまで何度か言及したように、米国と中国の覇権争いは、数十年と相当長く続く可能性が高い。しかも、日米関係は、米中関係を映す鏡であり、それによって日中関係も方向性が定まる。

話を整理するため少し振り返っておこう。

戦後から1960年代までは、米中の対立が日本に恩恵をもたらした。1946年に中国で内戦が勃発し、米国が支援する国民党が共産党に敗北したことで中国は赤化した。米国は台湾に逃れた国民党の中華民国を唯一の合法的な中国政府と見做し（「一つの中国政策」）、79年に国交正常化するまで共産党政府とは国交を結ばなかった。米国は西側陣営の盟主として東側陣営の盟主のソ連とも対立関係にあったため、戦後復興の過程で日本を反共の防波堤（もしくは反共の砦）にするよう対日政策を転換した。日本は吉田ドクトリンで応え、親米路線を鮮明にして経済復興に邁進した。1953年朝鮮戦争は米ソの代理戦争として勃発し、後に中国人民解放軍も北朝鮮の支援で参戦した。これによって日本では朝鮮特需が発生し、工場はフル稼働の状態になって高度経済成長への助走となった。

しかし、1970年代に入ると様相が一変する。米中国交正常化は日米関係の悪化をもたらした。米国はベトナム戦争など巨額の軍事費負担に耐えかねて同じ東側陣営に属するソ連と中国を離反させる政策を開始、中国との国交正常化を模索し始めた。経済的にもニクソン・ショックでドル安を志向した。この米中接近と円高が遠因となり、日本では頭ごなし外交として政治問題に発展し、佐藤政権が瓦解するきっかけとなった。

後任の田中内閣は、田中角栄首相の訪中で日中関係正常化を成し遂げた。これ以降、田中派の流れを汲む派閥は日本で最も親中であり続けた。そして田中派は、福祉充実や地方振興の流れもあり、竹下派、小渕派、橋本派、津島派とつながり、日本の政界の中心であり続けた。

日本の親中政権は、米国からは警戒される。その流れもあり、70年代は米中の関係改善を背景に、日米関係は貿易摩擦や円高圧力など悪化した。

日米関係悪化の流れは80年代に入ると加速した。貿易摩擦、円高圧力、構造協議など、米国による日本叩きが苛烈を極めた。それが結果的にはバブルの生成と崩壊につながった姿は第3章で見た。

90年代に入ると、さらに一段と良好な米中関係が日本に災いをもたらした。天安門事件（89年）後の中国の国際社会への復帰では、日本は92年に天皇陛下が訪中して先鞭をつけた。また、中国も改革開放路線を鮮明にしたことから、制裁は解除され、各国の中国詣でが始まった。

米国のクリントン政権は中国を戦略的パートナーと位置づけ、貿易などに関与を強めた。98年のクリントン大統領訪中に際し、日本を素通りした行動はジャパン・パッシング（日本無視）としてショッキングに受け止められた。

さらに米国は、2001年の中国のWTO加盟を強力に支援した。その後に中国経済が大発展したのは周知の通りだ。この時点では米国は、市場経済と民主主義を通して中国が国際社会の一員になることを期待して支援した。米中関係の緊密化により日米関係は極度に悪化し、米国による日本叩きが苛烈を極めた。

2000年代にはブッシュ（息子）大統領が中国に対し、人権など強い姿勢で臨む姿勢は見せた。しかし、2001年に発生した911テロにより、日本はもとより中国やロシアにまでテロ掃討の協力を要請せざるを得ない情勢となった。ブッシュ（息子）大統領は中国を責任ある利害関係者と位置づけ、長期的にルールを順守する国際社会の一員となるよう仕向けることで対処した。

2010年代のオバマ政権は、ヒラリー・クリントン国務長官が中心になってアジア重視のリバランス戦略を打ち出した。中国を「相互尊重と互恵とウィン－ウィンの協力パートナーシップ」と位置づけ間合いをとった。米中の接近もあり、2009年に誕生した日本の民主党政権は「東アジア構想」を打ち出して中国への接近を試みるも、目立った成果はなかった。

そして、2016年にトランプ政権が誕生して中国を「戦略的競争相手」として明示的に位置づけた。こうなると日米関係にも転機が訪れた。トランプ大統領は対日貿易不均衡の是正も公約にしていたため、日本は米国から無理難題を押しつけられるのではないか、と強く懸念された。しかし懸念とは裏腹に、穏当な線で落ち着きつつある。米中関係の悪化が日米関係の好転につながった。

敵の敵は味方

欧州と米国では、外交に関する考え方が根本的に異なる。欧州は、長い歴史を持ち、その中で持ちつ持たれつの関係を長く続けてきた。紛争においても、勝ったり負けたりだ。人の往来も多く、貴族は縁戚関係にある。人口や国土にも大きな差異はない。比較的大きなグループのドイツ、フランス、英国などでも、人口はざっと日本の半分しかいない。比較的小さなグループは、オランダ、スペイン、ポルトガルなどだ。それでもこれらの国家は、大航海の時代は世界で覇権を争った。この時代の覇権争いは、勢力均衡論（「バランス・オブ・パワー」）と言われ、国力の突出した国が覇権を持つのではなく同盟を組むかたちで組み替えられた。伝統的に英国は、欧州大陸に強い国家を出現させない外交を展開した。しかし、戦後に覇権が米国に移ってからは、米国は理念の国家として自由と民主主義の理想を米国だけでなく地球上に実現しようとした。しかし、人権や民主主義は容易には古い伝統を持つ社会に浸透しない。米国が深く介入しては力を失い、失ったら内に籠って経済的力をつけ、力をつけたらまた外国に介入した姿はすでに見た。

では、２０１７年に発足したトランプ政権以降はどう位置づけられるのか。トランプ政権は「米国第一」を標榜しており、もはや理念の国家として戦後繰り返したパターンを繰り返さない可能性が高い。

２０１３年に米国国家情報会議は『２０３０年世界はこうなる』を発行した[4]。米国国家情報会議は、ＣＩＡ高官や国防総省高官や著名な学者がメンバーで、約20年先の世界情勢を予測する国家の諮問機関だ。

ここでは米国の力の低下がはっきりと示されている。「複数の新興勢力の台頭により、１９４５年以降続いてきた米国を中心とする世界秩序、『パックス・アメリカーナ体制』が急速に威力を失っていくのは間違いありません」と断定されている。

米国が覇権国としてではなく、勢力均衡論にスタンスを変えたらどうなるか。大事なのは、米国の世界戦略、そのアジア戦略の枠内で、どう日米関係と日中関係を構築するかである。投資の意味では、覇権国との関係性をどう構築するかは、金融市場の長波を形成する極めて重要な要因になると考えられる。

よくメディアでセンセーショナルに「米中貿易戦争は米国の圧勝」などと報道される。しかし、すでにここまで中国が力をつけた以上、両国の対立は簡単に勝負のつく性質のものではない。中国はすでに一帯一路とＩＴサイバー空間運命共同体で、世界中にネットワークを広げている。ＩＴ関連の先端技術では米国を凌駕する領域も出始めている。関税、知財、構造改革など幅広い分野で両国の角逐は長く続

く と見込まれる。詳細は第6章で見るが、日本は米国と中国の狭間で、両国の勢力均衡を図りながら、国益を追求すべき立場に置かれたと見てよいだろう。

もちろん日本の基軸は日米同盟である。しかし、かつての冷戦の時代に西側陣営が東側陣営を経済取引から排除するために設立した対共産圏輸出統制委員会(ココム)の時代とは異なる。国際政治の経済、力、文化の三層のすべての面での勢力均衡が重要になると見られる。

「象が戦えば踏みつぶされるのは草」

英語の有名な諺に「象が戦えば踏みつぶされるのは草」がある。米ソ冷戦がわかりやすい例だ。代理戦争で、朝鮮半島やドイツが国家を分断された。ベトナムは最終的には分断はされなかったが、南北に分かれて戦争をした爪痕は大きく残った。米国が実質的に負けて撤退したことで、その後のインドシナ半島では虐殺など悲劇が繰り返された。類似の傾向はアフリカや中東にも多々ある。

今後は、国内政治が親中派と親米派に分かれ、対立構造が激化する例が多くなる可能性がある。日本は米国と中国の2カ国だけではなく、広く世界を見据えるしたたかさが必要になるだろう。英語に敵と味方がくっついた「フレネミー(英:Frenemy)」という言葉が古くからある。これは「friend」(友)と「enemy」(敵)の合成語で、味方であると同時に敵でもある相手を意味する。こうした関係を特殊なものではなく、普通と捉える感覚が必要な時代になっている。

米国のしたたかさ

日本叩きの交渉者だったクリントン政権時代のミッキー・カンターUSTR代表は「(日米間は)か

なり激しいやりとりもあったが、その内容はあくまでＷＴＯ等の秩序に基づくものであり、また貿易・経済とともに、戦略的に互恵となるパートナーシップを目指すものであったと自負している」「最終的には『ウィン－ウィン』のパートナーシップが構築できたものと信じている」と述べている。[5]

何事においても現場の実情と綺麗ごととの間には常に距離がある。そして、日本を激烈に叩いて追い込んでおきながら、「ウィン－ウィン」だったと述べるこのカンターの事後の見解が、国際交渉の現実なのだ。もっと言えば、トランプ大統領は、自身の著書にこう書いている。「(トランプ政権にとっては) 最大限の利益を上げるために会議室のテーブルを血まみれにし、徹底的に戦う奴らだ[6]」。

米国と中国の対立が先鋭化する中、日本がこういった国との交渉を優位に進めなければならない。

日米貿易摩擦の時代の対米交渉については第４章で見た。１９７１年のスミソニアン合意では、円相場の３６０円から３０８円への切り上げにあたり、１９３０年の金解禁で17％の円相場切り上げを行った浜口雄幸首相がその後の昭和恐慌で31年に暗殺された事例を持ち出してまで、強硬に反対した水田蔵相のような例はあった。しかし一方、プラザ合意など日米通貨交渉を振り返った『20年目の真実　日米通貨交渉』では、「後日、『円・ドル委員会』を回想すると、条件反射のように『オボコい大蔵省の人たち』というイメージが出てきて苦笑してしまうのです。[7]」と、大蔵省の交渉に関わった関係者が身内の大蔵省の交渉を評して「おぼこい[8]」と表現している。ただ、それでも最近のＦＴＡをめぐる国際交渉では、経産省を中心に日本人でもタフ・ネゴシエーターと評される交渉人が出ている。

安倍政権になって内閣人事局を設置することで、日本も官邸主導の政策決定ができるようになった。日本では長く、省益あって国益なし、と言われてきた。この伝統は長い。戦時中の日本は米国に暗号を解読されていたが、一方国内では内務省、外務省、陸軍、海軍がそれぞれの暗号を持ち、敵方のではなく互いの暗号の解読合戦をやっていたほどだ。

一方、米国は東西冷戦の終焉に合わせて90年代にNECを設置して、経済、貿易、政治・安全保障などすべてをリンケージさせる交渉を始め、日本をターゲットに定めてかなりの成功を収めた。日本でも2020年度内には日本版NECとして「国家経済会議」が国家安全保障会議の事務局である国家安全保障局の中に「経済班」として設置された。

日本ではサミットのシェルパを外務省が行っているが、米国はNECが行っている。体制整備が進むこと自体はよいことだが、米中対立の狭間で対等に渡り合うには、相当なしたたかさが必要だ。

交渉術

近年、交渉の重要性がとみに増している。特に散見されるのは、真実かどうかが判然としない中、交渉の結果を先に公表して、既成事実化する手法だ。2019年12月に公表された米中の貿易に関する合意では、米国と中国で公表内容に相当な差異があった。しかし、調印を前に米国サイドは数値をリークして既成事実化しようとしたと見られている。

19年2月の米朝首脳会談は、合意文書は公表されていない。したがって何が話し合われたかは、その後の両サイドの発表によるのだが、米国と北朝鮮は、まったく異なる内容をそれぞれ独自に発表した。日本では米国の発表が疑いのない真実であるかのように報道されたが、これは世界的には少数派で、一部のジャーナリストは日本のジャーナリズムの敗北とまで見做す。日本も日米貿易摩擦が激しかった時代に、会談後の記者会見で、会談に出ていなかった話題を、さも本当に出たかのように公表して既成事実化する米国の手法に対しては、強い批判もあった。(9)

しかし、これが国際社会の現実だ。力の強いものが勝つ。力の強い国家の横暴を防止するのが多国間の共通ルールなのだが、それは、力の強い国家がそのルールを順守しないことには機能しない。2020年以降、多国間ルールが徐々に効力を失う方向性は、はっきりと見えた。

かつて日本人は交渉が得意だった。4章で見た吉田ドクトリンは、米国から押しつけられた平和憲法を逆手にとった構想だ。日露戦争では、外務大臣の小村寿太郎が明確に勝ったわけではない戦争を勝ったかたちに持っていくことに交渉で成功したと評価されている。古い歴史の事例では、戦国時代の小牧・長久手の合戦では、合戦で実質的に負けた豊臣秀吉は交渉で引き分けに持っていった。関ヶ原の合戦で負けた島津家や毛利家や鍋島家は、その後の交渉で名誉を回復した。それでも250年後には徳川幕府の打倒に向かった。

では、したたかな交渉はいかに行うべきか。したたかさは、どうすれば身につくのか。

欧米の大学や大学院には交渉学という立派な学問がある。そもそも交渉とは何か、交渉のイロハ、交渉事における成功事例と失敗事例、成功事例の共通項、失敗事例の共通項、交渉を成功に導くためのノウハウなどを教える。ところが日本では、交渉学はほとんど教えられていない。日本で高名な交渉学の先生によると、交渉学は純粋学問ではない、金儲けの走狗などと言われて、かなり下に見られる傾向があるのが現実のようだ。

欧米の大学院で学べばよいと言えばそれまでだが、教育は令和の時代の「新しい国づくり」に向け重要な課題だ。国際環境が激変している中、内に籠もっている余裕はない。

3　日本に吹き始めた国際社会からのフォローの風

危機と機会は表裏一体

時代の変化とともに、強みが弱みに、あるいは弱みが強みに変わることがある。本書は金融市場を中心に危機と機会が表裏一体と捉えるが、金融市場は実体経済を映す鏡だ。実体経済の面でも強みが弱みに、弱みが強みに転化する実例は多い。

石油ショックの時代には、地下資源があることは強みだった。地下に眠る資源の価格が上がるのだから、眠っているだけで豊かになれる。しかし、よいことばかりではない。1970－80年代にかけて産油国は、逆に石油に頼ったことで、当時勃興した化学や機械産業の発展から取り残されることとなった。典型例がオランダだ。当時のオランダは産油国として潤ったが、暫くすると油田が枯渇した。産油国の時代に産業発展が遅れたため経済が衰退することとなった。オランダはその後の産業発展でなんとか先進国にとどまり続けることができたが、一方で、潤沢な石油資源を持ちながら衰退した国は、イランやイラクなど少なからずある。これをオランダにちなんでオランダ病、あるいは「資源の呪い」と呼ぶ。

近年は地球温暖化の原因となる資産を座礁資産と呼ぶ。石油はまだ価値のある資産だが、石炭は価値のない資産になりつつある。類似の例として人口も挙げられる。現代では人口は国力の重要な一部として多いほうがよいとされている。しかし、こうした認識は最近になってからのもので、かつては多すぎることは問題とされた。

人口過剰が原因で中国は1979年から2015年まで一人っ子政策を維持した。なぜか。たとえば、人口が３％増える国で経済成長が２％成長だったらどうなるか。一人あたり換算では貧しくなっていく。この状態が長く続けば、デモや暴動で国家の存亡に関わる事態になることは目に見えている。

自然体で伸びる経済成長率を潜在成長率と呼ぶ。人口の伸び率は、潜在成長率以下に抑えることが国家の存亡に関わるほどに重要なのだ。近年はデンマーク領で北極圏にあるアイスランドがとみに注目されている。理由は、データセンターの立地として最適なためだ。北極圏はいまや、地球温暖化の影響で氷に閉ざされた空間ではなくなりつつある。ＰＣの利用でクラウドの先にあるサーバーを集中して設置するデータセンターは、電子機器の発熱のため絶えず空調を効かせる必要がある。空調代金を大幅に節約できる極寒の地にありながら、故障や不具合に対し比較的容易に対応できる土地が、データセンターの建設に最適なのだ。２０１９年に米国トランプ大統領はグリーンランドを購入したい意向を示した。

ここでは資源、人口、地理の実例を挙げたが、このように強みと弱みは固定されたものではなく、条件次第で時代によって変化する。

日本にフォローの風も

日本と日本人を諸外国と比較した顕著な特徴は、①白黒をはっきりさせず曖昧、②正直で騙されやすい、③ありのままの自然を貴ぶ、④マンガなど独自の中性的な文化がある、⑤コンパクトな都市、の五点にある。

かつてこれらは、日本と日本人の弱みとされた。しかし、これらのすべてが現在、弱みから強みに変わりつつある。

まず①の曖昧について、欧米人は物事を論理で考えるが、日本人は情緒で考えるとされることが多い。

欧米人は主にキリスト教徒やイスラム教徒だが、日本は宗教的には特に特徴はない。キリスト教には聖書やイスラム教にはクルアーン（コーラン）など経典があり、経典に書かれていることが真実であり絶対だ。しかし、日本の神道には経典はない。仏教も様々だ。欧米の宗教社会学という学問では、宗教は未開の時代の自然崇拝から多神教に移行し、文明の段階に入って最後に一神教に進化するとされてきた。これらが文化的な背景となり、欧米は物事の白と黒をはっきりさせたがるが、日本は曖昧だ。曖昧であることについて、一神教の国々からは、遅れた文明と見做されてきた。

しかし、アジアの勃興で、この見方は大きく修正されつつある。多くのアジアの国は多神教と自然崇拝が混然一体で残っている。

かつて日本人をはじめアジアの人々に共通の「笑ってごまかす」態度は、欧米でミステリアス・スマイルと呼ばれて不気味に思われていた。しかし、移民の排除や排斥でテロや無差別殺人が発生するようになり、フィルター・バブルの影響で主義主張が割れて最大公約数の中道がいなくなった。スマイルには、自分が敵ではないことを示す効果があることから、近年になって価値が大きく変わった。かつてなら、原理原則がなく曖昧でいいかげんな日本人とされてきたが、今では柔軟な対応で対立せず丸く収める日本人、という評価に変わったのだ。

②の正直で騙されやすいについても大きく変わった。昔から日本では「騙すより騙されろ」が正しいとされてきた。これは究極の赦しで、騙した人は後悔の念からもう決して騙すことはない、という逆転の発想だ。

たしかにこれは、江戸時代のように、移動が関所で制限され、五人組や村八分の制度があれば機能するだろう。だが、何の記憶も記録も残らない世界では別だ。おそらく江戸時代の日本人も、旅の恥はかき捨て、と同じ発想をした可能性が高い。

しかし、この前提も変わった。ネットやメールの会話や商取引の記録が証拠として残るようになれば、騙す行為はもはや不可能になるだろう。現に中国人は、アリババグループが提供するすべてのスマホを通じた行為を点数化する芝麻信用の普及により、日常生活のマナーから商取引まで大きく変わった。

③の日本の自然観に対する認識も大きく変わった。欧米で発達した科学革命は、ある意味で自然との離婚の側面があった。そこには、神が創った自然を同じ神が創った人間が支配する構造があるとされる。しかし、日本人は自然を貴ぶ。自然の森羅万象の中に八百万《やおよろず》の神を見出す。地球温暖化もありCO２排出量の制約から無尽蔵の開発ができないことについては、もはやコンセンサスができたといってもよいだろう。そして、日本の自然を貴ぶ姿を欧米社会が見習い始めた。

④のマンガやアニメなど独自の文化は、世界中の子供・若者が日本に興味とあこがれを抱く入り口になる場合が多い。急増したインバウンドの訪日客数のうち、マンガ関連は相当数になると見られている。イラク戦争に後方支援で参加した自衛隊は、テロ防止を目的に装甲車に漫画の「キャプテン翼」の主人公を描き込んだ。万が一自爆テロを起こそうとする若者が近寄ったとしても、自分が慣れ親しんで応援したキャプテン翼を見たら、自爆テロを思いとどまる効果がある、というソフトな発想だ。このキャラクターは、サッカーのフランス代表のキャプテンと監督を務めたジダンなど多くの世界のトップ選手にサッカーをする動機を与えたとされている。

寿司やラーメンなど日本食が世界で受け入れられた背景として、漫画に登場する日本食の貢献は極めて大きい。キャラクター・ビジネスにも大きく寄与しており、ポケモンやマリオは世界クラスのアイコンだ。サンリオのキティは和製ディズニーと呼ばれ、知的財産権の価値は相当なものとなっている。

最後に⑤のコンパクトな都市だが、欧米の都市は、もともとは城壁都市で宗教や民族で居住地域を分け隔てたため、人の往来がないことを前提として作られた。しかし日本では、東京の山手線も大阪の環状線も人の往来を前提に作られたため、都市交通としては一つの理想的なかたちとなっている。

日本でも、自動車の普及が進んだ1960－80年代には、排気ガスの悪影響が大きく、公共交通の大量輸送にも制約が大きかったことから、過密、子供の遊びや運動の場所がないなどが社会問題となった。しかしこれらも現在、排気ガスを出さないEVなどクリーンエネルギー、コンピュータで制御する大量輸送交通、少子化で学校の廃校などにより、問題の解決に目途がついている。

イメージ

飲食で有名なチェーン店の創業者によると、実は飲食で大事なのは必ずしも味そのものだけではないという。人間は印象を持つ。印象が悪ければ悪いところを探しに行き、よければよいところを探しに行く。したがって、清潔な店づくりや笑顔での出迎えで店に入る顧客によい第一印象を与え、そして、よいところを探してもらえる店づくりをしたと明かす。

これは国際関係でも同じだ。前章で国際関係は経済、力、文化の三層から成ると書いた。日本に対してよい印象を持つ外国人が増加することは、経済と政治の交渉を有利にする。

前章で日本にインバウンドの観光客が急増する姿を見たが、外国人が日本に来るようになったのは、これらが日本のよい点としてプラスに評価されるようになったからだと断じてよい。

もともとアジアの人々は、アジアで初めて先進国の仲間入りを果たした日本を特別な目で見る。そういう見方が、より広く強くなった。

優位戦思考

政府は国益を追求し、企業は利益を追求する。そのための交渉について、日下公人は優位戦思考を提唱する。それを『優位戦思考で世界に勝つ』でこう説明する。[10]

「アメリカの小噺に、こういうのがある。

〈メリーちゃんとマーガレットちゃんは大の仲良し姉妹でした。あるとき「オヤツの時間ですよ」と言われて2人が行ってみると、テーブルにはケーキが1つしか載っていませんでした。メリーちゃんは「マーガレットちゃんの分がない」と泣き出しました〉

これが優位戦思考である。メリーちゃんはケーキを確保できるうえ、「妹思いの、いいお姉さんですね」と褒められる。先んずれば人を制す。劣位に追い込まれることなく自分の利益を確保できる。欧米の政治家や外交官、経済人は、そうした思考に長けている。国際貿易や産業・環境技術などの新ルールを中核メンバーだけで、自分たちが有利になるように決め、あとで日本などに参加を呼びかける。「入らないと孤立するぞ」と脅かすと、日本はあわてて飛んでくる。そして必死に追いつこうとする。これまでの日本はそうだった。これが典型的な劣位戦である」

日本は、フォローの風を活かした上で、優位戦思考を持って、米中対立の狭間で対等に渡り合うのが正しい選択だ。そうすれば、政府の国益追求、企業の利益追求は正しい方向に導かれるだろう。

ただし、日本固有のマイナス要因にとらわれてはいけない。その可能性が強くある要因として、次に財政赤字と人口減少を見ておく。

4　敗戦処理は終わっていない――財政再建と人口問題

日本の財政問題は大きいのか？

日本の財政について、まず客観的な数字を見ておこう。財務省ホームページによると、令和元年の国家予算では、財政赤字は約33兆円、国債債務残高は897兆円、利払い費は約9兆円だ。IMFによると、地方自治体など公的部門すべてを含む一般政府債務残高のGDP比率は238％で、日本の財政状況は他のG7各国が57％から107％であることと比較すると、突出して悪い。

日本の財政には問題があるのかないのか。識者の間でも議論は割れており、一般の人にとっては、よくわからないのが実情だろう。

財政危機論者は、債務残高が多くなれば、どこかの時点で返済できなくなることを懸念する。返済できない、とは、債券者から見れば貸したお金を返してもらえなくなることを意味する。返済できない、とはある意味で楽になることだ。破産宣告を受ければ、借金が棒引きされるので債務者は返さなくてよくなる。逆に債権者は多大な損失を被る。

しかし、簡単に破産宣告が出るなら、破産を選好する国民性ができてしまう。そうならないように、破産宣告は簡単には出ない。債務者は、返済に向けてできることはすべてする、売却可能な資産はすべて売却する、などを迫られる。また、破産宣告者の烙印を押され、その後の生活に支障が出ることがままある。こうした事態に日本が陥る懸念が高まっていると懸念する。

一方、楽観論者は、もし財政赤字が海外からの借金で賄われていれば大問題であるが、国内で賄われている限りは問題視する必要はないとみる。また、財政再建は増税であり、増税されると企業も個人も自由に使えるお金が減るため、企業の設備投資や個人の消費が落ち込んで景気が悪くなる。景気の落ち込みを避けるためには、財政再建は不要あるいは緊急性はないと考える。

日本では財政再建論者は分が悪い。主な理由は二つある。一つは「オオカミ少年」であるかのような疑念の目を向けられてしまうからである。日本で財政危機が社会的に強く認知されたのは、１９８２年に当時の鈴木善幸首相が「財政非常事態宣言」を出したときにさかのぼる。当時の政府債務残高は約１００兆円と、現在の10分の１以下だった。95年11月には、「自社さ」政権時代に新党さきがけ所属の武村正義大蔵大臣が国会答弁で実質的な財政破綻を宣言し、96年６月の月刊誌中央公論で「このままでは国が滅ぶ―私の財政再建論財政破綻」で危機を煽った。96年末の一般政府債務残高は５３１兆円と、これも２０１７年末の１０７７兆円の半分以下だった。

そして第二の理由は、財政再建論者の見立てに従って財政再建を進めたら、日本経済史に残る未曽有の金融危機が発生したという苦い経験があるためだ。自民単独の橋本政権下の98年４月から、消費税率を３％から５％に引き上げるなど、幅広く財政構造を変えて財政赤字の削減を進める政策が実施された。もともとは自社さ政権時代の94年11月に法案としては成立していたものを施行しただけなのだが、結果的には北海道拓殖銀行、兵庫銀行、三洋証券、山一證券などが破綻し、「貸し渋り」という新語がつくられ経済危機に至った。そして、本来の目的だった財政再建とは逆に、景気後退による税収の落ち込みや景気対策による歳出の増加により、財政収支はより大きく悪化した。世界的な余波も大きく、97年７月にタイから始まったアジアの通貨危機が中南米など世界に伝播する遠因にもなった。

２０１４年の消費税率引き上げも、結局は景気が大きく落ち込み、景気が元の回復軌道に戻るのに３

図5-1　ギリシャ10年国債金利

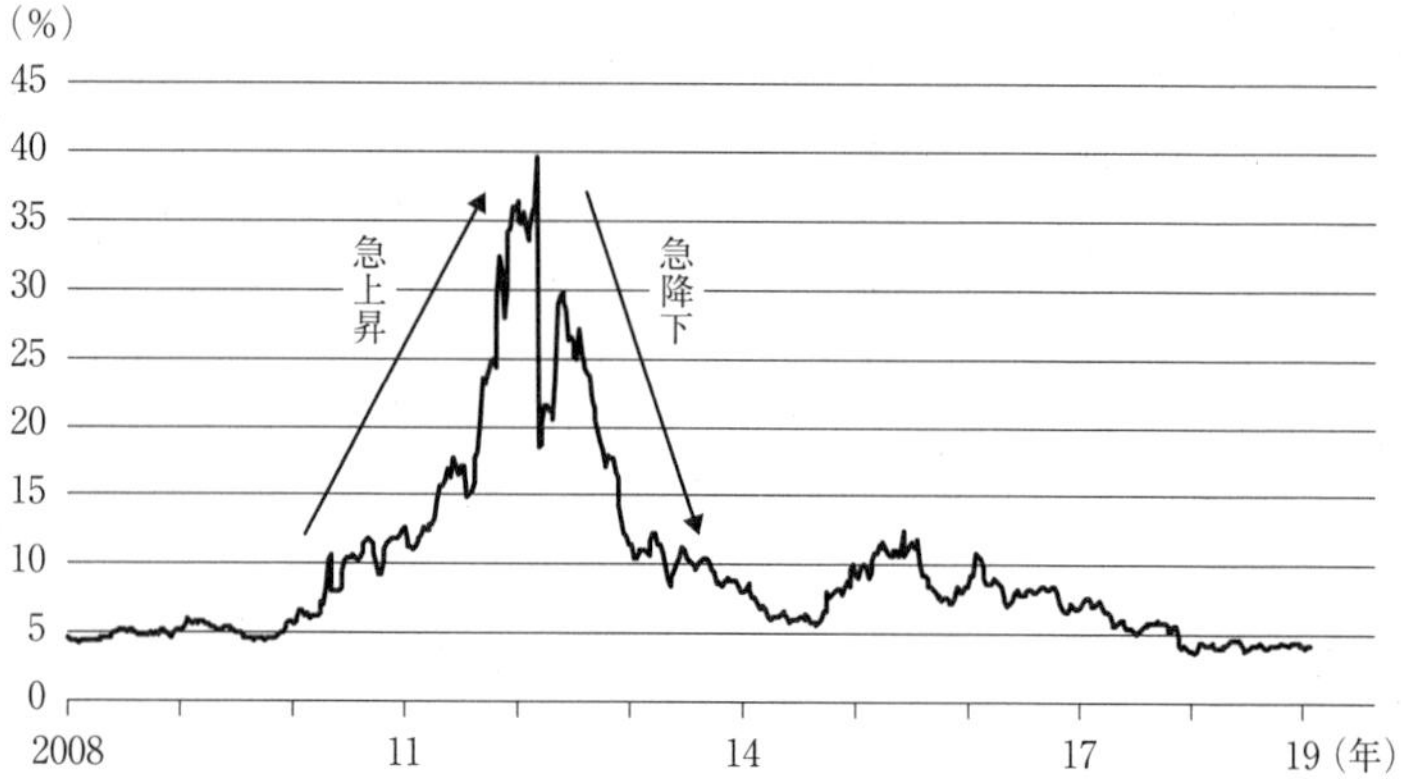

出所：Haver Analyticsの公表データに基づいて筆者作成

年以上を要した。２０１９年の消費税率引き上げも、景気後退を招いた。こうしたオオカミ少年批判や危機の引き金を引いたことに対する批判から、結果的に、日本では財政再建を早急に実施する必要はない、と主張する専門家や学者が大きな発言力を持つようになった。

市場の見立てが正しい

これまで何度も見たが、政府や学者や評論家のような専門家より、市場のほうが正しい。危機的な状況であるなら、国債の金利が上がるはずだ。しかし、上がっていないどころか逆に極端に低い今の現状は、本当は危機が迫っているわけではない事実を意味すると考えてよい。意見は人の数だけあるが、事実は一つしかない。

ただし、金融資産はほかとの比較の上での選択の問題でもあるので、投資家から見てほかに魅力的な商品がなければ、人気化することになる。たとえば、アルゼンチンは２０１７年に１００年国債を発行したが、発行額の3倍もの応札を集める人気だった。しかし、2年後に実質的に破綻した。

ギリシャは2010年に実質的に破綻したが、格下げとなって投資不適格になった途端に金利が跳ね上がった（図5－1）。なぜ急だったのか。国家主権には徴税権も含まれる。ギリシャ政府が何らかの措置で無理やりにでも税金を取り、それを国債保有者など債権者への支払いに回す強硬手段を実施すれば、ある程度の時間稼ぎになって債務不履行は避けられる。それは国民が反対しようが、徴税権のある国家の意思で実現可能だ。しかし、ギリシャはその意思を示さなかったことで投資不適格に格下げとなった。財政状況が悪いということと、国家として支払いの意思がないというのは、直結するわけではないのだ。これは日本を含め、財政状況の悪い国の国民は留意すべき事項だ。

今の日本の格付は、投資適格の中では下から2番目のAで、最低のBBBまでにはまだ余裕がないわけではない。

しかし、短期的には危機的ではないとしても、中長期的な展望はどうなのか。ここでもやはり参考になるのは歴史の先例だ。財政と国家の命運について、実はすでに多くの研究がある。

財政破綻の歴史

財政破綻には様々な例があるが、近年の歴史学と同様に、方法論としては帰納的に共通の条件と要因を抽出する手法が主流になっている。これは、日本も含め財政再建に失敗してより財政が悪化する例が相次いだためだ。そして、方法論により些細な差異はあるものの、結論はほぼ一致を見ている。それは、債務残高と成長率の関係、債務の処理方法だ。

カーメン・ラインハートとケネス・ロゴフの共著による『国家は破綻する』(11)では、過去の歴史を演繹的に調べると、債務残高がＧＤＰ比で90％を超えると経済成長は極端に悪化する法則性を発見した。ただ、その後に「90％」の計算に単純なちがいが指摘された。したがって「90％」は正確ではなかったことが判明してはいるものの、債務がＧＤＰの一定の比率を超えると、経済が極端に悪化し、最悪の場合は破綻に至るという結論に変化はない。

ジャック・アタリの『国家債務危機[12]』では、歴史上の国家債務の処理は、極端な財政再建（増税など）、インフレ、債務不履行、戦争、の四つの中の選択になるとする。ほかにもＩＭＦ、ＯＥＣＤ、世界銀行などが多くの類似の内容のレポートを出し、無料でＨＰで公開している。

アタリが債務の歴史を調べて共通項として取り上げた極端な財政再建（増税など）、インフレ、債務不履行、戦争は、相互に関連している。増税やインフレで生活水準が低下すると、「原因は輸出攻勢を仕掛ける外国と、国民の職を奪う移民だ」と国民を扇動するポピュリズム政治家が登場するのはよくあるパターンだ。戦前のムッソリーニやヒトラー、５・15事件を起こした日本の青年将校、２０００年以降は欧州で続々と立ち上がり、移民を排除しようとする極右の新党などがこれに当たる。映像の情報が瞬時に行き渡る現代では戦争は簡単には発生しないが、代わりに移民など外国人排斥は頻繁に発生している。

よい借金と悪い借金

この問題を複雑にするのは、単純に借金である国家債務が悪いわけではないからだ。

個人の立場で考えても、借金がよいのか悪いのかは、一概には言えない面がある。たとえば、奨学金を借りて大学に進学して、会計士や税理士の資格を取ったとしよう。高校を卒業して働くより、会計士や税理士として働いたほうが、生涯累計の所得は上がるだろう。賃金の上昇分と学費を比較することで、この人の損益は計算が可能だ。進学の時点では将来の予測に基づく推測になるが、この借金はこの人の人生にプラスになる可能性が高い。これはよい借金だ。しかし、借金して競馬やパチンコで擦ればどうなるだろう。運よく勝つ可能性もないわけではないだろうが、恐らく可能性は低い。飲み代に使ったらどうなるか。この場合も結局は借金だけが残る。悪い借金だ。この例のように、借金そのものがよいのか悪いのかは簡単には言えない。むしろ借金を何に使ったかの内容による。

この分類は、国家にもある程度は当てはまる。国が借金をして将来の成長に資する用途に使えば、将来の所得の増加で返済可能となる。たとえば、日本は１９６４年の東京オリンピック開催に合わせて首都高速道路、東名高速道路、東海道新幹線を整備した。ほとんどは世界銀行など外国からの借金で賄われた。これらのインフラは、その後の経済成長に資することで、総じてプラスになったと評価されている。敢えてたとえれば、先ほどの借金を原資に資格を取って職務に活かす学生と同じ収支計算だ。しかし、借金したお金を国民に飲み食いの代金としてばら撒いたらどうなるか。日常生活で消えたら、将来の経済成長に資することはまずない。

財政赤字と社会保障問題はリンクする

日本の財政の問題は、ここに凝縮されていると言っても過言ではない。現在の日本の社会保障は、基本的にはわずかな自己負担と現役層から高齢者層への世代間の移転によるパターンだ。そうすると、人口ピラミッドの動向から、自分の受益と給付の損得が読める。１人の老人の社会保障費を何人の労働者である現役世代で賄うかによって、１人の肩車型、約５－６人の騎馬戦型、10－15人の神輿型などに分

図5-2　高齢化率と社会保障給付

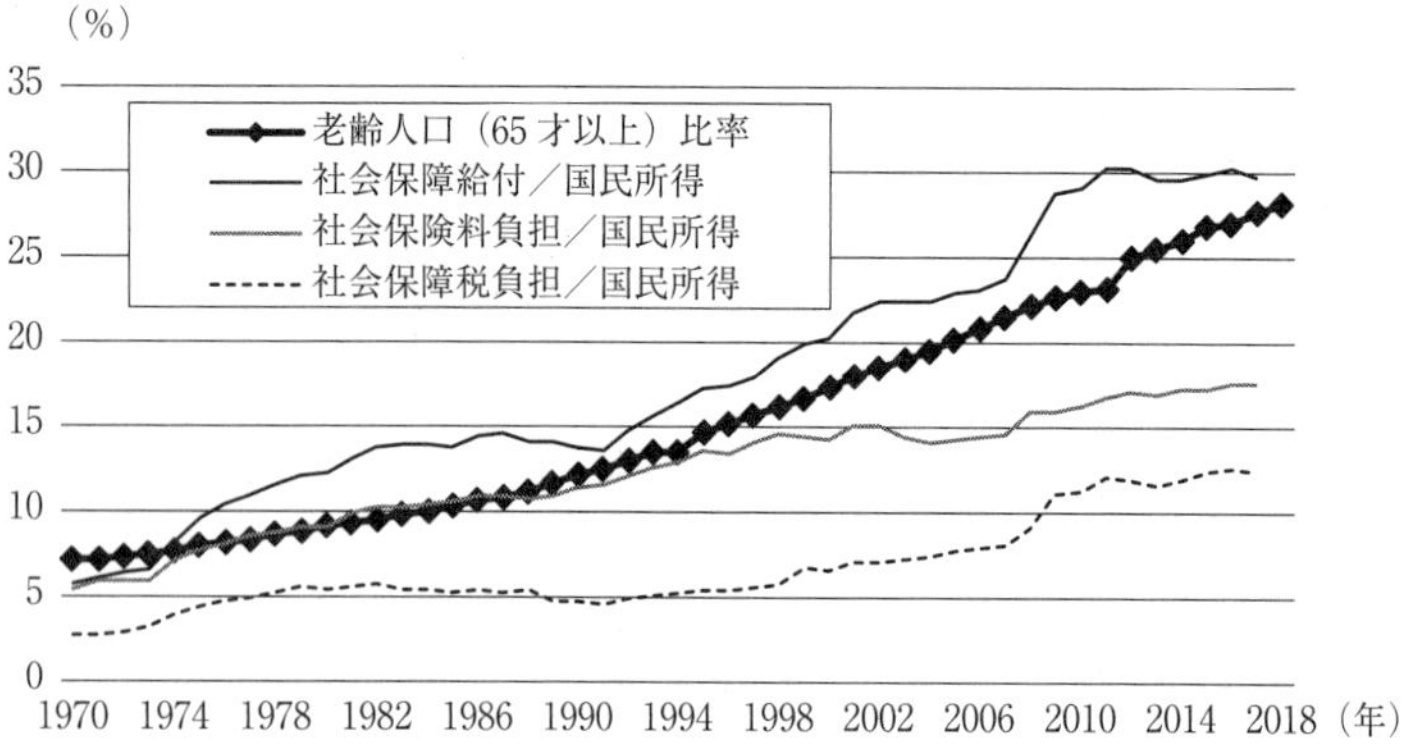

出所：Haver Analyticsの公表データに基づいて筆者作成

けられる。日本は、かつては神輿型だったが、すでに騎馬戦型を超えて、今後は肩車型に向かう。一方で、国は社会保障の持続性を国民に示さないといけない。そうなれば、負担が重い一方で給付が十分にもらえない可能性の高い世代は、負担を回避して未納者が増加する。それを避けるには、国が本来なら保険料で賄うべき負担を税金で賄うようになる。

つまり、人口問題が社会保障を通じて財政と強くリンクするのだ。そして、現実にこの通りに日本の財政は悪くなった。それを実績で示すのが図5－2だ。高齢化と社会保障費の増加が並行して進展する一方、保険料負担を抑制したために、それを賄うかたちで財政赤字が増加の一途をたどった。一般政府財政赤字は、1990年、2007年、そして2019年とバブルかどうかは別として、不動産価格や株価など資産価格が上昇した局面で大きく改善している。しかし過去2回は明確にバブルであり、弾けた後の赤字は社会保障を穴埋めした分とほぼ見合っている。日本の財政赤字とは社会保障の赤字なのだ。そしてその見通しは、2065年ぐらいまでは増え続ける可能性が高い。

図 5-3　家計貯蓄率と高齢化率

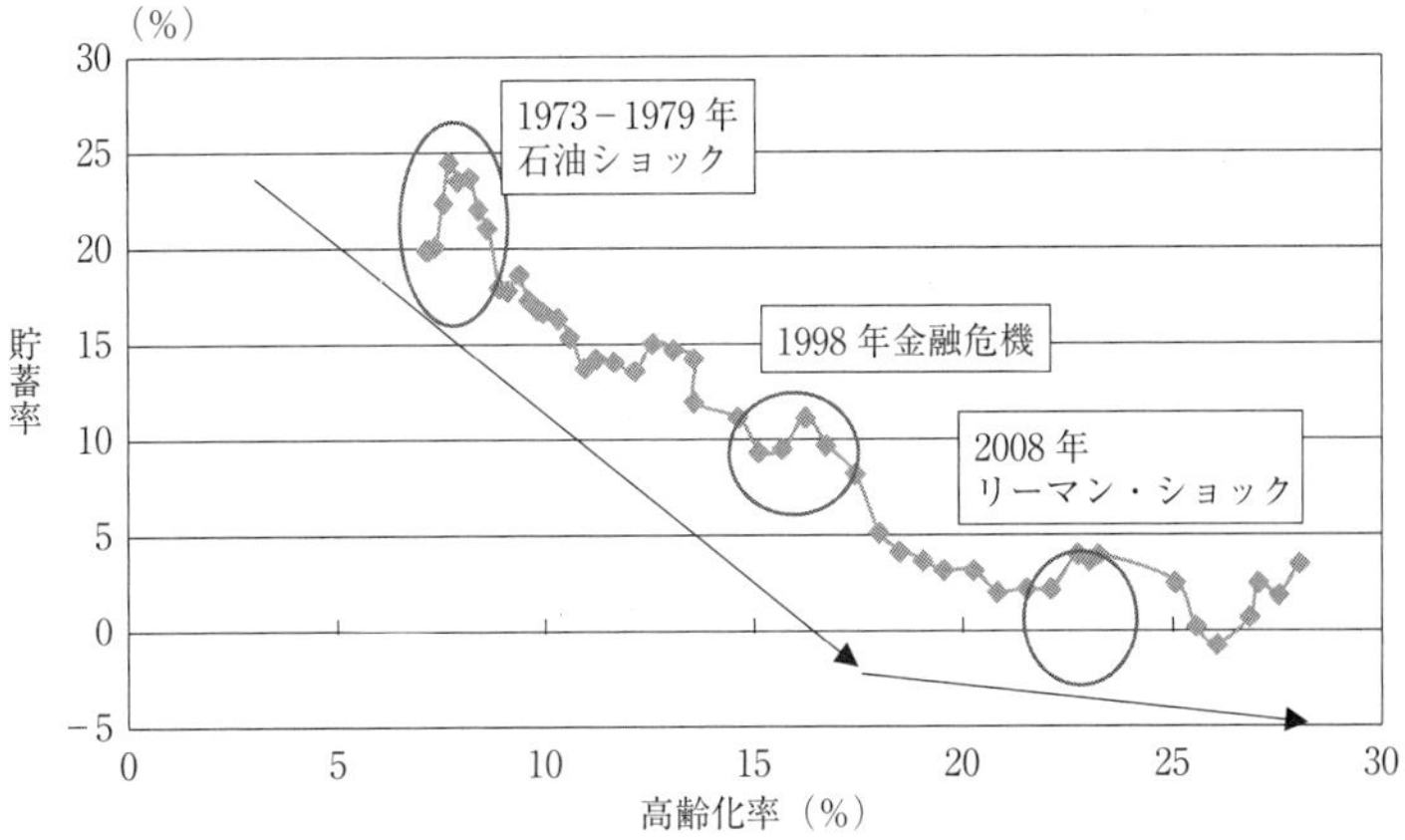

注：家計貯蓄率＝家計貯蓄／可処分所得
　　高齢化率＝ 65 歳以上人口／総人口
　　1970 年から 2018 年まで
出所：総務省データ、内閣府データより筆者作成

老齢人口比率は、２０１７（平成29）年の国立社会保障・人口問題研究所の出生数と死亡数をともに過去との比較で極端に増減しない中位の仮定で、２０６５年に38・４％と足元よりさらに約10％増加する。当然のことながら、社会保障給付も増加し、その財源として社会保険料とともに税負担も増価する。財政赤字の削減は、この自然に増加する分を勘案すると、ダブルパンチで重い負担になる。

高齢化の進展で経常収支は赤字に転落する

本節冒頭で、財政赤字が問題なのか問題でないのかを議論した。国内でファイナンスされていれば問題ないというのは、ある前提を置いている。それは、国家の徴税権は個人の財産権より強いということだ。その意味で、国民が自分のお金だと思っている財産について、実体上はすでに国家の徴税権の担保のようになっている部分がある。

また、人の一生を通じたお金の流れは、おおよそ同一だ。社会に出るまでは親のすねをかじり、社会に出て少しは貯蓄し、40－65歳ぐらいに貯蓄をため込み、65歳ぐらいでリタイアした後は貯蓄を取り崩して生活費に充てる。したがって高齢化率と貯蓄率は反比例する（図5－3）。高齢化が進む日本は、どこかの時点で国債を買い入れるお金がなくなり、代わりに外国人に頭を下げて買ってもらわなければならなくなる。つまり、外国人の目から見て、貸し付けた資金が返済されるかどうかを審査される立場になるのだ。

財政赤字の問題点

財政赤字の何が問題なのか。財政赤字は借金だ。借金は基本的には返済しなければならない。親が借金を残して他界したら、相続する子は相続を放棄しない限りは肩代わりして返済しなければならなくなる。国の借金も家族の借金と基本的に差異はない。

財政赤字の問題は、政策の自由度が低下する、成長率が低下する、世代会計など不公平感を生じさせる、の三つに集約できる。

第一の政策の自由度は、将来の成長に向けた前向きな投資が難しくなる点にある。具体的には、社会資本整備や教育投資だ。借金があれば利息の支払いがある。確実に利息分や元本の返済に充てる部分は、前向きな投資には使えなくなる。

たとえば、2016年の教育分野の公的支出がGDPに占める割合を比較すると、北欧は5－6％と高く、次いで中欧の5％台、OECD平均は4・0％だった。一方、日本は2・9％と最低だった。1975年の税制改正で若干は改善された可能性が高いが、最低位は長く日本の定位置だった。戦後一貫して続いた子が親よりもよい教育を受ける時代が終わった可能性があるのだ。

義務教育は憲法の三大義務であり、簡単には削れない。しかし、科学技術のための予算ではもっと悲惨な事態に至っている。日本人の自然科学分野のノーベル賞受賞者は多いが、ほとんどは20－30年も前の実績を評価したものだ。足元は、ポスドク問題、論文数の減少など惨憺たる状況になっている。

第二の、財政赤字の累積に伴う成長率の低下は、歴史上、世界的に観測された事実だ。借金の返済のための増税が必要となる。増税を恐れて海外へ優秀な労働者や資本が逃避するのが一因だと見られている。財政赤字の原因となる補助金や給付金は、依存体質を生み、勤労意欲を喪失させる要因になる。

第三は、世代間の不公平だ。２００８（平成20）年10月30日に当時の与謝野経済財政担当大臣は、国会答弁で以下のように述べた。「われわれのような年齢は、いわば『逃げ切り世代』で、借金だけしてあの世に行くことはできるわけですけれども、この社会を何十年もこれから支えていく方々が現におられるわけで、そういう方に大きな重荷を置いたまま次の世代にバトンタッチをしていくというのは、やはり余りにも無責任である」。親が子に借金を残して死に、その借金返済の負担を負わせるのは無責任だと言っているのだ。

日本人は人に迷惑をかけることに極めて敏感である。にもかかわらず、財政赤字に起因する不公平感には無頓着だ。この不公平感を数値に置き直したものが世代会計だ。世代会計の専門家である公益財団法人中部圏社会経済研究所の島澤諭は、シルバー世代が自分たちの世代だけの利益を主張するシルバー民主主義や、世代によって社会保障の受取給付と支払う拠出の差額が数千万円もの損得が生じる世代会計に強い関心を持つに至った経験を著書で紹介している[13]。

同氏によると、秋田大学で教員をしていた２００７年に、当時の知事が少子高齢化に歯止めをかけようと、子育てや教育のための法定外目的税を新設しようとしたが、強い反発を受けて撤回された。ところが、同じ独自の新税でも「水と緑の森づくり税」は可決した。子供より自然環境を重視する秋田県民の意思は、何を意味するのか。自分が生きている間だけよければよく、後は野となれ山となれ、という心情ではないかという疑念から「シルバー民主主義の猛威を目の当たりにして、将来の日本を秋田のようにしてはいけないと感じた」という。

世代会計にはいくつかの推計があるが、前提の置き方で相当の差異は出る。ただそれでも、数千万円の規模感の損得になっている。

ではどうすればよいのか

借金の妥当な規模は所得に依存する。借金が同じ５００万円でも、所得が１億円の人と３００万円の人では重みがちがう。その意味で、国家の財務状況は債務残高／ＧＤＰ比率で見るのが一般的だ。これを改善するには二つの方法がある一つは分子の減少でもう一つは分母の増加だ。次にまず分子の削減から見てみよう。

第一の方法：財政赤字の削減

ハーバード大学の政治経済学者であるアルベルト・アレシナ教授が１９９６年に発表した論文で、戦後の財政再建の成功例と失敗例を調べたところ、財政再建の成功事例の共通の特徴として、歳出削減と増税が７：３、歳出削減は公共事業の削減だけでなく社会保障費の削減や公務員人件費の削減にまで及んでいたこと、の二つが明らかになっている。

歳出削減と増税が７：３はアレシナの黄金律と呼ばれる。なぜこの比率なのか。単純な増税だけなら忌避されることは言うまでもない。しかし、増税の倍以上のインパクトを持つ歳出削減を伴う場合は、身近なバスや電車など公共交通の削減、道路工事やごみの収集回数の削減、図書館など公共施設などの身近な公共施設の閉鎖など日常生活で不便が強いられる。庶民感覚として、税金を払うから歳出削減による日常生活の不都合は勘弁してほしい、という感覚にまで追い込むということだ。

日本でもアレシナの黄金律と類似の考え方が導入された経験はある。小泉政権では、増税は歳出増加に直結するので増税ありきの発想はなかった。名古屋市の河村たかし市長もまったく同じ発想で、財政再建のために減税した。

２００８年9月のリーマン・ショックを受け、同年11月に初開催されたＧ20では、ＧＤＰ比２％を目途とする財政政策を実施した。そして、２０１０年6月のトロントＧ20では、日本を除く19カ国で、財政再建に向け共通の具体的な数値目標を策定した。日本は財政赤字の規模がかけ離れており、共通の目標から除外された。そして、現実にこのアレシナの黄金律に沿った財政再建に踏み出した国がいくつかあったのだ。

第二の方法：名目ＧＤＰの増加

名目ＧＤＰを増加させるには、実質ＧＤＰを増加させるか、インフレ率を上げるかのどちらかしかない。実質ＧＤＰを上げるには、生産性を上げるか人口を増加させるかしかない。極端な高インフレは債務者にとっては楽な借金減らしだが、債権者が損失を被ることになる。敗戦後に日本が選択した方法だ。生産性と人口の問題は、このあとで取り上げるが、今に始まったわけではない積年の問題だ。特に人口は、増加ではなく、いかにして減少のペースを緩やかにするかが政策課題となっている。

歴代の政権も、合計特殊出生率を反転させて上昇させようと、相当な予算をつぎ込んで対応策を実施した。安倍政権は、結婚と出産に関する国民のアンケートを元に、希望の出生数を「国民希望出生率」という言葉を作り、２０１５年９月に発表された「夢を紡ぐ子育て支援」で１・８まで回復することを目標として、政府は積極的に取り組むものとした。人口の維持に必要な数値は２・07なのだが、これはすでに始まった人口減少を１億で歯止めをかけるという構想だ。

ただ、出生可能な女性の年齢を15－49歳としているが、高齢出産のリスクなど現実を鑑みれば、出生率は上がって出生数は減少するジレンマに陥っている。

ＭＭＴ

最後に本章第１節で触れたＭＭＴ（現代貨幣理論）について少し述べておく。この考え方のもとは、国家の徴税権が個人の財産権より強い、したがって国家は、個人財産の範囲内なら、国債を発行して景気対策などに使ってよいとする考え方だ。これは決して理論ではない。ある意味で現状の日本を説明したものだ。

この説が注目を浴びるのは、世界の政治が不安定感を高める中、なぜ日本はかくも安定しているのか、という問題意識から日本に学ぼうとする姿勢が根本にある。その意味では、デフレなど非常時の財政赤字は政策として正しい。しかし、それが２０１８～19年のように完全雇用でも続くのは、正常な状態とは言えない。これは、経済の再生の定義に関わる問題だ。

改革の最終列車

かつてＩＭＦは２００４年9月に出した世界経済見通しで、人口動態が経済に与える影響を取り上げた。その中で、選挙での投票率を加味した後、50歳以上の人口が選挙権を持つ人口に占める比率が50％を超える時点を「年金改革の最終列車」として各国の推計を出した。英国は２０４０年、スペインは２０２５年、ギリシャやイタリアは２０２０年、ドイツ、フランス、米国は２０１５年だが、日本は２００３年にすでにこのラインを超えていた。

なぜ50歳以上の比率50％が最終列車なのか。賦課方式の年金制度は、現役層の年金保険料拠出と高齢者の年金受給を基本構造とする。日本の年金制度は本質的に所得再分配（所得移転）だが、民主主義社会での政策の意思決定は畢竟、多数決を原理とする。50歳以上は、年金保険料拠出よりも年金受給に強い利害を持つ年齢層だ。その人々の割合が50％を超えると、年金給付増大に対する政治的圧力が多数決原理のもとでは決定的に強まると考えられている。

年金に限らず医療や介護保険など多くの社会保障制度は、保険原理だけでなく、所得再分配も原理とする。その意味で「年金改革の最終列車」は「社会保障制度改革の最終列車」と言い換えてよいだろう。

人口減少

もう一つの問題は人口減少だ。日本では長く人口減少に対し、様々な対策が講じられてきた。しかし、結果として人口減少に歯止めがかからなかったという意味では、問題が放置されたことと同じ結果にとどまっている。安倍政権になって初めて、２０１６年に50年後の人口１億人維持が政府の方針として閣議決定された。そこでは、政府が国民に無理に人口増加を強要した反省に立ち、国民が希望する出生率

図5-4　OCED 加盟 24 カ国の合計特殊出生率と女性労働力率

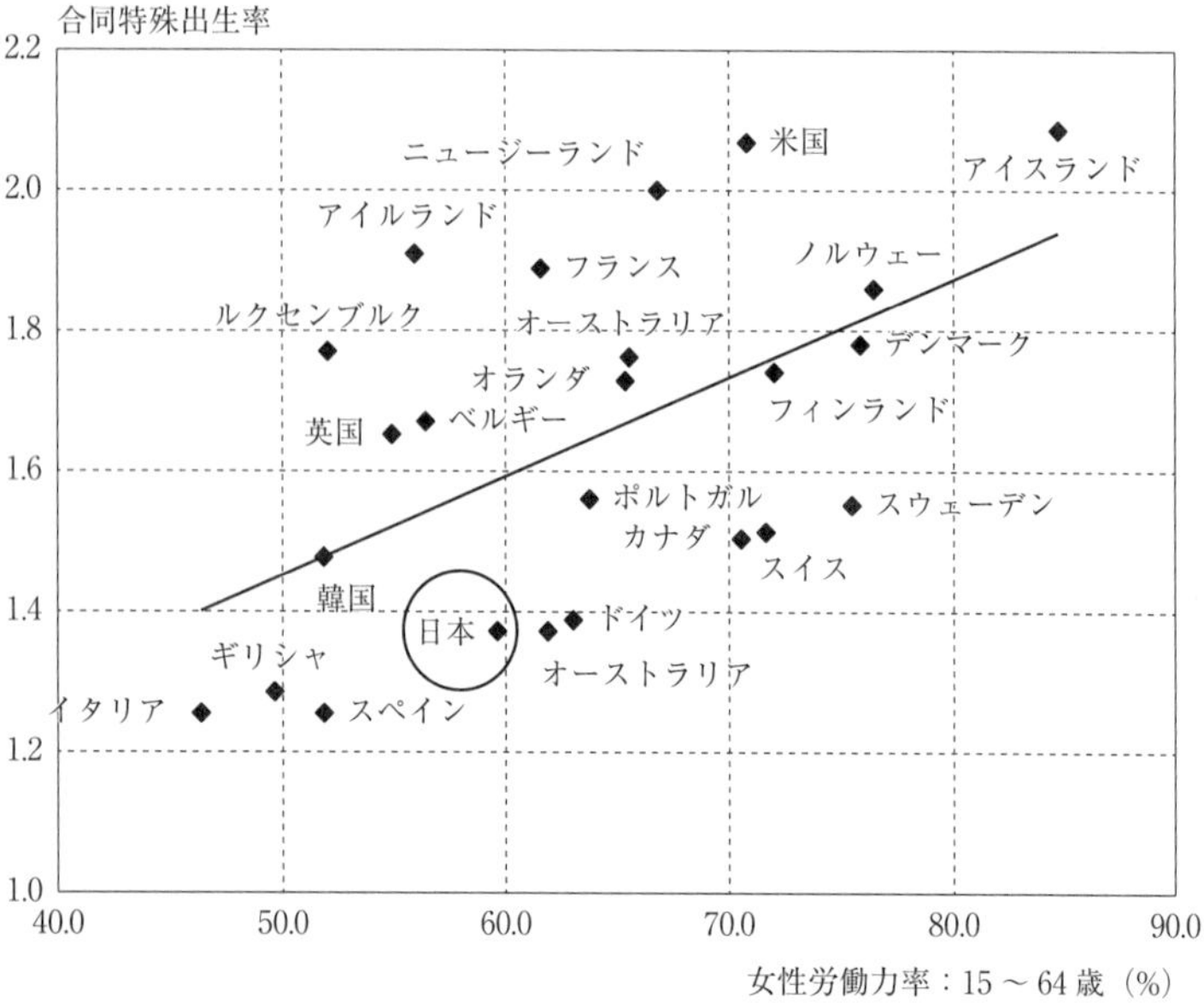

注：労働力率＝100*（就業者数＋失業者数）/15 歳以上人口
出所：内閣府男女共同参画局（http://www.gender.go.jp/kaigi/senmon/syosika/houkoku/pdf/honbun1.pdf、4ページ）

が実現できたら、人口減少が続いても1億人で止まることが期待された。

しかし現実には、少子化は加速している。ここ数年を出生数（万人）（出生率）でみると、2015年1006（1・45）、2016年98（1・44）、2017年94（1・43）、2018年92（1・42）だった。

この間、安倍政権は女性の社会進出を積極的に後押しした。背景の考え方は、女性が有職率を高めるかたちで社会進出が進めば、出生率は上昇するとする見立てだ（図5－4）。これは、欧米先進国で歴史的に観測された事実を元にしている。女性が手に職を持ては、経済を男性に頼らなくてもよいた

図5-5　合計特殊出生率と女性労働力率（15～64歳）

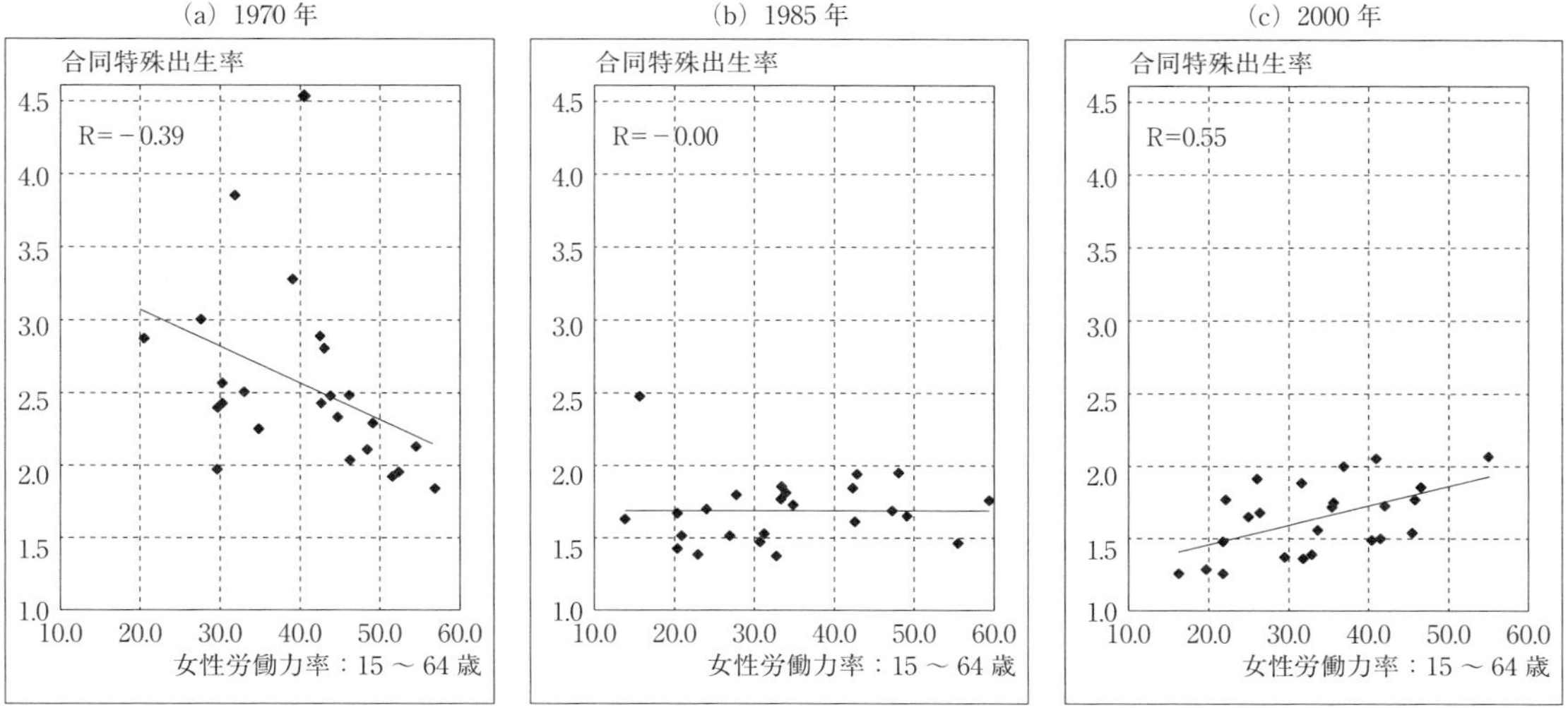

注：女性労働力率：国により一部、調査年および対象年齢が異なる。詳細は、参考Ⅱ：指標項目出典／定義一覧参照。

資料：Recent Demographic Developments in Europe 2004，日本：人口動態統計，オーストラリア Births, No. 3301，カナダ：Statistics Canada，韓国：Annual report on the Vital Statistics，ニュージーランド：Demographic Trends, U.S.：National Vital Statistics Report, ILO Year Book of Labour Statistics より作成。

出所：内閣府男女共同参画局（http://www.gender.go.jp/kaigi/senmon/syosika/houkoku/pdf/honbun1.pdf、5ページ）

め、自立することが出産の増加につながるという考え方だ。そのため、専業主婦を優遇する税制の縮減、働く女性を税制で優遇、保育所や託児所の整備など、急激かつ大胆に進めた。

しかし、図5－4のように傾向線が右肩上がりの形状になるには、長年にわたる相当な努力があった。1970年には右肩下がりだった傾向線が85年には横這い、そして2000年には右肩上がり、と徐々に形状を変えたのだ。75年は国際連合が女性の地位向上を目指して設けた国際年で、国際婦人年とすることを宣言した。そして、さまざまな政策が実施された結果、30年という長い歳月をかけて形状が変わったのだ（図5－5）。

しかし、日本では、この形状がなかなか変わらなかった。1987（昭和62）年の男女雇用機会均等法の施行以来、女性の結婚を機に寿退社して出産するパターンが大きく減って、総合職として定年まで働く女性が増加した。しかし、女性も男性と同じように滅私奉公することが求められ、恋愛、結婚、出産は遠のいていった。

日本では、生涯独身率が高学歴の女性ほど高いが、男性はまったく逆で、高学歴なほど低い。こうした弊害を改めようと安倍政権は力を入れたのだが、なかなか結果は出なかった。

なお、女性の有職率の上昇と少子化の同時進行は、女性蔑視の風潮がある儒教やイスラム教の伝統がある国に共通の現象だ。

人口減少に合わせた街の縮減

人口減少が想定以上のスピードで進むとなれば、街の作り変えが必要となる。多くの過疎地域の介護事業者は、勤務時間の半分以上を車の運転で移動にかけているとされている。アイデアとしては、広い地域に分散して住むのではなく、狭い範囲に集まって住むコンパクトシティだ。
ただ、この面でも問題がある。会計検査院の調査によると、中心市街地活性化のために国や自治体、民間業者が２００６～16年度に行った関連施策の総事業費が３兆円に上る。しかし、予定した街づくりや人が集まる拠点の整備が計画期間内に終わらなかったり、目標の達成状況が低調だったりと事業の効果が出ない地域もあった[14]。

さらに、人口減少は過疎の問題とも直結する。道路や水道等の生活インフラは、人口が密集する地域のほうがまばらな地域よりコストは安い。落合陽一と猪瀬直樹の共著『ニッポン　２０２１－２０５０』[15]によると、住民一人あたりの行政コストは、１キロ平方メートルあたり人口１万８９６３人の東京都目黒区は34万円、５７３人の松江市は47万円、33人の島根県海士町は２５９万円だ。公共性のある施設には適正な人口規模があり、国土交通省の資料によると、郵便局は５００人、銀行は６５００－９５００人、一般病院は５５００－２万７５００人、法律事務所は６万７５００－７万７５００人、大型ショッピングセンターは７５００－９万２５００人、百貨店は27万５０００人、とされている[16]。

近年地方の百貨店の閉鎖が相次いでいるが、原因は単純明快だ。一般化すると、百貨店の商圏人口が減少して27万５０００人を切ると、売上の減少で赤字になる。市役所など公的な機関は赤字でも無視できるが、民間企業はそうはいかない。銀行も店舗閉鎖を打ち出す例が増えているし、病院も赤字が増加している。人口減少は、過疎とも直結し、行政コストの増大とも直結する。こうした施設は、維持できなくなるだけではない。資産は、使ってこそ価値を発揮するが、使わなくなったら負債に変わる。

たとえば、日本の山林は１９７０－80年代の日米貿易摩擦で問題視され、材木の輸入に切り替えた。しかし、植林した木には伐採の適齢期がある。これを超えて放置すると、樹木が大きくなりすぎて、林業機械で扱えなくなるのだ。また、老木になると、病気になりやすい。２０１９年10月に千葉県を直撃した風速60メートルの巨大な台風では、病気になった樹木の倒壊で電線が切断され大規模な停電が起きた。これは直接的な原因は自然災害であるとはいえ、資産が負債という実体に変わった実例だ。

自治体が管理できず困り果てる空き家の増加、年間に全国で２万件にも上る老朽化した水道管の破裂などのトラブル(17)は、資産が負債の側面を帯び始めた兆しである可能性が高い。

ある意味で人口の予測はかなり高い確率で当たる。人口減少、財政赤字、過疎化に対し、先手を打って問題解決に当たらなければ、どこかの時点で国家経営が屈折点に差し掛かる可能性がある。

人口減少、過疎化、財政赤字は三位一体

人口減少、過疎化、財政赤字は、三位一体の問題だ。日本が経常収支赤字に陥る前に解決の目途をつけておかないと、金利が上昇するリスクがある。日本は公債の発行残高が多く、しかも近年の長期国債はマイナス金利だ。これは、もし本当に日銀の物価目標２％が実現したら、長期金利がどこまで上昇するかという問題でもある。日本の長期国債は、日本銀行、日本の機関投資家が、相当な規模の残高を保有する。金利の上昇は、日本国全体で見れば甚大な規模の損失の発生になるだろう。

まだ最後の審判の日が差し迫っているわけではないが、どこかの時点で本腰を入れて解決しなければならない問題であることは確かだろう。

ここまでこの問題が深刻化した以上、放っておいて勝手に解消するものではない。安定感のある長期政権が長期の課題として取り組むべき課題だ。正しい現状認識、将来の複数のシナリオ策定、正しい解決策、が示されなくてはならない。

海外の著名投資家も警鐘

財政赤字と人口減少の二つの問題は、放置しておけばどこかで都合よく何かが作用して勝手に解決に向かう問題ではない。

投資家のジム・ロジャーズは警鐘を鳴らす。「(日本を) 個人的に好きで評価している国だが、その日本が50年後か100年後には消えてしまうのは心から残念でならない。なぜ消えると断言できるのか？当然だ。これだけ借金があり、しかも子供を作らないのだから。私はこれだけ日本を愛しているが、日本に住もうとは思わない。借金と少子化、この2つがシンプルな理由だ[18]」。

投資においては時間軸が決定的に重要なので、遥か先を憂慮する必要はない。しかし、東海地震など約50年も前から長期の問題にかなり進んだ対応をした分野もある。本当に恐ろしい問題は何かを見定め、バランスよく対応する必要があるだろう。

5　日本経済の制度疲労

1940年体制

戦後の日本経済が奇跡の復興と発展を遂げた様子は、第4章で見た。国際環境の変化を受け日本は反共の防波堤と位置づけられた。そのためにも、共産主義国より発展する敗戦国の復興の姿を見せることは、重要なことであった。だが、米国の庇護を受けた日本に内在する経済発展を実現する力は、世界史上でも前例のない唯一無二のものだった。それは戦前からの体制による。

1936年に日本を訪れたアーチボルト・マクリーシュはピュリッツァー賞受賞の実績のあるジャー

ナリストだが、36年9月のフォーチュン誌に日本特集号で、「日本はどの国家よりも統一された産業計画を持っており、それが輸出力を支えている」「画一的でまとまりのあるシステムは、どの国もまねができない」、そして「日本の産業の頂点にあるのは、金融面、法律面から行われるさまざまな産業統制である」と記している。(19) 31年に満州事変が発生しており、日本は軍国主義の歩みを進めていたが、日本経済の特殊なシステムをほぼ正確に認識していたことがうかがわれる。そして、この流れは戦争の泥沼化に伴い、一段と強化される。

1937年7月の盧溝橋事件から日中戦争が泥沼化したのに伴い、戦時下の経済を支えるために政府は司令塔として企画院を10月に創設した。これは内閣資源局と企画庁を合併させたもので、戦時下の経済計画の立案を一本化させる狙いがあった。

しかし、計画は難航した。商工大臣として民間から起用された阪急電鉄の創業社長だった小林一三が、計画された中央集権体制を「アカの思想」と呼んで批判し、結局は商工次官の岸信介を辞任に追い込んだ。ところがその後に戦況が悪化して38年には国家総動員法が成立し、41年には日本への石油などエネルギー供給を断つABCD包囲網ができあがると、経済は自由主義を停止して統制経済に入らざるを得なくなった。

岸信介は41年10月に発足した東条英機内閣の商工大臣として復帰し、より統制を強めた。こうして戦時統制経済を推し進めた官僚は「革新官僚」と呼ばれた。この言葉には、いかにも革新的な良いことをする官僚というニュアンスがあるのは、政府の狙い通りなのだろう。

「革新官僚」は、企業は戦時体制には株主や従業員よりも国家に協力するべきものという考えで統制を強めた。具体的には、産業別に官僚機構の指揮下に統制会を作って、鉄鋼統制会、ゴム統制会、石炭統制会など、企業を統制会の指揮下に入れた。企業は配当、役員賞与、賃金の支払いも国家により統制された。

戦争を遂行するには生産力の増強が必要で、そのためには労使関係が重要だ。政府は労使が一体になるための中央組織として産業報国連盟を創設し、各事業所に大日本産業報国会を設置した。金融も統制され、軍需会社指定金融機関制度が制定されて国家の指揮下に入った。これが戦後にメインバンク制度に発展してゆく。勤労が国家への奉仕である考え方は「皇国勤労観」と名づけられた。

こうした戦時下の統制経済は経済学者の野口悠紀雄により『１９４０年体制』と名づけられた[20]。野口によると、同氏が勤務した当時の大蔵省（現財務省）は、戦前と戦後で何も変わらず、同じ場所で同じメンバーで同じような仕事を同じやり方で進めた、と指摘する。

また、戦前と戦後では、統治の主体が軍部からＧＨＱに代わって民主化を進めたため表面的には断絶があるが、現場でのメンタリティは国家総動員法ができた１９３８年のままだったとする。

社会学者のテニース（テンニエス）は、社会の集団を自然発生的な家族や地域社会のようなゲマインシャフト（共同体社会）とゲゼルシャフト（契約社会）に分け、それぞれが混じり合うことなく住み分けるかたちで存在するとした[21]。しかし日本の会社では、この二つが表面的には何の不都合もなく融合した。この融合は、世界で日本だけが成し得た、ある意味で快挙だった[22]。しかし、野口はその素地は戦中にできあがっていたとする。日本的経営の「三種の神器」とされるのは、終身雇用、年功序列賃金、企業別労働組合だ。これは外国人の眼で米国人経営学者のジェームズ・アベグレン[23]が初めて言語化したとされている。

野口は、この原型が１９３８年の戦争遂行のための国家総動員法だと主張する。この法律の目的は

「国防目的達成ノ為国ニ全力ヲ最モ有効ニ発揮セシム様人的及物的資源ヲ統制運用スル」こととされている。国の資源と労働を、戦争のために国家が動員する「統制権」の明確化だ。そのために、企業経営は従業員との共同体的な性格を持つものとなり、物価と賃金は統制され、労使関係を調整する組織として事業種別に産業報国会が作られた。この労使関係が、戦前戦中にも日本の共産主義化を防止するのに有効に機能したとして、結果として戦後にそのまま引き継がれ、終身雇用、年功序列賃金、企業別労働組合になったとする。

1940年体制の原型は満州経営

これらは、戦争遂行のために必要に迫られてかたちづくられた側面がある一方、もっと大きなオリジナルの設計図があるとする見方はある。それは、日本が満州に樹立した実験国家をどう運営するかについて、その司令塔となった満州鉄道調査部（満鉄調査部）が作った計画だ。満州は実験国家なので、古い伝統を切り捨てて、新しい時代に適応するには絶好の機会だった。開発経済学でいうところの、後発性の利益を活かそうとする考え方だ。

当時の満州建設は「王道楽土」と内地では呼ばれていた。しかも、現地に送り込まれたのが岸信介など、後に日本で戦時統制経済の構築を推し進めた「革新閣僚」だった。

青写真の計画は、1937年に「経済建設の根本方針」と「経済統制の方策」から成る「満州経済統制策」として結実した。内容は、資本主義の有効な機能に触れつつも、不正や格差など不合理な側面を是正するために、上からの国家統制を満州国の基本国家建設計画とするものであった。

戦後も温存された１９４０年体制

そして１９４５年８月に終戦を迎えたが、戦後の国際環境の変化で、日本ではこの戦時体制が蘇ることとなったことにはすでに触れた。そして高度成長を実現して、再び先進国になった。経営学者のドラッカーは、規格工業品の大量生産には軍隊式の組織運営が有効であることを繰り返し述べている。これは、ドラッカーは第二次世界大戦中にＧＭなど米国内の武器弾薬や輸送機械などの大量生産を急ぐ製造業の現場に経営コンサルタントとして国から送り込まれた経験があり、そこで目にした現実だったようだ[24]。

日本の高度成長を支えた規格品の大量生産は、戦争が終わって平和な世の中になっても、ある意味で戦時下であるかのように維持されたので、体制としての競争力は世界随一だった可能性が高い。結果的にも敗戦からごく短期間で日本は先進国へのキャッチアップを実現した。

キャッチアップを大きな構図で示すなら、原材料を輸入して加工して輸出する貿易立国だった。加工を効率的に低コストでできるようにしたのが、日本の産業システムだ。このシステムは様々な名前で呼ばれる。「１９４０年体制」のほかにも、日本株式会社、鉄の三角形、などだ。日本が国是として推し進めた「追いつけ追い越せ」は、開国の後の１９１０年頃、敗戦の後の１９８０年頃に、歴史上二度達成したことになる。

ウチの矛盾

問題は二度とも追いついた後だった。一回目は日清戦争、日露戦争、第一次世界大戦で連勝した後に昭和の暗い時代に入り、結局は第二次世界大戦での敗戦に至った。二回目は、１９８０年代のバブルの生成と崩壊を経て現在に至る。しかも、二回目は激烈な米国による日本叩きに遭った。

叩かれる過程では、多くの日本異質論が噴出した。米国の政治の中枢から出た異質論には、日米貿易摩擦での交渉を有利にするための日本叩きの口実が多かったが、文化人からの異質論には純粋に日本社会の異質性を指摘するものもあった。その代表は90年代に日本を鋭く批評したオランダ人ジャーナリストのカレル・ヴァン・ウォルフレンだ。

今日では一般的に用いられている「説明責任」という言葉は、同氏が広めたものと見られている。また、自分で自分の運命を「どうしようもない」と感じる不条理を「偽りのリアリティ」と呼び、そこからの逃避を無関心、その直接の原因を「説明責任」を負わない政治と官僚に求め、事の真相や本質が報道されない制度上の不備として記者クラブ制度を批判した。

こうした批判が正しいことを裏づけるかのように、90年代から２０００年代にかけてバブル崩壊の過程では、政管財の癒着がゼネコン汚職、金融腐敗、食品偽装、受験校の必須単位の未習得問題と、次々と明るみになった。この時代の不祥事は、官僚の無誤謬性神話や大企業の不倒神話など日本人の常識を覆すインパクトを持った。本当の民主主義と市場経済を知る外国人の目に１９４０年体制がどう映るのかを、ある程度は客観的に見つめたものとして、当時の日本では評価された。

日米貿易摩擦が激しかった１９８０年代と２０１５年に国連サミットで「持続可能な開発目標（ＳＤＧｓ）」が採択されて以降では、常識が異なる。したがって単純な比較は難しい面があるが、当時の日本は、公害、過密、長時間労働、カローシ（過労死）、校内暴力、パワハラなどの社会問題を抱え、多大な犠牲を伴うものだった。日本人も気づいていたが、声高には言えなかった社会問題といえるだろう。

改革の総括

１９９３年の総選挙で戦後の保守合同（自由党と民主党が合併して自由民主党となり、長期政権の礎となった）「55年体制」は終わり、細川連立政権が発足した。細川首相の諮問を受けた平岩報告は前川レポートを受け、日本型システムの歪みを指摘しその改革を強く求めた。報告書では「これまでの『追いつき追い越せ』型の日本型経済システム――よく言えば協力、悪く言えばなれ合い――は、うまく機能したが、今やそれを改革すべき時」であり、「経済改革は、政治改革、行政改革とともに三位一体的に進めなければならない」とした[25]。

この後、この問題意識は97年に橋本内閣の六大改革として、かたちの上では結実した。そして、98年の金融危機を経て、２００３年頃には不良債権処理を断行したことで、一連の経済改革の成果が、経済再生を意味する自律的経済成長のかたちで実現できるものと期待された。

この間、小渕政権は短命ではあったが、２０００年1月には「21世紀日本の構想」懇話会の最終報告が提出された。結論は「日本のフロンティアは日本の中にある[26]」だった。ここでは、バブル以来の様々な問題をやっと乗り越えたタイミングで、中長期の国家、政府、地方自治体、地域社会、企業、政策、国民、生活、文化、国土、教育、外交、国益の在り方が骨太の青写真として示された。

２００３年頃には、日本は今度こそ本当に変わる、という期待が大きかった。外国人投資家は、未曽有の規模で日本株を大量に購入し始めた。外資系証券会社は、バブル崩壊の敗戦処理の過程で大量に解雇された日本株担当者を呼び戻した。小泉政権時代は、財投改革、郵政民営化、自民党の定年制や選挙での公募制導入など自民党のガバナンス改革を実現した。

しかし、２００８年のリーマン・ショック後に表面化した格差批判に巻き込まれ、中途半端に終わった。その後は民主党への政権交代、11年には東日本大震災、そして12年に安倍政権が発足し、景気後退からの脱却のための緊急対応措置として導入された、いわゆる「三本の矢」でデフレギャップが解消するまでに至った。しかし、安倍政権発足から7年以上が経過した2020年になっても、まだ財政政策と金融緩和による景気の下支えが続けられ、構造改革や成長戦略は進んでいない。近年はむしろ政権の優先課題が、生産性革命、働き方改革など経済面は中途半端なまま、北朝鮮、北方領土、憲法改正など政治面に移っている。すでに見たように財政赤字は増加し続け、出生数の減少は加速している。

そうこうしているうちに新型コロナウィルス問題など次のリスクが来る可能性がある。今世紀に入ってずっと同じパターンだ。2000年頃にバブルの処理が済んだと思ったらITバブル崩壊に襲われ、2007年頃に構造改革がようやくうまくいったと思ったら2008年にリーマン・ショックが起きた。そして今、たしかに景気は好調なのだが、経済の再生とまでは言い難いまま時間が過ぎている。

この原因は、景気回復と経済再生を峻別できない点にある。金融緩和など政策に支えられて景気回復は実現できても、政策に支えられない自律的経済成長が実現できないようでは、経済の再生とはいえない。そんな流れの中で、人口減少は加速し、財政赤字は増大し、時間だけが過ぎていく。しかも国際的には、米中貿易戦争や世界の反グローバル化など、大きな地殻変動がいくたびも押し寄せて来る。

経済に関する改革の成果は、生産性で計測することが世界的な共通の尺度であることは、いくら強調してもしすぎることはないだろう。

経済再生=生産性上昇

安倍政権は生産性革命を提唱しているが、日本の生産性が低いのは、何も今に始まったことではない。

戦後復興から高度成長の時代には生産性は高かったが、高度成長が終わった１９７０年前半の時点ですでにかなり低下した。そして、低いままおおよそ50年が過ぎたことになる。問題があったとはいえ、まがりなりにも１９４０年体制は１９５０－70年の高度成長を支えた。

問題は、日本が先進国入りした後だ。日本は先進国クラブとされるＯＥＣＤに１９６４年に加盟した。先進国入りする前は、先進国というお手本が存在する発展途上国として扱われるので円安や貿易黒字が容認される、知財など管理が甘くても容認される、などのメリットがある。しかし、先進国になったらすべてが変わる。そうした環境変化に対応しなければならないのだが、日本はこの対応が遅れた。その制度疲労が、低い生産性に集約して出ていると考えるべきだろう。

生産性は、計算式としては実質ＧＤＰ／日本人の総労働時間だ。労働投入時間あたりの実質生産高と言われてもピンとこないかもしれないが、平たく言えば時間あたりの稼ぎであり、本当の時給だ。「本当」という意味は、そこから経費や会社の利益を差し引いた部分が、労働者の取り分である一般的な用語の「時給」だからだ。日本の生産性が低いことの意味は、日本人は本当の時給が低いのだ。日本生産性本部の推計では、表５－１のように、ＯＥＣＤのもともとの加盟国数である21カ国中で、ずっと低位置にいる。これは高度成長以降ほとんど変わっていない。

表 5-1　生産性順位
（OECD 加盟国比較）

年	順位	加盟国数
1970	20	21
1975	20	21
1980	20	22
1985	20	23
1990	15	26
1995	19	31
2000	21	35
2005	20	36
2010	21	36
2015	21	36
2017	21	36

注：OECD は 1960 年に創設され、日本は 1964 年に加盟。
出所：日本生産性本部（https://www.jpc-net.jp/intl_comparison/）

かつての日本人は長時間労働をいとわ

ず猛烈に働いた。時給が低くても長時間労働をすれば給料は増えGDPの増大にもつながる。しかし、その負の側面として、男性の極端に低い育児参加、子育てに集中した女性の社会参加にあたってのハンデなどの問題を引き起こした。そこで1990年頃から貿易黒字削減のためにも労働時間を減らそうという社会運動が始まった。

生産性が変わらず低いまま労働時間だけ短縮すれば、経済成長率が低下する。これは90年代の時短の時代に顕在化した。80年代の就業者一人あたりの年間労働時間は、先進国では日本だけが突出して長く、2100時間程度だった。それが時短の効果で週休二日が普及した2000年頃には約1800時間と米国やイタリアと同等になった。この労働時間の減少分は、丸々日本の経済成長率を押し下げた。そして今、当時の時短について何の総括も反省もないまま、令和の働き方改革でまた同じように時短を進めようとしている。

当時は時短を進めつつも基本給は維持した。これを企業の立場から見れば、労働の質は変わらないのに時給だけが上がった。これがバブル崩壊後の企業業績の低迷に追加の打撃となったことは間違いない。そして2019年と20年の時短では残業時間に上限制が導入されたことから、給料が下がった。給料の低下は消費を通じて景気を押し下げる要因になっている。

本来の順序が逆だ。生産性が上がれば労働時間はおのずと減る。しかも、企業が追加の負担をすることもないので、給料は減らない。労働時間が減るのに給料は減らないため、遊びや勉学に回す時間と費用が確保されるなど、よいことずくめといえる。生産性は、地域や業種など、低い部門から高い部門に人が移動することで実現される。人間誰しも無駄を省いて給料が上がることを歓迎する。生産性は、水が低きに流れるのとまったく同じ原理で、障害がなければ上がるはずなのだ。

ただし、そのためには、グローバル化やＩＴ化など時代に適応する思考と仕事のスキル、仕事の効率を上げる思考や組織運営などが必要となる。これらの障害になる要因すべてをひっくるめて、日本経済の制度疲労と呼んでよいだろう。

ＯＥＣＤによる国際成人力調査（２０１３年、24カ国）によると、日本は24カ国中、読解力と数学的思考では1位だが、「ＩＴを活用した問題解決能力」では10位だ。『日経ビジネス』２０１９年10月28日号によると、大手金融機関の新入社員に税抜き価格に消費税率８％（当時の税率）を加味した計算をさせると、半数ができなかったという[27]。

第1章で見た地中海貿易をめぐるマグレブ人とジェノア人の攻防を思い出して頂きたい。阿吽の呼吸の身内だけで低い取引コストを活かして貿易する体制を構築したマグレブ人は、環境の変化で機会費用が上昇して取引コストの低減幅を上回ったことで淘汰された。明快なルールを設け身内にこだわらず誰とでも取引したジェノア人は、ルールの維持管理など取引コストは高くついたが、環境の変化で機会費用が上昇して取引コストを上回ったことで、マグレブ人に取って代わった。この優勝劣敗を生産性で表現すれば、マグレブ人の低下、ジェノア人の上昇だ。

グローバル化とＩＴ化の二つの環境の変化は、１９９０年頃の東西冷戦で屈折し、２０００年以降に加速した。この二つが誘発した環境変化は、機会費用を劇的に高めた可能性が高い。この機会費用の上昇に対応できなかったことが、日本の制度疲労の根本的な原因である可能性が高い。そしてそれは、よい市場、よい取引、よいルールを三位一体で整備できなかったことと表裏一体だ。逆に言えば、それが実現できれば日本の生産性は結果として上がる。生産性が上がるかどうかを基準として、古い日本の制度を刷新する成長戦略が必要なのだ。

だが、それは表面だけをまねてもうまくいかない。次に、日本に根本的な問題がないのかどうかを見てみよう。

6　和魂洋才の限界

科学革命、産業革命、市民革命

西洋社会の近代化は、学問は客観的な事実を重んじる科学革命、産業技術は英国から始まった産業革命、社会関係はフランスの市民革命を源流にすると見做してよい。世界史的にはこの三つが、文明国とそうでない国家とに後の発展で分かれた基準と考えられている。歴史学では、「アジアの停滞」は、この三つの思考の欠如の結果として、17世紀頃までは先進国だった中国などが停滞した歴史的事実を意味する。

アジアの例外、日本

しかし、日本は例外だった。福澤諭吉は、産業革命を文明の外形、フランス革命を文明の精神と呼び、前者は転写しやすいが後者は難しいとした。明治以降の日本は、武士階級が経営者となり、武士の腹を切って責任を取る忠誠心や滅私奉公などの和魂に、西欧式の合理的な技術を取り入れ、和魂洋才として産業発展した。和魂洋才は士魂商才とも言う。文明の外形は西洋式、精神は日本式の和魂だ。当時はこの和魂という言葉には、日本のほうが優れているという自負の念もあったようで、大和魂とさえ呼ばれたりもした。

もともと開国時の日本には、寺小屋など教育制度の充実、幕府の中央集権の官僚機構、海外の文明に学ぼうとする伝統、天皇を中心とする国家意識があった。これらは西洋諸国によって植民地化された国々には稀薄な特徴だ。ペリーの黒船は大西洋を横断して南アフリカの喜望峰、インド洋を航海して日本の浦賀にやってきた。この間、多くの国を訪れたので、多くの人に見られたはずだ。しかし、黒船と同等の技術の基本原理を取り入れた蒸気船の建造に成功したのは日本の宇和島藩だけだった。

そして、和魂洋才による経済発展により、追いつき追い越せ、を実現しようとした。

戦前の和魂洋才

和魂洋才は、中国では「中体西洋」、韓国では「東道西器」と呼ばれたので、技術は西洋が優れていても、精神や道徳はアジアのほうが上だという意識はあったのだろう。この頃にはすでに西洋列強が植民地経営をしていた。人間は平等と言いながら有色人種を差別し、文明国とは言いながら人道上問題のあるアヘン戦争を仕掛けたのが西洋列強だ。しかも当時は国連のような中立機関は存在しない。食うか食われるかの世界であり、自国の植民地化を防止するには、戦争に勝つ経済力が必要だった。そのためには、富国強兵と殖産興業は正しい路線選択だった。夏目漱石は「魂も才も双方とも内発して変化せねばならない。二分割して考えること自体、間違っている」と述べているが[28]、植民地化の恐怖を目の当たりにして、他に選択肢はなかったというべきだろう。

したがって現実は、和魂洋才という標語のもと、封建社会のまま科学技術だけを取り入れ、人権や労働権を軽視した工場で女工哀史のように働かせたのが殖産興業だった。武士階級はリーダー層として立身出世し故郷に錦を飾ることが奨励された。当時の安い円を利用して、規格品を大量生産して輸出する姿は、戦後の高度成長期の日本、WTO加盟後の中国とまったく同じだ。

職場での人権や労働権を無視した和魂は、江戸時代の封建思想が武家社会だけではなく日本全体に広まり、封建主義教育を通じて社会の隅々にまで広がる触媒の機能を果たしたと見られる。そして行き着いたのが軍国主義であり、敗戦だった。

慶應義塾大学大学院の高橋俊介特任教授は、江戸時代に封建制度を強化するため、家族の長より組織の長を上位に置くよう、忠と孝の順位を逆転させたと見る[29]。江戸幕府は、寛政の改革で蘭学を否定し朱子学を幕府公認の学問として定めた。朱子学は中国や韓国と共通の学問体系だが、日本だけは少し異なる。日本では儒教が重んじる五つの価値観は、「仁」「義」「礼」「忠」「孝」の順番だ。しかし中国でも韓国でも、「忠」より「孝」のほうが上だ。つまり、江戸幕府が「忠」と「孝」の優先順位を入れ替えたのだ。

「孝」は親孝行の孝なので家や家族へのコミットメントを意味する。「忠」は「殿」つまり、武士道の主家に対する忠誠心なのだが、現代人にとっては会社など所属する組織に対するコミットメントだ。長く日本では「忠」と「孝」の優先順位が入れ替わったがために、家や家族より主家や会社を重要視する精神が根づいた。明治の富国強兵の時代になると、この刷り込みが庶民にまで広まった。

今でも中国や韓国など朱子学の伝統のある国では、会社より家族を遥かに重要視する。同じ朱子学でも、現代においてこれだけ大きなちがいが生じているのだ。江戸幕府の方針が日本人の精神の在り方にいまだに多大な影響を及ぼしていることがわかる。

おそらくこの思想は、戦中の学徒出陣や特攻隊など軍国主義の時代に一段と強化されたのだろう。これが世界的に類のない自分だけでなく家族をも犠牲にして会社に忠誠を尽くす日本のモーレツ会社員の原型となった。

戦後の和魂洋才復活

戦後に日本では、大和魂の反省として「一億総懺悔」「封建制度の遺訓」が流行語となった。そして、和魂洋才に代わって洋魂洋才に変貌しなければならないという風潮が広がった。

しかし、戦後の東西冷戦構造を受けて米国は日本を赤化の防波堤とする方向性を固め、Ａ級戦犯などの犯罪を不問に付して再び経済発展を急いだ。経済発展という新たな目的を実現する手段となったのが、またぞろ和魂洋才だった。ただ、この場合の和魂は、皇国勤労観ではないので会社に対する忠誠であり、国家や家族はなおざりにしている。１９６０‐70年代に三島由紀夫や西部邁などの知識人は、国家の真の独立をなおざりにした本当の和魂を忘れて経済発展を謳歌する風潮を大いに憂えた。

こうして会社だけに強い帰属意識を持つ昭和の会社人間像が確立され、猛烈な働きぶりもあり、日本経済の急激な復興が始まった。

品質管理にまで入り込んだ和魂洋才

和魂の製造現場での貢献度は大きかった。製造業では、品質向上に向けＱＣサークルが重視された。ＱＣサークルの出来栄えを競う「デミング賞」は、優良企業の象徴とされ、製造業は受賞を競った。品質管理やＱＣサークルは、乾いたぞうきんの最後の一滴まで絞り出すコストカットだった。

１９８０年代に入ると、品質管理を経営手法にも適用するかたちで拡大解釈され、非製造業にも広がった。この背景には、製造業は生産性が高く収益力が高い一方、非製造業は低いという認識もあった。

しかし、デミング賞を受賞する企業は、後に不祥事を起こすパターンが多くなった。この原因は品質管理そのものにある。品質管理の本質はコストカットだ。品質管理は人間が行うが、その人間の作業や能力にばらつきがあったのでは、製品の品質にばらつきが生じてしまう。そこで、人の質のばらつきを直して管理することが必要、という方針が掲げられた。

この思想は「品質管理は人間管理」という標語に集約されている。この標語は日本的経営の画一的集団主義を象徴し、どの断面で切っても同じ模様が出る金太郎飴と形容された。今となっては想像し難いが、この時代は画一的集団主義が日本の強みだった。しかも、製造業は品質を上げれば上げるほど価格は下がる。この方向性を突き詰めることで、時計なら機械仕掛けからクォーツへの流れでセイコーやシチズン、ピアノなら職人の手作業から工場での大量生産への流れでヤマハやカワイが世界市場を席巻した。しかし、このやり方は、円高や人件費の上昇などで日本のコスト競争力がなくなった段階で、今度は逆に日本が追われる立場となる。こうして平成の時代に、日本の製造業は凋落していった。

二つの道徳律と日本企業の不祥事

この問題を総則的に整理したのが米国系カナダ人の都市経済学者であるジェイン・ジェイコブズだ。ジェイコブズは、古今東西の道徳律を調べると大きく分けて二つの体系があるとする。一つは「市場の倫理」で簡単に言えば商人の世界だ。もう一つは、「統治の倫理」で簡単に言えば武士道だ。(30)

市場の倫理（商人の世界）

暴力を締め出せ／自発的に合意せよ／正直たれ／他人や外国人とも気やすく協力せよ／競争せよ／契約尊重／

創意工夫の発揮／新奇・発明を取り入れよ／効率を高めよ／快適と便利さの向上／目的のために異説を唱えよ／生産的目的に投資せよ／勤勉なれ／倹約たれ／楽観せよ

統治の倫理（武士道）

取引を避けよ／勇敢であれ／規律順守／伝統堅持／位階尊重／忠実たれ／復讐せよ／目的のためには欺け／余暇を豊かに使え／見栄を張れ／気前よく施せ／排他的であれ／剛毅たれ／運命甘受／名誉を尊べ

この二つはまったく異なる。そして重要なのは、一見すると両方を混ぜると互いが互いを補ってよくなるように見えるが、実は逆に腐敗が起きる点にある。

たとえば、2011年に発覚したオリンパスの損失の隠蔽事件だ。オリンパスが公表した第三者委員会などの報告書[31]によると、最初にバブルの時代に財テクに失敗して損失を出し、それを海外に作ったファンドに「飛ばし」をすることで長年隠蔽し続けた。前任社長に選ばれた次期社長が、前任社長に「忠実たれ」を実践して「目的のためには欺け」も実践して損失を何十年にもわたって隠蔽した。そして、「見栄を張れ」でガバナンス体制が整備されているかのように装うために、社長に外国人を据えた。家老が主家の為なら平気でうそをつく武士道がそのまま会社経営に持ち込まれた実例だ。

オリンパスは2003年の不良債権の最終処理の時代には典型的な勝ち組とされた超優良企業だ。それでもこれが実情だった。オリンパスの損失の隠蔽は、上場規則、会計規則の違反だ。しかし、家老と主家を上司と部下に置き換えれば、明示的な法令違反でない範囲で同じような光景が多くの日本企業で起きている可能性が高い。

この問題は、累計で100万部以上のベストセラーである『タテ社会の人間関係』で中根千枝・元東大教授が1967年に指摘した。その後も山本七平の『「空気」の研究』など多くの日本人論が出されたが、多くの識者から指摘された重要なポイントだ。ここにこそ、平岩レポート以来、この国で市場メカニズムが根づかず、透明性や開放性の観点でなかなか不備が根絶できない企業のガバナンス体制に行き着く問題の本質がある。日本企業の不祥事は、ほとんどがこの武士道の文化が企業に入り込むことで発生しているといえる。

メンバーシップ型雇用からジョブ型雇用へ

企業で不祥事が発生するたびに第三者委員会が原因を究明する。そのほとんどは、原因が企業文化にあるとする。企業文化とは何だろうか。

日本の雇用体系は、世界の中で独特だ。1940年体制が実質的に続き、転職市場がほとんどなかったことから、メンバーシップ型雇用と呼ばれるようになった。年功序列と終身雇用を前提に、その企業の文化になじみそうな人が新卒一括で採用され、適当な仕事をあてがわれながらOJTや社内研修で職務に必要な知識と経験を積み、職務や勤務地を限定しない無限定正社員になる。社員は会社の企業文化を通じて一体的な家族のようになる。第1章でジェノア人とマグレブ人の比較で見たように、この均質性と閉鎖性のメリットは取引コストの低減だが、デメリットは機会費用の上昇だ。規格品の大量生産と輸出の時代には、取引コストの低減が日本企業の強さの秘訣だった。しかし、グローバル化とIT化で、取引コストの低減を機会費用の上昇が上回るようになった可能性が高い。取引コストの低減は、企業文化が武士の文化のほうが強く出る。規律重視、伝統堅持、位階尊重、上意下達、問答無用、運命甘受などの、日本の古い封建的な文化だ。これが企業不祥事のたびに持ち出される企業文化の正体である可能性が高い。

一方、日本以外の世界中のほぼすべての国はジョブ型雇用だ。ジョブ型は、まず最初に職務があり、その職務をこなすために会社と社員が雇用契約を結ぶ。仕事の成果は生産性で計測され、仕事以外の忠誠心や滅私奉公は人事考課の対象にはならない。

近年では、令和の時代になって始まった働き方改革の文脈で、メンバーシップ型雇用からジョブ型雇用への移行が提唱されている。この用語は、濱口桂一郎[32]が最初に提唱したものとされている。

1990年代から2000年代にかけて、日本でリストラの嵐が吹いた時代には、日本でも中高年の転職が増加した。この時代には、中高年が中途採用の面接で仕事のスキルを質問されると、「部長ならできる」「課長ならできる」という答えが横行した。その意味は、統治の倫理では、主家に使える家老のように、「忠実たれ」「伝統堅持」「見栄を張れ」「排他的であれ」などを実行するには特段の仕事のスキルはいらないということを意味すると受け止められた。一方、商人の倫理で必要なのは、創意工夫や効率や他人との協力などであり、それらは仕事のスキルの塊なのだ。

「統治の倫理」を主体とするメンバーシップ型雇用から脱却して、「市場の倫理」を実践するジョブ型雇用へシフトする令和の時代にふさわしい新しい和魂洋才を、この国は必要としている。

なお、メンバーシップ型雇用は集団主義なので同調圧力が強くなる。この傾向は日本人だけで作る集団のほぼすべてに当てはまる。したがって、会社の中だけに存在するのではなく、学校や地域社会でも同じだ。そこでは空気を読むことを余儀なくされ、生きづらさ、いじめ、引きこもりなどを生んでいる。

2010年以降に発覚したスポーツ界の不祥事、芸能界の不透明な契約など、根底はすべて同じだ。

真の改革は市場の論理の推進

ここまで述べた開放制のメリットは、「弱い紐帯」として米国人社会学者のマーク・グラノヴェッターにより定型化された。毎年秋のノーベル賞発表の時期には、社会学者が経済学賞を受賞する快挙が期待されている。

弱い紐帯は、強い紐帯の反対だ。アンケート調査などで強い紐帯で結ばれる少数の知人を持つ人のグループと、弱い紐帯で結ばれる多くの知人を持つ人のグループを比較すると、就職、転職、所得、幸福感などすべての面で、多くの人と弱い紐帯で結ばれる人のグループのほうが有利だった。このことの意味は、社会の変化が激しくなると、多くの人と弱い紐帯で結ばれる人のグループのほうが、アンテナが高く変化をビビッドに感じ取り、対人関係においてもどんなタイプの人とでもスムーズにやっていけることが原因だと見られている。

変化についていけず取り残されて淘汰されたマグレブ人と、変化に対応して地中海貿易の覇権を握ったジェノア人のちがいそのものといえるだろう。

平成時代の日本経済の停滞については、様々な理由がある。しかし、それは表面的には日本人がマグレブ人のような組織と国家の運営を行ったからだと考えられる。だが達観すれば、その根本にあるのは、強い紐帯で結びついた人同士が武士の文化で結束する心の閉鎖性だと断じてよいだろう。

7　令和20年の日本の明るい未来のために

ものづくりの敗北

ここまで日本経済がよくなり、株価も上昇するためには、国際情勢に対応した路線選択、市場メカニズムを重視するよい市場、よいルール、よい組織の三位一体、そのためには閉鎖的ではなく開放的なマインドと組織運営が、重要だと述べた。

ただし、この転換は簡単なものではない。すでにみたように、日本は法化社会への転換をほぼ断念した。この根本的な原因は、社会心理学でいうところの頻度依存行動にある。集団の秩序の中で人がどのような行動をとることがその集団にとって正しいかは、社会心理学で頻度依存行動と呼ばれる。法律だけを変えても、空気、同調圧力、世間の目など、人の心は変わらないのだ。同じことは企業社会にも当てはまる。相当に強く「変える意志」をもって推し進めなければ変わらない。平成から令和に年号が変わる頃には、時代精神が変わるという期待が一部にはあった。しかし、あれから約1年、ほとんど何も変わっていない。

最後に日本経済の産業構造について見てみよう。

鉱工業生産はサービスや建設などほかに多くある産業の単なる一部門ではない。国家を体現すると言っても過言ではないのだ。その証左に株価と方向性も水準も連動する（図5－6、5－7）。

正しい意思決定のためには、正しい現状認識が必要だ。これまで日本は、ものづくりを非常に重視して、相当な予算など資源をつぎ込んだ。結果はどうだったのか。ものづくりなどまったく眼中になく、

図 5-6　主要国鉱工業生産指数比較（1989 = 100）

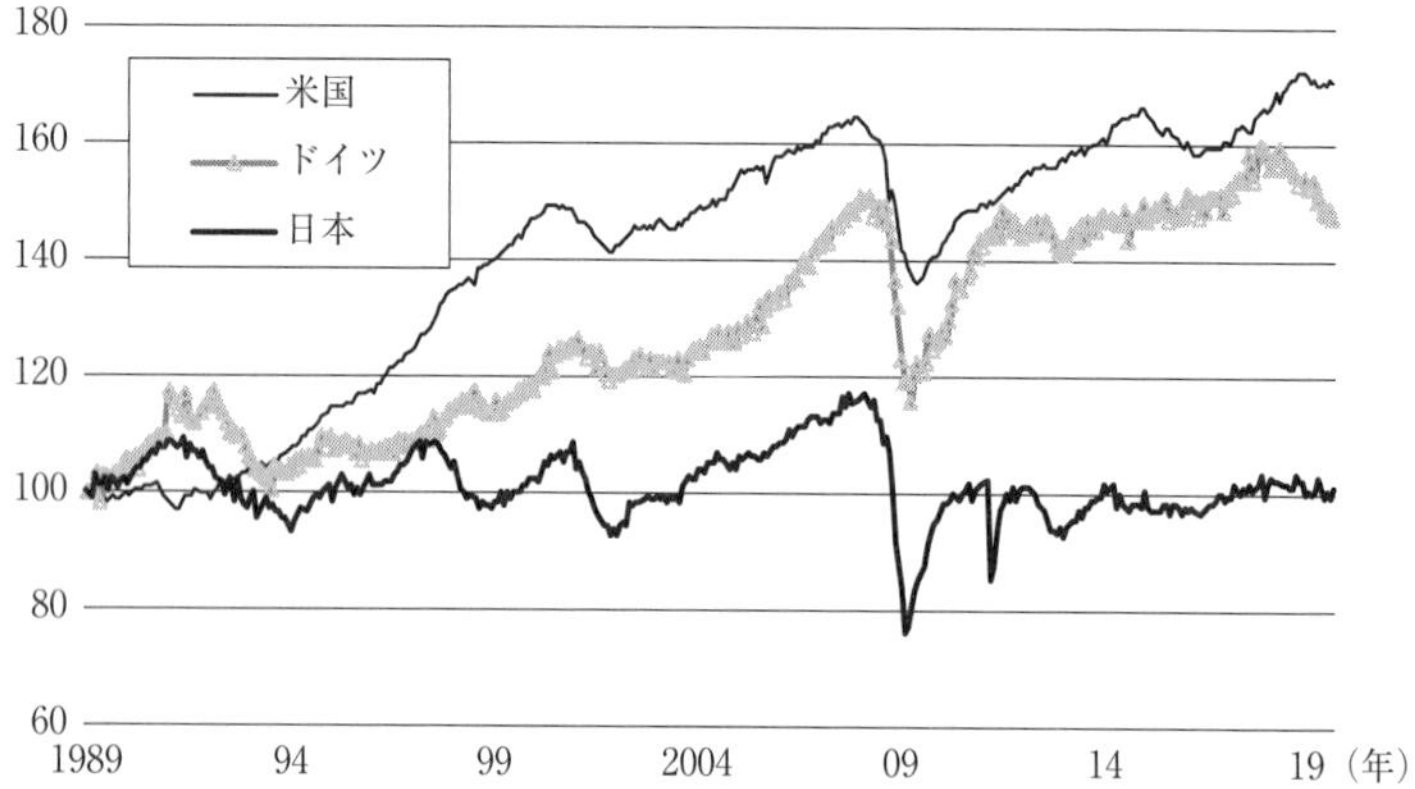

出所：Haver Analytics の公表データに基づいて筆者作成

図 5-7　日本の鉱工業生産と株価

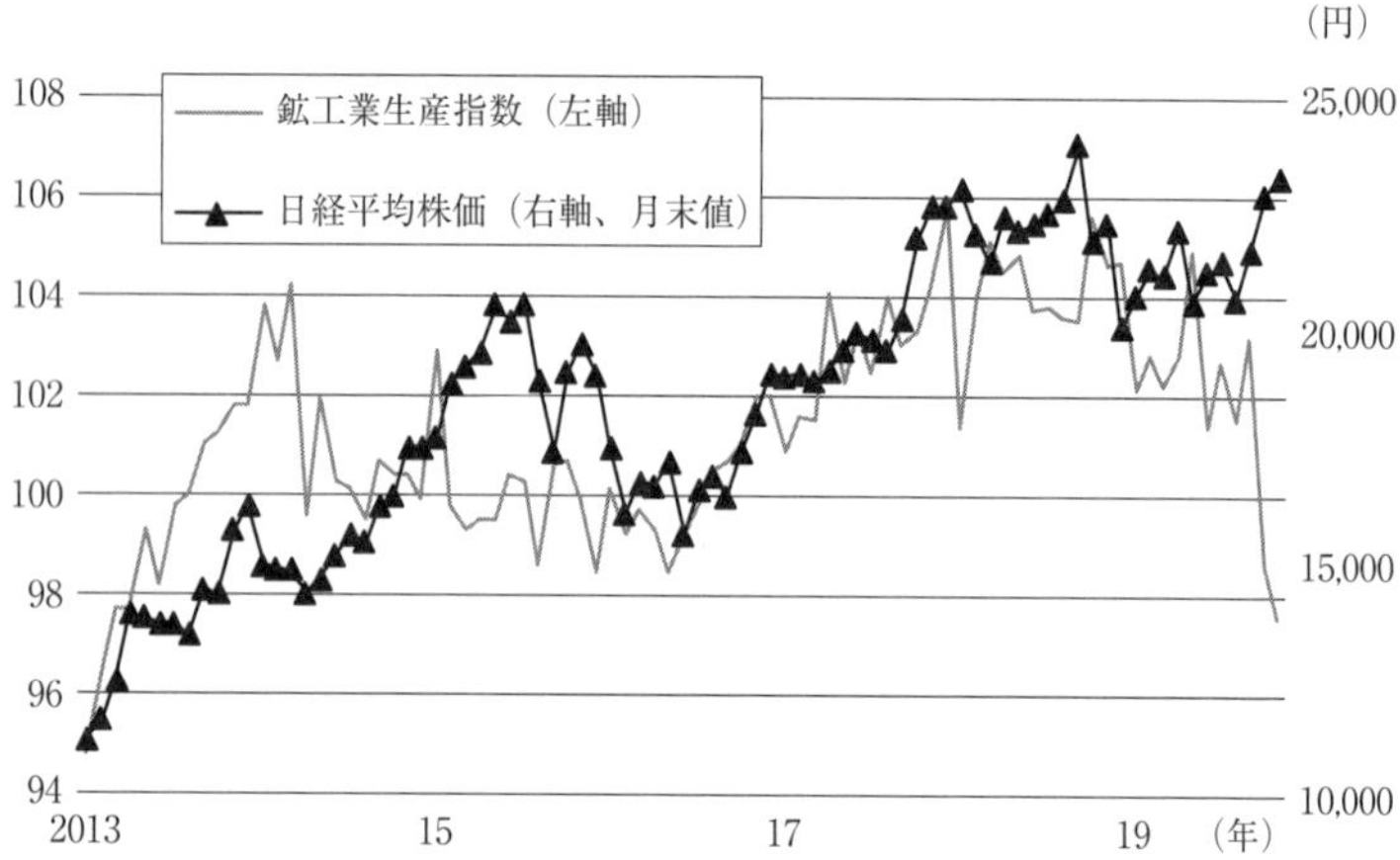

出所：Haver Analytics の公表データに基づいて筆者作成

むしろ縮小させてＩＴなどソフト路線を選択した米国と比較しても、相当に劣っている（図５－６）。

たしかに90年代のバブル崩壊の時代は、日本にとって負の遺産の処理は厳しい時代だった。２０１１年の東日本大震災も大きな打撃となった。しかし、２００８年のリーマン・ショック以降を比較しただけでも、これほど大きく落ち込んだのは日本だけだ。また、ドイツは東西合併の後遺症で90年代は「欧州の病人」とまで言われた。それでも２０００年以降は順調に伸びた。ドイツと比較してもやはり劣っている。

足元の日本経済は、２０１２年以降の安倍政権の経済政策により、よくなった印象が多くの人にはあるだろう。しかし、それでもここまで劣るのが現実なのだ。もはや日本の製造業は「アジアの病人」と呼ばれかねないほどの劣化を示している。

電機機械産業のスマイルカーブ

原因はここまですでにみたように、はっきりしている。円高による空洞化、グローバル化への対応の遅れ、ＩＴ化への対応の遅れ、サプライチェーン対応の遅れ、イノベーションの停滞だ。そして、新たな脅威として浮上しているのがＩｏＴ、ＡＩ、５Ｇ、ロボットなど、さらに進化するＩＴ化への対応だ。

産業別に見ても、２０００年以降に生産が大きく縮小したのは、金属製品製造業、窯業、繊維、精密機械、一般機械、情報通信機器、プラスティック工業、電気機械、食品工業、鉱業、木工製品、家具、皮革製品などだ。特定の付加価値の低い分野に偏っているわけではなく、極めて広範囲に多くの産業が苦戦している。付加価値の低い家具や繊維は、縮小傾向が１９７０年代など相当古くから続いた。しかし、もう少し付加価値の高い機械や通信機器の縮小は、産業のすそ野の広い電機機械産業の国際競争力

図 5-8　スマイルカーブと付加価値の関係

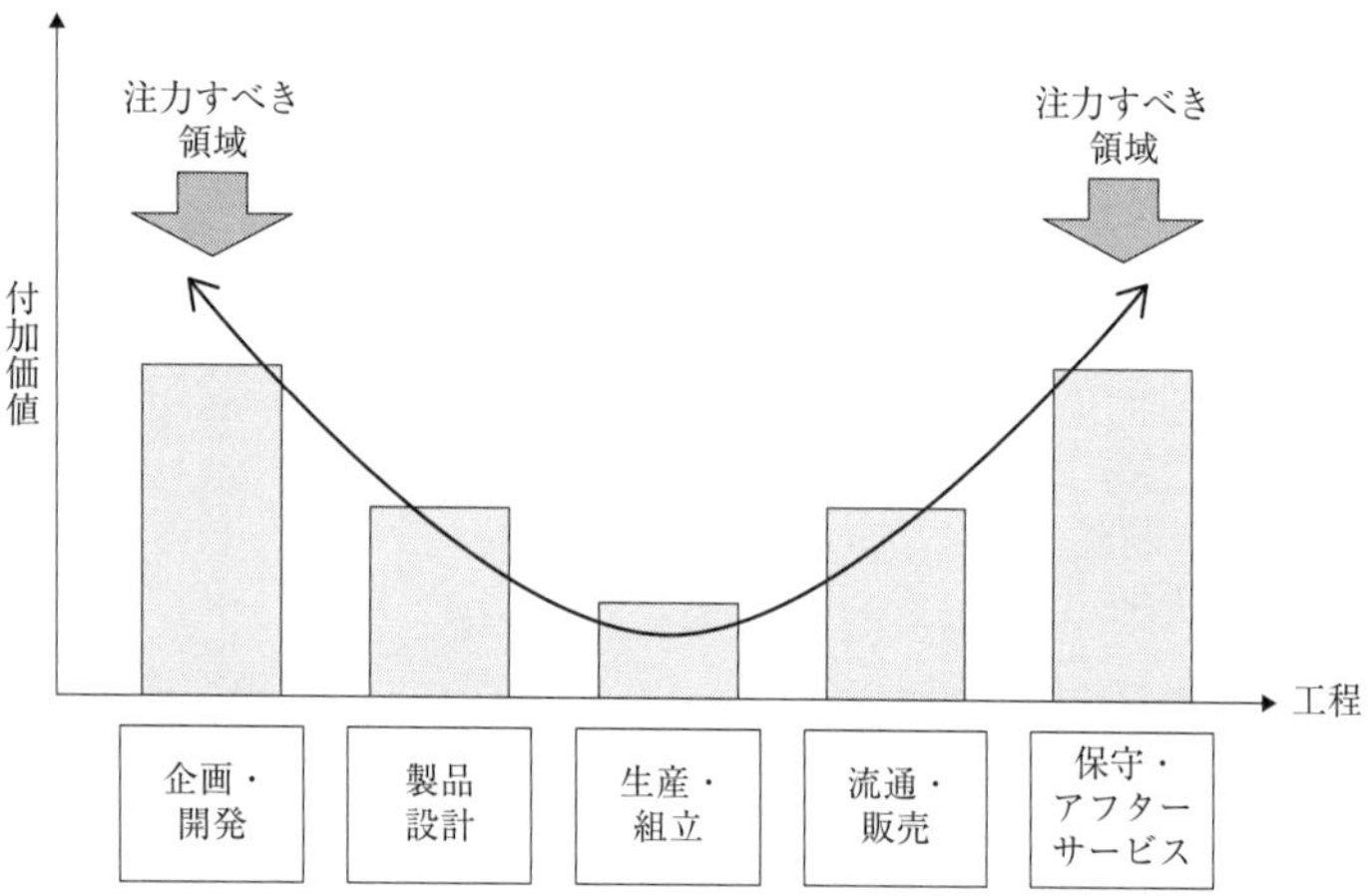

出所：筆者作成

の喪失が大きな影響を与えた。

　かつては電機と自動車は日本の産業の両輪だった。その電機分野での生産の縮小は、スマイルカーブの通りとなった。スマイルカーブは、電機機械産業で世界的に起こった新しい現実を説明する仮説で、部品など川上とソフトウェアやメンテナンスなど川下分野では収益性が高いものの、両社の真ん中の組立加工業は付加価値が低い現象である（図5－8）。日本の電機機械産業は、中国や韓国とこの真ん中の組立加工分野で勝負して負けた。それは三洋電機の破綻、東芝の家電部門からの撤退、シャープやパイオニアの身売りなどに如実に表れている。もっと言えば、これらの企業もかつて同じ構図で、米国の電機機械産業を破綻や身売りに追い込んだ面があった。

　日本企業が２０００年代に追い込まれた直接的な原因は、アナログからデジタルへの移行だ。デジタル化により家電の性能を左右するのが基幹部品ではなくＯＳになり、ＯＳは後からアップデートできるため、基幹部品の性能が商品の品質を左右するほど重要ではなくなった。それを象徴するのが中国のテレビやスマホで、雨後の筍のようにテレビメーカーやスマホメーカーが乱立したことである。ただその後は優勝劣敗で業界再編が起きて少数に集約された。一方、日本では、組立加工業が衰退したものの、川上の電子部品の分野ではロームや村田製作所など強い競争力を持つ企業が多く輩出した。

自動車産業の逆スマイルカーブ

実は自動車分野は、電機とはまったく逆に逆スマイルカーブを描いていた。川上の部品会社や川下のメンテナンス会社より、両社の中間の自動車組立会社が高い収益を享受していた。完成車メーカーは、部品製造会社に毎年数%の値下げなど過剰ともいえる値下げ圧力をかけていたと見られている。

しかし、自動車業界にも電機業界と同じ変革の波が押し寄せ始めている。原因は電機産業と同じデジタル化だ。究極の機械である現在の自動車は、部品の相性であるすり合わせが重視される上に、部品数が約3万点にもなる。走行や事故時の安全性の問題もあるため、当局の承認の基準も厳しい。ちょっとした不具合を純正でない部品で直せば、改造車として扱われる。しかし、EVなど電子機器に変わると、部品数は2分の1から3分の1に減少すると見られている。

もし自動車の分野で逆スマイルカーブがスマイルカーブのようになったら日本の自動車業界では何が起こるか。当然、電機産業と類似の現象が起こるだろう。その場合に各部品会社や各完成車メーカーはどうなるかは、早い段階から想定しておくのが得策だろう。2018年になって自動車部品会社の合併など業界再編が急速に進んだが、背景にはこの大きな構図がある。

環境規制

電機産業の凋落と自動車産業が変革を迎える可能性について、共通の因子は環境規制だ。日本はもともと環境関連分野では強い競争力を持っていた。しかし、国家の方針としてCO_2削減の推進力として原発を選択した。この間、米国はシェールガスの恩恵でCO_2の大幅削減に成功した。欧州は東日本大震災を反面教師に脱原発を進め、再生可能エネルギーを推進したこともあり、環境関連で多くのベンチャーが生まれ、量産効果でコストが下がったために強い競争力を持つ企業を輩出するに至った。

日本で電機機械産業が凋落した原因の一つに、もともとは強い競争力を持っていたにもかかわらず、この分野で大きく出遅れた効果も大きい。世界全体で市場が大きく拡大する直前に、見切りをつけてしまったのだ。太陽光発電のためのパネルでは、2005年頃にはシャープが世界の約25%のシェアを持っていた。ほかにも京セラ、三洋電機（パナソニックに吸収合併）や三菱電機など、日本勢で世界の約50%のシェアを持っていた。しかし、現在もゼロではないが、極めて小さなシェアになった。

EUは早ければ2021年から国境炭素税を導入する。これは、EUが輸入する製造物について、EUのCO_2削減基準を満たしているかどうかを判断基準として、満たしていない場合は追加の税をかける構想だ。名前こそ国境炭素税だが、実質的には関税だ。これは、米国のトランプ政権以上に質の悪い、環境を大義名分にした保護貿易になる可能性があると指摘されている。

中国は強く反発しているが、米国や日本といえども規制の対象になる可能性がある。

ものづくりの方法論

2000年代半ばから、日本企業はコストの安いアジアだけではなく米国に工場進出し始めた。たとえばトヨタなど自動車業界は、２０００年代後半に米国に多くの工場を設立した。これには地産地消、米国販売分は米国で生産する、という分業の戦略があるのは間違いない。しかし同時に、米国で生産した自動車をアジアに輸出する分まで含まれていた。この主たる背景は生産のモジュール化だと考えられる。

米国ではほぼすべての機械が電子機械になりつつある。制御の中心はＯＳで、ＯＳと相性のよい基幹部品の製造業者はパートナー、取り換えの効く消耗品部品の製造業者はサプライヤーと呼ばれ、明確に区別されるようになった。これに伴いパートナーは、スマイルカーブの左端の部品メーカーが共同でモジュールと呼ばれる半製品を供給する体制へと進化し始めた。この頃から組立加工業は、部品を組み合わせるアッセンブラーから、半製品を組み立てるシステム・オブ・システムズへと進化した。この進化についていけないサプライヤーである部品業者は、入札でとにかく価格の安さが求められるようになり、日本勢はコストの安い中国やタイに敗れ去り、製造業の空洞化が一段と進行した。

日本はかつて和製ＯＳであるトロンで行き詰まった経験があり、ＯＳ分野への進出には極めて慎重だ。しかし、ＩｏＴ、ＡＩ、５Ｇ、ロボットなど、すでに時代は変わっている。これ以上の遅れは、相当深刻な事態になるという危機感が必要だろう。

イノベーションのエコシステム

米国で技術革新がうまくいった背景には、技術の目利きがいることはすでに書いた。日本は、米国の制度に学んで類似の政策を導入しても、結果としてはうまくいかなかった。この原因は、結局はノウハウを持つ人がいないという点に行き着く。たとえば、イノベーションのエコシステムを丸ごと導入するはずだった日本版シリコンバエレー構想、中小企業のイノベーションを後押しするはずだった日本版ＳＢＩＲ構想、製薬業の技術革新を後押しするはずだった日本版ＦＤＡ構想、大学スポーツを米国並みの巨額の利益を出すようにする日本版ＮＣＡＡ構想などだ。

これらは広い意味で、成長戦略の停滞の文脈に位置づけられる。計画ばかりで実行力がないのだ。これを象徴するのがＰＤＣＡの意味合いの変貌だ。もともとこれは、計画、実行、経過チェック、想定通りでなければ修正を半永久的に繰り返す改善のための手法だ。企業の経営、証券投資、スポーツ選手の記録アップ、受験生の目標達成に向けた計画など、ほぼすべての分野で有効とされ、日本以外の多くの国では、当然のプロセスとされている。

ところが日本では、最初の計画が独り歩きし、経過チェックの段階で事実を捻じ曲げる傾向があるとされる。特に計画を作ったのが実力者の会長や政治家となると、後継に指名された人には、もはや環境が変わっても変えられない。まさに、ＰＤＣＡに武士の文化が入り込むのだ。たとえば、上司の作った計画を修正する必要が生じても、前任者に「忠実たれ」、で元の計画に固執する。そのために事実を捻じ曲げていくのだ。

イノベーションは様々な機関が世界比較してランキングを出しているが、日本はおしなべて低下している。ダボス会議を主催する世界経済フォーラムの２０１９年発表のイノベーションランキングでは7位だ。経済規模は米国、中国に次いで世界3位なので、将来性という意味ではやや問題含みとなっている。大学のランキングは目を覆わんばかりの低落傾向にある。

産業の新陳代謝

産業は景気循環のたびに発展する。景気が悪化する局面で低賃金の古い産業が淘汰され、次の景気の回復局面で高賃金の新しい産業が生まれる。たとえば、近年の小売業だ。効率性が低くデータなど何も取っていない家族経営のパパママストアが淘汰されて、大規模チェーン店へと変わっていった。しかし、大規模チェーンとてネット販売の興隆で淘汰されつつある。馬車は自動車にとって代わられ、自動車も相乗りのプラットフォーマーに主導権を奪われつつある。

こうしたシフトは、生産性の低い分野から高い分野への移動であり、効率がよくなって生産性も上がる。

今の安倍政権の経済運営について、経済の再生ではなく単なる回復だとされるのは、この点に問題を抱えている。それは、夢と将来性のある高賃金の産業を生まないのだ。２０１９年の雇用情勢は、バブル期以来の良好な状況である。ただ、求人の状況はいびつで、建設、保育、飲食が極めて高い。しかし、人口の減少する日本で建設業が本当に将来性のある職業なのか、少子化が進む日本で保育が本当に将来性のある職業なのか、という問題だ。

世界的には、近年勃興する将来性があって給料の高いのはＩＴ産業であろう。しかし日本のＩＴ分野は、給料が安すぎることが問題になっている。経済産業省は２０１７年に「ＩＴ関連産業の給与等に関する実態調査結果」を発表した。日本は年功序列のせいで特に若手の安月給が顕著となっている[33]。

日本の職能給では、仕事は経験を積めば積むほどスキルが上がることを前提にしている。しかし、それは古い知識が役立つ世界での話だ。古い知識が役立つどころか有害なＩＴ産業では、職能給は意味を成さない。むしろ逆に古い知識を打破することこそが大事になる。世の中が大きく変わる時代には逆効果なのだ。1995年のウインドウズ95発売以来の世界は、そういう時代へと変貌を遂げた。メンバーシップ雇用が企業のIT化を妨げ、若手のIT技術者の成長まで遅らせる桎梏になっているのだ。

IT技術者の問題は、日本の積年の理科系問題でもある。長く日本では、理系の教育が重要と（表面的には）されてきた。しかし、日本の政治家や企業経営者は、自分の子弟が理系に進学しようとすると、日本人社会ではあまりに理系は不利で損をするという理由で、進路変更させる場合が多いとされている。この原因も職能給制度にある。理系は変人が多い、という職務の遂行能力とは直接関係のない理由で、仕事が正当に評価されないのだ。この観点でも、企業組織の運営は、メンバーシップ型ではなくジョブ型への転換が求められる。

なお、ITベンダーは新商品が出るとセミナーを開催し、商品の説明と同時に顧客の声を聴く懇親会の機会を設ける。ITベンダーはドイツのサップや米国のマイクロソフトやセールスフォースなど世界規模なので、世界中でこうしてビジネスを進める。そうすると、日本だけの特徴が出るという。

日本以外の国では、セミナーの後の懇親会が経営問題をどうプログラムに落とし込むかという経営者の意見交換の場になる。ところが日本では、経営者はITに興味がないので、ITオタクの細かなプログラムのテクニックの話題になるそうだ。これは社長の素養の問題でもある。日本のようなメンバーシップ雇用では社長は身内の長老という位置づけだが、ジョブ型雇用の社長は経営というジョブだけを唯一の基準として選ばれる。このちがいが懇親会に如実に表れるのだ。

ジョブ型雇用の企業

個別企業を見ていると、メンバーシップ型からジョブ型に移行した企業も散見される。ほとんどは、イノベーションに成功して次から次に時代の変化に対応する製品やサービスを生み出す優良企業だ。権威ある経済団体にもジョブ型へのシフトを推奨する例が出始めており、変革の機運が強まり始めてはいる。こうした優良企業の共通の特徴は、人事と財務で固有の特殊事情を作らない点である。

国は法制度を整備するだけで、それをどう実現するかは個別企業の問題だ。転換に成功した何社かの経営者の話では、会社の取り組みと言うより、社長一人のリーダーシップともいえる。

新しい時代に対応する経営、それはジェイコブズのいう商人の倫理、ジェノア人のようなよい市場、よいルール、よい組織の三位一体の整備、そしてジョブ型雇用を実現する企業だ。

近年の経営コンサルタントの経営改善の手法は、データを取り込むことから始まる。ほとんどの会社の社員証ＩＤカードにはチップが埋め込まれており、社内でどんな移動をしたか、誰と会話したか、同じ会議室に集まったかがわかる。これを見れば、その会社の企業文化がマグレブ人武士道型か、ジェノア人商人型かがわかる。そして、経営コンサルタントが改善に向けて様々な提案をするが、実現するかどうかは、マグレブ人武士道型の考え方を持つ人の行動次第なのだ。

日本企業でも社員に占める外国人の比率が30％を超えるなど、相当に高い企業はかなり増えている。これまでは日本人と外国人で人事制度や運営のルールが異なる場合がほとんどだったが、もはやそういう時代ではなくなりつつある。日本企業が海外へ進出して失敗する原因は、根本的にはほとんどがここにある。少子化が進む日本にあって、この転換はいずれは避けて通れないだろう。転換にあたっての組織運営のヒントは、外国人とのちがいではなく、共通点を活かすことから始まるだろう。

個別株への投資判断でも、ここが最大のポイントになる可能性が高い。

8　後手後手に回る性格を改善せよ

日本人は、将来の悪いことに事前に備えるのが極めて不得意な民族といえる。たとえば、原発事故において、事故発生の可能性に触れるだけで縁起が悪いとされる。ましてや事故の場合の対応策を事前に想定する場合、それは事故の発生を前提にしており、そんなことをするぐらいなら事故を100％防止することに注力すべきだとされる。これには主に三つの原因があると考えられる。

一つは官僚の無誤謬性だ。日本の官僚は世界一優秀なので、対応策を取れば実現可能とする思考だ。しかし、これは崩れた。バブル崩壊後の経済運営、地震や原発事故に対する事後対応や事前予防等の面で、すでに明らかになった。政治も同じだ、民主党政権を経験したことで、日本人は政治の現実に目を見開いたと評価してよいだろう。もっと言えば、世界には日本よりもっと優秀な官僚がいるが、その国でももとより無誤謬性など信じられていない。メールやスマホで記録が残るようになったこと、日本も民主主義国家として最低限の情報開示ルールは採用せざるを得なくなったことなどの影響も大きい。

もう一つは言霊信仰だ。これは日本文化に根を下ろしている。しかし、それは日本だけではない。欧米にはポジティブ心理学があり、いつもポジティブで笑顔を絶やしてはいけない米国人などは、そのために精神を病む人が相当数いる。詳細は後に見るが、言霊信仰があることと、最悪の事態に備えないということには、直接的な相互関係はない。

最後はゼロイチ思考だ。あることが起こるかどうかを確率で見るのではなく、100％起こるか、まったく起こり得ない（０％起こる）かのどちらかの二者択一で見ようとする。福島の原発事故に関する最高裁判決では、地震の発生を１００％予見することはできない、を根拠として被告の東電幹部は無罪とされた。

この三つは相互に依存し合っている。それは、日本人が得意な、原因と結果が一対一で対応する因果律に基づいて、一つしかない答えを探そうとすることに起因する。本当に解決しようとしている問題が、因果律の通りの原因と結果の関係になっているのなら、それで問題はない。しかし、世の中にそのような単純な問題はほとんどない。むしろ逆に、複雑な要因が絡み合う複雑系がほとんどだ。

意思決定の基礎は、将来発生することのシナリオを描き、発生確率を計算し、それによる損益や損得を計算し、最も有利になる選択をすることだ。この意思決定論も交渉学と同じで欧米の大学では人気のある学問だが、日本ではほとんど教えられていない。ここではこれ以上は意思決定論に踏み込まないが、意思決定論の思考の枠組みは世界的にはすでに確立されている。

本書では、何度か確率を取り上げた。東京湾には多くの石油コンビナートがある。これらの中には、巨大な地震の発生確率、発生した場合の津波など被害の最大規模を見積り、対策を取った会社が多数ある。巨大な地震の発生確率は低い。しかし、ひとたび発生すれば、会社の存亡に関わる甚大な被害が想定される。ならば自分の責任は自分で持つ民間企業としては、先に対応策を取ろうとする発想だ。

この思考を一般化したのが、米国の心理学者のジュリー・Ｋ・ノレムだ。もとは教育分野で発達した考え方だが、資産運用、経済政策、企業の組織運営などすべてに応用できる。

単純化すると、過去と将来に関し、ポジティブな受け止め方、ネガティブな受け止め方で四つの象限に分けられる。そして、四つのタイプの人の成果を見ると、あるタイプは明らかに成果がよいのだ。それは、過去には悲観的だが将来には楽観的なタイプの人で、方略的楽観主義と呼ばれる。たとえば、電話で不動産投資を勧誘するセールスパーソンがいるとしよう。あるところに電話をすると、まったく興味はないと怒鳴られて断られた。さて、次にどうするか。方略的楽観主義者は、たまたま機嫌の悪い人に当たっただけだと過去は悲観しても、気持ちを切り替えて、次は機嫌のよい人に当たるかも、と将来にはポジティブな気持ちで次に向かう。一方、また次もどうせ機嫌の悪い人だろうというネガティブな気持ちで当たる人もいるだろうが、おのずと成績も変わってくるだろう。

この考え方を普遍化することは可能だ。悲観シナリオをシナリオの一つとして想定はしつつも、実行は楽観的な気持ちで事に当たるのだ。こう考えれば、言霊信仰があることと、最悪の事態に備えることには、直接的な相互関係はない。

【第5章注】

（1）Modern Monetary Theory：現代貨幣理論。
（2）詳細は佐藤（1984）を参照。
（3）夏目（1909／2011）23－24ページ。
（4）米国国家情報会議（2013）148ページ。
（5）文芸春秋オピニオン『2019年の論点100』所収。
（6）トランプ（2017）21ページ。
（7）滝田・鹿島平和研究所編（2007）104ページ。
（8）関西地方の方言で、無垢な、天真爛漫な、けがれのない、かわいい、幼いなどの意味を持つ。転じて、世間知らずで未熟、無知な、といったネガティブな意味にとられることもある。

（９）１９９３年の宮沢・クリントン日米首脳会談では、クリントン大統領は日米貿易不均衡の是正に円高誘導が有効であることを話し合ったとメディア向けに明かした。宮沢総理は、そんな話題は出ていない、と抗議したが、もはや後の祭りだった。詳細は吉川・ヴェルナー（２００３）99ページ参照。

（10）日下（２０１４）、４ページ。なお、英語には、上手に出る、一歩先んじることを意味する名詞 upmanship が存在する。

（11）ラインハート&ロゴフ（２０１１）。

（12）アタリ（２０１１）。

（13）島澤（２０１７）３ページ。

（14）「中心市街活性化策に３兆円　検査院、達成率など課題も」(https://www.nikkei.com/article/DGXMZO39325960U8A221C1CR8000/)

（15）落合、猪瀬（２０１８）。このような都心部と過疎地域に行政コストの比較が表に出ることはほとんどない。

（16）https://www.mlit.go.jp/common/001047114.pdf

（17）２０１９年８月７日テレビ東京「未来世紀ジパング」で放映。詳細は以下サイト。https://www.tv-tokyo.co.jp/plus/business/entry/2019/019952.html

（18）ロジャース（２０１９）43－44ページ。

（19）小林英夫ほか（１９９５）および小林英夫（１９９６）。

（20）野口（１９９５）。

（21）テンニエス（１８８７／１９５７）。

（22）天谷（１９８５）１４６ページ。

（23）アベグレンの『日本の経営』はもともとは１９５８年に発売されてベストセラーになった。ただ、原題は「日本の工場」であり、日本的経営全般ではなく工場での慣行を取りまとめたものとされる。また、内容中に誤解に基づいている部分があるという批判はある。たとえば橋本（２０１５）、海老原、荻野（２０１１）など。

（24）ドラッカー（２００５Ａ）、（２００５Ｂ）。

（25）正式名称は「経済改革について」で８ページの凝縮されたレポートだ。内閣府が以下サイトで公開している。http://www.esri.go.jp/jp/prj/sbubble/data_history/5/makuro_kei12_1.pdf

(26)「21世紀日本の構想」懇談会（２０００）。
(27)『日経ビジネス』２０１９年10月28日号の特集「ＡＩ未満人材　教育劣化ニッポンの現実」より。
(28)藤森、佐藤、榊原（１９９７）26ページ。
(29)https://diamond.jp/articles/-/46133?page=2
(30)ジェイコブズ（１９９８）。
(31)オリンパスの不祥事に関する第三者委員会などによる詳細な報告書は以下サイトで公開されている。https://www.olympus.co.jp/jp/info/2011b/if111206corpj.html
(32)労働政策研究・研修機構労働政策研究所長。
(33)https://www.meti.go.jp/press/2017/08/20170821001/20170821001-1.pdf

第6章　ポスト爛熟資本主義を読む

1　資本主義の爛熟のあとに

ここからは将来の予測を取り上げる。歴史が将来の指針であるという認識には何度も触れた。最も重要なのはブローデルの歴史学の長波の変化だ。20－30年単位の波なので、ここを見誤ると投資の損失を取り戻すのに20－30年かかることさえある。中波の変化も10年1サイクルの景気循環なので、重要性は10年単位だ。ただ短波は、1－2年なので、長期投資をする投資家は過度に重視する必要はない。

実は短波は、その時どきにメディアを賑わし世間が大騒ぎすることがままあるため、短期的に話題にはなっても、後から振り返れば多くのことは忘れ去られていることが多い。「ああ、そういえばそんなこともあったね」程度の材料にしかならないことがほとんどなのだ。達観すれば長期投資家は重視する必要はない。重視する必要がないということの意味は、均《なら》してみれば中波に吸収される。株価なら移動平均で見るということだ。

逆に見誤ると恐ろしいのが長波と中波だろう。たとえば長波では、米国の1970年代の労働優遇策は、10年以上の長きにわたり株価が低迷する「株式市場の死」をもたらした。中波でも、10年1サイクルで株価が8－9年上昇した後、1－2年は低迷する期間が続き、株価のピークを奪還するのに数年を要する。

したがって、まず長波の観点で将来を展望する。長波には①資本と労働の相対的な優位性と②米国の覇権の安定性の二つがある。

長波の①では、資本が労働より優位な状況が1980年のレーガン革命から始まり、約40年も続いた。レーガン革命はワシントン・コンセンサスとして世界中に広まった。しかし、格差が目立ち、米国自身が米国第一で反グローバル化に向け明確に動き始めた。一方、北欧など独自の道を歩む小国は経済が好調だ。ワシントン・コンセンサスの修正も含め、資本主義の多様性を再確認し、自国の伝統や文化と整合的な地に足の着いた政策運営ができるかどうかが問われる局面に入っている。

長波の②では、米中の対立を見る。

中波は10年1サイクルの景気循環で、今の経済の自動調節の頑健さからすれば、大きな変化はないだろう。しかし、10年ごとに繰り返したバブル崩壊は中身がいつも異なる。今後のバブル崩壊の可能性について、どこにどんなリスクが潜んでいるのかを見ておく。資本主義は絶えず市場ルールを作り変える必要があるのだが、ＡＩによる自動取引の増大などはリスク管理の観点でも重要になる。

最後は日本の証券投資を取り巻く環境だ。よい市場、よいルール、よい組織の三位一体が整備されれば、日本の証券市場は発展するはずだ。近年、金融庁が進めた投資信託の回転売買の自粛要請、顧客本位の営業要請などは、ようやく日本によいルールが定着するきっかけになったと考えられる。

税制や資産形成に向けた整備も進められた。時、あたかも日本の株価から無理なＰＥＲがほぼ完全に剥落し、そもそも株価は下がるもの、というバブル崩壊後に定着しかけた常識が覆されつつある。時代が変わる時には考え方も変えなければならないことを強調しておきたい。

2　大きなパラダイム転換に備える

二つの長波に変化の兆し

株価の動きをみるときに重要なのは前項でみた長波の①と②だ。この二つは、循環を描く。

①について資本と労働は、社会主観が資本優位か労働優位かで揺れ動く。総じて言うと、政権与党が保守政権なら資本優位、リベラル政権なら労働優位だが、議会（国会）構成などにも影響を受ける。多くの民主主義国家では、これらの政治家は国民の総意を反映する選挙で選ばれる。したがって、社会主観は根本的には国民の総意を反映するものと見做してよい。

②について、覇権安定論としての米国の安定性において、米国の政治と経済が安定して世界への睨みが効いていれば、世界も安定する。これもざっと歴史を振り返ると、1950－60年代は安定、70年代はベトナム戦争やカーター危機で大きく動揺したが、80年以降は「強いアメリカ」政策で安定を回復した。2000年代に入りイラク戦争、リーマン・ショック、オバマ政権の世界の警察から撤退する意思、北朝鮮の核開発と大陸間弾道弾ミサイルの開発に対する戦略的忍耐、中国の台頭を受け、再びやや動揺したという一連の流れである。

しかし2017年にトランプ政権が発足してからは安定を取り戻した。米国第一ではあっても、減税で経済を安定させ軍事費を増大させて北朝鮮、イラン、中国への関与を強めた。特に中国に対しては封じ込める意思を明確にした。中国も大国なので米中の対立は互いの経済にとってダメージであり、世界の安定には大きなマイナスだが、経済の安定を損なわない範囲で間合いを図っているのが実情だ。

大きなパラダイム転換に備える

2020年1月現在、中国は武漢など人口1000万人規模の大都市を新型コロナウィルスの感染拡大の防止のため都市封鎖に踏み切った。都市封鎖は2003年のSARSの流行を封じ込めた時以来の非常事態で、長引いたらグローバルなサプライチェーンに甚大な悪影響を与える可能性がある。また、感染が衛生基準の厳格な先進国にまで拡大する可能性もある。ただ、ここでは疫病は季節性インフルエンザ、エボラ出血熱、SARSなど2000年以降に何度か流行した疫病と同様に「短波」と位置づけて議論を進める。

2008年のリーマン・ショック以降の世界は、不思議な安定感と不安感に包まれている。安定感の源泉は、景気と株価だ。米国をはじめ株価が史上最高値圏にある国は多い。背景は好調な景気で、日本や米国など多くの国で完全雇用の状態にある。

だが、同時に不安感も強い。リーマン・ショック以降、世界中で「1－99％運動」など格差是正に反対する運動が起きた。格差是正を主張するベストセラーも多く出版された。ニューヨークでは大規模な反ウォールストリート運動が何度か自然発生したが、いつのまにか霧消した。欧州ではポピュリズムや極右思想が台頭しているが、政治において決定的な力は持ちえていない。南米のチリは、米国が1970－80年代に市場経済の実験をして成功を収めたことから市場経済の優等生とされたが、格差に抗議する市民運動が過激化して非常事態宣言が出された。ただ、総じてみれば政治不安の要素はそこかしこに溢れているものの、パラダイム転換というような事態には至っていない。

強い不安感がありながらも、不思議な安定感があるのは、景気がよいことで様々な悪い面が覆い隠されているからである可能性が高い。２０２０年初頭の米国の失業率は3％台半ばで、これは１９６０年代後半以降、約50年ぶりのよさだ。日本の有効求人倍率は約１・６倍でバブル絶頂期を超え60－70年代の高度成長期以来の好調だ。ＥＵの失業率は２０００年のユーロ発足以来、最も低い水準だ。世界的に見てミゼリー指数は戦後最良のレベルにある。

しかし、戦後の景気循環は総じて10年1サイクルで、7－8年の拡大と1－2年の後退から構成される。世界各国の景気は２００９年の夏ごろから拡大基調に入った。従って、数年以内に天井を付けて景気後退期に入る可能性が高い。しかも、第3章のバブルリレーの節で述べたように、有史以来前例のないマイナス金利は、後世から振り返れば、異常な状態だったことだと判明する可能性もあるだろう。さらに、次の景気の悪化局面で各国の金融当局と財政当局が打てる対応策は限られている。実効性のある利下げなど金融緩和が可能な先進国は米国、豪州、カナダなどいくつかのアングロサクソン国家だけだろう。財政政策も同様で、いくつかの新興国などは、もはや打つ手がないだろう。

社会の変化はアングロサクソン国家から始まる

社会の変化は突然には起こらない。後から振り返れば「あれが変化の兆候だった」という出来事がある。

その意味で英国のＥＵ離脱と自国第一を公言するトランプ大統領の登場は、戦後のリベラル・ワールド・オーダーを転換させる潜在的な力を持っている。歴史において、アングロサクソン国家で起きた社会の潮流は、世界の先導となってきた。１９５０年代の労使協調路線、60年代の公民権運動、70年代の社会福祉充実、80年代の新保守主義、90年代のワシントン・コンセンサスなどすべてだ。

しかし、2000年以降は、ワシントン・コンセンサスを修正する必要がある点では世界中でほぼ意見の一致があるものの、具体的にどこをどの程度どういうプロセスで修正するかについてのコンセンサスはない。冒頭に述べた不思議な安定があるから、何もしないうちに時間が過ぎているといったところだろう。

トランプ政権の長波に関する方向性

しかし、トランプ政権の単純な色分けは難しい。この型破りな大統領の登場は、右や左という単純な色分けでは割り切れない大きな意義を持つ可能性がある。そもそも、もともとトランプは民主党員だった。この事実は自著『THE TRUMP 傷ついたアメリカ、最後の切り札』(1)で明かしている。しかし、民主党からの大統領への立候補では、党の大統領候補を決める予備選を勝ち残る目途が立たないため、第三党からの立候補を模索した。

だが、現実問題として第三党からの大統領候補ではやはり大統領選挙に勝てない。そこで2016年に共和党から出馬したと見られている。当時の共和党は、民主党のオバマに2008年と12年の大統領選挙において大差で敗れ、党の解党的建て直しが必要だと見られていた。そして12年に「成長と機会プロジェクト」(2)、通称「検死報告」と呼ばれた党改革の報告書を出した。一言でいえば、民主党のように女性や有色人種などを支持者に取り込むリベラル路線だ。

ところが共和党の予備選を勝ち抜いたトランプは、まったく正反対の路線を取った。経済的には反グローバルのリベラル路線とする一方、政治的には差別や偏見に取られかねない保守的な白人キリスト教徒の価値観を重視する路線を選んだのだ。そして、２０１７年1月にトランプが大統領に就任してから、共和党が徐々に変貌し始めた。国際的には共和党の伝統的な方針だった自由貿易から管理貿易へ、国内政治は「検死報告」とは正反対の保守化と右傾化を志向、経済は共和党の党是だった小さな政府を放棄して財政赤字を容認する大きな政府へ、と舵を切った。結果としてライアン下院議長、ジェフ・フレーク上院議員、ボブ・コーカー上院議員など共和党の伝統的な価値観を体現する実力者が続々と引退し、共和党はもはや「トランプ党」になったと揶揄されている。いわば政治的には右、経済的には左に寄ったのである。

２０１９年12月の英国総選挙

２０１９年12月にＥＵ離脱を最大の争点として、英国で総選挙が実施された。結果は、ＥＵ離脱を公約とした与党保守党の勝利だった。保守党の議席はサッチャーが党首だった１９８０年代と同等にまで増加した一方、最大野党の労働党は１９３５年以来の議席まで減少する大敗だった。しかも選挙後に保守党は、ＥＵとの離脱に関する交渉の如何にかかわらず、２０２０年末には何が何でもＥＵから離脱するという強硬な法案まで成立させた。労働党の公約は、ＥＵ離脱に関連する項目のほかには、大企業の国営化、法人増税を原資に個人向け減税など、左派色の強いものだった。左派の退潮はもはや明確になったといえるだろう。

米国と英国の状況を見れば、もはや反グローバル化は世界の潮流としてはっきりと方向性が出たとみてよいのではないか。この現実が二つの長波である、資本と労働のどちらが優位か、米国の覇権の安定性にどう影響を与えるかを次に見てみよう。

3　株主パワーの失速と反グローバル化が同時進行

資本と労働の力関係

株主の強すぎるパワーを修正すべきだという点については、社会全体でほぼ見解の一致がある。パワーとは要するに取り分だ。企業は事業活動を継続することで付加価値を生み出す。それをステークホルダーの間で分け合う。

ここで言う株主パワーとは、企業は株主の所有物という論理で、多くの分け前を取ることを意味する。第3章で、強すぎる株主パワーがマイナス金利の背景要因になっていることや、所得格差を背景に労働者の不満がたまり、政治的にポピュリズムや極右が台頭する要因になっていることは見てきた。こうした事態を受けて、さすがに株主サイドとしても、正当性を超えて他の利害関係者の取り分を侵食するのはよくないという機運が生まれつつある。

2019年8月には米国の経営者団体であるビジネスラウンドテーブル（日本の経団連に相当）は、「企業の目的」と題するレターをHPに公開して「脱株主至上主義」を表明した[3]。米国を代表する大企業の経営者181名が署名した。ここでは顧客、従業員、サプライヤー（納入業者）、地元コミュニティ、株主を本質的な利害関係者（ステークホルダー）として名指しし、根本的なコミットメントを団体で共有する意向を示した。コミットメントは、顧客には価値を提供する、従業員には投資をする、サプライヤー（納入業者）とは公正で倫理的な取引をする、地元コミュニティに対して貢献する、株主には長期的価値を追求する、とされた。

ただ、まだ大きな方向性を抽象的に示しただけで、個別具体的に労働分配率、資本分配率、地元貢献や社会貢献に適切な金額の売上比率や利益比率など基準を明確にしたわけではない。

そもそも、資本と労働の力関係や付加価値の取り分、企業の目的としてステークホルダーの取り分は、何を根拠に誰が決めるのか。資本と労働の取り分は、もともとは労働組合を通じた団体交渉だった。互いが納得する交渉には客観性が必要なため、米国政府は1950年代には生産性基準を公表し、財政、金融と並ぶ所得政策が経済政策の根幹を成した。しかし、80年代に入ると、労働市場を整備することで、労使の交渉よりも市場メカニズムに委ねられるようになった。

労使交渉の重要性が低下すれば労働組合の重要性も低下する。こうして労働組合は弱体化した。そして、約40年が経過して判明したのは、所得格差の極端な拡大、所得の増加が資本家や経営者から始まって最後には末端の労働者にまで広く行き渡るトリクルダウンが結局は起こらない、ということだった。したがって、所得格差を是正するには自然な市場メカニズムに委ねるだけでは不十分なため、政治や政策が介入する必要性が生じる。2010年以降の政治の課題は、ここにあったといえる。

しかし、オバマ大統領はバフェット税[4]の導入に議会の抵抗で失敗した。一般的な観念として、労使交渉に国家が介入するのは、そもそもが越権行為であり不当という風潮ができあがっている。結果的に格差が是正されないまま放置されてきた。

振り子

第2章と第3章で、米国社会が資本優位か労働優位かで揺れ動いた変遷を見た。

本来であれば、均衡点があるはずだ。しかし、人間社会は慣習の産物でもある。安定せず、一方向に振れたら振り子のように、均衡点で止まらず、逆方向に振れるのが歴史の真実だ。その意味で、ある程度は資本優位から労働優位へと振り子が触れる動きは、すでに始まったと見てよいだろう。

問題はどこで止まるかだ。均衡点で止まれば、理想的な米国の1950年代の再来と捉えてよい。また、均衡点を越えて労働優位に振れるとすれば、それがどの程度のものとなるかだ。1960－70年代の再来ともなれば、株式市場にとっては相当に厳しい時代になる。

ビジネスラウンドテーブルに代表される米国企業の動きは、放置すれば政治が無理やり介入する可能性が強まってきたため、先手を打って自ら改革する意思を示したという理解でよいだろう。

選挙で一変するリスク

実際に近年の各国の政権選択選挙では、過激な主張が目立ち始めた。過激な主張は、最初は政権担当能力がないと見做されるポピュリストや極右から始まった。ギリシャやイタリアなど小国ではこうした政権が与党となることはあっても、金融市場の反乱を受け、現実路線に修正されるのが常だった。たとえば2011年の破綻後のギリシャで、対外債務を返済しない、財政再建を断念して増税しないなど、無謀な主張をする政党が政権を握っても、金融市場が本当にそういう政策を実現したら何が起こるかを、金利の急騰や株価の急落などのかたちで示したことで、政策の修正を迫ることになった。ここでも正しい政策を金融市場が水先案内人のように導いたのだ。

しかし最近では政権担当能力のある政党がこうした主張をし始めた。英国の2019年12月の総選挙で労働党は、EUからの離脱があるがために本当の支持率が見えにくいが、大企業の国営化、大企業向け増税、富裕層に課税してそれを低所得層向け減税に振り向ける政策などを主張した。米国の大統領選挙は２０２０年11月でまだ野党民主党の候補と政策は明示的ではない。中道派のバイデン元副大統領が有力視されているが、左派の支持をどうとり込むかがポイントとなるだろう。

選挙には、現政権に対する信認投票の側面があり、景気がよければ与党が有利だ。その意味で、本当の試練は、次の景気後退期までに、政権与党が強すぎる株主パワーをある程度は労働者に振り向けられるかどうかがポイントだろう。その深刻さの度合いは、次の景気後退期の長さと深さに比例するとみてよい。それができないまま総選挙に突入すれば、苦境に置かれた有権者が、資本を罰し労働を優遇する過激な主張になびく可能性がある。特にコロナウィルス問題もあり、医療制度は論争の的になるだろう。

資本と勤労の力関係の背後にグローバル化

第３章で見た「象の鼻」の図[5]は、先進国の一般労働者の犠牲の上に、中国など新興国の、総じて割安な為替相場を利用した経済発展があることを示している。それは、貿易自由化で進んだ新興国からの安い物品の輸入増加、３Ｋ（きつい、汚い、危険）など過酷な労働環境でも低賃金で働く移民などの増加により、先進国の付加価値の低い産業や低学歴の労働者が犠牲になったことを意味する。

高賃金の先進国の労働を、低賃金の新興国の労働に入れ替えて、高い収益を実現したのは大企業、つまり資本だ。強い資本がグローバル化を推進する力になってきた。中でもグローバル化を推し進める先頭に立ったのは米国資本で、具体的には米国の金融、保険、自動車、製薬、ＩＴなどの大企業だった。

その背景で米国社会の分断が進行した。地域的には、グローバル化の恩恵を受ける沿岸部と、そのデメリットを受ける製造業中心の内陸部で分断が進んだ。世代的にも、グローバル化に語学や社会ルールの観点で適応することで恩恵を受ける若い世代と、グローバル化についていけない高齢世代で分断が加速したのだ。
この構図は英国でも同じだ。グローバル化の恩恵を受ける沿岸部や大都市はＥＵ加盟を支持する一方、取り残された内陸部や衰退した製造業の都市などがＥＵ離脱を支持した。世代もまったく同じ構図で、グローバル化の恩恵を受ける若い世代はＥＵ残留を支持した一方、取り残されたかつての大英帝国の威光を懐かしむ高齢世代はＥＵ離脱を支持した。

国内で分断が深刻化すると、政治が不安定化するかと言えば、話はそう単純ではない。選挙制度の内容次第で影響の度合いが異なるのだ。死票を多く出さないように設計された比例代表制度では、分断が政治の不安定感に直接的に結びつく。しかし、死票が多く出る小選挙区制では、政治は比較的安定する。比例代表制のイタリア、スペイン、オランダの政治が安定しない理由はここにある。

一方、フランス、英国、米国、そして日本の政治が安定的な理由もここにある。２０１５－17年にかけて欧州の政治が不安定化した局面では、17年のフランスの総選挙で39歳のマクロン大統領が誕生し、ＥＵの機能強化を打ち出したことで歯止めがかかった。英国のＥＵ離脱もこのタイミングで迷走に入り、反グローバル化の流れが一呼吸置くこととなった。

とはいえ、英米両国の流れが示すのは、反グローバル化路線で自国第一を進めることについて、一定の国民の支持があると見るべきだろう。それは、国際ルールに従うのではなく個別の交渉により、結果的に自国に優位な条件を引き出せることを前提としている。

次に反グローバル化の持つ積極的な意義を見てみよう。

4　資本主義の多様なモデル

多様な資本主義の変容

資本主義には、もともと多様なモデルがある。そもそも資本主義は、所有権の絶対性と取引自由を担保する法制度から生じる経済的な現象を意味する俗称だ。１７４８年に出版されたモンテスキュー『法の精神』の正式名は『法の精神について、あるいは法がそれぞれの政体、習俗、気候、宗教、商業などと取り結ぶべき関係について』だ。この題名の示す通り、民族や伝統に応じて多様な法制度があることを、啓蒙思想が産業革命や市民革命を経て実社会の法制度に取り入れられ始めた18世紀半ばの資本主義の黎明期に明らかにしている。

資本主義に多様なモデルがあることは、経済的に米国が不振で日本やドイツが好調だった１９６０－80年頃までは当然とされていた。当時は事実として資本主義は多様で、日本やドイツのほうが優れており、米国こそ見習うべきだとする見方が説得力を持っていた。

こうした見方は、レスター・サローのような著名人にも共有されていた。そして、自国の文化や伝統とフィットする資本主義はどのようなタイプであるかの探求は広がりを持ち、ブルーノ・アマーブルの『五つの資本主義～グローバリズム時代における社会経済システムの多様性』、ミシェル・アルベール『資本主義対資本主義』、青木昌彦・奥野正寛編『経済システムの比較制度分析』などが広く研究された。英米の資本主義は「アングロサクソン型」、ドイツの資本主義は「ライン型」、北欧は「北欧型」、日本は「日本型」など相当に差異があることは当然とされていた。

ワシントン・コンセンサスの猛威

しかし、この考え方は、1990年頃を境に東西冷戦の終結で変貌したことは前にも述べた。この頃を境に日本はバブル崩壊、ドイツは東西合併の後遺症、北欧諸国も不動産バブルの崩壊などで、経済が極度の不振に陥った。時あたかも米国では、80年代のレーガンの新保守革命が成功したことが明らかになり始めていた。そして、90年代に入ると、クリントン政権下で経済が極めて好調なパフォーマンスをもたらし、米国経済の好調は加速した。

その結果、米国モデルこそが資本主義の最終的な進化形であるかのような見立てが広まった。そして、90年以降に米国は、米国型資本主義をワシントン・コンセンサスと名づけ、世界に広めようとした。

伝統的に米国には、政治や経済の理念的理想を世界に広めようとする理想主義がある。絶好調の米国の民主主義と市場経済を世界に広めることが、米国の「明白な天命」だと勘違いするに至ったと考えられる。また、この勘違いは、米国人だけでなく世界中の受け入れる側にも広がった。

90年代以降の日本でも、米国の制度を何でも物まねのように取り入れれば経済はよくなる、とする見方が強い影響力を持ち、現実に日本の政策に取り入れられていった。90年代の日本の改革の失敗は、この誤った認識から出発したものであることは、第4章で見た。

混乱が広がったのはソ連を中心とする旧社会主義陣営も同じだ。社会主義陣営は、盟主だったソ連が崩壊したことで、北朝鮮やキューバなど鎖国状態のいくつかの例外を除き、資本主義に転換した。ロシアは、社会主義体制崩壊後に米国から国家再建のためのミッションを招き、米国型の民主主義と資本主義を導入しようとした。しかし、国営企業の民営化など「ショック療法」と呼ばれた過激な手法で資本主義へと一気に転換を進めようとしたものの、徴税システムの不備やオリガルヒと呼ばれた政商の跋扈により社会は混乱を極め、98年には政府がデフォルトを起こした。そして結局は２０００年5月に元KGBだったプーチンが大統領になり、独裁者として政治も経済も統治する一種の統制体制に戻った。

皮肉なことに、米国型資本主義を導入してグローバル化の恩恵を最も受けたのは、トランプ政権が敵視し始めた中国だ。中国は、政治は集団指導体制で共産党の一党独裁制を維持しつつ、経済はほぼ完全に資本主義に移行した。この政治体制はまったく異なるにもかかわらず、経済は市場経済の導入で成功した中国は、米国のワシントン・コンセンサスよりも優れた政治経済の統治モデルとして北京コンセンサスと命名した。

そして、二重に皮肉なことに、資本主義の行き過ぎを米国自身が証明することとなった。それは第2章と第3章で取り上げたが、株主資本主義が所得分配を歪めて著しい格差を生じさせた、金融イノベーションへの過信がリーマン・ショックを引き起こした、グローバル化で取り残され没落する地域や絶望死する人が多数出た、などだ。

一方の中国は、２０１３年11月に開催された三中全会で「市場が資源配分に決定的な役割を果たす」ことを宣言した。しかし、その後は軌道修正して、政治から経済まですべての分野で共産党が絶対的に支配する方向へと舵を切った。企業分野でも、自由に民間企業が経営を行う一方で国営企業が制約を受ける「国退民進」から、民間企業が経営の制約を受けて国営企業が共産党の後押しを受けて規模を拡大する「国進民退」へとシフトしていった。

賃金に見る制度補完の例

米国の制度をまねて移植すれば、政治も経済もうまく回るわけではない。不足する、あるいは不適合な部分は補完しなければならない。

　スウェーデンなど北欧には、民間企業の賃金を国全体で一定の計算式に基づいて決める方式がある。輸出など一部の産業がトレンドセッターとなって賃金の水準を決め、それがほかの業種に一定の算式に従って広がるのだ。その過程では中立の仲介機関として介入する、一種の所得政策だ。賃上げ率の決定で考慮されるのは、主にインフレ率、生産性上昇率、総合的な経済情勢などだ。これは、第2章の米国で見た、1950年まで存在した賃金政策が制度としてまだ生きていることを意味する。

　米国は80年代に労働市場を整備したことで、賃金は労働組合を通じた団体交渉ではなく、市場で決まる方式に移行した。労働市場の機能が不十分な国は、このような補完する制度が必要になる。

　日本や米国では、国家の政策として位置づけられる所得政策はない。近年は日本でも第二次安倍政権が経団連など財界に賃上げを要請し、連合の組合員が自民党を支持するなど変化の兆しはあるが、これは単なるお願い程度の認識だ。

　国別に縦軸に実質賃上げ率、横軸に労働組合の組織率をプロットすると、左右の端が高い一方、中間部分は低くスマイルの形状のカーブが描かれる。この原因は、組合組織率が極端に高い国では所得政策が機能し、極端に低い国では市場メカニズムが機能することが原因ではないかとみられている。低い国では、実質賃金上昇率が高くなる傾向がある。組合組織率が低くもなく高くもない中途半端な水準の国では、賃上げ率は低い。日本はこのグループに入る。ある意味で、古典的な労働者の搾取が起きているとみてよいだろう。

国民国家の限界

第3章でロドリックのグローバル化のトリレンマに触れた。自由貿易、民主主義、国民国家を同時に成立させることはできないとする仮説だ。その歪みの出方は国によって異なる。中国は民主主義を犠牲にして、経済のグローバル化の恩恵を受けつつ、国民国家を強化して国家資本主義の体制を整備した。米国は、経済のグローバル化と民主主義を優先した結果、国民国家の分断が深刻化した。オバマ政権はリベラルな理想主義で国民国家の統合を図ろうとしたが、逆に分断が進んだ。トランプ政権の反グローバル化は、グローバル化を後退させることで国民国家の統合を意図したものと理解できる。イタリア、ドイツ、スペインなど19世紀に民族を統合して国民国家の建設を急いだ国では、民主主義とグローバル化はEUの方針で所与なので、国民国家の分断が米国ほどではないにせよ、深く静かに進行している。

ユニークなのは小国だ。近年経済が好調なのは、人口規模がせいぜい数百万〜数千万人の小国だ。小国は、国民国家の時代には歴史や民族が異なる民族を統合しなかったがために小国にとどまり、強大な国家になれなかった。しかし、ロドリックのトリレンマの観点では、元来が国民国家ではないので、自国の文化や歴史に合うかたちで資本主義を形成することができた。スウェーデンの賃金政策は、こうした文脈で理解すべきだろう。デンマークでは、政府が中国以上に国民生活に関する多くのデータを掌握するが、背景にあるのは政府に対する国民の高い信頼だ。リトアニアの電子政府、オランダの労使協調、北欧の医療費や大学学費無料なども、こうした文脈に位置づけられる。

かつては国民国家は民主主義の理想とされた。しかし、価値観の多様化、フィルターバブル、ロドリックのグローバル化のトリレンマにより、国民国家の民主主義が機能不全に陥っている。現代の小国以外の政治問題は、ほぼすべてここに源流があるとみてよい。逆に小国は、この問題が小さいがために、経済も好調だと評価できる。

ただし、反グローバル化は、グローバル化が半永久的に反転したと考える必要はない。あまりに速いスピードで進んだグローバル化に対応するため、少し逆戻りして、国民国家を作り直す作業だと位置づけるべきだろう。

歴史的に近代国家は、グローバリゼーションが進むごとに国家の機能として強化された。国民国家は、大航海の時代の後、日本が開国した19世紀半ば以降に生まれた概念で、徴兵が制度化されてナショナリズムの時代となっていった。大恐慌の時代にはグローバル化の反省から排除の思想が強まったが、経済に国家が介入することが当然視されるようになった。市場の制度を技術革新と合わせて作り直す必要性が常に生じるのと同じことが、国家の政治レベルで生じているのだ。

経済学者も宗旨変え

一般的に現代の経済学者は自由貿易を信奉する。2017年に発足したトランプ政権が公約通りに保護貿易の方向性を打ち出した時には、保護貿易に反対する公開書簡に多くの経済学者が署名した。16年11月の大統領選挙の直前には「トランプ氏の発言からは、経済学の知識がほとんどないこと、信頼できる専門家に耳を貸さないことがわかる」と書かれた公開書簡にほとんどが大学教授である経済学者370人が署名した。そして、トランプ以外の大統領候補に投票するよう呼びかける政治的な行動までした。18年5月には、対中で関税を引き上げるトランプ政権に対し、自由貿易を主張する1100人の経済学者が署名した公開書簡が公開された(6)。

趣旨は、1930年代の保護貿易が大恐慌の一因になったとする教訓を呼び覚ますもので、15人のノーベル賞経済学者も署名に参加している。

しかし、最近では、クルーグマンがグローバル化の負の側面にも配慮することで、無条件の自由貿易には反対する姿勢を示している。クルーグマンは2019年1月に「経済学者（私を含む）はグローバル化の何を見誤ったのか」と題された小論文を発表した[7]。

もともとは2017年10月にIMF主催のカンファレンスに参加した学者の発表論文を集めた論文集からの抜粋だ[8]。

その中でクルーグマンは、過去に反グローバル化を唱えたクリントン政権の労働長官だったロバート・ライシュらを痛烈に批判した自分の過去を謝罪し、完全に宗旨替えする意思を示した。しかも、誤ったのは自分だけではなく、自分を含む経済学者たちだと断定した。

まだクルーグマンの宗旨替えが主流になったわけではない。しかし、中国は米国から叩かれた結果、関税を引き下げ、知財移転の強要など市場歪曲的措置を改める姿勢を示している。中国の不公正を是正するというトランプの主張が正しい可能性が高まっているのだ。もはや方向性はほぼ決したとみてよいだろう。

幸福の青い鳥は自国内に宿る

どの国にどのようなタイプの資本主義が相性として合うのか、単なる米国の物まねではなく、早く見つける国が勝ち組になる。北欧など人口規模が数百万人から数千万人の小国は、そのような社会実験を90年代のワシントン・コンセンサスが猛威を振るった時代から繰り返してきた。それを早く見つけた小国ほど、経済は好調で国民の幸福感も高いと見做してよい。そしてそれは、家族のかたち、社会保障のかたち、企業と個人の働き方を通じた関係、地域社会など、多様な側面を持つ。

各国は、自国に合う型の資本主義の解答が世界統一ルールとして外にあるのではなく、伝統や文化に育まれた自国の中にあることを自覚して、制度を整備すべき局面にきている。その過程では、諸外国との交渉も必要になるだろう。交渉で勝てるリーダーを待望する機運が各国で強まっている。日本については第5章で取り上げた。次に世界経済の安定、制度の先例として重要な米国を見る。

5　10年以内なら米国が買い

「米国を再び偉大に（MAGA）」戦略の成功

ここまでの論考でトランプ政権の政策の持つ意義が明らかだろう。所得格差拡大の原因はグローバル化なので、反グローバル化へと舵を切って所得格差の縮小を図る。グローバル化を進めたWTOなど国際機関は、たとえば途上国の定義でさえ明らかにしないなど決して中立ではなく、常に中国など途上国の味方をする傾向があるので支持しない。米国民経済を犠牲にしてグローバル化の利益を得たグローバル企業には、工場の国内回帰など新しい反グローバル化の時代に合わせた経営へと舵を切るのが正しい経営だと理解させ実行させる。そして、米国の覇権を脅かす中国を叩く。これらが総じて米国にとっての反グローバル化のかたちを取る資本主義の修復で、これらを実現すれば、結果的にMAGAになるという考え方だ。2016年の大統領選挙では、この考え方が支持されてトランプは大統領選挙を制した。

逆に言えば、これらのビジョンに有権者が見切りをつければ、選挙で過激な左派政権へと転換する可能性がないわけではないのだ。それは資本と労働のどちらが優位かの観点では、圧倒的に労働が優位な

１９６０－70年代の「偉大な社会」構想の再来といえる。これこそが２０２０年の米国大統領選挙の最大の争点になると見てよいだろう。もっと言えば、２０２４年、２０２８年と今後数回の大統領選挙の最大の争点になる可能性が高いだろう。

大多数のメディアは、グローバル化を提唱し続けたこともあり、トランプ政権の政策には批判的な論調が多い。しかし筆者は、ＭＡＧＡは明快な米国株の買い材料だと考える。選挙において候補者は、有権者によいことをしてあげる、という公約をしがちだ。しかしトランプの公約はＭＡＧＡだった。以下、ＭＡＧＡを高く評価すべきだと考える理由を挙げておく。

第一に、米国には日本と類似の自虐史観がある。これはホワイト・ギルドと呼ばれる。一言でいえば、白人が先住民やアフリカから奴隷として売られてきた黒人に非人道的な仕打ちをしたので、今からでもその罪を償うべきだとする考え方だ。オバマ前大統領は特に強くこうした思想を持っていたとされる。

しかしトランプ政権など保守派は、こうしたリベラルな考え方が米国が弱体化する原因だとして断罪する。政策としては、社会保障の負担が大きな不法移民の流入を制限する一方、高いビジネスのスキルを持つ合法移民を優遇する、不法移民に優先的に社会福祉を施す聖域（サンクチュアリー）都市に対する連邦予算の配分を削減する、かつて黒人奴隷を所有していた歴史上の英雄の銅像を撤去せず英雄のまとする、などだ。トランプがフェイクニュースと呼んで批判する米国の左派系のメディアは、ホワイト・ギルドを重視する傾向が極めて強い。なお、日本の一部の識者は米国の自虐史観を朝日新聞など左派の主張と類似の傾向だと指摘する。

第二に、米国企業が米国経済を犠牲に高い収益を追求した面はある。それは端的には製造業の工場立地で、コストの高い米国工場を閉鎖して、コストの安いメキシコやアジアへと移転した。トランプ政権は、コスト面の不利をNAFTA再交渉、米韓FTA再交渉、日米貿易協議、米EU貿易協議など再交渉で修復することを公約とし、ある程度は実現した。コスト面で不利になる一因として米国とそれ以外の国の付加価値税の税率のちがいも挙げられる。この面での劣後を改善するために共和党が長く党の方針として掲げた国境税は、いずれは政策として俎上に載る可能性が高い。

第三は、国際ルールに従うのではなく、二国間交渉で物事を決めるというトランプ政権の意思だ。スウィフトの『ガリバー旅行記』には、巨人であるガリバーが暴れないように、手足を縛られて動けなくなるシーンが出てくる。米国では、しばしば国際ルールに縛られる米国を、このガリバーにたとえられる。国際ルールから解放された米国は、二国間交渉を優位に進め、自国に優位な経済的果実を摘み取ることが可能になると期待される。すでに米中経済・貿易協定（第一弾）、米韓FTA見直し、日米新貿易協定、北米自由貿易協定（NAFTA）見直し後の米墨加協定（USMCA）等で実現している。

第四に、米国のソフトパワーだ。米国には世界中からノーベル賞受賞者、学者、経営者、スポーツ選手、芸術家、IT技術者など優れた人が集まる。米国の突出して優れる産業の革新力は、ソフトパワーの結果だと位置づけてよいだろう。

ただ、トランプ政権が移民を制限したことで、ソフトパワーに陰りが出始めたとの指摘はある。トランプ大統領自身は、不法移民を厳しく取り締まる一方、高いスキルを持つ優秀な移民は歓迎する意向を示している。2019年には能力を点数化して移民受け入れの基準とする明確な方針を打ち出した。だが、移民受け入れの現場には混乱がみられるため、ソフトパワーの向上に資するよう政策の見直しは必要だろう。

第五に経済政策だ。オバマ時代の民主党は、インフラの整備と教育の拡充を優先課題とした。しかし、小さな政府を党是とし、茶会など保守派が多い共和党の抵抗で実現できなかった。しかし、共和党から保守派が引退するなどいなくなったことで、共和党はトランプ党になったとさえ言われる。

２０１７年にトランプが大統領に就任すると、史上最大規模の減税の結果として、忌み嫌った財政赤字を容認するようになった。そして今後は、こちらも忌み嫌った教育やインフラ投資にも前向きになりつつある。米国経済の積年の課題に目が向くことで、ＭＡＧＡに近づく可能性が高い。ただし、２０１９年はトランプ自身の弾劾など政治の対決色が強くなったために、与野党の協力体制は構築できなかった。今後の試金石は、与野党の対決色が２０２０年の大統領選挙後にどう変わるかだろう。

第六に、左派への支持が大きく崩れた世界的な政治の傾向だ。これは２０１７年頃から傾向としてはあったが２０１９年に入り加速した。左派は、国内的には弱者にやさしいが、この傾向は国際関係にも強く出て、総じてハト派になる。一言でいうなら、国際交渉で勝てないのだ。ブラジル、ポーランド、英国などトランプ政権を支持する強権的な指導者がミニ・トランプのようなかたちで世界中に誕生し、米国にだけは譲歩して、国内では強権的な政治を進めるスイタイルができあがりつつある。逆にトランプに叩かれたドイツ、メキシコ、韓国、中国などは苦境に陥りつつある。

第七に、米国第一を進めるために、米国は世界各国でプレゼンスを後退させつつある。すると何が起こるか。地域が不安定になる。しかし、国際社会の問題解決の能力があるのは、今日ではとりあえず米国だけだ。国連は有効策を提供できていない。そうなると、より米国のプレゼンスを求める声が大きくなるのだ。

これは世界中に展開する米軍の軍事費負担にも当てはまる。米国はドイツなど欧州の北大西洋条約機構（ＮＡＴＯ）加盟国に対しＧＤＰ比２％の軍事費負担を求めるが、その分は手っ取り早く米国の負担の軽減になる。ほぼ同じ内容の交渉は日本も韓国も２０２０年以降に本格化するだろう。

第八はドルの強さだ。リーマン・ショックから6カ月後の２００９年3月に、当時の中国人民銀行の周小川総裁は「国際金融システム改革」と題する論文を発表した。周小川総裁の主張は、ドルを唯一の基軸通貨とする国際金融システムでは、準備通貨の供給が米国経済の安定に依存するため、脆弱なものとならざるを得ない。この問題を解決するには、ドルに代わる国際準備通貨の創設が望ましい。ＩＭＦが１９６９年に創設し、各国に配分したＳＤＲ（特別引き出し権）は総額が約３０００億ドルと小さい上に、各国の経済規模を正確に反映していない。世界第二の経済規模の中国人民元がＳＤＲの構成通貨に取り入れられ、準備通貨としての機能を果たすよう改善するのが望ましい、というものだった。

この主張はある意味で正しい。しかし、国際社会からは完全に黙殺された。リーマン・ショックの混乱が広がる中、ドル基軸通貨体制に疑義を示すことは、米国経済の混乱に拍車をかける可能性があったからだ。この認識は今も何も変わっていない。もっと言えば、戦後何度もドル危機を経験したが、結局はドルの地位に何の変化もなく、同じことの繰り返しだった。その根本になるのは、米国のどんな経済問題が発生しても、短期間で解決策を見つけて実行する力だ。それがリーマン・ショック後の対応でもいかんなく発揮された姿は第3章でみた通りだ。当時多く発行された米国経済没落を主張する説は、すべて予想としては外れた。

以上、様々な原因を挙げたが、米国は国際社会の中で力、経済、文化の三つの側面でより力をつけることで、ＭＡＧＡが実現する可能性が少なくとも短期的には高いと見込まれる。米国の反グローバル化の姿勢は、あくまでグローバル化が早いスピードで進んだことで表面化した矛盾を解決するための半歩の後退で、国内政治の修復という位置づけでよいだろう。そして、それは戦後の米国が繰り返した歴史の再現であり、結局は世界各国も同じ方向性に向かうのだ。

結論的に言うと、MAGAの本質は、ブローデルの二つの長波の修正を通じた国力の回復だ。行き過ぎた資本の労働に対する優位性を反グローバル化で半歩逆戻りする過程で修正する。米国の覇権は反グローバルと口では言いながらも軍事費は大幅に増加基調で、トランプ政権は世界への関与を強めており、その対価は二国間貿易交渉で経済的果実として吸い取る、という算段だろう。

ただし、今回は中国との争いになるので、波風は高くなるだろう。次に、この問題を見てみよう。

中国の経済規模は、10年以内には米国を凌駕する可能性が高い。IMFなど多くの国際機関ではそれがメインシナリオだ。軍事面では追いつくことはないが、宇宙やITや原子力分野など先端産業では米国を凌駕する可能性は高い。文化の面では、米国の自由と民主主義よりも、中国と類似の独裁制を志向する新興国が増加する傾向がある。

2015年に米国のピューリサーチセンターが行った世界共通の世論調査がある。「超大国として中国が米国を将来的に凌駕する、あるいはすでに凌駕した」という問いに対して、35%が凌駕しない、48%が凌駕すると答えている。国別には対中感情の悪い日本や1979年の中越戦争で中国と直接戦火を交えたベトナムは凌駕しない回答が圧倒的に多いが、それはもはや世界的には少数派なのだ。

6　中国が輸出する独裁制と格差

長期独裁政権があっさり崩壊

近年の政治の特徴は、SNSの効果により、些細なことをきっかけに強大な政権が転覆するほどの大きなうねりとなることだ。

本当にSNSだけでここまで大きな力を持ち得るのかどうかについて、疑問視する向きはある。これは2016年の米国大統領・議会選挙に、反ロシアの思想を持つ候補者の追い落としを目論んでロシアが介入した疑惑と同様で、敵対する勢力がSNS上で扇動したり、何らかの資金援助をした疑いは持たれている。今となっては、真相は藪の中だ。しかし、ネットが存在したことで、政権の打倒が可能となったことは事実なのだ。外国からの資金援助も、ビットコインなど仮想通貨（暗号資産）やネット上の送金を使えば、外為法など法の網のかかる銀行経由を迂回することが実体的に可能だ。

そして、問題は独裁政権が崩壊したその後だ。独裁政権が崩壊して普通選挙を実施しても、先進国と同様の民主主義国家は簡単には生まれない。逆に、ちがったかたちでの独裁になることが多く、いわば内戦状態のようになる。そして迫害された人々が移民として、たとえば最近では中東から地中海を渡ってイタリアやスペインに流入したのだ。当時のEUは人道支援に前向きで積極的に受け入れることを各国に要請した。その結果は、地中海に面しているがために多くの移民が押し寄せたイタリアやスペインでは、反移民思想を持つ極右政党が大きな力を持つに至った。ドイツも同様だ。シリアからの難民が押し寄せたことで、反移民思想を持つ極右政党が大きな力を持ち、メルケル政権を次の総選挙までの事実上の選挙管理内閣に追い込んだ。

ジャスミン革命(9)のうねりは民主化のドミノ現象として近隣諸国に波及した。しかし、エジプトでムバラク政権が崩壊すると、米国の中東政策の要が揺らぎ始めた。内政状態に陥ったシリアは無法地帯となり、隣国には多くの難民が押し寄せ、イスラム過激派集団ISは空白地帯に新国家「イスラム国」の樹立を宣言するに至った。ここに至って米国など国際社会が介入したことでドミノ現象は中断したが、事態は解決に向かうというより、カオス状態が長引くこととなった。

この流れは2019年になって、今度は南米で再開した。ベネズエラでは反米左派の独裁政権であるマドゥーロ政権が崩壊の瀬戸際にあり、11月にはボリビアの独裁に近いモラレス政権も崩壊した。政治的に大きな問題を抱える国は特殊要因として例外扱いすることは可能だ。しかし、19年秋にはチリでも反政府デモが猛威を振るった。これはサンチアゴの地下鉄のわずか5円の値上げに抗議する若者のデモから始まったのだが、死者が出るなど混乱が広がり、非常事態宣言が出されるに至った。そして、アジア太平洋経済協力会議（ＡＰＥＣ）首脳会議と国連気候変動枠組み条約第25回締約国会議（ＣＯＰ25）が中止に追い込まれ、経済が麻痺した状態は3カ月以上も続いた。

チリは80年代に、米国の保守主義革命を早い段階から取り入れた成功事例として「チリの奇跡」、「ラテンアメリカのオアシス」と呼ばれていた。チリの暴動については様々な背景要因が取り沙汰されているが、やはり資本優位の行き過ぎによる格差が指摘されている。

もし中国に助けを求めていれば

歴史に「もし」はない。しかし、もしこれらの独裁国家が、中国と同様の顔認証、ＳＮＳの監視、ネット履歴の監視など、国民監視とテロや暴動防止のノウハウを導入していれば、国家崩壊に至ることはなかったであろう。現在の中国のように少なくとも表面的には何事もなかったかのように平穏だった可能性が高い。

そもそも中国は、通信、集会、結社など様々な民衆の活動の自由を容認したことがソ連の崩壊につながったため、その轍を踏まないために、不穏な動きがあれば秘密警察が芽の段階から早めに摘む危機管理を徹底している。そのために数百万人規模のネット監視員が動員され、公安関係に巨額の予算を投入して国民を監視している。特に伝統的な中国とは民族や宗教が異なるウイグルやチベットでは、思想教育という名目で相当な規模の人権侵害が発生しているとも見られている。法輪功など宗教弾圧も容赦なく行っている。

ならば独裁国家は、中国の危機管理をＩＴシステムも含め、丸ごと導入したいはずだ。中国のＩＴ機器は、集めた情報を勝手に中国に送付するスパイウェアが忍び込んでいる危険性があるとされている。しかし、独裁国家からすれば、情報漏洩より民衆蜂起による国家転覆のほうが遥かに恐ろしいはずだ。そして現に中国は、世界の約70カ国に国民監視のシステムを輸出しているとされている。その手法も巧妙で、一帯一路で中国の国営企業の協力を得て港湾や発電所など産業インフラを整備すると、そこにＩＴシステムがくっついている仕掛けになっている。

北京コンセンサスの輸出

また、経済発展のノウハウの面でも中国は、米国や米国の意思が反映される世界銀行より、民主化、透明性、環境基準などが緩いという意味で、ある意味で頼りになる存在だ。

中国の近年の経済発展は、世界史上の一大事件といえるほどのインパクトを持つ。１９６０－70年代の日本の高度成長も世界に大きな影響を与えアジアＮＩＥｓの高度成長の手本となったが、中国はもっと大きい。この世界で初めての快挙の背景には、世界で初めての特異な体制がある。

中国はどう快挙を成し遂げたのか。経済特区をつくり、そこで実験的に外資を導入して安い人件費で組立加工をして、安い為替相場を利用して輸出する。こう書くと、簡単でどこの国でも実現できそうに聞こえるかもしれないが、現実はまったくちがう。

第一に、いくら安い人件費とはいえ、組立加工の工場は原材料の輸入から工場への搬入だけでも高度な輸入、輸送、仕分けなど、インフラと管理体制を必要とする。工場での組立加工では、不良品を出さない管理体制、納期に合わせる生産体制が必要となる。そして輸出するには、輸入とは逆に出荷、輸送、船積み等の体制が必要となる。アフリカや中南米にはいまだにこうした体制を構築できない国は多い。中国は短期間でこうした体制を整備した。

第二に、勤労意欲だ。東ドイツと合併した西ドイツは、現在でも旧東側の社会主義のやり方に慣れ親しんだ人々の勤労意欲の低さに悩まされている。旧社会主義のインドも、国営企業や政府部門の公務員の扱いに悩まされている。中国は、政府部門に問題があるとはいえ、勤労意欲の面では旧社会主義の旧弊をごく短期間でほぼ完全に一掃した。

第三に独裁性の利点だ。土地や建物など不動産の所有権が確定した民主主義国家なら、鉄道や港湾や道路などインフラを構築するにあたって、土地の収用に相当な時間がかかる。しかし中国では、共産党の命令でこうした収用がごく簡単に進んだ。国家権力のパワーはすさまじく、結果として港湾や道路などインフラがごく短期間でできあがった。

また、工業化の初期段階では産業の中心が重厚長大型の製造業なので、排水や排気等の面で公害が発生しやすい。この処理にどこまでコストをかけるかで工業製品の価格競争力に差異が出るのだが、中国の規制は極めて緩い時代が長く続き、公害が相当深刻化した。反対する住民デモなどが起きても、中国ではデモや反政府活動は政府の許可制なので、大規模なものとはなり得ず、マスコミの報道も制約される。選挙もないので、住民は公害に耐えるしかない。その意味では犠牲は大きかったのだが、二桁の経済成長など高度成長を実現した工業化のプラス面は大きかった。

第四に、外資も協力した。日本だけでなく欧米諸国にも二つの世界大戦の贖罪意識があった。中国は人口が13億人と桁違いに大きいことから、将来の経済発展を見越した先行投資の意味合いもあっただろう。知財の移転など多少の無理難題を押しつけられても、「中国13億人の巨大市場」をちらつかされたら、企業は目をつぶらざるを得ない面があった。

第五に、家計の貯蓄意欲が高く、インフラ投資を賄う資金が国内に潤沢に存在した。新興国では、貨幣価値や金融システムが信頼されない場合が多く、貯蓄を金など貴金属やドルで持つ傾向がある。こうなると、せっかくの資金が海外へ出て行き、国内のインフラ建設など投資に回らない。中国は庶民の高い貯蓄意欲を国内のインフラ投資に回す効果的な金融システムの構築に成功した。

第六に、漢字を書く民族は手先が器用だと言われるが、女性も含め、社会主義の伝統で、地方まで教育がしっかり行き渡っていた。工業化の初期段階では、地方の農業従事者が都市部に移動して工場に勤務する人の移動が重要だ。日本でも高度成長期には地方の農家の次男や三男が「金の卵」と呼ばれ都市部の工業部門に「集団就職」したが、中国でもまったく同じメカニズムが機能した。

こうして輸出主導の高度成長が実現した。日本の高度成長期は恒常的に貿易収支は赤字だったが、中国は巨額の黒字を維持した。日本とはまったく異なる内容の高度成長だった。

しかし、この高度成長は、外国から見れば公正を欠くデフレの輸出で、安値攻勢以外の何ものでもなかった。日本をはじめ諸外国との貿易紛争は絶えなかった。この頃から今の米中貿易戦争につながる中国の異様な慣行が目に余るようになった。

たとえば、日本との間で紛争が起こると、尖閣諸島や日本の領海に漁船が現れて魚やサンゴを密漁する、日本の大使館を住民が襲撃するのを黙認する、在中国の日本人労働者を本当かどうかわからない容疑で逮捕する、日本から輸入した化学製品や工業製品から禁止された有害物質が出たと抗議する、などの嫌がらせとも見られる強硬措置だ。

しかも中国は米国のワシントン・コンセンサスに代わって、中国の経済発展のモデルを北京コンセンサスとして、米国より優れたものとして世界に売り込み始めた。米国の民主主義はポピュリズムを産んで政治を不安定化させる、米国型の市場経済は金融危機を発生させる、しかし、中国の北京コンセンサスでは一党独裁で政治は安定する、経済も市場経済の持つ不均衡は政治が指導力を発揮することで安定し結果的に高成長が実現する、という見立てだ。そして、自国の重厚長大産業の過剰生産力のはけ口として、中国が一帯一路でインフラの建設、輸出品を作る工場の建設、そして、その資金のファイナンスにまで乗り出した。

民主主義は、世界の多くの調査機関が分類している。中でも権威のある英国エコノミスト誌傘下の研究所エコノミスト・インテリジェンス・ユニットが毎年発表している分類が有名だ(10)。世界の167カ国を対象に各国政治の民主主義のレベルを五部門から評価した指数である。2019年1月の発表では、完全な民主主義は22カ国、欠陥のある民主主義は54カ国、混合政治体制は37カ国、独裁政治体制は54カ国だ。半数以上の91カ国が中国の北京モデルを導入するインセンティブがあると推測されるのだ。

米国が問題視するのは、中国が一定の経済発展を実現した後の国家の在り方だ。発展途上国が特異な体制で経済発展するのは、ある意味では理に適っている。しかし、一定の経済発展をした後には、政治は独裁制から民主制に移行し、経済も計画経済から自由経済へシフトするのが通例だ。そして、グローバルな問題に対処する責任あるステークホルダーになることが期待されるのだ。

ところが中国は、そうならないことがほぼ確定した。そして逆に、米国と覇権を争う意思を示し始めた。

米国内での対中スタンスは、親中派から嫌中派まで差異は大きい。しかし、もはや国家として中国封じ込めはコンセンサスになったと見られている。これは１９８０－90年代の日本叩きとまったく同じ構造である。

次に、米中覇権争いを見る。

7　米中の覇権争い

長波としての米国の覇権の安定性

第3章で戦後の米国の覇権が、安定する局面と安定しない局面がある歴史を見た。米国の覇権が安定すると、米国経済の安定を通じて世界の経済が安定する。経済の安定は株価の上昇にもつながる。

２０１８年は、米国と中国が互いに関税引き上げの応酬で、両国の経済環境を起点に世界の経済が減速した。経済の減速を反映して株価も大きく下落した。逆に19年は、米国と中国が関税引き上げ合戦を止める可能性が高まったことで、株価は大きく戻した。

２０１８年と19年を合わせて見れば、景気は頭打ち感が強く出て、株価は横這いだ。米中の関税引き上げをはじめとする対立は、２０２０年に貿易戦争停戦あるいは第一弾から始まる貿易交渉合意を受けてエスカレートに歯止めがかかりつつあるとはいえ、収束にはほど遠い状況だ。

米国と中国の対立をどう見るべきか、以下に整理する。

中国との間合いを図った米国歴代政権

米国と中国は、第二次世界大戦では連合国として自由主義陣営に属して日本やドイツなど枢軸国と戦った。両国とも戦勝国なので国連で拒否権を持つ五大国に位置づけられる。

戦後になって中国国内では、親米で自由主義思想を持つ国民党と共産主義思想を持つ共産党の内戦が発生すると、米国など自由主義陣営は国民党を支援した。しかし、国民党内では腐敗が蔓延しており、内戦の結果、敗れて台湾に逃げ込んだ。内戦で権力を掌握した政権を正当な政権として認めるかどうかは国際社会の大問題となった。

この時代の中国共産党は日本では一般に中共と呼ばれた。中共は１９６４年には東京オリンピック開催期間中に核実験を行った。国際社会での承認や挑発行為という意味で、この時代の中国は２０００年代の北朝鮮のような位置づけだったと理解してよいだろう。

転機が訪れたのは１９７０年代に入ってからの米中国交正常化だった。米国としては、ベトナム戦争で実質的に負けて撤退するにあたりスムーズに事を進めたいこと、69年のダマンスキー島での中国とソ連の国境紛争で対立が激化する中で中国と米国が接近すればソ連を孤立させられる、という判断だった。米中国交正常化によって世界各国の中国との国交正常化は、堰を切ったように始まった。日本は72年9月に田中角栄首相が訪中して日中共同声明により国交は正常化した。しかし、それでも中国と世界の常識のちがいは大きく、89年には天安門事件で経済制裁を科され、国際社会から隔離された。

ただ、この時点ですでに世界最大の人口を持つ中国との経済関係を深めたいという思惑は各国に強くあった。日本は自民党内で田中派の後継となった小渕派が政権運営で力を持っていたこともあり、92年10月に天皇が戦後初めて訪中して、中国が国際社会に復帰する先鞭をつけた。その少し前の92年1月から2月にかけては鄧小平元国家主席の南巡講話で経済の改革開放路線への路線転換は明確になっており、各国の経済関係強化の先鞭をつけたいという思惑があった可能性は高い。

米国でもクリントン政権は「戦略的パートナーシップ」という言葉で、同盟ではないものの、同盟に近いほどの間柄として接近した。94年5月には最恵国待遇と人権問題を切り離すことを決定した。そして、中国は2001年にWTOに加盟して輸出主導で戦後の世界経済では未曽有の規模の貿易黒字を計上する高成長が始まった。

中国のような民主主義ではない上に市場経済ではない国のWTOへの加盟を米国が認めるのは異例だった。それでも90年代に認める交渉をした米国クリントン政権は、中国が経済発展すればいずれは民主主義国家になると期待して、会見の場にグリーンスパンFRB議長を同席させるまでしてWTOへの加盟を後押しした(11)。

2000年の大統領選挙でブッシュが大統領になると、中国を「戦略的競争相手」として敵視する方向に舵を切った。2001年には911テロが発生したが、アフガン戦争、イラク戦争を経て、ブッシュの原則を踏みにじる国家には先制攻撃をするというブッシュ・ドクトリンは、ならず者国家を震え上がらせた。ならず者国家として名指しされた北朝鮮は、一部の拉致被害者を日本に帰した。中国も2004年には憲法を改正して財産権を明記、行政についても行政許可法によって法治ではなく人治と揶揄された曖昧な行政の裁量権を制限する方向を打ち出した。

この時代の中国は、市場経済を志向する方向性が明確にあった。その後中国は、やはり中国の巨大な市場を失いたくない米産業界の後押しを受け、「責任あるステークホルダー」と位置づけられて国際ルールを遵守する普通の国家になることが期待された。この方向性は基本的にはオバマ政権にも受け継がれた。しかし、タカ派のブッシュ政権と比較してハト派のオバマ政権に対し中国は、西沙諸島、南沙諸島、尖閣問題を抱える日中関係、中韓関係などで横暴が目立ち、また、２０１０年頃から「核心的利益」という言葉でチベットだけでなく、台湾問題や東シナ海への干渉には妥協しないなど強気の姿勢を貫徹し始めた。

そして、２００１年にＷＴＯに加盟することで経済成長が加速して、日本の高度成長を上回る成長を実現した。高度成長の起点は、経済特区での外資の導入で割安な為替相場を利用した輸出だった。しかも、政府が相当な規模の補助金を注入したため、安値攻勢により世界中から付加価値の低いおもちゃ、家電、自転車等の分野で市場シェアを奪っていった。２０００年代半ば以降にはＧＤＰ比で８－10％にもなる経常黒字は異常だとして、日本から通貨の切り上げ要請が出た。しかし、中国政府と事を構えれば、行政の許認可により人口13億人の市場を失うリスクがあることから、中国の不正や不公正な慣行に対し異を唱えることは難しく、中国の国際ルールから逸脱したビジネス慣行は続いた[12]。

中国としても、巨額の貿易黒字や日本をはじめ国際社会からの通貨切り上げ要請を受け、２００５年7月11日に中国政府と人民銀行は、人民元を２・１％切り上げて事実上の固定相場から管理フロートに移行して、２００８年のリーマン・ショックまで段階的に通貨価値を引き上げた。

元来中国は「能ある鷹は爪を隠す」を意味する韜光養晦《とうこうようかい》を国是としていた。これは古い鄧小平の演説が根拠とされており、国際社会では、外交や軍事で力を誇示するのではなく、経済力を蓄積するのが先という考え方だ。しかし、２００８年8月に北京オリンピック開催、リーマン・ショック直後の11月に打ち出した4兆元と史上最大規模の景気対策、10年5月から10月にかけて１９７０年の大阪万博の入場者数の記録を約40年ぶりに塗り替えた[13]巨大規模の上海万博開催、２０１０年には名目経済規模で日本を抜いて世界第二位となったことなどで、中国は自信を深めた。そして、その頃から国際社会のルールを無視する振る舞いが目立つようになっていたのだ。

米国の中国観に大きな変化

米国の中国に対する見方で決定的に重要だったのは、二人の中国専門家の見方が大きく変わったことだ。ジョージタウン大学教授のデイビッド・シャンボは、たびたび来日するためか日本でもよく知られた中国の専門家であるが、2014年頃を境に親中派から反中にスタンスを変えた。背景としては、中国が経済発展したにもかかわらず、政治は逆に独裁色を強め、反米の姿勢を明確にしたことだった。中国の軍事研究の第一人者とされCIAと国防総省シンクタンクに所属したマイケル・ピルズベリーは、15年に『中国2049』を発表して、敵視する考えを表明した。ここでは、経済が発展すれば民主化するという約束を中国は守る気がないとして、「騙された」とした。オバマ政権の時代から戦略的競争相手として米中戦略対話など紳士的な取り組みで中国の行動が変わることを期待して進められたが、現実には中国は期待とは反対の方向に変わった。

トランプ政権になって対中政策が大きく転換

そして、2016年の大統領選挙でトランプが当選して潮目は変わった。トランプ政権の動きは速かった。正確に言えば、米国内で中国に対し脅威を感じていた勢力が、トランプのような強硬な政権を待望しており、チャンス到来とばかりに迅速に動いたというのが実情だろう。そして、融和路線から明確に中国と対決する方向へと舵を切った。米国では対中関係について、「リビジョニスト」という言葉が使われている。これは、本書でも前に触れたように、1980－90年代にかけて日米貿易摩擦から構造協議へと言葉が変わった日本叩きの時代とまったく同じで、覇権争いの文脈で使われる言葉だ。

なぜ覇権争いなのか。国際関係は経済、軍事など力、価値観の三層で成り立つと考えられている。この三つの観点から、具体的に見てみる。

覇権争い　①　経済規模

第一は、経済で経済規模だ。2014年にIMFが発表した世界経済見通しでは、購買力平価で計測した経済規模で中国が米国をその年から抜いて世界一になり、その差は予測の最終年である2021年にかけて開き続けるとした。これはワシントンで政界関係者に驚きをもって受け止められ、米国の主要メディアは大きく取り上げた。

名目GDPで見ても2027－30年頃には中国は米国を抜いて世界一になると見込まれている。中国では、米国は他のライバル国の経済規模が米国の60％になると、叩きにくると理解されており、「60％ルール」などと表現されている。2018年8月9日の人民日報は「米国が貿易戦争を引き起こした本質的理由」と題した記事で、経済規模が米国の60％に達したら米国はライバルと見做してあらゆる手段を使ってつぶそうとする、冷戦時代にはソ連を崩壊させ80年代には日本を「失われた20年」に陥れ、現在では中国がターゲットになっている、と評論した[14]。

覇権争い　②　世界への経済的影響力

第二も経済力で世界各国への影響力だ。経済規模が大きくても、貿易を通じた外国との結びつきが弱ければ、孤立する。国家崩壊前のソ連は長く経済規模は世界第2位だったが、西側との結びつきはほとんどなかった。したがって、1990年頃のロシア崩壊、98年のロシア危機において、強い利害関係を持つ諸外国が介入して支える動きはほとんど出なかった。

だが、中国はちがう。貿易取引では、財・サービスを合計するとまだ米国の5・6兆ドル（2018年）に対し5・2兆ドルと、肉薄してはいてもまだ追いついてはいない。しかし、財だけを見ると、すでに米国を凌駕している。しかも、米国は中国からの輸入が最も多いのに対し、中国は石油などエネルギーや銅や鉄鉱石など資源を輸入して加工して輸出する加工貿易が主体だ。エネルギーや銅など資源の分野で中国が消費する量は世界全体の30－50％に達しており、もはやこの分野では圧倒的に世界一の影響力を持つ。

こうした財の輸出国にしてみれば、中国は最も大切にしなければならない大切なお客さんだ。また、中国がこれまで武器とした、中国13億人の巨大マーケットは輸出だけではない。現地生産でのビジネスはもっと大きい。中国の不公正な慣行に各国が目をつむる最大の原因だ。

日本企業の海外との経済的な結びつきを2017（平成29）年時点で現地進出した日系企業の数で比較すると、1位は中国で3万2349拠点で海外進出した日系企業全体の約43％、2位は米国の8606拠点で同全体の約11％となっている。[15]

実にここまで差が開いているのだ。

覇権争い　③　先端産業

第三も経済で先端産業の競争力だ。1980年代の日本はマイクロエレクトロニクス革命や半導体で米国を凌駕した。２０００年以降の中国は、５G、宇宙、次世代人工知能、迎撃ミサイルで撃ち落とせない極超音速兵器、太陽光を動力としてＡＩで標的を定めて攻撃する無人飛行の小型戦闘機を蚊の大群のように大量に飛ばすウンカ攻撃、すべての暗号を見破る量子コンピュータ、衛星を打ち落とすことでＧＰＳを無力化するキラー衛星、太陽とほぼ同じ原理でエネルギーをつくり出す核融合発電（人工太陽）等の分野で、すでに米国を凌駕する技術が出始めたとも評価されている。こうした先端産業の育成を体系的に進めるため、中国は三つの政策を特に重視していると見られている。

一つめは、２０１５年に国務院通達のかたちで発表した「中国製造２０２５」だ。今後10年間をひとつの目途とする製造業発展のロードマップで、（a）四つの基本原則、（b）五つの基本方針、（c）一つの目標と三段階の達成時期から、構成されている[16]。

この計画の凄みは前文に現れている。すなわち、「製造業は国民経済の基盤であり、国家存立の根本であり、国家振興の神器であり、強国になる基礎である。産業文明が18世紀半ばに始まって以来の、世界の強国の興亡、中華民族の奮闘の歴史は『強い製造業なしには国家と民族の繁栄もない』ことを物語っている。国際競争力のある製造業を創り出すことは、中国の総合的な国力を高め、国の安全を保障し、世界における強国を打ち立てるために避けては通らない道である[17]」とある。

製造強国という目標達成時期とされた２０４９年は建国１００周年だ。個別に次世代情報技術、高度なデジタル制御の工作機械とロボット、航空・宇宙設備など10の具体的な重点分野が列挙されているが、特徴としては先端分野を重視、ＩｏＴなどインターネットとの融合を重視、付加価値の低いスマイルカーブの真ん中を避けて収益性の高い高機能部材などの基礎素材やメンテナンスなど両端を重視したことだ。

しかも、そのために巨額の補助金を使うと見られている。これまで中国は、WTOに補助金を正確には申告せずに使ってきた。政府が補助金を出し、大量生産してコストを下げ、世界に輸出攻勢をかけてライバルをつぶすやり方だ。これは、安値攻勢で競争相手をつぶした後、市場を独占して価格支配力を強める手法で、先進国では「略奪的行為」として公正取引ルール（日本なら独占禁止法）で禁止とされる手口である。

２０１７年7月27日のウォール・ストリート・ジャーナルは半導体分野の補助金が１５００億ドルに上ると報道した。自転車や電球など付加価値の低い分野なら、中国が値段をつり上げても、発展途上国で代替の生産が可能だ。しかし、半導体ではそうはいかない。日本は２０１０年に尖閣問題で中国と領有権問題が表面化した際、レアアースで禁輸措置を実施された経験がある。

二つめは、中国の国会に相当する全国人民代表大会で李克強首相が政府活動報告で公表した「互聯網＋（インターネットプラス）行動計画」だ。この言葉は、翌年に中国の流行語大賞に選ばれるなど広く知られている。これは、モバイル、クラウド、ビッグデータ、モノのインターネット（ＩｏＴ）、などの新しいインターネット技術を使って他の産業を結びつけて発展させる政策だ。「インターネット＋小売り」「インターネット＋医療」「インターネット＋物流」「インターネット＋金融」など、あらゆる産業と連携することで従来の産業の新たな発展の推進を目指す。

三つめは次世代ＡＩ発展計画だ。２０１７年7月に国務院が発布した。これはすでに述べた「中国製造２０２５」を補完するＡＩ戦略に特化した計画で、計画は三段階に分かれている。第一段階の２０２０年までにＡＩが経済成長のエンジンとなる。第二段階の２０２５年までに中国のＡＩ技術が世界をリードする。第三段階の２０３０年までに中国のＡＩを総合力で世界トップに引き上げ、中国を世界の「ＡＩイノベーションセンター」にする。そして、分野ごとに企業を割り振る計画だ。自動運転は百度（バイドゥ）、スマートシティはアリババ、ヘルスケアはテンセント、音声認識はアイフライテック、画像認識はセンスタイムとされた。

これらの計画を実現するため、中国は、やはり補助金を外国からでは見えにくいかたちで使うと見られている。

米国の調査会社ＣＢインサイツが発表したデータによると、２０１９年４月の時点で、世界におけるユニコーン企業[18]は３３５社存在する。国別には１位は米国の１５１社、２位が中国の82社だ。

経済規模、世界への経済的影響力、先端産業分野での競争力を総合的に表すのが企業の競争力だ。２０１９年７月に米国の有力経済誌のフォーチュンが発表した世界の大企業番付である「フォーチュン５００」では、中国が１２９社で米国の１２１社を抜いて初めて世界トップとなった。なお、日本企業は52社だった。世界知的所有権機関（ＷＩＰＯ）によると２０１８年の国際特許の出願件数のトップ３は、１位米国５・６万件、２位中国５・３万件、３位日本５・０万件だった。出願企業では、１位ファーウェイ５・４千件、２位三菱電機２・８千件、３位インテル２・５千件だった[19]。

覇権争い　④　領土拡大

第四は力の政治で領土拡大の思惑だ。すでに軍事拠点化したフィリピン領海で国際司法裁判所から法的根拠がないと判断を下された南沙諸島に加え、日本とは尖閣諸島で領有権問題を抱えている。

中国は１９９２年に南沙諸島、西沙諸島などが中国の領土であると明記した「領海及び接続水域法」制定以降、領有権を主張してきた。２００９年にはこの地域に「主権、主権的権利及び管轄権」が及ぶと主張して国連宛口上書にいわゆる「九段線」の地図を添付した。九段線は、海南島の南で、ベトナム、フィリピン、マレーシア、ブルネイに囲まれた広大な海域だ。そして行動規範の策定に向け、ASEANとの協議を2021年までに進める方針を示している。

米国は中国の領土拡大の思惑を牽制して2015年11月に初めて航行の自由作戦を展開した。「航行の自由」は、もともとはベルサイユ条約で米国が、当時七つの海を支配していた英国から海上覇権を奪い取るために要求した国際法上の概念だ。中国が自国の権益が及ぶと主張する九段線の内側を、公海なので航行の自由があるとして実施される航行の自由は、実施主体が米国だから中国は報復などをしないものの、他の国だったらどんな報復を実施するかわからないと見られている。

2018年になって英国とフランスも航行の自由作戦に加わった。中国が領土拡大に関し、不気味な思惑を持っていることは、外形を見る限り間違いないと見られている。

覇権争い ⑤ 陣営拡大

第五は力の政治で陣営拡大の思惑だ。中国は2018年の憲法改正で「人類運命共同体」という言葉を盛り込んだ。これは、グローバル・ガバナンスの理想形として陣営を拡大する意思を示したと見られている。具体的には、米国の自由主義と民主主義を基盤とするワシントン・コンセンサスに対し、中国はより優れたシステムとして、政治は独裁体制でITで国民を監視しつつ、経済も独裁政権がインフラ整備と許認可を駆使して開発を進める北京コンセンサスで、新興国に積極的に宣伝して売り込んでいる。

中国ではIT企業に政府への情報提供を義務づける「サイバーセキュリティ法」が2017年6月から施行されている。顔認証監視カメラが町中に張り巡らされている。要するに、電子メールの内容、インターネットのアクセスの履歴、位置情報からの行動の履歴、監視カメラでの行動の履歴が政府に筒抜けになる。オーウェルの『１９８４』の世界観がより現実味を滞びた域に近づいたと見られている。

この国民監視のシステムは独裁政権にとっては極めて有用性が高く、反政府思想を持つ国民を早い段階で摘み取るために利用されている。中国はサイバー空間は物理的な国境と同じで「サイバー主権」があり、政府が統制できるという立場だ。

中国が陣営拡大に向け、経済の連結性を高め、インフラ整備への協力のために２０１３年9月に打ち出されたのが新シルクロード構想「一帯一路」だ。一帯一路は18年の憲法改正で憲法に盛り込まれ、世界に向けて構想を推し進める意思を明確にした。この構想は、習近平が最高指導者に就任したのが12年11月なのだが、就任からわずかの期間で急スピードで実現へと持って行った。しかも、そのための資金調達のため、アジアインフラ投資銀行、各種シルクロード基金、ＢＲＩＣｓ銀行を創設して世界中から出資や参加を募った結果、アジア開発銀行や世界銀行に勝るとも劣らない規模になりつつある。

歴史的に新興国は、道路、鉄道、港湾などのインフラ整備が進む局面で経済は二桁の高度成長を経験する。そして５－６％中成長に移行する過程で重厚長大産業の過剰生産能力から経済危機を経験する。日本の１９６５年の「昭和40年不況」、１９９０年代のアジアの通貨危機などだ。中国でも中所得国の罠として政府は強い警戒感を示していたのだが、一帯一路で懸念の緩和には成功したといえる。

一帯一路はすでに巨大な経済圏だ。この長大なルートを通じた貿易額は6兆ドル、中国企業からの一帯一路への投資は９００億ドル、中国と欧州を結ぶ鉄道は16カ国を横断して１０８都市をカバーし、18年末までの累計で1万３０００便、港湾では47カ国と海運協定に署名した。

一帯一路は、ユーラシア大陸を縦横に陸路と海路でつなぐ構想だ。六本の重要回廊を具体的にみると、中国・モンゴル・ロシア経済回廊で日本海からバルト海へ、新ユーラシアランドブリッジ経済回廊で渤海から大西洋へ、中国・インドシナ半島経済回廊で中国からインドネシアへ、中国パキスタン経済回廊で中国からインド洋へ、中国・中央アジア・西アジア回廊で中国内陸から地中海へとインフラをつなぐ巨大な構想だ。

中国の進め方は極めて戦略的である。経済危機の国に援助を出す格好で橋頭堡を築き、その点と点を鉄道や航路など経済的つながりを強めるインフラでつなぎ、その中間地点で経済的結びつきを強めることで、中国陣営に引き込む手口だ。

南欧では、経済危機に陥ったギリシャでは、ピレウス港の09年からコンテナターミナルを長期契約で借り受けていた中国の国有企業、中国遠洋海運集団（コスコ）は、豊富な資金を元手にコンテナ埠頭の新設など大々的に再開発を実施した。財政危機で２０１０年から欧州連合（ＥＵ）などの支援を受けたギリシャは、支援の条件として国営会社や国有資産の売却を迫られた。そこに現れたのが中国マネーだ。港を管轄するピレウス港湾管理会社（ＯＬＰ）の株式の51％を約２億８０００万ユーロで買って経営権を取得した。イタリアが２０１９年にＧ７で初めて一帯一路への参加を表明したのは、ギリシャが橋頭堡になったからだと見られている。

東欧では、２０１２年からは「16プラス１」で東欧16カ国と毎年首脳会談を開催している。16プラス１は、12年の立ち上げ時から賛否両論があり、中国とＥＵとの結びつきを深めるためというより、経済的に遅れた東欧諸国をＥＵから切り離すための試みなのではないかと懸念されてきた。17年12月に欧州外交評議会が発表したＥＵ・中国間関係に関する報告書では「16プラス１が『分割統治』の手法の一部であることに疑いはない」と結論づけている。１９９９年のコソボ紛争でＮＡＴＯがコソボを空爆したが、コソボは欧州で初の、中国との戦略的パートナーシップを締結した。２０１６年にはコソボと関係の深いセルビアの首都ベオグラードとハンガリーのブダペストを結ぶ高速鉄道の建設で調印した。

アフリカとは、２０００年から3年ごとに「中国・アフリカ協力フォーラム」が開催されている。アフリカからは約50カ国が参加し、中国と巨額の契約を結ぶ経済協力の場になっている。ジブチとは、鉄道や港湾などインフラ建設をする見返りに、人民解放軍の海外初の基地の租借に成功した。エチオピアにも多数の中国企業が進出した。しかし、スーダンやジンバブエなど人権侵害などの問題がある国家とも堂々とビジネスを行う姿勢には、強い批判がある。

近隣のアジアでは、社会主義の時代からカンボジアやミャンマーなど米国から敵視される国を親中政権とし、政治経済の両面で関係を深めた。その過程で問題になっているのが、マレーシアのマハティール首相が「新植民地主義」と批判するやり方だ。中国は、インフラ整備で借款を出し、資金を返済できなくなったらそのインフラを、期間の定めがあるとはいえ接収する19世紀帝国主義時代のようなやり方なのだ。

たとえばスリランカは、中国に借金を返済できず、ハンバントタ港を中国に99年間租借することを認めざるを得なかった。インフラの接収は生殺与奪を握られるのと同等だ。もしスリランカと中国の国交関係が悪化すると、港湾が自作自演の事故で使えなくなって食料が輸入できなくなる、などの事態が起きかねないと懸念されている。しかも、返済できなくなるようなインフラ整備は、もともとが借金の罠で、不透明な入札等の汚職を伴う場合が多いと見られている。

本来であれば国際的な資金の債権債務関係は、インフラを接収して支配関係を強めるようなことがないよう、パリクラブという調停機関がある。しかし、中国はこれに参加せず、国際ルールから逸脱する勝手なふるまいをしていると見られている。こうしたインフラの接収の例としては、ほかにもパキスタンのグワダル港湾（40年租借）、モルディブのフェイドゥフィノルフ島全体を50年、コロンボ海岸の埋立て地（金融開発）、オーストラリアのダーウィン港（99年）などすでに多い。

なお、世界史上において、ほとんどすべての覇権国は海洋国家だった。海洋国家のメリットは、海上輸送費のコストの安さだ。それに比べて大陸国家である中国は、ユーラシア大陸に鉄道網を整備して輸送コストの低減を図った。モンゴルや東欧など海に面していない国家では、鉄道網に対する期待は特に大きいとみられている。

覇権争い　⑥　中国的価値観

第五は価値観だ。中国は伝統的に「三戦」として、世論づくり、法律での正当性、心理的な優劣関係を重視する。これは中国版のソフトパワーで、シャープ・パワーと称されることもある。具体例を挙げるとパンダだ。あの愛くるしい姿やしぐさは、世界中の動物園で最も人気のある動物になっている。

パンダ外交が最もうまくいったのは日本で、２０００年頃までの日本人は、中国人を孔子のような人格者ばかりだと思い込んでいたが、パンダもこのイメージづくりに大いに貢献したと見てよい[20]。そして、世界中に孔子の銅像を作り、中国人は論語に代表される孔子のような人格者だというイメージを植えつけるのに貢献している。海外で中国語を学ぶ人のための学校として孔子学院を設立し、日本には大学との提携で約20校がある。孔子学院は世界中に展開しており、中国政府は２０２０年までに世界で１０００校とする目標を持つ。

米国との関係では、米国でも孔子学院を作り、選挙に介入して米国の政治を中国に都合よく操作しようとした疑いが持たれている。18年6月に出版された「習近平新聞思想講義」では、CCTV傘下で世界に向け情報を発信するCGTNと新華社世界に、「われわれは世界で発信する構造を強化し、世論をリードする能力を高め、世界のニュース競争で主導権を握らなければならない」とされた。第1章でマスコミによる世論操作について書いたが、世論操作競争で世界で勝つ意思を示したものだ。

米国で2007年頃に中国から輸入されたペットフードに毒物が混入したことで、数千匹のペットが死亡する事件が発生した。同じ頃に日本では毒餃子事件があり、中国製に対するイメージが大きく悪化したが、米国では、中国製品をボイコットする動きが草の根レベルではあったものの、意外と長引くことはなかった。この背景には、中国政府の宣伝工作があったと見られている。

米国では中国の官民一体のやり方は「whole of the government approach」として強く批判される。ただ、この日本語訳は「軍民融合」「統一戦線」など定まっていない。だが、中国の識者によると、ここを見破られた点が最も米国の中国観で大きな影響力を持つとのことだ。

覇権争い　⑦　プラットフォーム

現代のIT産業は、プラットフォーマーが勝者総取りで極端な利益を上げる。この分野では米国と中国が住み分けてきた。それが米国のGAFA（グーグル、アップル、フェイスブック、アマゾン）と中国のBAT[21]（バイドゥ、アリババ、テンセント）だ。米国のプラットフォーマーは長く中国での情報統制のために、中国市場に参入できなかったのだが、その間に中国のBATが力をつけ、アジアに進出してGAFAのシェアを奪う構図が続いた。

この分野では、米国と中国でシステムが完全に分かれて、系列化する可能性があると見られている。

たとえば米国はファーウェイへの米国製品の供与を禁止した。そうなると、ファーウェイ製のスマホでは、グーグルのＯＳであるアンドロイドをはじめ、さまざまなアプリが使えなくなる。そこでファーウェイは２０１９年から自社開発に乗り出した。中国でも米国の制裁に反発して愛国消費が刺激され、ファーウェイのスマホは性能を短期間で高めたと見られている。ＯＳやアプリが異なれば、もはやシステムとして系列が分かれる可能性が高い。

こうして系列は分かれて世界中でシェア争いをする可能性が高まっている。国際規制、プラットフォーマーに対する課税でも、様々な利害が衝突する可能性が高い。

覇権争い ⑧ 軍事力

軍事力では米国と中国では相当な差があり、中国が軍事費を急増させて追い上げているとはいえ、まだ相当な差はある。ストックホルム国際平和研究所が発表する２０１８年の軍事費のデータによると、米国は６４９０億ドル、中国は２５００億ドルと2倍以上の開きがある。ただ注意を要する点がある。第一は、トランプ政権のピーター・ナヴァロ国家通商会議議長が『米中もし戦わば』[22]で指摘するのが敵の数だ。もし米中が戦うことになれば、中国の敵は米国だけだ。しかし、米国はちがう。イラン、イラク、ベネズエラ、ロシアなど世界全体の安全を考慮しなければならない。要するに、中国はすべての兵力を対米に集中できるが、米国は対中に一部だけしか回せないことになる。

第二に、先端分野だ。ＡＩ搭載の潜水艦、ＡＩとミサイルを搭載のドローン、宇宙での衛星を標的とする攻撃などの分野では、中国の技術力が相当に進んでいるとみられる。中国は２０１５年に戦略支援部隊として事実上の宇宙軍を創設した。米国は２０２０年だ。中国は宇宙ステーションからレーザー砲で衛星を攻撃したり、地上からのミサイルで衛星を破壊する実験を2017年に成功させている。これまでの軍事紛争では制空権が最も重視されたが、今後は「制宇権」になると考えられている。ここを握られたら、GPSが無効になるので、大陸間弾道弾や誘導ミサイルは無力化する。

偵察衛星や測位衛星の数は、2019年8月時点で米国より中国のほうが多い。移動式発射台から米国本土に向け攻撃できる核弾頭が搭載可能な大陸間弾道弾である東風41の開発にも成功した。米国は2024年に宇宙飛行士の月面着陸を実現するアルテミス計画を発表した。ただ月は通過点で、2030年代には火星の有人探査を実現したい意向だ。

また、歴史的な人類の科学上の偉業は、世界に向けて公表するのが世界の常識であろう。これは、新しい法則や元素の発見などだ。しかし中国は学者を中国に囲い込むことで、秘密裏に事を進めようとしているとも見られている。このことの意味は、ある日突然中国が、世界があっと驚く技術を持ち、それを兵器などで実現する可能性があることを意味する。すでに人工知能の分野では、多くの研究・開発が相当進んでいるとも見られている。このように、単に「量」だけを比べても、米国が必ずしも優勢とは限らないのだ。

覇権争い　⑨　ドル基軸通貨体制

米国の覇権を支える最も強力なシステムがドル基軸通貨体制だ。中でも強制力が強いのが経済制裁だ。たとえばトランプ政権は2019年にイラン制裁を強化したが、実行部隊は米国の財務省だ。なぜお金を扱う財務省がイラン制裁の実行部隊なのか。ここに米国の最大の力の源泉がある。

国際的な資金の移動はドルを経由する。たとえば、中国人が人民元をもとにして英国人にポンドを送金しようとすると、人民元→ドル→ポンドと、ドルを経由しなければ不可能なのだ。このドルを経由する際、国際的な決済ネットワークである国際銀行間通信協会（ＳＷＩＦＴ）と国際的な決済システムであるチップス（ＣＨＩＰＳ）を利用することになる。スウィフトは本部がベルギーにある国際機関ではあるが、実態的には米国が強い影響力を持つ。チップスは米国内にある民営の決済システムで、当然のことながら米国金融当局の管理下にある。つまり、米国の支配下にあるこのシステムから締め出されると、国際的な資金の決済ができなくなるので、貿易取引も不可能になる。

米国の経済制裁には禁輸など様々な手段があるが、この決済システムからの締め出しが最も厳しい。イラン制裁を財務省が担当する意味はここにある。そして、中国が最も恐れるのがこの決済システムからの締め出しだ。

また、このシステムで資金の出入りを見張ることで、反米思想を持つ国家、人物、企業の資金の流れを監視している模様だ。ＺＴＥなど中国企業のイラン制裁違反も、もともとはドルを経由した資金決済から足がついたと見られる。中国から見れば、このシステムに変わる決済システムを構築しないことには、米国に対抗することはできないのだ。

米国の対応

米国の対中政策は、あらかじめ大きな方向性が示され、ロードマップに沿って順次実現される性質のものではない。したがって、どの程度、米国による中国叩きが苛烈を極めるかについて、見方は割れている。その時どきの政権や議会の勢力で微妙に変化するとみてよいだろう。

米国内でも大きく分けて四つほどのグループがあり、どのグループが力を持つかで対応が分かれる。

第一は１９７０年代に米中国交正常化を実現したキッシンジャーらパンダハガーと呼ばれる親中派だ。日本でも１９７０年代に日中国交正常化を成し遂げた田中角栄の自民党内での派閥（田中派）が親中の中心であり続けたが、中国の古い友人を大切にする文化を反映している。

第二は、今の中国に問題があることはもはや米国内での共通認識になっているが、しかし、トランプ政権の問答無用で関税を引き上げるやり方は問題が大きいとして、もう少しソフトにやるほうがよいと考えるグループだ。総じて米民主党は、中国に問題はあるものの話せばわかる可能性が高いと考える人が多く、トランプ政権のやり方には批判的だ。

第三は、トランプ政権だ。対中圧力は強めるが、しかし、景気を腰折れさせるわけにはいかず、ある程度はビジネスにも目配りはする。

第四は、トランプ政権内にいる強硬派で、ライトハイザーＵＳＴＲ代表や前述のピーター・ナヴァロらだ。

今後の米国の対中認識は、大統領府と議会の共和党と民主党の勢力図次第で、第二と第三のグループの間で揺れ動く可能性が高い。トランプ政権は第三群だが、２０２０年の大統領・議会選挙では、民主党の得票次第で第二群により近づく可能性が高い。

２０１７年に大統領に就任したトランプは、すぐに同年3月には「２０１７年通商政策の課題及び２０１６年の年次報告」を発表した。政権の狙いは四つで、通商分野で米国の主権を守る、米国通商法を厳格に運用する、外国市場を開放させるために影響力を強める米国にとってよりよい通商協定に向けて他国と交渉する、とした。そして、すぐに米中貿易協議を始めた。中国も「１００日計画」を作り、貿易収支改善に向けた努力を進めた。

しかし、2018年に入って様相が変わった。この重要な背景は米朝関係の改善だ。トランプ政権は、大陸間弾道弾の発射実験や核実験を繰り返すことで挑発を強める北朝鮮に対し、朝鮮半島に軍艦や護衛艦など空母打撃群を派遣して圧力を高め、最高指導者の金正恩を対話路線に引きずり出すことに成功した。18年6月に戦後初の米朝首脳会談が実現し、両国は懸念された軍事衝突とは正反対の和平の方向に向かうことが確定的になった。中国が最も恐れるのは北朝鮮が親中国家から親米国家に鞍替えすることだが、その可能性を開いた後で、中国との新たな交渉を始めた。

17年12月には政権発足から1年以内という異例の早さで「国家安全保障戦略」を発表し、ここで米国は中国とロシアを「修正主義勢力」と位置づけて明確に敵視した。その後の動きは早く、よくトランプ政権には戦略がなく、その時の気分で衝動的といわれるが、実際はかなり戦略的だ。

17年には景気対策、18年6月に米朝首脳会談を開催する目処をつけた上で、米国は関税を引き上げるなど、中国と貿易戦争を始めた。トランプ自身はロシアとの関係改善を進め、中国と反米姿勢で共同歩調を取るロシアと離反させた後に進めたかったようだが、米国内の反ロシア勢力が強固だった。オバマ政権時代のクリントン国務長官の時代には関係改善に向けて「リセット」という言葉を使い、マスコミも後押ししたのとは大きなちがいだ。

そして、結果として米中関係は段階的にヒートアップしていった。最初は2018年4月で、通商拡大法232条に基づき、鉄鋼やアルミなど国家安全保障に関わる重要物資と位置づけ、中国以外の日本やドイツも対象に関税を引き上げた。その後は、通商法301条に基づき、サイバーテロ、補助金、知財移転の強要を主な理由として、中国を標的にして段階的に関税率を引き上げ、その品目をさらに広げた。18年8月に第二弾、同年9月に第三弾と、立て続けに関税を引き上げた。

欧州も中国も米国に対し対抗措置を打ち出した。個別具体的にいつどんな品目の関税が何%引き上げられたかはここでは詳述しない。というのも、大事なのは、関税が手段か目的かで分かれるからだ。

貿易戦争に関する見方は割れている。最も楽観的な見方は、米国の本当の狙いは米国産の大豆や牛肉を中国に買ってほしいことで、買ってくれれば貿易戦争は収束するという見方だ。また、互いが傷つく貿易戦争なので、マイナスが出始めたら収束させるという見立てだ。

一方、厳しい見立ては、関税は中国に行動を改めさせる手段であり、いま対応を取らなければ、米国の覇権の維持で後世に取り返しのつかない禍根を残す。そもそも、中国がこの段階にくるまでサイバーテロや知財の開示の強要や補助金による略奪的行為をオバマ政権が放置したこと自体が大問題であり、中国が普通の国家として行動を改めるまで圧力をかけ続ける、つまり、関税を上げる、構造改革を進める、などを要求し続けるという見立てだ。

筆者は後者の見方が正しいと見る。当面の目的は中国をルールに従わせることだ。米国の最終的な目的は、中国がルールに従うことで世界貿易を拡大することであり、その手段が関税だ。目的を達成することなく、手段を収束させることはないだろう。

貿易以外で関税よりも重視されるのが、2018年8月に成立した2019年国防権限法で、中国企業への安全保障上重要な「機微物資」の中国との輸出入を厳格に管理する。そして、それを個別具体的に定める外国投資リスク審査厳格化と輸出管理改革法により、米国内での使用禁止、米国から中国への禁輸措置や認可制導入などを厳しく管理する。また、同様の措置を同盟国などに要請する。2019年8月以降は、政府調達からファーウェイやハイクビジョンなどハイテク企業を排除する方針を打ち出している。今後も続々と中国企業が先手を打って指定される懸念がある。2019年秋口以降は、排除されそうになった中国企業が先手を打って半導体など「機微物資」を大量に輸入したため、世界のＩＴ部門の受注状況に多大な影響を与えた。

中国を念頭に、外国からの米国企業のＭ＆Ａなどによる投資についても、米国の国家安全保障を目的に、今後は対米外国投資委員会（ＣＦＩＵＳ）で厳しく審査することとなった。

対外援助では、２０１８年10月に政府系開発金融機関「海外民間投資公社（ＯＰＩＣ）」と米国務省傘下の国際開発庁（ＵＳＡＩＤ）を統合し、新たな開発金融機関（ＤＦＩ）を設立することを規定した法案「ＢＵＩＬＤ（Better Utilization of Investments Leading to Development）Act of 2018」が成立した。この法案により米政府の国際開発金融機関を再編し海外への投融資を拡大することになるが、狙いは中国政府が進める「一帯一路」構想への対抗にあると見てよいだろう。トランプ政権はすでに、新組織のインフラ投融資枠を現状の倍となる６００億米ドル（約７兆円）にする方針を掲げている。この分野では、日本も含め国際的に同調する動きが出るだろう。

２０１８年の大阪Ｇ20では「質の高いインフラ投資に関するＧ20原則」が採択された。中国の新植民地主義を念頭に置いたもので、国際ルールに沿うインフラ整備の手法を順守するように求めている。

同年10月にペンス副大統領は、ハドソン研究所で中国を敵視する演説を行った。この演説は重要だ。後世になって１９４６年の英チャーチル元首相による鉄のカーテン演説のような、歴史を画するものになる可能性が高い。ペンス副大統領は、経済や軍事など多方面での中国の邪悪な意図を具体的に挙げて指摘し、結論として「中国との関係改善を望むが、米国の安全保障及び経済のために、強い姿勢を取り続ける」「われわれは、米中関係が公平、相互主義、そして主権の尊重に根差したものとなるまで屈しない」と強硬な姿勢をとることを宣言した。

この演説の中でも触れられているのだが、その3日前の10月1日には、南沙諸島で航行の自由作戦を展開していた米国のイージス駆逐艦に中国海軍の駆逐艦が最短で41メートルまで異常接近して攻撃的な動きを繰り返しながら当該海域から離れるよう警告をした。2キロメートル以内への接近が準戦闘行為と見做されるので、41メートルは一触即発の事態だった。

12月4日には孟晩舟ファーウェイ副会長のカナダでの拘束が発表された。この件について当時のボルトン安全保障担当大統領補佐官は、その2日前の12月2日にアルゼンチンのAPEC首脳会談に合わせて開催された米中首脳会談で、トランプ大統領は逮捕を知らされずに会談に臨んだことを明らかにした。もともとはイラン制裁に違反したZTEの幹部に司法取引を持ち掛けたら、ファーウェイのことを白状したと見られている。孟晩舟副会長は偽名を含む複数のパスポートを所持していると報道されている。米国は、司法取引で芋づる式に企業を摘発する姿勢だ。このことから、対中封じ込めはトランプ政権の意思ではなく、米国政府の意思であることが明らかになったといえる。

2019年4月に国務省のスキナー政策企画局長は講演で、第二次冷戦に向けた対中版の「X書簡」を策定中であることを明らかにした。これは、1947年に国務省の政策企画局長だったジョージ・ケナンが『フォーリン・アフェアーズ』誌に「ソ連の行動と源泉」を発表したX論文になぞらえたものだ。X論文でジョージ・ケナンは、ソ連の封じ込めを訴え、米国の国是として戦後の外交政策に定着した。つまり、明確な封じ込めだ。

そして、2019年11月には2019年香港人権・民主主義法を成立させてデモで経済が麻痺した香港情勢に介入、12月にはウイグル人権法を成立させてウイグル情勢にも介入する布石を打った。

一時休戦後の米中関係の長期展望

ただ経済面では、関税引き上げをエスカレートさせない米中合意の第一弾が2020年1月に成立し、第二弾に向けさらなる準備が進められている。米中合意第一弾では、2年間で中国が米国からの輸入を2倍に増加させるという条項が入っており、実現の可能性が疑問視される半面、中国は交渉で完敗した、今後も対米譲歩を続けて要求を受け入れざるを得ないなど、様々な憶測が生まれている。

しかし、同盟国の日本とでさえ貿易摩擦は30年以上も続いた。米国が中国との貿易不均衡を問題視し始めたのは2005年の「米中戦略経済対話」からで、日米貿易摩擦と同様に、なかなか減らない貿易不均衡の背景にある貯蓄投資行動や内需拡大を抑制する国内の規制などに標的を変えて「構造調整」という言葉を初めて使ったのは18年12月の米中首脳会談のことだった。

中国にとって貿易収支不均衡の改善は、米国の要求の中では最も受け入れやすいはずだ。というのも、中国の一党独裁体制、ウイグルやチベットでの人権抑圧、香港での治安維持、産業補助金などは国家の在りように関することで、中国から見れば内政干渉以外の何ものでもない。すでに見た通り、グローバリゼーションの程度に応じて各国は、伝統や文化や国民性に合致するように制度を微修正して独自の資本主義を模索する局面に入っている。中国にだけ次元の異なる要求をするのが正に覇権争いの覇権争いであるゆえんだが、米中の争いはこの先数十年単位の相当な長期戦になると見ておくのが得策だろう。

金融市場

問題は金融市場だ。米中の対立は、貿易交渉で合意さえすれば対立は氷解するという期待が株式市場の一部にはある。現に2018年から19年にかけての米国株式市場は、米中貿易協議に関するトランプ

図６-１　主要国−地域株価指数の推移（2017年末＝100）

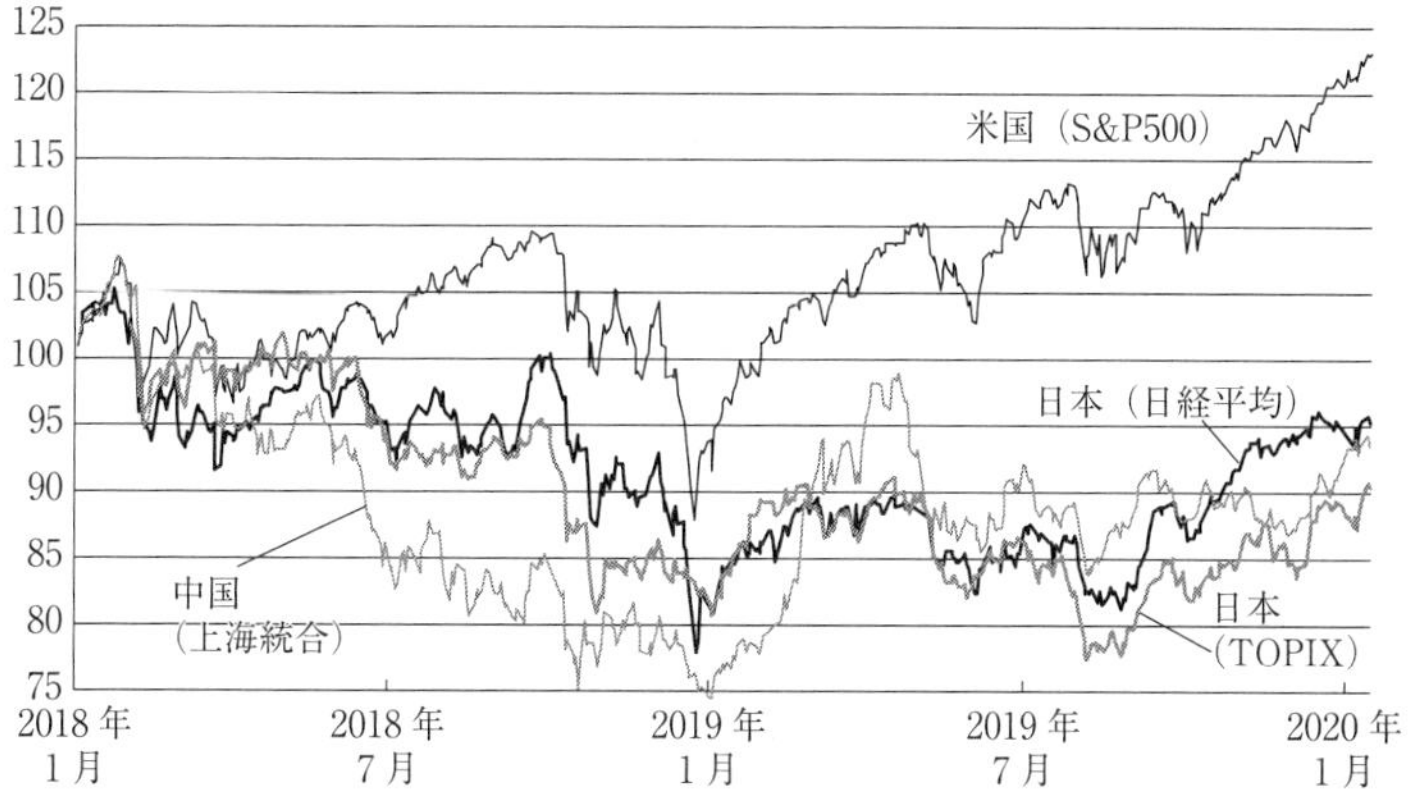

出所：Haver Analytics の公表データに基づいて筆者作成

大統領のツイッターで、楽観と悲観が繰り返されて乱高下した。そして、19年秋から20年にかけては米中貿易交渉合意を受け、世界の株価は史上最高値を更新し続けた（図６－１）。

キンドルバーガーは『大不況下の世界　１９２９－１９３９』で世界恐慌を、英仏から米国に覇権国が交替することに伴う悲劇と捉え、いわゆる覇権安定論を提唱したことはすでに書いた。覇権国のリーダーシップこそが「国際公共財」で、そのおかげで世界が安定するという見方だ。

この覇権安定論は、１９７０年代のドル危機など米国衰退論が出るたびに危険が懸念されたが、米国の復活で安定を回復した。２００８年のリーマン・ショックの後も同様だ。金融市場からみた米中対立の本質は、ここにあると見て間違いないだろう。

２０２０年、中国では新型コロナウイルス問題で都市封鎖が実施されるなど大問題になったが、株価への悪影響はほとんど出ていない。これは２００３年のＳＡＲＳの流行と同様で「短波」と位置づけられているからだと考えられる。

中国モデルが進化する可能性

米国のワシントン・コンセンサスが修復する局面に入ったことを見た。中国の北京コンセンサスは、新興国には受け入れられやすいものであることも見た。では、中国自身は今の北京コンセンサスのままで、長期に亘《わた》って政治の安定と経済の成長が続くのだろうか。

この問いの本質は、政治の安定と経済の成長を両立するにあたり、米国モデルと中国モデルのどちらが優れているかの制度間競争だ。1980年代半ばに米国では、ハイエク型の市場経済の貫徹を模索するか、ケインズ型の官民一体や日本型の労使一体モデルをまねて取り入れるか、の選択を迫られた。結果は、米国はハイエク型を選択して成功し、日本は日本型に固執して失敗した。この日米の差異の本質が、アブナー・グライフの比較歴史制度分析にあることは書いた。地中海貿易の覇権をめぐり、身内しか信用しない閉鎖的なマグレブ人が敗れ、オープン志向でルールを重視するジェノア人が勝利した。そのカギは、取引コストと機会費用の差異にあった。

中国の統治は法治ではなく人治といわれるが、日本人と同様で身内を重視する。それは三段階に分類される独特の言葉に現れる。中国人にとっては「外人（ワイレン）」は赤の他人だ。しばしば中国人は、まったくの他人に路上で道を尋ねられると、まったく知らなくても適当に答える。これは悪気があるのではなく、それがワイレンとの常識的な接し方なのだ。「自己人（ツーチーレン）」は、利害を超えた血の結束だ。一族郎党であり、利害を超えて助け合う信用を超える関係になる。その中間が「熟人（シュウレン）」で、他人から利害を超えた深い関係へ深化する途上の位置づけだ。

要するに中国人はマグレブ人に近い。将来に向け中国人がジェノア人のようにルール重視のオープン志向になれば、日本のように停滞することはないと見てよいだろう。もし本当にそうなれば、米国との相互理解も進み、対立を解消する糸口も見つかるだろう。ただし、相当長い時間を要するだろう。

8　世界は敵と味方に分かれて自国の利益を追求する

東西冷戦と米中新冷戦のちがいは経済的リンクの強さ

戦後から1990年頃まで続いた東西冷戦はわかりやすい構図だった。ソ連を中心とする東側陣営は、経済体制は社会主義あるいは共産主義、政治体制は一部の共産党員だけによる独裁に近い集団指導体制だった。米国を中心とする西側陣営は、経済は社会保障を取り入れた修正された資本主義、政治体制はすべての成人に選挙権を与える民主主義だった。どちらの制度が優れているかという意味での制度間競争だったが、ソ連の崩壊で西側陣営に軍配が上がり、決着した。

90年代以降は、米国が一強となってワシントン・コンセンサスを世界に広める過程で、グローバル化を進める資本主義に対する社会の反発など行き過ぎや弊害が目立つようになった。これまで見た格差、格差の固定化、反グローバル化、反移民などである。

このタイミングで経済力と国際的な影響力をつけた中国が、米国のワシントン・コンセンサスに代わって一帯一路の北京コンセンサスやサイバー空間運命共同体で、米国の覇権に挑戦しようとする一方、米国も中国を叩きにいく姿を見た。

しかし、この戦いは簡単に決着がつく性質のものではない。しかも、冷戦時代の西側陣営と東側陣営は、戦後の経済発展の過程で貿易取引など相互の経済関係を強めることはなかった。これは、西側陣営と東側陣営が互いに貿易取引を制限する（たとえば対共産圏輸出統制委員会［ココム］など）の規制があったため、ある意味で隔離された世界だった。したがって、ソ連が崩壊しても、日本などにとっては影響は極めて限定的だった。

東側体制の消滅はむしろ西側陣営にとっては逆で、人口30億人を超える巨大な市場が新たな資本主義陣営に加わったという意味では大チャンスだった。日本はバブル崩壊の後遺症でこの大チャンスを逃したので実感はほとんどないかもしれないが、経済統計は正直に数字を示しているし、世界的にはそう認識されている。

しかし、今日の米中関係はちがう。長く米国は中国との関与を強める方向だった。米国に限らず多くの国にとって、中国は貿易取引で米国を凌いで最も取引量の多い相手だ。したがって、いくら米国に要請されても、簡単に中国企業との取引を停止するなどできない関係になっている。

対中スタンスで国際間に齟齬

米国内でも、中国の覇権を抑え込むことには国民的合意があっても、中国で指導者が変われば翻意する可能性がないわけではないし、ましてや米国が規制をかけて中国との取引を抑制しても、その分を同盟国や他の国に取られては、思惑通り中国の覇権を抑えることにはならない。その意味で中国をどう認識するのかの国際的な合意が先にあればよいのだが、そういうわけでもない。ここに中国を封じ込める難しさがある。

米国は、戦後の世界秩序を形成する過程において、アングロサクソン五カ国（ファイブ・アイズ）が協力する体制を構築した。しかし、この五カ国の間でも足並みが乱れている。特に英国はEU離脱など自国内の国内政治に難しい課題を抱えており、中国との経済関係はむしろ強化したい状況にある。国内の治安の安定の[23]ために、顔認証の監視カメラなどでは長い取引の歴史がある。特に、米国がスパイウェアが忍び込ませてあるとして疑念を示し、取引停止の方針を打ち出したファーウェイとは、長年の協力関係にある。

もちろん、中国の独裁体制や国家資本主義を放置してよいと考える指導者は民主主義国家にはいないだろう。しかし、ことは程度の問題で、米国が、中国は経済発展すれば民主化して普通の国になると期待したように、まだ期待を捨てない国は少なくない。国際政治が経済、力、価値観の三つの軸で成り立つ中にあって、力と価値観に大いに問題はあっても、経済には目をつむることが多いのだ。

中国が、敵対する同盟国を離反させるべく、硬軟両面から仕掛けてくると見る識者は多い。歴史的にも同盟国を離反させるのは常套手段だ。EUは、中国が東欧との関係強化で創設した枠組みである「16＋《プラス》1」はEU内を離反させるものだと強く警戒する。日本は、本当に台湾有事が発生すると、米国の集団的自衛権行使の要請に応えられるのかどうかが本当の試金石になると指摘する識者もいる。

そうなる前に各国はどう対応すべきなのか。究極の選択として、米国陣営につくのか、中国陣営につくのか、それとも面従腹背で各国は自国の利益を追求し是々非々で臨むのか、だ。

新興国は価値観より経済を重視

19世紀のイギリスの首相パーマストンは「わが英国にとって、永遠の同盟もなければ永遠の敵もない。あるのはただ一つ、永遠の英国の国益のみ」と語っている。米中対立のはざまで多くの国は、これと同じ状況にあるのではないか。

東西冷戦は日本にとって経済発展の大チャンスだった。正しい路線選択をした吉田ドクトリンにより、戦後の日本は米国の庇護を受けつつ、経済的には大成功した。そして東西冷戦が終結すると、東西冷戦の本当の勝者は米国ではなく日本、と米国で批判された。

現在の多くの新興国にとって、米中の対立は、東西冷戦下の日本と同じ境遇である可能性が高い。そしてそれは自国を高く売り込むチャンスなのだ。

たとえば、インドは旧社会主義国家なのでロシアからは戦闘機を購入、中国とはＢＲＩＣｓ銀行の設立に参加したり、一帯一路にも参加の意向を表明、一方で日本や米国とは「自由で開かれたインドアジア太平洋戦略」への賛意を示す。

マズローの欲求の五段階説は、所得水準の低い段階では、食や住など生存の基本的条件を重視する一方、所得水準が上がると、自己実現や価値観などを重視する方向へシフトすると教える。所得水準の低い段階の国は新興国で、高い国は先進国だ。

新興国では、自由や民主主義のような価値観より、経済的利益に対する国民の要望が強い。これは、米国より中国モデルのほうが望ましいことを意味する。

しかし、傾向として、親中の国家や政権は、経済発展しても格差や汚職で民衆の支持が得られなくなる傾向はある。この傾向は日本にもあり、親中だった田中派の系譜の平成研究会が政権を担うと、公共事業が増加する一方、裁量の増大で汚職が静かに浸透する傾向はあった。そして政治に対する民衆の支持がなくなると、クリーンでオープン思考の利権とは縁遠い若手の政治家が米国の支持を受け政治改革を進める。特にフィリピンなどで顕著だが、総じて世界中でこうした傾向はある(24)。

市場が示す楽観シナリオ

米国は2018年の第一弾から始まった対中関税を引き上げるにあたり、自由貿易を進めるために関税を引き上げると表明した。対抗措置として中国も米国に対して関税を引き上げた。しかし同時に中国は、自由貿易を推進する意思を示し、米国以外には関税を引き下げた。知財の移転の強要についても改める意向を示している。これは「平和のために戦争する」のと同じ論理だ。

2019年の世界の株式相場は、米中が関税に関し、どうするのが正しいのかを楽観シナリオで示し、為政者がそのシナリオに従った一年だった。こうした方向性が今後も続く可能性が高い。そして、他の面での措置も、中国の補助金や知財の強要など、市場歪曲的措置が是正される楽観を織り込む可能性がある。

米中が多くの火種を抱えているのは事実だが、そのはざまで各国は、自国の利益を追求するだろう。ただ、市場は一貫して楽観シナリオを示す。それは正しい解決策を織り込み、それを各国指導者に示すことで、正しい方向に導く水先案内人だ。

逆に言えば、市場を無視する指導者や学者が強い発言権を持つと、楽観とは逆の悲観が実現する可能性が高まる。常に両方のシナリオと実現の可能性を両にらみするのが正しい見方だろう。

9　仮想通貨あるいは暗号資産

仮想通貨（暗号資産）とは

仮想通貨（2019年3月の閣議決定で呼称が「暗号資産」と変更されたが、本書では後述するが、以下では従来のまま「仮想通過」を用いる）は多くの可能性を秘めている。たとえば、米国ドルに取って代わり基軸通貨となる可能性、米中の覇権争いの主戦場になる可能性、自国通貨が信用されないジンバブエやベネズエラなどで自国通貨に取って代わる可能性などだ。ここでは仮想通貨の基本と金融システムへの影響を展望した後、米中覇権争いとの関連を見る。

貨幣は現存するものなので機能は明快で、三大機能は価値の尺度、価値の貯蔵、交換の手段だ。だが定義は難しく、経済学や金融論においても十分に捉えられていない。定義が難しいのは、たとえば楽天やソフトバンクが提供するポイントや航空会社が提供するマイレージの存在があるからだ。日本では兆円単位のポイントが存在し、事実としてネット上で貨幣の機能を果たしている。株式をポイントで買えたり、買い物の支払いに充当できるサービスは、貨幣の三大機能をすべて果たしている。

さらに、日本にはある地域だけで発行され流通する地域通貨が１００種類はあると見られている。１９９０年代のバブル崩壊以降は、地域活性化やエコ活動推進のために必須の手段と見做されたこともあり、多くの疑似通貨が発行された。特定の商店街だけで通用するものなど、統計でも補足されていない地域通貨やその一種であるエコマネーなども多く存在する。近年では市町村と地域金融機関が連携し、たとえば飛騨信用組合の「さるぼぼコイン」や君津信用組合が進める「アクアコイン」など新しいかたちでも普及し始めている。

しかし、世界に目を向けると、ネット上にだけ存在する多くのデジタル仮想通貨のほうが桁違いに大きな存在感があり、種類も時価総額も日本の疑似通貨の比ではない。これらは定義では一般的に貨幣ではないが、事実上は貨幣として機能している。仮想通貨の残時価総額は２０１９年末で約20兆円程度と見られている。

仮想通貨の普及を推進すべきか規制すべきものかどうかで、当局の対応は国によって分かれている。

中国、その他新興国の対応

中国はいち早く２０１８年２月に仮想通貨の取引を禁止した。中国では資本逃避を防止する非常に厳しい資本規制が敷かれている。15年８月に人民元が切り下げた際には、ジョージ・ソロスが自分自身のポジションとしてアジア通貨を空売りしていると宣言した上で、「(中国経済の）ハードランディングは不可避である」と発言して、１９９０年の英国ポンド売り崩しの再現を試みた。現実にはそうはならなかったのだが、当時はその中国経済がハードランディングする可能性はあった。

その最大の原因になり得たのが、中国からの資本逃避だ。通常の資本逃避は、外国人投資家が投資した株式や為替や不動産などを大量に売却し、自国に送金することで生じる。しかし中国の場合は、外国人投資家は資本規制が厳しく資本逃避は起こりにくい。中国では、外国人ではなく、中国人が自国通貨を信用できなくなり、自国通貨を売却してドルやユーロを買うかたちでは発生する。これは単なる両替だが、自国通貨が信用されない国では、ごく一般的な資本逃避の代替の手段だ。中国政府は、自国民による資本逃避や両替を、送金の禁止やドルやユーロへの両替の禁止あるいは制限するかたちで規制した。こうした規制は、金融機関を規制すれば可能になる。しかし、銀行ではなく、ネット上に存在するビットコインなど仮想通貨の取引でなら、資本逃避が可能だった。海外のサイトにアクセスすることでネット上の取引で完結するため、中国の当局は規制しようにもできない。そこで中国は、ビットコインの取引そのものを禁止したのだ。

中国と類似の対応をした国はいくつかある。今世紀に入ってからだけでも、ジンバブエやベネズエラで天文学的なインフレが発生した。原理は単純で、独裁政権が輪転機を回して紙幣を乱発したのだ。もしこうした国でドルやユーロや円への両替が認められていたら、多くの国民は自国通貨を見捨てて両替しただろう。もしデジタル仮想通貨が自由に発行・流通していれば、極端なインフレになる前に、国民は自国通貨を見捨てて、価値の安定性の高い仮想通貨に替えただろう。逆に言えば、これらの手段へのアクセスが封じられることが、独裁者が輪転機を回して紙幣を乱発する条件なのだ。

先進国の対応

米国や日本をはじめ、そのほかの先進国での仮想通貨に対するスタンスは、金融システムへの弊害がない限りは民間のイノベーションを阻害すべきではないという考えで、最小の規制にとどまっている。ただ、この弊害がない限り、を脅かしたのが２０１６年から18年にかけてのビットコイン価格の急騰や急落だった。日本でもビットコインの売買で１億円以上儲けた人が「億《おく》り人[25]」と呼ばれてバブリーな消費行動が話題となり、メディアに頻繁に登場した。

価格が上昇した要因ははっきりしない。ビットコインには株式の純資産や利益に相当する実体がないので、値上がりすると見込んだ人間心理としか言いようがない。しかし、価格が下落した原因は、ある程度は特定されている。最大の要因は、ビットコインがシカゴ・オプション取引所（ＣＢＯＥ）とシカゴ・マーカンタイル取引所（ＣＭＥ）で17年12月から取引が開始されたことで、流動性が増すなど第1章で取り上げた「よい市場」の条件に近づいたことだと見られている。それは、低コスト、高流動性、誰でもが取引に参加できる集合知、などだ。

また、さらなる金融システムへの弊害になる可能性があるのが、フェイスブックが発行を検討するデジタル仮想通貨リブラだ。フェイスブックの利用者は世界中に約25億人いる。すでにスイスのジュネーブにリブラ協会を立ち上げた。しかし、米国政府や政界は、フェイスブックが過去に何度か情報漏洩事件を起こした経緯もあり、強い警戒感を示している。フェイスブックも態度を軟化させ、当局の承認まではリブラを発行しない方針を示している。

この措置を受けて、すでにリブラに参加表明をしていた有力クレジットカード会社、ネット上の世界的有力企業（資金決済会社、旅行代理店、小売店、音楽や画像配信サービスなど）が参加を見合わせる意向を示した。

米国ではビットコインETFが検討されるなど、新たな動きは出続けるだろう。いずれにせよ技術革新のスピードは速く、「規制すれば解決できる問題」ではない可能性が高い。

米国の対応

米国が仮想通貨を警戒する理由は中国とはまったく異なる。中国の場合は資本逃避や人民元の破棄だ。しかし米国の場合は、ドルの価値、経済や金融の運営には問題はない。中国人が人民元を信用しなくなって人民元を見捨てる可能性は常にあるが、米国人がドルを見捨てるとは考えにくい。

米国が警戒するのは、国際的な交換の手段として、たとえばドルがリブラなど仮想通貨に取って代わられる可能性だ。それには二つの意味合いがある。

一つはドルの現物である。今でも新興国では、買い物など日常の取引で現金が好選される。日本人が海外に旅行に行く場合も、ほとんどのケースでドル紙幣を持っていくだろう。新興国では、買い物をすると、その国の通貨ではなくドルを欲しがられる場合がままある。なぜか。基本的に貨幣はその国の中央銀行が発行し、発行総額は厳格に管理される。しかし、そうでない場合もある。そうなると、貨幣が乱発されてインフレが発生する。場合によっては、億や兆という単位の紙幣が乱発され、価値が大きく減価することもある。

一方、ドルが好選される最大の要因は、ドルの価値の安定だ。そして、両替する場合も、ドルなら高い信頼度があるため世界中の人が受け入れ、頻繁に取引に使われるので流動性が高く、売り手と買い手の双方に有利な交換レートで両替が可能だ。たとえば、日本人がほとんどいないアフリカ（たとえば赤道ギニア）や中米（たとえばホンジュラス）に旅行に行って、円紙幣を出して現地通貨に両替しようとしても、普通の両替商は円紙幣など見たこともなく、本物か偽物かの区別さえつかないため両替に応じてくれない。しかし、ドルなら歓迎される。ドルには価値の安定と流動性があるからだ。

だが、携帯電話での表示や読み取りが可能なバーコードやQRコードが普及し、その決済をデジタル仮想通貨が担えば、こうしたドル需要はなくなる。紙幣発行のコストはせいぜい額面の数パーセントだ。この差額が実質的に米国の利益になっている。しかし、ドル紙幣需要がなくなれば、米国はこの差額分の利益を失う。米国が利益を失うことに抵抗するのは当然だろう。

もう一つの交換手段は、大口の貿易取引や資本取引だ。すでにドルにはそのための体制とインフラが整備されている。体制で重要なのは、世界各国がドルを外貨準備として持つ慣行で、これが第2章で見たドルの帝国循環である。米国は、世界に決済手段としてドルを供給するために、経常収支を赤字にしても問題にはならない「とてつもない特権[26]」を持っている。たとえば日本は、米国との貿易取引で黒字を出しても、その黒字は外貨準備として米国の国債を買う。つまり、米国にお金を貸す。最終的なかたちとしては、米国が発行する借用証書と自動車などの輸出品目を交換している。これが基軸通貨国の特権だ。基軸通貨国がこの特権の喪失に抵抗するのは当然だろう。

日本の対応

長く日本は東京金融センター構想がありながら遅々として進まなかった経緯もあり、金融庁は新奇な商品である仮想通貨の普及に積極的に取り組んだ。しかし、残念ながらビットコインの取引所「マウントゴックス」を運営するMTGOX（東京・渋谷）が2014年2月に破綻した。そして、同社は債務が資産を上回る債務超過に陥っていたこと、ずさんなサイバー管理で顧客からの預かり資産が流出したことなどが判明した。ほかにも類似の不完全な管理が原因で事件と化す例が相次いだ。監督責任を問われた金融庁は、管理体制を厳しく指導する方向に路線変更した。

大手では、三菱UFJ銀行が仮想通貨コインを発行し、1コイン＝1円とする構想があるが、実施は遅れている。みずほグループは、ゆうちょ銀行や多くの地銀を巻き込んでJコインを発行する意向を示している。

国際統一規制案

仮想通貨が金融システムに与える弊害は、金融政策と中央銀行にも及ぶ。金融政策は、政策金利の変動を通じて貨幣の発行総量を調節し、金融市場の不安定性に対しては介入する。しかし、仮想通貨には中央銀行はなく、発行総量の管理主体もなく、何ら管理されない。また、実は中央銀行は儲かるビジネスだ。というのも、基本的な中央銀行のビジネスモデルは、負債に無利子の紙幣、見合いの資産に国債を持つ。今でこそ国債金利は低いが、2000年頃までは平均すると5％程度はあった。仮に無利子の紙幣が1兆ドル、5％の国債を1兆ドル持てば、1年間に0・05兆ドル儲かるのだ。この儲けをシニョレッジ（通貨発行益）と呼び、ユーロを発行するＥＣＢは利益を加盟各国で出資比率に応じて分配している。仮想通貨は様々な発行方法があるので一概には言いにくいが、たとえばフェイスブックがリブラを発行すれば、ＦＲＢに代わってシニョレッジを得て儲ける可能性があるのだ。

ただ、米国の金融当局に規制する法的な権限があるのかどうか、万が一規制されてもフェイスブックは従う必要はないとの見立てもある。いずれにせよ技術革新のスピードは速く、規制すれば解決できる問題ではない可能性が高い。

貨幣発行自由化論

20世紀の偉大な経済学者の一人ハイエクは、貨幣発行自由化論を提唱した[27]。これは歴史的に、「悪貨は良貨を駆逐する」の格言の通り、同じ価値ではあっても、人々は金や銀の含有量の多い貨幣は退蔵し、少ない貨幣を使うことで他人に回そうとしたからだ。それは、歴史上頻繁に起きた、政府が貴金属の含有量のより少ない貨幣を乱発するリスクに備えたものだ。

しかし、ハイエクの主張はまったく逆だ。しっかりと価値の安定を実現できる通貨ができれば、「良貨が悪貨を駆逐する」が起こると考えたからだ。現にいくつかの新興国では、良貨と見做されたドルが悪貨と見做されたその国の通貨を駆逐する例があることはすでに見た。その意味では、仮想通貨は独裁制を封じる手段になり得る。

貨幣発行自由化論がデジタル技術の進化で夢物語ではなく本当に可能になった現代において、民間発行の貨幣の安定性の競争で負けて駆逐される可能性を中国や米国に限らず、圧政を敷く新興国の政府が感じ始めているのだ。

国際統一規制の方向性

２０１８年3月のＧ20中央銀行財務相会合では、仮想通貨は暗号通貨ではなく「暗号資産」と位置づけられた。要するに、通貨としては認めないことを意味する。日本でも金融庁は同年12月に同じ名称とすることを発表した。国際決済銀行（ＢＩＳ）が18年9月に発行した四半期報告では、仮想通貨取引の拡大は金融システムの安定性を脅かす可能性があるため、中央銀行は座視することはできないとした。

しかし、デジタル通貨は利便性が高いため、地域通貨やポイントと同様に、Ｇ20中央銀行財務相会合やＢＩＳが認める弊害がない範囲で、今後も増加する可能性が高い。シンガポールなどは、仮想通貨の取引で支配的な地位を築こうと、仮想通貨取引所を設立して積極的に取引を集めている。

現実的な方向性は、定義が難しい仮想通貨、仮想資産の法的位置づけを明確にして、現実と折り合いをつけることだろう。これは実は古くて新しい問題だ。法的には手紙に代わる電子メール、署名捺印に変わる電子署名も同じ位置づけだ。

欧米では、暗号資産は三種類に分類されている。ペイメント・トークンは通貨として決済に使用可能なもの、ユーティリティ・トークンは日本で普及するポイントと類似の何らかの利便性のあるもの、セキュリティ・トークンは有価証券だ。米国ＳＥＣは、仮想通貨の新規発行であるＩＣＯ（新規仮想通貨公開）を証券取引に準ずるものと判断して、既存の証券取引の法律や規制の対象になるとの見解を示している。ＳＥＣは18年6月にビットコインとイーサリアムはセキュリティ・トークン（有価証券）ではない、と発表した。日本の金融庁は、まだ全容は明らかではないが、発行者のいない仮想通貨、発行者のいる仮想通貨、発行者が存在して将来的に事業収益を分配する債務を負う仮想通貨、の三つに分類し、前二者は資金決済法、最後は金融商品取引法で、カバーすることを明示した。

中央銀行発行のデジタル仮想通貨

ここまで見たように、仮想通貨を民間によって勝手に発行されたら困るのは中央銀行だ。そこで各国の中央銀行は、貨幣発行のシニョレッジは独占しつつ、仮想通貨と同等の利便性を提供しようと、法定通貨をネット上で発行して流通させる構想を持つ。代表は中国のデジタル人民元（ＤＣＥＰ）構想、スウェーデンの中央銀行による仮想通貨ｅクローナ構想、米国の仮想通貨（ＣＢＣＣ、Central Bank Cryptocurrency：中央銀行暗号通貨）として価値をドルと連動させるFedCoin構想などだ。これらは各国版であるが、国の枠組みを越えて、世界各国が共同で仮想通貨を発行する構想もある。

ただ、まだ構想にとどまる例が多く、具体的な動きは限定的だ。

仮想通貨が米中覇権争いの主戦場になる可能性

かつて戦争では、贋金を作り、相手国内でばら撒き、インフレを起こさせて経済を破綻させるという戦略は常套手段だった。現代でも北朝鮮やイランのような経済制裁を受ける国は、往々にして独裁政権が紙幣を乱発し、インフレになって国民生活が犠牲になっている。ゼロが9個つく10億単位の紙幣など珍しいものではない。しかし、デジタル通貨を流通させてその国の貨幣制度を破壊できれば、もっと効率的な制裁にはなるだろう。

米国と中国との覇権争いにおいても、仮想通貨は主戦場になり得る。中国から見ればデジタル人民元は、米国の覇権国の特権であるドルの帝国循環を崩す武器になる可能性がある。

中国人民銀行は２０１７年に人民銀行デジタル通貨研究所を設立し、すでに相当数の特許を取得した。仮想通貨のプラットフォームをカンボジアなど一帯一路の国に技術供与し、ドルの利便性を供与しつつ、人民元の使用も推奨している。まだデジタル人民元がどのようなものになるのか、その全容は明らかではない。しかし、スキーム次第で、国際的な決済ネットワークである国際銀行間通信協会（ＳＷＩＦＴ）と国際的な決済システムであるチップス（ＣＨＩＰＳ）などドル基軸通貨体制のくびきから逃れることが可能になる。

一方、中国が仮想通貨を規制し切れなくなれば、中国から資本逃避が発生する可能性が高まる。２０１５年に人民元が急落した局面ではうまく規制で乗り切った。しかし、技術革新は早く、規制も高度化し続けなければ、想定外の穴が開くリスクは常にある。

想定外のリスク

仮想通貨は管理が難しいという意味でリスクは大きい。これまで国内外でサイバーテロにより仮想通貨が流出した事件が、50件程度は判明している。発行された仮想通貨が最初から詐欺同然だったものもあったようだ。サーバーの管理によっては、停電や水害など災害のリスクもあるだろう。また、仮想通貨の暗号を見破るスーパーコンピュータを超える量子コンピュータが開発されれば、事情が急変する可能性もある。

世界共通の規制や業界団体が存在しないため、仮想通貨の発行数、市場規模、犯罪に巻き込まれた件数など、全容がつかめないのが現実だ。

10　次のバブル崩壊の発火点

10年1サイクル

現代の米国の「市場メカニズムに立脚する経済システム」は頑健《ロバスト》にできている。ほぼすべての分野で市場が価格の決定に重要な機能を発揮するが、政策金利だけはＦＯＭＣメンバーが密室で決める。その一方で、ＦＲＢがメディアへのリークや講演など公の場で政策の意図を市場に伝え、市場の反応を見極め、市場が納得するかたちで運営されている。つまり、政策金利も含むほぼすべての財やサービス、資本、労働が市場メカニズムで決まる。

その結果として、景気には10年1サイクルを繰り返す循環波ができた。ここまで主に米国の例を挙げたが、同時期に同じ株式なら株式、不動産なら不動産で世界共通の現象としてバブルが発生している。すでに見たように、これは金融政策など経済運営の失敗ではなく、人間の愚行が金融市場ではこうしたバブル崩壊のかたちを取ると理解するほうが正確だと考えられる。

そして２０２０年までの景気拡大は２００９年の半ば頃から始まった。これまでに、２０１０年頃のギリシャの破綻など欧州債務危機、２０１４－15年の原油価格急落で資源会社の破綻急増、15年の人民元切り下げ（チャイナ・ショック）などミニ版の危機を経験したが、そのたびに金融が緩和され、結果として債務は膨張し続けた。19年には米国ＦＲＢと欧州ＥＣＢが利下げに加えて量的緩和を再開したことで、米、欧、日の中央銀行の量的緩和が合計で約10兆円と巨額の緩和モードに入った。

次に、ではどこがバブル崩壊の発火点になるリスクがあるかを具体的に見る。第1章で経済学者のガルブレイスがまとめたバブル発生の帰納的な条件を見た。足元の状況はそのうちのいくつかの条件を満たしている。リーマン・ショック後に先進国の国際的な活動をする銀行には強い規制が課されたので、ここが発火点になる可能性は低い。しかし逆に、どこにどのようなリスクが潜んでいるのかを、当局は把握し切れていない可能性が高い。

なお、中国が新型コロナウィルス封じ込めのために大規模な都市封鎖を実施したことからわかるように、疫病対策は短期的に経済を犠牲にすれば実現可能だろう。ただ、都市封鎖で途絶したために相当な規模で落ち込んだ経済を立て直すには、相応の規模で財政が肩代わりするしかない。つまり、短期の疫病問題が長期の財政問題に置き換わるのだ。関東大震災の後の震災手形と類似の構造だ。

債務の膨張

第3章で見たように、低金利政策→債務の膨張→資産市場でのバブル→バブル崩壊→低金利政策は、10年1サイクルの景気循環と同じ循環を繰り返す。これがミンスキーが歴史の現実から「発見」した金融不安定性仮説だ。FRB副議長だったジャネット・イエレンは2009年4月16日にリーマン・ショックの半年後というタイミングで「ミンスキー・メルトダウン：中央銀行への教訓」と題した講演を行い、中央銀行は現実問題としてこの不安定性を直視しなければならないと警告した。

では、その警告は今後も妥当なのか。図6－2にある通り、主に新興国の債務残高が相当に高水準なのは間違いない。これは統計で確認できる。また、中国は統計に出ていない隠れ債務が40兆元以上、GDPが約90兆元なのでGDP比で約50％も余計にある可能性が高いとの見立てもある。

BISは2018年の「四半期報告」で、営業利益で支払利息を賄えない企業をゾンビ企業と定義し

図6-2　非金融部門債務／GDP比率

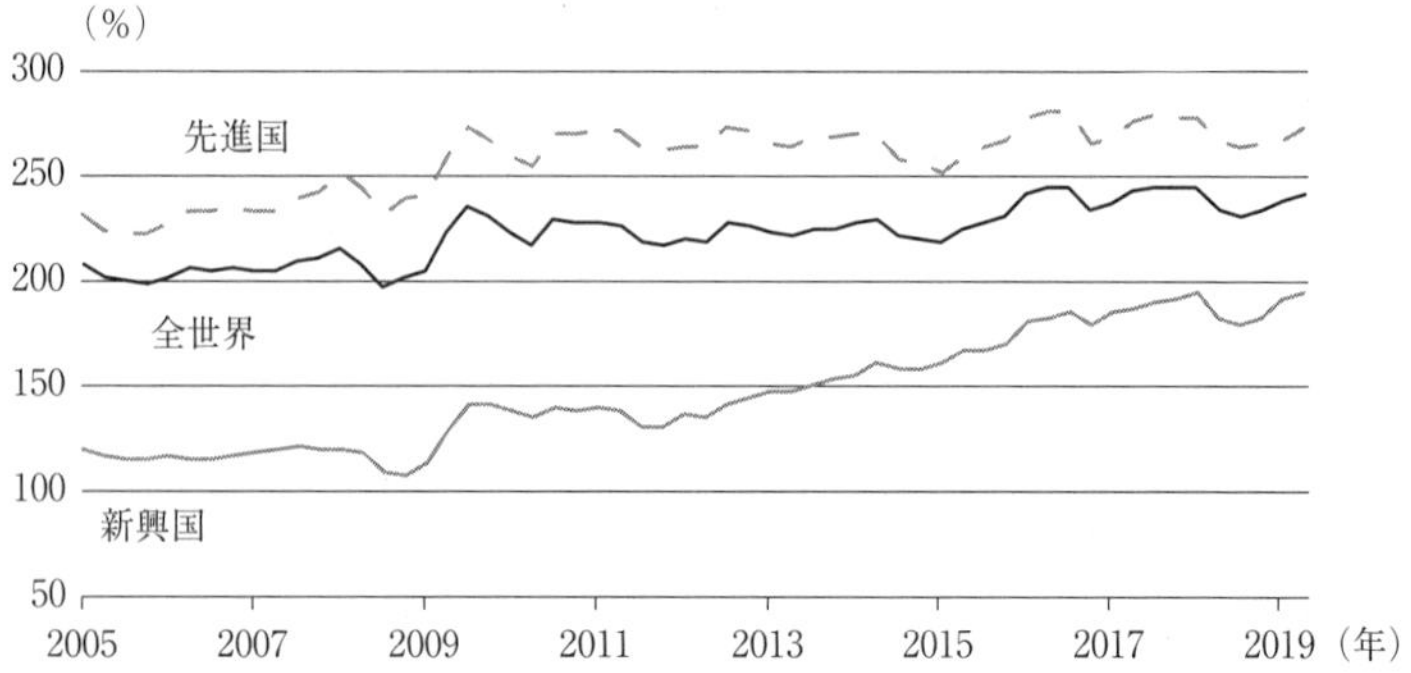

出所：BIS（国際決済銀行）データに基づいて筆者作成

て、全世界で14％もあるという推計を出した。借金返済のための資金をまた新たに借りる追い貸しの状態にある企業だ。中には将来が有望視される急成長企業もあるだろうが、そうでない企業なら本当にゾンビであり、追い貸しが途切れた時点で表面化する可能性が高い（図6－3）。

貸し手に目を向けると、ここまでになった背景は低金利による運用難だ。アルゼンチンは2017年に期間100年の国債を発行したが、応札が3倍となる人気だった。しかし、その2年後に実質的に破綻した。

これらは、金利の上昇、企業の格付の悪化、会計の厳格化、景気悪化のいずれかで表面化する可能性が高い。今から数年以内には、そうした事態に備えておくのが得策な情勢だ。

新型コロナウィルス関連でこの債務問題が、膨張する上に前倒しになる可能性があることには、注意が必要だろう。

マイナス金利

マイナス金利の債券が世界全体の総額で2019年末で約2000兆円にまで増加した。一体、誰が買っているのか。よく市場で取り沙汰されているのは、政策金利がプラスを維

図6-3　増加するゾンビ企業

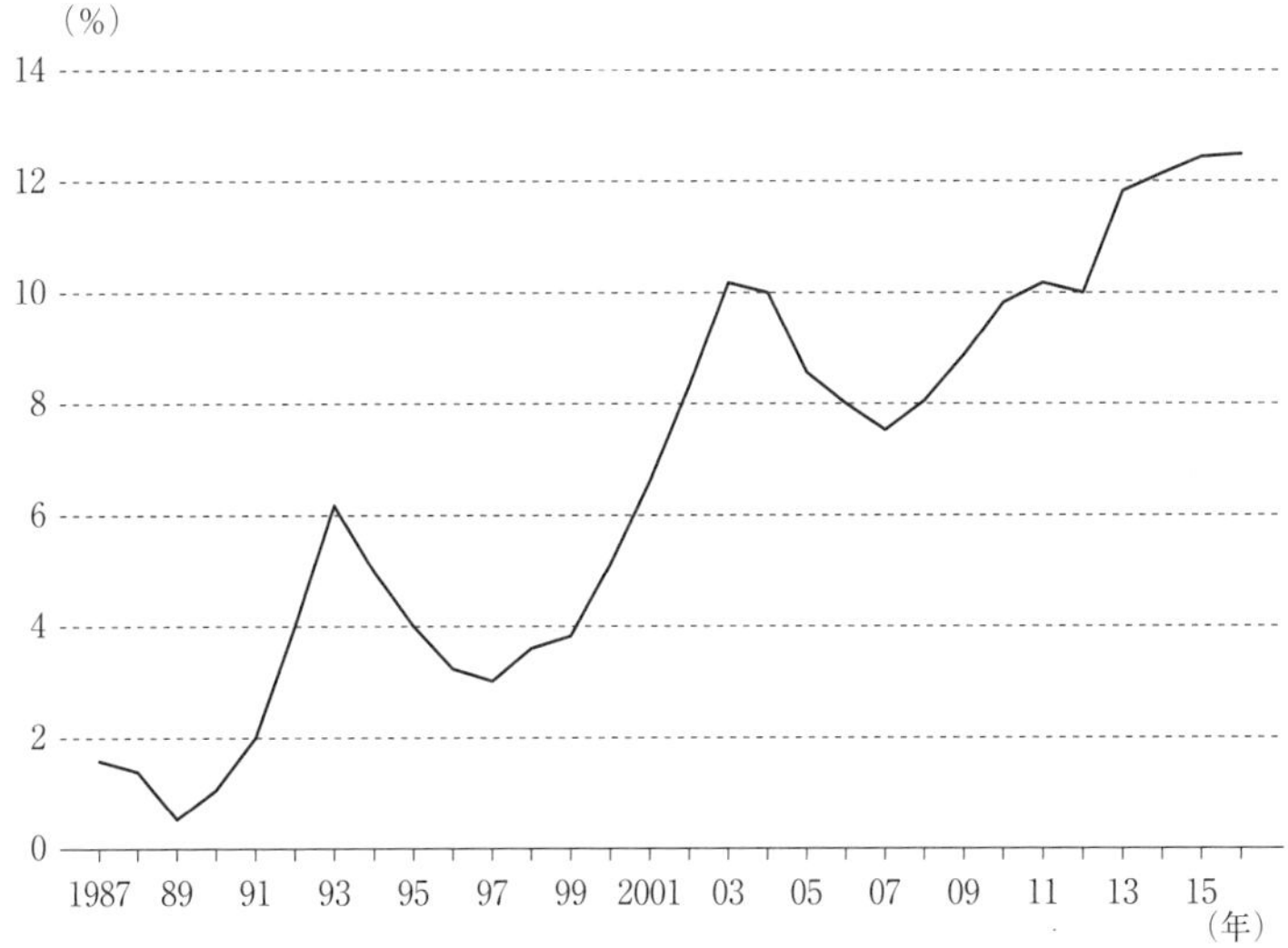

注：対象は主要国の上場企業
出所：BIS

持する米国の投資家だ。たとえば、スワップと呼ばれるドルとユーロの短期金利差を利用するスキームを使って、マイナス金利のユーロ建長期国債を購入すれば、出来上がりでプラスの利回りを得ることが可能となる。

２０１９年秋口には、米国の短期公開金融市場（レポ市場）で平常であれば２%程度の金利が10%を超えるほどに上昇した。この原因として、ＦＲＢが進めた量的緩和の縮小が取り沙汰されている。ＦＲＢは金融正常化の一環で量的緩和の残高を徐々に削減する政策を進めていた。

金の流れに色はない。しかし、４兆ドルもある米国のＱＥ残高のうち、たかだか０・５兆ドル減少しただけで、短期金融市場全体で資金が足りなくなり、取り合いで本来なら２%程度の資金が10%にまで高騰した事実は、このお金が何らかのかたちでどこかに投資されている可能性が高いことを意味する。それは、ブラジルの株式、日本の不動産など、さまざまだろう。中でも日本や欧州のマイナス金利の債券は、巨額の残高があるにもかかわらず、市場で大きなストレスになることもなくスムーズに消化されている。米国QEの資金がスワップを使うことでこうした市場に投資された可能性が高い。

しかし、米国が景気悪化などで短期金利を引き下げ、これが不可能になった時に何が起こるか。まだリスクシナリオではあるが、可能性としては想定しておくのが得策だ。

アフリカ・フロンティア市場

サブサハラ（サハラ砂漠以南のアフリカ）は、地中海に面したエジプト、リビア、チュニジア、アルジェリア、モロッコなどを除くアフリカ大陸の大半の地域だ。フロンティア市場は、地球上最後の新興国成長市場だと見込まれ、近年投資資金が急増した。

この地域の国々はかつて重債務貧困国（ＨＩＰＣ）と呼ばれた。そして、世界銀行とＩＭＦが中心となり、返済できないような債務を抱えた貧困国に対し、債権を放棄する国際的スキームの構築が合意され、１９９７年には二国間の債務削減、２００５年には国際間の債務削減が実施された。したがってこの二つの年を境に債務ＧＤＰ比率が大きく低下した。

しかし近年、高い経済成長を当て込んだ投資資金の流入が急増したことで、債務ＧＤＰ比率が２００５年のレベルを超え始めた。低所得国は債務ＧＤＰ比率40％が安全性の一つの目安とされるが、地域の平均で２０１８年に42％にまで上昇した。中にはアンゴラ、モザンビーク、ザンビアなど60％を超える例もある。地域全体での債務総額は、２０１１年には３２１３億ドルだったものが２０１８年には6440億ドルと倍増した。

債務が増加する背景は中国だ。中国は2000年から3年ごとに中国・アフリカ協力フォーラムという首脳レベルが参加する公式の国際会議を開催して親交を深めている。そして一帯一路で協力関係を結び、インフラ建設の資金を積極的に貸し出した。債務増加の約3分の1程度が中国向けだと見られている。

経済が好調なうちは先行きへの期待から資金の流入が継続する。しかし、問題は景気が悪化した時だ。その意味でも重大な試練は、10年1サイクルの景気の悪化局面が数年以内に来るときだろう。ここでは地域の平均で見たが、国の債務の状況や中国との関係によって、相当に大きな差異はある。

レバレッジド・ローン市場

2008年のリーマン・ショックのそもそもの原因は、サブプライム住宅ローンだった。これは、延滞履歴があるなど信用度の低い顧客に対する住宅ローンなので、金利も高い。したがって、本来なら貸付にあたり慎重な審査が必要だ。しかし、この時代のサブプライムローンは、それを束ねて証券化して売却する。売却する時点で貸し付けた金融機関は、貸出金を回収するので、慎重に審査するインセンティブは小さい。現にロボサイナーと呼ばれ、中身をよく見ずにロボットのように決裁書類にサインしたことで大きな社会問題となった。さらに、証券化のテクニックにより、もともとはサブプライムという信用力が低い貸出にもかかわらず、大半の債券が最も格付の高いAAAに化けた。

あれから10年以上経った今、ほぼ同じ構図の問題が発生している。今度はレバレッジド・ローンと呼ばれる格付BB以下の投資不適格の企業向け貸出で、証券化により格付が上がるスキームもほとんど同じだ。ただし、サブプライムの反省から、証券化を組成した金融業者には販売した証券の一部を自己保有させることを義務づけた規制はある。

２０１９年９月にＢＩＳが発表した四半期報告によると、レバレッジド・ローンの残高は１・４兆ドル、うち２０００億ドルはユーロ建てで残りはドル建てだ。このうち７５００億ドルが証券化され、大部分が最高位格付のＡＡＡに化けている。リーマン・ショックの前の２００７年にサブプライム住宅ローンで証券化された残高は６４００億ドルだったので、それを上回ったことになる。

企業の破綻は、景気が好調なうちは表面化しない。景気が悪化して初めて財務体質が劣る格付の低い企業から破綻が表面化する。やはりこの面でも、次の試練は10年1サイクルの次の景気後退局面になると想定される。

ＩＰＯ市場

企業が株式を新規公開する新規株式公開売り出しをＩＰＯと呼ぶ。ＩＰＯは事務を引き受ける幹事証券会社の手数料が極端に高い。１９９０年代後半の米国では、この手数料が極端に高いがゆえに、アナリストが株価をつり上げるため虚偽のレポートを書いたスキャンダルが発覚したことはすでに書いた。虚偽は明確な犯罪だ。しかし、可能性の一つとして提示するシナリオなら犯罪ではない。ここに常に証券会社がＩＰＯで株価を高く持ち上げたいインセンティブがある。

そして、その弊害が出たのが２０１９年９月にＩＰＯを取りやめた米国のウイワークだ。同社は複合的な不動産業を営む企業だが、日本法人のＨＰではこう説明されている。「WeWork は今、働き方に革命をもたらしています。柔軟性のあるワークスペース、機敏なサービス、そして業界屈指のテクノロジーであなたのビジネスを支えます」。最も期待されたのは会員事業だ。オフィスをオープンにして会員制として、会員が相互に交流することでイノベーションにつながるという期待から、単なる不動産屋ではなく、自らをテクノロジー企業と位置づけている。上場前には、テクノロジー企業で事実上世界の市場を総取りするプラットフォーマーになるという期待からの時価総額が470億ドルまで増加した。しかし、上場にあたり赤字体質やテクノロジー企業ではなく単なる不動産屋ではないのか、という疑念からIPOは中止され、時価総額も100億ドルとわずか短期間で5分の1にまで低下した。同社に出資するソフトバンクグループは本体のこの事業だけで約5000億円の特別損失を出した。

問題はこのウイワークが特別な例かどうかだ。たとえば、インドのホテル・不動産ユニコーン「OYO」は、創業6年にして客室ベースで世界2位となった。しかし、ホテルオーナーからの苦情が絶えず、2019年12月には2000人の人員削減を行うと発表した。構図がウイワークと似ているのだ。

バブルの条件はいくつかあるが、これらの例が示すのは、新奇なもの、法外に高い将来成長の期待は満たしている、ということだ。

しかも、最も問題視されるのは、フェイスブックやグーグルが発行した種類株をまねたことだ。代表的な種類株は議決権のない株式だ。上場企業であれば、議決権があろうがなかろうが情報開示基準はより厳しい上場ルールで決まる。しかし、非上場企業の場合、議決権があるかないかで情報開示にも差異が生じる場合がある。本来なら株主には株主平等の原則があるが、これを逸脱しているのだ。しかも、議決権がない種類株を発行した多くの有名な非上場企業で、セクハラなど不祥事が相次いで発覚した。

一部には、議決権がなくディスクロージャーも制限することで、詐欺行為がまかり通っている可能性があるとも指摘されている。

ＩＰＯ市場が巨大化するきっかけは二つある。一つは世界的な金融緩和だ。中でもマイナス金利の債券が２０００兆円を超えたことで、行き場所のなくなった資金がベンチャー投資に向かった。そこに、テクノロジー企業でプラットフォーマーの地位を獲得できたら、第二のＧＡＦＡになれるという期待が生じた。この期待が赤字でも高いバリュエーションがつく拠りどころとなった。２０１８－19年のＩＰＯでは赤字企業の比率が70－80％まで高まった。１９９０年代後半のＩＴバブルの時代でも赤字企業の割合は20－30％だったので、相当な行き過ぎ感はある。

もう一つはソフトバンクのビジョン・ファンドだ。ソフトバンクが世界のベンチャー段階のテクノロジー企業に投資する第一号のファンドは２０１７年に10兆円、第二号は19年には推測で10兆円弱で発足した。もともとソフトバンクは90年代に米国のヤフー、２０００年代に中国のアリババに投資するなど、この分野では大成功を収めた企業だ。ただ、ビジョン・ファンドは、業界の実情を知る人なら桁違いと勘違いする巨大な規模だ。ベンチャー投資の市場規模は、２０１７年は１８００億ドル、18年は２５４０億ドルだ。

ここに10兆円を超える資金が投入されたら何が起こるか。概算のイメージは、時価総額約６００兆円の東京証券取引所に市場規模の約40％、２４０兆円で株を買いに行くようなものなのだ。日銀の２０１８年の株式買入が約6兆円だったが、巨額すぎるとして批判され、19年はやや縮小して4兆円となった。ビジョン・ファンドは、ベンチャー企業の株価をつり上げるかたちで、ＩＰＯ市場が過熱化した主因になったと見られている。

２０００年前後のＩＴバブルでは、社名にドットコムと名がつけば株価は上がった。現在のテクノロジー企業には、それに近い熱狂感がある。

また、規制もリスクだ。ウーバーの運転手はタクシーと比較して不祥事が多いとみられている。世界各地でエア・ビー・アンド・ビーには、宿泊客がゴミ捨てや騒音などマナーを守らないため、規制が導入されている。ウーバーイーツの配達員など個人事業主であるギグ・ワーカーに対する労災補償や社会保険負担などの規制は、世界中で強化される方向である。

二極化相場

二極化相場とは、あるセクターの株価だけが突出して上がる一方、ほかは上がらない相場だ。歴史上、二極化相場は１９１０年代の鉄道株、60年代のコングロマリット株、70年代の石油など資源株、90年代のＩＴセクターなどがあった。そして２０００年代に入ってからは、ＧＡＦＡなどテクノロジー分野のプラットフォーマーの株価が他と比較すると突出して上昇する二極化相場が現出した。

歴史上すべての二極化相場は長く続かずに終わった。理由は単純で、あるセクターの企業だけがあまりに高い利益を出し続けることは困難だからだ。利益が高ければ、新規参入がある。そして、それは収益率が平凡な水準になるまで続く。

現代のプラットフォーマーの特徴は、事実上独占企業であることだ。消費者に無料で電子メール、チャット等の便益を与えるため、実体的には独占企業であっても、独占の弊害を感じさせない。ネット上で事業を展開するため法人税率が法外に低いケイマンやパナマなどのタックスヘブンに籍を置く。

世界各国の独禁法当局が独占の弊害を調査してはいるが、消費者に無料の便益を与えているために、無理な規制はかけられないのが実情となっている。ただ、ＯＥＣＤは世界共通で課税する方向を模索しており、２０２０年内には方向性が出る見通しである。

独占の弊害を是正するため、規制強化も各国の政策課題となっている。パソコンやスマホなどＩＴ機器の履歴を残すクッキー規制を強化した国では、ターゲット広告の精度が大きく低下する事例が相次いでいる。精度が低下すれば広告掲載費も低下するのは自然の道理だ。

現時点で今次のプラットフォーマー主導型二極化相場が終わるとまではまだ言い切れない。しかし、歴史的には二極化相場がすべて終わった教訓は重視すべきだろう。

フラッシュ・クラッシュ

次の相場の変動では、値動きが異常なものになる可能性が高い。すでにその兆候は強く出ている。相場形成は多様な参加者がいるほど安定する。しかし近年の特徴は、金融市場によって多少の差異はあるものの、ＡＩが出来高のかなりの部分を占めていることだ。

これは１９８７年のブラックマンデーを引き起こしたポートフォリオ・インシュランスと構造が類似している。当時はコンピュータによる自動的な売買の黎明期で、機関投資家の保有する株式のポートフォリオに巨額の損失など危険な兆候が出ると、先物売りのプログラムが自動的に作動した。ポートフォリオ・インシュランスのプログラムは、誰が書いても結局は類似のものとなる。したがって、ブラックマンデー当日には多くの機関投資家の売り注文が一斉に作動して、株価が一日に20％以上も下落することとなった。要するに、市場全体で見れば巨大な一つのプログラムだったのだ。そこで規制当局は、一定の値幅を超える株価の変動に対しては、サーキットブレイカーなど市場の売買を止める規制を導入した。

異常な値動きはすでに多く発生している。２０１９年1月3日に円相場は、対ドルで10分足らずの間に5円もの円高となった。そして、その後は急激に戻し、元の水準にまで戻った。18年2月5日の「VIXショック」ではシカゴのオプション取引所に上場されている株価の変動率指数であるVIX先物が日次データの標準偏差の約30倍に相当する値動きとなった。これは確率的にほぼあり得ない値動きだ。18年5月下旬には、もともとはマイナス金利だったイタリアの2年債利回りがわずか数日で約3％まで上昇する異常な値動きを示した。

こうしたフラッシュ・クラッシュは、過去の実際の値動きのデータを元とするリスク管理を難しくしている。

2019年4月のIMF世界金融安定レポートによると、17年時点で総売買に占めるアルゴリズム比率は、債券約10％、外国為替30％、オプション40％、先物50％、株式70％だ。異常な値動きは、アルゴリズムが一斉に作動して、フラッシュ・クラッシュを招いた可能性が高い。

ただ、その後に景気が回復するなど継続的な売りは収まったので、大事には至っていない。しかし、リスク・オフが続けば、フラッシュ・クラッシュが継続的に発生し、相場を一方向に動かすリスクは常にある。

気候変動のリスク

米国では2005年8月にハリケーンのカトリーナが発生し、死者・行方不明者が約2500人という甚大な被害をもたらした。日本でも2018年と19年に台風で死者約100名、床上浸水多数の被害をもたらした。19年に千葉県に甚大な被害をもたらした台風は、最大風速約60mでゴルフ場の鉄柱が倒壊、電柱も約2000本が倒壊して広範囲の停電が発生した。

原因は地球温暖化による気温の上昇で、台風が大型化したことだと見られている。保険会社は、毎年被害が深刻化する現状を受け、保険料を大幅に引き上げ始めた。

問題は、農業に被害が出る可能性だ。新興国には農業がGDPの50%、就業者の70%など産業の主力である場合が多い。たとえばインドでは、農業のGDPに占める比率は15%、就業者は50%を占める(28)。農業は旱魃や洪水で直接的な影響を受ける。また、総じて新興国は所得に占める食糧費の比率であるエンゲル係数が高い。2011年のアラブの春の原因の一つは、穀物価格の上昇だと見られている。気候変動のリスクへの警戒が現実問題として高いことは注意を要する。

疫病のリスク

地球温暖化の副次的影響で疫病が流行するリスクも高まっている。原因は大きく分けて三つある。第一は、永久凍土が解凍することで閉じ込められていたウイルスが活性化することだ。第二は、地球環境には地域によって異なるウイルスと免疫の体系があるのだが、地球温暖化で動物の行動範囲が変わることで、移動先でその動物が免疫を持たないウイルスにかかることだ。渡り鳥によって運ばれた病原菌に他の動物や人間が感染するなどが典型例だ。第三は、菌と蚊など媒介となる害虫の生息域が変わることだ。近年は日本でもしばしばマラリアが発生する。

歴史上、今の先進国で疫病が大流行した例は五回ある。14世紀のペストは、地中海貿易など交易で人の移動が増加したことが原因で、当時の人口の約4分の1が死亡したとされている。19－20世紀のコレラも、グローバル化で世界的な人とモノの移動が活発化した時代に流行し、約3000万人が死亡した。日本でも開国と同じタイミングでコレラが流行したことが尊王攘夷を活発化させる要因となった。20世紀以降に増加したのはインフルエンザで、三度大流行した。鳥インフルエンザが流行した2006年に、世界銀行が2006年「グローバル開発レポート」でこの三度を軽度シナリオ、中度シナリオ、深刻シナリオとして取り上げており、将来の指針になると思われるので紹介しておこう[29]。

軽度シナリオは1968年に流行した香港風邪をモデルとしており、140万人が死亡して世界のGDPが0・7％押し下げられる。中度シナリオは、1957年に流行したアジア風邪をモデルとしており、1420万人が死亡してGDPが2・0％押し下げられる。深刻シナリオは1918年に流行したスペイン風邪をモデルとしており、7110万人が死亡してGDPが4・8％押し下げられる。大まかなGDP押下げの源泉は、スペイン風邪をモデルとすると、死亡が10％、病気療養や自宅待機が30％、感染防止のための外出や旅行取りやめが60％とされている。

近年は、軽度シナリオ以下の疫病が何度か発生した。2003年に中国で発生したSARSで約800人が死亡、2014年にコンゴで発生したエボラ出血熱で1万1000人が死亡、2016年に南米で発生したジカ熱で100人が死亡、2019年に中東で発生したMARSではこれまで約900人が死亡した。そして2020年初には新型コロナウィルスの流行がパンデミック（世界的大流行）にまで発展した。

ただし、近年のサプライチェーンのグローバル化や格安航空であるLCCの普及で、疫病の感染が想定以上のスピードで世界中に拡散する可能性はある。また、グローバル展開する企業ほどリスクに脆弱だろう。

疫病はウイルスの突然変異が絶えず発生するため、過去の制圧の事例が当てはまらない場合がないわけではない。それでも基本的には、人間の免疫システムもそれに応じて変異するので、ある程度の指針にはなると見てよいだろう。

景気後退のニューフェース

米国では1980年以降、経済の自由化が進んだことで、景気後退がそれまでとは異なる原因から発生するようになった。日本の90年以降のバブル崩壊でも、同じことが起きたことを宮崎義一が『複合不況』で指摘したことは第4章で取り上げた。構造が変われば表面に現れる現象も変化する。

その意味において、最後に挙げた気候変動と疫病流行のリスクは、新たな時代の景気後退のニューフェースになり得る。しかも、気候変動や疫病は一国で対応しても限界がある国際協調が必要な分野だ。にもかかわらず、国連など国際機関は各国の利害で左右される傾向が強く、地球規模の問題に対処するには問題がある。

つまり、覇権国が音頭を取って問題に積極的に対応しなければならないということだろう。キンドルバーガーが世界恐慌の原因になったと指摘した構図が、時代と問題設定を変えて現代に蘇っているのだ。

11　なぜ日本では投資家のすそ野が広がらないのか

事実関係として日本では投資が広がっていない。データとしては、日本での個人資産に占める株式や投資信託などリスク資産の比率が少ないことが挙げられる。また、国際比較でも、日本ではリスク資産のウエートが低い（表6－1）。

これにはいくつかの原因があると考えられる。ただ、ほとんどがもはや過去の話ではあるのだが。以下、順番に見てみよう。

①　実際に投資をして損を出した

昔の文書を読むと、しばしば驚くことがある。1988年に書かれた文章に「外国人が、なぜ日本の投資信託の残高はこれほど大きく増加するのか？　よほど制度が優れているのか？」と疑問に思っているというのだ。これは、1987年のブラックマンデーの翌年、日本はバブルの絶頂期というタイミングだ。要するに、相場が上がれば資金は集まってくる、ということだろう。

表6-1　個人金融資産構成比（%）

	2000年3月	2019年9月
現金・預金	53.8	52.9
債券	4.1	1.4
投資信託	2.5	3.8
株式	8.4	10.7
保険・年金	27.6	28.3
その他	3.5	2.9
総額（兆円）	1,390	1,864

出所：日銀資金循環統計より筆者作成

その意味において、日本は89年12月に日経平均が約4万円近くでピークをつけ、2009年3月に約7000円で大底をつけるまで、小さな山谷はあっても、約20年にわたる株価の下落が日本人の投資マインドに与えた悪影響は大きい。日経平均が安定的に7000円台を超えたのは1982年だ。つまり、82年以降に投資をした分は、2009年の日本株が大底をつけた時点では総じて損失を抱えていたことになる。

もちろん日経平均に採用される225銘柄は、定期的に入れ替わるし、銀行や電機など構造不況業種がある一方、通信やハイテクなど構造的に好調な業界もあったので、企業ごとの個別の差異は大きい。しかし、長きにわたって株式を買った人が総じて損失を抱えたとなると、株式とは元来がそういうもの、という固定観念ができてしまうのは致し方のないことだろう。

また、この間、長きにわたり株価の下落はPER（株価収益率）の低下によるものだった。つまり、

図6-3　家計の金融資産構成比

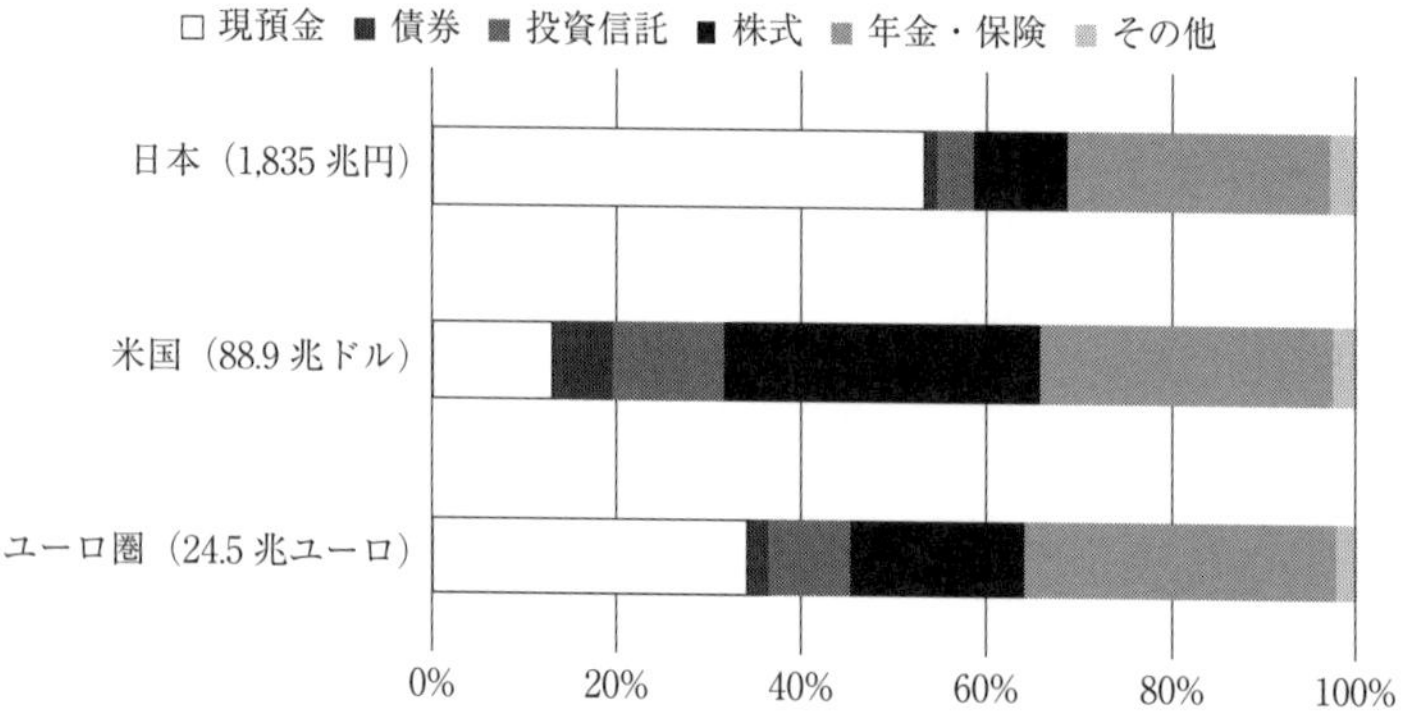

出所：日銀「資金循環の日米欧比較（2019 年 8 月）」に基づいて筆者作成

景気対策で景気がよくなり企業収益が出ても株価は冴えなかったので、日本株は何があっても下がるという印象さえ植え付けたとみられる。90年代のある時期に販売価格を値下げする企業のテレビコマーシャルで、背景に東京証券取引所を映しながら「大暴落、大暴落」とＣＭのキャラクターの女性が叫ぶものがあった。これが日本株に対する普通の人の普通の感覚だったのだろう。

同じことは円相場についてもいえる。ドル・円相場の戦後の出発点は３６０円だった。それが１９７３年のスミソニアン合意で３０８円、１９８５年のプラザ合意で１５０円前後、そして２００８年のリーマン・ショックを経て２０１１年10月に75円台をつけるまで、小さな山谷はあっても、結果的には円高の歴史だった。円高になれば外国への投資は為替差損が出る。バブル崩壊後の株式投資と同じで、外国証券に投資したら長期的には円高で損が出る、という印象を植え付けた可能性は高い。

こんな状態が長く続けば、投資という言葉の意味やイメージが変わるのも無理はない。「貯蓄から投資へ」をスローガンに金融庁が投資を奨励しても、なかなか庶民に普及しなかった。近年は、投資という言葉のイメージが悪いとして「貯蓄から資産形成へ」と言い換えられている。これは、投資が資産形成になる、と言っているのと同じで、それはそれで問題だ。もし仮に1970年代のような時代が再来したら、投資イコール損失になる可能性が高い。そもそも、なぜ過去長く投資で損失が出たのかの理解なしに、投資イコール資産形成と言われても、簡単に信用できないのが普通の庶民感覚だろう。

しかし逆に言えば、2009年3月に日経平均株価が約7000円で大底をつけた後は、平均的に株を買った人はみな利益を出したのではないか。2012年の安倍政権の登場までは、総じて株価は底這いだったが、13年以降は株価は持続的に上がっており、若い人の株式投資に関するイメージはよいはずだ。同じことは為替にも当てはまる。11年以降に投資した分は、総じて評価益が出たはずだ。

今後は、日本株だけが世界から取り残されることはないといえる。円相場も米国による日本叩きで円独歩高になることはまずはないといえる。

以上の意味において、この要因が日本で投資家のすそ野の拡大を阻害する要因ではもはやないと考えられる。もし日本だけ独自の悪い要因があるとすれば、地震や台風など天変地異と人口減少だが、この面だけはリスクを勘案する必要はある。

②　よい市場ではない

金融庁は2017年3月に「顧客本位の業務運営に関する原則」を公表した。この背景は、日本の投資信託の販売の現場での慣行が、第1章で取り上げた「よい市場」ではない時期があったからだと見られている。

これについて2017年4月7日に金融庁の森信親長官（当時）は、日本証券アナリスト協会での「日本の資産運用業界への期待」と題した講演で以下のように述べている。

・日本の資産運用業界では、顧客である消費者の真の利益を顧みない生産者の論理が横行している。
・積立NISAの対象となり得るような長期投資に適する投信は約50本と、公募株式投信5406本の1％以下しかない。
・同じ基準で米国と比較すると、米国で残高の大きい株式投信の上位10本のうち8本がこの積立NISAの基準を満たしている。一方、わが国の残高上位30本の株式投信の中では1本しかない。
・投信の運用資産額の82％が販売会社の子会社など系列の投信運用会社により組成・運用されている。系列の投信運用会社は、親会社であることが多い販売会社のために、売りやすく販売手数料が高い商品を作っている。この慣行には「利益相反」の疑義がある。
・これまで販売実績が高かった投信は、BRICsやAI関連の株式などテーマ型、通貨を選択できるなど複雑なスキームの投信が多く、長期保有に適さないものが多い。こうした投信では、頻繁に売り買いを繰り返すことが多くなるため売買の回転率が高くなり、そのたびに金融機関は販売手数料を得る仕組みになっている。
・個人が買う株式投信の売れ行きを過去にさかのぼって見ても、株価のピークで最も売れる傾向にある。
・2017年2月に日本で純資産が多い上位10本の投信では、販売手数料は平均で3・1％、信託報酬は平均で1・5％となっている。世界的な低金利の中、これらの高いコストを上回るリターンを上げるのは難しい。日本の家計金融資産全体の運用による増加分が、過去20年間でプラス19％と、米国のプラス１３２％と比較してはるかに小さいこととこれは無関係ではない。
・ここ数年、友人から「母親が亡くなり遺品の整理をしていると、最近購入したと思われる、お年寄りには到底不向きのハイリスクで複雑な投信が何本も出てきた」という苦情を聞くことがよくある。
・これまでのやり方を続けていては、今後10年経っても20年経っても何も変わらず、日本の資産運用業は衰退していくだけではないでしょうか。

そして、よい市場を作るために、以下のように問いかけた。

・お客様が正しいことを知れば、現在作っている商品が売れなくなり、ビジネスモデル が成り立たなくなると心配される金融機関の方がおられるかもしれません。しかし、皆さん、考えてみてください。正しい金融知識を持った顧客には売りづらい商品を作って一般顧客に売るビジネス、手数料獲得が優先され顧客の利益が軽視される結果、顧客の資産を増やすことができないビジネスは、そもそも社会的に続ける価値があるものですか？
・金融庁としても、こうした決して最適とは言えない均衡からの脱却をこれまで実現できなかったことを、大いに反省しなければなりません。
・私の友人の欧米の運用者たちは、24時間、３６５日絶えず市場の動向を注視しており、自分の資産も賭けて投資判断を行っています。心も身体も擦り切れるくらいストレスが溜まる一方で、成功すれば大きな報酬を得ることができます。このように、欧米の一流の投資運用業は、スポーツの世界と同様、究極の実力本位になっていると感じます。それと比べて日本はどうでしょうか。運用会社の社長が運用知識・経験に関係なく親会社の販売会社から歴代送り込まれたり、ポートフォリオ・マネージャーは運用者である前に○○金融グループの社員であるという意識が強く、運用成績を上げるより定年までいかに間違いをせず無事に勤め上げるかが優先されてはいないでしょうか。

・安くておいしいレストランは賑わい、まずくて高い店は淘汰されています。金融商品は、その真の価値やコストがわかりにくいですが、「見える化」への努力を行っていく必要があります。たとえば知らない土地に行ってレストランを選ぶときも、ミシュラン、ザガットや各種ウェブサイトが、よいレストランについての情報を提供してくれます。投資商品についても、同様のインフラが作られることが望ましいと考えます。

・こうした現状を変えるべく、金融庁は、金融審議会における半年にわたる議論を踏まえ、「顧客本位の業務運営に関する原則」を確定し、公表しました。

そして、この金融庁の方針に賛同する運用会社は、賛同する意思を示し、それが現実にできているかどうかを具体的なＫＰＩ（重要かつ客観的な指標）で計測して公表している。

ここまですれば、日本の個人向け投信もよい市場になると考えられる。したがって、この面でも投資家のすそ野が広がらない要因はもはやなくなったと考えられる。

③　投資文化を妨げる国の制度

戦後長く日本では貯蓄といえば銀行への預金あるいは郵便局への貯金が常識とされてきた。国家全体で経済発展のためのインフラなど投資が不足していたキャッチアップの段階では、資金を銀行に集中してそれを重厚長大産業に貸し出し、そして鉄鋼やセメントを製造してインフラ建設を優先することが合理的な資金の循環だった。預金は税制でも優遇された。

その過程で日本人は元本という言葉に物神性を持つに至ったと考えられる。その様子は第1章で見た。しかし現実には、日本は金融抑圧といい、現実にあるべき水準より金利は低い水準に据え置かれた。それは、低金利で企業が借りやすくして、投資を促進するためだ。結果的に戦後復興の過程での成長やインフレを加味すると、預金は株式や不動産など他の金融商品と比較して、決して有利なものではなかった。それでも預金はある意味では国策だったので、他の金融商品との比較を一般の国民が目にする機会はほとんどなかった。

1987年に預金の優遇税制（マル優）は廃止され、国民から見れば金融商品の選択の幅が広がった。時あたかもNTT株の売り出しで、主婦が大根やキャベツを抱えて買い物の帰りに証券会社の店頭に寄る時代となったが、バブルのピークは89年末だったので、投資文化が根づくことはなかった。しかも、バブル崩壊の後は金融機関の不祥事のオンパレードとなり、投資はいかがわしいもの、というイメージを植え付けるのに十分だった。その過程で清算主義の思想が勃興して、バブルの処理が遅れる要因になったことは4章で見た。

バブルの敗戦処理は2004年頃には終わったので、そこからはまた新しく「貯蓄から投資」へという流れが出始めた。しかし、2008年のリーマン・ショックで株価が下落、円高傾向に入ったため、損失を回避しようと投資熱はまた冷や水を浴びせられることとなった。

しかし、「貯蓄から投資へ」を進めようとする金融庁の意思は強く、業界の慣行としても、金融庁が力を入れてよい市場を作る制度を整備した。その様子はすでに見た通りだ。そして、証券投資の利益と損失を通算して課税する損益通算、ＮＩＳＡやＩＤＥＣＯなどの制度が整備された。やっと政府による制度が他の先進国並みに整備されたと評価してよいだろう。国の制度の面でも、投資家のすそ野が広がらない要因はもはやなくなったと考えられる。

④　お金儲けを蔑む文化

日本の特徴の一つとして、金儲けをバカにする文化がある。この伝統は江戸時代の士農工商を源流とすると考えられる。「武士は食わねど高楊枝」という諺は、武士階級の清貧と面子を重んじる気風を意味した。そして、最も金儲けがうまかったのは商人だったので、身分は最低とされた。江戸幕藩体制は、金儲けのうまい商人を抑圧して、儲からない武士のやせ我慢の文化を維持するために、国家の発展を阻害したと断じてよい。正座は武士による支配を正当化するために武士が考え出したやせ我慢の典型例だとされている。

江戸時代を通じて日本人の体格も悪くなった。江戸時代の前の戦国時代には、日本には約50万丁の鉄砲が存在し、世界最多とみられている。要するに当時の日本は世界最大の工業国で、桶狭間での鉄砲の使い方は世界に衝撃を与えた。ところがそこから３００年後、開国した時点では、黒船に驚愕するなど、武士の文化が日本の経済成長を阻害し、江戸時代の間に日本は世界から大きく後れたのだ。

江戸幕府は朱子学を公式な学問とした。朱子学では、父と子や主君と家来のように、下の者は上の者を敬わなければならないと説いた。この「上下定分の理」は江戸幕藩体制を維持する上で、まことに都合のよい考え方だった。

ただ、この武士の文化が日本全国で本当に信用されていたかというと、決してそういうわけではない。

江戸時代の江戸と大坂（現・大阪）では気風がまったく異なっていたことはすでに書いた。江戸は武士の町で、面子、建前、義理が重視された。まさにジェイコブズが明らかにした武士の文化そのものだ。しかし大坂は商人の町だ。金、本音、食い倒れ、が重視された。ジェイコブズの商人の文化だ。

井原西鶴は1688年に副題に「大福新長者教」と付けられた『日本永代蔵』を発表し、金持ちはいかにして金持ちになったかを描いた。金《かね》や色に関する人間の欲望を解放する作品を書いたのは、世界的にもかなり早い段階だ。欧州でも金儲けは汚いユダヤ人だけがするものだという偏見が長く残っていた。しかし、ユダヤ人を保護することでオランダは大航海の時代に先鞭をつけ、英国も類似の手法で金融の発展で先駆を成した。大坂は、ユダヤ人が保護されたことで開花させたのと同じような文化を内生的に自ら生み出していたのだ。

大坂では実学が重視された。実学重視の姿勢が世界で最も早い先物市場の創設につながった事実は第1章で見たとおりだ。『日本永代蔵』は商人の間で教科書のように読まれていた。当時のことなので正確な発行部数はわからないのだが、相当数だった可能性が高いと見られている。

その精神は1724年に商人の子弟の学問所として大坂で設立された懐徳堂に引き継がれた。18世紀から19世紀にかけては江戸の儒学を批判し、実学を重んじた。幕府は江戸では公式の儒学を教えたが、大坂では儒学は重視されず、実用に役立つ実学が重視された。大坂の町人は江戸の儒学者を激烈に批判している。たとえば、「面子などと言って体面と建前を重視するくせに、貸した金を返さない」などだ。大坂堂島の米先物市場を神にたとえた山片蟠桃《やまがたばんとう》（第1章4節参照）もここで学んだ。

懐徳堂は1869年に廃止されたが、その精神を引き継ぐのは福沢諭吉と見てよいだろう。福沢諭吉の『学問ノスヽメ』は「天は人の上に人を造らず、人の下に人を造らず」という有名な一文から始まる。(30)

その後は、「しかし、世の中を見なさい。はっきりと差がある。何で差が生じたのか。それは学問の差だ。学問とは、なにも難しい漢文や古典を読むことではない。何の役にも立たないものではなく、実際の生活に役立つ学問をして、金もうけに役立てよう」と続く。『学問ノス、メ』とは詰まるところ、金儲け推奨の本なのだ。ただし、金もうけは手段であり、目的は一身、一国の独立だ。福沢はこの考え方を徹底し、「利を争うは理を争うことだ」「(日本は) 銭の国たるべし」とまで述べている。内村鑑三から「武士にあるまじき拝金主義者」と非難されたりしたが、それは結果だ。文明と理を突き詰めたらお金になるだけのことだと理解できる。福沢諭吉の原書には実学に「サイエンス」とルビが振ってある。

この江戸の武士の文化は今も生きている。景気が悪くなると、清貧のようなやせ我慢の文化が頭をもたげる。清貧の特徴は、景気がよいときにはほとんど顧みられず、景気が悪い局面で悪い状態を正当化する思想として主張されることが多い。2012年の安倍政権の登場でいわゆるアベノミクスによって景気が回復傾向に入って以来、清貧という言葉をほとんど聞かなくなったのは偶然ではない。

ただ、清貧が文化として尊いのも事実だ。日本には武士と商人の二つの文化の体系があり、それぞれに尊いのだが、バランスが大事という理解でよいだろう。第5章で紹介したジェイコブズの慧眼は、遠い極東の島国にも当てはまるのだ。

⑤ 金融リテラシー

第1章でも書いたが、日本では長く「由《よ》らしむべし知《し》らしむべからず」が実際の政府の政策の指針になっていたと考えられる。これは論語を出典とし、人民を為政者の施政に従わせることはできてもその道理を理解させることは難しい。転じて、為政者は人民を施政に従わせればよいのであり、その道理を人民にわからせる必要はない、を意味した。

これは、日本経済が戦後に驚異の復興を遂げ、先進国にキャッチアップするまではある意味では正しい政策だった。しかし、先進国に追いついた時点で、どうしたらよいかの明快な手本はもはや世界にはない。その時点で、「知らしむべからず」から「自分の頭で自ら考えよ」へと転換しておくべきだった。近年、教育改革の一環で課題解決型能力、21世紀型能力など様々な呼び名があるが、本質は答えのない問題を自分の頭で考え、情況の変化に応じて永久にＰＤＣＡを繰り返すということだ。

そうすることで様々なリテラシーが身につく。金融なら金融リテラシーだ。しかし、何もこれは金融に限ったことではない。メディアなら報道内容の真贋を見抜くメディア・リテラシー、医療なら医療情報の真偽を見抜く医療リテラシー、情報全般なら裏読みから書かれていないことまで推測するインテリジェンス・リテラシーなどだ。

第１章で、よい市場は情報の非対称性がない市場だと述べた。その意味で日本の教育は、生徒と教師の間の情報の非対称性が極めて大きい。この非対称性が低い諸外国では、学校はまったくちがう運営が行われている。たとえば、何をどう学ぶかは、先生ではなく生徒が決める。そこでは、クラスはなく、生徒が希望する授業を受けに教室を移動する。金融に関する教育も、実施するかどうかを先生が決めるのではなく、希望する生徒が自分で決めればよい。実際に金融に関する教育を選択制とすれば、ニーズは相当に高い可能性がある。

今後は教育改革でプログラミングや外国語が重視されることが決定されているが、起業、金融、キャリアなどの教育は「その他」として「他にも充実させる」という下位の位置づけだ。

⑥ 金融リテラシー以上に難しい投資の心構え

プロの投資家は、投資の基礎をまず学び、次に実際に売買する前にシミュレーションをする場合が多い。このシミュレーションを始めてすぐに気づくのが、投資においての心がまえの重要性だ。これらはバイアスと呼ばれる。相場に取り組むのに必須なバイアスを五つ挙げておく。

第一はカクテルパーティー（立食）効果と呼ばれるものだ。カクテルパーティーでは、周りから様々な話し声が聞こえてくる。しかし、人間の特性として耳に残るのは、その人にとって強い関心があること、聞きたいと思っている話だけになる。同じことが、相場でポジションを持つと生じる。たとえば、値上がりを期待してある会社の株を買った人がいるとしよう。この時点でこの人の心にはバイアスが生じる。それは、知らず知らずのうちにその企業の株価の押し上げ要因となるよい情報を過大評価する一方、株価の押し下げ要因となる悪い情報を過小評価するようになってしまうのだ。逆に言えば、こうしたバイアスを取り去ることが、相場で勝つには必須なのだ。心の客観性を保つのは極めて難しい。プロの投資家になれるかどうかの重要な試金石になる。

第二は、利益と損失に関する心の感じ方のギャップで、「損失回避バイアス」と呼ばれる。これは、投資で利益が生じた時の喜びと、損失が出た時の悲しみを比較すると、悲しみのほうが大きくなるという人間の心が持つ特性だ。投資を始めてすぐの初心者は、利益が出るとすぐ売って利益を確定したくなる一方、損失の処分（損切り）はなかなか踏ん切りがつかない。結果的に、利益は少なく、損失は大きく、全体では損失が出る場合が多い。

この人類に普遍の特性は、２００２年ノーベル経済学賞受賞者で行動経済学の先駆者であるダニエル・カーネマンとエイモス・トベルスキーが「発見」し「損失回避バイアス」と名づけた。カーネマンらの研究によれば、損失は利益の2－2・3倍の心の負担になる。

第三は同調圧力だ。相場格言に「天井掴みの底叩き」がある。これは、相場が正に下がる直前の天井で買い、逆にこれから上がる直前の底で売る投資行動を意味する。わざわざ格言にまでなったのは、こうした投資行動で損失を出す投資家が実に多いからだろう。

筆者が見聞きした例でも実に多い。なぜか。相場の天井ではマスコミの論調や投資家心理が総強気になる。そうした強気の局面では、下げ材料は無視する一方、上げ材料を探しに行く。心の中では下げになるのではないか、と思ってはいても、周囲の声やマスコミ報道が強気一辺倒なら、どうしても流されてしまうのだ。

こうした自分の意見を変えるような周囲からの圧力を同調圧力と呼ぶ。これは何も相場に限った話ではない。日本語で空気を読む、とよく言われるが、日本人にはピンと来る、あの空気感だ。第1章で正しい市場の条件として集合知の原理を説明した。同調圧力に耐え切れず、集合知を形成する多様な相場感を持てない投資家は、淘汰されるのがマーケットの掟なのだ。同調圧力を戒める相場格言は多い。たとえば「強気相場は、悲観の中に生まれ、懐疑の中に育ち、楽観の中で成熟し、幸福感の中で消えていく」「総強気、阿呆になって一人売れ」などだ。

第四はコンコルド効果だ。コンコルドは、英国とフランスが共同開発を進めた超高速旅客機で、ロンドン－ニューヨーク間を通常なら6時間かかるところを3時間で飛行した。1969年に初就航し、全席がファーストクラスだった。しかし、開発の途中で想定以上に莫大な費用が掛かること、燃費が悪くあまりに高価なために顧客ニーズが想定以上に少ないこと、結果的に黒字となって採算が取れる見込みがないことが判明した。しかし、途中で開発をやめると、それまで投入した費用が損失になることが確定する。そのため事業がずるずると続けられた。結局は運航を始めても赤字が続き、2003年に全機が退役した。

類似の心理的構造で損失や損害を出す事例は多い。日本の第二次世界大戦でも、途中で敗戦を認めれば、それまで失われた英霊の犠牲が無駄になるという発想で、敗戦までずるずると戦争が続けられたとされる。会社の事業でも、赤字の事業が延々と続く原因はほとんどがこのコンコルド効果だ。

この心のバイアスは投資でも起こる。ある株式に投資をしたが、株価が想定とはちがう動きとなった。判断の過ちを素直に認めたなら、次の一手の正しい判断は損切りだ。しかし、損を確定すると、当初のその株式を買った行為が無駄になる。そこで多くの場合、ナンピンといって同じ株を安値で買い、平均買付単価を下げて、その銘柄の損失を取り戻そうとする。コンコルド効果を一般化すれば、将来どうするかの意思決定において、過去の余計なことは考慮に入れてはならないということだ。

第五は後知恵バイアスだ。結果から逆算して原因を探る思考は、単純化するがために不完全なものとなる。オリンピックで金メダルを取った選手を賞賛して、努力したからだ、とする思考は単純化しすぎている。すべての十分条件と必要条件が勘案されていない。この発想を投資に取り込むと、往々にして失敗する。ここに手軽な投資ハウツー本にまま見られる安易な落とし穴がある場合が多い。

こうした心の研究が進む前に1990年頃の時点で、米国で書店に行くと、投資に関するコーナーには、基本的な証券価格の決まり方、ポートフォリオの組み方と並んで、心のコントロールが全コーナーの半分以上を占めるほどに豊富にあった。心構えはそれほど投資においては重要なのだ。

コア・サテライト戦略

日本の財政や少子高齢化に大きな問題があることは第5章で触れたが、五年に一度の社会保障の見直しの議論が始まったこともあり、２０１９年に入って新たな動きが出始めた。企業の定年が努力義務で70歳に引き上げられることとなったのだ。定年70歳は、いずれは義務化される可能性が高いだろう。

トヨタや日立などの大企業や経団連など経済団体は、そんな高齢までの終身雇用はもはや無理だと表明し始めた。また、金融庁は、平均的な普通の個人は老後の生活資金が年金以外に２０００万円も不足することをデータで示し、自分で運用することの必要性を流布し始めた。

老後資金は、収入は主に社会保障給付、支出は実際の支出額として計算された。この計算式では、支出にのみ一部の大金持ちの豪華海外旅行や高額品消費が含まれるため、支出額が過大推計されているという批判はある。

福沢諭吉が１００年以上も前に日本が「銭の国」にならなければならないと説いた真因は、他人のお金に依存して生活してはならないという警告だ。近年、金融庁が中心になって進めた日本の資産運用業界をよい市場に育てようとした様々な制度の整備は、成熟国家となった日本が、その警告を真摯に聞くべき局面に来たことも示している。

その一つの成果が資産運用業界で普及し始めた「コア・サテライト戦略」といえる。コアを守りの部分として、世界に第2章でも取り上げたインデックス運用の長期分散投資をする。インデックス運用は、日経平均株価や米国のNYダウ平均株価など指数連動型の投資で、管理コストが極端に低い。世界の資本主義の成果と連動するパフォーマンスを得られる上にパッシブなので手数料は安い。サテライトは攻めの部分で、自分で勝負したいタイミングと分野を選んで中短期の投資をする。エネルギーに詳しい人がエネルギー分野への投資をタイミングを選んで実施する、環境保護を重視したい人がそうした分野に資金を重点配分する、インドの高成長を信じる人ならインドに重点的に投資する、などの戦略だ。こちらは攻めなので総じて手数料は高いが、高いリターンを狙うことが可能だ。自分で取りたいリスクに応じてコア部分は40－100％、サテライト部分は0－60％程度が一般的だ。また、リスク管理をしきれない不確実性が極めて高い事例が発生した場合は、資産をすべて売却してキャッシュ化する機能が付いているので、万が一への備えも整った商品が多い。

近年は日本でもファイナンシャル・アドバイザーと呼ばれる職業が普及し始めた。自分が所属する会社の方針にただただ従うのではなく、高い倫理観と責任感を持って顧客の希望を中立な立場で実現する金融のプロだ[31]。

米国では資産運用の手法や制度は、年金制度が半永久的な運用であることで高度化した。そして、年金運用が先駆となって個人にも広がり、結果的に世界へと広がった。その流れが日本にも、近年の金融庁による資産運用業界の発展に向けた制度の整備で起きているのだ。

12　実践投資のための取引ガイド

本書では、ヘーゲルが『歴史哲学』で述べた、歴史に学ばないのは歴史の生き生きとした記述がないがために目の前の現実と対比できないからだという箴言を重視しての記述に努めた。

筆者も投資の仕事を始めて、基礎を学ぶのに10年を要し、その期間も含めて、金融に関する言葉を正確に理解するのに10年1サイクルの景気循環を、1990年頃から2010年頃まで2回経験してやっと一人前になったという思いがある。一人前になるのに20年かかるのだ。

しかし、普段から心がければ、もっと効率的に投資のノウハウを習得できるはずだ。ここにそのノウハウを公開しておこう。これらは、若い人はもちろん、リタイアしたシニア層にも有益なはずだ。

① 情報源

・経済レポートドットコム（www3.keizaireport.com）

国内の経済関連の調査レポートをほぼ網羅しており、筆者は情報源として非常に重宝している。

・グーグル・アラート

新しく作られた言葉は新しい時代の変化を体現する。登録しておけば、メディアに出る言葉をメールで知らせてくれる。しかも無料だ。

・グーグル・トレンド

グーグルで検索するために打ち込まれた特定の言葉について、検索総数の推移、一定期間のランキングなどが表示される。たとえば「インフルエンザ症状」が急上昇していたら、それはインフルエンザの流行をほぼ時差なしで表していると見てほぼ間違いない。メディアが作るスピンが世間の関心に響いているかどうかの事実確認も有益だ。

・FOX（トランプ政権と敵対しない数少ない米国のメディアで、かなり右派色が強い）

・フィナンシャル・タイムズ：FT（世界の金融当局が金融政策の効果を事前に知りたいときに相談するとされており、リークの実験場だと見られている）

・ウォール・ストリート・ジャーナル：WSJ（米国の保守系メディアで規制のない自由市場を信奉す

る姿勢は筋金入りだ）
・日本の新聞（日本の新聞各紙は、20世紀前半に世界的にみて独特な、いわば総合生活情報誌のスタイルを確立した。フィルターバブルによる偏った見方を回避するには、日本スタイルの新聞の購読は極めて有効で、日本の社会の安定に大いに寄与している。ただし、右系から左系までバランスよく見る必要がある。産経は主要紙では最も保守的で、国際政治情勢に秀でている。西洋事情を積極的に日本に紹介した福沢諭吉が創刊した新聞である時事新報の流れを汲んでいる。読売は国益に敏感だ。若手の一新聞記者でありながら日韓国交正常化のフィクサーとして動いた渡邊恒雄の意思が反映されている。米国のスタンスに関する報道は正確だ。日経はビジネス全般、特に個別企業や産業の動向に詳しい。ほかにも日刊工業新聞、鉄鋼新聞、半導体新聞など、業界紙も面白い。新聞は図書館に無料で置いてある）
・中国に関する情報は、経済規模や世界経済への影響と比較して、極めて少ない。それはメディアの米国駐在員数と中国駐在員数を比較すると一目瞭然だ。中国情報は、自然に目にするだけではバランスが悪いので、わざわざ取りに行くべきだ。環球時報、人民日報がビジネスでは有益だ。環球時報は英語では「global times」で発売されており、サイトは以下（http://www.globaltimes.cn/）、人民日報には日本語のサイトもある

② 変動価格に耐える

・身近な変動価格としてガソリン価格を当てる訓練は有益だ。原油価格は景気に連動する傾向が強くある。株価予測との関連も強い。

・鮮魚店には二種類ある。（a）はいつも同じ魚を多少の変動はあっても同じような値段で売る店、（b）はその日の獲れ高や時間帯によって魚価が変動する店だ。漁獲高は魚の種類によってまったく異なる。そして、漁港でのセリの段階では、漁獲高に応じて魚価は大きく変動する。大漁で値段の下がる魚を集中して仕入れる店があるが、そこでは安く買うことが可能だ。それは、売られている魚の種類と価格を丹念に見ればわかる。新潟の魚を関越道路沿いで販売する角上魚類が有名だ。魚価を見ていれば漁の状況がわかる。

・野菜の価格は天候で大きく変動する。旱魃や冷夏なら不作になり価格は上がる。２０１９年は10月の台風でも不作になり価格は上がった。天候から野菜価格の先行きを読むと有益な上に面白い。

戦略論で有名なリデル・ハートは「宙ぶらりん」な状態に耐える精神力の重要性を力説する。変動価格に耐えるのは、その一貫でもある。

③　速読、その他

・速読は指南書を読めば誰でも習得できる可能性が高い。漢字文化の素晴らしさを再認識できる。
・速読ができると世界が桁違いに広がり思考の幅が格段に向上する。
・日本語と英語の速読は金融業界のプロはほぼ全員できるように見受けられる。
・目と耳と口がまったく別々に動くのも訓練すれば可能になる。目で文書を読み、耳は人の話を聞き、口ではまたまったく別な人と会話をする。

④　英語ニュース

・当局発の情報でおかしな日本語が出てきたら、正確な意味を英語で確認すること。
・日本のおかしな政策は、ほとんどが英語と日本語で異なる内容の発表・報道がされている。
・国際的には、国内法は国際法より下位だと位置づけられている。ところが日本では、この関係が逆だ。日本人の集団の誤ちは、国際的には、あるいは国際法上存在しない概念をオリジナルの日本語として独自につくり出すことから始まる場合が多い（統帥権、相談役、ものづくり、など）

⑤　専門家の意見

アナリスト規則で規定してある通りの思考をしているかどうかは極めて重要なので引用しておく。

3．投資情報の提供等（証券アナリスト職業行為基準）

会員は、投資情報の提供、投資推奨または投資管理を行う場合には、次の事項を守り、合理的な根拠をもつ適正な表示に努めなければならない。

(1)　綿密な調査・分析に基づく合理的かつ十分な根拠をもつこと。この場合、それを裏付ける適切な記録を相当期間保持するように努めるものとする。
(2)　事実と意見とを明確に区別すること。
(3)　重要な事実についてすべて正確に表示すること。
(4)　投資成果を保証するような表現を用いないこと。
(5)　顧客または広く一般に提供する投資情報の作成に当たり、他人の資料を利用する場合には、出所、著者名を明示するなど慎重かつ十分な配慮をしなければならない。
(https://www.saa.or.jp/learning/ethics/standard/index.html)

この条文は逆に読むと理解しやすい。

(イ) いい加減な調査・分析に基づく合理性のない根拠薄弱ではダメ。

(ロ) 事実を推測のように表現する人はダメ。景気が統計の数字としてよいにもかかわらず、「景気がよいようなので……」と表現する時点で、綿密な調査・分析に基づいていない。

(ハ) 重要な事実の反対は、重要でない意見。これをさも重大であるかのように話す人はダメ。

⑥ 運用機関の選定

日本の運用機関は銀行や証券の子会社が多い。子会社ということは、幹部は親会社からの天下りだ。しかし、高度な専門知識と高い倫理観を要する資産運用は、本来なら適当に処理するものではない。親会社にとって都合のよい便利な小会社になっている運用機関とは、取引しないのが得策だ。

日本の金融機関の人事異動は基本的にローテーション人事である。法人取引、個人取引、外国為替、貿易事務、システム等、様々な部門を経験する。これらの業務は数年も経験すればある程度は誰でも一人前になれる。しかし、専門性の高い資産運用はちがう。筆者の見立てでは10‐20年を要する。したがってローテーション人事にはなじまない。大事なお金の運用をローテーション人事の一環でやるような運用機関は、あまり信用しないほうがよい。

運用機関の成績はモーニングスターなどの評価会社が公開している。成績を公開しない、運用の担当者がどんな経歴でどんな成果を出した人なのかわからない、ファンドの宣伝が抽象的な美辞麗句ばかりで個別具体的な数字がない、などに該当する運用機関は信用しないのが得策だ。

⑦ 確 率

米国マサチューセッツ工科大学（ＭＩＴ）で数学を教えたエドワード・ソープは、確率の計算でカードのブラックジャックで期待値をプラスにする、つまり、確実に勝つ方法を考案した。そして、それを実践して実際に大儲けした。[32] そのカウンティングと呼ばれる方法は現在では禁止されている。さらに、ソープは類似の発想を金融派生商品（デリバティブ）への投資に取り入れ、こちらでも大儲けした。

第２章で取り上げた投資の世界のスターは、ギャンブルが好きな人が多い。ギャンブルとはいっても宝くじのような偶然で決まるものではなく、エドワード・ソープと同じ思考で確率の計算が可能なものだ。偶然はコントロールできないがリスクはコントロールできる。

日本は実は世界でも突出したギャンブル大国だ。カジノは解禁されていないが、日本に来る外国人は、朝から営業してテレビでＣＭを流して宣伝するパチンコを見て、ギャンブル市場の規模を知ると驚愕する。パチンコ、競馬、宝くじ、競艇、競輪、toto、オートレースなどを合計すると約22兆円と、ＧＤＰ比で約４％もある。日本以外でこの比率が高いのは米国と中国だが、せいぜい１－２％なのだ。

日本のギャンブルの特徴は、確率計算ではなく偶然で勝敗が決まるものが多いことである。欧米のギャンブルは紳士淑女など上流階級の社交場だが、日本ではそうでないこととの関連を指摘する見方はあるようだ。

⑧　**大阪企業家ミュージアム**

大阪ゆかりの多数の企業家の発想を展示する世界的にも珍しい博物館で、さながら本書で紹介したジェイコブズの「商人の倫理」の見本市。投資の発想が豊かになるアイデアの宝庫。

【第6章注】

（１）トランプ（２０１６）１２８ページ。
（２）https://www.politico.com/story/2013/03/rnc-report-growth-and-opportunity-088987
（３）https://www.businessroundtable.org/business-roundtable-redefines-the-purpose-of-a-corporation-to-promote-an-economy-that-serves-all-americans
（４）本書第３章参照。
（５）本書図３－18を参照。
（６）https://www.ntu.org/library/doclib/Embargoed-Economists-Letter-2018-1.pdf
（７）https://www.bloomberg.com/opinion/articles/2019-10-10/inequality-globalization-and-the-missteps-of-1990s-economics
（８）https://www.imf.org/en/News/Seminars/Conferences/2017/09/13/meeting-globalizations-challenges
（９）２０１１年１月に北アフリカのイスラム国家チュニジアで、民衆蜂起により長年の独裁政権が崩壊した。同国の代表的な花の名前から「ジャスミン革命」と呼ばれる。きっかけは10年12月に、ある地方都市の路上で野菜を売っていた青年が、たび重なる当局の取り締まりに抗議して焼身自殺した事件だった。これが経済的困苦にあえぐ人々の共感を呼び覚まし、数千人規模の抗議デモへとつながった。

ここまでなら、独裁国家ではままある話だ。しかし、ＳＮＳによる呼びかけで声なき声がかたちのある民衆蜂起となり、やがて抗議の矛先は長期独裁を続けるベンアリ政権へと向かった。総じて長期独裁政権は腐敗と人権抑圧で成り立つが、ベンアリ政権も例外ではなかった。反政府デモが体制打破を求める民衆蜂起となって全国各地へ拡大した。

それまでは秘密警察の監視や強硬な取り締まりによって反体制派を抑圧してきたものの、若者がＳＮＳを駆使して情報交換をすることで、事実上の集会の自由や結社の自由の行使と同等の効果を生んだ。特定の政治や宗教によらず指導者がいない草の根の民衆蜂起として国内全土へ拡散した。ついに11年1月にベンアリ大統領はサウジアラビアに亡命した。こうして20年以上も続いた独裁政権があっさり崩壊した。類似の展開で混乱は近隣のエジプト、リビア、シリア、イエメンへと広がった。リビアのカダフィ大佐は米国と敵対して40年以上もの長きにわたり戦い抜いた独裁者だが、この政権も民衆パワーのうねりの中であっさり崩壊した。

(10) http://www.eiu.com/topic/democracy-index

(11) ただし、当時も中国が民主主義国家になるという見立てに対し懐疑的な見方はあった。代表格はトランプ政権のライトハイザーＵＳＴＲ代表だが、こうした反中の強硬派は現在のトランプ政権に集結している。

(12) いくつか例を挙げると、民主党政権時代の２０１０年9月に尖閣沖で中国の漁船が日本の海上保安庁の巡視船に体当たりする事件が発生し、漁船の乗組員が拘束された。直後に中国は対抗措置として、日本向けのレアアースを禁輸とした。12年の夏場には靖国問題や尖閣諸島の領有権問題で外交関係がこじれ、激しい反日デモが発生して日本大使館や日系スーパーマーケットが民衆の襲撃を受けた。中国ではデモは届け出制で当局の管理下にあるので、実質的には当局主導の反日デモと破壊行為だったとされている。韓国とは、北朝鮮対応でロッテ保有の土地に16年7月に米国の弾道迎撃ミサイルシステム（サード）を配備することが決定したことに抗議して、韓国系のスーパーマーケットが襲撃されたり、韓国旅行を自粛させた。中韓での漁船同士の衝突も頻繁に起こった。フィリピンとは、南シナ海でフィリピンの領土を埋め立てて中国の軍事拠点とした実質的な侵略行為があった。この件については、16年7月に国際司法裁判所は、フィリピンからの提訴に対し、中国の侵略であるという司法判断を下したが、中国政府は判決は「紙くず」だとして無視した。この過程で中国は、フィリピンから輸入したバナナから害虫が出た、などを理由に輸入を差し止める措置を実施した。10年には中国人の劉暁波が中国の基本的人権確立に貢献したとしてノーベル平和賞を授与し、また、国家転覆罪で服役中だった同氏の釈放をノーベル賞委員会が要求した。これに対し中国は、内政干渉として猛反発し、ノルウェー産サーモンの輸入制限など報復措置を発動した。ノルウェーが失った代償は大きく、市場はカナダやチリに奪われることとなった。これについて後に中国共産党機関紙、人民日報系の環球時報は「〝中国を怒らせてはいけない〟ことをノルウェーは6年かけて理解した」との見出しの社説を掲載した。

(13) 最後の数日間は入場者数記録樹立のため、大量動員をかけ無料で入場させて来場者数を増やしたという噂もある。

(14) https://www.rieti.go.jp/users/china-tr/jp/ssqs/181019ssqs.html

(15) 海外在留邦人数調査統計（平成30年要約版）２０１７年10月１日現在。(https://www.mofa.go.jp/mofaj/files/000368753.pdf)。ただし在留邦人数は、米国43万人に対し中国は12万人と、まだ米国のほうが多い。

(16) (a) の四つの基本原則は、市場が主導・政府が誘導、現在に立脚して長期の着想、全体的に推進・重点的に突破口、自主的発展・開放強化、だ。(b) の五つの基本方針は、イノベーション駆動、品質優先、環境保全（クリーン）型発展、構造の最適化、人材本位が掲げられている。(c) の目標と時期では、２０４９年までに達成すべきことを三段階で明記しており、第一段階は２０２５年までに「世界の製造強国入り」を果たし、第二段階は２０３５年までに中国の製造業レベルを世界の製造強国の中位とし、最終の第三段階は２０４５年には「製造強国のトップ」になるという内容だ。

(17) 「避けては通らない」の部分は「通れない」が自然な日本語訳であるが、引用元の国立研究開発法人科学技術振興機構（ＪＳＴ）研究開発戦略センターのホームページ (https://www.jst.go.jp/crds/pdf/2015/FU/CN20150725.pdf) の通りとしておく。

(18) ユニコーン企業 (Unicorn) とは、企業価値が10億ドル以上。国ごとの内訳は、１位：米国１５１社、２位：中国82社、３位：英国16社、４位：インド13社と、中国は米国に次ぐ2位だ。また、東南アジアのユニコーン企業に中国企業が出資する例も目立つ。「グラブ (Grab)」は中国の「滴滴出行 (Didi Chuxing)」の出資、ライバルの「ゴジェック (Go-Jek)」も同じく中国の「京東集団 (JD.COM)」が出資している。

(19) https://www.wipo.int/edocs/pubdocs/ja/wipo_pub_901_2019_exec_summary.pdf

(20) パンダ外交については家永（２０１７）に詳しい。

(21) 最近ではこの3社にファーウェイ（ＨＵＡＷＥＩ）を加え、ＢＡＴＨと表記するケースも増えている。

(22) ナヴァロ（２０１６）。

(23) 英国も北アイルランド紛争という火種を抱えていたため、テロリストによる攻撃にさらされていた。

(24) 近年だけ見ても、２０１５年1月にスリランカでは親中政権が敗北して対中スタンスが大きく見直された。18年5月にはマレーシアでは親中政権が敗北し、中国の「新植民地主義」を批判するマハティール首相が親中の対中スタンスを大きく軌道修正した。18年9月にはモルディブで親中政権が敗北して、中国との事業を大きく見直す方針を表明した。19年11月にはボリビアで反米左派のモラレス大統領が、大統領選をめぐる不正疑惑で軍から退陣を促され、辞任に追い込まれた。モラレス氏は就任以降、中国の資金に頼ってインフラ整備を進める経済政策を展開しており、18年6月には訪中して習近平国家主席と会談して広域経済圏構想「一帯一路」への参加も決めた。ただ公共事業では中国企業が多くを受注して地元企業に多くは回らなかった。中国とのビジネスを営む経営者と市民の経済格差が広がり、中国への債務も急増した。7月末時点で、ボリビアの中国向けの債務は約9億5000万ドル（約1040億円）で、国内総生産が424億ドル（19年推定）の同国には重い負担となり、反中感情が蓄積した。

(25)「億る」とは主に若者たちが用いる流行語（「○○る」は○○する、たとえば「バイトる」は「アルバイトする」の意）で、億を稼ぐこと。億り人は億単位を稼いだ人のこと。2006年に米アカデミー外国語映画賞を受賞した『おくりびと』のタイトルに掛けた用法。

(26) アイケングリーン（2012）。

(27) ハイエク（2014）。

(28) 農林水産省データ、https://www.maff.go.jp/j/kokusai/kokusei/kaigai_nogyo/attach/pdf/index-123.pdf

(29) http://documents.worldbank.org/curated/en/977141468158986545/pdf/474170WP0Evalu101PUBLIC10Box334133B.pdf

(30) 米国独立宣言の冒頭の精神を継承したもの。「〜ト云ヘリ」と続くことから、引用文であることが読み取れる。

(31) 米国労働省がHPで個人向け運用助言業界（大部分はIFA）の概要を紹介している。https://www.bls.gov/ooh/business-and-financial/personal-financial-advisors.htm
2018年の平均年収は8・9万ドル、時給は43ドル、約27万2000人が従事する。これは米国で人口約1200人に1人という多さだ。しかも、毎年従事者が7％伸びるという成長産業だ。相談したい個人の特質に応じて、投資全般、特に離婚の金融相談、高齢者専門の投資相談など専門性が高いがために細分化されている。以下、顧客の細分化されたニーズに合うべく開発された代表的なマッチングのサイト。
https://money.usnews.com/financial-advisors
https://www.thebalance.com/find-financial-advisor-online-2388455

(32) エドワード・ソープは第1章で取り上げた実話に基づく米国映画「ラスベガスをぶっつぶせ」に登場するMITの数学講師。著書としては『ディーラーをやっつけろ！』『天才数学者、ラスベガスとウォール街を制す（上）（下）』などがある。

おわりに

米国が輝いていた1950年代に「ショウほど素敵な商売はない（There's No Business Like Show Business)」というミュージカルがあった。あのマリリン・モンローが出ている映画だ。この言葉に近い感覚で、これまで筆者が出会った様々な業種の多くの経営者が「金儲けほど面白いことはない」と言っている。その通りだと思う。それが金融市場に関しては、市場で搦め手や裏技ではなく正攻法を取ることが結果として収益につながるわけで、こんな愉快な仕事はない。金融市場は短期的には間違えることはある。しかし、長期的には経済の現実を映す鏡だ。金融市場は市場経済を長期的には安定均衡へと導く水先案内人であり、たしかな相場観は正確な時代認識を備えてこそ習得できるものだ。相場で損を出すことを古い日本語で「曲がり」と言うが、曲がった時代認識は投資家として禁物だ。

意外と思われるかもしれないが、金融市場のプレーヤーには金や出世にほとんど執着しない、質素倹約を第一とする職人気質の人が多い。本書第6章で、心のバイアスを取り除き、物事を客観的に見ることの大切さと難しさを説明したが、そうした心構えでなければ、心の平安を保てないからではないか。押し寄せる現実に囚われていては夜も眠れなくなるのだ。また、速いスピードで変化し続ける金融市場を追って自分の腕を磨くには、金や出世などどうでもよくなり、眼中になくなるからだろう。ここは日本の職人文化の美点だといえる。

投資という仕事は、広く社会とのつながりを実感できる。また、そこに社会的意義を見出すこともできる。その意味で、昨今の資本主義批判が強くある中で敢えて市場を擁護する本書を書いた動機は、米国の1960年代後半から70年代のような、そして日本の90年代以降のような過ちを繰り返してはならないと考えているからだ。

なぜ筆者がそのような感覚を持ち続けているかと言えば、それはひとえに、筆者が社会人として巣立って間もなくの平成時代の30年が、まるまる「失われた30年」と重なり、その間幾多の荒波に揉まれた経験を持つからである。

筆者は1987（昭和62）年に大和銀行に入行した。なぜ銀行に入ったかというと、当時の日本の銀行業界は、現在で言えばGAFAのような、世界最強のビジネス主体と見られていたからだ。だから、そういう強い業界で切磋琢磨しながら自分を鍛えたいと思ったのだ。当時は日本企業が世界に飛躍していった時代で、「世界を股にかける金融マン」というイメージが膨らんでいた。

ところが銀行に入って約半年後に世界の株価が急落したブラックマンデーを経験した。そしてその2年後の89年末に日本の株価は史上最高値をつけた後、90年代に入り、坂道を転げ落ちるように崩壊が始まった。同時に、銀行業界は10年以上続いた不良債権処理のアリ地獄にはまっていった。また、日米貿易摩擦が激化したことで激しい日本叩きも起こった。

率直に申し上げて、何が何だかほとんどわからないまま、事態の悪化に巻き込まれたという思いがあった。そして、自分の人生を自分で決められないこんな状態でよいのかという疑問を持つようになった。そんな中、米系の金融市場関係者からの情報発信だけは、将来の見通しという意味で信用できる気がした。しかも、当時有名だった、不良債権問題など日本経済の問題を追究したアナリストの中には、身の危険を感じて本国に帰ってからも日本に向けて警鐘を鳴らし続けた人がいた。これはインターネットがまだなかった時代の話で、徹底して真相を追う専門家の凄みを感じた。

当時、日本銀行から出されたある調査レポートが話題になった。それは、金融システムとしては、欧米の証券市場を通じた直接金融主体のシステムより、日本の銀行を通じた間接金融主体のほうが優れているると主張するものだった。案の定、海外から激しい批判が起きた。日本の銀行に高い審査能力があるのなら、深刻な不良債権問題など起こらないとする内容だった。

この頃に筆者は、直接金融システムを担う証券部門で働きたいという希望を持った。そして1991年からは証券投資部門一筋となった。当時の日本の人事はローテーション人事と呼ばれ、数年ごとに様々な部門を経験するのが主流だった。その意味では、早い段階で専門職を志望し、念願かなってその通りの仕事をさせてもらうことができた。中でも2000年代前半は、ストラテジストとして最大規模で約6兆円という巨額な資産の資産配分を担当するなどの経験を積んだ。巨額の資金を動かす時の武者震いは、今でも感覚としてはっきりと覚えている。そして、投資の哲学と技法を身につける過程で、本文中で何度も触れた武士の文化と商人の文化のちがい、日本人の思考の欠点、日本人社会の特質をはっきりと認識するようになった。

英語に「外国語を知らない者は母国語も知らない」という諺がある。ジェノア人の文化を継承する証券投資の世界を知ることで、日本の金融を含む産業界をマグレブ人の文化が支配していると感じ始めた。そして2000年代半ばのITとグローバル化で生じた変化に、日本企業がまったく適応できず凋落する姿を忸怩たる思いで見ることとなった。本書の日本を取り上げた第4章と第5章は、この時代に見聞きした思いをつづったものだ。

ところが平成時代しか知らない昨今の若者は、自らの体験をごく普通と認識するがために、敗北の時代と言われてもピンと来ないという。それは物価や資産価格の下落も同じで、下がるのが当たり前と認識する人が多いという。とはいえ近年は新入社員でも自分の401kなど確定拠出年金の運用で、資産を選択する必要に迫られる。一方で、自分で勉強しようとしても、書店には実務に向かない本が多い。一体どうしているのだろうか。

こんな想いをぼんやりと持っていた時期に、とある金融関係の仲間が集まる会で、そこに同席されていた経済書編集者の増山修さんと出会った。その後数年の交流の中で、あるとき、金融市場ウォッチャーがタイムリーに出版する時事的な解説ではなく、自分自身の体験に鑑みて時代と社会を見渡す大局観を持った「自分が生きてきた証し」の集大成を一冊にまとめるよう勧められて、本書は日の目を見ることとなった。筆者としては、当初は自分の子供に語り聞かせるようなわかりやすい投資の教科書的な本を書きたい意向があったのだが、それよりは、本書のような路線を選び、投資家としてもがき苦しみながら長い歳月をかけて身につけた投資哲学とそれを具現化する技法を、広く社会に還元する機会を得られて嬉しく思っている。自分がこれまで歩いてきた社会人生活の多くを書き込んだため、かなり分厚くなってしまったが、意思決定論としての投資の哲学の伝道書、戦後米国経済・金融史、日本経済論の三つのテーマを合体させた内容にすることができたように思う。

日本で高い収益を上げる外資系企業で働く日本人は、商人の文化の視点から日本を馬鹿にして自国嫌いになるか、武士の文化の視点からナショナリストのように日本文化に心酔するかの両極端に割れる傾向があるように思える。みすみす日本企業が収益機会を逃し、そこに目をつける外資系企業が儲ける姿をインサイダーとして目の当たりにする機会があまりに多いからだ。

本来望ましいのは、その中間だろう。外国人から馬鹿にされるような慣行を是正し、互いのよいところを取り入れて対等な立場で一緒にビジネスができる、そんな関係が最善ではないのか。それが実現できれば、結果的には本書で主張した、よい市場、よい取引、よい組織の三位一体が実現できるし、雇用はメンバーシップ型からジョブ型にシフトするはずだ。

そのためには世界に視野を広げ、正しく理解することが不可欠だと思う。今の貿易や交流など国際化が進んだ世の中で生きてゆくには、米国や中国などの大きな存在は、正確に理解して思考や行動のパターンを読んで予測できなければ、損をするはずだ。正しい理解や予測の答えは一つではない。本文中で何度も触れたように、歴史との比較や演繹的発想から、無限にＰＤＣＡを繰り返し修正を加える過程で探り当てるものだ。にもかかわらず、たとえば書店に行って米国や中国のコーナーをみても、脅威論か衰退論かの二極分化した内容ばかりが目立ち、現実的な理解に役立つものは実は少ないと思われる。特に中国などは、20年近くにわたって崩壊論が唱えられ続けたことは、日本全体が中国ビジネスで相当な機会損失になったのではないかと感じざるを得ない。米国に対しての認識はまだ現実的な理解が進んでいるようだが、ただ残念なのは、そうした現実的理解は地味なためか耳目を集めない一方、中国崩壊論と五十歩百歩の米国衰退論が次から次へと出されることだ。

これらの背景には日本独特の評論家文化があるように思う。一方、目を海外に転ずれば、投資の本を書く人は投資で名を成した人、中国ビジネスの本を書くのは中国ビジネスで財を成した人である場合が多い。しかも、惜しげもなくそのノウハウを公開する。第2章ではその時代に即した米国で著名な投資家が書いた投資論の本を紹介した。これは評論家文化に対する専門的実務家文化と名づけてよいだろう。

米国で職務の専門化が進んで「会社人間」が死語となり、転職市場が専門能力を査定する場として機能し始めたのは1980年代以降だ。米国経済が戦後2回目の黄金期に入った時期とちょうど重なる。日本では令和の時代に入り、経済団体が日本の雇用システムの抜本的な改革を提唱し始めた。米中の対立やインバウンドで日本に強いフォローの風が吹き始めた今、令和時代の明るい20年後のためにも、失政を繰り返してはならない。有名大学卒業者の就職人気ランキングで上位から日本企業がどんどん減る姿は、危機意識を高めるには十分なはずだ。

最後になったが、執筆の過程で多くの方々の協力を得た。筆者が所属するりそな銀行では、専門職という意識がまだ稀薄だった時代から実体的に専門職としてのキャリアを積ませていただいた。銀行の中でも証券投資関連部門はややカルチャーが異なる。筆者のキャリアの最大の欠点は転職経験がないことなのだが、同部門にはその欠点を補ってあり余るカルチャーがある。この組織運営は、りそなアセットマネジメントの西岡明彦社長のリーダーシップに導かれたもので、筆者のような専門家集団が能力を発揮しやすい環境を整備することにご尽力くださった。専門家集団はイメージとしては職人集団に近い。

同僚のストラテジストである下出衛氏とのブレインストーミングは常にスリリングだ。ユング心理学に言語連想検査という手法がある。ある言葉を聞いて何を連想するかで、その人の心のバイアスを見抜くテストだ。筆者にとっては下出氏との会話は、自分の心のバイアスを知り、そして取り除くための貴重な情報源だ。

狭い日本の証券業界だが、多くの証券会社や運用会社のストラテジストやエコノミストとは日々有益な情報を交換させていただいている。最初に本書のタイトルを決めた会合では、年来親しくしていただいているニッセイ基礎研究所チーフエコノミストの矢嶋康次さんに、同研究所の会議室までお借りして議論に参加していただくなど、大変お世話になった。

多感な青年期をどのような環境で過ごすかは、その後の人生に多大な影響を与える。筆者が大学時代を過ごした慶應義塾は、今になって振り返れば、ジェノア人とマグレブ人の文化をバランスよく取り入れていたように思う。今でも部活動で大変お世話になった山田辰雄先生はじめ慶應義塾の関係者には折に触れてご指導をしていただいている。ここに積年の感謝を表したい。

母校である慶應義塾の出版会から、今回、人生初となる本を書かせていただく光栄に浴することとなった。学術書中心の版元である慶應義塾大学出版会が学者ではない筆者の企画を受け入れてくださったことに感謝する。先にお名前を挙げた担当の増山修氏にも厚く御礼申し上げたい。

筆者は金融の実務者だ。これまで書物を著すなどという経験は、分担執筆以外には、したことがなかった。そのため今回は、かなり気合いを入れて作業に取りかかった。うろ覚えを排してデータの正確性を期するため、裏を取る作業に膨大な時間を取られ、家の中は文献で溢れ返った。実家では古いかび臭さの染み込んだ文献を見直したが、抽象的で深遠な概念の現実的な理解には、正確な定義の蓄積が大事なのだと改めて認識した。温かく支援してくれた家族と両親に感謝の意を表したい。また、図表の作成などすべて・人で行ったため、一心不乱で作業する時間が多くなった。そのおかげかどうかわからないが、老眼が改善したり、記憶力が蘇るなど、思いがけないプラスの効果もあった。人生100年時代の人間の持つ潜在的な力に、我ながら新鮮な驚きを感じた一年であった。

令和2年春

黒瀬　浩一

参考文献

本書の執筆にあたって参照・引用した邦文文献を以下に示す。洋書、欧文学術論文は省いた。電子検索が可能なものについてはURLを付しておいたものもいくつかある。

筆者が金融の実務を遂行する上で米政府（財務省、国務省など）、中央銀行に相当するFRB、FRB傘下の地区連邦準備銀行、英国銀行（BOE）、国際決済銀行（BIS）、国際機関（IMF、OECD、世界銀行、IIFなど）、その他、世界中の中央銀行が発行するその時どきの注目度の高いテーマを扱う調査レポートには、ほぼ毎日目を通している。また、ロイター、ブルームバーグ、フィナンシャルタイムズ、APなどの配信情報もほぼチェックしているが、すべてを挙げたら膨大な量になるのでここでは記載・列挙することは控える。情報のほとんどは今日、無料で各機関のHPに掲載されており、サーチエンジンで検索すれば世界中どこにいても簡単に手に入る。

アイケングリーン、バリー（2012）『とてつもない特権』小浜裕久監訳、勁草書房
青木昌彦、奥野正寛（編著）（1996）『経済システムの比較制度分析』東京大学出版会
――、――、岡崎哲二（1999）『市場の役割 国家の役割』東洋経済新報社
赤羽隆夫（1981）『〝非〟常識の日本経済論』日本経済新聞社
――（1983）『シャーロック・ホームズに学ぶ景気探偵術』東洋経済新報社
――（1997）『日本経済探偵術』東洋経済新報社
阿川尚之（2017）『憲法で読むアメリカ現代史』NTT出版

アキタ、ジョージ（１９９３）『大国日本　アメリカの脅威と挑戦』広瀬順皓、牛尾四良訳、日本評論社
アクセルロッド、ロバート（１９９８）『つきあい方の科学』松田裕之訳、ミネルヴァ書房
朝日新聞取材班（２０１９）『チャイナスタンダード』朝日新聞出版
アセモグル、ダロン、ジェイムズ・A・ロビンソン（２０１６）『国家はなぜ衰退するのか（上）（下）：権力・繁栄・貧困の起源』鬼澤忍訳、早川書房
アタリ、ジャック（２０１１）『国家債務危機』林昌宏訳、作品社
アベグレン、ジェームス・C（２００４A）『日本の経営（新訳版）』山岡洋一訳、日本経済新聞社
――（２００４B）『新・日本の経営』山岡洋一訳、日本経済新聞社
アマーブル、ブルーノ（２００５）『五つの資本主義』山田鋭夫、原田裕治訳、藤原書店
天谷直弘（１９８５）『「坂の上の雲」と「坂の下の沼」―日本経済の進路』通商産業調査会
アリギ、ジョヴァンニ（２００９）『長い20世紀』土佐弘之監修、柄谷利恵子、境井孝之、永田尚美訳、作品社
アリソン、グレアム（２０１７）『米中戦争前夜』藤原朝子訳、ダイヤモンド社
アルベール、ミシェル（１９９６）『資本主義対資本主義』久水宏之監修、小池はるひ訳、竹内書店新社
アンデルセン、イエスタ・エスピン（２００８）『アンデルセン、福祉を語る』京極高宣監修、林昌宏訳、NTT出版
家永真幸（２０１１）『パンダ外交』メディアファクトリー
――（２０１７）『国宝の政治史：「中国」の故宮とパンダ』東京大学出版会
五百旗頭真（編）（２０１８）『日米関係史』有斐閣
――（著）、中西寛（編）（２０１６）『高坂正堯と戦後日本』中央公論新社
池尾和人（２０１３）『連続講義　デフレと経済政策』日経BP社
泉谷渉（２０１４）『なぜ特許世界一の日本が国際訴訟で苦戦するのか』東洋経済新報社
伊藤元重（編）（１９９３）『日本の国際競争力』中央経済社
稲葉陽二（２０１７）『企業不祥事はなぜ起きるのか』中公新書
井上義朗（２０１２）『2つの「競争」』講談社現代新書

猪木武徳（2009）『戦後世界経済史』中公新書
インフォビジュアル研究所（2017）『図解でわかるホモ・サピエンスの秘密』太田出版
ウィリアムズ、ジョン・バー（2010）『投資価値理論』長尾慎太郎監修、岡村桂訳、パンローリング社
ヴォーゲル、エズラ・F（1979）『ジャパン・アズ・ナンバーワン―アメリカへの教訓』広中和歌子、木本彰子訳、阪急コミュニケーションズ
ヴォーゲル、スティーヴン・K（2018）『日本経済のマーケットデザイン』上原裕美子訳、日本経済新聞出版社
ウォーラーステイン、イマニュエル（1997）『史的システムとしての資本主義』川北稔訳、岩波書店
――（2006）『入門世界システム分析』山下範久訳、藤原書店
ウォルフソン、M・H（1995）『金融恐慌　戦後アメリカの経験』野下保利、原田善教、浅田統一郎訳、日本経済評論社
ウォルフレン、カレル・ヴァン（1990）『日本/権力構造の謎（上）（下）』篠原勝訳、早川書房
――（1995）『人間を幸福にしない日本というシステム』篠原勝訳、毎日新聞社
宇沢弘文（1984）『ケインズ「一般理論」を読む』岩波書店
――（2017）『人間の経済』新潮新書
内橋克人とグループ2001（1995）『規制緩和という悪夢』文芸春秋
榎本博明（2016）『「みっともない」と日本人』日経プレミア
海老原嗣生（2009）『雇用の常識／「本当に見えるウソ」』プレジデント社
――、荻野進介（2011）『日本人はどのように仕事をしてきたか』中央公論新社
――（2012）『仕事をしたつもり』講談社
遠藤誉（2019）『「中国製造2025」の衝撃』PHP研究所
大嶽秀夫（2013）『ニクソンとキッシンジャー』中公新書
大竹文雄（2010）『競争と公平感』中公新書
岡田泰男（2000）『アメリカ経済史』慶應義塾大学出版会
翁邦雄（2017）『金利と経済』ダイヤモンド社

奥村宏（2006）『粉飾資本主義』東洋経済新報社
落合陽一、猪瀬直樹（2018）『ニッポン　2021‐2050』KADOKAWA
――（2019）『日本進化論』SBクリエイティブ
オバマ、バラク（2007）『マイ・ドリーム―バラク・オバマ自伝』木内裕也、白倉三紀子訳、ダイヤモンド社
――（2008）『合衆国再生』棚橋志行訳、ダイヤモンド社
オバマ、ミシェル（2019）『マイ・ストーリー』長尾莉紗、柴田さとみ訳、集英社
ガイトナー、ティモシー・F（2015）『ガイトナー回顧録』伏見威蕃訳、日本経済新聞出版社
風早正宏（2007）『ここがおかしい日本の人事制度　職務給制への転換』日本経済新聞出版社
加藤周一（2007）『日本文化における時間と空間』岩波書店
鏑木繁（1986）『先物の世界　相場難儀道』投資日報社
――（2005A）『相場開眼』パンローリング社
――（2005B）『復刻　相場の張り方』パンローリング社
ガボール、アンドレア（1994）『デミングで蘇ったアメリカ企業』鈴木主税訳、草思社
ガルブレイス、ジョン・K（1991）『バブルの物語』鈴木哲太郎訳、ダイヤモンド社
――（2008）『大暴落　1929』村井章子訳、日経BP社
加谷珪一（2015）『お金は「歴史」で儲けなさい』朝日新聞出版
川北隆雄（1991）『通産省―経済参謀本部からの転換』講談社現代新書
菊澤研宗（2011A）『組織の経済学入門』有斐閣
――（2011B）『なぜ「改革」は合理的に失敗するのか』朝日新聞出版
吉川元忠（1998）『マネー敗戦』文春新書
――、リチャード・A・ヴェルナー（2003）『なぜ日本経済は殺されたか』講談社
ギデンズ、アンソニー（1999）『第三の道』佐和隆光訳、日本経済新聞社
――（2001）『暴走する世界』佐和隆光訳、ダイヤモンド社

ギルダー、ジョージ（1981）『富と貧困―供給重視の経済学』斎藤精一郎訳、日本放送出版協会
キンドルバーガー、C・P（1982）『大不況下の世界 1929－1939』石崎昭彦、木村一朗訳、東京大学出版会
――（2004）『熱狂、恐慌、崩壊 金融危機の歴史』吉野俊彦、八木甫訳、日本経済新聞社
日下公人（2014）『優位戦思考で世界に勝つ』PHP研究所
クズネッツ、サイモン（1966）『戦後の経済成長』山田雄三、長谷部亮一訳、岩波書店
――（1968）『近代経済成長の分析 上・下』塩野谷祐一訳、東洋経済新報社
グライフ、アブナー（2009）『比較歴史制度分析』神取道宏、岡崎哲二監修・翻訳、有本寛、尾川僚、後藤英明、結城武延訳、NTT出版
グラノヴェター、マーク（2019）『社会と経済』渡辺深訳、ミネルヴァ書房
グリーンスパン、アラン（2007）『波乱の時代（上）（下）』山岡洋一、高遠裕子訳 日本経済新聞出版社
クルーグマン、ポール（2012）『さっさと不況をおわらせろ』山形浩生訳、早川書房
グレアム、ベンジャミン（2000）『賢明なる投資家』土光篤洋監修、増沢和美、新美美葉、土光篤洋訳、パンローリング社
――（2013）『グレアムからの手紙』ジェイソン・ツバイク、ロドニー・N・サリバン編集、長尾慎太郎、和田真範訳、パンローリング社
――、デビッド・L・ドッド（1934／2002）『証券分析』関本博英、増沢和美訳、パンローリング社
黒田東彦（2005）『財政金融政策の成功と失敗』日本評論社
ケインズ、J・M（1971）『自由放任の終焉』（世界の名著57 ケインズ／ハロッド所収）宮崎義一、伊東光晴責任編集、中央公論社
――（1919／1977）『平和の経済的帰結』ケインズ全集第2巻、早坂忠訳、東洋経済新報社
ケーガン、ロバート（2003）『ネオコンの論理』山岡洋一訳、光文社
香西泰（1981）『高度成長の時代』日本評論社
高坂正堯（1966）『国際政治』中央公論新社
――（1981／2004）『文明が衰亡するとき』新潮選書

――――（2006）『宰相　吉田茂』中央公論新社
コーエン、タイラー（2011）『大停滞　経済成長の源泉は失われたのか?』池村千秋訳、NTT出版
――――（2014）『大格差　機械の知能は仕事と所得をどう変えるか』池村千秋訳、NTT出版
――――（2019）『大分断　格差と停滞を生んだ「現状満足階級」の実像』池村千秋訳、NTT出版
ゴードン、ロバート・J（2018）『アメリカ経済　成長の終焉（上）（下）』高遠裕子、山岡由美訳、日経BP社
小林英夫、米倉誠一郎、岡崎哲二、NHK取材班（1995）『「日本株式会社」の昭和史―官僚支配の構造』創元社
――――（1996）『「日本株式会社」を創った男―宮崎正義の生涯』小学館
小林良彰（2012）『政権交代　民主党政権とは何であったのか』中公新書
西條辰義（2007）『実験経済学への招待』NTT出版
佐伯啓思・筒井清忠・中西輝政・吉田和男（2000）『優雅なる衰退の世紀』文芸春秋
――――（2012）『経済学の犯罪　希少性の経済から過剰性の経済へ』講談社現代新書
堺屋太一（1993）『組織の盛衰』PHP研究所
――――（2004）『平成30年　上下』朝日文庫
榊原英資（2016）『「経済交渉」から読み解く日米戦後史の真実』詩想社
ザガリア、ファリード（2009）『アメリカ後の世界』楡井浩一訳、徳間書店
佐々木毅（1993）『現代アメリカの保守主義』岩波書店
ザッカーマン、グレゴリー（2010）『史上最大のボロ儲け』阪急コミュニケーションズ
佐藤雅美（1984）『大君の通貨　幕末「円ドル」戦争』講談社
サミュエルソン、P・A（1981）『経済学（上）（下）』都留重人訳、岩波書店
サロー、レスター・C（1992）『大接戦』土屋尚彦訳、講談社
佐和隆光（2003）『日本の「構造改革」』岩波新書
サンプソン、アンソニー（1995）『カンパニーマンの終焉』山岡洋一訳、阪急コミュニケーションズ
ジェイコブズ、ジェイン（1998）『市場の倫理　統治の倫理』香西泰訳、日本経済新聞社

塩沢由典（1990）『市場の秩序学』筑摩書房
――――（1997）『複雑さの帰結』NTT出版
島澤諭（2017）『シルバー民主主義の政治経済学』日本経済新聞出版社
嶋中雄二、三菱UFJモルガン・スタンレー証券景気循環研究所編（2019）『2050年の経済覇権　コンドラチェフ・サイクルで読み解く大国の興亡』日本経済新聞出版社
シューマッハー、F・アーンスト（1986）『スモール イズ ビューティフル』小島慶三、酒井懋訳、講談社
シュローダー、アリス（2009）『スノーボール　上中下　ウォーレン・バフェット伝』伏見威蕃訳、日本経済新聞出版社
シュンペーター、J・A（1995）『資本主義・社会主義・民主主義』（新装版）中山伊知郎、東畑精一訳、東洋経済新報社
ジョンソン、チャルマーズ（1982）『通産省と日本の奇跡』矢野俊比古訳、TBSブリタニカ
シラー、ロバート・J（2001）『投機バブル　根拠なき熱狂』植草一秀、沢崎冬日訳、ダイヤモンド社
――――（2014）『それでも金融はすばらしい』山形浩生、守岡桜訳、東洋経済新報社
白川方明（2008）『現代の金融政策』日本経済新聞出版社
スタインベック、J（1939／1967）『怒りの葡萄　上・下』大久保康雄訳、新潮文庫
スティグリッツ、ジョセフ・E（2002）『世界を不幸にしたグローバリズムの正体』鈴木主税訳、徳間書店
――――（2003）『人間が幸福になる経済とは何か』鈴木主税訳、徳間書店
――――、リンダ・ビルムズ（2008）『世界を不幸にするアメリカの戦争経済 イラク戦費3兆ドルの衝撃』楡井浩一訳、徳間書店
ストレンジ、スーザン（1998）『国家の退場』櫻井公人訳、岩波書店
ストーン、オリバー、ピーター・カズニック（2013）『オリバー・ストーンが語るもうひとつのアメリカ史（1）（2）（3）』大田直子、鍛原多惠子、梶山あゆみ、高橋璃子、吉田三知世訳、早川書房
スロウィッキー、ジェームズ（2006）『「みんなの意見」は案外正しい』小高尚子訳、角川書店
スローン、アルフレッド・P（2003）『GMとともに』有賀裕子訳、ダイヤモンド社
妹尾堅一郎（2010）『技術力で勝る日本が、なぜ事業で負けるのか』ダイヤモンド社
ソープ、エドワード・O（2005）『ディーラーをやっつけろ！』増田丞美監修、宮崎三瑛訳、パンローリング社

――（2019）『天才数学者、ラスベガスとウォール街を制す（上）（下）』望月衛訳、ダイヤモンド社
ソーベル、ロバート（1984）『ウォール街の内幕』原信、新垣進盛訳、有斐閣選書
ソレンセン、シオドア（1987）『ケネディへの道』大前正臣訳、サイマル出版会
ソロス、ジョージ（2009）『ソロスは警告する』徳川家広訳、講談社
タイソン、ローラ・D（1993）『誰が誰を叩いているのか』阿部司、竹中平蔵訳、ダイヤモンド社
高橋洋一（2018）『めった斬り平成経済史』ビジネス社
滝田洋一著、鹿島平和研究所編（2007）『20年目の真実　日米通貨交渉』日本経済新聞出版社
竹内靖雄（1995）『日本人の行動文法』東洋経済新報社
竹岡敬温（1990）『アナール学派と社会史』同文館
橘玲（2012）『「日本人」』幻冬舎
田中明彦（2009）『ポスト・クライシスの世界』日本経済新聞出版社
田邊昇（1997）『日本の「アセット・マネジメント」あれこれ』日本投資信託制度研究所
チャンドラー、アルフレッド・D（2004）『組織は戦略に従う』有賀裕子訳、ダイヤモンド社
チョムスキー、ノーム（2017）『アメリカンドリームの終わり』寺島隆吉、寺島美紀子訳、ディスカバー21
ツーゲヘア、ライナー（2008）『ライン型資本主義の将来』風間信隆監訳、風間信隆、松田健、清水一之訳、文眞堂
デ・アミーチス、エドモンド（1886／2019）『クオーレ』和田忠彦訳、岩波文庫
丁宗鐵（2009）『正座と日本人』講談社
ティロール、ジャン（2007）『国際金融危機の経済学』北村行伸、谷本和代訳、東洋経済新報社
――（2018）『良き社会のための経済学』村井章子訳、日本経済新聞出版社
テンニエス、フェルディナント（1887／1957）『ゲマインシャフトとゲゼルシャフト　上下』杉之原寿一訳、岩波文庫
ドーア、ロナルド（2001）『日本型資本主義と市場主義の衝突』藤井正人訳、東洋経済新報社
土居充夫（2010）『「第三の道」序説』晃洋書房
冨田浩司（2018）『マーガレット・サッチャー　政治を変えた「鉄の女」』新潮社

ドラッカー、ピーター・F（2005A）『企業とは何か』上田惇生訳、ダイヤモンド社
――――（2005B）『ドラッカー　20世紀を生きて』牧野洋訳、日本経済新聞社
トランプ、ドナルド（2016）『THE TRUMP―傷ついたアメリカ、最強の切り札』岩下慶一訳、ワニブックス
――――（2017）『タフな米国を取り戻せ：アメリカを再び偉大な国家にするために』岩下慶一訳、筑摩書房
ドーンブッシュ、ルディガー（2000）『国際マクロ経済学』高中公男訳、勁草書房
ナイ、ジョゼフ（1990）『不滅の大国アメリカ』久保伸太郎訳、読売新聞社
――――（2015）『アメリカの世紀は終わらない』村井浩紀訳、日本経済新聞出版社
中西輝政（1998）『国まさに滅びんとす　英国史に見る日本の未来』集英社
――――（2009）『覇権の終焉　アメリカ衰退後の世界情勢を読み解く』PHP研究所
――――（2015）『救国の政治家　亡国の政治家　吉田茂から安倍晋三まで、歴代総理の器量』飛鳥新社
――――、村田光平、加地伸行、大越俊夫（2006）『歴史の危機の入り口に立つ日本』ごま書房
中根千枝（1967）『タテ社会の人間関係』講談社現代新書
中村和己（2015）『コンサルは会社の害毒である』角川新書
夏目漱石（1909／2011）『三四郎』新潮文庫
ナヴァロ、ピーター（2016）『米中もし戦わば』赤根洋子訳、文藝春秋
「21世紀日本の構想」懇談会（2000）『日本のフロンティアは日本の中にある　自立と共治で築く新世紀』河合隼雄監修、講談社
ニクソン、リチャード（1978）『ニクソン回顧録1　栄光の日々』松尾文夫、斎田一路訳、小学館
根井雅弘（1995）『異端の経済学』筑摩書房
――――（2005）『経済学の歴史』講談社
――――（2011）『現代経済思想』ミネルヴァ書房
――――（2019）『資本主義はいかに衰退するのか』NHK出版
野口悠紀雄（1995）『1940年体制』東洋経済新報社
――――（2002）『日本経済　企業からの変革』日本経済新聞社

ハイエク、F・A（2012）『ケインズとケンブリッジに対抗して』小峯敦、下平裕之訳、春秋社
――――（2014）『貨幣発行自由化論』川口慎二訳、東洋経済新報社
――――（1944／1992）『隷属への道』西山千明訳、春秋社
バーグステン、フレッド、ウィリアム・R・クライン（1986）『日米経済摩擦―為替レートと政策協調』奥村洋彦訳、東洋経済新報社
――――（1989）『アメリカの経済戦略』宮崎勇訳、ダイヤモンド社
――――、マーカス・ノーランド（1994）『日米衝突は回避できるか』佐藤英夫訳、ダイヤモンド社
ハグストローム、ロバート・G（2014）『株で富を築くバフェットの法則』小野一郎訳、ダイヤモンド社
橋本健二（2015）『戦後日本社会の誕生』弘文堂
バジョット、ウォルター（1873／1941）『ロンバード街』宇野弘蔵訳、岩波文庫
バースタイン、ダニエル（1989）『YEN！』鈴木主税訳、草思社
長谷川眞理子、山岸俊男（2016）『きずなと思いやりが日本をダメにする』集英社インターナショナル
ハート、リデル（2010）『リデルハート戦略論　上下』市川良一訳、原書房
バーナンキ、ベン・S（2013）『大恐慌論』栗原潤、中村亨、三宅敦史訳、日本経済新聞出版社
バーバラ、ロバート・J（2009）『資本主義のコスト』菊地正俊訳、洋泉社
浜名優美（2004）『ブローデル「地球海」入門』藤原書店
林どりあん（1994）『相場に奇策なし』日本経済新聞社
――――（2001）『歴史が教える相場の道理』日本経済新聞社
原田泰（1995）『日米関係の経済史』筑摩書房
ハラリ、ユヴァル・ノア（2016）『サピエンス全史（上）（下）』柴田裕之訳、河出書房新社
バーリ、A、C・ミーンズ（2014）『現代株式会社と私有財産』森杲訳、北海道大学出版会
バーンスタイン、ピーター・L（1993）『証券投資の思想革命』青山護、山口勝業訳、東洋経済新報社
――――（1998）『リスク　上・下』青山護訳、日本経済新聞社

ハンセン、Ａ・Ｈ（１９５０）『財政政策と景気循環』都留重人訳、日本評論社
ハンチントン、サミュエル（１９９７）「The Erosion of American National Interests」*Foreign Affairs* Sep/Oct. https://www.foreignaffairs.com/articles/1997-09-01/erosion-american-national-interests
――――（１９９８）『文明の衝突』鈴木主税訳、集英社
――――（２００２）『引き裂かれる世界』山本瑛子訳、ダイヤモンド社
ビッグス、バートン（２０１０）『富・戦争・叡智　株の先見力に学べ』望月衛訳、日本経済新聞出版社
平川祐弘（１９８４）『進歩がまだ希望であった頃―フランクリンと福沢諭吉』新潮社
ピリズベリー、マイケル（２０１５）『China 2049』野中香方子訳、日経ＢＰ社
ファーガソン、ニーアル（２０１３）『劣化国家』櫻井祐子訳、東洋経済新報社
ファローズ、ジェームズ（１９８９）『日本封じ込め』大前正臣訳、阪急コミュニケーションズ
――――（１９９５）『沈まない太陽』土屋京子訳、講談社
フィッシャー、アーヴィング（１９３０／１９８１）『利子論』気賀勘重、気賀健三訳、日本経済評論社
フィッシャー、フィリップ・Ａ（２０１０）『フィッシャーの「超」成長株投資』高田有現、武田浩美訳、フォレスト出版
フィッシャー、レン（２０１２）『群れはなぜ同じ方向を目指すのか？　群集知と意思決定の科学』松浦俊輔訳、白揚社
フィッツジェラルド、Ｆ・スコット（１９２５／２００９）『グレート・ギャツビー』小川高義訳、光文社古典新訳文庫
フォーゲル、ロバート・Ｗ（Robert W. Fogel）(1987) "Some Notes on the Scientific Methods of Simon Kuznets," *NBER Working Paper Series 2461*. https://www.nber.org/papers/w2461.pdf
深尾京司（２０１２）『「失われた20年」と日本経済』日本経済新聞出版社
福田慎一（２０１５）『「失われた20年」を超えて』ＮＴＴ出版
フクヤマ、フランシス（１９９２／２００５）『歴史の終わり（上）（下）』渡部昇一訳、三笠書房
――――（２００６）『アメリカの終わり』会田弘継訳、講談社
藤森三男、榊原貞雄、佐藤和（１９９７）『ハイブリッド・キャピタリズム』慶應義塾大学出版会
フープス、ジェームズ（２００６）『経営理論　偽りの系譜』有賀裕子訳、東洋経済新報社

フリードマン、ジョージ、マレディス・ルバード（1991）『ザ・カミング・ウォー・ウィズ・ジャパン』小室直樹監修、古賀林幸訳、徳間書店
フリードマン、トーマス（2000）『レクサスとオリーブの木（上下）』東江一紀訳、草思社
フリードマン、ミルトン（1980）『選択の自由』西山千明訳、日本経済新聞社
――（2008）『資本主義と自由』村井章子訳、日経BP社
――、アンナ・シュウォーツ（2009）『大収縮1929-1933――「米国金融史」第7章』大久保恵美子訳、日経BP社
プレイストウィッツ、クライド（1988）『日米逆転』国弘正雄訳、ダイヤモンド社
――（2016）『2050日本復活』村上博美監訳、小野智子訳、東洋経済新報社
ブローデル、フェルナン（1985）『物質文明・経済・資本主義』村上光彦訳、みすず書房
――（2004）『地中海Ⅰ、Ⅱ、Ⅲ』浜名優美訳、藤原書店
フロリダ、リチャード（2011）『グレート・リセット　新しい経済と社会は大不況から生まれる』仙名紀訳、早川書房
文芸春秋（編）（2018）『文藝春秋オピニオン　2019年の論点100』文芸春秋
米国国家情報会議編（2013）『2030年世界はこう変わる』谷町真珠訳、講談社
ヘーゲル、G・W・F（1994）『歴史哲学講義（上）（下）』長谷川宏訳、岩波文庫
ボーグル、ジョン・C（2008）『米国はどこで道を誤ったか　資本主義の魂を取り戻すための戦い』瑞穂のりこ訳、東洋経済新報社
――（2018）『インデックス投資は勝者のゲーム』長尾慎太郎監修、藤原玄訳、パンローリング社
細谷千博監修、A50日米戦後史編集委員会編（2001）『日本とアメリカ』ジャパンタイムズ
ボルカー、ポール、行天豊雄（1992）『富の興亡』江沢雄一訳、東洋経済新報社
ポールソン、ヘンリー（2010）『ポールソン回顧録』有賀裕子訳、日本経済新聞出版社
マクロスキー、ディアドラ・N（2002）『ノーベル賞経済学者の大罪』赤羽隆夫訳、筑摩書房
正村公宏（1988）『図説戦後史』筑摩書房
――（2005）『経済が社会を破壊する』NTT出版

ラインハート、カーメン、ケネス・S ロゴフ（2011）『国家は破綻する　金融危機の800年』村井章子訳、日経BP社
ラッファー、アーサー・B、ステファン・ムーア、ピーター・タナウス（2009）『増税が国を亡ぼす』村井章子訳、日経BP社
リースマン、デビッド（1964）『孤独な群衆』加藤秀俊訳、みすず書房
リップマン、ウォルター（1987）『世論（上）（下）』掛川トミ子訳、岩波文庫
リンチ、ピーター（1996）『ピーター・リンチのすばらしき株式投資』三原淳雄、土屋安衛訳、ダイヤモンド社
ルイス、マイケル（2005）『ライアーズ・ポーカー』東江一紀訳、パンローリング社
――（2010）『世紀の空売り』東江一紀訳、文芸春秋
――（2017）『かくて行動経済学は生まれり』渡会圭子訳、文芸春秋
ルトワック、エドワード・N（1994）『アメリカンドリームの終焉』長谷川慶太郎訳、飛鳥新社
ルービニ、ヌリエル、スティーブン・ミーム（2010）『大いなる不安定　金融危機は偶然ではない、必然である』山岡洋一、北川知子訳、ダイヤモンド社
ルービン、ロバート・E（2005）『ルービン回顧録』古賀林幸、鈴木淑美訳、日本経済新聞社
レイ、L・ランダル（2019）『MMT　現代貨幣理論入門』島倉原監修・訳、鈴木正徳訳、東洋経済新報社
レビット、アーサー（2003）『ウォール街の大罪』小川敏子訳、日本経済新聞社
ロジャーズ、ジム（2019）『お金の流れで読む日本と世界の未来』大野和基訳、PHP新書
ロドリック、ダニ（2013）『グローバリゼーション・パラドクス』柴山桂太、大川良文訳、白水社
――（2019）『貿易戦争の政治経済学　資本主義を再構築する』岩本正明訳、白水社
渡辺靖（2015）『沈まぬアメリカ』新潮社
ワプショット、ニコラス（2016）『ハイエクかケインズか』久保恵美子訳、新潮社

【著者略歴】

黒瀬浩一（くろせ・こういち）
りそなアセットマネジメント（りそな銀行より出向）運用戦略部チーフ・ストラテジスト、チーフ・エコノミスト
1964 年生まれ。87 年、慶應義塾大学商学部卒業、同年、大和銀行（現・りそな銀行）入行。国内支店勤務、香港の証券投資現地法人での勤務、出向した公益財団法人国際金融情報センターで米国経済担当シニアエコノミストを経て、99 年より一貫して信託財産運用業務に従事。2004 年よりチーフ・ストラテジスト、チーフ・エコノミスト。
BSテレ東「日経プラス10」、BSTBS「サンデーニュース Biz スクエア」、BS12「マーケット・アナライズ plus＋」などでマーケット動向解説での出演多数。週刊エコノミストなど経済誌への寄稿多数。ブルームバーグ、ロイターなど情報媒体でのマーケットコメント掲載、りそな銀行での講演多数。
りそな銀行での黒瀬浩一執筆レポート公開サイト
https://www.resonabank.co.jp/nenkin/info/economist/index.html
共著
大場智満、増永嶺監修、国際金融情報センター編著『変動する世界の金融・資本市場〈上巻〉日・米・欧編』金融財政事情研究会、1999 年

時代の「見えない危機」を読む
——迷走する市場の着地点はどこか

2020 年 5 月 15 日　初版第 1 刷発行

著　者————黒瀬浩一
発行者————依田俊之
発行所————慶應義塾大学出版会株式会社
〒108-8346　東京都港区三田 2-19-30
TEL〔編集部〕03-3451-0931
〔営業部〕03-3451-3584〈ご注文〉
〔　〃　〕03-3451-6926
FAX〔営業部〕03-3451-3122
振替 00190-8-155497
http://www.keio-up.co.jp/
装　丁————デザインフォリオ／岩橋香月
印刷・製本——藤原印刷株式会社
カバー印刷——株式会社太平印刷社

Printed in Japan　ISBN978-4-7664-2677-9